湖北通史

民国卷

章开沅 张正明 罗福惠 主编
田子渝 黄华文 著

荆楚文库

荆楚文库编纂出版委员会
华中师范大学出版社

湖北通史·民国卷
HUBEITONGSHI · MINGUOJUAN

图书在版编目（CIP）数据

湖北通史·民国卷/章开沅，张正明，罗福惠主编；田子渝，黄华文著.
—武汉：华中师范大学出版社，2018.8
ISBN 978-7-5622-7697-5

Ⅰ. ①湖…
Ⅱ. ①田…②黄…
Ⅲ. ①湖北—地方史—民国
Ⅳ. ①K296.3

中国版本图书馆CIP数据核字（2017）第044717号

责任编辑：郭志刚
整体设计：范汉成　曾显惠　思　蒙
责任校对：刘　峥
责任印制：王兴平
出版发行：华中师范大学出版社（中国·武汉）
地　址：湖北省武汉市珞喻路152号
电　话：（027）67863220　　　邮政编码：430079
录　排：武汉兴和彩色印务有限公司
印　刷：湖北新华印务有限公司
开　本：720mm×1000mm　　　1/16
印　张：42.5　　　　　　　　插页：4
字　数：585千字
版　次：2018年8月第1版　2018年8月第1次印刷
定　价：169.00元

《荆楚文库》工作委员会

主　　　任：蒋超良

第一副主任：王晓东

副　主　任：王艳玲　梁伟年　尹汉宁　郭生练

成　　　员：韩　进　杨邦国　刘仲初　喻立平　龙正才
　　　　　　雷文洁　张良成　黄晓玫　尚　钢　黄国雄
　　　　　　陈义国　吴凤端

办公室

主　　　任：张良成

副　主　任：胡　伟　马　莉　陈　明　李耀华　周百义

《荆楚文库》编纂出版委员会

顾　　　问：罗清泉

主　　　任：蒋超良

第一副主任：王晓东

副　主　任：王艳玲　梁伟年　尹汉宁　郭生练

总　编　辑：章开沅　冯天瑜

副总编辑：熊召政　张良成

编委（以姓氏笔画为序）：　　朱　英　刘玉堂　汤旭岩
　　　　　　阳海清　邱久钦　何晓明　陈　伟　陈　锋
　　　　　　张建民　周百义　周国林　周积明　宗福邦
　　　　　　赵德馨　郭齐勇　彭南生

《荆楚文库》编辑部

主　　　任：周百义

副　主　任：周凤荣　胡　磊　冯芳华　周国林

成　　　员：李尔钢　邹华清　蔡夏初　邹典佐　梁莹雪
　　　　　　黄晓燕　朱金波

美术总监：王开元

出版说明

湖北乃九省通衢，北学南学交会融通之地，文明昌盛，历代文献丰厚。守望传统，编纂荆楚文献，湖北渊源有自。清同治年间设立官书局，以整理乡邦文献为旨趣。光绪年间张之洞督鄂后，以崇文书局推进典籍集成，湖北乡贤身体力行之，编纂《湖北文征》，集元明清三代湖北先哲遗作，收两千七百余作者文八千余篇，洋洋六百万言。卢氏兄弟辑录湖北先贤之作而成《湖北先正遗书》。至当代，武汉多所大学、图书馆在乡邦典籍整理方面亦多所用力。为传承和弘扬优秀传统文化，湖北省委、省政府决定编纂大型历史文献丛书《荆楚文库》。

《荆楚文库》以"抢救、保护、整理、出版"湖北文献为宗旨，分三编集藏。

甲、文献编。收录历代鄂籍人士著述，长期寓居湖北人士著述，省外人士探究湖北著述。包括传世文献、出土文献和民间文献。

乙、方志编。收录历代省志、府县志等。

丙、研究编。收录今人研究评述荆楚人物、史地、风物的学术著作和工具书及图册。

文献编、方志编录籍以1949年为下限。

研究编简体横排，文献编繁体横排，方志编影印或点校出版。

《荆楚文库》编纂出版委员会
2015年11月

1912年4月孙中山与黎元洪在武昌合影。

私立武昌中华大学学报《光华学报》，于1915年5月创办。这是五四运动前在武汉地区传播新文化的主要刊物。

1918年6月19日互助社部分社员合影。前排左三恽代英，左四林育南，右一刘仁静。

1927年3月，中国国民党二届三中全会开幕。

1927年武汉国民政府大楼旧址。（武汉国民政府旧址纪念馆供稿）

1925年6月，为沪案武昌各界之游行。

1926年10月北伐军攻克武昌城，敌酋陈嘉谟被擒获。

中共湖北省委负责人在抗日群众集会上。

1938年5月27日,新华日报社与中国青年新闻记者学会联合举行招待会,欢迎从徐州会战突围归来的战地记者。图中前排:(右一)《大公报》范长江、(右三)《新华日报》陆诒、(右五)新加坡《星中日报》黄薇、(右八)暹罗(泰国)《华侨日报》蔡学余;中排:(右一)《新华日报》张企程、(右二)中央社俞创硕、(右三)潘梓年、(右七)《武汉日报》周海萍;后排:(右一)《扫荡报》张剑心、(右二)中央社石家驹、(右五)全民通讯社勾适生、(右六)秦邦宪。

1945年9月武汉民众庆祝抗战胜利。(八路军武汉办事处纪念馆供稿)

1938年武汉民众举行保卫武汉大游行。(八路军武汉办事处纪念馆供稿)

千里跃进大别山时的刘伯承、邓小平。

1949年5月16日,武汉市民在武汉电信局楼前载歌载舞,欢迎解放军进城。

1946年3月5日,军事三人小组抵达汉口机场,前排左二周恩来,左三马歇尔,左四张治中。

前　言

马克思指出，由于蒸汽和机器引起了工业生产的革命，于是现代工业代替了工场手工业，建立起全球性的市场①。以工业革命为先导的现代化（Modernization）② 在工业、科技浪潮的推动下，于 20 世纪汹涌全世界。

现代化是一个伴随着工业文明长期发展的过程，是市场方式和交换方式的一系列变革的产物。中国早在明清时期就孕育了现代化的最初细胞，在康乾时代，已经出现了《译史记余》、《稗海纪游》等介绍西方新文明的书籍。在 19 世纪 40 年代，西方列强用先进武器和鸦片摧垮了中国古老而腐朽的长城，血与火的侵略没有给中国带来现代文明的福音，而使天朝上国沦为半殖民地半封建的屈辱境地。

因此，中国的现代化没有按照西方工业国现代化的正常轨道运行，而是走上了一条异常艰难、坎坷的特殊之途。在这个炎黄子孙为了洗刷民族耻辱，振兴中华而进行的重新塑造的坐标上，湖北由于得天独厚的区位优势，占据了十分重要的位置。湖北民国史从以上的角度观照，可以毫不夸张地说它是中华民族早期现代化进程的一个缩影。

现代化并不是一个简单的生产工具和生产方式的转变，而是包括经济、社会、政治、文化等多方面的从传统农业文明向工业文明的复杂转型。而在这诸多因素的转化过程中，政治的现代化是至关重要的，在中国封建专制与帝国主义相勾结形成的权力统治的社会里，尤其关键。因

---

① 参见《共产党宣言》，《马克思恩格斯选集》第 1 卷，人民出版社 1972 年版，第 252 页。

② 现代化，或者近代化，眼下人们对它的界定还没有统一，许多情况下，研究者将二者相提并论，本书为了简便采用"现代化"这一说法。

此建立一个独立统一的现代国家便成为实现经济、社会、文化现代化的基础和前提条件。

纵观中国近代史①，中华民国是从传统国家向现代国家的转型社会，也就是说历史赋予了它的过渡性。在这个过渡阶段，各种以实现现代化为终极目标的政治方案，几乎都在荆楚大地上诠释和演绎过。

湖北是辛亥革命的首义之区。这场革命是中国近代史上更为完整意义上的资产阶级民主革命，它的伟大意义在于中国资产阶级革命派用暴力否定传统的权力架构，欲建立资产阶级的新秩序。然而由于资产阶级自身不可克服的弱点，加上客观的环境障碍，使这次革命遭到了挫折。当革命党人将旧军官黎元洪推上湖北军政府最高权力宝座时，就已注定了当时先驱者的政治理想将付诸东流。

国号变了，中国近代社会的性质依然如故，然而探索并没有停止。后黎元洪时代，北洋军阀在湖北建立起统治，湖北也毫无例外地卷入军阀混战中。湖北的一些先进知识分子，由于痛恶军阀政治而反对暴力，改良主义一度盛行。湖北自治运动是民国初在中国实验西方联邦制的重要一部分，随着该运动降下帷幕，昭示中国并不具备欧美式联邦政治体制的条件。工读互助主义和新村运动是荆楚大地上涌动的另一个改良主义的浪潮，然而运动的失败再次说明在黑暗的专政制度下，采取局部的改良无法改变中国的现状，于是先进的中国人再次将救国的焦点集中在武装斗争上。

在波澜壮阔的革命历史舞台上，湖北曾经三次成为中国革命的中心。周恩来在60年前总结革命斗争时，将资产阶级民主革命分成三个时期，热情地称颂："武汉是中华民国的诞生地，是大革命北伐时代的最高峰，现在又是全中华民族抗战的中心"；"辛亥、北伐、抗战，这三个历史时期，将造成中华民族复兴的大业"②。在激烈的政治较量中，最后中国人

---

① 对1840—1949年的历史，学术界有不同的表述。为简便计，本文用"近代史"这个概念。
② 周恩来：《辛亥，北伐与抗战》，《新华日报》1938年10月10日，第1版。

民选择了中国共产党,选择了社会主义。随着中国人民解放军进军湖北的脚步,湖北开始了新民主主义——社会主义现代化的新时期。

湖北地处中国的中部地区,属亚热带季风气候,河流众多,湖泊星罗棋布,素称"千湖之省";广袤的江汉平原是我国南方传统的粮棉基地。特殊的地理环境,使湖北在封建社会的中后期就有一定规模的商品经济,老河口、宜昌、沙市等城镇相继出现,尤其夏口(今汉口)正当长江和汉水的交汇处,交通便利,成为我国腹地的主要贸易集散地。到近代它又是京汉铁路的终点和粤汉铁路的起点,因而成为中国现代经济的发祥地之一。

一般来讲,以1862年汉口开辟商埠为契机,湖北的现代经济开始起步。经济早期现代化在湖北有过三次高潮。第一次是张之洞时代,产生了一批以军事工业为龙头的现代企业,如湖北枪炮厂、汉阳铁厂、大冶铁矿(后与萍乡煤矿合并,改称汉冶萍股份有限公司)、纱布丝麻四局等;稍后民族资本发展起来,出现了裕华纺织有限公司、南洋兄弟烟草公司、扬子机器厂、福新面粉厂等在国内有影响的私营企业。

第二次是黎元洪—北洋军阀统治时期的16年。令人难以置信的是,在湖北民国史最动荡的年代,湖北的经济却有了较大的发展。在第一次世界大战后,确切地说在20世纪20年代初中期,湖北的商业、轻工业、金融业有了长足的进步。中华民国的经济统计很不完整,根本没有所谓GNP和GDP的概念,因此省财政收入和海关进出口统计就成了衡量经济发展的标尺。1913—1923年湖北省财政收入年平均增长10%,汉口、宜昌、沙市三口岸的进出口净值平均额为2.2亿海关两,1925年达3.5亿海关两,约为1910年的2.3倍。武汉成为华中的商业、金融中心和仅次于上海第二大商埠的地位就是在这个时期奠定的。

第三次是南京国民政府统治时期的最初的8年(1929—1937)。这一时期能否称为高潮有待研究。20世纪30年代初,贸易值全面下降,进出口货值总数1928年为4.4亿海关两,1931年为2.99亿海关两,1935年为1.8亿海关两,1928—1935年降幅为12%。湖北的支柱产业棉纺业也呈衰退态势，武汉6家华商纱厂中的5家到1936年衰退到最高峰①。但这只是事物的一个方面，另一方面，在20世纪30年代中后期，湖北的经济又有了明显的发展。据1936年8月的统计，全省按工厂法登记的工厂有548家，年产值达2.03亿元（国币，下同）；1935年主要商业城市的营业总额约3.8亿元；手工业总产值约2.1亿元。由于经济的复苏及发展，财政收入明显好转，1934年7月—1935年6月的财政实收达创纪录的28 075 904元，为1928年省库收入的1.8倍，首次出现结余。可见，在全面抗战前夕，湖北的现代经济终止了20世纪30年代初的衰落，出现了历史上前所未有的增长势头。

以现代商业、金融和工业为主导的现代经济的出现，是湖北经济生活中一次划时代的变革，但它无疑深深印上了半殖民地半封建的烙印。第一，外国资本和官僚资本占垄断地位，民族资本在凄风苦雨中挣扎。第二，战争严重破坏了湖北现代化的进程。最大的破坏有两次，一次是抗日战争；另一次是国民党政府发动的全面内战。抗战胜利后原本是湖北经济发展的大好机遇，然而由于国民党政府坚持内战方针，大量的财力、物力和人力在毫无希望的内战中耗竭，使境内经济陷入空前的危机，通货恶性膨胀，加速了南京国民政府的垮台。第三，现代经济处于低水平，主要表现是现代经济的比重较低，农业、手工业仍是省财政收入的大户；工业（尤其重工业）所占的份额较小，商业、贸易在现代经济中占主导地位；间接贸易远远超过直接贸易，出口商品结构中基本上是初级农产品。

文化的现代化是伴随着经济、政治现代化而产生和发展的，但它的运行轨迹又有自身的规律。现代文化是历史文化的继承。湖北是楚文化的摇篮，为什么到近代湖北的文化却没有发出耀眼的光芒？这个现象引起一代又一代文化精英的思索，梁启超可能是最早对这个现象做出回答的学者。1922年8月29日，梁氏在武昌中华大学作了《湖北在文化史

---

① 孙景汉：《世界经济大危机与1929—1936年武汉的工业》，章开沅、朱英主编：《对外经济关系与中国近代化》，华中师范大学出版社1990年版。

上之地位及将来责任》①的演讲,这个演讲虽然遭到新闻媒体的尖锐批评,但透过梁氏对湖北历史的失误分析和对他带有情绪化的批评②,仍能得到若干参考和借鉴。

梁氏将中国文化分为二源,即黄河与长江两大源流,湖北因地处南北要冲,为中国枢纽,所以在中国文化史上的地位是二种文化的媒介。但自汉迄明,湖北文化始终居中流水平,何故?"盖湖北居东西南北之中,风波所及,靡不受其摧折,虽有控固之文化原质,究不能一跃而为中国文化之超等地位。"在政治上讲,湖北是辛亥首义之区,"人格之高,无以复加",但民国以来,湖北地位竟每况愈下,知识与精神上均处于饥饿之中,何故?湖北或受强有力者之压迫,或为利禄所引诱,使它陷入万劫不复之境。他希望湖北人发扬首义缔造民国之精神,俾跻于富强之域;在文化上尽"调融"东西南北文化之义务。

楚文化的光辉不可能再现,因为产生楚文化的农业经济条件已不复存在。影响湖北现代文化的主要因素有二点——湖北所处的地理环境和内地现代经济中心的地位。此二点造成湖北现代文化的特点:第一,文化呈多元性。由于通讯、传媒、交通的迅速发展,文化上的封闭状态早已打破,随之而来的是异质文化的涌入。在近代中国有影响的文化种类,无不在湖北流行过,有的还扎下了根。在中国近代有影响的革命家、思想家、文学家、科学家几乎均在湖北(有的就是从荆楚大地走向全国、世界的文化精英)活动过,世界级的文化精英杜威(Dewey)、罗素(Russell)、泰戈尔(Tagore)等在武汉演讲过。这些人将各种文化带来,使该地域文化异彩纷呈。第二,由于近代中国的主旋律是救亡图存,救亡文化成为文化的主流,可以说每一种文化都深深地烙上这个印记。

---

① 《国民新报》1922年9月1—2日。
② 梁启超演讲在史实上有明显的错误,如楚国在武昌建都,三国孙吴亦在武昌建都等。他的这些失误及其他内容,引起武汉地区有影响的《大汉报》、《国民新报》等传媒的批评。

马克思主义在湖北的传播，三民主义在湖北的实践，联邦理论的鼓吹，即便是教育方法的探索，自然科学的普及，也无不与救国主题相连。第三，中介性。居中的地理位置，使武汉成为东西南北文化的交汇处，各种文化又通过这个驿站向四周辐射。这个特点在辛亥革命时期、"五四"新文化运动时期尤其明显。最后是随内地的商业中心产生的商业文化，也不同于东南沿海商业文化，是具有兼备中（传统文化）西（异质文化）、阴阳、刚柔、动静、俗雅相混合等特征的汉味文化。

历史研究永无止境。历史研究的生命在于真实，我们通过大量的档案、报刊等第一手资料，力求写出一部信史。现在呈现在读者和方家面前的作品，仍然不能令我们自己完全满意。我们诚恳地欢迎大家的批评，以便将该领域的研究推向前进。

目　录

第一章　北洋军阀在湖北统治的建立 …………………………… 1
　　第一节　黎元洪引狼入室 …………………………………… 1
　　第二节　二段督鄂 …………………………………………… 12
　　第三节　王占元统治的建立 ………………………………… 18

第二章　新民主主义革命的发端 ………………………………… 30
　　第一节　五四运动在湖北 …………………………………… 30
　　第二节　中共湖北早期组织的诞生 ………………………… 43
　　第三节　直系军阀统治湖北 ………………………………… 56
　　第四节　直系军阀统治的覆没 ……………………………… 69

第三章　湖北早期现代化的艰难步履 …………………………… 84
　　第一节　畸形发展的现代经济 ……………………………… 84
　　第二节　民国初的政治思想 ………………………………… 102
　　第三节　民国初的现代教育 ………………………………… 122

第四章　武汉国民政府时期 ……………………………………… 137
　　第一节　武汉国民政府的政权建设 ………………………… 137
　　第二节　中共中央在武汉 …………………………………… 148
　　第三节　蓬勃发展的民众运动 ……………………………… 162
　　第四节　国民政府的经济、教育、文化、新闻事业 ……… 175
　　第五节　国民政府的外交 …………………………………… 200
　　第六节　武汉国民政府的末期 ……………………………… 211

第五章　南京国民政府在湖北统治的确立 ……………………… 222
　　第一节　南京国民政府对湖北的全面控管 ………………… 222
　　第二节　政治运作与政制变更 ……………………………… 238

第三节　跌宕起伏的社会经济 ……………………………… 260
　　第四节　文化教育卫生事业的发展与误区 ………………… 285
第六章　革命根据地的创建与受挫 ……………………………… 300
　　第一节　从武装起义到革命根据地形成 …………………… 300
　　第二节　革命根据地的革命战争和建设 …………………… 318
　　第三节　革命根据地严重受挫 ……………………………… 362
第七章　抗战的武汉时期 ………………………………………… 378
　　第一节　抗战中心的骤然形成 ……………………………… 378
　　第二节　波澜壮阔的抗日救亡运动 ………………………… 401
　　第三节　规模空前的武汉会战 ……………………………… 417
第八章　鄂西后方和鄂豫边区 …………………………………… 439
　　第一节　境内正面战场的持续作战 ………………………… 439
　　第二节　鄂西后方的奠定与营建 …………………………… 452
　　第三节　鄂豫边区的开辟和建设 …………………………… 491
第九章　日伪在湖北沦陷区的统治 ……………………………… 533
　　第一节　日军暴行和日伪政权 ……………………………… 533
　　第二节　沦陷区的经济和文化教育 ………………………… 548
　　第三节　境内日军的败降 …………………………………… 561
　　第四节　对日本战犯、汉奸的处理 ………………………… 570
第十章　解放战争时期的湖北 …………………………………… 578
　　第一节　南京国民政府在湖北统治的没落 ………………… 578
　　第二节　国共军事殊死搏斗 ………………………………… 593
　　第三节　第二条战线在湖北境内的开辟 …………………… 607
　　第四节　国民政府在湖北的经济崩溃 ……………………… 623
大事记 ……………………………………………………………… 641
参考文献 …………………………………………………………… 661
后记 ………………………………………………………………… 672

第一章　北洋军阀在湖北统治的建立

第一节　黎元洪引狼入室

1912年中华民国成立，随着清王朝表面统一权威的被打破，新的政治权威亟待建立。围绕着中央政权，各种政治势力重新组合和衍变，最后以孙中山将南京临时政府的大权交给袁世凯而暂时平衡。黎元洪既不是革命党人，又不属于北洋系统，在民国初，曾利用武昌首义和武汉的地理优势，企图将权力中心移到湖北；随后他又参加政党政治，最终献媚于北京政府，其结果是搬起石头砸了自己的脚，使袁世凯在镇压"二次革命"时，一箭双雕，既借道湖北进攻江西，打败了讨袁军，又实现了对湖北的直接统治。

一、独揽军政大权

南京临时政府成立后的第三天，黎元洪当选为副总统，其政治地位从表面上看得到承认和巩固，事实并非如此。当时全国形势扑朔迷离，南北正进行议和谈判，湖北地区仍然军事对峙。随着清军从湖北北撤，北京政府的建立，摆在黎元洪面前的中心问题，就是如何在湖北建立起自己的政治权威。

民国建立伊始，中国出现了短暂的政党政治时期。黎元洪立即组织政党，借以形成自己的势力。1912年1月，黎的亲信孙发绪与孙武、刘成禺等在上海成立民社。2月28日，民社武汉支部正式成立，众推黎元洪为社长，孙武为副社长，孙发绪为评议长。民社的成立标志着黎元洪集团与同盟会对抗的开始，也是他们企图采用政党的形式对国家政治产生影响，并欲"垄断湖北一切政权"①的重要手段。中央政权北移后，黎元洪媚袁以固位。5月，民社与统一党等合组共和党，拥护袁世凯，选黎为理事长。

政治权威是依靠实力来建立的，然而被革命党人推上都督位置的黎元洪却缺乏力量。革命成功后，革命党人迅速分化，彼此明争暗斗，给黎元洪掌握湖北政权以机会。他利用革命党人的矛盾，逐渐控制了湖北的政局。

黎元洪是以群英会事件为契机，攫取湖北省的军政大权的。群英会是革命党人向海潜等在武昌辛亥起义前建立的会党性质的小团体，有100多人，其多数成员参加了革命团体共进会。革命成功后，军务部部长孙武因在南京临时政府没有捞到一官半职，便依附袁世凯，与黎元洪相勾结，攻讦其他革命党人。他不仅与文学社的蒋翊武等水火不相容，而且与共进会同志的关系也搞得非常紧张，引起公愤。

共进会成员黄申芗对孙武强烈不满，联络同乡向海潜，组成"改良政治群英会"，策划"倒孙"军事暴动。当黎元洪得知他们的宗旨第一条是"尊崇都督"后②，便任其发展，静观动向。

2月27日晚10时，群英会的士兵上街游行，鸣枪示警，包围军务部和孙武的官邸，欲驱逐孙武及其亲信。事前孙武有所风闻，躲入汉口租界。在事件中，革命阵营受到严重挫折，第2镇统制张廷辅被暗杀，谋略处谋略蔡济民被绑架，第4镇统制邓玉麟、近卫军统制高尚志被驱逐。

事件发生后，黎元洪一方面当众申训黄申芗破坏"秩序"，送5 000元让他出境；另一方面，他接受孙武的辞职，副部长蒋翊武、张振武等一并去职，委以军政府顾问官；接着对湖北军政府进行改组，削去权力最大的军务部对军官的任免权。1912年3月10日，湖北军政府改称湖北

---

① 曹亚伯：《武昌革命真史》，上海书店1982年版，正编第610页。
② 《神州日报》1912年3月4日。

都督府，设军务、参谋两处（次年改为军务、军需、军法、军医等课），黎元洪为都督。7月1日实行军民分治，设都督府和民政府，安排亲信、旧官僚、旧军官为各司司长，基本上将革命党人排挤在外，从而牢牢地控制了湖北政权。

1913年1月，经黎元洪推荐，袁世凯任命湖北陆军第1、第2、第3师师长分别为黎本唐（6月4日，黎调京候用，石星川①继任，加中将衔）、蔡汉卿、王安澜。3月24日，任命黎天才为江南留鄂陆军第1师师长。其中除蔡汉卿是变质的革命党人外，其余均为黎的亲信或旧军官。至此黎元洪整顿鄂军的计划得以实现。

黎元洪在湖北建立政治权威的同时，进一步企图在全国政局中拥有更大的发言权。他在国民党和北洋军阀两大势力间，玩弄平衡术，以坐收渔利。最典型的例证就是，几乎在同一时间，他通电主张建都北京和邀请孙中山访问武汉。

依附袁世凯是黎元洪的基本政治走向。孙中山让位于袁世凯是有条件的，条件之一就是袁世凯必须南下就职。袁世凯则借口北方政局不稳加以拒绝，由此引发了在北京还是在南京建都的争论。2月27日，黎元洪"折中定制"，提出建都武汉的方案。两天后，北方兵变使他摸清了袁世凯的底牌，于是迭电主张建都北京，压迫孙中山。

3月10日，袁世凯如愿以偿，在北京举行就职典礼。作为对黎的回报，一个月后，袁世凯委任他为参谋总长。

接着黎元洪邀请在上海的孙中山访问首义之区。4月9日，孙中山先生乘军舰抵达武昌，同行者有汪精卫、廖仲恺、胡汉民、章士钊等20余人。孙中山的到来，受到江城人民空前热烈的欢迎，所到之处，观

---

① 石星川（1880—1948），原名承楷，字敦人，号汉舫。湖北阳新人。早年留学日本习军事，曾加入中国同盟会。1908年回国后，曾任清军标统。辛亥革命后，回鄂任鄂军第1混成旅旅长。1914年兼荆宜镇守使，荆襄独立失败后，退出军界。黎元洪担任总统，授以将军府平威将军空衔，后从事实业。

者如堵，欢声如雷。黎元洪在都督府门前恭迎，与孙中山携手步入大礼堂。在欢迎词中，黎元洪盛赞孙中山先生功成身退，实光媲尧舜。

第二天上午，孙中山在湖北军政界欢迎会上，演讲国民革命的目的，阐明共和与自由的意义。下午出席武昌十三团体联合欢迎会，发表了题为《社会革命谈》的演讲。4月12日与黎元洪赴湖北同盟会支部欢迎会，黎元洪以同盟会协理的身份演讲毕，高呼孙中山先生万岁，全场雷动。4月13日，孙中山离开武汉。

黎元洪邀请孙中山的主要目的是利用孙中山的崇高威望，来"调伏"湖北的革命党人①。孙中山在武汉赞扬黎元洪为"民国第一伟人"，并对首义同志作"勖其精诚团结，拥护副总统，建设新民国"的讲话②，后来又对张振武案采取调和态度，起到了黎元洪所期盼的作用，这表明了孙中山的历史局限性和自身的弱点。

黎元洪之所以能够在湖北建立起权威中心，主要原因：第一，辛亥革命后，他有"首义元勋"、"开国三杰"、"民国四大伟人"的桂冠，而成为一面旗帜。旧官僚、立宪派需要这面旗帜，包括革命党人在内的武昌集团也需要这面旗帜。同时袁世凯上台后，也将他视为同盟者。第二，革命党人革命成功后，迅速分化，彼此争斗，各谋发展，让黎元洪有可乘之机。第三，黎元洪身为旧军官，对纵横捭阖的统治术稔知在胸，与旧军官、旧官僚和立宪派沆瀣一气，铲除异己，建立起自己的统治王朝。总之，是民国初年的各种政治势力较量的内外作用，造成了一种条件和局势，使平庸无能、沽名钓誉的黎元洪在政治舞台上扮演起中华民国副总统兼湖北都督的角色。

二、制造民国第一大血案

湖北的革命力量强大，在黎元洪看来，这是对他统治的最大威胁。

---

①② 居正：《梅川日记》，罗福惠、萧怡编：《居正文集》，华中师范大学出版社1989年版，第103页。

因此，当他的统治机制建立后，便露出杀机，镇压革命党人。1912年7月1、2日，武昌宣布戒严。他下令，"有暴动及擅自开枪聚众者，格杀勿论。若被捕获，则就地正法"①。17日，他以"煽惑军界，假改革政治为名，希图推翻军政、民政二府，破坏各司"的谋叛罪名②，将文学社成员江国光、祝制六、滕亚江三人正法。

8月9日，复以"专取无政府主义，为乱党秘密机关"的罪名③，查封《大江报》，通缉著名革命党人詹大悲④、何海鸣和编辑凌大同，并下令一旦捉获就地正法。詹、何闻风而逃，凌大同后来不幸被捕，黎对凌不加审讯，不宣布"罪状"，将他处死，并将头颅挂在武昌城南楼洞口。

蒋翊武主办的《民心报》发表《哀大江报》，直斥"黎元洪不过一庸常人耳，英雄不出，遂令竖子成名"。黎元洪怒极："何物狂生，敢呼余为竖子耶！"⑤迫使《民心报》停刊。一时间，首义之区变成一个黑暗的地狱。

8月中旬，黎元洪与袁世凯相勾结，杀害了革命党人张振武，制造了民国第一大血案。张振武（1879—1912），原名尧鑫，字春山，湖北竹山人。早年留学日本时加入中国同盟会，回鄂后参加共进会，为武昌首义领导人之一，与孙武、蒋翊武齐名，时称"首义三武"。湖北军政府成立之初，他担任军务部副部长，在部长孙武不能视事时，主持部务，在鄂军中有较高的号召力。他历来反对黎元洪，在革命党人推举黎出来担任军政府都督时，就明确表示反对。汉阳失守后，武昌危急，黎元洪逃

---

① 《鄂省共和同盟两党大决斗续志》，《申报》1912年7月8日，第3版。
②③ 《黎大总统政书》，晋益书局1916年版，卷8，第2页；卷13，第4页。
④ 詹大悲（1887—1927），原名培瀚，字质存。湖北蕲春人。1909年12月，在汉口办《商务报》，不久参加群治学社、文学社。1911年接办《大江白话报》，因鼓吹革命而入狱。武昌首义后，从狱中出来，组织汉口军政分府，因擅杀有助敌之嫌的前线总指挥张景良，而遭黎元洪的忌恨。1913年被选为湖北省第一届议会议员。
⑤ 蔡寄鸥：《四十年来闻见录》，汉口震旦民报社1932年版，第54页。

到葛店，被请回后，他与刘公提出弹劾黎元洪。

群英会事件后，张振武虽然与孙武、蒋翊武同样被免去军务部的职务，但与孙、蒋二武不同，他始终掌握着一支精干的武装——将校团，由心腹方维担任团长。黎元洪多次要解散这支3 000人的部队，都遭到拒绝。4月底，黎元洪下令解散将校团，张振武抗命，公开宣称："革命非数次不成，流血非万万人不止。"① 黎元洪实行军民分治，在人事方面又遭到张的攻击，黎遂下决心除掉他。

但是张振武为首义功臣，影响很大，难以下手。黎元洪苦思冥想，终于想出借刀杀人之计，即用袁世凯之手去铲除这个心腹大患。4月，经黎元洪推荐，袁世凯请张振武等上京，委以军事处顾问官，引起张的不满，他要求实职，袁复任他"蒙古调查员"。

8月10日，张振武带上方维上京晋见袁世凯，商讨蒙古边务事。第二天（8月11日），黎元洪向袁世凯发"真"电，诬称张"近更蛊惑军士，勾结土匪，破坏共和，图谋不轨"等罪状，请大总统将他"立予正法，其随行方维系同恶相济，并乞一并处决"②。袁世凯接电后，故意复电核实。13日，黎元洪再发一电促即行刑，袁世凯遂密令步兵统领、执法处总长"遵照办理"③。

8月15日晚，张振武在北京六国饭店宴请北方各将领后，在返回途中，行进到正阳门之栅栏处，忽枪声隆隆，士兵如蚁，将马车团团围住，打碎车窗，欲捆绑张。张振武大喊："国都之地，汝辈仍敢劫人？我张振武也。尔辈何能如此无法？"④ 士兵不由分说，立即将他缚住，送至执法处。执法总长陆建章向他出示黎元洪的电报，复出袁世凯的命令。张振武要求："余之生死今已置之度外，不过余即有罪，应开军法会审，并要湖

---

① 《黎元洪再布张方罪状电》，《民立报》1912年8月23日，第6页。
② 《黎大总统政书》，晋益书局1916年版，卷13，第6页。
③ 《北京电讯》，《民立报》1912年8月18日，第3页。
④ 《武昌起义档案资料选编》上卷，湖北人民出版社1983年版，第439页。

北交出证据,不能凭空杀人。"陆建章答:"大总统军令只有正法字样,并没有下令审讯。此事余亦知未免野蛮,为足下代抱不平,然实在无可如何。"①凌晨1时,张振武被绑在木桩上,身中6枪遇难。方维在住地金台旅馆同时被捕,亦遇害。

凌晨3时,民社派的参议员时功玖、刘成禺与总统府参议官哈汉章等赶往执法处,得知张已被处决,惊骇莫名。早8时,他们到总统府质问,但无结果。一时舆论大哗。

袁世凯从来就与革命对立,辛亥革命后,他之所以与南方打交道,纯是策略上的考虑,利用革命力量取得最高权力。这个目的达到后,中国同盟会就成为他建立政治新秩序的最大障碍。但袁世凯杀张振武还有另外的原因,在他建立政治权威中,争取黎元洪的支持是至关重要的,杀张可以一举两得,为黎杀张,有笼络之意;同时也决不为黎背上罪名,为攫取湖北、打击黎元洪埋下伏笔。所以指责之声腾起时,袁世凯于16日公布黎元洪请杀张振武的"真"电,将责任推得一干二净。

8月18日,鄂籍参议员张伯烈等20余人署名,向参议院提出《质问政府枪杀武昌起义首领张振武案》,矛头直指袁、黎。20日,参议院开会讨论此提案。在三天的会上,共和党、同盟会议员共同谴责政府违法,擅杀起义功臣;要求内阁总理和陆军总长到院答复。

黎元洪万万没有料到袁世凯会公布"真"电,狼狈不堪,连忙于17、19、23日通电自白,宣布所谓张振武的罪状;22日致电袁世凯,正式提出辞去参谋总长和湖北都督职,向参议院辞去副总统职;同时在武昌加强戒严,遣散将校团;23日策动湖北军界发出通电,对参议员的质问书逐条驳斥,并恫吓鄂籍参议员。接着湖北省议会等社会各界致电北京政府挽留黎元洪。

8月25日,黎元洪致电袁世凯并京外各机关,表示对张方案自负责任。28日,武昌举行了张振武的追悼会,黎元洪又亲往灵堂致祭,并书

---

① 《枪毙张振武方维之惨史》,《民立报》1912年8月21日,第7页。

挽联："为国家缔造艰难，功首罪魁，后世自有定论；幸天地鉴临上下，私情公义，此心不负故人。"①

张振武案是袁世凯与黎元洪等旧势力合谋，破坏旧约法，向革命党人开刀的首次重大事件。围绕此案，同盟会内部为严办还是和平解决展开了争论，由于孙中山的调和态度而归于平息。通过此事件，革命党人对黎元洪的认识深入一步，但对袁世凯独裁专制的本质还缺乏认识，7个月后，经宋教仁案的发生才终于觉悟，遂发动了"二次革命"。

三、镇压"二次革命"的帮凶

在张振武案中，黎元洪机关算尽，没料到弄巧成拙，被袁世凯所卖。革命党人的"倒黎"浪潮此起彼伏，黎元洪遂制造白色恐怖，"泥（黎）菩萨"的绰号被"黎屠夫"所替代。

1912年9月下旬，武昌南湖马队二标举行"倒黎"兵变，遭到残酷镇压，死300余人。10月2日，黎元洪出布告悬赏万元大洋缉拿叛乱首要者。10月5日，他又下紧急戒严令；10月10日，派军警到汉口缉拿蒋翊武，未遂。黎元洪似害了恐惧症一般，1913年春节也不敢松懈，派出军舰巡逻江面，军警四处搜捕革命党人。

1913年3月，宋教仁案发生。革命党人主张武力讨伐袁世凯，酝酿"二次革命"。当时在中国能够左右政局的有三大政治军事力量，即北京的袁世凯集团、武昌的黎元洪集团和据有华东、华南的国民党势力。在这个政治三角角逐中，湖北与国民党控制的江西、安徽毗邻，故成为南北必争的战略要地。

黎元洪所处的地位，有举足轻重、操纵南北之势，因而成为革命党人和袁世凯争取的对象。黎元洪权衡利弊，决定倒向袁世凯。最初，他

---

① 潘康时：《潘怡如自传》，《辛亥首义回忆录》第3辑，湖北人民出版社1980年版，第45页。

对宋教仁案真相表示怀疑，为袁世凯辩护；继而以顾全大局为由，鼓吹"巩固共和，维持大局，宁可以宋君殉全国，不可以全国殉宋君"①。最后公开致电袁世凯："民国之兴，发之者虽由元洪，而成之者实我总统也。元洪爱民国如命，即爱我总统如命，力所能济，生死以之。"②

在政治上投靠袁世凯的同时，黎元洪于4月4日，以湖北不靖为由，请北京政府派北洋军第6师到鄂，以资震慑。袁世凯早就觊觎江汉，此电正中下怀，立即电令第6师李纯速调步兵一团2 000余人抵汉。4月25日，北洋军第2师王占元部也抵达武昌。此为北洋军进入汉上之始③。

6月9日，袁世凯悍然下令罢免江西都督李烈钧的职务，由黎元洪兼领。黎元洪开门揖盗，将鄂境作为北洋军进攻江西的通道和基地。开战前夕，驻扎湖北的北洋军有第2、第6师和第1、第20、第7师各一部。黎令第2、第6师布防鄂东广济、武穴、蕲春一线，为进攻江西作准备。7月1日，他在武昌检阅北洋军近2万人，以炫耀武力。

7月4日，黎元洪密令第6师先行进入九江地区，于8日占领九江，燃起战火。11日，为了加强该地区的军事力量，他派军舰两艘"赴援"④。14日，将鄂军与留鄂江南第1师合编成2个混成旅，由黎天才统率赴浔助战；命鄂军第1师师长石星川率部开赴鄂东，以阻江西讨袁军北进。

15日，袁世凯任命段芝贵为陆军第1军军长，统辖第1、第6师，连同海军次长汤芗铭的海军，归黎元洪节制。7月20日，黎元洪在武昌接见英国军官罗呗逊时，谈到镇压江西讨袁军的作战计划，"首先是占领湖口所有的炮台，接着在这些炮台和九江设防，以防止江西军队的重新

---

① 《黎大总统政书》，晋益书局1916年版，卷25，第6页。
② 《黎大总统政书》，晋益书局1916年版，卷20，第2页。
③ 1912年9月，应黎元洪要求，北洋军进驻鄂境，但为数不多，只有象征意义。
④ 《黎元洪致袁世凯报告》，1913年7月11日，中国第二历史档案馆藏。

占领，北方军队在留下一支警卫部队驻守江西后，将前往南京，同张勋合作"。他对北洋军取得胜利，是"极为乐观的"①。

与此同时，黎元洪还疯狂地扑灭湖北境内的革命活动。宋案发生后，黄兴派田桐回湖北，与蒋翊武、原鄂军第8师师长季雨霖②等密谋响应讨袁。3月28日，季雨霖、詹大悲等组成改进团，众推季雨霖为团长，在汉口碧秀里等处设立机关，酝酿倒黎起义。黎元洪得知，缇骑四出，军警密布，到处搜捕。4月4日，军警将改进团重要成员容景芳等16人拿获，破坏碧秀里机关。4月14日，袁世凯应黎元洪的电请，通缉季雨霖、熊秉坤等。

"二次革命"爆发后，季雨霖、詹大悲等潜回武汉，在汉口成立"临时鄂军机关部"，准备于6月25日起义。6月24日，黎元洪先发制人，派军警会同法巡捕在汉口租界搜查革命党的《民国日报》馆，抓获主笔曾毅等4人。第二天在武昌、汉口、南湖等地分头搜捕革命党人，处决30余人。詹大悲等匆忙起义，旋失败。26日，军警在汉口德租界将起义的重要领导人宁调元、熊越山拿获，于7月下旬将他俩解押到北京处决。7月7日，袁世凯与黎元洪相策应，下令通缉季雨霖、詹大悲、赵鹏飞等人。随后湖北省议会秉承黎元洪的旨意，将詹大悲、赵鹏飞、梁钟汉等3位省议员除名。

6月25日，驻湖北天门第31团第2营营长章裕昆发动兵变，响应省城的起义。起义军于26日入潜江，28日逼近仙桃。黎元洪急忙调集第3师驻仙桃的一个团、第8师驻沙洋的一个团与第7旅等部，分途截堵，并悬赏缉拿章裕昆，章只身"远逃"③。

---

① 《英国蓝皮书有关辛亥革命资料选译》，中华书局1984年版，第695页。
② 季雨霖（？—1918），字良轩。湖北荆门人。早年进湖北将弁学堂，入日知会。辛亥武昌首义时，任民军标统，参加阳夏战役。1912年任鄂军第8师师长。"二次革命"后赴日本，参加中华革命党。1917年参加护法运动，次年2月21日在钟祥遇难。
③ 《黎元洪致陆军部电》，1913年8月15日，中国第二历史档案馆藏。

驻沙洋的防军是季雨霖的旧部，团长刘铁于 7 月 21 日响应季雨霖的号召，杀掉黎元洪派来办理解散该团的副官曹某，编为湖北讨袁军第 1 团。黎元洪忙令第 7 旅旅长徐镇坤、荆州镇守使丁槐等部兜剿，刘铁部不敌退到湖南后，部队溃散。

至此，湖北境内响应"二次革命"的起义彻底失败。据《时报》统计，在这次事变中，黎元洪杀害革命党人 300 多人，顿时湖北成为暗无天日的世界，武昌成为"鬼哭人号之鄂垣"①。黎元洪统治湖北时期，据他的朋友章炳麟计算，屠杀革命党人和群众 2 万余人。

黎元洪不断向袁世凯效忠输诚，然而他不是袁世凯的嫡系，在袁的眼中，黎握有重兵，占领具有战略意义的地盘，是潜在的威胁。国民党的造反被镇压后，这个矛盾就日益尖锐、突出。"二次革命"后，袁世凯多次邀请黎元洪上京，均遭婉拒。1913 年 10 月 7 日，国会选举袁世凯为正式大总统，次日以 611 票选举黎元洪为正式副总统。10 月 10 日国庆日举行就职典礼，袁世凯请黎元洪一道参加，黎则坚持兼湖北都督，在"鄂垣开府"。袁世凯亲笔书写副总统府匾额送到武昌，却扣下正式副总统大印。黎元洪只好在就职仪式上尴尬地率领官员朝临时副总统印行三鞠躬礼，一时为媒体所讥讽。

10 月 13 日，袁世凯派总统府高级顾问哈汉章、陈光宪到汉，明为送副总统印和贺寿（18 日是黎 50 大寿），实为敦促他上京。黎元洪也仿效袁世凯对付孙中山，制造事端拒绝南下的把戏。一日，汉阳突然响起三声炮声，他遂以"伏莽尚多，一去定有他变"来搪塞②，搞得袁世凯哭笑不得。10 月 22 日，袁复派参议院议长王家襄等抵达武汉，明为送副总统证书，实请他"面商要政"。

12 月初，黎元洪的亲信、新任湖北民政长饶汉祥应袁传见赴京，袁世凯亲自施加压力。6 日，饶汉祥返回武昌，与黎元洪商议。黎感到内

---

① 《鬼哭人号之鄂垣》，《民立报》1913 年 4 月 11 日，第 8 页。
② 《副总统之晋京问题》，《申报》1913 年 10 月 19 日，第 6 版。

外交困,由于他大量屠杀革命党人和革命群众,做袁世凯的帮凶,为湖北人诟骂,终日如坐在火山口上;如今是请神容易送神难,北洋军第2师已布满武昌要津,哪还敢抗兵相拒,唯一明智的选择就是自动解除兵权,才能自保。此时袁世凯又电告,将派亲信、陆军总长段祺瑞"来鄂替公暂权篆务"①,他只好回电表示同意。

12月8日下午,段祺瑞抵汉"劝驾"。9日晚,黎元洪从汉口大智门火车站乘坐花车(专列)启程。花车一声开动的汽笛声,宣告了黎元洪在湖北时代的结束。约二日,他的家眷被接去北京,从此他再也没有回过故里。1933年他的灵柩被运回武昌,1935年11月4日,国民政府在武昌洪山宝通寺为他举行了国葬,其墓在武昌卓刀泉。

第二节 二段督鄂

黎元洪的离鄂,标志着北洋军阀统治湖北的开始。段祺瑞、段芝贵的主鄂,彻底改变了湖北的地位,使它从在全国政治角逐中具有举足轻重的主导地位,降为只是俯首听命于北京政府的一个省区。北洋军阀在黎元洪自戕政策的基础上,对鄂军大力裁撤,随着荆襄自主帷幕的降落,湖北地方军阀便成了一个历史的概念,湖北在军阀混战中变成外省军阀争夺的一块肥肉。

北洋军阀在黎元洪对革命进行镇压的基础上,强化了军事专制统治,使革命势力一蹶不振,失去了辛亥年揭竿而起,敢为天下先的气势,直到五四运动才复苏。北洋军阀对湖北人民的竭泽而渔的掠夺,造成社会愈加动荡,广大人民与北洋军阀的矛盾构成了湖北社会的主要矛盾。

一、段祺瑞的短暂统治

袁世凯派段祺瑞到汉"迎驾"黎元洪,表明了袁世凯解决湖北问

---

① 《黎副总统晋京详记》,《申报》1913年12月14日,第6版。

题的决心。他选段祺瑞来完成这项任务是经过深思熟虑的。段祺瑞（1865—1936），安徽合肥人。出身于军旅之家，早年进入天津武备学堂。1888年到德国深造军事，1890年回国。1895年袁世凯小站练兵时，即入新建陆军，获得袁的赏识迅速发迹，官至第2军统领，成为袁的心腹，为"北洋三杰"之一。他是袁世凯集团的智囊，擅长折冲，多次为袁解决棘手的问题，特别是在南北和议中，于逼清帝逊位起到关键作用，为袁所倚重。袁担任大总统后，任他为陆军总长，掌管全国军事大权。

袁世凯这次让段祺瑞出面请黎元洪北上，一方面给足黎的面子，一方面也是避免不测。段能够见机行事，其作为陆军总长，本身就具有"震慑"作用。来前，北洋第2师的主力已布满武汉，他带近畿第1师第1旅第2团1 000余人一起抵汉，立即在都督府布防，以资护卫。

12月10日，黎元洪还在赴京途中，袁世凯便下达段祺瑞暂兼代领湖北都督的命令。段祺瑞立即大摆盛宴招待湖北军政要员，同时调兵遣将，将省城的所有鄂军一律调出城，驻扎在武昌大朝街的留鄂江南第1师一个团移防汉阳县。同日段祺瑞下手谕，3日之内所有谒见人员一概不见；都督府各职员限5日内将一切交代案件拟办齐全，以清手续；府内的厨师丁役全部更换。第二天，2 000近畿士兵开进武昌，都督府内的卫兵一律撤换。黎元洪的护卫军有3队，其中第2、3队随黎北上，剩下的第1队也被段调京。北洋军日夜巡逻于武汉三镇。

12月19日，黎元洪上书袁世凯请辞湖北都督职。第二天（20日），北京政府正式任命段祺瑞兼任湖北都督。

段祺瑞立即对湖北军政二府进行改组，使之成为听命于袁世凯政权的地方政权。他取消了副总统府，解散秘书厅，在"节省开支"的名义下，将副总统府的办事员一律减去。将都督府的会计、庶务、承启三处合并为副官处；顾问参议减去41员，附属军官减去63人，各课处减去12人；撤消稽查队。

段祺瑞任命亲信傅良佐为常驻都督府参议官，特设置随员7人；将掌握军事"权势所集之点"的军务、军需两课的课长撤换，由北洋军高级军官担任。黎元洪在位时，鄂军有3师2旅、江南留鄂军第1师，及各机关之护卫、巡缉各特种部队，共6万余人。段祺瑞进行改编，拟将鄂军3个师与江南留鄂军第1师合编为2个师，由中央政府供应军饷；其余部队改编为警备军，由地方担任军饷。共裁军2万余人，军官1 000余名。

接着，他和新上任的民政长吕调元调整民政府。主要吸纳三方面的人物，一是将自己的亲信重用。陈德龙是前清道员，统领湖北水陆防营，民国后，投靠段祺瑞，随段来鄂，被委以长江七省水警检查官；胡俊采、陈希贤为安徽人，前清科甲出身，段将二陈委以内务、实业司司长；范守佑是安徽合肥人，随段祺瑞入鄂，被委以鄂东道观察使；朱佑保是江苏人，前清直隶省知县，因与吕调元有旧，被委以鄂北道观察使。二是大量录用旧官僚。吕调元以北方各省大量录用前清官吏为由，向内务司索取湖北前清官册，"以为搜求良吏"。鄂籍前清官员欣喜若狂，纷纷走门路觅介绍，吕调元分班接见，加以录用。三是将听话的官员留用。

段祺瑞对革命党人极端仇恨，上任伊始，就命令军警搜捕革命党人，先后抓捕革命党人伍盛华、关克威（前鄂军第7师总参议）、刘铁等。12月14日，特委任熟悉鄂情的李庆云等6人为高等调查官，负责调查革命党人的活动。12月18日，下令将纪念武昌首义的起义门、聚义门恢复旧名中和门、通湘门，以消除辛亥革命的影响。

段祺瑞在湖北的51天，处理的另一件大事，就是镇压白朗起义。白朗是河南宝丰县的一个农民，因不满官府对人民的横征暴敛，在民国建立之初，就打起"劫富济贫"的旗号。1913年初夏，义军活跃在鄂豫边境。"二次革命"时，白朗义军借革命党人的声威，有了较大的发展。12月末，白朗义军一部二三千人从豫西进入湖北丹江一带，段急忙调兵"征剿"。1914年1月11日，他致电袁世凯，称"豫匪久不灭，外人注目，吾人耻之"。要求北京政府派驻鄂北洋军第2师王占元部出一个旅，与其他部队，由吴光新为总参议，"通盘筹画，为一网打尽"①。

段祺瑞到湖北是袁世凯的一个过渡安排，在派段去鄂时，袁世凯就已决定段芝贵督鄂。段祺瑞所做的一切，为后任的统治奠定了基础。1914年2月1日，袁世凯命令段祺瑞回京供职，委任段芝贵署理湖北都督。

二、段芝贵的祸鄂殃民

段芝贵（1869—1925），字香岩。安徽合肥人。1897年投靠袁世凯，任新建陆军稽查队先锋官、统制等职，为袁所器重。民国后，成为袁世凯集团的主要成员之一；因又是袁的干儿子，故有"干殿下"之称。

段芝贵上任之际，白朗起义军连克豫东、皖西和鄂东英山②等地，声威大振。袁世凯将河南都督张镇芳、护军使赵倜革职，令段祺瑞长驻开封，统一指挥豫鄂皖三省正规军3万余人，"聚歼"义军。

负责在鄂豫边境"剿匪"的主力是王占元的第2师、第9师（即江南留鄂第1师），湖北第2、第3师等。但义军飘忽不定，采用声东击西的战术，搞得官兵"防不胜防，堵不胜堵"③。白朗义军于2月下旬，突破王占元等部的围剿，兵分两路，一路攻湖北应山和安陆，有南进武汉之势；另一路经随县等地西进。

豫鄂边境警报频传，武汉更是风鹤频惊，而驻扎在武汉的军队纪律极坏，在汉口警戒的部队中能够依靠的只有两个营的兵力。段芝贵飞调王占元率第2师回鄂，将湖北陆军第2旅旅长吴新田强行留在省垣，以"稍资镇慑"④。

---

① 《段祺瑞致袁世凯、参陆两部电》，1914年1月11日，杜春和编：《白朗起义》，中国社会科学出版社1980年版，第78页。
② 其时，英山属安徽省辖，1932年划归湖北建制。
③ 《王占元致段祺瑞电》，1914年3月18日，杜春和编：《白朗起义》，中国社会科学出版社1980年版，第145页。
④ 《段芝贵致段祺瑞电》，1914年2月28日，杜春和编：《白朗起义》，中国社会科学出版社1980年版，第123页。

2月30日，白朗义军占据豫鄂边境，京汉铁路中断。3月7日，白朗义军攻占鄂西北重镇老河口，京城震动。段芝贵"焦灼万状"，8日急调枣阳鄂军一个营，次日又飞调第3旅一个营星夜赶赴襄樊，与刘跃龙一同"进剿"①。白朗义军在老河口停留三天后，挥师经郧西进入陕南，方使段芝贵松了一口气。随后他调兵遣将，令北洋军第15旅设重兵于紫荆关。3月21日，又拼凑一个混成旅，由石振声统领，开往广水、襄阳助战。23日，令卢金山率第3旅北上。不久又调湖北第1师一个团开往沙洋，堵剿起义军。

在堵剿白朗起义的同时，段芝贵加紧镇压革命势力。1914年2月，逮捕革命党人40余人，处决20余人。4月，拘获革命志士30余人。6月下旬，在南湖破坏革命党人机关，处决首要8人。8月14日，将黄纪纲、余慈舫等革命党人处决。

段芝贵还大兴文字狱，制造了轰动一时的《大汉报》案。《大汉报》是一份与中国同盟会、国民党关系十分密切的大报，创办于1911年10月15日，主编胡石庵（1879—1926），名人杰，别号天石。湖北天门人，曾参加日知会，辛亥武昌起义后，因办报竭力鼓吹革命，被革命军人称赞"胡石庵一枝笔，胜过吾辈三千毛瑟枪"②。二段督鄂，《大汉报》对其弊政时有针砭。对段芝贵的所作所为，胡石庵尤为气愤，一次，他得知段芝贵欲用重金将名伶王克琴赎出，献给袁世凯的大公子袁克定后，执笔写了《落花有主》的文章，刊登在报上。

段芝贵十分震怒，于1914年3月13日，派军警封闭《大汉报》，将胡石庵和编辑丁愚庵、彭覃庵、朱纯根等拘押，并指控《大汉报》勾结"白狼"义军，并为之宣传，欲置胡石庵于死地。段芝贵迫害新闻记者事件引起全国各报的抨击，黎元洪也为之说情，段只好将胡石庵判处有期

---

① 《段芝贵致段祺瑞电》，1914年3月9日，杜春和编：《白朗起义》，中国社会科学出版社1980年版，第129～130页。

② 胡贽：《辛亥史话》，《辛亥首义回忆录》第1辑，湖北人民出版社1979年版，第220页。

徒刑3年半。段离任后，胡等才被释放。胡石庵在狱中著有《楚囚十日记》，在《大汉报》上连载，揭露事件的经过及其在狱中的遭遇。

1914年7月，孙中山在日本组建了中华革命党。湖北革命党人居正、田桐、詹大悲、董必武等纷纷投奔到这面战旗下，重新投入战斗。孙中山先后委任蔡济民为中华革命军湖北革命军司令长官，在上海设司令部，吴醒汉为参谋长，熊秉坤、王华国、刘英分别为湖北第一、二、三区司令官，运动湖北军队反袁倒段。由于段芝贵的严密防范，倒袁行动屡受挫折。1915年初，救世军右路总指挥许士英不幸被捕，被段芝贵下令枪决。3月6日，中华革命党两湖招讨使罗石相趁沔阳知事因公赴新堤（今洪湖市）未归之机，发动60多人，臂缠白布，攻入县城署，释放犯人，震动江汉。段芝贵连忙派兵进攻，罗军溃散，罗石相等主要领导人先后在汉口等地被捕遇害。

1915年5月，袁世凯为了复辟帝制，在日本帝国主义的威逼下，承认丧权辱国的"二十一条"，激起全国新的反对日本侵略的运动。5月13日，汉口日本侨民庆贺所谓中日交涉胜利，当夜幕降临，举行提灯会。晚上，汉口中国商店纷纷熄灯闭门，以示抗议。一会儿，两国商民发生了冲突，愤怒的市民捣毁租界内数家日本商店。段芝贵立即命令汉口镇守使杜锡钧派兵镇压，同时派汉口交涉员与日本驻华领事商议赔偿事。18日，汉阳日商日信洋行的华工，因反对洋行的压迫和剥削，与司事发生冲突斗殴。段芝贵闻讯，派出军警驱逐华工，为日本商人张目。他的卖国行为激起武汉人民的极大义愤。

段芝贵大肆搜刮民脂民膏，除攫为己有外，还源源不断输送北京政府，以支持袁世凯的专制统治。他上任的第一个月，就答应每月向北京政府接济40万元。1915年1月政事堂致电段芝贵，以经济窘迫，不敷之款达5 300万元之多，要湖北竭力"接济中央，以维大局"①。鄂省财政已经山穷水尽，盐、关两税为财政主要来源，但归北京政府，地方不

---

① 《徐世昌致段芝贵批令》，1915年1月26日，中国第二历史档案馆藏。

得染指。全省其他年收入约为820万元，支出为846万元，加上1914—1915年的内外债192万元，"收支两抵，不敷之数约250万元"①。尽管如此，段芝贵接到饬令后，立即会同巡按使段书云，召集财政、政务各厅厅长、江汉道尹等员，反复研究后，向袁世凯政府表示"鄂省虽然万分支绌，亦不容不竭力接济"中央政府②。

段芝贵的接济之法就是增加赋税。田赋，每亩征收最低325文，最高4810文，平均2567文，田赋之高，仅次于陕西，位居全国第二。丁漕原以钱折银，现改以银为单位，地丁银一两折钱三串，漕米一石折钱六串，仅此项又可多索取40万元。串票每票增收钱70文，每年可增30万元。卖契征税由5分提高到9分，典契征税由3分提高到6分，每年可增加20万元。货厘由值百抽二改为值百抽五，再增加70万元。其他厘金、税票、烟酒税等均有所提高。如此盘剥，全年额外榨取250万元。从1月开始，湖北省每月向北京政府接济15万两银。

对于段芝贵的忠心，袁世凯加以褒奖。1914年12月30日，北京政府设将军府，授予他为彰武上将军，同时被授此殊荣的仅有段祺瑞、冯国璋等5人。1915年1月26日，袁世凯特下嘉奖："鄂省财政经济，该将军等竭力整顿，日有起色，并能担任接济中央，为各省倡，足征擘划有方，力顾大局，甚属可嘉。"③

1915年8月22日，袁世凯下令将段芝贵调任奉天将军，任命张锡銮为镇安将军，督理湖北军务，未到任前由王占元代理督理湖北军务。

第三节 王占元统治的建立

袁世凯王朝是独裁政权，对地方则采用军民分权，其目的是削弱封疆

---

① 《段芝贵致北京政府呈文》，1915年1月19日，中国第二历史档案馆藏。
② 《段芝贵关于湖北整顿税收，增加财力等情密呈》，原件无时间，中国第二历史档案馆藏。
③ 《关于嘉奖段芝贵等竭力接济中央批令》，1915年1月26日，中国第二历史档案馆藏。

大吏的权力,高度集权于中央政府。但是袁氏政权是通过军事网络建立起来的,"兵随将走"必然破坏统一,造成地方割据。1915年8月,袁世凯的政治权威首先受到来自湖北的挑战。代理湖北军务的王占元以军事力量为后盾,利用袁世凯急于复辟帝制之机,公然迫使中央政府做出让步,将湖北将军段芝贵调走,由王代理。王占元的行动与奉天(今辽宁省)张作霖抗命北京政府[①]同时发生,不是偶然的,实质上是袁世凯独裁政治的必然恶果,表明北京政府高度集权的神话开始被打破。随后,以地方军事独裁为标志的督军政治,在中国蔓延开来。湖北也就进入王占元时代,王统治湖北六载,成为北洋军阀统治时期主鄂最长的一个军政首脑。

一、索权与拥戴

王占元(1861—1934),字子春。山东馆陶(今属河北)人。1886年入天津武备学堂,毕业后投入宋庆的毅军。1895年入天津小站新建陆军,历任管带、统带、协统、副将、总兵等职,成为袁世凯的骨干。1911年11月,王率军进攻汉口、汉阳,因战功擢升为第2镇统制。民国建立后,镇改师,王为第2师师长。

该师建军于1904年,由北洋军右镇改名第2镇,是袁世凯的主力部队之一,1913年4月进驻湖北。在癸丑战役中,该师编入北洋军第1军战斗序列。打败国民党后,该师留驻武汉,对逼走黎元洪起到了关键作用。

在军阀统治时期,统治者是以军事实力为统治基础的。段芝贵主鄂时,虽贵为上将军、"干殿下",但只能督理湖北的军务,充其量可以指挥地方军队,北洋军不归他调遣。在湖北掌握军权的是王占元,他早就有主鄂的企图,从没有把段芝贵放在眼里,处处掣肘,令段十分难堪。

---

① 张作霖是陆军第27师师长,控制着奉天省,排挤袁世凯的把兄弟、奉天将军张锡銮。袁初欲给张作霖一个"护军使",将其调往蒙古,遭到张的拒绝,只好作出妥协,于1915年8月将张锡銮与段芝贵对调,后又将段调走,正式任命张作霖为奉天盛武将军,督理奉天军务兼奉天巡按使。

王占元具有观察政治风向的本领，且以军事为手段，进行主鄂的政治角逐。相形之下，段芝贵的地位就显得脆弱得多，明白自己不是王的对手，遂多次向袁世凯辞职。袁世凯起初企图调和他们之间的矛盾，1914年4月任命王占元帮办湖北军务，12月复令他代理湖北军务。

袁世凯没有料到，他的平衡政治把戏在王占元那里已经失去了作用，王要的是独揽湖北政务，而且善于抓机遇，利用袁一心登基的机会，加紧策动驱逐"干殿下"的活动。段王恶斗愈演愈烈，袁又企图将王调走，但让任何一个省的将军让出位置都非易事，最后袁世凯不得不向握有兵权的王占元妥协，于1915年8月22日下令，将段芝贵调到奉天，调镇安上将军张锡銮为湖北将军，未到任时，由王占元督理湖北军务。由于王的不欢迎，张成了北洋军阀统治时期湖北7任军政长官中唯一一个没有上任的首脑。段芝贵离开后，王占元就成为湖北将军行署的真正主人。

王占元掌握湖北政权正是袁世凯复辟帝制的高潮，他为了巩固刚得到的地位，极力迎合袁世凯，成为积极拥戴帝制的干将。在各省区中，湖北是最早劝进的省份之一。早在1913年3月19日，就有商民裘平治上书袁世凯，谓"总统尊严不若君主"，请求改帝国立宪。袁世凯故意发布通令，痛斥谬论，声称本大总统"发扬共和之精神，荡涤专制之瑕秽，永不使帝制再见中国"[①]。

这个通令是虚假的，裘平治的劝进正是袁世凯意料中的事，两年后，当大总统的宝座坐牢时，袁就开始恢复传统的政治礼仪，要南面称尊。1915年8月，以杨度为首的筹安会成立，使袁世凯复辟帝制的意图日见明朗。

在王占元的支持下，湖北的复辟势力立即活跃起来，组织了筹安会湖北分会，与北京联络。接着梅宝玑、谢石钦等士绅还发起"教育请愿团"，鼓吹复辟帝制。9月2日，段芝贵密呈请求变更国体，王占元等14名将军连署。6日，王占元致电袁世凯，主张对于筹安会宣扬改变国

---

① 《政府公报》第312号，1913年3月20日。

体事，请"我大总统受四万万人民之托命，责无可辞，不能顾一己之谦德，而不为国家谋久远之基"①。同日，汉口镇守使杜锡钧、襄郧镇守使黎天才等36个镇守使"冒死上陈"，请更改国体②。9月21日，湖北巡按使段书云等联名上书，提出同样的请求。

11月1日，湖北区所谓国民代表就决定国体进行投票，投票地点在将军行署，王占元与段书云参加。结果69票全部赞成改变国体，王占元随即发表讲话：今日开票全体一致通过，足见改变国体是众望所归，"惟皇帝位必须推戴贤能方足振兴国势，今大总统袁公统一南北，戡定大乱，造福生民，功侔虞舜，自应恳祈即登帝位以定国是，诸君如表赞成请即举手"。全场一致举手，欢呼万岁③。

12月13日，袁世凯在中南海接受文武百官的朝贺，接着宣布从1916年废除民国年号，改用"洪宪"元年。这一天是星期天，当天湖北将军、巡按两署辕门高挂彩灯，悬挂红地金字"天子万年"的匾额。王占元命令连续三天举行庆贺活动，从即日起，所有呈文一律改用奏折上下行公牍，凡是称谓大总统的地方一律改称大皇帝或皇帝陛下。军警纷纷上街，强行要各商店挂灯悬旗。英文《字林西报》记者记录了武汉的情景："汉口华界步行殆遍，几无一旗映我眼帘，武昌虽经官场谕令欢祝，然除官署外，绝未有此种庆贺之象。"④

这一天，王占元还率全省文武百官遥望北阙致电敬贺。湖北解款36万元以接济中央。对王占元等竭力的拥戴，袁世凯论功行赏。12月21日，政事堂特封王占元为一等侯，段书云为一等男。第二天，令督理湖北军务张锡銮着开缺，留京当差，1916年1月8日，政事堂正式任命王为襄武上将军，督理湖北军务。这样王占元终于在名分上也得到了袁世凯的承认。

---

①② 章伯锋主编：《北洋军阀》第2卷，武汉出版社1990年版，第1072页。
③ 《鄂省国民代表投票续记》，《申报》1915年11月6日，第6版。
④ 《鄂人对于国体问题之别报》，《申报》1915年12月26日，第3版。

袁世凯的倒行逆施遭到全国人民的强烈反对，云南于12月25日首先举起护国大旗，许多省份响应，王占元却是少数几个坚决支持袁世凯的地方军事长官之一。1916年1月10日，他仍电请袁世凯早登帝位。14日，宜昌神龛山石洞发现石龙，王得知，立即上报，以为帝制祥瑞。袁世凯大喜，下令加以保护。

同时，王占元调集军队赴蜀、湘参加讨伐护国军。2月扼杀了湖北的一次反袁起义。在袁世凯复辟高潮时，中华革命党人蔡济民、刘英等陆续回到湖北，秘密组织讨袁军，将湖北分成五个区，由蔡任总司令。他们计划策动武昌南湖马队首先举义，汉阳、汉口同时响应。1916年2月18日夜10时，南湖马队发难。王占元早已侦悉，在南湖南岸巡司河前武建营旧址埋伏重兵，及马队起事，立即渡河而北，首先将参与起事的炮队营包围，使马队失去援助。马队人数不足一个营，为北洋军围住，苦战良久，终于不支溃散。

王占元宣布全城戒严，每个城门均由第2师加派士兵配合军警把守，稽查出入之人。四处搜缉造反士兵。街上爪牙四出，任意抓人，罹难官兵百余人。一年来捕杀革命党人和群众数以千计，"且各处以极残酷之私刑，如铰麻花、敲镖丝、烧肉香、上天秤、烤半边猪等类"，使受刑人痛不欲生①。湖北弥漫着血腥气，武汉人人自危。

5月22日，袁世凯大势已去，王占元还公开要袁世凯留用，否则定以武力解决。袁世凯死后，6月17日，他呈请北京政府为袁世凯建铜像。王占元助桀为虐的行径受到舆论的谴责。

二、湖北省议会的建立、解散与恢复

民国成立后，湖北省设置的立法机构是省议会。1912年9月，北京政府公布了《省议会议员选举法》，继而公布《各省第一届省议会议员名

---

① 《中华民国史事纪要》（1916年1—6月），"中华民国史料"研究中心1975年印，第109页。

额表》、《省议会议员复选区表》和《省议会暂行法》等三个法规，各省省议会正式启动。1913年3月10日，湖北省第一届议会举行成立大会，覃寿堃任议长，屈佩兰、王信敷任副议长。1912年2月成立的临时省议会在前一天（3月9日）举行闭会典礼。

第一届省议员104人，其中共和党57人，国民党42人，统一党1人，无党派人士2人，民主党2人，由全省8个选举区中产生。按照北京政府的《省议会议员选举法》规定，议员任期3年，不得与国会议员同时兼任。所谓民选的议员实际上代表了民国初成立的各党派的利益。详见表1-1。

表1-1 湖北省第一届省议员一览表

姓名	籍贯	党派	姓名	籍贯	党派	姓名	籍贯	党派
覃寿堃	蒲圻	共和	梅宝玑	黄梅	共和	林维藩	黄冈	国民
屈佩兰	麻城	共和	黄德馨	建始	共和	邱前模	利川	国民
王信敷	松滋	共和	童序壎	黄陂	共和	胡毓堂	宜城	国民
尹伦一	恩施	共和	童德毅	当阳	共和	高维昆	枣阳	国民
王文锦	孝感	共和	汤永溶	孝感	共和	夏应暄	安陆	国民
王用宾	武昌	共和	张雯瑛	江陵	共和	桂砺锋	黄梅	国民
王用霖	蕲春	共和	彭介石	随县	共和	郭肇明	竹山	国民
王映森	谷城	共和	彭守正	汉阳	共和	梁钟汉	汉川	国民
王绍祖	秭归	共和	贺黻冕	鄂城	共和	陈履洁	应城	国民
池泽民	安陆	共和	龙世涟			陈豫	黄冈	国民
向炯	恩施	共和	熊呈瑞	宜城	共和	陈懋夔	京山	国民
朱灿时	大冶	共和	郑树槐	巴东	共和	陶甄	麻城	国民
杜光佑	江夏	共和	欧阳景东			黄鸿宾	黄安	国民
汪学瀛	崇阳	共和	刘均	大冶	共和	徐秉钧	监利	国民
杜康鹤	沔阳	共和	刘楫	广济	共和	张宝善	阳新	国民
李华秋	武昌	共和	刘克家	钟祥	共和	程国璠	江夏	国民
李德寅	鹤峰	共和	卢庆埒	当阳	共和	傅作楫	当阳	国民

续表

姓名	籍贯	党派	姓名	籍贯	党派	姓名	籍贯	党派
何云倬	汉川	共和	萧侠吾	天门	共和	杨玉如	沔阳	国民
何华熙	咸宁	共和	蔡厚坤	南漳	共和	杨瀚芳	沔阳	国民
周之瀚	宣恩	共和	关 棣	江陵	共和	邹振翼	竹溪	国民
周祖濂	光化	共和	谢步瀛	江陵	共和	詹大悲	蕲春	国民
周从煊	罗田	共和	萧延章	黄陂	共和	廖明如	随县	国民
周才备	鄂城	共和	方 震	广济	国民	赵光弼	黄安	国民
胡宗佐	鄂城	共和	文华国	监利	国民	赵鹏飞	钟祥	国民
胡 潜	大冶	共和	王泰临	襄阳	国民	管士荃	蕲春	国民
胡作宾	黄冈	共和	石蕴玉	应山	国民	刘赓藻	保康	国民
胡国玺	黄陂	共和	田大勋	应城	国民	刘恒奎	荆门	国民
唐文德	武昌	共和	朱奎炳	郧阳	国民	张国恩	黄安	国民
夏 昀	广济	共和	李宗唐	夏口	国民	罗云锦	荆门	国民
晏客杰	长阳	共和	李济时		国民	叶兰彬	嘉鱼	统一
郭际云	蕲水	共和	李庆申	蕲水	国民	蒋义明	潜江	无党派
陈士英	武昌	共和	李逢年	汉阳	国民	关道倬	云梦	无党派
陈应泰	巴东	共和	李攸行	石首	国民	熊 骥	麻城	
陈君胜	荆门	共和	吕 涟	广济	国民	黄文澜	蒲圻	民主
孙绍箕	兴山	共和	周兆南	京山	国民			

资料来源:

1. 《湖北省议会议员选举人名册》,中国第二历史档案馆藏。
2. 参见《中国现代化的区域研究(1860—1916)——湖北省》,(台北)近代史研究所1967年版,第320~323页。

省议会根据《省议会暂行法》规定,其主要职能有议决湖北省的单行条例、预算、决算和公开事务;受理本省人民关于本省行政诉愿事件;监督并有权弹劾各级行政官员。共和党为省议会的第一大党,也就是说湖北都督黎元洪通过该党,完全控制了省议会,使之成为黎元洪行使权力的橡皮章。

国民党虽为省议会第二大党，有议员42人，但他们不断遭到袁世凯—黎元洪势力的打击和迫害。省议员詹大悲多次被黎元洪通缉，连自身的安全都得不到保证，遑论行使议员的政治权力。"二次革命"时，詹大悲、赵鹏飞、梁钟汉等议员不仅遭通缉，而且被省议会除名；罗云锦议员被捕杀。1913年11月12日，袁世凯下令取消各省议会国民党议员资格。同日下午，省议会开茶话会时，"忽来军警百余人，将该会前后门围守，又架刀枪，状极森严"①，不由分说追缴国民党议员的证书和徽章。1914年2月，湖北省议会因议员不足法定人数，议长和议员等65人通电自行停止议事。

1916年6月29日，继任大总统黎元洪下令恢复国会。7月，湖北省第一届议会议员齐集武昌，准备恢复议会，但由于王占元坚决否定詹大悲、赵鹏飞、梁钟汉等议员的资格，致使第一次会议拖延到10月1日举行。大会首先讨论恢复詹等3人议员的资格，国民党议员刘赓藻提出意见书，指出詹等3人是昔被"认为内乱犯而除名，今则全国人民公认为革命伟人，议员资格理宜回复"②。随后在选举议长时，詹大悲得票超过半数当选。10日，王占元以省长公署的名义下公文，否认詹等3议员复职。议员张国恩等向北京政府递交请愿书，继续斗争。国务院根据湖北省长公署的意见，驳回请愿书，声称"詹大悲等无从复职已成定案，无再为酌办之余地"③，将此事封杀。

恢复后的议会，在争取汉冶萍公司的权益、审定省财政预算、保持地区和平、免遭战乱，特别是在湖北自治运动中反对王占元方面发挥了一定的作用。

三、镇压荆襄自主

1917年7月，段祺瑞以"再造民国"的英雄姿态，重新入主北京新

---

① 《省议长请求无效》，《时报》1913年11月22日，第3版。
② 《鄂省会连日之茶会》，《申报》1916年10月8日，第3版。
③ 《请看解决六议员资格案之部文》，《大汉报》1917年5月10日，第3张第5版。

华门，他公开宣布"一不要约法，二不要国会，三不要旧总统"①。9月10日，孙中山在广州就任中华民国军政府海陆军大元帅。军政府的首要任务就是戡定叛乱，攘除奸凶，恢复旧约法。10月3日，孙中山以大元帅名义下达了《明正段祺瑞乱国盗权罪通令》，至此护法战争正式拉开了战幕。

孙中山的北伐战略是以长江为界，挥戈武昌，"握中原要点"②，然后直指北京。10月9日，孙中山主持召开了军事会议，制订了基本作战计划。接着护法军政府又制订了《西南统一作战计划》，确定的北伐战略是以长江沿岸为主作战地，"先克武昌，次定南京，击攘敌军长江一带之势力，再图直捣北京"③，并组成中央军、右翼军、左翼军，约10个师，兵分三路北伐。

在第一次护法战役中，段祺瑞以湖北为战略基地，开辟四川、湖南两个战场。四川战场由长江上游总司令兼四川查办使吴光新统率大军，于9月抵达宜昌，向西进攻。湖南战场是主战场，由北洋军第8师师长王汝贤为援湘总司令，统率北洋军第8、第20师，晋军第1混成旅等部队，经湖北进攻湖南。

段祺瑞的南伐攻势在11月受到致命的挫折。11月18日，湘粤桂联军占领了长沙，12月4日，滇黔联军攻克重庆。长沙、重庆战役，标志着段祺瑞南伐战略的彻底失败，进一步激化了北洋军阀集团内部的尖锐矛盾。11月下旬，在直系军阀集团的逼迫下，段祺瑞内阁倒台。

在护法战役的胜利鼓舞下，全国各地的反对北洋军阀的力量纷纷揭竿而起，其中荆襄自主的影响最大。

王占元统治湖北时，鄂军只有湖北第1师，由石星川统率，驻扎在

---

① 觉民：《天津通讯》，《民国大新闻报》1917年7月22日。
② 《孙中山全集》第4卷，中华书局1985年版，第128页。
③ 《革命文献》第50辑，（台北）"国民党中央委员会"党史史料编纂委员会1957年版，第4页。

荆州地区。湖北第 9 师是江南留鄂第 1 师易名。该师师长黎天才（1863—1927），字辅臣。彝族，云南邱北人。行武出身，参加过中法战争。辛亥革命时，参加江浙联军，1912 年 1 月自南京到武昌，为江南留鄂第 1 师师长，9 月被授予陆军中将衔。王占元主鄂政时，黎兼襄阳镇守使。石星川、黎天才的部队一直受到北洋军的歧视。护法战役后，黎元洪因与段祺瑞的矛盾，曾派人游说石、黎策动湖北自立，脱离北洋军的统治。孙中山也派蓝天蔚、何成濬到湖北活动。

1917 年 11 月 15 日，襄阳镇守使黎天才、荆州镇守使兼鄂军第 1 师师长石星川等酝酿成立湖北靖国联军，并公推黎天才为联军总司令。12 月 1 日，石星川在湖北荆州（今江陵）通电谴责北京政府武力统一的"祸国"政策，"施袁（世凯）故技"。宣布"以巩固共和国基，恢复约法为目的"，特组织湖北靖国军第 1 军①，在荆州自主，"集合全师将士厉兵秣马，誓取武汉"②。同日，原鄂军第 3 师师长王安澜在鄂豫边境率领旧部起义。

12 月 16 日，襄阳镇守使黎天才通电自主，他在全军誓师大会上，揭露段祺瑞驱逐总统黎元洪，"解散国会，私定密约，盗卖国基，国本险危，有如朝露"③。此外，鄂军第 1 师第 1 团在黄州（今湖北黄冈市）宣布自主。中华革命党人蔡济民率民军攻克广济、黄梅。23 日，各路护法军会师荆门，正式组成湖北靖国联军，黎天才任总司令兼第 1 军军长，石、王分任第 2、第 3 军军长，总兵力约 1 万人。

湖北靖国军制订了作战计划，分为两个步骤：第一步，由第 1 军协助第 2 军西攻重镇宜昌，迎接滇黔联军东下，然后共同夺取武汉。第二步，第 2 军沿长江东下，在滇黔联军的支援下，从西面进攻武汉；第 1

---

① 《湖北靖国军第 1 军总司令石星川致大元帅电》，《军政府公报》第 35 号，1917 年 12 月 20 日。
② 《湖北石星川宣布自主电》，《大公报》（长沙）1917 年 12 月 6 日，第 2 版。
③ 《黎公讳正柏陈老夫人之墓碑文》。

军封锁河南信阳，以阻北洋军南下，然后从西北方向进攻武汉；第3军进驻德安（今安陆市），协助第1军进攻汉阳、汉口。

孙中山闻讯，备受鼓舞，派张伯烈、蒋文汉前往荆州慰劳。12月26日，他致电黎天才，称赞黎"执事自辛亥革命以来，屡著勋绩，有功民国。此次宣布自主，抗义讨贼，于江汉流域树之风声，壮我军威，益寒敌胆……执事据荆襄重地，地扼江汉之形胜，南与滇、黔、川、湘、桂军互为声援，合力并进，以成腹背夹攻之势，则必胜之算操自我手"①。

孙中山希望唐继尧统一滇黔川三省的军队，克日督师出峡，由宜昌东下，联合荆襄，进击武汉；湘粤桂联军进窥岳阳；零陵镇守使刘建藩、旅长林修梅率两师健儿进窥武汉；黎天才等东取武汉，断敌归路；陈炯明、李烈钧率领粤军攻闽袭赣，西上武汉；然后各路大军会师武汉，大举北伐，统一中国。

护法烈焰在湖北中部熊熊燃烧，使北京政府坐卧不安，冯国璋立即派第一路司令曹锟、第二路司令张怀芝进入湖北，并饬王占元协同讨伐。王占元一方面发兵征讨，另一方面玩弄所谓"抚"的老把戏，频电北京政府促发停战令，并于23日致电黎天才，劝其取消自主。12月26日，北京政府颁发了停战令。30日，王占元又致电黎天才、石星川"奉劝诸君，从速取消独立，一致赞成平和"②。

湖北靖国军不为所动，分途进攻，于12月下旬发动了宜昌、南阳战役，先后占领30几个县城。王占元凶相毕露，致电北京政府，要求撤消停战令，讨伐靖国军。1918年1月10日，北京政府正式下达"武力戡定荆襄令"。王占元会同吴佩孚率领的北洋军第3师等部队对靖国军进行围剿。

在强敌的攻击下，荆襄危急。应石星川要求，王安澜部于年初出枣阳，入钟祥，于23日抵达荆门。不料石星川已于前一日自行离职而去，其部队溃散，黎军也已摇动。荆门、襄阳相继失守。王部与革命党人刘

---

① 《孙中山全集》第4卷，中华书局1985年版，第249～250页。
② 《北京特别通信》，《申报》1918年1月5日，第3版。

英、梁钟汉等部会合后，公推王安澜为湖北靖国军第2联军总司令。

王安澜将各路残军集合起来，大加整顿，重新展开攻势。2月2日占远安，20日陷当阳，3月会攻宜昌。曾尚武等率领的鄂西民军，通电各路义军"务期收复荆襄，肃清武汉，然后会师中原，直捣幽冀"[①]。可惜大敌当前，湖北靖国军内部分裂，在北洋军的打击下，各路军先后失利，蔡济民等率残军退到鄂西、川东坚持斗争。

护法战役也被滇、桂系军阀所葬送。唐继尧占重庆后，便调主力向西，毫无援鄂之意。陆荣廷占领长沙后，即发电主和停战，与直系妥协。这构成了湖北靖国军失败的外部重要原因。

---

① 《鄂西民军之发展》，《大汉报》1918年3月9日，第1版。

第二章 新民主主义革命的发端

第一节 五四运动在湖北

荆襄自主的结束标志着湖北旧民主主义革命跌入谷底,从此湖北没有本省军阀,它成为外省军阀争夺的一块肥肉。荆襄自主与第一次护法战役的失败,表明领导这场革命的资产阶级革命派,无法担负起完成民主革命的历史使命。究其根本原因就在于帝国主义与中华民族的矛盾是近代中国社会的主要矛盾,而资产阶级革命派没有鲜明地提出彻底的反对帝国主义的革命纲领,从而模糊了革命的方向。

1919 年的五四运动,以彻底地反对帝国主义和封建军阀的战斗姿态展现在历史的舞台上,中国无产阶级第一次作为独立的阶级发挥着决定性的作用,并与具有初步共产主义思想的知识分子相结合,从而揭开了中国革命崭新的一页。湖北的五四运动是全国运动的重要组成部分,湖北的民主革命以此为契机,步入全国先进行列,再创辉煌。

一、武汉地区反帝爱国运动的高涨

第一次世界大战结束后,"公理战胜强权"成为最激动人心的口号。饱受列强凌辱的中国第一次成为战胜国欢庆胜利,虽然它来得那么容易,但仍然令中国人激动不已。在巴黎和会上,中国人民理所当然地要求将德国侵占的山东半岛归还,殊不知日本帝国主义在其他帝国主义国家支持下,攫夺了山东的权利。这一弱肉强食的卑鄙行径,激起了埋藏在中国人民心中爱国主义火山的喷发。

湖北人民一直关注着事态的发展,当巴黎和会中国外交失败的消息传到武汉后，湖北人民与全国人民一样，受到了极大的震撼！5月1日，汉口最有影响的《大汉报》发表了短评《均势与瓜分》，道出了湖北人民的愤怒："国不能自立，遂引起列强之瓜分说，此最可惧也；国不能自立，遂希望列强之保守均势主义，此又最可怜也。"

5月6日，《汉口新闻报》首先报道了北京爱国学生举行"五四"游行示威的消息："五月五日北京电：昨下午京校学生游行，对山东问题要求各使馆维持，过曹汝霖宅，冲突致曹西宅，章宗祥被殴至受伤。"这短短的一则新闻如飓风呼啸于江汉，激起武汉人民的爱国激情。

当天晚上，武昌中华大学中学部主任（即校长）恽代英与进步团体互助社成员、中学部3班学生林育南①商议响应北京爱国学生事，他们油印了600份由恽代英起草的爱国传单《勿忘五月七日之事》。第二天，中华大学为了纪念国耻日，"鼓励尚武精神"、"振扬国威"②，举行运动会。互助社成员散发了《勿忘五月七日之事》，振聋发聩的呐喊，引起了莘莘学子的强烈共鸣。

"有血性的黄帝的子孙，你不应该忘记四年五月七日之事，现在又是五月七日了。

那在四十八点钟内，强迫我承认二十一条协约的日本人，现在又在欧洲和会里，强夺我们的青岛，强夺我们的山东，要我们四万万人的中华民国做他的奴隶牛马。

你若是个人，你还要把金钱供献他们，把强盗认做他的父母吗？

我亲爱的父老兄弟们，我总信你不至于无人性到这一步田地。"

---

① 林育南（1898—1931），又名毓南、毓兰，号湘浦。湖北黄冈人。1915年进武昌中华大学中学部，为互助社的成员。1919年3月发起组织进步团体新声社，积极参加五四运动。1922年年初参加中国共产党，主要从事工人运动，先后担任中国劳动组合书记部武汉分部主任、湖北全省工团联合会秘书主任、共青团湖北区委书记、湖北全省总工会宣传部主任、中华苏维埃区域代表大会和全国苏维埃准备委员会秘书长等职。1931年2月7日在上海龙华牺牲。

② 《国耻日之中华大学》，《大汉报》1919年5月8日，第3张第5版。

这传单后来刊登在1919年5月9日的《大汉报》上，起到了发动、鼓舞武汉人民投身爱国运动的号角作用。

5月9日，武昌各学校学生代表齐集中华大学，商讨声援北京学生事宜，拟定成立学生团，并公推恽代英起草学生团宣言书。次日，中华大学、武昌高师等15所大、中学校代表举行茶话会，决定武汉学生与北京学生采取一致行动，外争国权，内惩国贼，不达目的，誓不罢休。

5月17日，在恽代英的指导下，武汉地区26所学校代表在中华大学开会，正式成立武汉学生联合会。武汉学生联合会"以热忱爱国联合感情为宗旨"①，每个学校各举出2人，为学联会正副代表。学联会不设会长（主席），设临时主席，主持会议。中华大学蓝芝浓、林育南，武昌高师高鸿缙，文华大学余上沅，外国语学校余敬昭，勺庭中学李书渠等为中坚分子。当天，与会代表齐赴省署请愿，提出四项要求：要求武汉学生联合会立案；请准发行印刷品，提倡国货，鼓励爱国思想；致电北京政府，力争青岛，并饬电报局嗣后不准扣留学联会拍发的电报；准许组织游行、露天演讲等活动。

武汉学生联合会的刊物是《学生周刊》，其主旨是"唤起国民爱国热忱，提倡国货坚持到底"②。这份以白话文写成的爱国主义宣传品，受到了广大学生和市民的欢迎，第一期印了500份，供不应求，又加印1 000份。

5月18日中午，武汉3 000多名学生在阅马场集合，举行了第一次爱国大游行。13时45分左右，以武昌高师200多名学生为先导，高等商业学校、外国语学校等校学生紧随其后。爱国学生手持白纸或白布制作的旗帜，上面书写"争回青岛"、"灭除国贼"、"提倡国货"、"抵制日货"等字样，从阅马场出发，经过武昌路、府院街、司门口转长街、大朝街复至阅马场。中华大学300多名学生殿后。互助社的所有成员均参

---

① 《武汉学生联合会章程》，《晨报》1919年5月23日。
② 《关于〈学生周刊〉之发刊词》，《大汉报》1919年5月31日，第3张第5版。

加了游行,他们将恽代英起草的《呜呼青岛》的传单四处散发。一路上,口号声此起彼落,声振鄂垣;传单上下飘舞,如雪片般撒落在大街小巷。有的传单上写道:"同胞们,从今天要提起天良,遇事爱国,争回我的山东青岛,就是开战杀死了(也)不要紧。"爱国学生号召广大市民,"从今天起,你若是中国的人,你的血若是热的,你的良心若是在的,都要买我们本国货"①。

学生们的爱国举动,受到武汉民众的热烈欢迎。队伍所到之处,市民莫不为学生的爱国热情所感动,又莫不露出对日本帝国主义仇恨的怒气。他们纷纷递送茶果,慰劳学生。有一个人力车夫情不自禁地振臂高呼:"学生万岁!"②

20日,武昌文华大学、文华中学、圣约瑟、博文学院、文华童子军等教会学校1 000多名学生,冲破校方的阻拦,举行示威游行。早上8时,他们由文华大学出发,前有乐队,后列学生军,经过得胜桥、司门口、斗级营,出长街至阅马场,沿路有不少学生加入。

当游行队伍行进到督军署前,突然下起大雨,大家淋着雨,没有一个人离队,秩序井然。学生手持大小白旗,上书写"提倡国货"、"保全主权"、"伸张民气"。游行队伍迭奏哀乐,以示"国民处于卧薪尝胆之秋,亟应闻鸡起舞"之意。队伍中有三面五色国旗,每面由6个学生捧着,"以示祖国将沦,当合群力以扶持,庶救危亡于万一"③。

同日下午,武汉学生联合会举行会议,决定派学生到各商店、劝业场抵制日货;组织若干组,到社会进行爱国演讲;印刷中国地图及青岛地图,分送各界等。随后各校组成十人团(每团五、六、七、八人不等),每一个演讲员胸佩红缎徽,每一队树起旗帜两面,以昭识别。一时间,在阅马场、昙华林、黄土坡、南湖、武泰闸等地,活跃着演讲员的

---

① 《学生游行散发的传单》,《大汉报》1919年5月20日,第3张第5版。
② 《武汉各界支持学生游行演讲》,《大汉报》1919年5月20日,第3张第5版。
③ 《教会学校之游行》,《大汉报》1919年5月21日,第3张第5版。

身影；在黄鹤楼、胭脂山、长春观、大堤口、鲇鱼套等地，回荡着他们充满激情的声音。

北京学生和武汉学生的爱国行动还得到湖北各界的支持和回应。1919年5月6日，汉口各界联合会致北京国民外交协会，表示对巴黎和会出卖中国权益的协议誓死不能承认，恳请政府令专使，如果得不到和平，当退出和会，万不可签字。接着武昌商界通电北京政府、广东军政府，以及社会各界、各团体，谴责帝国主义在巴黎和会的强盗行为。汉口总商会、湖北善后公会、省议会、武昌和夏口两律师公会等团体纷纷通电全国，表示相同的要求。同时各学校、各团体，开展捐款，抵制日货等活动。

二、"六一"、"六三"惨案

面对日益高涨的学生爱国行动，湖北督军王占元禀承北京政府的旨意，初是百般阻拦、刁难，继而公开镇压，成为日本帝国主义侵略中国的帮凶。当北京学潮消息传到武汉时，王占元赶紧让省长何佩瑢出面，召集有影响的校长入署严谕，不准学生举行国耻纪念活动。5月7日，又颁布临时戒严令，增派军警实行警戒。当军营中出现爱国传单后，他下禁令：军人以服从命令为天职，一律不准外出，不准接见客人，来往信件先交卫纪司令官拆阅后分递；对集会演讲会，军人取绝对干涉主义等。并命令邮电部门分派检查员，对京、津、沪学界的邮件严加检查。

在中国人民掀起反对日本帝国主义新高潮之际，王占元竟不顾广大人民的民族感情，与日本表示亲善。5月8日，日本驻汉正副司令官以拜访新任省长何佩瑢①（1919年3月上任）为由，过江拜访军省两署。王占元留宴招待，晤谈甚欢。5月15日，日本政府为了所谓"联络友邦"②，

---

① 何佩瑢（1880—1942），字韵珊。湖北建始人。早年入湖北自强学堂，留学日本，为陆军士官学校四期。曾任北洋政府时期的湖北省省长。抗日战争初期投靠日本，出任伪武汉特别市参议府议长、伪湖北省省长、东亚联盟中国总会湖北分会秘书长等职。

② 《军省两长迎受日勋》，《汉口新闻报》1919年5月16日，第3张第5版。

特派日本驻汉领事濑川向王占元、何佩瑢授一等勋位。王、何欣然接受，并渡江到汉口日本驻汉领事署答谢。

与此形成鲜明对照的是，王占元屡屡下令，禁止学生干涉国事，防范学生、商民的激烈举动，切实保护外侨，防止妨害国际亲善的事件发生。5月17日，武汉学生联合会成立后，学生代表要求督军接见，遭到王占元的拒绝。与此同时，他不断召开会议，商讨对付学生的办法，以"宵小遍地，动辄乘机扰害治安"为理由①，禁止集会、演讲会等。

王占元遏阻学潮的行径，激起爱国学生们的义愤。5月31日，武汉学生联合会为了声援和响应北京、上海学生的总罢课，决定从6月1日起采取统一行动。武汉学生联合会发表罢课宣言，宣布代表武汉中等以上全体5 969名学生，为"伸张民气，为国后援，力争主权，殛卖国贼"②，将举行罢课，其宗旨是争回青岛、惩办国贼、恢复学生自由。

王占元闻讯，立刻传见各大中学校校长，威胁道：如果哪个学校首先罢课，就立即封闭那个学校的大门。所有学校的教职员及学生一律不准外出，违者将严办不贷！甚至扬言，若不听从，就格杀勿论！当晚，武汉宣布特别戒严，荷枪实弹的军士逡巡在武昌的主要街头，"防守之密布几同蛛网"③。

6月1日清晨，王占元派出大批军警包围各主要学校，每所学校大门都有百余军警把守。武昌街头四处布满军警，首尾相衔，如临大敌，交通几为断绝。爱国学生见状，愈加气愤，有的与军警交涉，有的"毁垣"而出，不少学生从二三丈高的墙上一跃而下。他们高擎着大白旗，冲开军警的封锁线，从粮道街、巡道岭、昙华林冲上大街，迅即汇合成汹涌的洪流，又卷向阅马场、黄鹤楼、督军署……霎时，武昌全城到处

---

① 《严密周至之防范》，《大汉报》1919年5月30日，第3张第5版。
② 《学生实行演讲罢课之准备》，《汉口新闻报》1919年6月2日，第3张第5页。
③ 《官厅干涉学生之严厉》，《汉口新闻报》1919年6月2日，第3张第5页。

是飞舞的传单、激昂的演讲、正义的呐喊。

这一天,恽代英为学生的爱国行动而欣喜若狂,在日记里写道:"今日为罢课演讲之第一日,即湖北学生与官厅宣战之第一日也。"①

面对汹涌的革命洪流,王占元气急败坏地命令军警疯狂镇压。包围武昌高师的军警与学生发生冲突,学生数次涌出,士兵用刺刀对付手无寸铁的学生,十几个学生被刺伤,其中一个叫陈开泰的学生,伤势最重,右大腿被刺刀戳穿,左腿也被刺伤,当场晕倒。文华大学有8人被殴伤,一个学生的手掌被刺刀戳穿,另一个学生被巡警刺伤胸骨。这一天受伤的学生达30余人,数十人被捕。

"六一"惨案发生后,爱国师生更是义愤填膺。各学校的校长及教师代表在高等商业专门学校举行会议,决定全体一致向军省两署提出辞职。当晚,许多学生冒雨夜卧长街,在军省两署前举行静坐抗议,要求释放被捕学生,严惩凶手。在文华大学执教的一个外籍教师,被中国学生的爱国行动深深感染,为军警残酷对待学生的暴行所激怒,气愤地对军警说:"我们的学生爱你们的国家,你们不惟禁止,而且伤害,不料你们军警无知无识。"另一个外籍教师赞扬道:"中国学生如此血性,实与前德国学生无异,不出二十年,中国其必强乎?"②

为了釜底抽薪,从根本上瓦解学潮,镇压学生运动,王占元急忙下令各校于3日一律放假,学生离校回籍,并且命令各客栈不准接待学生。在放假布告中,威胁学生与市民,如"有意扰乱治安,定予严惩,决不宽贷"③。同时致电北京政府,混淆黑白,诬称"汉口匪人有乘机混杂,希图扰乱情事,占元才传谕各校长极力劝阻学生不要出校门"。在军警与学生的冲突中,因学生"持横强出,劝阻不服",军警才逮捕数名学生;

---

① 《恽代英日记》,中共中央党校出版社1981年版,第552页。
② 《学生游行演讲之热潮》,《汉口新闻报》1919年6月4日,第3张第5页。
③ 《王占元、何韵珊会衔之放假布告》,《汉口新闻报》1919年6月8日,第3张第5页。

还有学生"各持木棍石块向警痛击"时,军警方"用枪托搪抵,致有一生误触刺刀,伤及腿部"①。

谎言掩盖不了血写的事实。6月3日,爱国学生不顾禁令,再次上街进行爱国宣传。下午,中华大学的数十名学生到劝业场进行演讲时,与保安队发生冲突,重伤4人,轻伤5人,有7人被捕。中学部学生吴序宾被殴打,致使便血,口吐鲜血,被抬到医院,途中气愤地呼叫"这是学生为国的下场!"② 互助社的成员杨理恒手臂被折断,其他受伤的学生有刘昌世、胡钟灿、刘鹄、汤济川、张上超、蔡家让、李岳等。

武昌圣公三一中学演讲队在阅马场演讲,有数千人听讲,遭到警察的驱逐。湖南旅鄂中学的学生从学校后院逾墙而出,在武昌路与军警相遇,军警举枪就打,学生朝府院街狂跑,保安队紧追不舍。学生们到武昌青年会门首,眼见被追上,街上行人见状,大声吆喝,一片谴责声,军警被迫离开,学生才免遭殴辱。

文华大学的学生上街时,大雨滂沱。他们全然不顾,冒着大雨,散发传单。传单说明了学生之所以罢课的原因,指出:青岛是中国的锁钥,山东是中国的门户,同胞们,应晓得"锁钥一坏,门户一失,那就内不能保中国土地,外不能御他国的独吞"③。在察院坡,演讲队伍被军警阻拦,只好返回学校。

王占元制造的"六一"、"六三"惨案轰动全国,抗议和谴责之声四起,使他陷入孤立之境。武汉学生联合会在向湖北省议会请愿书中沉痛地写道:"呜呼!哀莫大于心死,痛莫痛于国亡。"在当前国难之际,结社自由,为国法所容许,学生爱国有何罪!为什么政府要干涉压制,"横加执意阻止不已"④?并质问王占元、何佩瑢,学生爱国进行宣传,无妨

---

① 《王占元致国务院电文》,1919年6月2日,北洋政府陆军部档案(102)189,中国第二历史档案馆藏。

②③ 《学生游行演讲遭军警追捕残杀》,《汉口新闻报》1919年6月5日,第3张第5页。

④ 《武汉学生联合会向鄂议会请愿书》,《汉口新闻报》1919年6月2日,第3张第5页。

害安定秩序之心,为何动员军警横加暴力,如待敌人!学生们谴责指挥镇压学生的全省警务处处长崔振魁"为卖国贼之流",要求弹劾他①。6月7日,武昌高师全体学生致电北京政府,谴责王占元等"横杀学生、解散学校,暗无天日",应罢免他以谢国人②。

"六一"惨案当天,武汉律师公会副会长施洋③,在律师公会召开的紧急会上,提出援助学生的议案,呈请法庭提出公诉;接着对刺伤、殴伤的学生进行调查,运用法律手段与军阀进行斗争。

6月5日,湖北省议会召开特别会议,通过要求查办崔振魁的提案。湖北省议员陈士英等11人在质问书中,颂扬了学生的爱国行为,质问"学校何地?受此摧残!学生何辜?遭此惨痛!民国前途,真堪浩叹"④。第二天,汉口日人办的《湖广新报》编辑萧楚女、秦纵山向全国报界联合会、各学校及各团体发出启事,宣布即日起与该报脱离关系。

6月9日,湖北旅沪同乡会要求罢免王占元,以慰人心,以杜后祸。旅宁、旅京同乡会也发电谴责军阀王占元,声援湖北学生。同日汉口总商会致电北京政府,发表了温和的意见,要求政府格外维护学生的爱国热忱。

三、"三罢"斗争促联合

6月5日,上海工人阶级举行了声援学生运动的政治大罢工,标志

---

① 《学生联合会向军民两长提出质问》,《汉口新闻报》1919年6月6日,第3张第5页。
② 《武昌高师全体学生电》,1919年6月7日,北洋政府内务部档案(1001)3447,中国第二历史档案馆藏。
③ 施洋(1889—1923),原名吉超,号万里,后改洋,字伯高。湖北竹山人。早年入湖北警察学校、湖北私立法政专门学校,1917年毕业后,从事律师,加入武汉律师公会。在五四运动中,积极支持学生的爱国运动,为湖北各界联合会副会长。1922年6月加入中国共产党,因为工人伸张正义,被誉为"劳工律师"。1923年2月15日,因领导"二七"大罢工被直系军阀杀害。
④ 《省议会关于军警伤捕学生质问书》,《汉口新闻报》1919年6月5日,第3张第5页。

着五四运动中心由北京南移上海,运动的主力也由学生转为工人阶级。在全国爱国运动的推动和血的教训下,武汉地区的先进分子,开始认识到湖北地区的运动必须打破知识分子的小圈子,调动社会各界的力量,才能取得胜利。

"六三"惨案发生的当天,恽代英渡江,到汉口访问了武汉巨商刘子敬、马刚侯等,希望商界声援学生。6月7日,他再次到汉口,参加汉口各界联合会举行的会议,鼓动商界为国家起来举行罢市,支援学生运动。

在恽代英、施洋等人的组织和推动下,6月10日,汉口数十家商店开始罢市,有的商店门首书写"国耻痛心,休业救国"。恽代英写了《为什么要罢市?》的传单,请学生在街市上散发。他还将鼓动罢市的内容写在四把扇子上,十分巧妙地通过传递扇子的方法进行宣传。第二天(11日),汉口租界区、二码头、华景街、前后花楼及后城马路主要繁华区的商店,纷纷罢市,爱国商人将写有"不惩办国贼,誓不开市"的标语,贴在门首①。

这一天,武汉的报纸刊登了北京政府批准卖国贼曹汝霖、章宗祥、陆宗舆辞职的消息。武汉人民无不欢欣鼓舞。恽代英对此保持警惕性,在日记中写道:"曹汝霖已免职,然如此轻淡的'准免本职'四字,实由'徐图登用'的出产。惟愿吾国国民能善用此民气,以一扫政治界中之妖气耳。"② 为了使广大市民和学生认清当前的形势,将斗争进行到底,他还为武汉学生联合会起草了3 000余字的宣言书,力主中国政府不在巴黎和会上签字;对卖国贼的免职,应明令宣布其罪状,交法庭审究;对卖国条约,政府应该设法废除;请速召开和会促成南北统一;恢复旧约法所赋予人民的一切权利,对学生联合会及其各项出版物、演讲会应明令正式承认。对湖北政府,要求将纵容军警杀伤学生

---

① 《时报》1919年6月15日。
② 《恽代英日记》,中共中央党校出版社1981年版,第557页。

的警务处处长崔振魁革职,将指挥军警杀伤学生的督察长杜杰革职后,应交法庭讯办;应准武汉学生联合会发行公报,并指定地点定期举行演讲。

12日,武昌全城一律罢市。司门口、察院坡中华书局、山前芝麻岭老万年、宝庆各银楼、曹祥泰等商店,门前贴有"警告同胞,坚持到底,恒心抵制,惩办国贼,国事如此,无心营业"等字样①。中午武昌商会开会,致函军省两署,提出复市的条件:查办崔振魁、杜杰;惩办行凶军警;电请惩办卖国贼;恢复学生自由权及电请北京政府释放北京被捕学生。武昌商会针对汉口有些商店开市,写信给汉口总商会,要求他们发扬爱国之心,务必一致行动,坚持到底。

湖北的工人阶级从一开始就关注这场伟大的爱国运动,5月中旬,武昌造币厂工人就自发开展禁止修理日货、抵制日货等活动。6月11日,申汉轮船的船员举行罢工,停航一日。铁路、邮电工人也酝酿联合罢工,因得知上海、天津已相继开市,遂没有采取行动。在此之前,日商楚汉公司缫丝的中国女工,因抗议日本强夺青岛,相约离厂返回故里。荆州、沙市等地的工人也举行了罢工。

在全国爱国运动的推动下,6月16日,全国学生联合会在上海成立,武汉学生联合会派中华大学潘德芬、武昌高师蒋之龙出席会议。随后加派中华大学林育南、文华大学余尚垣参加全国学联的工作。林育南代表武汉学生联合会向全国学生联合会提出意见书。这份由恽代英撰稿的文件,有5 000余字,全面地阐述了武汉学界对国家政治形势的看法和要求、对全国学联会的建议和希望。意见书首先指出,全国学生联合会的建立,是全国学界空前的大联合。它一可以为政治界最有力的援助机关,二可以为学生界道德上、知识上互助之机关,三可以为社会承受通俗教育的机关。因此应使全国学联会永远成立。

其次,意见书强调中国是一个宗法专制的社会,政治界的黑暗不是

---

① 《十二日武昌罢市情形》,《大汉报》1919年6月13日,第3张第5版。

轻易就可以使之光明的，中国要图根本的改造，必须唤起工商界多数人的真正觉悟，成为学生的坚强的后援。因此全国学生联合会必须要将整个社会各界发动起来，坚持斗争，积而久之，国家和人民的前途才有希望。

最后，意见书对全国学联会的自治原则、工作人员的职责、学生应尽的义务，以及学联会的斗争策略等问题，均作了论述。这份文件刊登在颇有影响的上海《时事新报》副刊《学灯》（7月15—23日）上，受到社会各界，特别是学生们的欢迎。

6月28日，在全国人民的强大压力下，中国代表没有出席巴黎和会的签字仪式。至此五四运动取得了伟大的胜利。

武汉人民备受鼓舞，再接再厉，通过五四运动的实践，认识到联合之必要。于是，开始了由学生的小联合向社会各界大联合的演进，其成果是湖北各界联合会的成立。在这一过程中，武汉各界联合对爱国学生李鸿儒、吴用霖、郭钦光、周瑞琦、徐日清的悼念，成为大联合的起点。

李鸿儒，字亚卿。河南淅川人。他是中华大学的学生，积极参加五四运动，曾因演讲被捕，释放后，又到劝业场演讲，被保安队打伤。6月3日，学校被迫放假后，于返乡途中（6月16日），因闻讹传同学胡宗灿伤重身亡，悲愤而投河自尽。留有遗书一封："鄙人救国无状，徒存所耻，尚望学界同人，各抱爱国之忱，誓达目的为止。"①

湖北省立第一师范学生吴用霖，在抱冰堂附近进行演讲游行时，被打成重伤，回黄梅后忧于国事，一病不起，于6月13日含恨死去。

郭钦光、周瑞琦、徐日清分别是北京大学、清华大学的学生，他们与李鸿儒、吴用霖先后殉国的消息不胫而走，学生们纷纷以各种形式悼念他们。

7月3日，武汉学生联合会、武昌商会等18个团体，不顾湖北当局的反对和阻挠，在汉口大智门外联合举行爱国学生追悼会。这一天，雨

---

① 《学生忧愤投河之惨剧》，《汉口新闻报》1919年6月18日，第3张第5页。

后天晴,阳光洒满灵堂四周,微风习习,暑气全消。1 000多人参加追悼会,施洋宣读祭文后,发表了演说:"殉国五学生此次牺牲生命,价值较之黄兴、蔡锷为高尚。黄蔡两君对内关系,五君捐躯对外关系,所谓外患亟于内讧,诸君因追悼而来,五君未达之志,尚望同人继续进行,以竟全功。"①

同日武汉三镇街上悬挂白旗,以示追悼之意。有一家商店门前贴有挽联,上书"君为国死,我为君哭",道出了许多人的心声。这次大型的活动是武汉地区自五四运动以来,社会各团体首次的联合行动,推动了湖北各界联合会的成立。

7月10日,武汉学生联合会通告各团体,建议组织各界联合会,共谋国家大计。通告中指出:"为今之计,惟有各界联合组成一各界联合会,庶可共谋远大,以民意为前提,作外交之后盾,急起直追,自不难一呼而集。"②

7月12日,湖北各团体在汉口华景街辅德学校召开第一次筹备会议,出席的团体有武汉学联、汉口各团联合会、武昌律师公会、汉口商团筹办自治会等16家,代表30余人,会议决定,联合会定名为湖北各界联合会,公推马刚侯为筹备主任,施洋、王民仆等4人为筹备起草员,负责拟定本会章程;推举汤子善等8人为筹备交际员,负责担任与武汉商会及其各团体接洽工作;设事务所于辅德学校。14日,湖北各界联合会筹备处发出了"寒"电,宣布成立湖北各界联合会的原因是,湖北农、工、商、学等各界,见和约拒签,善后方针急筹对付,遂发起筹备,与北京、天津、上海、湖南等地采取一致行动。

8月8日,湖北各界联合会筹备处发表通启,因警厅干涉,筹备会改在歆生路(今江汉路一段)怡园后爱国公司楼上举行。8月13日,湖北各界联合会向军民两署递交呈文,请求准予立案。文件指出,当今世

---

① 《追悼殉国牺牲参观记》,《汉口新闻报》1919年7月4日,第3张第5页。
② 《学联通电各团体》,《汉口新闻报》1919年7月12日,第3张第5页。

道是外患迭起，内乱未息，应联合各界之真正实力而为一伟力，集合各界之真正民意而为一健全民意。欧美先进文明国，每当外患逼来，各党各派，均能摒除私见，泯其界限，以上下一致之精神对外，所以它们才日强不息。现在北京及各省均已相继成立联合会，"我湖北亦行省之一，岂可独乎！"当今国际既然趋于联合之一途，如果不许各界联合会成立，"岂有事理之平"①。

8月18日，湖北各界联合会于午后1时在爱国公司成立，会长马刚侯，副会长施洋。这个组织是一个十分松散的团体，由于自身的弱点，加上军阀的阻挠和破坏，它所起的作用极其有限。实践已经证明，中国革命需要组织严密，代表最有前途阶级利益，并有科学理论作指导的政党来领导，才能焕然一新。

第二节　中共湖北早期组织的诞生

湖北是拥有中国近代工业的主要地区之一，到1919年集中了产业工人约25万人。十月革命后，特别是经历五四运动后，湖北地区涌现出一批初步具有共产主义思想的新一代知识分子。他们通过五四运动，将马克思主义与中国工人运动相结合，为在湖北地区建立无产阶级政党奠定了思想和阶级基础。这时，中共湖北早期组织和具有早期组织性质的共存社便应运而生了。

中共湖北早期组织②是中共最初的7个细胞之一，其代表董必武、陈潭秋参加了中共第一次代表大会，为中共的诞生做出了不可磨灭的历史贡献，从此，湖北地区的革命运动就在中国共产党的领导下，发生了翻天覆地的伟大变化。

---

① 《各界联合会呈请立案文稿》，《汉口新闻报》1919年8月13日，第3张第5页。
② 关于中共湖北早期组织的名称，据回忆材料，有武汉共产党支部、武汉共产主义小组等称谓。

一、湖北具有初步共产主义思想知识分子的产生

五四运动后,湖北地区涌现出来的一批激进民主主义者,没有停止追求真理的脚步,随着马克思主义在中国的初步传播,他们自觉地运用这一科学武器,考察中国社会,在运用唯物史观认识中国社会,用剩余价值的理论考察经济生活,以及在中国建立无产阶级政党(布尔什维克)等方面取得共识,在1920—1921年,他们的世界观发生了质的飞跃,开始接受马克思主义,成为湖北地区第一批具有初步共产主义思想的知识分子。这批人大约由湖北共产主义小组和共存社两部分成员所组成。具体情况见表2-1、表2-2。

表2-1　湖北共产主义小组成员表(1920年)

姓名	籍贯	名、字、号	年龄	个人情况
董必武	黄安(今红安)	原名贤琮,又名用威,号璧伍,字洁畲。	34	生员。日本大学法学部。湖北军政府理财部秘书、宜昌川盐局协理(副局长)。中国同盟会、中华革命党成员。
刘伯垂	武昌(今鄂州市)	名芬、恶紫。	33	日本明治大学法律科。律师。中国同盟会会员,南京临时政府法制局参事,广东军政府高等审判厅厅长。
包惠僧	黄冈	亦名道亨、一德,晚年号栖梧老人。	26	北京大学文学系肄业。新闻记者。
张国恩	黄安(今红安)	字眉轩(宣)。	40	生员。在日本学法律,中国同盟会、中华革命党成员。学监、律师、湖北省议会议员。
陈潭秋	黄冈	名澄,号云先。	24	武昌高师英语部毕业。
郑凯卿	武汉		32	文华大学校工。
赵子健	黄安(今红安)	名人骥。	25	湖北省立第一师范毕业。

表 2-2　共存社主要成员表（1921 年）

姓名	籍贯	名、字、号	年龄	个人情况
恽代英	江苏	亦名遽轩，字子毅。	26	私立武昌中华大学中国哲学门。中学部主任（校长）。
林育南	黄冈	号湘浦、香浦。	23	私立武昌中华大学中学部、北京医学专科学校学生。
李求实	武昌	原名国玮，字北平。	18	武昌高等商业专科学校学生。
黄负生	安徽	原名凤清。	30	教员。
李书渠	黄陂	字汉石。	20	武昌勺庭中学学生。
廖焕星	湖南	字雯初。		武昌外国语专门学校学生。
唐际盛	黄陂	又名绍予。	22	私立武昌中华大学中学部学生。
林育英	黄冈	原名祚培，号毓英。	24	织布工人。

由上表可见，湖北地区具有初步共产主义思想的知识分子由两部分人所组成，第一部分是从传统的知识分子嬗变而出。他们受过良好的传统教育，有的还有功名，有的与孙中山领导的中国同盟会和国民党关系密切，在政界有一定的地位。董必武是他们当中最杰出的一个，其成长道路具有典型意义。

董必武（1886—1975），出生于黄安一个普通知识分子家庭，从小受到儒家思想的教育，5 岁进入私塾读书，长大后，便沿袭着求"功名，作官"① 的科举之路，于 17 岁考中了秀才。1905 年入湖北文普通中学堂。时代的巨浪中断了他的仕途，使他走向了造反之路。这是国势危难所造成的，中国被各帝国主义的瓜分之势，激起包括董必武在内的知识分子的强烈忧患意识。他在湖北文普通中学堂受到资产阶级民主思想的影响，增强了民族意识和革命思想。辛亥武昌首义时，他毅然投身革命，开始将自己的命运与国家民族的命运联系在一起，后追随孙中山，积极参加护法战役。革命失败后，亡命日本，入日本大学法学部学习（1917 年

---

① 田海燕记录：《董必武自述》，1961 年。

3月政治科专科毕业），其间经居正介绍，拜访了孙中山，并成为中华革命党的一个成员。1915年秘密回国，策动武昌南湖起义，事败后，先后二次入狱。袁世凯死后，又参加湖北省议会斗争。1918年赴鄂西，投奔鄂西靖国军总司令蔡济民，担任总司令秘书。

1919年初，鄂西靖国军发生内讧，蔡济民①被杀害。董必武专程到上海，请孙中山主持公道。但孙除了表示同情外，无任何办法。这件事引起了董必武的深刻反省，对孙中山走利用军阀打军阀的老路产生怀疑，希望开辟新路。然而路在何处？他一时陷入极大的苦闷之中。

正在这时，董必武结识了刚从日本归国的李汉俊。这位比他小6岁的小同乡，成为他的指路人。李汉俊向董必武介绍了十月革命和苏俄的情况，向他推荐马克思主义的书籍和日本进步杂志《黎明》、《改造》、《新潮》等，使董必武的思想发生了质的飞跃，开始树立对马克思主义的信仰。董必武后来曾回忆："当时社会上有无政府主义、社会主义、日本的合作运动等等，各种主义在头脑中打仗。李汉俊来了，把头绪理出来了，说要搞俄国的马克思主义。"②从此他成为"遵从马列无不胜，深信前途会伐柯"的共产主义坚强战士。

第二部分知识分子经历比较单纯，均是大中学生。他们基本上接受的是近代教育，受到西方资产阶级民主思想的影响，在五四运动后，通过空想社会主义的桥梁，确立了马克思主义的信仰。恽代英是他们当中最具有特色的代表人物，其思想演进过程是现代中国先进知识分子向马克思主义转变的一个典型。

---

① 蔡济民（1886—1919），原名国桢，字幼襄。湖北黄陂人。早年入湖北陆军特别小学堂，后入清新军。1906年参加革命团体日知会。武昌首义时，为策划人之一，担任湖北军政府军政部副部长等职。1913年参加讨袁战役。1915年1月，被孙中山委任湖北革命军司令官。1917年在鄂东举兵，以响应孙中山的护法斗争。1919年1月28日，在湖北利川被四川军阀杀害。3月23日孙中山等人在上海举行追悼会，其遗骸葬于武昌卓刀泉。

② 《董必武谈中国共产党第一次全国代表大会和湖北共产主义小组》，1971年8月4日，《"一大"前后》（二），人民出版社1980年版，第369～370页。

恽代英（1895—1931），祖籍江苏武进，生于武昌。他出身于世代书香门第，1913年进入私立武昌中华大学预科，二年后就读文科中国哲学门，1918年毕业。在中华大学学习期间，正是新文化运动狂飙突起的时代，他深受影响，并积极投入进去，在《新青年》、《东方杂志》、《光华学报》等报刊上发表评论或翻译文章共80余篇，成为湖北新文化运动的主将。

恽代英早期受到的西方思潮影响，有康德的怀疑论、达尔文的进化论、教育救国论等，甚至对基督教也有兴趣，其中无政府主义的倾向较明显，主要是克鲁泡特金的共产无政府主义，他毫不掩饰地承认于1913年就受其影响。1917年10月，恽代英在武昌发起成立的长江中下游第一个进步团体——互助社，就是取克鲁泡特金的名著《互助论》中的"互助"两字。

五四运动后，日本的新村主义、工读互助团在激进的青年中得到积极的响应。恽代英与林育南等人在武昌、黄冈饶有兴趣地从事新村、工读的实验，希望用改良手段建构伊甸园式的"未来之梦"[①]。经过一年多的实践，他们非但没有看到伊甸园的曙光，反而在经济压迫下陷入绝境。严酷的现实教育了恽代英，使他逐渐认识到，在精神世界中寻找救国的根本之途，终究是一个梦想。随着马克思主义在中国的初步传播，科学社会主义在他面前展开了一条光明的道路。他开始运用马克思主义来分析中国社会，逐步认识到，应在经济基础中寻找社会弊端的根本原因。随后，他果断地摒弃资产阶级改良手段，承认阶级斗争为解决中国社会的最有效的手段；承认无产阶级专政；赞成在中国建立布尔什维克式的政党。这一认识飞跃是在1921年7月成立的共存社的文件中确立的，因此共存社的成立就成为他完成世界观根本转变的标志。

二、中共湖北早期组织与共存社

最早提出在中国建立无产阶级政党的是一个湖北人，他叫李汉俊

[①]《恽代英文集》上卷，人民出版社1984年版，第228页。

（原名书思、人杰，号汉俊），1890年出生于湖北潜江。少年时，他随着留学潮，负笈东渡日本。此时正是日本大正（1912—1925）时期，日本社会主义运动风起云涌，马克思主义迅速得到传播。李汉俊受其影响，确立了对马克思主义的信仰。1918年年底他回到祖国，在上海从事马克思主义和新思想的宣传。1919年9月5—7日，他在上海《民国日报》《觉悟》副刊上，将日本社会主义者山川菊荣的《世界思潮之方向》译毕发表，写了后记，明确宣布自己是无产阶级一分子，并打算在中国建立一个如俄国社会民主工党性质相同的政党。

1920年2月，李大钊在送陈独秀南下时，商谈了同一问题，并相约南北建党。2月19日，陈独秀到上海后，立即与李汉俊等取得联系。同年6月，他们在上海成立了中国第一个共产党的组织，担负起筹建中国共产党的伟大历史使命。湖北有良好的革命基础，遂成为他们建立据点的重要省份之一。

帮助湖北建党的是李汉俊和陈独秀。李汉俊一直与董必武保持着联系。1919年8月，董必武从上海返回武汉，欲通过改良教育而改造社会。但是严酷的现实使他的报国愿望屡受挫折，忧国忧民的情感和一时找不到改变环境的办法的焦虑使他陷入极大的苦闷之中，于是他写信给李汉俊。10月6日，李汉俊回信，运用唯物史观，分析中国社会，指出要从根本上改变中国的面貌，必须首先彻底地改变经济政治制度，要冲破旧思想的束缚；中国社会停滞不前的原因，就是思想没有解放，没有冲破统治阶级设下的死牢；湖北教育之所以糟，是因为湖北整个社会糟，湖北之所以糟，是因为整个中国糟，因此"我们要救中国，只有大破坏、大创造，大破坏！！！大建设！！！"① 正是在李汉俊的引导下，董必武的世界观发生了根本性的变化。

中共上海早期组织成立后，李汉俊立即写信给董必武，请他在武汉建立共产党的组织。随后，李汉俊回到家乡，帮助董必武等开展工作。

---

① 李人杰：《改造要全部改造》，《建设》第1卷第6号，1920年1月。

董必武首先与陈潭秋①商量，继而与张国恩等联系，酝酿建党问题。

陈独秀于1920年2月应邀在武汉讲学时，就宣传马克思主义和新思潮，在武汉知识界引起了轰动效应。他住在武昌文华大学，结识了新闻记者包惠僧②、校工郑凯卿等，鼓励他们深入工人中去，对工人状况进行调查。后来文华大学学生等在《新青年》、《少年世界》等刊物上发表了《汉口苦力状况》、《武昌五局工人状况》、《武汉工厂记略》等文章。

1920年夏，湖北鄂城人刘伯垂在上海被陈独秀吸收为上海共产党发起组成员。陈独秀随即派他回湖北建党。刘伯垂回到武昌后，立即与董必武等取得联系，并与李汉俊一起介绍董必武加入组织。

1920年秋，刘伯垂等在武昌府院街（今民主路）董必武、张国恩的寓所召开会议，决定成立武汉共产党支部（即中共湖北早期组织）。会议由刘伯垂主持，参加者有董必武、陈潭秋、包惠僧、郑凯卿、张国恩、赵子健等。会上，刘伯垂报告了中共上海早期组织成立经过和组织情况；传阅了他带回的中共党纲草案；讨论和学习了《共产党宣言》。会上他们推举包惠僧为支部书记。为了更有效地开展工作，会议还决定租用武昌多公祠5号为党的机关，门上挂刘伯垂律师事务所的招牌，以作掩护。

中共湖北早期组织成立后，立即展开活动。

---

① 陈潭秋（1896—1943），字云先。湖北黄冈人。1919年毕业于武昌高等师范学校英语部，积极参加五四运动。1920年与董必武发起中共湖北早期组织。第二年参加中共一大。曾任中共武汉地委组织委员、中共武汉地方兼区委会委员长、湖北地委书记、中共江西省委书记、满洲省委书记、中华苏维埃共和国中央执委会委员兼粮食人民委员、中共驻新疆代表和八路军驻新疆办事处主任等职，1943年9月牺牲。

② 包惠僧（1894—1979），又名道亨、一德、悔生、亦愚、一宇，晚年号栖梧老人。湖北黄冈人。1917年毕业于湖北省立第一师范，曾任《大汉报》、《汉口新闻报》等报社的外勤记者。1920年参加中共湖北早期组织。后历任中共武汉地方委员会书记、中国劳动组合书记武汉分部主任、中共汉口地委委员长、中央军事政治学校筹备处主任、国民革命军独立第14师党代表兼政治部主任。大革命失败后脱党。1949年11月从澳门返回北京，任中华人民共和国内务部研究室研究员、国务院参事。

首先，进行党组织建设。党组织先后吸收了失业工人赵子俊，进步教员刘子通、黄负生等。1921年春，包惠僧离开武汉去上海后，支部工作由陈潭秋负责，共有党员9人。同年冬，李汉俊介绍共产国际代表马马耶夫夫妇来到武汉，以教授英语为名，帮助开展工作。

其次，成立社会主义青年团。1920年11月7日在武汉中学宣布成立社会主义青年团，发起人包惠僧、董必武、陈潭秋、郑凯卿、张国恩、赵子健、刘伯垂、李书渠等，有18人参加大会，其中11人是大中学生。李书渠、包惠僧、董必武等先后讲话，指出团的主要任务是学习、研究科学理论，实现自由平等，消灭资本主义。他们鼓励团员们向旧世界宣战，奔向光明和社会主义——苏维埃俄国。会议确定团的名称为"武昌社会主义青年团"，宗旨为"研究社会主义、实践社会主义的思想"①；并规定了团的组织制度，推定包惠僧为书记。

11月14日，武昌社会主义青年团举行第二次会议，参加会议的有19人。刘伯垂作了关于社会主义的专题发言，他简单地阐述了资本家剥削工人的方法，指出社会主义就是要消灭这种人剥削人的不平等的社会，对资产阶级有力的斗争手段是组织总罢工。要组织工人，首先就要明确我们作为领导者的职责，要尽快地获得科学知识，学习研究社会主义和组织联合会的方法。董必武介绍了工会的组织状况、剩余价值理论和近期工人运动的情况。

再次，组织马克思学说研究会，作为公开活动的组织形式，有组织地传播马克思主义。董必武等以武汉中学为主要基地，成立了马克思学说研究会，在青年学生、工人中组织学习《共产党宣言》、《阶级争斗》、《马格斯资本论入门》等书籍和《共产党》、《新青年》等杂志。同年底，李汉俊从上海回到武昌，在研究会上讲唯物史观，向武汉中学学生讲授社会主义，影响颇大。1921年1月，恽代英、黄负生等创办了《武汉星

---

① [苏]鲍里斯·舒米亚茨基：《中国共青团和共产党历史片断》，《青运史资料与研究》1983年第2集。

期评论》，该刊最初是"以改造湖北教育及社会为宗旨"的一份刊物，随着其主要成员加入武汉地区党组织后，它成为中共武汉党组织的机关刊物。李汉俊、陈潭秋、林育南等人在上面发表文章，宣传马克思主义，并将马克思主义与中国社会和湖北革命运动相结合。

最后，深入工人群众中，进行调查，鼓动宣传，启发工人提高阶级觉悟，进行对军阀、资本家的斗争。他们在工人较集中的纱厂、码头、铁路等处，办贫民夜校，从识字、学文化入手，灌输马克思主义。12月26日，汉口社会主义青年团举行会议。会上宣读了包惠僧、赵子健关于长江机器制造厂的调查报告。1921年4月8日，上海《民国日报》《觉悟》副刊上刊登了包惠僧写的《我对于劳动界的调查和感想》一文。该文指出："打破资本主义，就要阶级斗争。"为此劳工必须团结起来，办法有三：劳工教育、劳工组合、劳工俱乐部。并号召工人群众"快快团结起来，推翻资本主义，实现人类的福利"。

1921年7月下旬，中共湖北早期组织应李达、李汉俊的邀请，派董必武、陈潭秋抵达上海，参加中国共产党第一次全国代表大会。中共一大13名代表中，有5名是湖北籍，除了湖北代表外，他们是李汉俊、刘仁静（北京代表，湖北应城人）、包惠僧（陈独秀指派的代表，湖北黄冈人）。

在中共湖北早期组织建立的前后，恽代英等激进青年的世界观也发生了变化，其团体的性质由改良主义向马克思主义转化。1920年2月，他们在武昌成立了利群书社，这个具有营业性质的文化机构，最初带有工读互助团的性质，是他们实验空想社会主义的一个场所。但随着马克思主义的传播，它成为长江中游宣传马克思主义的重要阵地。施洋、萧楚女、吴德峰等均在这里初步接受马克思主义。陈独秀在武汉讲学时，与他们取得联系，并委托恽代英翻译《阶级争斗》。该书影响了包括毛泽东在内的许多优秀青年转变成马克思主义者，同时也促使利群书社的成员洗刷唯心主义的社会观，接受历史唯物主义。

1921年7月16日，在中共一大开幕的前7天，恽代英、林育南等在黄冈白羊山下浚新小学举行共存社成立大会。参加会议的共有24人，绝大多数是利群书社的成员，湖南新民学会的易礼容莅会。会期6天，经过热烈的讨论，决定共存社的宗旨是"以积极切实的预备，企求阶级斗争、劳农政治的实现，以达到圆满的人类共存为目的"①。这个宗旨表明共存社是一个具有中共早期组织性质的革命团体，也是恽代英、林育南等先进青年走上马克思主义道路的标志。这个团体的精英恽代英、林育南、林育英、黄负生、萧楚女、李求实、唐际盛、李书渠、廖焕星等先后参加了中国共产党，绝大多数为中华民族的解放事业和共产主义事业献出了宝贵的生命。

共存社的成立具有重大的历史意义，该团体与共产国际来华代表，与中共早期组织没有任何联系，而是恽代英等激进青年独立寻求真理的自觉行为。这有力地证明，中国共产党的成立，是马克思主义与中国工人运动相结合的产物，是近代中国救亡运动历史发展的必然结果。

三、中共武汉地方机构的建立

党的一大后，党开始在武汉按全国自下而上的组织系统建立由中共中央统一领导的组织机构。8月，董必武、陈潭秋由上海返回武昌后，根据一大通过的《中国共产党的第一个纲领》中"凡有党员5人以上的地方，应成立委员会"的规定②，成立了中共武汉地方委员会，共有党员陈潭秋、董必武、刘伯垂、张国恩（后退党）、赵子健、郑凯卿、黄负生、刘子通、赵子俊9人。包惠僧由中共中央派遣回武汉，担任中共武汉地方委员会书记，机关设在武昌黄土坡下街27号。武汉共产党支部由此撤销，中共武汉地方委员会直属中共中央管辖。

同年12月前后，遵照《中国共产党中央局通告》中要求武汉等地建立区执行委员会的决定，中共武汉地方委员会改组为中国共产党武汉区

---

① 《浚新大会记略》，《我们的》第7期，1921年8月10日。
② 《中共中央文件选集》（1921—1925年），中共中央党校出版社1989年版，第4页。

执行委员会。包惠僧为书记，陈潭秋、黄负生等为委员，陈潭秋负责组织，黄负生负责宣传①。此时《武汉星期评论》成为中共武汉区委的机关刊物，由黄负生、李书渠、陈潭秋相继担任编辑，1923年春停刊。

中共武汉区委原有党员10人，后发展李书渠、孙瑞贤、李求实、刘光国、卢斌（陆沉）、林育英、项德隆（项英）、施洋、刘昌群、张绍康等入党；林育南于1922年春在出席远东各国共产党和各民族团体大会后的返国途中，参加共产党；加上从上海来的李汉俊、许白昊，到1922年6月，武汉的党员有20人。

1922年初夏，根据中共中央的指示，中共武汉区委扩大为中共武汉地方执行委员会兼中共武汉区执行委员会，委员长包惠僧，组织委员陈潭秋，宣传委员李书渠。不久包惠僧调北方工作后，由陈潭秋担任委员长，增补刘昌群为组织委员。该机构下辖武昌、汉口、汉阳、江岸、徐家棚等党小组，组长分别由陈潭秋、林育南、项英、许白昊、刘光国担任。

1923年初春，中共武昌地方执行委员会、中共汉口地方执行委员会相继成立，中共武汉地方执行委员会撤销。按照中共二大章程关于"各区有两个地方执行委员会以上"，即可"组织该区执行委员会"的规定②，中共武汉区执行委员会不再由地方执行委员会代行职权。据不完全统计，在"二七惨案"前，武汉地区总计有党员50余人。

中国共产党成立后，集中力量开展工人运动。1921年8月，上海成立了中国劳动组合书记部，它是中国共产党公开领导工人运动的机构。10月，中国劳动组合书记部武汉分部宣告成立，机关设在中共武汉区委内（后迁至武昌大堤口利群毛巾厂内），由包惠僧兼任主任。1922年5月第一次全国劳动大会后，分部主任由林育南担任。

武汉分部成立后，几乎所有的党员都被派到工厂和工人居住区，林

---

① 还有一人为财务委员，但不清楚负责人。
② 《中共中央文件选集》（1921—1925年），中共中央党校出版社1989年版，第94页。

育南、李书渠到粤汉铁路徐家棚车站,项英到京汉铁路江岸车站,许白昊到汉阳钢铁厂,施洋、郑凯卿到人力车工人中去,林育英先到模范大工厂,后化名李福生到黄石大冶钢铁厂、华记湖北水泥厂、富源煤矿等企业。发展工人党员,是武汉地区党组织早期组织建设最有成果的方面。郑凯卿是全国第一个工人党员,项英、林育英都是中共最早的工人党员,随后林祥谦、仇国升、刘敢生等工人入党。他们在工人运动中起到了先锋和骨干作用。

在工人中成立工会组织,使之成为团结工人群众,与军阀、资本家进行战斗的坚强堡垒。1921年12月汉口英租界人力车夫公会是武汉党组织领导建立的第一个工人组织,到1923年京汉铁路大罢工前夕,湖北全省工团联合会所属的工会有40余个,会员6万余人。

青运工作是武汉地区党的工作取得重要成果的另一个方面。1921年12月4日,黄负生、陈潭秋、包惠僧、李书渠、刘昌群等重新发起武昌社会主义青年团,由包惠僧担任书记。次年3月,以武昌、汉口社会主义青年团为基础组建的中国社会主义青年团武汉地方执行委员会正式成立,由刘昌群担任书记,下设学生运动、社会教育、妇女运动、劳工运动、军人运动等委员会,各设委员长1人,分别由林育南、李书渠、马念一、刘昌群、王道担任。据1922年4月统计,本地区的团员有30人。

1922年5月1日,武汉党团组织联合社会各界,公开举行"五一"国际劳动节的纪念活动。广大工人群众在汉口大智门后马路聚会,汉口人力车夫每人持一面写有"劳动纪念"①的旗帜,在街市上格外引人注目。青年团武汉地委以武汉中学、中华大学的名义,在武昌青年会举办游艺大会。团社会教育委员会、妇女运动委员会委员李汉俊应武汉学联的邀请,在汉口堤口下段保安会作劳工运动史的报告。

中共武汉区委机关报《武汉星期评论》和《大汉报》、《汉口新闻报》等7家有影响的报纸出了"五一"特刊,党团负责人包惠僧、陈潭秋、

---

① 《劳动纪念写真记》,《汉口新闻报》1922年5月3日,第3张第5页。

林育南等发表《五一纪念过去和将来》、《"五一"底略史》、《"五一"与"五四"、"五五"、"五七"》等文章，进一步宣传了马克思的劳工理论。

5月13日，武汉团组织吸收了第一批女团员8人①。她们接受了马克思主义的学习，是妇女读书会的主要成员。这年春，她们在党团组织的领导下，发动了湖北省立女子师范学校学潮。2月21日，湖北女师校长王式玉以"宣传赤化"、"煽动学潮"的罪名开除教师刘子通（共产党员），激起了学生的义愤。22日，女师学生致函校长，声明刘子通老师不进教室，决不上课。这场斗争持续了一学期。暑假中，校方以"违犯校规"为由，将女师学潮中的积极分子夏之栩、杨子烈、徐全直、陈媲兰、庄有义5人开除。开学后，被开除的学生和其他同学一道包围校长室，摔碎布告牌，并到省教育厅请愿。

女师学生的正义行动得到各界的声援。9月下旬，夏之栩、杨子烈等向社会发出"求援公函"，萧楚女等以王式玉"劣迹多端"，向军民两署提出控告，以示支持；武汉学生联合会也正式提出诉讼②。湖北一师、武昌高师、武汉中学、外国语专科学校等校学生以不同的方式声援女师学生的斗争。

10月14日，湖北教育厅奉湖北军省两署密令，以刘子通"行为乖谬，有妨教育"的罪名，将其驱逐出境，省内一切学校不得延聘。10月20日，武汉学生联合会因教育厅代理厅长宗彝袒护王式玉，发出驱逐教育厅长的宣言。

这场斗争后经董必武、李汉俊、陈时等教育界知名人士出面调停，以王式玉辞职，5名学生"校外授课"（后提前毕业）的方式结束③。

在女师学潮的过程中，武汉团的机构，根据团中央的有关规定和指

---

① 女团员为杨子烈、丁仲松、袁浦之、夏之栩、陈媲兰、庄有义、李革、吴勇。
② 《女子师范之风潮》，《大汉报》1922年9月28日，第3张第5版。
③ 《湖北省立女子师范学校四年级生夏之栩等5人为学校解散宣言》，1923年3月28日，《江声日刊》1923年3月31日，第3张（一）。

示作了调整。1922年7月，团地委设正式委员3人，候补委员2人，内设书记部、经济部、宣传部，张绍康任委员长兼书记部书记。12月，武昌、汉口、汉阳、徐家棚、江岸成立团的地方执行委员会，团武汉地委结束。12月17日，团湖北区临时执行委员会成立，刘光国为委员长，以上5个地方执行委员会隶属该委员会领导。

第三节 直系军阀统治湖北

1919年12月直系首领冯国璋病亡后，王占元的势力显现出来，于1920年6月被任命为两湖巡阅使，与直系新首领曹锟、奉系军阀张作霖和内阁总理靳云鹏平起平坐，成为主宰中国政局的四巨头之一。他所控制的湖北是中国的一个富庶省份，在地缘政治中具有举足轻重的战略地位，历来为北京政府高度重视，被有实力的军阀所觊觎。随着曹锟、吴佩孚的崛起，直系军阀集团对湖北的控制欲也愈来愈强烈。1921年夏湖北兴起的自治运动，使王占元四面楚歌，曹、吴利用这个机会攫夺湖北，开始了长达六年的黑暗统治。

一、湖北自治运动的兴起

20世纪初掀起的省自治运动和联省自治运动，是中国现代史的一个重要横断面。湖北自治运动是这场声势浩大运动的中心之一。

湖北自治运动发轫于清末，那时地方自治仅是一种政治主张，没有形成运动。辛亥革命推翻了封建帝制，但建立什么样政体的国家，政治家们有不同的方案，联邦制的主张较为盛行。《鄂州约法》确定了省区的地位和权力，以及与中央政府的关系。稍后，黎元洪公开鼓吹"建立联邦国家"[①]。在南京代表会议上，湖北代表主张地方分权，就是黎元洪主张的具体化。但涌动一时的联邦主张，很快随着南京、北京中央政府的

---

① 李达嘉：《民国初年的联省自治运动》，弘文馆出版社1986年版，第19页。

建立，轻易地被中央集权的政治运作所压倒。1917年12月，黎天才、石星川等将领发动荆襄自主，与此相呼应的是省内秘密的"制省宪之运动"①。起义失败后，自治运动就跌入谷底。

1920年8月到1922年3月，湖北自治运动达到了顶峰，成为影响全国的重大事件。这次运动的斗争锋芒直指军阀王占元。王占元自1915年统治湖北后，任人唯亲，"姻亚乡谊，布满要津"②，在69个县的地方官员中，竟占49个。他肆意豪取强夺聚敛达8 000万元之巨（不包括不动产，仅武汉一地的不动产的价值便达1 000万元左右），将富庶之区搞得商业凋敝、财政枯竭、民不聊生。他对袁世凯复辟帝制曲意奉承，先后镇压"二次革命"、白朗起义、荆襄独立；在五四运动中，又制造震惊全国的"六一"、"六三"惨案。王占元的倒行逆施激起湖北人民的无比愤怒，反王暗潮此起彼伏。

1920年8月28日，北京政府根据王占元的保荐，任命王的亲家、年逾六旬的孙振家（鲁籍）为湖北省长，使斗争公开化。次日（29日），湖北旅京同乡会首先发难，要求政府收回成命。31日，省议会召开紧急会议，以"现值大局未定，人心浮动"为由③，反对更换省长。同时客居津门的黎元洪、周树模等鄂籍旧官僚发通电，指出："今民治自决，乃世界大势所趋，各省既已行之，鄂省岂宜独异？"④ 9月1日，湖北旅京同乡会致电省议会，"力持鄂人治鄂主义"⑤。5日，同乡会代表到总统府，公开提出了自治与废督的政治主张。次日，省议会态度愈加明朗，公开反对新任省长，指责孙振家"政绩毫无，声名尤恶，本会正拟提案查办，遽任省长，不胜骇异，鄂人誓不承认"⑥，同时将省署咨

---

① 《我之制省宪观》，《大汉报》1922年5月14日，第1张第2版。
② 刘挫尘：《鄂州惨记》，交通印书馆1922年版，第9页。
③ 《湖北省议会致北京政府电》，1920年8月31日，中国第二历史档案馆藏。
④ 《北京通信》，《申报》1920年9月9日，第6版。
⑤ 《鄂人反对省长之激烈》，《晨报》1920年9月2日，第2版。
⑥ 《四面楚歌之孙振家》，《晨报》1920年9月8日，第3版。

文退回。

9月10日，旅沪湖北自治会发电，矛头直指王占元，宣布他祸鄂的五大罪状：暗助袁世凯、张勋复辟帝制；为督军团成员之一，毁法助选；据鄂六载，搜刮商富数千万；破坏司法独立；任用坏人。20日，该会月刊《新湖北》开始发行，以"本国民自决精神，实行民治，以铲除军阀官僚政治为宗旨"①。

9月18日，北京政府在各方压力下，免去孙振家的省长职务，任命夏寿康为省长。夏寿康（1871—1923），字受之，号仲膺。湖北黄冈人。为前清进士出身，翰林院编修。与黎元洪关系密切，黎主鄂时，曾任湖北都督府参议、湖北内务司司长、民政长（省长）。袁世凯死后，黎元洪继任大总统，夏出任总统府秘书长，不久转任平政院院长。此次他在黎元洪等鄂籍下野官僚的支持下，出任湖北省长。

这个决定遭到王占元的抵制和反对，于是这场运动转化成倒夏和拥夏的斗争。王占元暗中控制省议会崇正俱乐部的成员为倒夏派中坚，省议会的平社议员和主张自治运动的人则为拥夏派主流。10月7日，在王占元的指使下，谢石钦以湖北省教育会会长的名义发快邮代电，揭露夏寿康的种种"劣迹"，接着省议会崇正俱乐部成员发电拒夏，使夏不敢离开京城半步。

夏寿康等则祭起自治的旗帜与王占元斗法。10月8日，夏寿康发表讲话，以袁世凯毁法，破坏民治、司法独立为鉴，指出：我国共和政体的缺陷，就在于废除了自治，当前要恢复"自治振民治之精神"②。后来他提出的施政方针首先以恢复自治为唯一之急务。

王占元初以向北京政府"请假"相威胁，后又提出复职的苛刻条件。由于王的阻碍，夏寿康在京滞留65天之久，11月22日才抵汉。王占元表面上派兵保护，实则相威逼，使新上任的省长不敢在武昌省署办公，

---

① 思补：《记新湖北运动的开始》，《新湖北》第1卷第1号，1920年9月20日。
② 《夏寿康长鄂二十三志》，《汉口新闻报》1920年10月13日，第3张第5页。

而躲到汉口英租界内的汉口商场督办处。毫无实力的省长只有利用正在兴起的自治运动以固位。1921年1月1日，湖北全省自治筹备处成立。1月14日，夏寿康在设宴招待筹备处成员时，声称："自治为共和国真谛，本届着手创办，须群策群力，按各级制度，顺序而施。"① 在此前后，湖北地方自治筹备会（后改名湖北全省自治期成会）、湖北地方自治研究会、各县自治联合会、省宪讨论会、民治促进会等有关团体纷纷成立，形成了一个小高潮。

面对以鄂人治鄂为中心的湖北自治运动，王占元策动倒夏派攻击自治筹备处是"闭门造车，秘而不宣"，"诡托民意，要挟政府"②，并派代表赴京，揭露夏到鄂后的种种"恶迹"，"非请从速罢免，不足以平公愤"③，致使倒夏声势越来越大。此时王占元又保荐与北洋军阀颇有"旧谊"的刘承恩（湖北黄陂人）为省长。1921年3月8日，北京政府免去夏的省长职务，改任刘主鄂政。至此，省长政潮告一段落。

由于王占元长期克扣军饷，侵吞军费，致使湖北地区兵变迭起。据不完全统计，仅1920—1921年6月，就发生兵变20余起。1921年6月4日宜昌发生兵变，7日武昌又发生兵变，造成财产损失7 000万元，受害及无家可归者达2.5万人。

王占元的罪行激起举国声讨，湖北自治运动再起高潮，由要求鄂人治鄂转变为要求罢免王占元。6月19日，在京的湖北11府州代表李继膺（省议会平社议员）等前往新华门，要求政府免去王的督军职务，但遭拒绝。严酷的事实教育了湖北自治运动中的有识之士，认识到在军阀武力下谋自治，无异于"与虎谋皮"，人民不能"托命"于包庇王占元的北京政府，遂"起立自治，以图生存"④。于是他们兵分两路到邻省请兵援鄂驱王。蒋作宾、孔庚、李书城、施洋等赴长沙，请湖南军阀赵恒惕

---

① 《鄂省筹备自治热》，《汉口新闻报》1921年1月16日，第3张第5页。
②③ 刘挫尘：《鄂州惨记》，交通印书馆1922年版，第27页、第45页。
④ 《湖北自治军敬告本省父老昆弟诸姑姐妹书》，中国第二历史档案馆藏。

举兵北上；潘正道、董必武、詹大悲等赴四川，请四川军阀熊克武、刘湘等发兵东进。

二、湘鄂战争、川鄂战争

武汉由于绾毂中原，地处冲要，是仅次于上海的第二大商埠，湖南和四川军阀早已有攫夺之意，遂借机举兵讨王。湘鄂战争和川鄂战争相继爆发。

湘鄂战争大致分为两个阶段。第一阶段从1921年7月22日到8月9日止。这个阶段是湘军与王占元的部队交战。7月22日，在长沙的湖北籍人士万余人举行大会，宣布组成湖北自治政府，蒋作宾为临时省总监，孔庚任政务院长，施洋任秘书。同时湖北自治军成立，夏斗寅为前敌司令。自治政府的宗旨是"铲除军阀，发扬民治"①。

26日，赵恒惕在长沙总司令部举行援鄂誓师典礼，自任援鄂自治军总司令，任宋鹤庚为总指挥兼第1军司令，鲁涤平为第2军司令，兵分三路：左路由澧县攻湖北公安、石首，由唐荣阳任指挥；中路由岳州（今岳阳）攻湖北蒲圻、咸宁，由夏斗寅任先锋司令官；右路由平江攻湖北崇阳、通城，由叶开鑫任指挥。至此湘鄂战争爆发。湘鄂战争将湖北自治运动推向了顶峰，标志着运动形式由一般的政治斗争转换成激烈的军事较量，形成了民国初期自治运动的最高斗争形式和湖北自治运动有别于外省的最显著特点。

援鄂湘军有8万，虽装械不全，弹药缺乏，但"士气颇为振作"②。王占元虽有3个师又4个混成旅，但除了新募的第2师和第8师服从调遣外，余均指挥不动，实际能作战的只有一个师。他忧心如焚，一面急电北京政府，请曹锟、吴佩孚发兵"支援"③；一面任命孙传芳为总司

---

① 《湖北自治军敬告本省父老昆弟诸姑姐妹书》，中国第二历史档案馆藏。
② 《李竟容致北京政府电》，1921年8月6日，中国第二历史档案馆藏。
③ 《王占元致北京政府电》，1921年7月23日，中国第二历史档案馆藏。

令，设三道防线：中路由孙传芳负责，在湖北羊楼司设防；左路由蒲圻镇守使兼第2混成旅旅长刘跃龙负责，在通城设防；右路由第22混成旅旅长王都庆负责，在湖北新堤设防。7月28日，双方军队在赵李桥交锋。30日湘军展开全线猛攻，次日占赵李桥，8月5日又克通城。王军节节败退。

湘鄂战争爆发后，控制北京政权的曹锟、吴佩孚密切注视事态发展。长期以来，王占元一直欲与曹锟平起平坐，特别是他与直系对手奉系军阀张作霖频繁交往，更为曹锟所不容。他们接到王占元的求援电报后，在保定开会，决定援鄂不援王，趁机取王而代之。

7月25日，靳云鹗率第8混成旅抵汉。31日，直系鄂籍将领萧耀南率精锐第25师抵汉口刘家庙，通电就任直军援鄂总司令。8月6日，王军全线崩溃，王占元亲往刘家庙谒萧耀南，"乞其援助"①。萧非但不发一兵一卒，反而占据汉阳兵工厂，把守鲇鱼套火车站。王占元见大势已去，只好迭电辞职。9日，北京政府准免王占元本兼各职，任命吴佩孚为两湖巡阅使，萧耀南为湖北督军。至此第一阶段结束。

第二阶段从1921年8月16日至9月1日。8月12日，吴佩孚抵达武汉，设行署于汉口查家墩。他一方面高唱和谈调，以迎合鄂湘两省民众和迷惑湘军；另一方面调兵遣将，积极备战。一时云集鄂省的兵力除第25师、第8混成旅外，还有第3师、第24师等共5万余人。8月16日湘直谈判破裂，次日两军一齐下达总攻击令。吴佩孚下令，兵分三路进攻：右路在石首、公安、监利一线，由第8师师长王汝勤指挥；中路在金口、嘉鱼一线，由吴佩孚指挥，统辖陆军2旅，军舰7艘；左路在咸宁一线，集中了双方的主力，由第24师师长张福来指挥。

直军采取避实击虚的作战方针，初由吴佩孚率军在中路猛攻湘军，欲夺岳州，断湘军的后路。他悍然下令掘开金口等处长江大堤，使"北

---

① 彭洪铸：《湘鄂川鄂战争纪略》，《近代稗海》第7辑，四川人民出版社1987年版，第57页。

至武昌、金口,南至蒲圻五岭镇,东至咸宁安然湖,纵横百余里,一片汪洋"①。18日,直军乘水势攻占金口、簰洲、嘉鱼。19日占新堤。22日,吴佩孚又亲赴左路督战,6万大军厮杀在汀泗桥。湘军奋力拼杀,直军纷纷溃退。吴佩孚见状,立斩一个退阵营长以示警,并亲率卫队督战反攻。此役直军以死伤3000多人,阵亡旅长、团长各一人,营长两人的代价夺回汀泗桥。27日,吴率领战舰5艘及运送巡防舰10余艘突攻岳州。湘军不支,退出岳州。28日,直军占领湘北重镇岳州,接着水陆夹攻蒲圻的湘军。湘军全线动摇,纷纷"奔窜"②。

9月1日,经英国驻汉领事居间调停,吴佩孚与赵恒惕在岳州洞庭湖面的英国军舰上,签订了《鄂湘休战条约》(共9条),主要内容:1.沈鸿英所部军队,克日撤出湘境。2.江西军队退驻老关,现有湘军仍驻醴陵。3.石首、公安、塔市驿、调关方面的湘军撤归湘境。4.平江、通城方面的湘军,开驻浏阳,直军驻通城。5.正面以汨罗江为界限,三日内湘军撤至湘阴、白水一带;直军撤至黄沙街、长乐街一带。6.如湘军尚在直军前线内者,由直军许其通过撤回湘境。7.长岳、株萍铁路及江面交通均照常通行。8.自电令到日起,勿论直湘各军,退归指定地点后,不得有作战行为。9.本办法系暂时休战办法,俟确定办法后,再行罢兵③。至此湘鄂战争宣告结束。

川鄂战争发动的时间比湘鄂战争稍晚,战争规模要小,交战的时间则稍长。7月6日,四川军阀熊克武在长沙,与赵恒惕密商,决定川湘两省各出5个混成旅助"鄂人自治"。随后,四川军阀刘湘与赵恒惕正式达成协议,川湘联手援鄂,"湘以主力包围武汉,川出襄、樊、宜、荆,会师武汉"④。川军此举也是为自身计,一则图鄂可缓解川军第1、2军

---

① 《张国溶致王怀庆函》,1921年9月13日,中国第二历史档案馆藏。
② 《李竞容致北京政府电》,1921年9月5日,中国第二历史档案馆藏。
③ 《岳阳停战会议详志》,《大公报》(长沙)1921年9月4日,第6版。
④ 《刘湘致川军将领征询援鄂意见电》,1921年8月3日,四川省档案馆藏。

内部的矛盾，以向外扩张；二则借机夺回川盐楚岸之销场。由于长江水涨，电路中断，湘军发动多日，刘湘才得此确讯。时值潘正道成立了鄂西自治军，自任总司令。潘因与刘湘为四川速成学堂同学，故与董必武赴渝请兵。刘湘于8月中旬，组成援鄂军，自任总司令，任唐式遵为第一路总指挥，统率第2师及袁彬第4混成旅、第1军之张冲第2混成旅，由长江北岸东进（后转入南岸）；任但懋辛为副总司令兼第二路总指挥，统率第1军，由长江南岸进发。鄂西自治军担任进攻宜昌的先锋。唐式遵率先通电讨伐吴佩孚。

8月19日，川军攻占宜昌府之属地巴东县，继而占秭归。吴佩孚因正值湘鄂战争吃紧当头，无力西顾，仅令鄂军第3旅旅长卢金山为前敌总司令、施宜镇守使赵荣华为前敌总指挥，并派李柄之前往"助理"①。

9月1日，唐式遵以川军前敌总指挥的名义下总攻击令，川军沿长江两岸夹击宜昌。中路唐式遵统率，由秭归向东挺进。右路费东明统率，由兴山逼近宜昌。左路张冲绕其后，以攻击宜昌之背后。张冲部第1团团长刘伯承运用夜袭白刃战，将直军张允明一个团全部歼灭，占领安庙，逼近宜昌。在川军围攻宜昌的四五天中，川军几次冲至宜昌城下，均以兵力不足而未能攻克。英、美、日等国驻宜昌的军舰帮助直军防守，他们还出面加以干涉，不准川军炮击宜昌。9月5日，英、美等国领事正式出面，要求双方从本日起，暂时休战，协商和平解决争端。这是吴佩孚勾结英美等帝国主义对川军施行的缓兵之策。同日，吴速调第24师第47旅、第23师各一部，豫军赵杰部、孙传芳第2师等部队火速增援。

9月14日，吴佩孚乘楚泰号军舰赴宜昌督战。次日夜，北岸川军猛攻宜昌，一度攻入城内。吴亲率卫队反攻，将川军打退。18日，吴佩孚下达总攻击令。川军终因远道夹攻，接济困难，只好放弃夺取宜昌的计划，第1军向巴东退却，第2军向火烽、三界岭撤退。直军乘机追击，10月8日克秭归，10日占兴山，11日进驻巴东。

---

① 《萧耀南致北京政府电》，1921年9月5日，中国第二历史档案馆藏。

此时奉直交恶，北方吃紧，吴佩孚为了迅速从鄂西、川东脱身，遂致电刘湘"告以愿以此息兵，各守边界之意"①，请刘湘派代表到宜昌洽商，结束战争。川军也无力再战，于是与直系谈判。10月27日，吴佩孚将议和之事交给长江上游总司令孙传芳全权处理，发通电率军北返。

川鄂经过多次谈判，于1922年3月7日签订了《川鄂和约》：1. 双方根据宜昌、重庆、施南等地各法团一再请求，复按宜昌三次协商成议，为解除人民痛苦及联络感情外，特再订如下之协议。2. 双方协议，所有电报、商业、水陆交通，均即恢复原来状态，并各尽保护之责。3. 双方商定，两军前方部队均当后退，恢复原来建制，以免一切无益之痛苦；北岸鄂军退至巴东、秭归，川军退至巫山；所有作战之设施警戒，双方一律撤除。4. 南岸川鄂两军，均须退出施南，双方皆不驻兵，交由地方自治。5. 除本协议规定外，其他一切事件，仍酌按前订四项条件办理。6. 本条约经双方认可签字后，即发生效力，共同执行。7. 本约如有未尽事宜，得时商酌修改②。

在此之间，川鄂双方还达成"川鄂两省会同派军剿川鄂边匪患"、"川盐运销楚岸，川鄂两省平均分配盐税收入"等协议③。至此川鄂战争结束。

随着湘鄂战争、川鄂战争降下帷幕，带有资产阶级民主性质的自治运动也就消失了，虽然以"制定省宪"为内容的湖北自治运动还存在了4年，但它已经完全是军阀萧耀南控制的"官治"，除了具有欺骗性外，没有任何意义。以董必武为代表的中国共产党人和以蒋作宾、何成濬为首的国民党人士，在1921年的自治运动中觉醒过来，与这场改良运动分道扬镳。他们很快又合作起来，投身到轰轰烈烈的北伐战争之中。1926年10月，北伐军攻占武昌，直系军阀的统治彻底结束，"官治"的湖北自

---

① 《李竟容致北京政府电》，1921年10月13日，中国第二历史档案馆藏。
②③ 《汉口新闻报》1922年3月21日；另参见乔诚、杨续云：《刘湘》，华夏出版社1987年版，第36～37页。

治运动也就寿终正寝了。

三、直系军阀对工人运动的镇压

湘鄂、川鄂战争后，直系军阀对湖北的统治得到了巩固，吴佩孚、萧耀南立即着手健全军政机构，在全省建立起行之有效的统治网络。

直系军阀统治之初，正是湖北工人运动走向高潮之时。如前所述，中共武汉党组织建立后，倾尽全力开展工人运动，领导的第一个工人运动便是粤汉铁路武昌徐家棚机车处的工人罢工。粤汉铁路武（昌）长（沙）段于1918年建成，并与长（沙）株（洲）段接轨，全长1 096公里。机车处设在武昌徐家棚，有职工900余人，另有小工300余人。工人每日工作时间达10小时以上，而工资普通工人是6元，小工每日仅得0.24元，生活境况非常悲惨。中共武汉地委十分重视该路段的工人运动，派林育南、李书渠等共产党员到徐家棚开展工作，很快建立粤汉铁路职工联合会，发动工人为反对压迫、改善待遇而斗争。

1921年春，机车处小工们因物价高涨，所得工资无法维持起码的生活，与路局反复交涉，迫使外国总管卡麦克尔答应每日加2~4分钱，但到10月份，卡麦克尔自食前言。10月6日，愤怒的小工发表罢工宣言，并举行罢工。卡麦克尔悍然将81名罢工小工开除。消息传出，粤汉铁路职工联合会于10月11日，向路局提出恢复小工、修正待遇等15条要求，但遭到拒绝。12日，职工联合会以机车处全体职工的名义，向全国发出通电，历述卡麦克尔任事以来，"殴打工人，辱骂监工，欺侮员司，克扣抚恤，赏罚秉诸好恶，革除违反常情，盖彼恒视中国之人格在水平线之下，而易与之也。同人等为保存中国人格计，为维持个人生活计，为尊重人道计，为发达路务计"，于当日全体辞职[1]。

第二天，一场声势浩大的罢工怒潮从徐家棚卷起，汹涌整个武长铁

---

[1]《武昌长沙铁路机车职工大罢工》，《汉口新闻报》1921年10月15日，第1张第1页。

路。火车停炉、机器停转，几百里铁路就像一条死龙瘫痪在地上。粤汉铁路工人大罢工使北京政府坐卧不安，直系军阀正与川军在宜昌激战，害怕粤汉铁路罢工蔓延到京汉铁路，以致影响战事，吴佩孚急电湖北督军萧耀南火速妥为办理，决不可断绝交通。10月16日，北京政府、湖北督军署和路局的调停人与职工联合会的代表谈判，基本接受职工联合会原先提出的15个条件。职工联合会代表又提出以后新添工人或开除工人，必得职工联合会分会领袖同意，不得由总管一人擅专；不得开除此次罢工的职工；不得扣除罢工期内的工资三项条件。调停人一一允诺，至此罢工取得胜利。

粤汉铁路大罢工的胜利揭开了以武汉为中心的湖北工人运动的第一次高潮的序幕，有力地推动了湖北地区的工人运动的发展。据统计，从1921年10月至1923年2月，湖北地区爆发的罢工有30余起，共有3余万工人群众参加。其中最有影响的有1921年12月汉口人力车工人罢工、1922年7月汉阳钢铁厂罢工、同年9月粤汉铁路武长段罢工、扬子机器厂援助粤汉路工人的罢工、1922年10月—1923年1月汉口英国香烟厂两次罢工、1923年1月汉口棉花厂工人罢工、1923年1—2月黄石下陆罢工。

在工人运动的浪潮中，工会（俱乐部）也纷纷成立。1921年12月，汉口租界人力车夫公会首先成立，接着江岸京汉铁路工人俱乐部等产业工会相继诞生。1922年8月，武汉工团联合会正式成立，这是全国第一个地方总工会。10月10日，武汉工团联合会改名为湖北全省工团联合会。省工联成立当天决定，原先加入工团联合会的俱乐部统一称为工会。

湖北全省工团联合会成立后，开辟了武汉工人运动的新局面。邓中夏曾给予极高的评价：“在中国，第一次罢工高潮于武汉方面发现一个令人不可逼视的狂潮，以工业中心城市的罢工而论，当时应首推武汉。”①

1923年的京汉铁路大罢工将中国第一次工人运动高潮推向顶峰。京

---

① 邓中夏：《中国职工运动简史》，人民出版社1949年版，第31页。

汉铁路是贯穿中国南北的主要交通大动脉，集中了2万产业工人。从1921年以来，在中国劳动组合书记部的帮助下，京汉铁路16个火车站陆续成立了分会（俱乐部）。1922年4月9日，全路第一次代表会议决定筹备成立京汉铁路总工会。1923年1月5日，在郑州举行的第三次筹备会决定2月1日在郑州成立京汉铁路总工会。

京汉铁路由于联结北京、保定、郑州、武汉，对直系军阀具有极其重要的战略地位。随着吴佩孚在1922年年底政治态度的转变，他对京汉铁路工人的态度也发生了急剧的变化。吴下令驻郑州的第14师师长靳云鹗，严禁召开京汉铁路总工会成立大会，"必要时得以武力解决"①。

1月30日晚，中国劳动组合书记部武汉分部主任林育南、陈潭秋、许白昊、李汉俊、施洋等湖北全省工团联合会领导与湖北地区各工会组织，以及新闻界、学联等各方面的代表160余人，乘车北上参加工人阶级的盛会。

2月1日清晨，郑州全城宣布戒严，"军警荷枪实弹，沿街排列，商店闭门，行人断绝，几若大敌即在目前"②。军阀的阻挡更加激起来自各站工会代表的愤怒，他们于上午10时，与其他各处代表300多人，从住地出发，冲破军警的拦阻线，冲进普乐园剧场，举行了京汉铁路总工会成立大会。"京汉铁路总工会万岁！""劳动阶级胜利万岁！"的口号声响彻会场上空。会后，军警监视工人代表所住的各旅馆，各代表完全丧失自由，总工会会所被重兵把守，室内一切文件物品尽被捣毁。当晚，会所被封闭。京汉铁路总工会秘密开会，决定为争得自由起见，京汉铁路全线于2月4日举行总同盟大罢工，总工会移到武汉江岸办公。

同日，京汉铁路总工会及江岸分工会的负责人离郑南下，次日，总工会开始在汉口江岸分工会行使职权。中共武汉区委、劳动组合书记部武汉分部、湖北全省工团联合会和江岸分工会的领导成员陈潭秋、包惠

---

①②《我们死者的荣哀——"二七"惨案之经过告全国同胞书》，1923年3月22日，中央档案馆藏。

僧、林育南等组成罢工指挥中心。

2月4日上午9时，江岸分工会委员长林祥谦，执行总工会的决定，下达了罢工的命令。火车司机黄正兴用力拉响了罢工汽笛。沿线各站相继举行了罢工，顿时一千多公里的京汉铁路火车停驶，全线瘫痪。

2月5日，吴佩孚急电湖北督军萧耀南，令其对罢工务要查明严禁，如果不服劝导，立即武力制止，以遏乱萌。萧耀南立即派参谋长张厚生到江岸，要工会交出总工会负责人。中午，张厚生调集大批军队占领车站机厂，在大智门车站开始售票，并拘押两名火车司机，强令开车。江岸分工会立即派2000多名工人冲破军警防线，将那两名工人抢回。军警又拘捕三名工人，项英等4人前去交涉，也被扣留。

2月6日，中共武汉区委组织武汉各工团2000余人的慰问队，开往江岸慰问罢工工人，在江岸分工会门前举行了慰问大会。会后近万人举行了声势浩大的游行示威，游行队伍由江岸出发，经过租界到达华界，历时两个小时，沿途受到市民的热烈欢迎，有3000余人自动参加到游行队伍中。

面对工人罢工怒潮，吴佩孚在帝国主义的支持下，决心用武力将罢工镇压下去。

6日，英国驻汉总领事劳灵费尔与萧耀南的代表举行秘密会议，策划镇压工人运动。

2月7日下午，张厚生带着全副武装的两营军队前往江岸，命令工人复工，遭到拒绝。17时左右，军队突然包围了江岸分工会会所，并开枪射击。许多手无寸铁的工人倒在血泊中，工人纠察队奋起反抗，纷纷中弹。当场被打死32人（一说39人），受伤200余人，被捕60余人。江岸分工会委员长林祥谦被捕后，英勇不屈，断然拒绝工人复工，被刽子手用刀活活砍死。当晚著名劳工律师施洋被捕入狱，2月15日，军阀萧耀南以"煽动工潮"的罪名，将其秘密杀害于武昌。与此同时，京汉铁路沿线都遭到军阀的武力镇压。惨案发生后，汉口中外官厅同时对外实行特别戒严。萧耀南发出禁止人民自由开会等9条禁令，并查封了总工会，取消工人学校，开除罢工工人，逮捕工运领袖，武汉笼罩在白色恐怖之中。

中共中央发表《为吴佩孚惨杀京汉铁路工人告工人阶级与国民》，号召全国人民和工人阶级团结起来，打倒压迫和残杀工人的反动军阀。为保存革命力量，2月9日，京汉铁路总工会和湖北全省工团联合会联名下达《复工令》，劝告广大工人，暂时忍痛上工。京汉铁路大罢工失败后，全国工人运动转入低潮。这次斗争显示了中国工人阶级的伟大力量，扩大了中国共产党在全国的政治影响，推动了以国共合作为基础的大革命高潮的到来。同时，也使年幼的中国共产党认识到，要完成反帝反封建的革命任务，必须联合国民党和社会各界力量，结成广泛的革命统一战线。

第四节　直系军阀统治的覆没

直系军阀在湖北的统治，正是中国现代史发生巨大转变——以国共首次合作为标志的大革命时代的起始。大革命的策源地在广州，随着北伐战旗的北进，革命的中心移向湖北。直系军阀在国共合作的北伐战争的炮火中，终于成为一个历史的概念。

一、湖北国共合作统一战线的建立

湖北地区的共产党人通过京汉铁路大罢工的失败教训，认识到动员社会各种力量，联合起来与军阀展开斗争，以进行国民革命是完全必要的。所以京汉铁路大罢工后，他们就积极开展了联合同盟者的统一战线工作。

这一战略最初是围绕纪念"二七"死难烈士在社会上公开展开的。1923年2月中旬，萧耀南将湖北全省工团联合会解散后，林育南、项英等被迫到上海，与京汉铁路总工会共同组织驻沪办事处，其任务是宣布直系军阀压迫残杀工人的真相和罪行；联合各界同胞向军阀发起总攻击。他们征集资料印刷的《二七工仇》，记载了京汉铁路大罢工的英雄事迹，讴歌了"二七"烈士视死如归的崇高品格，揭露了直系军阀疯狂镇压工人的滔天罪行。

2月15日（阴历除夕）施洋被杀害于武昌洪山。20日，在武汉党组织的发动下，武汉各界群众冒着严寒，踏冰履雪，到安放施洋遗体的平湖门外江神庙吊唁。灵堂的挽联上写着："烈士为社会国家牺牲，为穷苦群众而流血，义勇精诚，昭然万世！"

两天后，上海《民国日报》发表了李求实的悼文《施洋底死》，文章热情地歌颂烈士的一生是"为民众争自由去蟊贼"的奋斗史，指出"施洋底死，乃是全国民众合力，打倒军阀，建设新中国的导火线！"2月24日，在汉口的《江声日刊》上发表了短评《枪决施洋后之生命恐惧》。4月14日，《大汉报》发表了两首纪念施洋的诗——《死者》（作者翟凤阳）、《祝施洋》（作者于努力）。8月1日，武汉工人群众和学界、教育、司法等界人士，公祭施洋。8月13日，《大汉报》刊登《施洋定期建碑》的消息，透露施洋生前好友将在第二天将他安葬在洪山脚下，树碑一块，上赤书"施洋先生之墓"。9月8日，《大汉报》刊登了《征施洋文集启事》，"施洋先生平生热心教育，服务社会，抱世界大同主义，唱劳动神圣学说。……去腊因铁路工潮致牵及先生惨遭枪毙，兹者同人以友谊情深"，公开征集烈士诗文。中共武汉党团在十分险恶的环境中，利用合法的手段，以纪念烈士，发动各界与直系军阀进行斗争。

中共武汉党团组织用极大的精力开展以归还旅顺、大连为内容的国民运动①，作为重新聚集力量进行斗争的新起点，最初公开的统战组织形式是全省外交协会。4月12日，中共武汉区委和青年团武昌地委通过学联会等，发动了100多个团体，5万多群众，在汉口召开了声势浩大的国民大会，提出"收回旅大"、"抵制日货"、"废除'二十一条'"等口号。大会副主席、共产党员许鸿报告了袁世凯政府出卖主权，与日本帝

---

① 3月27日，是旅顺归还期，日本政府以从没有被中国人民承认的"二十一条"为据，拒不交还旅顺，并要续借99年。中国人民无比愤慨，迅速掀起归还旅顺、大连的爱国运动。

国主义签订"二十一条"和日本侵占旅顺、大连的经过，说明反对日本帝国主义，开展爱国运动的意义。大会通电作出全省组织国民外交委员会、对日实行经济绝交等5项决议。会后分三路作大规模的游行示威①。这次以反帝相号召的国民大会，极大地鼓舞了处于革命低潮中的武汉人民的斗志，成为中共湖北地方组织开展反帝反军阀的"民主的联合战线"工作的开端。

6月，中共武汉党组织选派林育南、陈潭秋出席在广州召开的中国共产党第三次全国代表大会。这次会议正式确定全体共产党员以个人的名义加入中国国民党，以建立各民主阶级的统一战线。会后，建立湖北地区的反对直系军阀的统一战线步伐加快。10月20日，湖北全省外交协会成立，中共武汉区委和青年团武昌地委主要成员包惠僧、许鸿、何恐、刘伯垂、廖乾五、余世颂、马念一、胡彦彬、沈尚平、李国琛等30余人，分别以各群众团体和报刊社代表的身份参加会议，并在协会中起到核心作用。成立大会通过要旨八项，主要是以和平手段扩大对日经济绝交的范围；以严重办法处置奸商；督促政府对于外交行政之进行；本会为对日外交团体，组织全省对日经济之特别机关；发起全国国民外交协会。该团体是湖北地区第一个具有广泛代表性的统一战线组织。

12月，根据中共中央三届一中全会关于必须帮助国民党扩大组织，在国民党有组织的地方改组其组织，没有组织的地方，我党为之创设的精神，刘伯垂、项英、廖乾五等共产党员在汉口成立了国民党汉口市党部筹备处。

1924年1月20—30日，国民党第一次全国代表大会在广州举行。刘伯垂、李立三、廖乾五等共产党人和国民党人士居正、夏声、李法、张知本、刘成禺、詹大悲、孙镜等作为汉口特别区和湖北代表出席。大会在孙中山先生的主持下，改组了国民党，确立了联俄、联共、扶助农工的三大政策，接受了中国共产党提出的反对帝国主义、反对军阀的革

---

① 《昨日国民大会列者五万余人》，《江声日刊》1923年4月13日，第3张（一）。

命口号。因此，这次大会成为国共首次合作正式形成的标志。

1月31日，国民党一届一中全会决定在上海、北京、汉口、哈尔滨和四川建立国民党地方执行部，即国民党中央派出机构，指派中央执行委员覃振、候补中央委员张知本为汉口执行部筹备员，后增派候补中央执行委员林祖涵（即林伯渠，共产党员）参加。不久，汉口执行部组成，负责湖北、湖南、江西的党务。常委覃振、张知本、林祖涵，组织部长林祖涵，秘书李实番，干事李立三、许白昊；宣传调查部长张知本（自请辞职），干事项德隆、杨德甫；工农部长刘伯垂；青年部长覃振（未到任），秘书李廷铿，干事林育南、杨继肃；妇女部长覃振（未到任），秘书杨道馨，干事夏之栩。

1924年3月，国民党中央执行委员会派刘伯垂为筹备员，负责筹建国民党湖北临时省党部。次月，湖北临时省党部建立，董必武、刘昌群、刘光国、许鸿、张继渠等共产党员为委员，何恐（共产党员）为秘书，余世颂任干事。

5月13日，中共汉口地委和国民党汉口执行部机关遭到严重破坏，刘伯垂、许白昊、杨德甫等重要人员被捕，"武汉形势异常紧张，党务完全停顿"①。中共汉口地委委员长包惠僧调离，董必武接替包的职务，并负责国民党湖北党务。

10月，北京政变后，直系军阀曹锟、吴佩孚垮台，军阀萧耀南迫于形势的变化，为自身计，明依附段祺瑞，暗与孙中山联系。孙中山北上，以国民会议为号召，"民气立时申张"②。国民党临时省党部利用此机，将临时省党部向社会公开，积极开展活动。

1925年5月21日，国民党汉口特别市临时党部成立，汉阳和武昌的徐家棚归其领导，下辖4个区党部（后为7个），到年底有党员727人。

---

①② 董必武：《中国国民党湖北省党部的党务报告》，《国民党第二次全国代表大会会刊》，1926年1月。

7月15—20日，国民党湖北省第一次代表大会在武汉举行，出席大会的有各县市代表26人，汉口特别市临时党部代表列席。大会通过《中国国民党湖北省第一次全省代表大会宣言》、《农民运动议决案》、《青年运动议决案》、《工人运动议决案》、《一般国民运动议决案》等文件。大会号召社会各界动员起来，组成反对帝国主义和反对军阀的联合战线，废除一切不平等条约，进而完成反帝反军阀的国民革命。

7月21日，国民党湖北省党部正式成立，由14名执行委员组成，其中共产党员11人，他们是董必武、陈潭秋、刘季良、蔡以忱、钱介磐、吴德峰、徐虔知、张培鑫、何彦彬、李子芬、刘昌绪，另3位委员为国民党左派张国恩、张朗轩、郝绳祖。这样在组织上形成了国共合作的良好基础，该组织成为推动湖北地区国民革命向前发展的火车头。

国民党湖北省党部建立后，党务有了很大的发展，首先在武昌、汉口建立起组织，到1926年国民党二大前夕，湖北省国民党有党员3 000余人，其组织已发展到黄安、麻城、黄冈、黄陂、汉川、沔阳、天门、襄阳、沙市等30多个县。

在国民党省市党部中，中共通过党团，牢牢掌握了湖北地区统战的领导权，正如董必武所言："国民党事，实由我党领导。"① 中共湖北党组织通过党团控制和指挥的社会团体还有武汉学生联合会、湖北非宗教大同盟、武汉反帝国主义大联盟、湖北工学联合会、国民会议湖北促进会、湖北省教育会、湖北妇女协会、汉口青年励进会、各法团外交后援会、武昌律师公会等群众团体。这样，在湖北地区就保障了共产党在统一战线工作中的领导作用。

国民党省市党部还十分重视宣传工作，专门设有宣传部，出版了省党部机关刊物《武汉评论》、汉口特别市党部机关刊物《汉声》、《湖北妇

---

① 田海燕记录：《董必武自述》，1961年。另见《团武昌地委半年来的工作报告》（1925年8月27日）中有"本校与CP合作，在民校中活动成绩极佳。简直可以说无我们在无民校"。（作者注：民校指国民党湖北省党部。）

女》、《湖北青年》、《湖北农民》、《励进》、《商钟》、《武汉工人》等,孙中山先生逝世时,印刷各种传单 10 余万张,宣传了新三民主义和国共两党对时局的主张。在五卅运动中,进行了大规模的政治宣传,发传单 11 种,20 余万份。《武汉评论》出版了"反帝国主义专号"上下两期,通过宣传使国民革命的精神更加深入人心。

在以董必武为代表的中国共产党人和国民党左派的共同努力下,国民党湖北省党部成为湖北地区大革命时期的一面革命的旗帜,为推动北伐战争和国共合作做出了不可磨灭的历史功绩。

二、汉口"六一一"惨案

1925 年五卅运动成为 1924 年开始的大革命掀起高潮的动员令。江城人民在声援上海人民斗争和随后围绕着汉口"六一一"惨案而展开的斗争中,将本地区反对帝国主义和反对军阀的斗争紧紧结合在一起,在政治舞台上演出了波澜壮阔的一幕。

5 月 31 日,汉口《江声日刊》首先刊登了全国学联有关五卅惨案的电文,愤怒万分的武汉人民立即掀起了"极热烈的反对帝国主义运动"①。国共两党湖北组织立即下达动员令,紧急行动起来,发动社会各界开展声援上海人民反对帝国主义的斗争。6 月 1 日,国民党湖北临时省党部和汉口特别市临时党部立即组织声援五卅惨案临时指挥部,设总指挥 1 人,指挥 3 人,作为具体领导运动的机构。

具有"五四"光荣传统的中华大学又是一马当先,第一个组织了沪案后援会,号召武汉各校学生一律罢课。同日,武汉学生联合会举行会议,决定实行全市罢课,并致电北京政府向帝国主义严重交涉,抗议帝国主义屠杀中国民众的滔天罪行。次日,武汉各团体举行联席会议,决定成立国货维持团,对英实行经济绝交。湖北反帝国主义大联盟在中华大学开会,发起国民大会,号召所属各级组织开展反帝国

---

① 《汉案周年纪念宣传大纲》,《楚光日报》1926 年 6 月 9 日,第 4 版。

主义运动。

从这一天（6月2日）开始，武汉的工人、学生、商人走向街头，举行了各式各样的抗议活动。6月4日，6 000多学生举行游行示威，"全城震动"①。6日，武汉各校教员、学生代表80余人聚会，决定成立湖北学界外交后援会。2万余学生分别在武昌、汉阳、汉口演讲，演讲者声泪俱下，听者无不动容。

在学生、工人的推动下，武汉地区的民族资产阶级也被卷入到这场风暴中。6月2日，代表中下层资产阶级的武昌商会和汉口各团联合会举行会议，决定致电上海各团体，表示声援，实行对英经济绝交等。7日，武昌商会发表了对英经济绝交的宣言。第二天，2 000多商人举行大游行，武昌商会会长亲执大旗开导，行程30余里。

6月9日，由汉口青年励进会、武汉学生联合会、汉冶萍总工会等组织发起，武汉工、学、商各界团体在汉口德明大学召开联席会议，决定成立国民会议湖北促进会和沪案后援会。同日，武汉72所学校和工界、商界9个团体数万人举行声势浩大的联合大游行。游行队伍推出代表向湖北军务督办兼省长萧耀南提出包括严惩沪案凶手以死刑、收回英租界等7项要求。一场工学商联合反帝怒潮在江城日益高涨。

面对江城人民如火如荼的反帝怒涛，英帝国主义极端仇视和恐惧，调来军舰停泊在武汉江面上，巡捕和租界义勇队在租界内加紧巡逻。英国巡捕和工头与码头工人的冲突时有发生，殴伤中国工人的事情不断出现。

6月10日下午4时许，英国太古公司武昌轮抵汉后，该公司某雇员又重殴码头工人余金山，并打伤另外2名工人。此事激起码头工人的极大愤慨，"群起哗噪，几酿暴动"，经汉口镇守署及警察厅派军警前往弹压，"始将群众解散"②。第二天，数千工人举行游行示威，强烈抗议英

---

① 《团武昌地委临时报告》，1925年6月9日，中央档案馆藏。
② 《汉口事件》，《东方杂志》第22卷，"五卅事件临时增刊"，1925年7月。

帝国主义分子殴伤中国工人的暴行,坚决要求惩办肇事者。这时,一艘英国军舰公然越界停泊在江汉关上侧苗家码头,向武汉人民示威。武汉人民愈加激愤,在河街(今沿江大道,江汉路口至合作路口一段)及江汉关前,人愈集愈众。英国巡捕上前驱逐,群众更加不服,群相噪逐。

英国驻汉总领事悍然命令海军陆战队全副武装登岸,各国义勇队同时出动。英国水兵驱逐群众时,用刺刀挑伤太古公司打包工人刘国厚,顿时群众大愤,奔走求救,络绎于途。英国军队将前后花楼铁门关闭,断绝交通。游弋在江面上的外国军舰调转炮口示威。各国义勇队和英国海军陆战队在租界各要口处架设机关枪,并在英国军官的指挥下用刺刀驱逐群众。愤怒的群众有的用石块、长杆与之搏斗,大部沿英租界码头、歆生路向北狂奔。

在混乱中,有数家日侨商店被捣毁。群众冲至华英交界湖北路(今中山大道,江汉路至合作路口一段)大智门之间,被中国军警设置的封锁线挡住,被迫返回英租界。此时各国义勇队和英国水兵突从北京街(今北京路)冲出,用机关枪向群众扫射,一时弹如雨下,当场击毙数十人,重伤30余人,其中死者罗良安仅有13岁①。

汉口"六一一"惨案是继上海"五卅"惨案后的又一个大惨案,引起了世界和全中国的震惊。国民党湖北省、汉口特别市党部立即发表宣言,指出"汉案与沪案同一原因,而残暴野蛮之凶手,又均为英帝国主义",号召全国各界同胞,"应以援助沪案之同一热情精神努力和方法,援助汉案"②。武汉人民掀起了更大的抗议风暴。第二天,学生、工人就冲上街举行示威活动。15日,15万群众举行游行示威。30日,武汉各界5万余人在

---

① 关于在汉案中死亡人数,由于案发后英国方面移尸沉江,故死伤之数很难搞准确。当时有不同的记载,此处是根据《汉口惨案二周(年)纪念宣传大纲》,见《汉口民国日报》1927年6月9—10日。《江声日刊》1925年7月14、15日刊登在汉案中死伤的名单,计死亡者有张火伢、罗良安、任金照、尹春、王旺、吴传远、张伯林,以及三具无名男尸,受伤者有涂少青等21人。
② 《汉口屠杀之真相》,《热血日报》1925年6月21日,第3版。

阅马场举行集会。在汉案周月纪念日时，武汉三镇举行了盛大的追悼会，各街道商店等均降半旗以示哀悼。9月7日，10万民众举行了空前的水陆大游行。这一天在龟山、蛇山侧、紫阳湖畔、阅马场、六渡桥等地，到处是愤怒的呐喊，四处散发着五颜六色的传单；从汉黄码头到徐家棚宽阔的江面上，轮船齐鸣以示抗议。宜昌、沙市等地也举行了同样的抗议活动。

"六一一"惨案后，中国共产党机关刊物《向导》等媒体均发表了评论文章，谴责英帝国主义的新罪行。7月10日，中国共产党、中国共产主义青年团为沪案、汉案、粤案发表告全国青年书。上海、北京、南京、长沙等地纷纷举行各种活动声援江城人民的反帝斗争。共产国际和苏联等国举行声援中国人民的斗争。英国共产党号召英国工人阶级截阻载运军火赴华之车船。著名和平主义者罗素也对中国事件发表公正的言论，揭露英帝国主义在华的侵略行径。

通过五卅运动，特别是汉口"六一一"惨案，武汉各阶级各阶层均卷入，其政治态度十分鲜明，给湖北共产党人探索国民革命带一般规律性的问题提供了客观条件，使他们对民主革命的认识大大地前进了一步。湖北共产党人通过对社会各阶级的分析，提出"谁是我们的友？谁是我们的敌？"①的命题。他们认识到工人阶级虽然人数不多，但在"民族革命中，确站在领导地位"②。这一点，从京汉铁路大罢工到这次革命都已充分表现出来了。农民占全国人口的绝大多数，受到的压迫、剥削也最深，因而也最富有革命性。它与工人阶级占全国人口的90％以上，因此团结工农群众成为国民革命的中心问题。爱国学生属知识阶层，"最易接受革命之宣传，亦为革命中之有力分子"③，但他们在斗争中往往缺乏坚韧性，在军阀压迫剧烈时，往往显得"无从措手"④。

---

① ② ③ 《青沪汉血案中对于国际及国内各阶级之总观察》，《中国国民党湖北省第一次全省代表大会宣言及议决案》，1925年8月印行，第26页、第28页。
④ 董必武：《中国国民党湖北省的党务报告》，1926年1月11日。

对于资产阶级，董必武等虽然没有明确将其分成两部分，但已将其分成中小商人和大商人、买办等三个部分。由于经济地位的不同，因而他们对革命的态度也有区别。武昌商会往往代表民族资产阶级的利益，他们欢迎学生的爱国运动，"在民族革命运动中，是比较革命的"，但他们又受制于大商人，往往"不敢自由行动"①。

大商人和买办阶级"因与帝国主义，在经济上有密切的关系，所以也是反革命的"②。他们往往明里暗里与军阀、帝国主义相勾结，破坏国民革命。

湖北共产党人对帝国主义的认识十分清楚，明确指出帝国主义是使中国沦为半殖民地的罪魁祸首，是中国的乱源，"中国军阀不过受其扶植，作其工具，供其指使以残虐人民……帝国主义一倒，即刻失其依据了，故中国民族要解放，中国国家要独立，其第一步就是要打倒帝国主义"③。

北京政变后，萧耀南对南方的态度发生了微妙的变化，但湖北共产党人能够透过现象，清楚地洞悉他的军阀实质，《青沪汉血案中对于国际及国内各阶级之总观察》的文件中指出军阀必须依靠帝国主义扶植而生存，但中国是多个帝国主义国家的半殖民地，因此，帝国主义国家在华的矛盾，直接影响依附于它们的军阀的态度，萧耀南"对于沪案运动不加禁止，汉案发生后则极力压迫，说明他是英帝国主义的顺奴"。湖北共产党人看到萧耀南的两重性，在策略上一方面揭露他依附英帝国主义的反动性，鲜明地喊出"打倒帝国主义"和"打倒媚外军阀"的战斗口号；另一方面又利用英日的矛盾，利用萧耀南投机的一面，积极开展公开的反对帝国主义的群众运动。

湖北共产党人对民主革命的探索是中国共产党人探索革命道路的重要组成部分，以上思想虽然在理论上远非成熟，还十分幼稚，但其中的

---

①② 《青沪汉血案中对于国际及国内各阶级之总观察》，《中国国民党湖北省第一次全省代表大会宣言及议决案》，1925年8月印行，第27页、第28页。

③ 任宣：《反帝国主义运动的意义》，《武汉评论》第22期，1925年8月29日。

闪光点，无疑对新民主主义理论基本思想的提出，提供了宝贵的思想材料，作出了应有的贡献。

三、北伐湖北战场

在国民革命浪涛冲击下，直系军阀陷入四面楚歌的境地。1924年10月，北京政变后，直系军阀失去了中央政权。湖北督军萧耀南从自身考虑，不得不表面投顺临时执政的段祺瑞，暗地里却与长江流域各省的直系势力联络，以形成反段、奉的大联盟。

1925年10月，浙奉战争爆发，直系将领为了抗衡奉系军阀，决定拥戴蛰居湖南岳州的吴佩孚出山，"共定国难"。10月11日，萧耀南首先率鄂军将领联名通电，请吴佩孚到汉，主持讨奉大计。孙传芳也迭电拥吴，继而川、湘、赣等12个省军阀函电交驰，电促吴佩孚早日命驾。

10月21日，吴佩孚抵汉，在汉口查家墩成立川、黔、桂、粤、湘、浙、闽、苏、赣、鄂、皖、豫、晋、陕十四省讨贼联军总司令部，自任总司令。接着下令齐燮元为副总司令，蒋百里为总参谋长，张其煌为秘书长，聘章太炎为总参赞（未到职）。联军总司令部下设参谋、营务、政务、外交、交通、机要、副官、军需等23个处。

1926年2月14日，萧耀南在武昌病死，吴佩孚任命陆军第25师师长陈嘉谟接任湖北督办的职务，汉口镇守使杜锡钧为省长。萧耀南之死，敲响了直系军阀的丧钟。次日，中共武汉地委通过国民党省市党部发表宣言，指出吴佩孚是使湖北民众"陷于万劫不复之境"的反动势力，号召广大人民行动起来，趁直系傀儡萧耀南的去世，掀起"反对吴佩孚把持湖北政权"，"收回全省政权"的斗争①。

7月9日，广州国民政府举行了北伐誓师典礼，令世界瞩目的北伐战争正式开始。北伐军兵分三路，主攻两湖。12日，北伐军占领长沙。8月12日，总司令部召开军事会议，决定以北伐军主力进攻武汉。负责

---

① 《鄂民党对省政之主张》，上海《民国日报》1926年2月24日，第2版。

攻鄂的部队有第4、7、8军组成的中央军,由唐生智担任总指挥,以武汉至武胜关为作战目标。第2、3军、独立第1师、第5军第46团为右翼军,由朱培德为总指挥,以南昌、九江为作战目标。第9、10军为左翼军,由袁祖铭指挥,以湖北荆沙至襄阳为作战目标。8月19日拂晓,北伐军发起总攻击,开辟了湖北战场。22日,攻克湘北重镇岳州,次日攻入鄂南。

对北伐战争,湖北民众如大旱盼甘霖一样,翘首以待。国共两党湖北地方组织早就进行动员和开展了卓有成效的工作。3月中下旬,董必武专门赴长沙,与国民党湖南省党部商讨迎接北伐军,并争取湖南军阀唐生智和驻湘的鄂军夏斗寅起义,参加北伐战争。4月圆满完成任务返回武汉。6月18日,国民党中央执行常委会第35次会议,听取了湖北省党部的呈文,报告吴佩孚内部已破裂,务请国民党中央从速出师北伐。

北伐军正式出师后,7月11日,湖北特种委员会正式成立,董必武担任主席,其主要任务是搜集直系的政治军事情报,报告给北伐军总司令部。7月13—15日,国民党湖北省第三次代表大会举行,中心议题就是如何支援北伐的问题。大会指出:"北伐是本党执行国民革命使命的特殊工作,尤其是本省民众出于水火的唯一救星。"号召湖北人民立即行动起来,开展各种斗争,迎接北伐,向吴佩孚直系军阀发起总攻击①。省党部增设了军事部,由共产党员吴德峰为部长。与此同时,中共湖北地委在武昌开办北伐宣传训练班,培养北伐基层党、团组织负责人近50人,以回到所在县,动员群众策应北伐军。

8月21日,董必武和李汉俊率领湖北各界代表团抵达长沙,欢迎北伐军。8月22日,蒋介石、邓演达、董必武、詹大悲、李汉俊等在湘的国民党中央执行委员、监察委员,以及湘鄂两省党部的执行委员共16人,举行特别联席会议,检查占领武汉后的政治及党务,讨论国民政

---

① 《中国国民党湖北省第三次全省代表大会谨将大会经过报告中央执行委员会》,1926年7月18日。

府移至武汉等问题，决定北伐军攻克武汉后，党部不必加入新政府，但政府"须受本党指导监督"①。还决定组建政治经济委员会，国民党中央推定蒋介石、陈公博、邓演达，湖北省党部推定詹大悲、罗琢章、李汉俊等为委员，李汉俊担任秘书。会议通过了由董必武、邓演达提出的促进湖北党务具体方案。这次会议大体上规划出了武汉国民政府和湖北地方政权的基本方针和政策。

湖北战场的首次恶战是汀泗桥战斗。汀泗桥镇位于武汉南端，一面依山，三面环水，铁路桥自西南向东北横亘于水面，地势十分险要，易守难攻，为湖北南部第一门户。吴佩孚集合直军主力第8师等军队2万人，布防在汀泗桥、咸宁一线，企图依托汀泗桥的坚固工事，凭险固守。

主攻汀泗桥的北伐主力是国民革命军第4军陈可钰部。8月26日凌晨，陈可钰下令发起进攻。第10师由山峡冲出发，进攻陈家湾、张家桥、饶家湾、赤岗亭附近，对敌守军取包围之势，攻击前进；第12师（缺第36团）沿铁路分进，负责汀泗桥西面及西北方面的战斗，协同第10师包围敌军；第36团兵分两路，从汀泗桥西南方面作战，协同第10师作战。上午10时30分，北伐军以第35团为前卫，叶挺独立团为本队，在高猪山附近展开攻势。敌我双方激战一日，战况处于胶着状况。次日拂晓，第4军发起全线总攻击，第12师师长张发奎亲率第35团、独立团、炮兵营投入战斗。第35团及炮兵营向铁桥北端猛烈进攻，突破敌军坚固防线。"独立团从右侧向古塘角"进攻，直军溃败，北伐军乘势追击，进攻咸宁②。第36团第1、3营正面进攻，经过白刃战终于突破直军中央阵地一部。第28团迂回朱家铺、万安春一线，截断了直军的退路。上午9时，汀泗桥战斗结束，毙敌千余，俘虏2400余人。

北伐军乘势进攻贺胜桥。贺胜桥位于汀泗桥北35公里处，西面港汊

---

① 《占领武汉后之政治及党务》，《黄埔日刊》1926年9月13日，第1版。
② 《北伐的七个战役》，中央档案馆编：《北伐战争》，中共中央党校出版社1981年版，第99页。

纵横，江湖交错，东面丘陵起伏，林木蔽天。吴佩孚亲自到贺胜桥督师，欲与北伐军决一雌雄。8月28日，唐生智抵达咸宁，指挥贺胜桥战斗。次日晚，北伐军发起攻击。第7军从咸宁东，第4军沿铁路及其以西正面展开行动。第12师和独立团为主攻击队，第10师为预备队。战斗十分激烈，吴佩孚率领卫队团执大刀压阵，后退者杀。北伐军反复冲杀，终于突破直军第一道防线。30日上午，第4军在第7军的有力策应下，独立团从中央突破直军10余里的纵深防御阵地，直军全线动摇。吴佩孚亲自手刃后退官兵，仍无济于事。北伐军攻占贺胜桥。此战歼敌2400余人，至此，武汉南面大门洞开。

8月31日，北伐军攻抵武昌城下。吴佩孚败回武汉重新作了部署，企图利用武昌城险要，固守待援。他委任陈嘉谟为武汉防御总司令，第8师师长刘玉春为武昌守备军总司令，高汝桐为阳夏守备军总司令，自己在汉口居中指挥。其战斗序列是，武昌守备军，下辖第8师（师长刘玉春）、第25师（师长陈嘉谟）、豫军第3师（师长吴俊卿）、湖北暂编第1师（师长宋大霈）、湖北暂编第3师（师长孙建业）、陆军第17混成旅（旅长余荫森），共1.6万人；阳夏守备军，下辖陆军第14师（师长高汝桐）；上游守备军，下辖叶开鑫的湘军一部、娄云鹏旅一部；下游守备军，下辖武卫军（军长马济）、河南第10师；襄河守备军，下辖湖北暂编第2师（师长刘佐龙）、河南暂编第2师（师长阎日仁）；水上游击队（司令杜锡钧）等部。在长江上至金口，下至黄州及襄河两岸设立防线。

北伐军进攻武汉部队的战斗序列是，第1军（代军长王柏龄），下辖第1师（师长王柏龄）、第2师（师长刘峙）；第4军（代军长陈可钰），下辖第10师（师长陈铭枢）、第12师（师长张发奎）、独立团（团长叶挺）；第6军（军长程潜），下辖第17师（师长邓彦华）、第19师（师长杨源浚）；第7军（军长李宗仁），下辖第1路（指挥官夏威）、第2路（指挥官胡宗铎）；第8军（军长唐生智），下辖第5师（师长叶琪）、第2师（师长何健）、第3师（师长李品仙）、第4师（师长刘兴）、教导师

(师长周斓)、鄂军第1师(师长夏斗寅)等部。前敌总指挥唐生智。

9月3日凌晨3时,北伐军发动对武昌城的第一次进攻,第4军、第1军第2师、第7军第2路分别从通湘、忠孝(小东门)、中和、望山、宾阳等门攻城。因北伐军缺乏重武器,又遇到敌军的顽强抵抗,部队伤亡严重,被迫于6时停止战斗。

同日晚,北伐军总司令蒋介石、副总参谋长白崇禧和苏联军事顾问加伦(Galens)在武昌余家湾火车站附近召开高级将领会议,制定了新的攻城计划,决定李宗仁为攻城司令,陈可钰为副司令。5日凌晨发动了第二次进攻,再次受挫。这一天,守卫汉阳、汉口的湖北暂编第2师师长刘佐龙经董必武、邓演达的策反,率部起义,北伐军于6日占领汉阳,7日解放汉口。9月16日,北伐军攻克鄂豫交界处的武胜关,武昌成为孤城。

二次攻城失败后,北伐军决定以围代攻。9月14日,北伐军总司令部正式颁发封锁武昌令,对武昌实行全面封锁。武昌敌军被困30余日,军心涣散。10月8日,豫军第3师与北伐军接洽,愿意"帮助"北伐军,打开中和门、保安门①。10月10日晨2时,北伐军第10师、第12师、独立团等分别从保安门、中和门进入武昌,在蛇山与刘玉春第8师激战一二小时,于7时30分基本结束战斗,敌酋刘玉春、陈嘉谟被俘。

武汉三镇的克复,捣毁了直系军阀的主力,给吴佩孚的后台英帝国主义以沉重打击,将北伐战争极大地推向前进,推动了两湖工农群众运动的迅猛高涨。从此,武汉继辛亥武昌起义之后再次成为中国革命的中心地。

---

① 中央档案馆编:《北伐战争》,中共中央党校出版社1981年版,第142页。

第三章 湖北早期现代化的艰难步履

第一节 畸形发展的现代经济

现代化是本世纪各国竞相掀起的大潮。中国也不例外，但由于近代中国是一个半殖民地、半封建的国家，它的早期现代化的历史进程，与西方发达国家所走的道路几乎完全不同，虽然西方的商品和资金的进入在客观上有利于中国的早期现代化，但帝国主义各国进入中国庞大市场的目的，不是让中国走向资本主义，而是要使中国成为它们经济、政治的附庸。因此，近代中国的经济就不得不带上畸形的资本主义的色彩。湖北以武汉为龙头，随着早期现代化的历史进程，也投入到这个世纪大潮中，并且成为中国中部现代经济、政治、文化的中心地带。

北洋军阀统治时期，湖北的早期现代化继以张之洞办洋务为特征的第一个高潮后，形成了第二个高潮，这次高潮所呈现出来的特点，无疑烙上了民国初中国早期现代化历程的艰辛与痛苦，同时又凸显出九省通衢优越地理环境所表现出的殊相。

一、现代都市的形成和现代经济的发展

带有现代意义的城市崛起是早期现代化的重要标志。长江与汉水使湖北具有城镇形成的十分优越的地理环境，因而在封建社会里，沿着这两条大江就出现了汉口、武昌、宜昌、沙市、荆州、襄阳、樊城、安陆、大冶、老河口、武穴等城镇。汉口是传统的中转贸易城市，跻身于全国四大名镇之一，随着都市早期现代化的进程，市区面积迅速扩大，在民国初由原来的11.2平方里扩展到约28平方里。

自19世纪60年代汉口开埠以来,特别是近代航运网络的形成和京汉、湘鄂铁路的开通,汉口才成为名副其实的九省通衢的通商口岸。在汉口的牵动下,武昌、沙市等城市迈进了现代城市的行列。据《中华归主:中国基督教事业统计(1901—1920)》的统计,在1920年以前,湖北省城市在10万人以上的有4个:汉口35万,武昌25万,汉阳15万,老河口10万。沙市、宜昌、荆州、武穴、樊城5个城市的人口在5~10万,在2~5万人口的城市有16个[①]。

作为现代城市的重要标志是具有现代功能建筑群的出现和具有现代城市基础设施的建设。这方面武汉最具代表性,武汉最早的现代建筑是1861年建造的英国驻汉领事馆(汉口天津路2~4号)和武昌大堤口教堂(武昌大堤口砖瓦巷80号),接着一批用砖石结构和钢筋混凝土结构建造的新式建筑如雨后春笋般地拔地而起,这个建筑潮到抗战前为鼎盛时期。据不完全统计,到1937年7月前,武汉现代建筑物有284个,其中民国初期建造的有181个。这些风格各异,具有现代意识的建筑物就其功能而言,为工厂18个,银行、洋行28个,领事馆、教堂、公馆、公所12个,学校、书店等文化设施32个,商业17个,医院、药房11个,住宅、公寓、里弄等50个,其他13个。高层建筑主要集中在今江汉路、中山大道、沿江大道、一元路一带。

随着鳞次栉比的现代大楼的出现,市政基础设施的建设也有了一定的规模。汉口租界区开辟以后,陆续修建了河街、湖北街和后城马路(今中山大道一段)、歆生路、湖南街(今胜利街南段)、阜昌街(今南京

---

① 此处统计与《中国现代化的区域研究(1860—1916)——湖北省》(苏云峰著,台北近代史研究所,1987年)第520~522页中的"湖北城市人口统计(1911—1916)"不同,按照此表,10万人以上的城市3个:汉口70万,武昌18万,京山10.2万。5~10万人的城市有汉阳、云梦、天门、老河口、阳新、荆门、石首、松滋、沙市、长阳、建始、宜城、枣阳13个。2~5万人的城市有蒲圻、通城、房县、竹山、郧西、当阳、江陵、宜昌、秭归、兴山、长乐、宣恩、利川、沔阳、麻城、应城、随州、应山、钟祥、襄阳、谷城、樊城22个。又据《汉口新闻报》1920年5月20日记载,汉口40万,汉阳8万,武昌31万。

路)、界限街(今合作路)等主要街道。1915年在云樵路(今黄石路)至湖南街仓库区修建了一条轻便铁路。

民国初,汉口的主要公共交通工具是人力车。1874年,人力车由日本传入中国,俗称"东洋车"。1888年,汉口租界内已有人力车拉行。1901年,英租界工部局准许人力车为客运营业工具,有1000多辆,最大的车行是法商经营的利通车行。1922年,汉口车行有13家,共有1500多辆人力车,约有工人6000人。1912年,法商在汉口歆生路创办出租汽车行,有小座车6辆,为武汉公共交通使用机动车之始。1916年,上海汽车行是第一家华商开辟的出租汽车行。

汉口自1906年英商建成第一家电灯公司后,既济水电公司、美最时电厂(德商)、大正电气会社(日商)等相继投入营业。电讯、电话、邮政、地下水道等设施都有了发展。随着航运业的发展,沿江码头陆续出现,到1926年,大小外商经营的码头有87座。

与此同时,湖北交通事业有了较大的发展。航运,在长江中下游经营的有外轮公司十几家,以招商局为主的中国轮船运输业占有一定的份额。到1926年,本省轮船运输业发展到百余家,运力增加十余倍,总吨位仅次于上海、广东,居全国第三位。

1918年8月湘鄂铁路(武昌—长沙)全段365公里竣工。1924年4月,全长212公里的襄沙公路全线竣工通车。次年3月,全长200公里的襄花公路也建成通车。

现代城市有别于传统城市最显著的特征,就在于前者出现了资本主义的生产方式。作为现代化程度较高的部门——现代工业,同样是以武汉为龙头,沿长江和汉水向四周辐射开来。湖北工业始于晚清,到民国有了较大的发展,特别是以第一次世界大战爆发为契机,有了一个明显的发展期。据不完全统计,全省万元以上规模的工厂所积累的资本(不含增值部分),清朝末25年(1886—1911)为2626.5万两关银,民国初的15年(1912—1926)为3303.8万两关银,上升幅度达26%。在民国初的15年中,工业资本在万元以上规模的投资总额约3000万元,是晚清25年的投资总和。据《湖北全省实业志》统计,湖北全省有各类工厂近2万家,分类情况如表3-1。

表3-1 1921年湖北工业分类统计表

类别	户数	职工数	类别	户数	职工数
油类	12 547	34 575	火柴	2	326
酒类	8 831	25 545	玻璃及制品	12	32
糖类	595	1 538	砖瓦	3 622	17 423
烟草类	5 622	17 559	纸类	2 317	9 736
面粉类	6 247	32 362	皮革	1 494	2 342
丝织物类	924	2 597	化妆品	53	154
棉织物类	44 495	69 615	工业用药品	269	699
麻织物类	285	685	陶瓷器工	651	2 385
毛织物类	16	69	漆器工	1 236	5 075
编物类	684	2 041	五金制器	4 649	15 852
胰皂类	29	149	木制器	3 164	7 663
蜡烛类	3 197	7 000	眼镜工表	66	200
漆液	645	1 237	钟表	80	128
蜡类	1 184	1 264	雕琢器	245	815
靛青类	1 298	2 789	杂工产物	10 070	29 477

湖北是我国的商业与对外贸易的大省,由于缺乏资料,无法知道全省的贸易总值,但从汉口、宜昌、沙市进出口贸易净值可以大致推算这15年进出口贸易净值年平均额约为2.2亿海关两,1925年为3.5亿海关两,为历年所不及。这段时间湖北省在全国外贸中平均占10%左右的份额,最高的年份占13.17%(1915年),最低的年份占7.91%(1921年)。汉口的贸易增长较快,这15年年平均增长率为10%。贸易总值和海关税收逐年上升,长期居全国第2、3位。见表3-2。

表 3-2　湖北省三口岸进出口贸易净值及占全国比重表 (1912—1926)

单位：万海关两

年份	汉口		宜昌		沙市	
	进出口贸易净值	占全国 %	进出口贸易净值	占全国 %	进出口贸易净值	占全国 %
1912	13 503	11.41	555	0.46	554	0.46
1913	15 403	11.70	572	0.43	449	0.33
1914	14 133	11.60	478	0.37	436	0.35
1915	16 090	12.44	490	0.38	454	0.35
1916	17 488	12.38	663	0.46	435	0.30
1917	17 073	11.49	569	0.37	442	0.23
1918	16 526	10.42	390	0.24	636	0.39
1919	20 040	10.21	605	0.30	757	0.38
1920	16 995	8.29	915	0.44	757	0.36
1921	17 355	7.40	434	0.18	778	0.33
1922	20 611	8.08	892	0.34	1 119	0.43
1923	23 975	9.73	784	0.27	1 977	0.72
1924	28 245	9.70	1 766	0.60	2 363	0.80
1925	28 876	9.60	1 281	0.43	3 109	1.04
1926	28 511	8.50	1 683	0.50	3 279	0.98

资料来源：

1. 地政学院《论文》第 42083~42085、42135 页。
2. 湖北省地方志编纂委员会编：《湖北省志·贸易》，湖北人民出版社 1992 年版，第 46~47 页。

＊该表与第 1 来源沙市的有三处不同，1914 年为 442；1922 年为 1 212；1923 年为 2 010。

随着工商业的发展和对外贸易的不断扩大，民国初，湖北的金融业迎来了它的黄金时期。在民国前，汉口有中外银行 19 家，其中外国银行 10 家。到 1925 年，武汉的金融机构有 258 家，业务仅次于上海，成为全国第二大金融市场。

1920 年 11 月 1 日，由中国银行汉口分行等 9 家银行发起，汉口银行公会正式成立，汉口中国银行行长钱宗瀚（后为浙江兴业银行行长史致容）为董事长。公会"以维持增进同业的公共利益及矫正营业的弊害为宗旨；办理会员营业必要的维持事项，调解会员与会员或非会员间的争议，调查同业营业的情况和研究国内外的经济事业"①。1925年登记的会员共有中国、交通、浙江兴业等17家。公会的成立标志湖北金融业进入成熟期。

经济是源，金融是流，湖北金融界对工商业的投资、贷款、借款、发行货币、吸收存款等金融行为，有力地调节和推动了湖北经济的发展。当时没有国内生产总值（GDP）的概念，因此财政收入就成为考察全省经济状况的重要指标。全省经济的繁荣，在财政方面的反映就是财政收入的成倍增长，见表3-3。

表3-3　湖北财政收入表　　　　　　　　　单位：元

年度	田赋正附税捐	正杂税捐	货物税捐	杂项收入	官产收入	官业收入	借款收入	合计
1913	1 228 469	510 145	2 667 210	313 240	11 035	—	—	4 730 099
1914	2 504 252	798 405	4 024 479	2 622 908	25 687	18 355	548 280	10 542 366
1915	4 524 309	1 994 913	5 601 609	1 009 327	3181	26 158	74 549	13 234 046
1916	4 338 744	1 738 726	5 862 595	539 090	5 181	13 467	356 571	12 372 854
1917	2 529 080	1 158 124	3 816 572	173 830	5 753	15 025	1 335 768	9 034 152
1918	3 322 607	1 479 353	4 838 207	347 125	52	377 397	—	10 364 741
1919	2 682 042	1 605 096	3 805 919	613 669	109 556	274 054	—	9 090 336
1920	2 622 359	1 525 921	3 462 113	638 806	191 091	287 805	—	8 728 095
1921	2 095 392	1 303 734	2 541 762	365 344	41 319	20 433	322 500	6 690 484
1922	2 186 871	1 549 720	2 909 456	3 518 407	1 054	9 248	169	10 174 925
1923	2 110 103	1 708 540	2 951 561	191 148	517 750	—	4 560 175	12 039 277
1924	962 320	1 231 231	1 331 403	103 365	20 018	—	5 055 210	8 703 547

资料来源：贾士毅：《湖北财政史略》，1937年，第22～32、44～54页。

* 1919—1924年正杂税捐计有矿税、关票附加、税票捐、夫役捐及教育附加等项，因缺资料，表内统计的为屠宰税、契税、牙税、当税的合计。

---

① 《原上海银行档案》，全宗号68，目录3，案卷号288，武汉市档案馆藏。

晚清到民国初是中国传统财政向现代财政转变的重要时期。上表并没有完全反映出省财政收入，民国初实行的是中央地方均权的财政制度，关、盐两大税归北京政府，使省财政少收近 500 万元，即使如此，仍然可以清楚地看到这样一个历史变化的过程。

首先，财政收入有较大幅度的增长。1913 年是宣统三年（1911 年）财政收入的 5 倍①，1915 年则是 14 倍。1913—1923 年的 10 年年平均增长率为 10%，年增长率最高的年份是 1914 年，为 11%。

其次，主要税种由传统的田赋让位给货物税捐，所谓货物税捐包括百货厘捐、茶捐、膏盐捐、烟酒糖税、竹木捐、火车捐、米捐、纱丝麻布税等 13 种，如果将包括矿税在内的正杂税捐计算在内，那么以上两捐税则成倍高出田赋正附税捐。1913 年正杂税捐和货物税捐是田赋税的 2.59 倍，1924 年是 2.7 倍，分别占同年财政实际收入（将借款收入除外）的 67%、70%。换句话说，工商税成为财政收入的主要来源，这是现代经济发展的必然结果。

最后，财政收入增加，在一定程度上反映商品经济的增长。如前所述，湖北的工商业在第一次世界大战爆发后形成高潮，与此相适应的是省财政收入在 1915 年、1916 年为 1926 年以前鄂省财政收入最高时期，与 1913 年相比，分别增长 17.8%、15.4%。同时，财政收入与国际市场、国内局势以及自然灾害有密切的关系。如 1921 年发生宜昌、武昌兵变，继而又爆发湘鄂、川鄂战争，湖北财政收入降到最低点，为 660 余万元。

二、北洋军阀的经济搜刮

民国初年，湖北的现代经济受到来自军阀的破坏，其道路特别艰辛坎坷。如前所述，湖北的财政收入在民国有了很大的增长，但绝大多数被军阀搜罗，成为他们维护专制统治、搜刮军费和聚敛财富的主要来源。

---

① 宣统三年（1911 年）省财政收入为 13 505 147 两（海关税与常关税除外），按照 1933 年汉口中央银行规定洋厘价 0.694 两计算。

他们在湖北的疯狂掠夺，给各阶层人民造成了深重灾难，其经济搜刮的主要手段有：

第一，搜勒军费，养兵以维护统治秩序。军队是军阀的命根子，是维护其专制统治的工具，无论是皖系，还是直系，在统治湖北期间，均保持庞大的军队。1913年湖北有主客军33 600多人；1923年达3师9混成旅10万人之众；次年全省驻扎的军队共计7个师3个混成旅，兵员数额逾11万人。庞大的军费成为省财政支出的最大一项，见表3-4。

由表可见，军费开支一般占全年财政支出一半左右，1913—1924年12年间，军费在300～700万元之间，有5年超过500万元，1913年高达785万余元，仅此一项就造成当年财政入不敷出313万余元。1915年是湖北财政收入最好的年份，然而军费就占全年财政总收入的41%。这15年中，除1914、1915两年稍有节余外，其他年份均入不敷出，1925年收支两抵不敷高达1 018万元。军费剧增，是造成财政赤字的根本原因。

事实上表内的军费开支并不是军费的全部内容，一些"特殊军费尚不在内，故其亏短之数，实际上较诸数字之差额更巨"①。如在湖北的客军，常年保持在2师4旅左右，7万人以上，月需军饷百万元。按规定该款本应由北京政府发放，但由于中央政府往往拖欠，有时甚至克扣，所以这笔巨大的开支便又落在湖北人民头上，到1922年，"鄂中历年所垫军饷竟达三四千万之巨"②。此外，湖北是南北要冲，过境部队不断，过境费、招待费、开拔费一项不能少。如在护国战争时，由于运兵筹饷，临时支出军费逾百万。1920年6月，直系自湖南北撤，途经湖北时，便索款300万元。另外，湖北还是直系军阀进行战争的军火和军费的供应地。直系在湖北建立起统治后，规定湖北每年承担军费600万元，仅鄂岸榷运局每年所拨军费就是30万元。在第二次直奉战争中，湖北要承担500万元开拔费中的60%。

---

① 贾士毅：《湖北财政史略》，1937年，第4页。
② 《鄂人要求撤退客军续闻》，《汉口新闻报》1922年7月3日，第3张第5页。

表 3-4 湖北财政支出表

单位：元

年度	外交费	内务费	财政费	教育费	军政费	司法费	农商费	杂项支出	借款	中央解款	合计
1913	78 232	1 085 720	736 302	231 451	7 855 294	385 976	44 291	—	—	—	10 417 266
1914	58 309	1 947 517	573 239	496 112	4 537 511	285 137	32 149	5 733	886 321	171 000	8 993 028
1915	114 497	2 278 617	676 121	585 719	5 360 500	384 846	32 745	146 561	1 097 572	2 426 878	13 083 056
1916	57 379	2 499 536	620 086	585 325	5 358 603	350 343	24 199	522 244	878 478	2 305 846	13 202 089
1917	83 792	2 100 542	439 797	656 533	5 563 303	336 360	41 050	—	790 543	395 625	10 407 549
1918	28 777	2 194 514	490 907	676 684	5 202 027	319 548	515 900	—	1 108 634	714 843	11 251 834
1919	77 891	2 182 072	475 169	762 662	3 953 757	302 693	571 888	—	725 862	1 050 136	10 102 130
1920	73 521	2 362 117	430 724	594 440	3 728 526	262 725	373 709	—	502 862	7 353 375	9 063 999
1921	40 698	2 000 656	416 587	536 866	4 352 097	268 121	49 077	—	552 608	558 455	8 775 165
1922	31 956	2 020 133	339 344	657 415	5 162 157	233 758	58 417	—	2 909 125	604 500	12 016 805
1923	28 292	1 701 226	305 272	865 603	5 258 800	218 215	45 304	—	4 137 307	480 487	13 040 506
1924	26 209	1 411 608	563 143	688 909	3 501 675	175 594	101 135	—	3 783 835	121 666	10 373 774
1925	—	—	—	—	—	—	—	—	—	706 001	—

资料来源：贾士毅：《湖北财政史略》，1937年，第 43、61、62 页。

至于随时勒索的款项则举不胜举，1923年时值春荒，吴佩孚全然不顾，索款130万元。1925年，他在汉口建十四省讨贼联军总司令部后，第一个经济活动就是向武汉两商会"借款"100万元，名曰"借"，实为强索。北伐军逼近武汉时，省督办公署以"军事紧急，需费浩繁，若非筹备大宗款项，殊不足以利戎机，而应军需"为由①，再次向汉口总商会借款250万元。

第二，任意加派各种捐税，肆意盘剥商民。晚清已经是苛捐杂税多如牛毛，民国初年军阀政府在继承晚清税制的基础上，又开征新税，湖北税收有田赋、正杂税捐、货物税捐、杂项4类，田赋包括地丁、漕米、屯饷、租课四大款；田赋附税有丁漕附税、学捐、券票捐。该项是鄂省的主要收入之一。正杂税捐包括契税、牙税、牙帖捐、当税、当帖捐、矿税、屠宰税、印花税、特种营业执照税、烟酒牌照税、税票捐、夫役捐、铺户捐13种。货物税捐包括百货厘捐、茶捐、膏盐捐、烟酒糖税、竹木捐、火车捐、米捐、纱丝麻布税、煤税、船捐、包裹税、货物附加税、应盐附加13种。杂项收入中属于税捐的是警捐。

湖北军阀政府通过横征暴敛，使湖北财政收入有较大的增加，清光绪末年收入在六七百万两左右，民国初每年平均税收在800万元左右，1916年税收1733万元，创最高纪录。其征收剥削商民的办法有三，一是不断增加税目。在民国初，为了扩大税源，军阀政府创立营业税，对皮货业、绸缎业、洋布业、洋广杂货业、药房业、煤油业等13种营业征收营业执照税，此外征收普通商业牌照税。仅烟酒牌照税一项，一年就增加收入几万元。至于各种临时的特捐更是名目繁多。如商品百货除要交百货厘捐外，还要征收特捐，不论产自本地还是转运进出口各货，一律加税一角。1917年，王占元为筹省防团经费，加收百货附税10%，从7月1日开始。

---

① 《汉口总商会致汉口银行公会》，1926年8月25日，全宗号68，目录号17，卷号118，武汉市档案馆藏。

二是提高税率。在北洋军阀统治时期，几乎所有的税率都被提高。从1913—1920年的7年间，田赋增加了3倍，烟酒税及印花税增加了2~7倍。直系统治湖北后，实行估本抽税这一税收政策，"结果百货照加一倍半，米炭柴加一倍"①，仅此一项，年增加正税500万串。地漕是田赋的主要税收，地丁1两由原来的3串改征库平银1两5钱，漕米一石由6串改征库平银2两8钱。盐厘是湖北的主要税源之一，名目多达45种之多。军阀多次实行盐斤加价，增加盐税收入。1919年，鄂岸淮盐加价每担加库银3钱5分，计能增加收入百余万元。1922年，宜昌榷运局出布告，凡行销湖北的川盐，每包抽钱140文，以后鄂盐不断加价，由每斤275文涨至388文。1925年每担加洋1.5元，仅此就搜刮160万元。

在直系统治结束的前夕，湖北省督办公署决定货税改征现洋，厘税及烟酒税改征银元。湖北是以钱为本位的省份，商民买卖以铜钱作为基本货币，这一决定对商民来讲无疑是雪上加霜。1926年8月7日，湖北全省商会联续合会发通电，声明"誓不承认，倘财政厅悍然不顾，改征现洋，定以严厉方法为最后之对待"②。

三是截留国税。关税、盐税和铁路收入款是税收的大宗，按北京政府的规定为国税，必须上交，但在太阿倒持的督军时代，这一大笔税收常常装进了地方军阀的腰包。第一次直奉战争前夕，吴佩孚以两湖巡阅使的名义，训令湖北盐务稽核所将全部盐款充作军费。在第一次直奉战争期间，直系军费截留京汉铁路收入款项就有328万元之多。京汉铁路南段更是吴佩孚的囊中之物，除截留全部收入以作军费外，吴还经常将它作为借款的抵押品。此外，北京政变后，中央政权失控，萧耀南谕令江汉关与榷运局，将关税和盐税截留。

第三，滥发货币、官票，导致金融破产。武汉是华中的金融中心，

---

① 《银行杂志》第2卷第22号。
② 《原中南银行、汉口总商会来函》，1926年8月13日，全宗号68，目录号17，卷号118，武汉市档案馆藏。

流通的币种繁多，有龙票、官票、铜元、银元、制钱、银两及兑换券等，此外中国银行、交通银行、汇丰、台湾等15家中外银行也在湖北发行各种钞票，加上湖南、安徽等省的货币在武汉流通，使货币金融市场十分混乱。军阀政府则利用直接控制的官钱局和制币局，垄断武汉的金融市场，从中渔利。

在北洋军阀统治时期，货币以钱为本位，因此铜币在经济生活中占有举足轻重的地位。武昌造币厂是财政部的铸币机构，湖北军阀政府将它当作摇钱树，通过铸银元、铜元大获盈利。加铸是获利的主要手段。在督军时代，财政部规定武昌造币厂每日铸足"当二十"铜元1万串为限，但此项经常被军阀以各种理由突破，铸数逐年增加，见表3-5。

表3-5 武昌造币厂货币统计表（1918.7—1923.8）

时　　间	银元（1元）	铜元（当20）	铜元（当10）
1918.7—12	9 082 500	67 205 000	49 640 000
1919	23 125 360	207 525 000	197 982 474
1920	23 380 000	627 950 000	363 910 000
1921	4 500 148	305 613 103	270 343 011
1922	2 821 250	709 400 000	209 200 000
1923.1—8	845 000*	527 500 000	—

资料来源：全宗号1028，卷号183，中国第二历史档案馆藏。
＊只有1月生产的数字。

减轻成色重量是获利的另一个途径。1917年1月财政部允许鄂省铸"当二十"铜元的成色为库平三钱，王占元则规定为二钱八分，从中大捞好处，仅此一项，1918—1921年盈余320万元，1922年170万元，1923年120万元，1924年175万元，"至额外溢余一项，尚不在内"[①]。

为了挽救财政的严重危机，军阀政府则通过湖北官钱局强行加印官

[①]《财政部武昌造币厂历年铸造铜元银辅币暨销毁旧币数目表》，《财政部钱币司章制汇编》，1930年。

票。据1926年3月湖北官钱局致湖北社会各界的公函透露,该局泛发钱票9 179万余串,银元票6 500万余元。实际数字远非如此,因为有时发行的官票倒填日期,加盖废印,到直系无法维持金融危机时,索性连号码也不编,使得承印官票的日本印钞工厂也浑水摸鱼多印无号官票。官钱局由于滥发无度,垫款收不回,于1926年2月负债总额约合银4 095.1万两①。省库收入,几等于零,只好宣布倒闭停业,形成民国初期15年中湖北省的最大一次金融危机。

第四,湖北省财政由于军政、内务费占六七成,罗掘已尽,"乃赖举债维持"②。内外债总数因缺乏资料无法统计,有资料表明,1923年8月—1926年1月,共负临时债额本息722.8万元,若连同积欠官钱局历年垫借军政各费,约负债4 000万元以上③。吴佩孚的借款几乎都是为了弥补军政开支,作抵押的有武昌、新堤、宜昌关常税,汉口、蔡甸、武穴、宝塔洲四税局,京汉铁路南段办事处,汉濺地皮、汉口商场、武昌商场等。

1924年冬,直系财政枯竭,到了捉襟见肘的地步,用一张地契作押两头借款。11月6日,湖北官钱局通过汉口总商会向银行公会以汉口堡垣地契为担保,借洋25万元,利息1分5厘,借期一个半月至12月21日本利如数归还。借款到期时无钱还债,居然不认账。12月27日,汉口银行公会收到官钱局的公函,称该款项原系财政厅所借,"当时仅由敝局代出期票作为担保……所谓以堡垣作押既无此事,目前亦未与汉商会有此项接洽,复按堡垣地契前为汉口钱业公会发行流通券,已作担保品,追券票收回,敝局亦再函请索还送交"④。汉口银行公会急得多次严重交涉,仍无结果。

---

① 《原中南银行档案》,全宗号68,目录号17,卷号116,武汉市档案馆藏。
②③ 贾士毅:《湖北财政史略》,1937年,第86页、第43页。
④ 《湖北官钱局致汉口银行公会》,1924年12月27日,《原上海银行档案》,全宗号68,目录号3,卷号290,武汉市档案馆藏。

第五，巧取豪夺，大发横财。军阀政客不仅利用政权的力量搜刮民脂民膏，以维系统治，还在经济领域进行投资，以牟取暴利。他们从事经济活动特点有三：一是利用权力牟利；二是有很大的投机性；三是随着近代经济的发展，投资也由传统的购买土地和房产，向现代工业、商业、金融业倾斜。

他们聚敛的财富是惊人的，在一次清查中，原财政厅厅长魏联芳便被查出私产30万（其家产实在800万以上）。1922年，省长刘承恩因贪污被北京政府查办，他跑到洛阳，以50万元为条件请吴佩孚庇护。这段时间，曾统治湖北的主要人物黎元洪、王占元和萧耀南的财产则无法统计出准确的数字。根据可以查到的资料显示：黎元洪先后投资的银行、厂矿等金融、实业近70个，估计投资金额在300万以上。其中银行20余家，煤矿8个，矿产类8个，森林类8个，纺织类6个，面粉、食品类5个，证券类5个，保险类2个，其他杂股类15个[①]。在湖北的投资有黄陂商业银行（总董，股金5万元）、湖北石膏公司（股金8万元）、汉口第一纺织公司（股金1.5万元）、楚安公司（股金560两）。此外，他还有许多地产、房产。如房产在武昌有中和门、保安门、大东门内及娘娘庙等22处，价值钱18 419串，银1 000两和洋28 756元。地产在武昌县拥有庄园10余所，计年收租谷4 564石。

王占元督鄂六载，搜刮总额有3 000万、8 000万等说法。1922年6月19日，湖北省议会致电北京政府，催令王占元交还欠地方公款，就有洋例银48.6万两，银元269.5万，钱417.6万串，重修黄鹤楼等费30余万[②]。王占元在湖北参与经营的企业有湖北第一纺织公司、中国兴业银行（发起人，资金5万）等。

[①] 张树勇：《黎元洪投资金融、实业经济情况》，《民国大总统黎元洪》，中国文史出版社1991年版，第301~303页。
[②] 《省议会声请部院令王占元交还欠款》，《汉口新闻报》1922年6月20日，第3张第5页。

萧耀南督鄂5年多，利用权势大肆搜刮，贩运鸦片是聚敛财富的手段之一。他与财政厅厅长郭干卿、参谋长张国溶等组织军事操办处，实际上是鸦片转运公司，垄断长江中游、汉水各处的鸦片包运，从中牟取暴利。1924年湖北鸦片包运和税收达1 500万元。同年旧历2月16日，萧耀南50大寿时，耗资50万元。他在家乡黄冈建造了"萧家庄园"，占地约35亩，是远近闻名的豪华建筑群。

三、帝国主义的经济侵略

在半殖民地半封建的中国，外国资本主义的经济势力占垄断地位。湖北由于地处内地的中心，武汉是华中的商贸、金融中心，所以在19世纪60年代，列强就已将经济侵略的触角伸向湖北。这是湖北手工业、农业破产，民族工商业发展缓慢的基本原因。

第一，根据不平等的条约，控制湖北通商口岸。英国首先在汉口开辟租界，继而俄、法、德、日等国开辟租界区；宜昌、沙市也相继开埠。汉口租界和宜昌、沙市海关的设立成为帝国主义政治、经济势力深入我国腹地的基地。

海关是一个主权国家的门户，但在旧中国，它却成为主权丧失的重要标志之一。汉口江汉关、宜昌关、沙市关是湖北三大海关，均被外籍人控制。江汉关自开关后，就由英国人担任税务司（关长），除了主管海关一切事务外，还包揽与海关有联系的业务，如邮政、气象、港务、航务、检役等。中国政府委任的海关监督形同虚设，直到抗日战争胜利后，税务司才由中国人担任。

湖北三海关的全部关税收入不仅作为偿还外债的抵押，而且向英汇丰银行汇总时又遭一次剥削。根据不平等条约，汇丰取得关税存款的特权，存款时是以银元换洋例两、上海规元两，再折算为英镑，这样七折八算，可赚1%以上的利润。换句话说，即我国商人以1万元交给汇丰，实际要交付10 149元。据不完全的统计，自1862年汉口正式开埠到1929年中国实行关税自主时，江汉关在关税税款的汇兑上受英国银行的剥削就高达纹银 500 万两以上。

此外在商埠内，外国商人享有中国商人无法得到的特权，如在商埠区居住的外国商人，不向中国政府交营业税、不动产税、所得税、印花税等；运入商埠的外国货，除完纳进口正税外，其余税一概免纳；在商埠运出的中国土货，只完纳出口正税，概不纳子口税等。

第二，趁借款之机，攫夺更多的权益。如前所述，湖北地方政府财政枯竭，不得不大举借债，其中外债占有相当的比例。据已查到的资料显示，民国初的 15 年，湖北省政府（含吴佩孚的借款）外债为 1 150 万两，美金 420 万，英镑 3 200 万，银元 2 100 万元。如表 3-6 所示。

表 3-6　湖北省政府外债统计表（1912—1924）

年份	贷款单位	金　　额	备　　注
1912	德商	1 200 万英镑	
1912	英美驻汉银行团	1 000 万英镑	500 万作军费。
1912	俄华道胜银行	550 万两	
1912	比利时	70 万美金	作湖北官钱局基金
1912	美商赫卡克	150 万美金	由汉口地方税收担保。
1912	德捷成洋行	300 万两	作湖北官钱局资金及购置采矿机械。
1913.1	日本	400 万元	用于兴办大冶、兴国之矿业。
1913.2	比利时	200 万元	开银铅矿，年息 5 厘。
1913	日本三菱	100 万元	用于湖北水泥厂，由湖北省政府担保。
1914.9	英萨穆尔公司	1 000 万英镑	以汉口商场及其收入担保，年息 6 厘。
1916.3	天津奥商洋行	300 万两	湖北官钱局。
1918	日商	100 万元	以毡呢厂机器作抵押。
1920	美辉华洋行	200 万美金	以象鼻山铁砂作抵押，息率 1 分 3 厘。
1922.9	外国	500 万元	以汉濈地皮作押。
1922	法国某储蓄会	300 万元	以汉口、蔡甸、武穴、宝塔洲四税局作押。
1924.1	外国	500 万元	

对汉冶萍公司的吞并是日本帝国主义利用政治、经济、军事力量强

占中国企业，破坏中国工业发展的一个十分典型的例证。汉冶萍公司是清末最大的企业，总资产达6 100余万元。1913年，汉冶萍公司因资金困窘，向日本借款1 500万元，年利6厘与7厘，以公司全部财产作抵押，自此汉冶萍公司为日本人所控制。欧战爆发，日本乘机欲进一步"总揽该公司大权"①，于是在臭名昭著的"二十一条"中，专门列第三号，规定：1. 俟将来机会相当，将汉冶萍公司作为两国合办事业，未经日本政府之同意，所有该公司一切权力产业，中国政府不得自行处分，亦不得使该公司任意处分。2. 所有属于汉冶萍公司各矿之附近矿山，如未经该公司同意，一概不准该公司以外之人开采②。由于欧战，生铁的价格涨了十余倍，但根据所谓借款合同，汉冶萍公司仍按照战前的价格向日本提供生铁、铁矿石等，使日本制铁所获得巨额利润，到1917年已达1.5亿日元。1924年，汉冶萍公司负债累累，汉阳铁厂和大冶铁厂相继停产，即便如此，汉冶萍公司为偿还日债，继续向债主提供优质矿砂，每年30万吨。抗日战争爆发后，汉冶萍公司为日军侵占。

第三，商品输出，控制市场。在汉口的洋行垄断了进出口，洋货的进口，到民国时有了较快的增长，1912年为497万两，1914年达620万两，1924年为1 012万两（是1912年的2倍多）。美商美孚、德士古和英商亚细亚公司垄断了湖北的石油经营，德商瑞昌公司垄断了肠衣外贸，在中国肠衣出口中坐头把交椅。第一次世界大战后，日本进口棉纱取代了英国，占98%的份额。

汉口各洋行有的还在万县、长沙、沙市、宜昌等地设立分行（办事处）或代理机构，通过代客买卖、委托经销、自营购销等方式，推销其商品，垄断进口业务。

---

① 陆征祥：《我经手签订二十一条》，转引自《中华民国史事纪要》（1915年3—5月），正中书局1981年版，第462页。
② 中国第二历史档案馆编：《中华民国史档案资料汇编》第3辑外交，江苏古籍出版社1991年版，第586页。

外商在外贸中获得了巨大的利润，有人依据江汉关统计作过估算，1863—1927年的65年中，汉口直接进出口值约为15亿海关两，"从总体看基本上是洋行经营的。如按20％纯利估算，洋行从中榨取的中国财富约3亿两"①。

第四，资本输出，经济势力进一步扩张。自汉口开埠以来，外国资本便以汉口为据点向我国腹地延伸。建立洋行、工厂、银行，就地掠夺廉价的原料和劳动力，是帝国主义资本输出的主要手段。到民国初，外商在汉口投资的行业有：工厂22家，洋行168家，银行20家②。

长江流域是英国帝国主义的势力范围，欧战前，英国一直在汉口保持着较大的经济优势。海关实际上由英国控制，汇丰银行等英国银行资金最为雄厚，一收一放影响汉口银根的松紧、洋厘的高低，外汇市场完全为它所左右。英商怡和、太古两公司控制着长江的航运。

欧战后，英商的霸主地位动摇，受到来自日本、美国的挑战。第一次世界大战爆发后，日本资本利用欧洲资本退缩之机，加大了在汉口的投资，截至1924年，日商在汉的洋行有75家，占外商之首，投资涉及粮油加工、纺织、肥皂、玻璃、冶炼、皮革、银行等行业。日商在对外贸易中排名第一。

美国进入湖北市场虽然较晚，但颇有后来居上之势，在对外贸易中仅次于日本，居第二位。

外国银行势力在湖北进一步膨胀，1922年在汉口的银行由晚清的9家发展到20家。外国银行通过存放款、发行钞票等金融活动，聚敛巨额财富，左右湖北市场。1924年江浙战争爆发后，因现金缺乏，汉口金融市场紧张，外商银行更是趁机渔利，只收现金、现洋，使申汇激涨至1·025两，

---

① 湖北省地方志编纂委员会编：《湖北省志·贸易》，湖北人民出版社1992年版，第49页。
② 工厂数字是1921年的统计，见《湖北全省实业志》，1921年。洋行数字来自《汉口帝国总领事辖区域内事情》，1924年。银行数字是1922年的统计，见湖北省地方志编纂委员会编《湖北省志·金融》，湖北人民出版社1993年版，第35页。

形成20年代的第二次金融恐慌,"汉口的市面,已为外人操纵把持"①。

外国银行贷款除以种种优惠条件提供给在汉的外商外,对华贷款多半是政治贷款,基本上是贷款给湖北省政府,从中得到丰厚的回报。极少量的贷款给华商企业,除攫取高额利润外,往往有着不可告人的目的。如汉口第一纱厂向外商银行借款,以全厂资产作抵押,1916年因无法还债,被债权人英商安利洋行清理接收。

外国银行可以在武汉发行纸币并在长江中下游流通,它们不受中国政府的监督,因此从中得到的利益是无法统计的,仅据1921年8月《银行周报》披露,正金、台湾、花旗、友华、道胜、中法实业等6家银行在鄂省便发行纸币312万元。英籍江汉关税务司梅乐和在《海关10年报告》(1912—1921)中承认:"由于银行擅自发行自己的纸币(元或银券),信贷者接受这些货币要视发行银行的信誉而定,有的与面值相等,有的要打折扣,有的则一文不值。金融市场的混乱由此而加剧。"②

帝国主义在湖北通过贸易、资本输出进行掠夺、剥削,进行不等价的交换,从中牟取巨额利润,但由于存在国内价值和国际价值的差异,通过外贸,还是增加了湖北的商品价值总量;外资的投入,引进了先进的机器、先进的技术和先进的管理,因而在客观上又推动了湖北的早期现代化的历史进程。

第二节 民国初的政治思想

现代化是一个系统工程,文化的现代化是经济、政治现代化在意识形态方面的要求和反映。

辛亥革命的成果被袁世凯毁灭后,以陈独秀为首的激进知识分子,在神州大地上掀起了一场新文化运动的狂飙。这场思想启蒙运动是中西

---

① 仰山:《汉口的金融与帝国主义》,《中国青年》第58期,1924年11月15日。
② 《海关10年报告——汉口江汉关》,香港天马图书有限公司1993年版,第117页。

文化剧烈的冲撞、交流、融合的结果。面对西方异质文化的大潮汹涌而至，支撑了中华民族二千多年的精神支柱——儒家文化，受到了前所未有的冲击，中国文化随着中国经济、政治的早期现代化走向，也必然要深刻反省，实现自我革新，产生符合时代精神的新文化。这种新文化并不是单一的，在一开始就色彩纷呈。新文化由于产生于一个并非纯学术争鸣的时代，先进的中国人之所以掀起学习资产阶级的民主和科学的热潮，是为了救国，因此，这种西学东渐实质上是以引进、学习西方政治思想为主导的思想革命运动。

武汉作为近代崛起的一个新型城市，由于其交通的发达，自然成为内地中西文化交流十分发达和冲突十分激烈的地方。

在这场文化革命中，西方的各种思潮如资产阶级民主思想、工读互助主义、联邦自治理论、马克思主义等均在这里留下过印迹，进行过实验。以董必武、李汉俊、恽代英为代表的湖北最先进的知识分子经过反复比较，推求研究，最终选择了马克思主义作为救国的思想武器。

一、新文化运动的展开

以1915年《新青年》（初名《青年杂志》）杂志诞生为标志的新文化运动是由许多乐章所组成的。以恽代英为先锋的武汉新文化运动，以撼山岳之力猛烈冲击帝国主义、封建主义，谱写了灿烂辉煌的乐章。武汉地区的新文化运动要早于《新青年》杂志的诞生，具体地说，是以1915年5月私立武昌中华大学学报《光华学报》的创刊为标志。

新文化运动在武汉大致经历了三个阶段。第一阶段，从《光华学报》创刊到1919年秋，主要鼓吹资产阶级民主思想；第二阶段，从1919年秋到1920年秋，主要宣传和实践空想社会主义；第三阶段，从1920年秋到1922年，马克思主义逐渐成为新文化运动的主流。第一阶段新文化运动在武汉的主要内容是：

第一，猛烈抨击帝国主义、封建专制。中国为什么到近代国势日衰？这是每一个忧国忧民的中国人所日思夜想的问题。那时，他们虽然还不可能用列宁的帝国主义理论来分析问题，但通过考察世界大势和中国现状，很自然将目光集中在帝国主义身上。恽代英在《义务论》①中，率先对帝国主义进行了剖析。他以中国传统文化中的义务说作为思想武器，认为"今之持论者，大别之为二端"，即义务论（利他论）和权利论（利己论）。义务论是"中国数千年圣哲之所传说"，权利论是自海禁开，"随太平洋之潮流而东注"的产物。后者是"今日欧美上下争轧之祸"，是西方列强作为侵犯弱小民族的借口和理由。所谓西方文明，是"巨大之军舰"、"猛烈之炸弹"、"屠戮贫贱者也"。由于恽代英这时缺乏科学的思想武器，故将资产阶级文明和帝国主义混为一谈。但有一点是肯定的：就是他已认识到帝国主义的侵略是中国日益衰弱的根本原因。

1917年2月，围绕着中国对德宣战的问题，在全国范围内展开了激烈的争论。为此，恽代英发表了《欧战与永久和平》②的政论文章，表示了与众不同的观点。他没有就事论事，而是努力寻找战争的恶因和铲除恶因的办法，以求世界的永久和平。文章驳斥了帝国主义鼓噪的种种谬论，如战争"为文明进行所必须"、"就经济方面而言，实为有利之事"、"可发达人类向上心"等等，用中国古谚"斩草不除根，逢春再发生"来表示必须铲除战争的恶因，"扰乱和平之人如德奥皇室，不可以不推翻"；"扰乱和平之事，如独断政治与民族（主）之仇雠，不可以不扫除"；"要避免战争，最根本之途，便是张扬民权，剪除野心家"。

武汉地区的先进知识分子还将传统的善恶观与天赋人权论糅杂在一起，认定所谓恶势力就是帝国主义和拥兵自重的军阀，要想民族独立和国家富强，就必须扑灭恶势力和铲除强权政治。将帝国主义和军阀联系在一起认识，表明了武汉地区先进知识分子的新觉醒。

第二，扫荡封建文化，弘扬民主与科学。1916年冬，一些国会议员又欲将孔教写入宪法，尊之为国教。尊孔浊浪复在九州大地一时泛滥。这

---

① 《东方杂志》第11卷第4号，1914年10月。
② 《光华学报》第2年第2期，1917年3月。

一复古逆流，立即遭到武汉地区新文化运动猛士们的迎头痛击。1917年4月29、30日，《大汉报》发表了《孔教问题》，旗帜鲜明地反对将孔教奉为国教，指出"孔子乃专制之护符"，他是一个政治家、道德家，而非宗教家。孔子的道德被中国封建社会抬到安邦治国的高度，然而"时势与社会风习乃道德之大原"，因此，"道德非能一成不易也，其存废嬗递皆由当时之社会时势酝酿之"。这一唯物主义的观点，无疑对尊孔派是一个打击。

《论信仰》① 则从认识论的角度声讨儒家和宗教。它认为道德的动力是信、爱、智。在这三者之间，智占据主导地位，它使人"趋善避恶"，明辨是非，而信则有很大的盲目性，常被迷信者、宗教家所利用。大倡孔学的信仰，将其定为国教和主张宗教的行为，实为"愚妄"之举，"纷呶不可辨晰"。

特别值得一提的是，在讨伐封建文化时，武汉地区的新文化运动勇士们对传统文化并非全盘否定。他们对孔学本身和统治者奉为圭臬的孔学作出区别。"然吾所尊者，乃孔子之本来面目，而决非唐宋以后之孔子。"② 唐宋以后的孔学是"伪儒"，"自其精神言之，则为奴隶性之道德；自其学说言之，则为笼牢之学说；自其用途言之，则足以造就一拘囿目守之儒生而已"③。他们主张对儒学应持"择其善者而从之，其不善者而改之"的态度④。

扫荡封建文化的目的在于弘扬民主。民主是新文化运动的主旋律。在武汉地区，民主是与民权联系在一起的，只有"民权日张，大同之学说日盛"⑤，封建专制和一切野心家才"失其势力"⑥。显而易见，这里的民主指的是政体，表明先进知识分子憧憬的是一个象征着资产阶级

---

① 恽代英：《论信仰》，《新青年》第3卷第5号，1917年7月。
②③ 君亮：《孔教问题》，《大汉报》1917年4月29日。
④ 《恽代英日记》，中共中央党校出版社1981年版，第530页。
⑤⑥ 恽代英：《原分》，《光华学报》第1年第3期，1916年3月。

"自由神"的共和政体的民主国家。民主也是国民参政的象征,"国民有以监督其政府者,其国强。其政府不能庇荫其国民,而国民又漠然听政府之宰割以媚他人者,其国危。危且亡,亡且灭族"①。民主又是和自由联系在一起的,自由是上天所赐,是人类之至宝,要使国家昌明,则必须争国民的自由。

为了启蒙国民的思想,必须倡导科学,而宗教和迷信是倡导科学的障碍。先进知识分子从哲学的高度探索有神论的认识来源,他们将人们对世界的认识分为"可思议与不可思议"两类,主张宗教论者属于不可思议论者,其认识来源于"神启"和"天启"。他们用最新科学成果来说明世界是可以认识的,"所谓不可思议者,皆不过一时之现象,非真不可思议也"②。

第三,批判文言文,提倡白话文。这方面,武汉的先进知识分子有两点较为突出。其一是将文言文与孔学联系起来,进行批判。他们指出,孔子所以称圣,皆由六艺的文字而来,因此文言成为推广儒家的陈腐文字,必须加以扫荡。其二是将提倡白话文与"振兴学术",提倡科学的救国大业联系在一起。要振兴学术,提倡科学,必须借助于文字作为传播媒介,只有大倡白话文,尤其大倡国语,方能使"人人进步,思想高尚",国家繁荣昌盛。文言文是专制时代用来"愚民"的工具,白话文才能"感发兴起,救国危亡"③。

最后,文化革命与救亡紧密结合,构成武汉地区新文化运动十分鲜明的特点。在新文化运动中涌现出来的进步团体互助社,在它的《互励文》中便强调其成员"不应该忘记伺候国家、伺候社会"④。互助社社员

---

① 方侃:《第四周国耻纪念日感言》,《武昌高等师范学校周报》第12期,1919年5月。
② 恽代英:《新无神论》,《光华学报》第1年第1期,1915年5月。
③ 吴毓鳌:《驳吴君劲对于废除文字之意见》,《武昌高等师范学校周报》第11、14期,1919年5月6日、27日。
④ 《互助社的第一年》,《互助》第1期,1920年10月。

林毓兰（即林育南）号召同胞们发扬"猛勇精进之志","挥其慧剑,招我国魂"①。即使是谈哲学的文章,也直言不讳地宣布,文章的目的在于探"中国之积弱"的本源,望热血少年攘臂奋起,为"人道而战"②。

二、近代空想社会主义

五四运动后,空想社会主义③一度在武汉有市场,主要的形态是工读互助主义。工读互助主义是受无政府主义影响的小资产阶级空想社会主义,其理论基础是俄国克鲁泡特金的"互助论",以工读主义、泛劳动主义为实践的内容。

五四运动后工读互助主义在武汉地区形成一定的声势,有历史和文化等方面的因素。如前所述,克氏的无政府共产主义在辛亥革命后不久,就受到恽代英等激进青年的欢迎。1917年10月,恽代英成立了武汉地区第一个新文化运动的进步团体——互助社,其理论来源就是克氏的互助论。从文化思想角度观照,激进青年处在奇巧的逻辑"悖论"之中,即他们公开彻底否定传统文化,但潜意识里又认同儒学的某些精神价值,特别是"心性功能说"。他们十分看重伦理的作用,标举起"人心革命"的旗帜。恽代英本着"立品救国"的思想,提出"道德万能"和"道德之足以救国"的政治主张④。克氏互助论的意识结构的内核是伦理主义,即以对资本主义"恶"的批判,憧憬着一种"善"的无政府共产主义社会取而代之。恽代英等激进青年正是在这一点上找到了无政府主义价值取向和传统价值取向的契合点。

---

① 林毓兰:《送友留美洲序》,《光华学报》第2年第3期,1917年5月。
② 君亮:《物质进化与精神进化》,《大汉报》1917年5月21日,第1张第1版。
③ 近代中国有无独特的空想社会主义,以及近代中国空想社会主义的内容和形态,是有待研讨的问题。笔者的观点是近代中国有过空想社会主义,其主要形态是无政府主义、新村主义和工读互助主义。
④ 《恽代英日记》,中共中央党校出版社1981年版,第73页;《政治家之诚意》,《光华学报》第2年第3期,1917年5月。

1919年12月4日，少年中国学会的负责人王光祈在北京《晨报》上发表《城市中的新生活》，企图仿效日本武者小路实笃的"新村"，提出"工读互助团"的主张。他的倡议立即受到蔡元培、陈独秀、李大钊、胡适等新文化运动明星们的支持，并在各大城市得到热烈的回应。

工读互助团的模式正是恽代英憧憬的未来社会，因此他得知这个信息后，在日记中写道："这是创办一个独立的事业，投身生利场合的第一步，实行一部分的共产主义，试办近乎各尽所能各取所需的团体。"① 12月19日，他起草了《我们的新生活》一文，后经修改，与余家菊、廖焕星、林育南等12人联名，以《共同生活的社会服务》为题，在《端风》第2号（1919年12月）、上海《时事新报》副刊《学灯》（1920年1月22日）上发表。

1920年1月31日，《汉口新闻报》刊登了中华大学校长陈时和恽代英、梁绍文、陈昭彦4人发起的《武昌工学互助团组织大纲》，在媒体上正式发出工读互助的号召。大纲表明互助团的宗旨是"本互助的精神，实行半工半读主义"。武昌高师、高商、文华大学、汉口明德大学等校长均加入作发起人，刘子敬等富豪巨商"亦皆允为赞助"②。

2月1日，利群书社在武昌胡林翼路18号正式营业。该社"是一个营业的机关，是一个文化运动的场所，是一个修养会社的结晶体，是一个社会服务的共同生活的雏形"；它最初具有"工读互助团性质"③。其主要成员有恽代英、廖焕星、林育南、李书渠、李国玮（即李求实）等。这种半工半读的生活，他们坚持了一年多的时间，从城市延展到乡村，在社会上产生了较大的影响。

武汉地区工读互助主义的理论形态，首先用社会进化论批判资本主义社会。这群社会改革者们之所以热烈欢迎工读互助主义，基本思路是

---

① 《恽代英日记》，中共中央党校出版社1981年版，第678页。
② 《工读互助团成立》，《汉口新闻报》1920年3月20日，第3张第5页。
③ 《利群书社》，《互助》第1期，1920年10月。

将它作为救国的理论。他们认为中国社会是一个"恶"的社会,恶势力有帝国主义、军阀、资本家,当时他们还不可能正确地把握中国社会的特殊性,而是简单地将它列为资本家的社会,号召大家与资本家决斗。斗争的最好办法,"莫如利用经济学的原理,建设个为社会服务的大资本,一方面用实力压服资本家,一方面用互助共存的道理,启示一般阶级"。他们盼望组织合理限度劳动的工厂,这样的工厂不是纯为求利,男女工人每日都做工6小时,不给工薪,衣食住均由团体供给,儿童公育,老年公养,其中没有司事、股东的侵蚀,余利都留作工人教育、工厂卫生及他项发展之用。"这样似乎资本家必不能势力相敌,我们便靠这长驱直入的打破资本阶级。"①

其次,私有制、私心是"一切罪恶的根源",要铲除这个祸源,就要建立公有的社会,工读互助的共同生活是达到这个美好社会的最佳途径。为此这批实验者们设计出十分详细的计划,并付诸实践。在《共同生活的社会服务》中,他们的共同生活有14条,主要是实行财产公有制,包括膳宿费、营业收入、共同生活及业务开支等;集体生活,实行"日出而作,日入而息"的自给的共产生活;共同营业,营业的范围是经营书店,每人每日营业服务3~4小时;每日应有日课的时间;每日晚上开会,交流服务、学习、修养等经验和心得等。

他们后来设想在黄冈以浚新小学为基地,兴办乡村教育和乡村实业,"以实业为主,教育为辅",乡村的实业包括养鸡、养鱼、养蚕、畜牧、森林,"渐进为纺织之事"②。乡村的实业有了发展,不但可以在金钱方面帮助书社的扩充,也可以供给有把握进大学学习的同志以资金上的帮助和对工读互助事业上的支持。

最后,憧憬破除私有制度,建立各尽所能,各取所需,自由工作,废除金钱的"社会主义的天国"③。

武昌工读互助团的实践者们认识到,从事文化运动要打破知识分子

---

①②③ 恽代英:《未来之梦》,《互助》第1期,1920年10月。

的界限,从学生文化运动扩展到市民文化运动和乡村文化运动。他们还认识到,改造社会,不仅要从精神领域,还要从物质世界,而且主要从实业去压倒恶势力。这无疑是一个进步。但他们并没有看到改造社会的真正物质力量是人民群众,他们虽然不反对暴力革命,但更强调的是"平和的改造运动"①。

这实质上是一种不从根本上触及社会制度的社会改良,正如陈独秀批评的那样:"在全社会底一种经济组织、生产制度未推翻以前,一个人或一个团体决没有单独改造的余地。试问福利耶以来的新村运动,像北京工读互助团及恽(代英)君的'未来之梦'等类,是否真是痴人说梦?"②

三、联邦理论的幻灭

民国初年,伴随着自治运动的运作,联邦理论也在湖北大地喧嚣一时。西方联邦理论成为自治运动的理论依据和基石。湖北自治运动的鼓吹者,希望通过对国家政治架构形式的改变,即在省内实行地方自治,建立资产阶级联邦共和国,以反对北洋军阀"武力统一"的中央集权制。

第一,湖北自治运动参加者鼓吹"鄂人治鄂",其核心是制定省宪。他们认为省宪是地方自治在法律上的体现,为"此次运动之根本"③。他们从两方面来论述:其一,中国是数千年专制的国家,专制必然产生腐败,今日救省救乡之良方在于实行地方自治,而地方自治法(即省宪)是实现和巩固这一政治制度的法律保证,因此"以国体言,省宪为共和之表现;以国情言,省宪为止乱之要图;以环境大势,世界潮流言,省宪实为应时之良策"④。其二,通过对美国、德国的经验来论证联邦制为强国之路。他们指出:"在美之州有州宪法,德之邦有邦宪法,以规定各

---

① 《恽代英致宗白华》,1920年2月23日,《恽代英文集》上卷,人民出版社1984年版,第126页。
② 《独秀复东荪先生底信》,《新青年》第8卷第4号,1920年12月。
③ 思补:《记"新湖北"运动的开始》,《新湖北》第1卷第1号,1920年9月。
④ 《湖北省宪法讨论会宣言》,《汉口新闻报》1921年8月13日,第3张第5页。

州各邦内人民的权利、义务、自治大政方针。故美之平民政治为世界各国之模范，德之新宪法精神为各法学者所钻研。"①

他们还制定了多种省宪方案。主要内容：首先确立三权分立的政治构架。《草拟湖北地方自治大纲》（载《新湖北》第 1 卷第 1 号）规定，各级自治区域内设立法、行政、司法三大机构。立法机构为议会，分省、特别市、县、乡 4 级。省议会的组织及其议员选举制由省民大会规定，省以下的各级议会之组织及其议员选举制由省议会规定，市乡之组织及其选举则由相应的议会规定之。行政机构为行政委员会（或称政府），省行政委员会、特别市行政委员会实行合议制，7 人组成，由省市议会选举产生；县乡行政委员会分别由相应的议会选举产生。省行政机构的最高首脑为省长。施洋主张民选省长，其任职 3 年。若省议会认为其渎职，可提出弹劾，但要交全省选民总投票，以过半数决之②。司法机构为法院，为三审三级制，终审权在大理院。法院以各级自治区域内之议会、学会及其公益团体组织法官选举会，依照法定资格由省议会以条例定之，法官非有违法徇私之确凿证据，除经议会弹劾外不得免职。

其次是确定"主权在民"的原则，保障人民基本权利。在湖北各界联合会的自治宣言中，特别强调"自由本伴生命俱来，所谓天赋人权"的精神就是神圣自由，天赋、自由为"天道自然之理"③。人民的权力通过省民大会来集中体现。省民大会是自治区域的最高权力机关，负责制定及公布省宪法之机关。其代表或议员由人民选举。人民的具体权力有"自由权"、"参政权"、"受益权"、"救济权"（权益保障权）等。自由权 5 条，主要有居住迁徙、言论、集会结社、通信和行使财产等权利，住

---

① 《湖北各界联合会主张鄂自治宣言》，《汉口新闻报》1920 年 11 月 7 日，第 2 张第 4 页。
② 施洋：《我希望反对省长的人进一步主张民选》，《汉口新闻报》1920 年 9 月 14 日，第 1 张第 2 页。
③ 《湖北各界联合会主张鄂自治宣言》，《汉口新闻报》1920 年 11 月 7 日，第 2 张第 4 页。

宅受法律保护，不得不依法逮捕拘禁、审问、处罚人民。参政权2条，为人民有从事于地方公务和选举及被选举之权。受益权3条，为人民有最低生存权、劳动权和享受其劳动所生纯利相当分配之权。权益保障权3条，为有请愿与议政之权，有诉讼与法院及陪审之权，有向行政官厅申诉之权。

再次是实行中央与地方分权。湖北自治运动参加者从欧美联邦理论中找到制定联邦法律的理论依据，规定省为独立的省区，可以按照本省人民的意愿制定单独的地方法规。共和国的真精神，是"以地方结合为基础，而地方团体首重自治，由一乡一邑推而至天下，人人能自治而共和成矣"①。省具有除代理国家行政外办理省内一切自治事项的权利，有制定省宪之权，省内废除常备军"自行民兵以资警卫"，"都市土地及大规模之生产事业，概归公有，以杜绝资本家垄断之弊"②。省县田赋完全划归省县，地方可以制定附加税和发行公债等等。他们强调地方与中央的联系，地方的事由省自己为政，国家的事由联邦会议主持；联邦会议有约束各省之权。省自治"亦非违背中央统治之全局，要在国家宪法范围以内自由发展尤为今日之急务"③。强调国家的统一，省宪是国宪的延续，省宪的制定必须以国宪的基本精神为指导，其条文与国宪的条文不相抵触等等。

最后是重视教育。湖北自治运动的参加者将教育视为自治之本，在他们看来自治离不开人，但人民大多数不识字，因而无法行使各种法律所赋予他们的权利和义务，改变这种状况的办法就是通过教育提高国民的文化素质。"自治法大纲"将"发达人民的生计"与教育视为"自治最要紧的事"。为此将教育单列一条，主要是人民有接受普通教育的权利，地方政府有强迫人民接受教育的权力。自治法特别强调义务教育，"欲社

---

① 《湖北地方自治研究会宣言》，《汉口新闻报》1920年9月26日，第3张第5页。
② 《新湖北出版宣言》，《新湖北》第1卷第1号，1920年9月。
③ 《湖北省自治法草案》，《汉口新闻报》1921年1月31日，第1张第2页。

会之改良发达，非从教育普及不可"①。

第二，弘扬民主精神。湖北自治运动的左翼将自治与民主联系在一起，显示出时代的精神。在他们看来，民治的核心就是民主。首先，民治是自治的基础，自治之权必定"适合于民治自决"②。自治制度体现了民治精神，自治的根本目的是由"建立于武力上之政治一变而为于民意上之政治"，将用民治精神管理湖北和中国。有鉴于此，几乎所有的自治团体，均将"本国民自决精神，实行民治"作为宗旨，可见充满着"德谟克拉西底真精神"的民治又是自治的最高目标③。

其次主张民治，反对"官治"。湖北自治运动由于有旧官僚、失意政客参加，一直有民治与"官治"之争。黎元洪、夏寿康等企图借自治运动之势，恢复在湖北的统治，所以他们故意模糊自治运动的阶级界限，声称自治运动无偏无党，将民治与"官治"合二而一，鼓吹两者是手足关系，不分彼此。左翼分子一针见血地指出："官治"与民治是风牛马不相及的，黎元洪等辈均有"卖省"、"助逆"之罪，根本不配谈自治。他们运动省长，"只能说是官治，不能说是民治"，是争地位，拒虎进狼的方法④。真正的民治是还政于民，由上而下的直接行动，使人民"各得随自由的意志、自由的团结，自由的发挥本能"⑤。

最后主张人人平等，人民的民治权力不容剥夺。人人平等的核心是保护人的自由权，这在省宪中得到充分体现。

第三，在自治思想里揉进社会主义新思潮，这是湖北自治运动最突出的特点。湖北旅沪自治协会主编的《新湖北》集中体现出这一点。首先在

---

① 《湖北各界联合会主张鄂省自治宣言》，《汉口新闻报》1920年11月9日，第2张第4页。
② 《湖北省自治法草案》，《汉口新闻报》1921年2月1日，第1张第2页。
③ 以上参见《湖北省自治法草案》，《汉口新闻报》1921年1月31日、2月1日，第1张第2页。
④ 范鸿钧：《新湖北的运动和省民自决》，《新湖北》第1卷第1号，1920年9月。
⑤ 胡祖舜：《我理想中的"新湖北"运动》，《新湖北》第1卷第1号，1920年9月。

政治目标上,主张建立一个民主的新式代议制度。这种新式的政治制度是对旧制度的否定。他们将旧式代议制分为二种,一种是西方资本主义代议制,但这种制度"已被那些社会主义的学者攻击得体无完肤,哪里还有存在的价值呢?"① 另一种是中国封建的代议制,是代表军阀利益的,必须加以铲除。新的代议制应该是从根本上推翻现行的军阀官僚政治制度,建立如"俄罗斯的地方苏维埃和陈独秀底以各(产)业组合做基础的政治组织"②。这种新式的制度要解决大多数人,即第四阶级(无产阶级)和失业游民的生计问题。很显然,他们心目中的"德谟克拉西的代议制",已超出了资产阶级联邦共和的范围,有了社会主义的内容。

其次批判资本主义制度,制定保障劳动人民权利的法规。他们尖锐地批判了资产阶级"全民政治"的虚假性,指出西方的民主实际上是"富人政治底同盟"③,所谓国会议员,实际上只有富人才能担任,当然是为资产阶级服务。中国的资产阶级是一个没有文化中心,生活独立的阶级,在根本上不反对督军政治。中国的平民、劳工应该像俄国的无产阶级一样,来一个铲除资本主义的运动。在他们制定的自治法中,特别将劳工的权利写进去,宣称世上最苦者"莫过于劳动者,有益于人生者,惟劳动事业"。如何保护劳动者的生存权呢?他们主张"通过劳资均等分配,并设立劳动救济局、平民银行以救济、帮助无生产能力和失业的平民"。这表明他们的社会主义是改良的,其根本目的不是消灭剥削制度,而是企图调和劳资矛盾。他们强调解决劳动者的生计问题的目的,是避免劳动者"铤而走险,步欧美劳动者之后尘,致有同盟罢工事实之发生"④。

最后鼓吹进行"社会革命"。在如何改造社会的手段上,《新湖北》

---

① 范鸿钧:《新湖北建设问题》,《新湖北》第 1 卷第 3 号,1920 年 11 月。
② 胡祖舜:《我理想中的"新湖北"运动》,《新湖北》第 1 卷第 1 号,1920 年 9 月。
③ 范鸿钧:《新湖北建设问题》,《新湖北》第 1 卷第 3 号,1920 年 11 月。
④ 《湖北各界联合会主张鄂省自治宣言》,《汉口新闻报》1920 年 11 月 8 日,第 2 张第 4 页。

上所刊登的文章,表现得最为激烈。他们主张彻底铲除现行的政治制度,实行"由上而下"的直接行动①。他们号召工农和学生组成三角联盟,"以知识阶级指导,劳动阶级组织工农组合,农业组合",采用总同盟罢工等手段,"推翻万恶的政府和资本家"②。

但是,他们宣传的社会主义是改良的,这是因为他们的社会主义与资产阶级民主思想混合在一起,在自由、平等、博爱的大旗上,又加上"互助";所谓彻底的社会革命,只是在联邦共和国家之下实行自治;所谓省宪必须以国宪的基本精神为指导,而当时是以军阀专制为特征的集权制,因此只能使省宪陷入混乱状况之中。实践已经证明,随着自治运动和"联省自治"运动的失败,在中国近代二元社会里实行资产阶级联邦共和的美梦也就彻底破灭了。

四、马克思主义的初期传播

十月革命一声炮响,揭开了人类新纪元。对这场震撼世界的无产阶级革命,武汉地区的报纸迅速作出了反应。《汉口新闻报》等媒体在革命后的第5天就开始作了报导。在十月革命一周年后的11月14日晚上,武昌文华公书林举行俄国革命演讲会,由美国博士戴卫士演讲,"来宾往聆者极形踊跃"③。五四运动则进一步推动湖北地区的激进青年研究俄国革命,1920年秋,马克思主义犹如春潮在武汉地区荡漾开来。

在马克思主义早期传播中,武汉成为仅次于上海、北京的第三重要阵地。

第一,涌现出一批马克思主义的播火者。首推李汉俊。李汉俊(1890—1927),原名李书诗(书思),字人杰,号汉俊,笔名汗、漱石、先进、均等。湖北潜江人。李氏14岁东渡日本求学。1915年7月考入

---

① 胡祖舜:《我理想中的"新湖北"运动》,《新湖北》第1卷第1号,1920年9月。
② 范鸿钧:《新湖北运动的方法》,《新湖北》第1卷第2号,1920年10月。
③ 《演讲俄国革命》,《大汉报》1918年12月16日,第3张第5版。

东京大学土木工学科。1918年7月毕业。在此期间，正值日本大正时代，社会主义运动兴起，他深受影响，开始信仰马克思主义。于1918年年底回国，到上海即参加《星期评论》，全身心地宣传马克思主义，从1919年到1922年三年的时间，发表了100篇文章；他还在武昌高等师范学校开设唯物史观课程。共产国际驻华代表马林赞誉他是中共"最有理论修养的同志"①。中共元老董必武在他的影响下，经过五四运动的洗礼，成为马克思主义者。董氏创办了武汉中学，作为宣传新思潮、马克思主义的阵地，作为中共湖北早期组织的据点之一，武汉中学在青年学生、工人群众中进行革命教育，影响了武汉地区的一代青年人。

恽代英（1895—1931），如前已述，他是华中地区新文化运动的旗手。他目睹国家内忧外患，人民陷入水深火热之中，产生了强烈的危机意识，选择了无政府共产主义为救国之良方。在武昌中华大学成立了互助社，团结了一批具有同样信念的同志。他的理论来源于俄国克鲁泡特金的《互助论》。互助论于进化论反其道而行之，从扬善的立场出发，高扬起"人心革命"的旗帜，从我做起，形成人人善的环境，互助共存，进而达到"全然共产，实行各尽所能，各取所需"的共产主义天国②。随着马克思主义的传播，他的学生、战友刘仁静和林育南的思想首先发生了变化。刘仁静给恽代英写信，指出通过改良手段改造社会难以收效，"中国社会革命也必于流血一途，是无疑的"。"我们现在的任务，在用科学的方法，研究中国的 institutions customs，寻求出一个适合国情而又能达到共产主义的方针来。"③ 他所说的科学方法，就是马克思的唯物史观。不久，林育南也写信给恽代英，直接批评了"未来之梦"，指出以往那种靠共同生活的扩张，把全世界变成社会主义的天国的理想是空想。

---

① 马林：《致共产国际的工作报告》（1923年5月31日），译自斯内夫利特档案第297/3060号。
② 恽代英：《未来之梦》，《互助》第1期，1920年10月。
③ 刘仁静：《致恽代英》，《少年中国》第2卷第9期，1921年3月。

"我们这种理想仿佛是对的,但审查社会情形和我们的力量,恐怕终究是个'理想',终究是个'梦'呀!"① 朋友之间的批评对恽代英有很大触动,促使他深刻地反思。

促进恽代英思想向马克思主义方向转化的还有陈独秀。陈独秀1920年2月应武昌文华大学的邀请来到江城,结识了恽代英。这年秋,陈独秀请他翻译英文本《阶级争斗》,恽代英大约花了半个月的时间完成任务。这本书不仅影响了毛泽东等一批先进青年由激进民主主义者转变成马克思主义者,也彻底改造了恽代英的世界观,促使他由信仰空想社会主义转而信仰马克思主义。他在《东方杂志》、《少年中国》、《我们的》、《武汉星期评论》上发表文章,宣传马克思主义。

刘仁静(1902—1987),字养初,又名亦宇、敬云。湖北应城人。早年入武昌中华大学附中,为恽代英学生,深受其影响,积极投入新文化运动。1918年夏考入北京大学,受业于李大钊。五四运动爆发,他积极参加反对帝国主义反对军阀的斗争,接受马克思主义,与邓中夏发起北京大学马克思学说研究会,参加北京社会主义青年团、中共北京早期组织。1921年7月参加中共一大代表大会。他发表了《我们纪念马克斯》等近20篇文章,宣传马克思主义。1923年7月,在中国社会主义青年团第二次全国代表大会上他被推选为团中央总书记。

此外,武汉地区还涌现出刘伯垂、陈潭秋、黄负生、林育南、胡鄂公、熊得山等一批马克思主义的传播者,在中国马克思主义的天幕上,群星灿烂。

第二,有一些媒体传播马克思主义。在"五四"时期,平面媒体是传播新思潮、社会主义思潮、马克思主义的最重要的文化载体。武汉由于比较发达的现代经济,涌现出100多种报刊,其中有的积极传播马克思主义。

《武汉星期评论》,1920年3月创刊,恽代英主其事。刊物最初宣扬

---

① 毓兰:《致代英》,《我们的》第6期,1921年6月1日。

互助空想社会主义。随着恽代英等转变成马克思主义者,它成为武汉地区传播马克思主义的主要媒体,发表了李汉俊的《第三阶级的妇女解放运动》、《第四阶级的妇女解放运动》,批判基尔特社会主义的《中国思想界的寒暑表间晴雨的梁启超先生》,黄负生用唯物史观写的时评《军阀底下的自治》等文章。1922年5月,它与《大汉报》等媒体创办"纪念五一专号",集中发表17篇宣传马克思主义大众化的文章,向工人阶级灌输科学社会主义。

《我们的》是利群书社主办的刊物。1920年创刊,油印,不定期,只出了8期,主要记载了利群书社的活动。特别是详细地报道共存社,记载了恽代英、林育南等革命青年世界观发生根本转变的历史过程。

《今日》1922年2月在北京创刊,1923年8月终刊,目前看到的有3卷10号。该刊虽然是北京的刊物,但创办人与主要作者是旅京的湖北人,刊物影响较大,亦促进了湖北地区马克思主义的传播。《今日》是"五四"时期唯一一份公开宣称"研究马克斯学说"[1]的刊物,宣称"我们很相信马克斯主义,是我们应该确定的主义"。"马克斯主义是科学的社会主义。我们看他所采取的革命的方法,也确是有条理的。马克斯主义主张无产阶级专政,变更经济的组织,以达到共产主义的社会。"[2] 杂志每一期都以宣传马克思主义的文章为主,刊发了《哥达纲领批判》、《国家底起源》、《粮食税》等马克思列宁主义的文章,发表了《唯物论与唯物史观》、《马克斯的唯物哲学》、《无产阶级与文学》等诠释马克思主义的文章。

武汉地区的《大汉报》、《汉口新闻报》、《江声日刊》发表了《俄国少年共产的组织法》、《俄共产党之宣言》、《广州社会主义青年团章程》、李大钊的《马克思的政治经济学》等文章。1922年5月1—3日,党团成功地组织《大汉报》、《汉口新闻报》、《江声日刊》、《武汉商报》、《武

---

[1]《卷头语》,《今日》第1卷第4号,1922年5月15日。
[2]《马克斯主义研究会宣言》,《今日》第2卷第2号,1922年8月15日。

汉晚报》、《汉口时报》和《武汉星期评论》等报刊，同时出版"纪念五一专号"，发表了《敬告劳动界》、《我对于武汉劳动节的观察》等17篇文章。这是武汉地区自十月革命以来，最大规模的一次公开传播马克思主义的行动，也是第一次集中向工人群众灌输科学社会主义的宣传造势。

此外，党的刊物《新青年》、《向导》、《劳动界》等在武汉也有代售处，使上海、北京等地的宣传信息迅速在江城传播开来。

第三，最重要的是出版了传播马克思主义的文本，这是武汉地区成为马克思主义传播重要阵地的主要标识。

如前所述，媒体上发表了一批宣传马克思主义的文章，促进了马克思主义的传播。其中李汉俊在武昌撰写的《研究马克思学说的必要及我们现在入手的方法》，是继李大钊的《我的马克思主义观》之后又一篇全面介绍科学社会主义体系的文章。他特别强调马克思主义具有普世价值，是世界无产阶级革命的真理，对中国具有伟大的指导作用，"我希望我们中国底同胞，不要把现在先进各国所有的社会现象视为'对岸之火'，取'与我无关'的态度，也把彼底由来、内容、结果，拿来仔细推究"。近代中国已经远远落后于先进发达的工业国，如要赶上去，就要用马克思主义的先进思想武器，进行社会革命。有这个先进的思想武器实在是我们后进之中国的"天赐之幸"。"这天赐之幸只在等着我们中国人伸手去（接）受，我们如果连这手都懒得伸，就未免是太甘暴弃，恐怕终免不了要遭天谴呢！"①

著作是传播马克思主义的最基本、最可靠的文化载体。武汉地区产生了一批马克思主义文本，在早期马克思主义传播中起到十分重要的作用。

《马格斯资本论入门》 1920年9月，作为"社会主义研究小丛书"第二种在上海出版，全书54页，共8小节，翻译者是李汉俊。该书是马

---

① 汉俊：《研究马克思学说的必要及我们现在入手的方法》，上海《民国日报》副刊《觉悟》，1922年6月6日。

克思主义者、社会党著名的左翼领导人马尔西（Marry E. Marcy 1877—1922）对《资本论》的通俗读本。它的面世，立即受到先进知识分子的欢迎，北京、武汉的党的早期组织把它作为学习的必读材料。湖南文化书社在7个月内就销售了200多本，排在销售榜的首位。

《劳农政府与中国》　先进中国人是通过十月革命的影响才真正认识马克思主义的价值的，《劳农政府与中国》是我国第一本诠释苏俄与中国的图书，1920年6月由汉口新文化共进社刊印。共进社在武汉党组织成立后，即成为它领导的文化机构。该书由张冥飞编，小32开，共172页，有"劳农政府的由来和经过"等12节，特别是"劳农政府与中国的关系"、"列宁的手段与奋斗精神"、"列宁的谈话"等节，使中国人民对新俄罗斯文明有了真实的了解。

《阶级争斗》　是恽代英受陈独秀的委托翻译的。全书小32开本，198页，共5章。《阶级争斗》是德国社会民主党领导人考茨基对社会主义基本原理作的诠释。该书是中国共产党早期组织传播马克思主义的重要著作，在早期马克思主义者的思想中发挥了很大的作用，成为毛泽东皈依马克思主义的三本书之一（另外二本是《共产党宣言》、《社会主义史》）。

《共产主义与知识阶级》（以下简称《阶级》）　1921年6月在汉口印行。小册子虽然字数不多，共9页，5 600个字，但政治价值很高。

首先，正确判断特殊的中国社会。在这个问题上，第一代马克思主义者曾经误判中国是资本主义社会，因而提出中国直接进行社会主义革命的命题。《阶级》的杰出贡献就在于它十分明确地指出中国社会不同于欧美，亦不同于俄国，而是帝国主义国家掠夺的"公共半殖民地"。正确认识社会的性质是制定正确政略的客观依据与出发点，由此出发，《阶级》提出中国革命的任务是"推倒"帝国主义，以及依附他们的军阀政客、资本家。

其次，提出革命必须要有马克思主义作指导。《阶级》运用马克思主义批判了对进步知识分子中影响最大的教育救国论和无政府主义。对前者，《阶级》指出教育是工具，"资本主义下的教育，没有不是受到资本

第三章 湖北早期现代化的艰难步履

主义的牵制的；只有在新兴的苏维埃俄罗斯，教育事业是极发达的，而且是极合正道的。所以我们要明白，正当的教育事业，要在社会革命以后，才能够实现的"。对后者，《阶级》指出"无政府主义者是主张自由联合和小组织的，这种小组织的生产制会引着社会向退化的道上去"。要打破私有制，只有朝共产主义方面去，共产主义是科学的真理，"不是乌托邦的理想，是解放人类的明星"。

再次，号召革命的知识分子与工农相结合。它特别强调中国的知识分子应该造成"往田间和工厂里去"的声浪，和一般工人与农民握手，"要觉得自身也是无产阶级一分子"。革命的知识分子到无产阶级中用马克思主义教育工人、农民，共同"实行共产主义的革命运动，因为这是改造社会的唯一方法"。

最后，指出中国战略分二步走的思想。"第一步是要组织无产阶级先锋队，就是共产党"，使共产党成为领导中国"革命运动的中心机关"。"第二步是要无产阶级夺得政权，建设劳农专政的国家"。要实现这两步，中国革命要站在第三国际的红色旗帜下，"维护这个国际革命的中心，推广这个革命的运动"。

《阶级》具有非同寻常的历史价值。首先，在中共一大前，它彰显了早期马克思主义者将马克思主义与中国革命相结合的最高理论水平，集中了第一代马克思主义者把马克思主义应用于中国社会的最初探索的成果，第一次对中国半殖民地半封建的社会性质作出判断，初步剖析了社会各阶级，提出了无产阶级革命的基本策略。其闪光点构成了中国共产党人对民主革命基本问题的最原始的认识。

其次，《阶级》发表的时间是 1921 年 6 月，即中国共产党诞生前一个月。这是中共有组织的文宣活动，为中国共产党的诞生大造舆论。鉴于目前还没有发现任何中共一大的中文资料，《阶级》就显得弥足珍贵了。

最后，其中有的分析烙有时代印记，表明传播者探索中的不成熟。主要是在革命的道路上，仍然是按马克思关于欧洲社会主义革命的范式，提出中国直接进行社会主义革命的主张；在阶级分析方面，没有看到中国资产阶级的多元性，没有将资产阶级分成官僚资产阶级与民族资产阶级，而一律视为革命的对象等等。这些认识上的局限，后来经中共在不断探索中逐步得到克服，第二年（1922 年）中共在列宁东方革命理论的启发下，制定出了民主革命的最低纲领和党的最高奋斗目标。

第三节　民国初的现代教育

教育的现代化是整个社会现代化的重要组织部分。从晚清到民国初是中国传统教育向现代教育的转型时期。清末十余年，湖北教育现代化大体上与中国教育现代化的历史进程同步，并在中国教育现代化的舞台上扮演着重要的角色，无论在教育规模，还是在教育理论、教育制度、教学内容、教学方法等方面都在全国居领先地位，成为全国"教育示范省"。

但民国初的 15 年，湖北兴办教育的宏观条件十分恶劣，战乱频仍，自然灾害不断，加上军阀的庞大的军费，"遂令全省财政，暴露恐慌之象，教育经费，因陷于枯竭之境"①。从 1913—1924 年，省教育经费占财政支出的年平均率仅为 0.07%，最低的年份 1913 年为 0.02%；最高的年份 1923 年也只有 0.28%。换一种说法，晚清湖北教育经费有专项来源，政府指定盐税附加（65 万两）及五五学捐、九九学捐，宣统三年教育经费的预算为 85 万两。到民国后，1912 年盐税及附加捐一并收归国有，教育经费遂无着落。1913 年省议会成立，教育经费预算定为 80 万元，实际支出仅有 23 万元。虽然教育经费在逐年提高，但绝对值仍然很低，到 1924 年只有 69 万元。

在如此艰难的条件下，湖北现代教育竟得到较大发展，实在是一个奇迹。

---

① 《湖北教育之最近写真》，《江声日刊》1923 年 3 月 26 日，第 3 张（一）。

一、现代教育体制的初步确立

湖北现代教育在民国初的第二个十年有了较快的发展。第一，现代学制基本定型，其标志是 1922 年 11 月北京政府公布以欧美学制为样板的"新学制"（史称"壬戌学制"）的颁布和实施。"壬戌学制"一是改变原有学制年限，将初等教育由七年制改为六年制，实行四二分段，前四年为初级小学（6 岁入学），实施义务教育，可以单设；后二年为高级小学，可以增加职业预科。中等教育由四年制改为六年制，分初、高两级，各 3 年，一般并设，也可单设。初中施行普通教育，可兼设职业科。高中分普通、农、工、商、师范、家事等科目。师范由五年制改为六年制。实业教育改称职业教育，分初级、高级。高等教育分为专门学校、大学校、大学院，专门学校学制为 3~4 年，师范大学为 4 年，大学为 4~5 年，医科及法科至少 5 年。二是小学授课以周分计，中学采用学分制和选科制。根据以上规定，湖北原有各学区中学一律改为省立中学，到 1926 年前，全省省立中学有 15 所。大学也改名称，国立武昌高等师范学校改名国立武昌师范大学，国立武昌商业专门学校改名国立武昌商科大学，公立法政专门学校改名湖北省立法科大学，省立外国语专门学校改名省立文科大学，省立医学专门学校改名省立医科大学等等。

第二，普通教育成倍地增长。1912 年 1 月，南京临时政府教育部公布《普通教育暂行办法》等文件，据此，湖北各学堂一律改称为学校，允许初等小学实行男女同校，发展女子教育；省教育司强行实施义务教育，通令规定凡年满 7 岁的儿童一律入学，违者罚其父兄，经费由各地民众负担；特别规定各县设女子学校；将原有的府州划为 11 个学区，将原 10 府及荆门州所设的学堂改为以府州书院命名的中学；允许私人办学等。经过一系列的改革，全省小学在 1913 年已有 9 557 所，是 1910 年的 3.8 倍；在校学生 25 万人，是 1910 年的近 2.8 倍。中学 1925 年前有 58 所，是 1910 年的 2.9 倍。

第三，高等教育成绩显著。据不完全统计，民国初15年湖北高等院校先后有26所，它们是鄂州大学、国立武昌师范大学、国立武昌商科大学、湖北省立法科大学、湖北省立文科大学、湖北省立医科大学、湖北省立财政专门学校、省立湖北中医专修学校、公立湖北法政专门学校、公立湖北矿业专门学校、公立湖北高等农林学校、公立湖北铁道专门学校、私立武昌中华大学、法政大学、中法大学、私立湖北法政专门学校、私立武昌中医专门学校、武昌美术专门学校、文华大学、博文书院、博学书院、湖北高等农林学校、汉口明德大学、武昌邮电专门学校、江汉大学、私立湖北佛学院。

其中大致有四种情况，一种是清季高等专门学堂改称，如法政学堂易名省立法政大学，湖北省立文科大学前身是方言学堂。一种是民国时期政府办的大学，如国立和省立大学。一种是私立大学，有外国人办和国人办两种，如华中大学和中华大学。一种是由外地迁来的，如汉口明德大学由长沙迁来。

在众多院校中，国立武昌高等师范学校不仅是湖北地区高等院校的佼佼者，而且在民国初与北京师范高等学校齐名，为国内仅有的二所高师；教育制度、教学科目和教育质量等方面均较规范化，有较大的影响。该校1913年7月开始筹备，校址初在武昌军官学校，11月正式开学。分预科、本科和研究科，预科一年，本科三年，研究科一年或二年；此外还设专修科和选科，专修科二年或三年，选科二年以上三年以下。1923年9月改名武昌师范大学（1924年2月教育部批准），1924年9月改名武昌大学，由一所师范院校变为一所综合性大学。

第四，私立学校迅猛发展。在晚清，无论是普通教育还是高等教育，一般都是所谓"官学"，私塾与"官学"有别，它是旧式教育的范围。开湖北具有现代性质私立学校之嚆矢的是教会学校，它是随着西方传教士的足迹在湖北植根的。第一个在湖北办寄宿教会学校的是美国圣公会主教威廉斯（Williams）。1871年10月，美国圣公会在武昌县华林办起学校。到1920年湖北全境有教会初级小学校288所，高级小学校

58 所，共有学生 10 234 人。中学 17 所，共有学生 852 人。遍布于湖北江汉、襄阳、荆南三道。大学 3 所，集中在武汉，为武昌文华书院、博文书院（Wesley College）和汉口博学书院（Griffith John College）。

在教会学校中，文华大学历史悠久，最有影响。它创办于 19 世纪（1871 年）武昌昙华林，最初的校名为英文——"Bishop Boone Memorial School"（"文氏纪念学堂"或"文氏学堂"），1873 年，出现了中文名称"文华书院"。1903 年文华书院大学部正式建立。1909 年 5 月 18 日，学校在美国哥伦比亚特区注册，正式改名文华大学校。1924 年 9 月，文华大学和博文书院大学部、博学书院大学部合并为华中大学。

教会学校所产生的社会效果有违于创办者的原意，传教士在湖北布道的同时，亦将西方民主思潮、现代科学知识传播开来，促进了先进中国人民族意识的复苏，成为资产阶级革命的思想来源之一；具有资本主义因素的新型的教育理论、思想和机制的引进，加速了摇摇欲坠的旧式教育的解体与崩溃。在它的推进和西方资本主义的刺激下，湖北境内涌现出一批有别于旧式教育机制的全新教育学堂。

1912 年 1 月南京临时政府颁发的有关教育文件，允许私人办学。随后私立学校发展势头迅猛，到 1925 年，全省私立学校至少在 500 所以上，其中中学有 43 所。私立武昌中华大学更是全国第一所由中国人自己出资兴办的私立大学，1912 年 5 月，它由湖北黄陂士绅陈宣恺捐资倡办，初名为私立中华学校，分男女两部，男校舍在武昌府后街（今自由路）14 号，女子部在昙华林。8 月开始招生，男女兼收，开女子接受高等教育的先河。该校分为大学部、预科专门部、政法两科、中学科、英文专修科、小学科等；女子部设有简易师范，分为文学和职业两科；全校共有学生 700 余人。10 月，湖北省政府"拨定旧粮道署为永久校舍"①。1913 年 4 月，呈教育部改为大学，黎元洪电告国务院，将江汉大学和中华法政学校的学生，全部转入中华大学。1915 年 3 月，北京政府

---

① 《武昌中华大学总览》"校史撮要"，1931 年，第 2 页。

教育部正式认可中华大学，以创办人为正式法人代表，陈宣恺之子陈时①为代理人。1917年陈宣恺逝世，政府指定陈时为"继任代表人"②。

私立武汉中学则与一般私立学校不同，它与中国共产党有着密切的关系。五四运动后，董必武本着教育救国的思想，与张国恩等于1920年3月在武昌涵三宫街南面小巷内的前清支郡师范甲丙堂旧址办起武汉中学，由刘觉民任校长，议员郭肇明为董事长，实际负责人是董必武。董规定的校训是朴、诚、勇、毅。建校后，武汉中学成为湖北共产主义小组和后来武汉党组织的重要活动基地。

二、现代教育理论和方法的导入

在新文化运动前后，湖北教育界在引进西方先进的教育制度的同时，也引进了全新的教育思想、价值观念和教学方法。

第一，教育的目的和功能。在五四运动前，几乎所有办现代教育的人都认识到"教育为国家之根本"。他们指出，中国之所以落后，受西方列强的侵凌，国民缺乏现代意识，文化教育水平低是主要原因（有人认为是根本原因），要救国就必须提高国民的现代意识，通过教育的现代化推进社会的现代化，使民富国强。

先进的知识分子十分重视伦理教育，他们认为，教育的目的是培养人的各种能力，而主要是两方面的能力，一方面是"在利导人类可教育的本能……以达到增进人类幸福，个人身心壮健之目的"③；另一方面是

---

① 陈时（1891—1953），字叔澄。湖北黄陂人。1907年东渡日本，先后就读于东京弘文学院、庆应大学、早稻田大学、中央大学等学校，获法学学士学位。1909年参加中国同盟会，后参加武昌辛亥革命。1917年任中华大学校长，历任万国教育联合会理事、武汉反帝国主义运动大同盟委员长、湖北省教育学会理事长、全国战时教育协会常务理事、第一届国民参政会参政员、湖北省参议会议员、国大代表等。新中国成立后，任湖北省人民政府委员、省人民代表、省政协委员等职。著有《政党论》、《南洋游记》等。
② 《武昌中华大学总览》"校史撮要"，1931年，第3页。
③ 《恽代英日记》，中共中央党校出版社1981年版，第494页。

培养改进社会的能力。前者是规定受教育者的身心发展的目标，后者是要求受教育者对社会的责任和义务。要达到这两个目的，良好的道德是至关重要的，"养成公民道德是教育的最大目的"①。教育着重培养人的智、信、爱，其中智是起支配作用的，道德又是智的核心，"我们必须修养德育，为公共谋幸福，为学校谋幸福，为国家谋幸福"②。武昌高师的王荫南专门写了《吾国今后之教育宜以道德为主眼》（载《国立武昌高等师范学校周报》第10期，1919年4月）加以阐述。他以美国的教育价值取向为理论依据，指出："美国教育其最高目的，为道德品性之陶冶。故学校之教授管理，以发达学生之德性为极致，校长教师之人格，以足为学生之模范为依归，从而一般人民富于道德，勇于国事。"这是时代主题在教育领域的反映，他们将道德的作用无限放大，与治国平天下联系在一起，这不仅是他们对传统政治伦理文化的认同和传承，也表明他们的教育—社会观的唯心成分。

但对以上现象不应简单地加以否定，在主张教育救国论者那里，道德的范围是十分宽泛的，不单指人的行为规范，还包括人的思想。陈时在《光华学报》创刊号上，就指出今日"世界智力竞争愈演愈剧，惟学术（科学）实左右之"，"学术足以铸文明，而思想又适为母"③。因此其正确的一面就在于强调了先进思想的主导作用，在他们看来，社会的现代化首先需要人的现代化，国民素质的提高主要靠教育。教育不仅指学校教育，还有社会教育。湖北最早的共产主义者对此也是高度重视的，强调用马克思主义教育人，主要是提高无产阶级的阶级觉悟，以自觉担负起改造世界的历史重任。教育救国论致命的弱点在于它是从精神世界寻找救国的根本力量，只能是四处碰壁。董必武、恽代英等接受马克思主义后，很快投入到对整个社会实行彻底改造的伟大事业中；许多主张

---

①② 李已右：《我对于学生自治的意见》，《武汉星期评论》第37号，1921年12月17日。

③ 陈时：《发刊词》，《光华学报》第1年第1期，1915年5月1日。

这一"良策"的知识分子，在漫长的教育生涯里，随着时代的进步，也陆续与教育救国论诀别。

第二，改良湖北教育的方案。民国初的教育制度是混合型的，封建传统的教育和西方的教育相混合。对前者，在新文化运动中，湖北先进知识分子展开了声讨；对后者，五四运动后，先进的知识分子在反思中进行了扬弃。刘子通的《改良湖北教育意见书》（载《武汉星期评论》第33、36、37、38号，1921年11月19—12月24日）可谓是这一方面的代表作。他指出，北京政府教育部颁布的教育法规"多系抄自日本，并非斟酌国情，准诸经验而定者，自无一一遵守之必要"。

意见书的改良方案是较全面的，首先是改良教育制度，分5点——将教育厅易名为全省行政委员会；将初级师范与中学合并办理；实现学区制，将文化中心散居各地方；修正现行学校系统及义务教育之规定，推行社会的教育政策；扩充男女共校。

其次，新教育制度的改革核心是要体现民主的精神。学生应有自治精神，成立自治会，设立自由机关；教授的自由组织机关是教授研究会、教务会议等，参与学校的管理。每级每科应设教授批评投函箱于教室中。学生对教授的批评，"教习可资反省，其有误处，亦得而好解释"。每年学终，由授课班级决定教师去留，若有2/3票反对，则此后一年间不得复任该级教习。对此陈潭秋认为纯系由学生的票数多寡为标准，恐终不免发生流弊，主张"级任应躬亲旁听多次，再证之于学生批评及票数，以定去留"①。此外有人还提倡民主治校，校务公开等。

再次，整顿地方教育。有4点——添设师范讲习所；设置初等小学师范及初等小学师范简易科；推广甲科职员学校及简易师范；规定劝学所长、县视学及高等小学、初等小学、乙科职业学校职教员之资格。为了提高师资的质量，他建议将大学改造为高等师范大学，增加教育经费等。

---

① 《武汉星期评论》第38号，1921年12月24日。

最后，增加教学设备，如图书馆、仪器室、理化博物实验室、地理历史研究室等。

第三，现代教育课目和教材的植入。学校科目基本按照西方现代教育设置，初级小学的科目有修身（后改为公民科）、国文（后改为国语科）、算术、手工、图画、体操（后改为体育科）、乐歌，女生加缝纫；高等小学科目除初级小学已有的科目外，另加本国历史、地理、理科，女生去掉缝纫，加家事，男生加农业。

中学分初中和高中。"壬戌学制"后，初中分必修科目和选修科目两部分。必修科目分为社会、言文、算术、自然、艺术和体育科，社会科有公民、历史、地理，言文科有国语、外国语，算术科有数学，自然科有物理、化学、博物，艺术科有图画、手工、乐歌，体育科有生理、卫生、体育。选修科目设置有若干职业、师范课程。高中分有公共必修科目、分科专修科目和纯粹选修科目三部分，后两部分按文、理科而设。公共必修科目有公民、国语、英语、人生哲学、近代史、科学概论。分科专修科目，文科有第二外语、心理学、伦理学、社会学、数学或理化，选修科目有法学、新闻学等；理科有第二外语、三角、几何、代数、解析几何、测量、物理、化学、生物，选修科目有地质学、机械学等。纯粹选修科目，有若干商业、工业、师范等课程，由文、理科学生选修。

高等教育分为文、理、法、商、医、农、工7科，将前清的经学科减去；大学以文理两科为主。武昌高师预科的科目有伦理学、国文、英语、数学、图画、乐歌、体操；本科有国文部、英语部、历史地理部、数学物理部、物理化学部、博物部，每部均有伦理学、英语、心理学、教育学、体操，其余各部重点在自身学科，国文部有国文、历史、哲学、美学、言语学；英语部与国文部大体相同，另加英文学；历史地理部有历史、地理、法制、经济、考古学、人类学；数学物理部与物理化学部课程相同，另加数学、物理学、化学、天文气象学、图画及手工；博物部有植物学、动物学、生理及卫生学、矿物及地理学、农学、化学。值得特别提出的是，1922年李汉俊担任该校历史社会学系教授时，开设了

"唯物史观"的课程，并编写《唯物史观》教材上下册。他用极其通俗浅显的语言，讲授了人类发展史，综论各种哲学流派，阐明了唯物史观的基本原理，并附有图表，使受教育者一目了然。

中华大学开设的科目较自由，体现出时代性和实用性。体现时代性的课程有近代数学之趋势、中国经济状况、欧美经济状况、国际政治运动史等；体现实用性的课程有商业心理学、国际贸易、国外汇兑、商业英语、商业尺牍等。这些学科的建立，开阔了学生的眼界，将世界和现实的距离拉近了，学得的知识较接近社会的需要。

第四，先进教学方法的探索。湖北先进教育工作者十分重视教学方法的改革，他们对西方先进的教学经验也是采取拿来主义，蒙铁梭利教学法、葛雷学校组织法、分团教学法等几乎均在湖北实验过，其中道尔顿制（The Dalton Plan）曾产生过较大的影响。道尔顿制又称道尔顿实验室计划（Dalton Laboratory Plan），是美国教育家柏克赫斯特于1920年在道尔顿中学创行的一种教学制度，柏氏于1925年为推行该制度，自费到中国讲学。7月下旬，随着她的莅鄂，湖北教育界掀起过道尔顿制旋风。我国著名教育家舒新城先生在汉口《江声日刊》1925年7月10日上发表了《谈道尔顿制》，指出它的目的有三："一给学生以多量的自由，使学生自由发展；二使个人实际参与社会生活，而为团体活动中真正的一员；三给学生以一种工作的观点，使之对于工作自己负责进行。"

应该指出，西方先进教育方法的导入，对以读经为主要内容的封建教育体制以摧毁性的打击，是有巨大进步意义的，但生硬照搬西方的教育机制，不适合中国的国情。这一点在当时就受到进步知识分子的批评。他们曾指出"东西洋方法则（格于）不合国情，亦不能全然舍己从人，尽情仿效"①。今日学制"不合现代教育之思潮，不适进化之需要，系统过于板滞，使学者鲜活动之精神"。中小学教材，全由书馆编辑再由教育部审定，没有考虑国情和省情，"教程多属理想，不能适应儿童身心之发

---

① 《农村教育之理论》，《湖北教育公报》第3期。

展","学制革新势在必行"①。但在整个教育体制没有改变之前，这种状况是无法从根本上解决的。时代已经进入到新民主主义时代，一种新的教育体制——新民主主义教育露出端倪。

三、湖北平民教育运动

平民教育最初是"主权在民"的资产阶级民主思想在教育方面的体现和反映，平民教育运动发轫于晚清，五四运动后，在湖北掀起过两次高潮，"大有风起云涌之势"②。

第一次高潮在1920年春。2月29日，武汉商、学两界举行会议，施洋为临时主席，讨论组织平民学校。恽代英、施洋、包惠僧、李书渠等113人为发起人，积极筹备湖北平民教育社。从3月29日开始，汉口《国民新报》连续5天刊登了由恽代英、刘功辅起草的《湖北平民教育社宣言》③，表明了这批社会教育改革者对平民教育的计划、希冀和展望。

第一，我国最大的弊病莫过于教育不能普及和实业不能振兴，这是我国贫弱，受列强欺侮、侵略，只能忍气吞声的根本原因。要振兴国家，只有从这两方面着手。平民教育是教育的重要方面，甚至是关键之所在。这一思想在《湖北平民教育社成立宣言》④中有了进一步的阐述，"二十世纪之世界乃平民思想汹涌澎湃之世界也，故世界各国举凡政治经济教育诸大端莫不侧重于平民身上，惟平民政治之能否发展视乎平民经济上能否独立，而平民经济能否独立尤视平民教育之能否普及"。施洋在湖北平民教育社成立大会上讲得更清楚："平民教育是救中国的根本政策，这是我们组织平民教育社的宗旨。"⑤

---

① 《教职员联合改革教育之硕划》，《国民新报》1922年8月30日、9月2日，第5版。
② 《平民教育运动之急进》，《大汉报》1923年11月29日，第3张第5版。
③ 全文另见《汉口新闻报》1920年4月6日，第1张第2页。
④ 《汉口新闻报》1920年4月9日，第3张第5页。
⑤ 《平民教育社成立之盛志》，《国民新报》1920年4月6日，第5版。

第二,"实施平民教育的方法,要以平民学校为至关重要"。这是因为首先平民教育可以使许多无力受到普通教育的人接受教育。我国教育之所以不能普及的原因有二:其一是政府无力广设学校,其二是许多家庭无经济实力送子女接受普通教育。这样"我们这个平民学校就可以辅助政府力量所不及,凡是无力量读书的人都可以到这里来读,并不要半文的学费"。其次,平民教育是专为贫苦无力量读书的人设的,"给他们知识,发展他们的本能,扩充他们的职业"。最后,"平民学校较之政府办的学校,收效大而成功速"。平民学校不要好多经费就可以开办,教员是尽义务的,随时开办,以最短的时间,教以最合用的知识,不要好多时,教育就可以普及了。

第三,湖北平民教育社的宗旨和章程。"本社以补救失教育平民并研究督促平民教育之进行为宗旨"。(1)社员,凡赞成本社宗旨之人,无分职业、宗教、男女、种族、国籍,年满18岁以上,经2位以上社员介绍,纳5角银元入社者,得为本社社员。(2)机构和职员,分评议、执行两部。评议部由评议员组织之,评议员至多不得超过30人,推举1人为标准。执行部分总务(内分庶务、会计)、文书(内分文牍、编辑)、调查、劝导各科,每科设主干1人,副主干1人,干事若干人;主干、副主干由评议员推举之,对外为本社代表;干事由主干与社员推举,经评议会通过,或由评议员自愿担任。评议员被举为主干、副主干时,应由原选之社员补选;评议员对于社员全体负责。执行部职员对评议部负责,职员和评议员任期均为半年,得连任不取薪金,评议员不尽职时,由原选之社员撤换改选。(3)经费,凡社员常年捐1元;特别捐,由社员或非社员自由捐款。(4)会期,本会分三种会期:评议会每月最后之星期日举行一次;社员会春秋开学时,"由执行部旧职员择期召集之";干事会由执行部临时召集之。(5)社务,平民学校分夜校、半日、星期各种,"量受教人之境遇情况酌情办理之";另设平民日刊、平民图书馆、平民阅报处、平民工艺等。社务报告,文牍科按月报告评议部,经审查后公布周知。

4月4日，湖北平民教育社在汉口正街堤口下段保安会举行成立大会，施洋为主席，主持大会。在第一次评议会上，选举刘宏勋、施洋等8人为评议员，施洋兼总务主任。社址设在汉口大蔡家巷民新学校。6月，湖北平民教育社所属第一、二平民学校在武昌武胜门外圣公会及元善堂两处开办，内分教授、理事两部，"首重学识及学文，次则珠笔算"①，专收一般年长失学者加以教授。其中女子平民学校尤为引人注目，校址在启黄中学，开高初两级，高级课目有文学、人生、哲学、社会学、生物学、历史、地理、英语、音乐等，初级分国语、修身、历史、音乐等，聘请李汉俊、黄绍谷等为教员，有学生百余人。此外武汉学生联合会、国立武昌高师、汉口青年会等亦办起贫民夜校或通俗夜校等，从事平民教育事业。

正当湖北平民教育运动勃发之际，世界著名的教育家、哲学家杜威（Dewey John）于1920年11月3—7日，来到江城讲学。他极力鼓吹平民教育。他的平民教育是针对"贵族教育"而提出的一种教育方式和思想。在他看来，教育应该打破阶级的界限，教育的目的是培养所有人的能力，而非少数人。他将国民、政府、教育三者之间的关系用房屋作比喻，教育如架屋，政府如楔顶，国民如屋基。很显然如果屋基不坚固，那么这个房屋就不牢固。平民是国民中的绝大多数，只有实行平民教育，屋基才能稳固。他还特别提出，从事平民教育的人应该到"农村去做"②，使广大农民接受教育。杜威的演讲对湖北热衷于平民教育的知识分子无疑是巨大的鼓舞和支持。

1923年开春，湖北开设平民学校，"大有一日千里之势"③，在武汉的平民学校有10所之多。同年11月，中华全国平民教育促进会会长朱其慧（熊希龄夫人）女士和执行部主任陶知行（后易名行知）、晏阳初到

---

① 《平民教育之推广》，《汉口新闻报》1920年6月4日，第3张第6页。
② 《杜威博士演讲记》，《汉口新闻报》1920年11月5日，第3张第5页。
③ 《教育厅近闻录》，《大汉报》1923年1月17日，第3张第5版。

汉演讲平民教育，武汉"各界闻风兴起"①，使湖北地区的平民教育运动再掀高潮。

11月25日，湖北各团体联合在堤口下段保安会开会，欢迎朱、陶、晏。28日，武昌、汉口、汉阳同时举行游行运动大会，武昌会场在公共体育场，有2万余人参加，大会主持人宣称："今日为吾鄂平民教育开始之日，吾愿吾鄂平民教育得各界之提倡，蒸蒸日上，获良好之结果。"会后举行大游行，所经过地方，各团体及各大商号悬旗鼓掌，有的大放鞭炮，"颇极一时之盛况"②。汉口汉阳会场在汉口歆生路老圃侧，到会的团体60余个，群众2万余人，朱其慧激动得热泪夺眶而出，发表了极其感人的演讲，陶知行、晏阳初相继演讲。

本月中下旬，陶知行二次到武汉，在湖北教职员联合会、明德大学举行多场演讲会，阐述了平民教育运动的宗旨、理论和运作方法。

第一，开展平民教育的重要性、紧迫性。中国现在大约有4亿人口，有文化的只有8 000万人，只占全国人口的20%～30%，而发达的美、英、日、法等国，识字的人占80%～90%，中国在万国教育联合会52个成员国中倒数第二，这是一件"可耻"的事③。中国只能算一个8 000万人的国家，这样怎么能继承数千年的优秀文化，怎样了解世界大势，怎能立国？改变这种落后状况的有效办法就是实行平民教育。这是因为要想提高国家的地位，必须提高国民素质，而提高占国民绝大多数的平民素质的平民教育就成了"当务之急"④。平民教育是在国家投入教育经费严重不足的情况下，使大多数国民摘掉文盲帽子所采用的最短时间、最少经济、收效最快的教育方法。

---

① 《武汉促进平民教育之运动》，《大公报》（长沙）1923年12月2日，第2版。
② 《破天荒之平民教育游行运动大会》，《大汉报》1923年11月30日，第3张第5版。
③ 《第二次莅武昌商会演讲》，《大汉报》副刊《思潮》，1923年11月23日。
④ 《第三次莅湖北教职员联合会演讲》，《大汉报》副刊《思潮》，1923年11月24日。

第二，平民教育进行的方法。每一个平民每天只需花一个小时，学习《平民千字课》，坚持4个月，就可以掌握1 200个常用字。经过考试合格者，将获得识字国民的文凭。平民学习文化是免费的；学习地点很广，只要能够学习即可。教员也是多样性的，只要能识字的人均可当教员，"先生教师母，师母教小姐，小姐教老妈，老妈教丫环，如此连环教下去，则识字的国民，日见增多"①。凡能教识字并取得一定的效果的人，就发给平民教师的文凭。《平民千字课》教材，不仅教平民识字，而且体现了国民的精神，其神髓——自立的精神，使国民以能谋生活为贵，不能谋生活为耻；互助的精神，互助公益，不互助私徇；互助公理，不互助强权；进步的精神。

第三，动员整个社会的力量进行平民教育。陶知行主张"官民一致合作"，人人关心、参与平民教育。在他的动员下湖北省长公署和湖北省教育厅各办起了一所平民学校。在武昌、汉口监狱也教千字课。他特别对武汉商界寄予厚望，在武昌商会专门演讲商业与平民教育的关系：首先，国民识字水平提高，则国家地位遂增高，国际贸易的地位随着增高。其次，平民教育可以陶冶国民和衷共济的美德，这有利于商业。最后，识字的店员多了，有利于商业广告学和顾客的心理。在他的鼓动下，汉口、武昌的商业巨子周星棠、李紫云表现出极大的热情，陶称赞武汉商界成为全国平民教育的"模范"②，号召鄂中商界及各团体诸同志共同努力，"俾不识字之武昌，变成全体识字之武昌；不识字之湖北，变成全体识字之湖北，再进而变成全体识字之中国"③。

12月18日，汉口平民教育促进会在万寿宫开成立大会，选举董事

---

① 《第三次莅湖北教职员联合会演讲》，《大汉报》副刊《思潮》，1923年11月25日。
② 陶行知：《平民教育概论》，《陶行知教育文选》，教育科学出版社1981年版，第31页。
③ 《破天荒之平民教育游行运动大会》，《大汉报》1923年11月30日，第3张第5版。

周韵宣、彭贻哲、王义甫、郭燮卿、罗荣衮、汪志安、陈时、朱海波、周星棠9人,周韵宣为董事长;干事部10人,王述曾为干事长,另确定教务、校务、劝道、视学、文书、编辑、调查、会计、庶务等主任人选①。

中共武汉党组织成立后,十分重视平民教育,其成员施洋、包惠僧和李书渠等原本就是湖北平民教育社的发起人。他们通过平民学校、夜校等形式,向无产阶级灌输马克思主义。施洋遇难后,党的工作重点不在平民教育,而在国民革命。他们十分成功地将平民教育社动员到参加反对帝国主义和军阀的斗争中,最典型的例子就是湖北平民教育社参加了党领导的湖北反帝运动大联盟。陶知行等到武汉后,党团组织通过武汉学生联合会、湖北平民教育社和人社等群众团体发起欢迎,并组织发起湖北平民教育促进会。林育南、李子芬、刘昌群等党团负责人还在黄冈、黄梅、黄陂等地成立平民教育社和平民学校,并"利用寒假学生回乡,在年节时举行农村游行演讲,作农民运动之宣传"②。

平民教育是有历史功绩的,它将教育的对象由富有阶级的子弟转向广大平民,尤其将教育送下乡,把文明火种播撒在穷乡僻壤,其意义是深远的。但将平民教育运动化,作为解决社会问题的前提条件,则是资产阶级改良主义在教育领域的反映,正如萧楚女批评的那样,"现制度若不经过一番彻底的翻炒功夫,平民教育么?——我恐怕还是像汉口今天只留下几张纸招牌,做个聋子的耳朵,徒为装饰哩!"③

---

① 《汉口平教成立大会纪》,《大汉报》1923年12月20日,第3张第5版。
② 《林育南致团中央负责人的报告(第5号)》,1923年11月27日,中央档案馆藏。
③ 萧楚女:《陶朱公底平民教育》,《中国青年》第18期,1924年2月。

第四章 武汉国民政府时期

第一节 武汉国民政府的政权建设

北伐军攻占武汉后,中国政局发生了很大的变化,吴佩孚的主要军事力量已经在战场上被消灭,中国国民党与军阀孙传芳和奉系构成新的较量三角,军事战场北移、东移。

随着北伐战争从珠江流域向长江流域的延展,武汉成为大革命的革命中心地,武汉国民政府的成立标志着大革命进入一个新阶段。武汉国民政府作为以国共合作为基础的政治实体,是以资产阶级、小资产阶级政治代表为主,无产阶级政党代表以及地主阶级政治代表参加,具有新民主主义因素的新型政权。在"七一五"反革命事变以前,武汉国民政府对外坚持联合苏联,反对帝国主义,成功地收回汉口、九江英租界;对内支持工农运动,反对北洋军阀,坚持提高党权,反对蒋介石的军事独裁,有力地推动国民革命的历史车轮滚滚前进。

一、国民政府迁移武汉

北伐军攻克武汉的巨大胜利,并没有解决自"三二〇"事件以来,国民党内左中右派的矛盾、蒋介石与中共的矛盾,反而有愈演愈烈之势。攻克武汉后,唐生智集团的军事、政治力量迅速膨胀,构成对蒋介石新的威胁。围绕着如何削弱蒋介石的过大权力,共产党和国民党左派与蒋介石展开了有节制的斗争,第一个回合便是国民政府迁移地点之争。

国民党内最早极力主张迁都武汉的是蒋介石。1926年9月9日,蒋介石在致张静江、谭延闿的信中提出："武汉为政治中心，务请政府常务委员先来主持一切，应付大局，否则迁延日久，政治恐受影响。"① 10月中下旬，国民党中央及各省区联席会议举行，蒋介石正式提出迁都问题。他迁都的主要意图有二：一是害怕大权被唐生智夺得，企图运用党和政府的力量加以控制；二是阻止左派提出的汪精卫复职。当时中共中央和共产国际代表反对迁都武汉，他们认为现时迁都只会抬高蒋介石的威权，将失去建立广东"左派政权"的时机。对蒋介石、汪精卫和唐生智之间的矛盾，中共的基本方针是调解和彼此制衡，逼蒋、唐左倾，以完成北伐大业。有鉴于此，由共产党人和国民党左派控制的联席会议决定国民政府仍暂设广州。

11月26日，由于国民政府高等顾问鲍罗廷态度发生转变，国民党中央政治会议临时会议正式决定中央党部和国民政府北迁武汉。12月5日，国民党中央党部和国民政府在广州宣布停止办公，第一批国民党中央党部和国民政府工作人员出发北上。

12月10日，国民政府代理外交部长陈友仁、司法部长徐谦、交通部长孙科、财政部长宋子文、宋庆龄和国民政府顾问鲍罗廷抵达武汉。鉴于国民党中央党部和国民政府已在广州停止办公，"如武汉亦不能办事，则中央政府势将中断，不但办事困难，且恐发生危险"②，在武汉的中央同志举行谈话会，决定成立中国国民党中央执行委员会暨国民政府临时联席会议，简称武汉临时联席会议，在国民党中央执行委员会政治会议未在武汉开会之前执行国民党、国民政府的最高职权。

12月13日，武汉临时联席会议在武昌国民党湖北省党部（今阅马场红楼，辛亥革命武昌起义纪念馆）宣布成立，成员有孙科、徐谦、蒋作宾、柏文蔚、吴玉章、宋庆龄、陈友仁、王法勤、唐生智、邓演达、

---

① 《民国十五年以前之蒋介石先生》第8编4，1937年，第22页。
② 徐谦：《关于武汉成立国民党中央执行委员会国民政府委员临时联席会议经过报告》，1927年3月10日。

董用威（必武）、詹大悲、于树德、宋子文等，徐谦为主席，叶楚伧为秘书长，鲍罗廷仍为总顾问。中央党部暂设红楼，国民政府先设于武昌总司令部行营，后迁至汉口南洋兄弟烟草公司大楼（今中山大道708号，武汉国民政府旧址纪念馆）。外交部、交通部、财政部设在汉口，司法部设在武昌。

1927年元旦，武汉临时联席会议宣布正式在汉口办公。1—3日，武汉三镇连续三天举行各种活动，热烈庆祝国民政府在武汉开始办公。武汉临时联席会议是武汉国民政府的前身，它的成立，标志着武汉国民政府时期的开始。

1月3日，蒋介石召集在南昌的中央党部和国民政府第一批北迁人员张静江、谭延闿、顾孟余、何香凝、丁惟汾等，举行中央政治会议第六次临时会议。蒋介石鉴于中国共产党人和国民党左派在武汉占主导地位，意识到在武汉建都，自己将无法控制国民党的最高权力，竟然迫使会议决定中央党部和国民政府暂驻南昌。7日，又决定成立政治会议武汉分会，实际取消了武汉临时联席会议代行最高职权的职能。

武汉方面迅速作出反应，发动广大人民群众，掀起了声势浩大的提高党权运动。2月9日，国民党中央高级干部在武汉举行会议，决定实现民主，反对独裁，提高党权，成立由徐谦、吴玉章、邓演达、孙科、顾孟余5人组成的行动委员会，作为反对蒋介石和提高党权运动的领导机构。2月12日，在上海的中共中央向全党发出通告，明确指出蒋介石已成为右派反动势力的中心，要求全党即刻开始作反蒋的宣传、反抗并进而打倒蒋之压迫。15日，行动委员会发表《党务宣传要点》，共6点，要求"中央全体委员，对于党内一切昏庸老朽反动分子，以及相与勾结的官僚市侩（佥），彻底肃清，防止他们乘机作恶，危害本党"[①]。接着，国民党汉口特别市执行委员会在《欢迎中央党部国民政府全体委员告民

[①] 荣孟源主编：《中国国民党历次代表大会及中央全会资料》（上），光明日报出版社1985年版，第336页。

众书》的文件里，公开提出"打倒党内外一切昏庸老朽分子"的口号①。所谓昏庸老朽分子指的是蒋介石的代理人、国民党中央常务会议代理主席张静江，这是武汉方面在没有与蒋介石公开摊牌前，采用的敲山震虎的战术。

2月21日，武汉临时联席会议举行最后一次会议，宣布武汉临时联席会议从即日起结束，中央党部和国民政府正式办公。武汉临时联席会议运作两个多月，通过决议案200多件，内容涉及接收逆产，整顿交通、金融，处理劳资纠纷，惩治土豪劣绅等等，最重要、最有影响的是领导中国人民收回汉口英租界和九江英租界。

2月24日，武汉三镇举行有1.5万国民党党员、20万群众参加的集会。董必武担任大会主席，徐谦代表中央党部发表讲话，提出"一切军事、财政、外交，均须绝对受党的指挥"②。3月7日，吴玉章在湖北省党部总理纪念周上讲话，明确指出蒋介石是党政军权的篡夺者、独裁者。

3月10—17日，国民党二届三中全会在汉口南洋大楼举行。莅会者中央执行委员18人，候补中委11人，候补中央监察委员4人，左派占压倒多数。会议共通过决议案20项，宣言及训令3份。会议精神是：第一，充分肯定武汉临时联席会议的工作成绩。第二，提高党的权威，限制蒋介石的独裁专制。在全会对全国人民的宣言中强调："我们要把一切行政立法权集中在国民政府的手里。国民政府一定可以实行民主主义，防止个人专政或一部分人专政的倾向。只有由国民党所表现出来的民众的意志，才能确定国民政府的政策。"③ 在组织上对国民党权力机构的职能作了调整，中常会、政治委员会、军事委员会均不设主席，由主席团实行集体领导；裁撤军人部；废除了军事学校校长制。这样就实际上撤

---

① 《汉声周报》第18期，1927年2月23日。
② 《武阳夏党员大会庆祝示威大会之热烈》，《汉口民国日报》1927年2月26日，第2张第2页。
③ 荣孟源主编：《中国国民党历次代表大会及中央全会资料》（上），光明日报出版社1985年版，第306页。

消了蒋介石的中常会主席、军委会主席、军人部长、中央军事政治学校校长的职务。第三，坚持孙中山的三大政策，进一步推动国民革命前进。第四，确保了共产党人和国民党左派在中央领导机构中的优势地位，蒋介石陷入空前孤立的境地。可见，在这次全会上，国民党左派和中国共产党人在与蒋介石的斗争中取得了前所未有的胜利，但由于保留了蒋介石至关重要的国民革命军总司令的职务，这就意味着在未来的较量中，蒋介石握有取胜的王牌。

3月20日，国民党二届三中全会选出的国民政府委员在武昌举行就职典礼。第二天，新选出的军事委员会在汉口办公。至此，新的一届国民政府正式成立。汪精卫、谭延闿、于右任、程潜、孙科、李宗仁、黄绍竑、徐谦、蒋介石、宋子文、朱培德、李济深、唐生智、冯玉祥、陈友仁、顾孟余、谭平山、孔庚、杨树庄、柏文蔚、钮永建、何应钦、彭泽民、经亨颐、宋庆龄、王法勤、吴玉章、陈调元任国民政府委员，汪精卫、谭延闿、孙科、徐谦、宋子文为常委。汪精卫、谭延闿、蒋介石、朱培德、程潜、李济深、李宗仁、冯玉祥、张发奎、何应钦、孙科、邓演达、顾孟余、宋子文、徐谦、唐生智任国民政府军事委员会委员，汪精卫、谭延闿、蒋介石、唐生智、程潜、邓演达、徐谦为主席团成员。

"四一二"政变后，国民政府免去蒋介石的各种职务。6月1日，选任冯玉祥为主席团主席，选任鲁涤平为军事委员会委员。

武汉国民政府鼎盛时期，辖区包括广东、广西、湖南、湖北、江西、江苏、浙江、安徽、四川、贵州、甘肃、陕西、河南，以及武汉市、上海特别市。

二、湖北省、武汉市政府的建立

1926年8月，北伐军攻占长沙后，国共两党就开始筹备湖北省、武汉市的政权建设。8月22日，在湘国民党中央执行委员与鄂湘两省党部执行委员举行联席会议，通过由董必武和邓演达提出的促进湖北省党务方案，对未来的湖北政治架构作出了规划。蒋介石鉴于国民党湖北省党部由中国共产党人所控制，在会议上公开表示："希望湖北省党部一样地如湖南省党部，谦让为怀，不急于参加省政。"由于中共中央也要求党员不在地方政权机构中担任职务，所以董必武当场表态，"接受中央执行委员会这个意见"①。

事实上，中共湖北区委介入了省政规划工作，通过董必武等控制的国民党湖北省党部进行。

董必武等从长沙返回后，省党部成立了省政建设委员会，"由熟悉本省政治情形，具有专门研究之同志组织之，共计完成省政建设计划大纲12种"——财政大纲、吏治大纲、教育计划大纲、交通计划大纲、水利计划大纲、农业计划大纲、工业计划大纲、商业计划大纲、市政计划大纲、农村计划大纲、司法计划大纲、军事计划大纲②。

北伐军攻抵武汉，建立省政权的问题就成为十分紧迫的事。经过国共两党协商，湖北的政治架构较为特殊，于9月形成了三个权力机构。湖北临时政治会议（9月15日成立），由国民党中央执行委员会主席命令组织，在湖北省政府未成立之前，承中央党部政治会议之命令，以会议方式决定全省军事政治财政。委员13人由中央执委会主席任命，会议主席本应由中央执行委员会主席蒋介石兼，因其不能到会，由唐生智代理。

湖北政务委员会（9月23日成立），由北伐军总司令蒋介石命令设置，在湖北省政府未成立前，湖北政务由该委员会办理，设委员14人，主任由蒋介石委任，下分秘书处和总务、民政、教育、建设四科。

湖北财政委员会（9月成立），由蒋介石命令设置，在湖北省政府未成立前，湖北财政由该委员会办理，设委员12人，主任陈公博，下分秘书处，第一、第二、第三科金库。以上两委员会均为过渡机构，同受湖

---

① 《中共湖北区委政治报告》，1926年9月7日，中央档案馆藏。
② 《湖北省党部党务报告（本年7月全省第三次代表大会至9月25日）》，1926年9月，油印件。

北临时政治会议指导。

这样一种行政与财政完全划分的合议政治架构，是军事时期中共与国民党左派为限制权力日益膨胀的蒋介石和唐生智在政权建设方面采取的措施。

湖北政务委员会大体上具有省政府（财权除外）的职能，其委员有邓演达、李汉俊、何成濬、刘文岛、潘康时、王乐平、陈公博、刘佐龙、夏斗寅、蒋作宾、胡宗铎、田桐、邓希禹（初民）。

该委员会是中共与蒋介石、唐生智协商、妥协的产物，所以是一个"鱼龙漫衍的模范政府"①。委员中有旧军阀、蒋介石的亲信，委员会中虽然没有中共党员，但左派占明显的优势，除邓演达、蒋作宾外，李汉俊、詹大悲、张国恩、潘康时、邓希禹等都与董必武保持十分密切的关系，而且唐生智因与蒋介石有矛盾，也积极向中共靠拢，所以中共湖北区委提出的湖北目前政纲要点，被唐生智和省市党部所接受，成为《湖北目前最低限度政纲》。

湖北政务委员会是在军事时期的临时地方行政机构，省内的一切大政方针均由湖北临时政治会议决定，所以湖北政务委员会的权力有限。武汉临时联席会议成立后，湖北地方政治中的重大问题均由联席会议决定，以上三个省级机构的职权范围和作用愈加缩小。

武昌克复，湖北境内大部被北伐军控制后，国共两党便酝酿建立正式的省政府。10—11月，中共湖北区委数次提出以左派为主的湖北省政府委员及各厅长人选的名单，请中共中央向国民党中央提出。1927年1月10日，国民党中央政治会议第53次会议通过"湖北省政府组织案"，决定派邓演达、徐谦、孙科、董必武、詹大悲会同湖北省党部共同组建湖北省政府。18日，国民党中央党部与湖北省党部决定组织湖北省政府筹备委员会，以孔庚为主席，原计划2月1日成立，因发生迁都之争而推延。3月25日，国民党中央政治委员会第5次会议通过了由吴玉

---

① 郭沫若：《革命春秋》，人民文学出版社1979年版，第106页。

章、邓演达等与省市党部协商的湖北省政府人员名单。4月2日，湖北省党部为省政府的成立发出训令：实现最低限度政纲、促进省民会议、保护农民运动、铲除土豪劣绅，以及打倒贪官污吏，造成廉洁政府等。

4月10日，武汉国民政府公布了湖北省政府组成人员的任命。11日，湖北省政府正式成立。徐谦、孙科、邓演达、李汉俊、恽代英、董必武、詹大悲、邓希禹、张国恩、宋子文、孔庚任委员。董必武、孔庚、张国恩为常委。

在湖北省政府内，董必武紧密团结国民党左派詹大悲、李汉俊、张国恩等，起到了核心作用，使省政府成为国共两党合作的成功典范，反对帝国主义和新旧军阀的战斗堡垒，其政权建设的经验成为新民主主义政权的雏形。

湖北政务委员会成立后，将江汉、襄阳、荆南三道裁撤，各县直接归该委员会管辖，另设置了两个市级行政建制——汉口市政委员会和武昌市政厅。1926年10月20日，汉口市政委员会成立，直归省政府领导，不入夏口县行政范围，但市长由国民政府任命。同日刘文岛在河街原商场督办署"就市长职"①。市政委员会下设第一特区管理局（原德租界）、第二特区管理局（原俄租界）、财政局、工务局、公安局、教育局、卫生局、统计局和审计处等机构。

武昌市政厅于12月成立，其区域以旧警察厅所辖范围为限，直属省政府，不入武昌县行政范围，市长由国民政府任命。1927年1月21日，举行武昌市政厅成立、市长就职并宣誓典礼大会，由国民党中央执行委员徐谦授印，黄昌谷宣誓就职市长。市政厅下设秘书处、财政局、工务局、公安局、教育局、卫生局、土地局等机构。

1927年1月1日，武汉临时联席会议成立时，决定以汉口、武昌和汉阳为京兆区，定名武汉，为临时国都。3月21日，国民党中央政治委员会第3次会议决定，组成一个市政委员会，对武昌、汉口、汉阳实现统一管

---

① 《刘文岛就市政局长》，《楚光日报》1926年10月22日，第4版。

理。4月16日，武汉市政府各委员在汉口慈善会宣誓就职。市政委员有陈公博、苏兆征、陈友仁、何羽道、吴士崇（德峰）、詹大悲、李国暄、张国恩、向忠发、郑慧吾、周星棠。委员会不设市长，由委员推选陈公博、吴士崇、李国暄为常委。市政府直属国民政府领导，原汉口市政委员会和武昌市政厅随即撤消。同年7月1日，武汉市改为武汉特别市。

三、国民政府的法律制度

武汉国民政府是中国大地出现的新型政权，作为维护政权的重要手段的法制建设，在这一时期有很快的发展。

第一，建立革命的司法机构和制度。

武汉国民政府的司法机构是司法部，根据1926年11月15日公布的《国民政府司法部组织法》规定，"司法部受国民政府之命令，管理全国司法行政，并指挥、监督省司法行政"。

1927年年初，武汉国民政府召开司法会议，对于司法制度进行改革，首先改变审判机构的名称。审判机构废止沿用行政厅的名称，一律改称"法院"。中央法院分为二级，最高法院，设在国民政府所在地；控诉法院，设在省城。地方法院也分为二级，县市法院，设在县和市，但诉讼不发达的县，得两三县设一法院；人民法院，设在镇和乡村。审级制度为二级三审制。县市法院和人民法院，审判第一审。对于不服第一审判决而上诉的民刑案件，由控诉法院审判第二审；对于反革命之内乱罪、外患罪及妨害国交罪为第一审。最高法院的审判权对于不服控诉法院第一判决之民刑案件为第二审；对于不服控诉法院第二判决之死刑案件为第三审。第三审为终审。

其次废除法院内的行政长官制。司法机关内不设行政长官，组织行政委员会负责处理院内的行政事宜。人民法院的行政委员会，由审判官、参审员、书记官各一人组成；县市法院以民、刑庭长，检察官，书记官为行政委员；控诉法院及最高法院，均以民、刑庭长，首席检察官，书记官为行政委员。废除检察厅，在法院内酌设检察官。

复次采用参审制和陪审制。

再次减少讼费。讼费减少50%，状纸费减少60%。参审陪审费用由法院核定，谕知民事败诉人或刑事被告人负担。但因告诉无理而判决无罪者，其费用得由原告负担。如确系无力担负者，得免其缴纳。

最后废止司法官不参加政党的禁令，明确规定中央法院由司法部提交国民政府委员会任免，地方法院由司法厅提交省政府委员会任免。

第二，立法。

武汉国民政府时期制定了各种法规、法令，迄今已查到的有120多项，涉及面十分广泛。关于政权建设的有：《中华民国政治组织法修正案》、《国民政府农政部组织条例》、《湖北临时政治会议条例》、《汉口市暂行条例》、《武昌市暂行条例》、《上海特别市临时市民代表政府组织条例》、《河南省政府组织法》、《湖北文官临时任用条例》、《湖南行政大纲》等。

关于军事方面的有：《中央执行委员会军事委员会组织大纲》、《国民革命军总司令条例》、《军事委员会总政治部组织大纲》、《国民革命军方面军总指挥部暂行条例》、《国民革命军陆军战时抚恤暂行条例》等。

关于司法方面的有：《反革命罪条例》、《参审陪审条例》、《湖北省惩治贪官污吏条例》、《湖北省惩治土豪劣绅暂行条例草案》、《国民政府关于禁止民众团体及民众自由执行死刑条例》、《新司法制度》、《刑事诉讼律施行细则》、《刑事特别审判所组织大纲》等。

关于劳动土地法方面的有：《工会条例》、《工人运动委员会组织大纲》、《西北之临时劳动法》、《佃农保护法》、《解决土地问题之纲领》、《革命军人土地保障条例》等。

关于经济方面的有：《国民政府集中现金条例》、《国民政府财政部国库券条例》、《公产保管会条例》、《农林各试验场组织大纲》、《矿务局暂行条例》等。

关于教育等方面的有：《国民政府教育方针草案》、《大学规程》、《实施义务教育计划大纲》、《湖北教育讨论会条例》、《湖北省立小学学生待遇暂行规程》等。

关于涉外方面的有：《统一外交决议案》、《汉口第三特别区市政局条例》、《九江特别区章程》、《湖南外商租地暂行大纲》、《湖北取缔外人设立学校条例》等。

第三，法制建设的基本特点。

首先，法律体现了统治阶级的意志，通过立法，确定国民党的权威，这是国民政府法律与历代法律最根本的区别，体现了武汉国民政府法制建设的革命性。在《统一党的领导机关决议案》中，强调全国代表大会为党的最高权力机关，中央执行委员会在全国代表大会闭会期间，"行使最高权"①。国民政府要接受国民党的指导和监督。这在《中华民国国民政府组织法》中，以法律的形式给予肯定。

在"以党治国"的原则下，司法部长徐谦提出"党化"、"革命化"的司法。有关司法法规和政策，否定了西方的所谓司法独立，明确规定司法部部长、最高法院院长的任免权在国民政府。

其次，工农是国民政府的基础，运用法律手段保护工农的正当权益，推动农工运动，巩固革命政权。武汉国民政府制定了一些革命的法令和决议，给工农运动以大力支持。

在二届三中全会上，专门作《农民问题决议案》，指出："本党自改组以来，注重扶助农工运动之发展。……本党不但应尽力农民运动，以获得农民群众，更当使其在本党领导之下参加国民革命。"②对于在乡间残害农民的土豪劣绅给予坚决的打击，《湖北省惩治土豪劣绅暂行条例草案》对土豪劣绅下了定义，列举出11项主要罪行，制定了具体的刑罚。草案与《湖南省惩治土豪劣绅条例》是中国法制史上破天荒的大事，给农村的反革命以沉重打击，有力地支持了农民运动。

《反革命罪条例》第一次对反革命下定义，"凡意图颠覆国民政府或

---

① ② 荣孟源主编：《中国国民党历次代表大会及中央全会资料》（上），光明日报出版社1985年版，第316、327页。

推翻国民革命之权力,而为各种敌对行为者,以及利用外力或勾结军队或使用金钱而破坏国民革命之政策者,均认为反革命行为"①。其在犯罪活动中的地位,分为"首魁"、"执重要职务者"和"帮助实施者",分别判处死刑、无期徒刑、有期徒刑等刑罚。该条例和惩治土豪劣绅、贪官污吏等法规的制定和实施,保卫了新生的国民政府,保护了农工的利益,体现出武汉国民政府法律的革命性和专政的权威。

最后,武汉国民政府政权是以国共合作为基础的"联合政府",在政府中资产阶级、小资产阶级政治代表起到了主导作用,这一政治结构,必然使法制建设方面具有两重性。其革命性和民主性在上面已作了评介,它的妥协性和反动性主要表现在:首先是一些具有革命性的法律,由于国民党右派的阻挠和反对,无法形成法规,如工人立法;有的虽然立法,但只是纸面上的东西,根本没有(或者无法)执行,如包括没收大地主和反革命派土地的有关法规。其次,由于规定司法官必须由国内外法政学科毕业者,或者具3年以上法律经验者才能担任,这样,司法机关实际上掌握在旧司法人员的手中,有碍革命法律的执行。

随着武汉国民政府向右转化,各种反动的法规和禁令也相继出台,加速了汪精卫等发动反革命政变的步伐。

第二节　中共中央在武汉

武汉成为大革命中心后,革命形势蓬勃发展,要求中国共产党的最高领导机关迁往武汉,就近与国民党中央和共产国际代表协商,研究并决定革命的战略和策略。中共中央在武汉的岁月,正是中国革命的关键时刻,光明与黑暗激烈搏斗,革命与反革命生死较量,时局瞬息万变。这对中共来讲,是前所未有的挑战。中国共产党人以大无畏的精神,与国民党左派一道,英勇地迎接挑战,有力地推动反对北洋军阀、帝国主

---

① 《国民政府公布反革命罪条例》,《广州民国日报》1927年2月26日,第5版。

义的民族解放运动和反对国民党新老右派的斗争。同时，中国共产党也得到空前的发展，党员达5.8万人，共青团员5万人。

中共中央在武汉也面临着生死攸关的考验，1927年7月，国民党彻底地背叛了孙中山的遗愿，对昔日战友高举起屠刀。在这场血腥的较量中，年幼的中国共产党无论从阶级力量的对比，还是在应变方略的运作方面，都处于劣势。中共应付时局的战略，实际上是由远离中国革命中心的莫斯科决定的，年幼的中共还不具备把握时局的能力，即便是有这个能力，其活动空间也极其有限。然而鲜血不会白流，正是有大革命的惨败，才使中国共产党对中国革命的特殊性有了进一步的认识，促使中国革命由大革命失败向土地革命战争兴起的历史性转折。

一、中共中央汉口特别会议

武汉的完全解放，江西战场的胜利开辟，促使形势发生新的变化。一方面，北洋军阀的力量重新组合，张作霖在北方，孙传芳在江西威胁着武汉，北伐军必须继续进军，以完成统一中国的伟大历史使命。另一方面，革命阵营内部的矛盾日益尖锐。中国共产党与国民党，国民党左派与国民党右派，国民党左派与蒋介石，蒋介石与唐生智，蒋介石与正欲回国的汪精卫等诸多矛盾错综复杂地交织在一起，各种矛盾彼此冲突、融合、消长。时局的发展变化要求中共中央制定如何处理这些矛盾的战略和策略，为此中共中央于1926年12月13—18日，在汉口召开特别会议。

参加会议的有中共第四届中央委员陈独秀、彭述之、张国焘、项英、瞿秋白、李维汉等，共产国际代表维经斯基和鲍罗廷以及毛泽东、董必武等也参加了会议。会议的中心议题是关于国共两党联合战线的问题。陈独秀在会上作了《政治报告》，会议通过了这份报告和《关于国民党左派问题议决案》等6个文件。

会议分析了国内形势，指出国共统一战线随时随地都面临分裂的危险。国共两党的联合战线在"五卅"运动中运用得成功，但自1926年

"三二〇"事件到7月4日北方国民军退出南口，联合战线开始面临着分裂。其原因有四：一是帝国主义改用新的分离政策，它们认识到对南方的革命势力不可以用强力去消灭，就采用软的方法，暂停"打"的政策，代以"拉"的政策。二是国民党的右倾。日益高涨的工农运动，使在联合战线内的民族资产阶级恐慌，从而促使国民党的右派企图向帝国主义妥协，他们对"反帝国主义的运动虽尚未公开的阻止，但实际上急欲缓和工农运动以取得帝国主义者承认国民政府。他们不想以革命的斗争取得统一中国的政权，而想由帝国主义的承认以取得统一中国的政权"①。三是商人的恐慌。所谓中小商人实际上代表民族资产阶级的利益，由于工人运动的勃起，使其在受到帝国主义、军阀及大商人剥削外，更加上工人的罢工，经济破产，因此很自然站到大商人买办一边。四是中共党内的"左"稚病。所谓"左"稚病是"看不起国民党"，"包办国民党"，企图不适时宜地"根本解决农民土地问题"，"对城市中小商人的政策不好"等②。

会议对国民党进行了分析，认为国民党是中共的主要同盟者，是国共首次合作的关键。所谓"赤的联合战线"的破裂，主要指的是国共合作的破裂。国民党实有左中右的区别：赞成孙中山的三大政策，站在民主主义立场上代表农民及城市小资产阶级利益，反对封建主义者为左派；右派大致分两部分，一部分是代表地主劣绅土豪等封建势力的利益与思想的分子，一部分是代表资产阶级民族主义的理想者，徘徊在买办、地主与工农群众的利益之间，主张军事独裁而不赞成民众政权者。

会议还制定了中共的行动路线。为了避免国共联合战线的破裂，中共必须改善与国民党的关系，为此重新提出"武力与民众结合"的口号，督促国民政府继续对外对内，在城市和乡村开展反封建势力的斗争。会议认为，中共不应该包办国民党，而是"扶助国民党左派领袖获得在政

---

① ② 中央档案馆编：《中共中央文件选集》（1926），中共中央党校出版社1983年版，第559～564页。

府及党的领导地位，以推动国民党的军事政权向左"①。

这次会议对中共湖北党组织产生的直接影响，除了特别会议制定的基本方针外，还具体有《关于湘鄂赣三省农运议决案》、《关于三省国民党工作议决案》两份文件。文件极大地限制了正在兴起的湖北农民运动，规定不要打出农民政权，以免引起小资产阶级分子发生恐慌，湖北省党部农民部长应改为国民党左派担任，"以免 CP 因包办而孤立当冲的危险"②。

这次会议正确的一面是看到国共合作存在着破裂的危险，认识到国民党的军事势力集中与反动局面之促进成正比，"军事势力越集中，反动越大；集中越快，反动来的也越快；集中在谁手中，谁就先反动"③。并且明确指出，蒋介石是握有军事势力的军事独裁者，是右派，已握有大部分的权力，是国共联合战线内部破裂最危险的倾向之一。但会议对中国革命的基本理论和基本策略、政策是错误的。会议的指导思想是将"国民革命和无产阶级革命之间划了很大的'天然的不可以人力逾越的'一道鸿沟"④。这个理论后来被归纳为陈独秀的"二次革命论"。

中共中央汉口特别会议召开时，1926 年 11 月 22 日—12 月 16 日召开的共产国际执委会第七次扩大全会的精神还不为中共知道。共产国际执委会在这次会议上着重讨论了中国革命问题，并通过了《中国问题决议案》。这个文件与中共汉口特别会议的决议有原则上的不同，主要是在对中国革命的指导思想上，提出了非资本主义发展前途的概念，这与

---

① 《政治报告议决案》，中央档案馆编：《中共中央文件选集》（1926），中共中央党校出版社 1983 年版，第 569 页。
② 《关于湘鄂赣三省农运议决案》，中央档案馆编：《中共中央文件选集》（1926），中共中央党校出版社 1983 年版，第 580 页。
③ 《政治报告》，中央档案馆编：《中共中央文件选集》（1926），中共中央党校出版社 1983 年版，第 566 页。
④ 《中央政治局对于〈共产国际执行委员会第七次扩大全体会议关于中国问题决议案〉的解释》，中央档案馆编：《中共中央文件选集》（1927），中共中央党校出版社 1983 年版，第 20 页。

"二次革命论"有本质的区别。它将民主革命与社会主义的前途视为有联系的整体,民主革命的前途不是资本主义,而是朝社会主义的方向发展。在这个时期建立的政权是无产阶级领导的、农民和小资产阶级的民主专政,是走向社会主义发展的过渡政权。这次全会对无产阶级争取领导权、革命军队在中国革命中的重要地位、土地革命是中国革命的重点等问题均作了十分明确的指示,这些对中国革命起到了积极作用。

但是全会在基本战略方面则与汉口特别会议的决议并无二致,它认为中国革命应该依靠国民党,"在这一发展时期,运动的基本力量将是革命性更强的联盟——无产阶级、农民和城市小资产阶级的联盟,把大部分大资产阶级排除在外"①。在大革命时期,共产国际始终没有把国民党视为以资产阶级、小资产阶级为主的政党,而将其视为包括无产阶级在内的几个阶级的联盟。共产党在统一战线中争取领导权,主要是通过国民党去实现,所依靠的国民党左派是汪精卫集团。共产国际在战略和策略上的这种二重性,是导致大革命失败主观原因的最主要因素之一。

二、中共中央迁汉与中共五大

北伐军攻抵武汉后,湖北成为中国大革命的中心。中共中央不断加强湖北党组织,以领导该地区的革命运动。1926年8月下旬,中共湖北地委,根据中共中央的决定改组为中共湖北区委。为了加强中共湖北区委的领导力量,中共中央派彭泽湘任区委书记,蔡以忱、陈潭秋、陈荫林、董必武、袁浦之等为委员。9月,中共中央局委员张国焘被派往武汉,为中共中央驻汉全权代表领导党的工作,12月兼任中共湖北区委书记。与此同时,中共中央委员项英、张太雷抵达武汉,党团的重要干部毛泽东、恽代英、罗章龙、李立三、刘少奇、吴玉章、林育南、陆沉、聂荣臻等,按照中央指示也陆续到汉工作,加上原在中共湖北区委工作

---

① 《关于中国形势问题的决议》,《共产国际有关中国革命的文献资料》第1辑,中国社会科学出版社1981年版,第277页。

的董必武、陈潭秋等，党在武汉地区的干部阵容很强，已远远超过其他省份的党组织。大约在1927年初春，在汉的中共中央执行委员成立了中共中央执行委员会汉口临时委员会。

1927年1月，中共中央改变了反对迁都武汉的立场，决定支持武汉临时联席会议。这样，中共中央迁到武汉更有必要。3月中旬，中共中央局委员瞿秋白从上海抵达江城。4月10日，另一个中央局委员彭述之也到汉。在国外的中央局委员蔡和森比彭早7天从广州经长沙抵达武汉。这样主持中共中央工作的5位中央局委员在汉口的就有4人，只有陈独秀一人在上海。

4月4日，在武汉的中共中央执行委员和共产国际代表及中共湖北区委成员召开联席会议，决定由中央执行委员、湖北区委与共产国际代表组成联席会议常务委员会，选举瞿秋白、谭平山、张国焘为常委，宣布中共中央汉口临时委员会解散。会后，常务委员会致电陈独秀，催请陈速来武汉主持中央工作。在陈未到之前，这个委员会事实上行使中共的最高职权。

4月中旬，陈独秀到达武汉，并立即主持4月18日和20日的中央会议。至此，中共中央开始在武汉领导全党，并与国民党中央党部合作，领导武汉国民政府。中共中央各机关迁汉的时间则是从1926年冬开始，到1927年5月下旬结束。

最先到武汉的中共中央机构是以毛泽东为书记的中央农民运动委员会，1926年11月底（或12月初），毛泽东抵达汉口，设立办事处。中共五大后（5月14日），中央常委决定改组中央农委，由谭平山、毛泽东等10人组成，初在武昌三道街旧道尹公署，后迁至武昌抚院街慈善会办公。

1926年9月17日，中华全国总工会汉口办事处在汉口成立，李立三为主任，刘少奇为秘书长（10月21日到任）。中华全国总工会于1927年2月正式在汉口办公。5月30日，中共中央常委决定成立中央工人部和工委，李立三为部长，中央工委由李立三、林育南、项英、刘少奇等7

人组成。办公地点原在汉口友益街2号（今武汉市文化局），后迁至华商总会（今武汉市科技情报中心，江汉二路157号）。

1927年2月，中共中央宣传部的主要工作人员先行到汉。瞿秋白到汉后，住在汉口辅义里12号，以中央宣传部委员的身份负责了一段时间宣传部的工作。4月蔡和森抵达后，即主管中央宣传部的工作。中宣部先后在汉口胜利街185、187号，汉口后城马路的一个巷子里，汉口铭新街13号等处办公。

中共中央秘书厅是1927年4月10日左右，随秘书厅主任王若飞的到来，开始在汉口办公的。其地点在汉口四民街60、62号（今胜利街185、187号），6月下旬，曾迁往武昌，不久又迁回汉口。

中共中央组织部一度停顿，1927年5月25日，中央常委决定张国焘任组织部长才恢复工作，办公地点先在汉口贯中里，后与中宣部在一起。

中共中央军委机关是最后迁至武汉的，1927年5月下旬，周恩来从上海抵达武汉。5月25日，中央常委会议决定周恩来任中央军人（军事）部部长，在此前后，中央军委所属的大部分工作人员也陆续从上海来汉。中央军委在汉先分两处办公，一处在武昌中和里，由中央军委参谋长聂荣臻负责；一处在汉口友益街尚德里，由周恩来全面负责。

中共中央到武汉后的第一件大事，就是主持召开了中共第五次全国代表大会。当时形势岌岌可危，革命处在局部失败时刻。北京政府、南京政府和武汉政府三个政权并存，帝国主义与国内反共势力在重新聚集，反共的风暴正在形成。北方，奉系军阀大肆捕杀共产党人和革命群众。南方，国共合作正处在破裂边缘，蒋介石发动反革命政变后，广州、四川、广西等军阀与之相配合，形成对武汉的经济、政治、军事封锁。武汉国民政府内部也危机四伏，汪精卫集团日趋反动。在这危难时刻，中共中央举行中共五大，会议的主旨是正确判断形势，制定革命战略、策略以应对时局，以及确定中国革命形势的发展方向。

影响大会的决定因素是共产国际。共产国际是世界无产阶级的总领导机关，中国共产党作为它的一个支部，必须听命于莫斯科的指令。如前所述，共产国际执委会第七次扩大全会通过的《中国问题决议案》是指导中国大革命的纲领性文件。共产国际面对超常复杂的中国革命形势，指导中国革命的理论与实践有积极正确的一面，也有消极错误的一面。在统一战线的策略方面，左右摇摆，右倾妥协是基本面，直接影响中共五大。中共五大的关键人物是罗易（1887—1954）。他是印度人，共产国际执行委员会委员、共产国际主席团候补委员，是共产国际第七次扩大全体会议《关于中国形势问题的决议》的起草人之一。他奉共产国际之命，专程到中国，负责监督决议案的贯彻执行，并任共产国际驻中国代表团的首席代表，主导了大会。

中共五大从4月27日开始，到5月9日结束，共开了13天。出席代表80多人，共产国际代表罗易、维经斯基、鲍罗廷①，国民党代表汪精卫、谭延闿等出席大会。

大会由陈独秀主持，他在会上代表第四届中央执行委员会作了政治和党的组织状况的报告。报告共分11个部分，对中共四大以来的形势发展，对统一战线作了回顾。陈独秀接受了共产国际的两个阶段说，即广州阶段是四个阶级的联盟、武汉阶段是三个阶级的联盟的理论，认为北伐战争是无产阶级和资产阶级合作的结果，"四一二"政变后，资产阶级完全脱离了革命，因此与小资产阶级建立联盟就成了革命成功与失败的关键；无产阶级为了巩固联盟，就必须对小资产阶级作出某些妥协和让步。他将汪精卫视为小资产阶级的政治代表，认为汪回国后，武汉国民政府"才开始成为无产阶级同国民党左派的联盟"，正在"走向工农和小资产阶级民主专政"。陈独秀在报告中对中共中央在"三二〇"事件后采

---

① 鲍罗廷（1884—1951），苏俄人。早年加入俄国社会民主工党。1919年3月出席共产国际一大，随后到美国、墨西哥、英国等国从事革命活动。1923年被派往中国，担任苏联政府驻国民党和国民政府的总顾问，并负有指导在国民党内的中共党员之责。大革命失败后，离开中国回国。

取的让步策略作了辩解，虽然对一些具体的政策作了自我批评，但在基本问题上仍沿袭着右的思路，因此遭到许多代表的严厉批评。瞿秋白批判得最为彻底，散发了《中国革命中的争论问题》，全面地批判了陈独秀的右倾机会主义的错误。

中共五大的主要内容：

第一，分析了国内外的政治形势，提出建立"工农小资产阶级的民权独裁制"。中共五大宣言回顾了自1925年以来的革命形势，认为中国的民族解放运动有伟大迅速的发展。国民革命运动在工农群众的帮助下，在广东建立了巩固的基地。武汉国民政府的建立，削弱了帝国主义在长江流域之势力。面对迅猛的革命发展形势，国民革命阵线内部发生严重分化。国民革命运动性质的变更，不仅吓坏了帝国主义，同时惊醒了大资产阶级。"中国的资产阶级因不能阻滞无产阶级和民权势力所推动的国民革命运动，终竟破坏了革命的联合战线。"① 他们和封建反动势力、军阀和帝国主义，已经联合成了"一个反革命的大同盟"。宣言指出，面对反革命的联合进攻，必须建立工农小资产阶级的政治同盟。在这个联合同盟中，无产阶级是先锋，"只有在保护他们自己阶级利益之下，才能完成他们的使命"②。无产阶级必须与农民革命建立巩固的联盟。帝国主义和军阀封建势力，妨害了小资产阶级的利益，小资产阶级赞助无产阶级反抗资本主义，是同盟的主要力量，因此中国共产党定要领导无产阶级保障小资产阶级的利益，建立起工农小资产阶级的政治同盟，"这是国民革命中唯一的原则"③。由此可见，大会在国内阶级的基本分析上，与共产国际指导中国大革命后期的思想是一致的，这个基本判断脱离中国革命的实际，成为中共五大到八七会议的战略、策略、政策失误的总根源。

第二，在民主革命中，无产阶级必须取得领导权是关键问题。中共四大第一次提出此问题，但没有解决怎样取得领导权问题。中共五大制

---

①②③ 中央档案馆编：《中共中央文件选集》(1927)，中共中央党校出版社1983年版，第75、79页。

定的决议，明确地指出无产阶级必须取得革命斗争的领导权，提出取得领导权的三个条件，一是必须保证无产阶级的经济利益，二是无产阶级必须有英勇的革命斗争，三是必须与农民建立同盟。为此，民主革命的中心问题是土地革命，并提出农村纲领。

第三，指出现阶段革命的主要任务是土地革命问题。这是中共五大最大亮点。中国革命的主要内容是土地革命，中共对此有深刻的认识，中共五大为此专门作出《土地问题决议案》，首先提出了土地问题的重要性，中国农民占全国人口的绝大多数，没有他们自动地自觉地参加，国民革命是决不会成功的。摧毁封建宗法政权而开始解决土地问题，这是中国革命现时的新阶段的主要特点。《土地问题决议案》分析了农民的经济状况和破产的原因，阐述了农民在中国革命中的重要地位。同时，指出农民运动必须在无产阶级的领导下才能走上正确的革命道路。其次，提出土地革命的基本原则，解决土地问题的七条措施。最后，提出了国民革命中的农民政纲。主张没收大地主的田地和一些所谓公有的田地，经过土地委员会分配给广大农民，然后逐步实现土地国有；耕种的农民除向政府缴纳累进的地税外，不纳任何杂税；取消地主、绅士所有的一切政权及权力，建立农民的乡村自治，组织农民自卫军，保障自治政府及革命的胜利。

第四，强调建立工农武装，以巩固无产阶级、农民和小资产阶级的联盟。中国革命的特点是武装的革命反对武装的反革命。因此武装斗争占有十分重要的地位，中共五大提出了在革命战争的军事时期，必须建立工人纠察队，"工人纠察是保障工人、农民、小资产阶级民主政权的武装之一"[1]。农民斗争非有自己的武装和政权不可，"我们要使军队革命化，和建立真正的革命军队"，并喊出了"到军队中去，拿枪去"的口号[2]。

第五，进一步论述非资本主义发展前途。所谓"非资本主义发展前

---

[1][2] 中央档案馆编：《中共中央文件选集》（1927），中共中央党校出版社1983年版，第64页。

途"就是社会主义前途。殖民地落后民族通过"非资本主义发展"道路是列宁提出来的。在共产国际二大上,他指出"在先进国家无产阶级的帮助下,落后国家可以不经过资本主义发展阶段而过渡到苏维埃制度,然后经过一定的发展阶段过渡到共产主义"①。1926年在共产国际的《关于中国问题的决议》中,第一次将这个提法写进了文件里。中共五大接受了这个提法,并进一步强调这一道路的积极意义,不仅向中国共产党人描绘了革命未来的蓝图,而且突出了它的现实意义,提出了实现这一蓝图的途径——实行土地革命,关键是无产阶级对民主革命的领导。

第六,加强党的思想、组织建设。大会第一次提出发展农民入党和加强党内教育的思想,指出努力扩大党员的数量,吸收产业工人、进步农民和革命知识分子,并通过党的多种教育形式对党员进行思想教育。大会第一次提出"集体领导"和"民主集中制"的原则,第一次使用"中央委员会"的称谓。选举了新的中央领导机构,第一次选举产生了中共中央政治局,由陈独秀、张国焘、蔡和森、瞿秋白(后又增补李维汉)组成中央政治局常务委员会,陈独秀为总书记。大会规定设立党的地方委员会,强调地方党支部的建设。大会创立中央监察委员会,选举王荷波为书记。

中共五大对中国新民主主义革命的基本思想的形成是有贡献的,主要表现在无产阶级争夺领导权、土地革命问题、工农武装和非资本主义发展前途、强调党的思想建设、成立新的中央领导机关等方面。大会是年幼的共产党从创建以来探索中国革命道路历史进程中的重要一环,为中国革命由大革命向土地革命转变做了思想上、政治上的准备。

但大会的主导面,即对中国革命总形势的基本判断是错误的,据此制定的战略前后矛盾,又缺少具体有效的措施。如在争夺领导权这个关键问题上,一方面强调无产阶级在统一战线中要争取领导权,另一方面

---

① 《共产国际、联共(布)与中国革命文献资料选辑(1917—1925)》第2卷,北京图书馆出版社1997年版,第126页。

又将汪精卫的国民党中央和国民政府作为革命依靠的中心。又如一方面制定了将"耕地无条件的转给耕田的农民"的土地革命原则，另一方面又规定土地革命由武汉国民政府自上而下进行，而国民政府的上层却反对这个政策。再如中共五大强调工农武装的重要性，但在实际上又限制农民武装，取消工人纠察队。这样前后矛盾、妥协退让、前后失据的政策无法扭转十分被动的局面，使党在指导思想上无法摆脱右倾机会主义的阴影。因而在敌强我弱的态势下，大革命完全失败就是不可避免的。

三、中共中央政治局的改组

中共五大后，形势更趋恶化，夏斗寅叛变和马日事变相继发生。面对危局，中共中央政治局由于共产国际主要代表鲍罗廷和罗易意见相左，而争执不休。鲍罗争执从罗易来武汉后就已开始，他们的分歧主要是策略上的。鲍罗廷的主要观点被罗易称为"西北学说"。其要点是武汉握有实权的唐生智具有潜在的反动性，为了避免统一战线的破裂，应采用战略退却的方针，暂时放弃土地革命的纲领，力主二期北伐，与冯玉祥会合，打通苏俄通道，将帝国主义势力薄弱的西北建成革命根据地。鲍罗廷的目的是通过北伐战争，缓和内部的矛盾，推迟国共合作的破裂。他曾形象地说："我的箱内还有草（指苏联对武汉政府之借款），他（指唐）还要吃我的草，还不至于跑掉。"①

罗易的主要观点是应该坚决贯彻共产国际《关于中国形势问题的决议》，首先开展土地革命，巩固两湖革命根据地，反对北伐。他提出通过土地革命和实现无产阶级的最低要求以动员民主力量，在农村由农民夺取政权，建立一支革命军队三项主张。他们两人的共同点是均将希望寄托在国民党身上，对汪精卫集团存在幻想。这当然不是他们的个人认识，而是共产国际在首次国共合作时的基本方针。

---

① 《中共党史报告选编》，中共中央党校出版社1982年版，第123页。

夏斗寅叛变和马日事变后，5月24日，在中共中央政治局会议上，他们又发生了尖锐的对立。鲍罗廷认为国民党左派和武汉国民政府还是好的，一切错误在于工农运动过火。现在必须向国民党左派让步，这是继续与他们合作的中心问题，因此必须限制工农运动。罗易则主张进攻，针锋相对指出国民党中央已是土劣、地主、军阀的代表，应该号召左派群众起来推翻他们，实行工农民主独裁。中共中央最后采纳了鲍罗廷的意见，随后通过一些文件对工农运动加以限制，向汪精卫集团作出更大的妥协和让步。

中共中央和鲍罗廷的退却战略，在中共党内遭到越来越多的批评和抵制。蔡和森在中央政治局会议上批评鲍罗廷有些"动听"的办法，但与共产国际的原则相违背；罗易有原则，但没有办法，"每次开会都像上课一般，只空空洞洞的教我们一些原则，这是不够的"①。他和李立三向中央提出，应"积极准备武力对付，以暴动对付暴动"②。5月30日，中央常委周恩来在政治局常委会上，建议中央政治局会议讨论军事问题。同日，毛泽东同谭平山等以中华全国农民协会临时中央执行委员会常务委员会的名义，向湘鄂赣三省农民协会发出训令，在革命与反革命斗争愈加激烈的形势下，必须采用新政策，建立乡村民主政权，解除土豪劣绅之武装，武装农民；没收土豪劣绅及大地主之土地等③。

6月1日，中共中央收到了共产国际的"五月紧急指示"。其主要内容：1.开展土地革命；2.吸收新的工农领袖进国民党中央委员会，改组国民党；3.动员2万名左右的共产党员和5万革命工农，组织一支可靠的军队；4.组织以有声望的国民党人为首的革命军事法庭，惩办反动军官④。

---

① ②《中共党史报告选编》，中共中央党校出版社1982年版，第114、111页。

③ 中共中央文献研究室编：《毛泽东年谱》上卷，人民出版社、中央文献出版社1993年版，第200页。

④ 中共中央文献研究室编：《周恩来年谱（1898—1949）》，人民出版社、中央文献出版社1989年版，第115页。

这份不顾中国革命实际情况的指示，使中共中央陷于进退失据的境地。6月5日，罗易将电报给汪精卫看，第二天又给他一个副本。让罗易始料不及的是，这个愚蠢的举动，成为汪精卫"分共"的借口。同日，武汉国民党中央政治会议决定解除鲍罗廷、加伦等的顾问职务。6月10日，汪精卫在郑州与冯玉祥等开会，预谋反共。随后冯玉祥又在徐州与蒋介石达成宁汉合作，共同反苏、反共的协议。

国共彻底破裂的大局已定，形势十分危急，中共中央连续不断地开会，商量对策，采取了进攻和退让两种策略，但摇摆不定，以退让与妥协的策略为主。6月中旬，中共中央一度决定在湖南组织武装起义，并改组中共湖南省委，由毛泽东为书记，但这个决定最终被取消。中共中央政治局还采纳蔡和森的意见，作出湖北决议案，要点是紧急号召全省农民群众抵抗白色恐怖，向地主土豪劣绅猛烈进攻；紧急利用省政府、县政府，扩大省防军及工农武力；尽量扩大武汉工人纠察队；迅速准备扩大群众势力推翻国民党的中央机关等。但很快又改变政策，命令董必武向国民党中央政治委员会辞去国民党湖北省党部和省政府的职务。6月28日，中共中央召开紧急会议决定，为了消除湖南军阀何键制造事端的借口，公开宣布解散武汉工人纠察队。

7月3日，中共中央举行扩大会议，通过国共两党关系决议案，共11条，其要点是重申国民党的领导地位，继续向其妥协退让，为了减少冲突，共产党的部长可以暂时离开政府；工农群众组织必须受国民党的领导，工人纠察队必须置于国民政府的监督之下；武汉现有的纠察队，为了减少冲突，可以减少或者编入军队，等等。这个决议案非但于事无补，还助长了汪精卫集团的反动气焰。

鉴于中共中央领导层的"机会主义错误"，共产国际指示中共必须进行改组，以"在政治上健全党的领导机构"①。7月12日，中共中央改

---

① 《共产国际执行委员会关于中国革命目前形势的决定》，1927年7月，中央档案馆编：《中共中央文件选集》(1927)，中共中央党校出版社1983年版，第628页。

组,成立了由张国焘、周恩来、李维汉、张太雷、李立三组成的中央临时常务委员会,陈独秀停职。瞿秋白不久被补为政治局委员。中共临时中央改变对汪精卫集团的退让政策,于7月13日发表《中国共产党中央委员会对政局宣言》,公开谴责武汉国民党中央和国民政府限制工农运动,默认、掩护和帮助一切摧毁工农运动的反革命进攻;指出武汉国民党中央多数领袖,"近日已在公开的准备政变,以反对中国人民极大多数的利益及孙中山先生之根本主义与政策";宣布撤回参加国民政府的共产党员,重申中共将继续进行反对帝国主义和反对军阀的斗争,将同坚持三大政策的国民党内的革命分子继续合作①。

第三节 蓬勃发展的民众运动

农工是国民政府的基础,这是首次国共合作时期,国共两党的共识。孙中山先生的三大政策,一度得到了贯彻。国民党二届三中全会的对全国人民宣言指出:"中国的工人、农民及城市中广大的民众,已经逐日起来了,被压迫的民众已经渐渐的参加争斗了,这就是我们战胜帝国主义与国内反革命的稳固的基础。"② 武汉国民政府专门成立了劳工、农政二部,制定了保护农工的一些法规和政策。湖北省政府也成立了以董必武为厅长的农工厅。在这一时期,湖北地区的工农运动如海啸,以排山倒海之势汹涌在荆楚大地,成为全国农工运动发达地区之一。

一、工人运动的大发展

如前所述,湖北地区的工人阶级有光荣的革命传统,在第一次工人

---

① 中央档案馆编:《中共中央文件选集》(1927),中共中央党校出版社1983年版,第198~208页。

② 荣孟源主编:《中国国民党历次代表大会及中央全会资料》(上),光明日报出版社1985年版,第305页。

运动高潮、"五卅"运动等历次斗争中，都起到了先锋的作用。当北伐战争开始时，他们在湖北国共两党组织的领导、发动下，很快地组织起来，投入轰轰烈烈的北伐战争。在汀泗桥、贺胜桥战役中，武长铁路的工人参加了铁路破坏大队，与当地农民一道，破坏铁路，断绝交通，有力地支援北伐军。随后，嘉鱼县的码头工人和船员积极支援北伐军渡长江，逼近汉阳，对武昌形成战略包围的态势。在武昌战役中，汉冶萍总工会、京汉铁路总工会、人力车工会等群众团体均发动本团体的工人群众，积极支持北伐军攻城。9月1日，汉阳兵工厂的全体工人，为了断绝吴佩孚的军火供应，举行总罢工。国民革命军第7军，从大冶进入江西时，得到该地工农群众的支援和帮助。

北伐战争的节节胜利，又极大地推动了湖北的工人运动。9月17日，全国总工会在汉口设立办事处，负责指导湘、鄂、蜀、赣、皖5省的工人运动。10月10日，湖北省总工会成立盛典在汉口宁波会馆举行，到会代表及来宾5 000多人，代表武汉80多个工会组织，10万多会员。当北伐军解放武昌的消息传到会场，顿时引起全场的热烈欢呼。大会选举向忠发为省总工会委员长，许世光为秘书长（不久刘少奇继任），刘文松任庶务部主任，吴明任宣传部主任，朱宝廷任交际部主任，刘少白任指导部主任，周兆秋任组织部主任；李立三任中共湖北全省总工会党团书记。

在省总工会的统一领导下，全省的工人运动有了飞速的发展，到1927年1月省总工会第一次代表大会召开时，在短短的3个多月的时间里，工会会员发展到37.1万人。到5月，全省计有产业工会59个，分部38个，支部1 797个；职业工会63个，分部55个，支部593个；各县市工会62个。会员人数总计512 727人，大约占全省80万工人总数的63%，占全国280万会员总数的1/6，成为全国工会会员人数最多的省份之一①。

湖北省总工会第一次代表大会是湖北工人运动的一次盛会，也是对

---

① 湖北省总工会编：《湖北工人运动史》，湖北人民出版社1996年版，第142页。

湖北工人运动的大检阅。会议从1927年1月1日开始，10日胜利闭幕。参加大会的代表588人，代表全省341个工会。项英代表全国总工会作了《中国职工运动》的报告，李立三、刘少奇、向忠发、林育南等人，分别就政治、会务、工会组织、童工、女工、工会经济等问题向大会做报告。大会经过热烈讨论，通过了《湖北全省总工会第一次代表大会宣言》、《湖北省总工会章程》等各项决议。大会指出，湖北工人阶级是全国无产阶级的一部分，同隶于中华全国总工会之下，中国工人阶级又为全世界工人之一部分，同隶于赤色职工国际之下。大会号召湖北工人阶级在中华全国总工会指挥之下，"一面与全世界革命工人站在一条战线上，一面与全国各阶级革命势力共同奋斗"，以达到"从根本上打倒帝国主义者、军阀及一切反动势力"①。大会选举李立三、向忠发等35人组成全省总工会执行委员会，向忠发为委员长，刘少奇为秘书长，外交主任李立三、宣传主任林育南、组织主任项英、纠察队长朱菊和、经济斗争委员会委员长许白昊。

大会期间，国共两党中央、湖北省市党部、中华全国总工会及各省工会代表在大会上献词祝贺。国民党汉口特别市党部在《为湖北全省总工会第一次代表大会告民众》中明确指出："湖北全省总工会召集这次代表大会的第一意义是统一工会的组织，巩固工会的下层基础；第二意义是使用扩大总工会的执行机关；第三意义是提供工人教育，普及工会的宣传，以免工人的幼稚行动及一般人们无谓的误会；第四意义是检阅工人的力量，巩固国民革命的联合战线。"②

大会期间发生了震惊世界的汉口"一三"惨案。1月3日，为庆祝北伐胜利暨国民政府迁都武汉，中央军事政治学校武汉分校宣传队在汉口一码头（今苗家码头）江汉关前，靠近英租界的空地上演讲，听者极多，宣传队内特别派有专人照料，秩序井然。中午，英租界工部局急请

---

① 《湖北全省总工会第一次代表大会宣言及决议案》，1927年1月21日。
② 《汉声周报》第11期，1927年1月1日。

驻汉英海军长江分舰队司令卡梅伦（Cameron）调兵上岸支援。卡梅伦陆续派大批水兵和陆战队登陆，并授权给指挥官，"如果绝对需要时，他有权开火"①。美国水兵应英方的要求，登陆驻扎在香港银行大厦内待命。下午3时，英国士兵越界驱赶民众。民众大愤，群起抗争，英兵竟用刺刀对付手无寸铁的民众，将海员工人李大生等3人刺成重伤，轻伤数十人。恶讯传出，立即引起中国人民的极大民族义愤，一场新的反对英帝国主义的风暴呼啸而起。

当天晚上，在李立三、刘少奇的主持下，湖北全省总工会第一次代表大会召开紧急会议，讨论通过了《为反对英水兵惨杀同胞通电》，愤怒谴责英帝国主义犯下的新的滔天罪行，表示"本大会誓领导我全省有组织之30万工人，与英帝国主义奋斗到底!"通电提出6条要求：1. 请国民政府自动收回英租界；2. 要求英租界当局立即撤消电网和各种军事设施；3. 要求立即撤退在华军舰，在租界内永远不得有外国武装军警驻扎；4. 要求抚恤死伤者；5. 英国政府应向我国民政府道歉；6. 要求将杀人凶手移交我国民政府惩办。

次日（4日）中午，武汉农工商学各界代表500多人，在汉口总商会举行联席会议，刘少奇阐述了湖北全省总工会提出的6项条件，受到与会代表的拥护，联席会议决定以"六项条件"和湖北省党部对英方针为基础，补充为"八项条件"。会议确定由湖北全省总工会、汉口总商会和武汉学联等团体组织武汉市民对英外交委员会，负责对英帝国主义交涉，并决定在5日举行对英惨案示威运动大会。

会后，李立三、刘少奇、林育南等到武汉国民政府请愿，要求政府按"八项条件"与英领事交涉。当晚7时，武汉国民政府召集各团体开会，宣布政府全部接受"八项条件"。与此同时，中共中央在武汉也召开紧急会议，通过《中国共产党对此次汉口英兵惨杀华人事件的态度》，提

---

① 《英国市政委员会主席A.C.伯恩关于汉口事件的报告》，F.3497/67/10，英国伦敦档案局。

出对英斗争的目标、方针、政策和方法。决定在5日示威游行中，进入英租界，大会和游行示威由中共湖北区委委员、湖北全省总工会党团书记李立三指挥。

1月5日中午，乌云翻滚，天色昏暗，一场大暴雨就要来临。30多万武汉市民在汉口济生三马路举行武汉市民反英示威大会，国民党汉口特别市党部代表李国暄担任会议主席，李立三任总指挥。开会不久，下起了倾盆大雨。

会后，广大群众冒雨举行大游行。队伍经过英租界附近时，愤怒的群众再也抑制不住民族义愤，冲进了租界区。湖北全省总工会当场派300多工人纠察队员进入租界站岗、放哨，维持秩序。当天武汉国民政府成立了汉口英租界临时管理委员会，接管公安、行政事宜。

中国人民经过半个多世纪的斗争，终于在这一天收回了英租界。在这值得中华民族自豪的伟大创举中，武汉工人阶级将主力军的作用发挥得淋漓尽致。

湖北工人阶级在收回英租界的胜利鼓舞下，以更加饱满的政治热情投入到轰轰烈烈的革命斗争中。2—3月，上海工人举行了二次武装起义，湖北工人阶级和各界群众展开了声势浩大的宣传声援活动。4月3日，日本水兵在日租界又挑起事端，杀伤数十人，制造了"四三"惨案。武汉工人阶级和社会各界又一次投入与日本帝国主义的斗争。

在提高党权运动和讨伐蒋介石叛变的活动中，湖北全省总工会总是站在斗争的前列。5月17日，独立14师师长夏斗寅趁武汉防备空虚，与四川军阀杨森相勾结，发动反革命叛乱。宜昌总工会首先向国民政府报告。武汉工人纠察队与农民自卫军、中央农民运动讲习所的学员一起，协助武昌卫戍司令叶挺率领的中央独立师与夏逆作战，击溃叛军。武汉各工会还组织担架队和救护队，随讨伐之师上前线。由粤汉铁路工人组成的铁道交通队，迅速修复被叛军破坏的铁路，有力地支援中央独立师。在鄂南各地的工农展开各种活动，参加讨伐夏斗寅的战斗，为取得讨夏战役的胜利作出了贡献。

二、方兴未艾的农村大革命

农民在中国民主革命中占有十分特殊的地位，是国民革命的中心问题，因此，农民运动为国共两党高度重视。在北伐战争中。以两湖为中心的农民运动得到突飞猛进的发展。

湖北是全国较早开展农民运动的省份之一。1924年，在黄冈陈策楼建立起湖北省第一个中共农村支部。10月，黄梅县建立起秘密的农民研究会。1925年7月，国民党湖北省党部成立后，立即设立农民部，成立农民运动委员会，"以讨论一切农民运动问题"①。同年12月，湖北省农民协会临时执委会成立，常委与国民党湖北省党部农民部合署办公。1926年三四月间，根据国民党湖北省第二次代表大会的决议，湖北农民运动委员会改组，确定陈荫林、李子芬、蔡以忱、刘子谷、刘季良5人为委员。随后中共湖北地委和国民党湖北省党部派出一批共产党员前往各县，发动组织广大农民投入反对直系军阀黑暗统治的斗争和迎接北伐。到1926年7月，湖北农民运动有了较大的发展，全省农民协会的会员达3万多人。

北伐军进入鄂境后，中共湖北地委（8月下旬改组为区委）和国民党湖北省党部发动各县广大农民支援北伐军。特别是鄂南的农民，作出了极大的贡献。北伐军在农民的直接帮助下，占领了通城、崇阳、蒲圻等县城。在汀泗桥、贺胜桥战役中，鄂南农民为北伐军作向导、煮饭、抬担架；农民武装配合北伐军，对直系军后方进行骚扰，破坏交通。在武昌战役中，省城附近的农民积极供应粮食，以支援北伐军；汉阳的武装农民直接配合北伐军作战。

9月中旬，北伐军左翼军第9军贺龙部从湘西进攻湖北公安、松滋、沙市、宜昌时，中共湖北区委通过国民党湖北省党部派出鄂西先遣工作组，在当阳一带开展军事活动。当阳、天门等地农民举行武装起义，起

---

① 湖北省党部：《湖北的农民运动》，《中国农民》第4期，1926年4月。

义军被改编为北伐军长江上游先遣军，迅速攻克当阳、荆门、天门等县城。12月，配合北伐军第9、第10、第8、第15等师解放了鄂西、鄂中大部地区，迫使直系军残部接受国民革命军的收编。

北伐军攻占武汉后，被解放的各县，农民协会也由秘密转为公开，2100多个农运特派员先后到41个县开展农民运动。11月底（或12月初），中共中央农委书记毛泽东抵达武汉，成立中共中央农委办事处。中共中央农委和国民党中央党部、国民政府在武汉办公，极大地推动了该地区的农民运动，为湖北农民运动和湖南农民运动成为全国农民运动的中心和先锋提供了有利的外部环境和条件。到年底，湖北已成立和正在成立的县农民协会组织34个，会员28.7万人。

1927年1月，国民党湖北省第四次代表大会在武昌举行，会议专门对农民运动通过了一项决议案，选举国民党左派张国恩为农民部部长。3月4—22日，湖北省农民协会第一次代表大会在武昌举行，出席会议的代表184人，代表全省40余县农民协会、80余万农民协会会员。大会通过了重要决议案共35项，关于铲除封建势力、建设农协、联合革命战线的有8项。

大会选举陆沉、陈荫林、蔡以忱、张国恩等17人为执行委员。在第一次执委会上，选举陆沉为委员长，陈荫林为副委员长，张学武、郭树勋、蔡以忱、邓演达、符定一、张国恩分别任宣传、教育、组织、自卫、调查、建设各部部长，邓雅声担任秘书长。

大会闭幕后，湖北农民运动立即掀起了高潮，在极短的时间内，全省正式成立的县农民协会22个，筹备农协20个，区农协约350个，乡农协约3160个，会员大约在百万人以上，自耕农最多，占34%。

国民党中央农民运动讲习所（武昌）是培养农民运动干部的摇篮。毛泽东到武汉后，立即与国民党湖北省党部筹商举办湘鄂赣三省农民运动讲习所。1927年1月16日，成立了湘鄂赣三省农民运动讲习所筹备处，国民党湖北省党部推举张国恩、陈荫林、李汉俊，与国民党湖南、江西党部的代表负责筹备。2月下旬，国民党中央常务委员会第76次会议决定，将湘鄂赣三省农民运动讲习所扩大为国民党中央农民运动讲习所，由国民党中央农民运动委员会管理。3月7日，讲习所在武昌正式成立，开始授课。4月4日，举行开学典礼。邓演达、毛泽东、陈克文为常务委员，毛泽东主持工作。

武昌农讲所"以养成深明党义、组织农民运动实际工作人员为宗旨"①。第一批800多学员经过3个多月的学习、训练，于6月18日毕业。他们如革命的火种，播撒到17个省，点燃了这些地区的土地革命之火。

毛泽东在筹办武昌农讲所期间，曾于1927年1—2月，在湖南湘潭、湘乡、衡山、醴陵和长沙5县进行了32天的考察，于2月12日返回武昌，在都府堤41号（今武昌毛泽东旧居）撰写了著名的《湖南农民运动考察报告》，以极大的政治热情讴歌了正在兴起的湖南农民运动，批驳了党内外对农民运动的攻击和责难，指出国民革命必须在农村发生一个大的变动，革命党应该站在农民前头领导他们前进，必须依靠广大贫农作革命的先锋，团结中农和其他可以争取的力量，将农民组织起来、武装起来，彻底摧毁地主阶级的政权和武装，建立农民协会，掌握农村的一切政权。这份最初发表在中共湖南区委机关报《战士》上，后被共产国际执委会机关刊物《共产国际》用俄文和英文译载的调查报告，是中国共产党将马克思列宁主义关于农民问题的理论运用于中国革命的具体实践的最初杰出成果，它第一次提出了建立无产阶级领导的农村革命政权和农民武装的伟大战略思想，对中国革命的主要内容土地革命的理论和实践产生了深远的影响。

湖北农民运动的高涨，彻底动摇了封建地主阶级的统治基础，遭到土豪劣绅、不法地主和反动官吏的疯狂反扑。2月27日（春节），阳新县县长、县公安局局长和县商会会长等，纠集洪门会徒百余人围攻国民党县党部、县农协，非法拘捕省农协特派员成子英、县农协执委兼秘书

---

① 《中央农民运动讲习所章程》，《汉口民国日报》1927年3月8日，第3张第2页。

谭民治、县总工会组织部长兼秘书曹东曙、警备队长石树荣等9人，用煤油将他们活活烧死，制造了阳新惨案。类似事件在麻城、监利、天门、沔阳、钟祥也相继发生。

为了打击农村封建反动势力的嚣张气焰，国民党湖北省党部制定了《湖北省惩治土豪劣绅暂行条例》和《湖北省审判土豪劣绅委员会暂行条例》，经国民党中央批准后，颁布实行。3月15日，邓演达在国民党二届三中全会第5天会议上提议，严肃处理阳新惨案。大会主席团指定邓演达、吴玉章、毛泽东组成查处阳新惨案委员会，并会同湖北省党部、省政务委员会、省农协组成联席会议，共同处理。会后，由国民党中央农民部、湖北省农协代表，带领两连士兵前往阳新镇压，逮捕了20余名凶手。4月8日，在阳新举行全县各界追悼死难烈士大会，当场处决7名凶犯，极大地鼓舞了农民运动。阳新的农民运动从此打开了一个新局面，到5月中旬，参加农协的会员达30余万人。

继省审判土豪劣绅委员会成立后，阳新、黄冈、黄安、麻城、蕲春、天门、咸宁等地相继成立县审判土豪劣绅委员会，打击了乡村的反动势力，从此，湖北的农民运动进入高潮。

在国民党二届三中全会和中共第五次全国代表大会上，均通过了农民运动的决议案，这对湖北农民运动是有力的推动，到5月，湖北农民协会已发展到54个县，会员300万人，总人数仅次于湖南而居全国第二位。

"四一二"反革命政变后，湖北农民运动面临着严峻的考验，各县的封建势力又重新集结，扑向广大贫苦农民和各地农协。5月，夏斗寅叛变，叛军所到之处，肆意摧残当地的农民运动，屠杀乡村的共产党员和农协干部。6月，汪精卫集团一再公布训令限制工农运动，更加促使各县的土豪劣绅肆无忌惮地反攻倒算。罗田、黄冈、监利、黄梅、随县等地土豪劣绅煽动流氓地痞捣毁县、区、乡农协，捕杀农协干部，白色恐怖笼罩在广大农村。

以董必武为首的湖北共产党人，与国民党左派紧密合作，在极端险恶的情况下，坚持战斗，采取一切可能的措施，保护农工运动。6月19—21日，湖北省农协第一次扩大会议召开，虽然不得不贯彻国民党中央的所谓限制农工运动的训令，但仍将工作重点放在保护农民协会，加强农民武装，反击封建势力的进攻上。6月25日，湖北省县市联席会议通过《农民运动议决案》，指出当前土豪劣绅向革命势力进攻，尽横暴的能事，农民群众在斗争中得到的，只有被屠杀，农民协会将逐渐失掉农民的信仰和拥护，"这一点是湖北农民运动前途更可忧危的恶化倾向"①。议决案要求政府迅速召集乡民会议，建立乡村自治政治，认为农民协会为组织指导此自治机关之核心。要求发展农民自卫军，解除反动武装，督促政府实行佃农保护法，号召农民、工人与兵士亲密联合，"结成巩固的战线，以抵抗封建势力的进攻"②。

三、第四次全国劳动大会

在汪精卫集团叛变革命的前夕，第四次全国劳动大会于6月19—29日在汉口召开。大会开幕典礼于6月19日下午3时在汉口中央俱乐部（今民众乐园）举行，莅会代表420人，代表有组织的工人290万。赤色职工国际委员长罗佐夫斯基和苏、英、美、法、日本、印度等国代表，以及共产国际驻汉代表罗易、中共中央蔡和森、国民党中央党部陈其瑗、国民政府彭泽民、总政治部郭沫若等和各界代表3000多人到会祝贺。

首先由总主席苏兆征致开幕词，他指出本次大会在广东省港大罢工二周年之际召开，其意义不同一般，并且宣布此次大会的任务是："第一要反对帝国主义武力干涉中国，第二要反对蒋介石屠杀民众，第三要与国民政府同生死，第四要帮助农民打倒封建势力。"③ 然后由罗

---

①②《省县市联席会议农民运动议决案》，《汉口民国日报》1927年7月4日，第3张第6页。
③《主席苏兆征致开会词》，《汉口民国日报》1927年6月21日，第1张第1页。

佐夫斯基致训词,共产国际代表、国民党中央党部代表等相继演说。蔡和森的发言则强调要做好应变的准备,应在这次大会上整理我们的队伍,作打倒反革命的准备,我们应该知道,不仅要打倒蒋介石,更"要打倒他们资产阶级赖以生存的经济基础,我们要建设一个新的民主制的国家"①。

在会上,罗佐夫斯基作世界职工运动报告,罗易作《国民革命的危机和无产阶级的任务》的报告,陈独秀和汪精卫等发表了讲话。总工会领导成员李立三作《政治报告》,刘少奇作《全国总工会会务报告》。全体代表经过认真讨论,通过了《政治报告决议案》、《组织问题决议案》、《经济斗争决议案》、《反对法西斯主义及对法西斯工会斗争决议案》等13个决议案。大会选出由苏兆征、李立三、刘少奇、向忠发、林育南等35名委员和20名候补委员组成中华全国总工会执行委员会。

6月28日下午,由大会主席邓中夏宣读中共中央致第四次全国劳动大会的信。信中高度赞扬了中国工人阶级自京汉铁路大罢工的四年以来与中国共产党一起,为反对新旧军阀而奋斗的精神,许多被军阀所屠杀的烈士"当为中国工人阶级及本党永远不忘"。信中分析了目前的险恶形势,指出:"现当革命的高潮中,反革命的恶潮亦日益增长,造成中国革命运动的一大危机。革命的工人阶级正在此危机中召集第四次全国劳动大会,这是有非常严重意义的。"号召中国工人阶级集中自己的力量,"领导农民阶级和小资产阶级,以结成工、农、小资产阶级的革命联盟,向共同的敌人作战"②。

6月29日下午,大会在汉口血花世界举行闭幕式,先由主席李立三宣布《女工童工议决案》,接着,邓中夏提出《修改全国总工会章程》,

---

① 《中国共产党代表蔡和森致词》,《汉口民国日报》1927年6月21日,第1张第2页。
② 《中共中央致第四次全国劳动大会的信》,《向导》周报第200期,1927年7月8日。

随后李立三宣读《第四次全国劳动大会闭幕宣言》。

6月30日，在第一次执委会上选举苏兆征继任委员长，苏兆征、李立三、刘少奇、向忠发、林育南、王荷波、邓中夏、郑复他、罗沫、陈寿昌为常委。接着在第一次常务委员会会议上，确定林育南为秘书长，李立三为组织部长，邓中夏为宣传部长。

由于这次大会是中共在大革命时期领导的最后一次全国性的会议，因此中共关于时局的政策也必然影响大会的决议。

首先，通过总结国民革命和工人运动的历史及现状，提出了本次大会的中心口号。国民革命的联合战线的主要目的是打倒帝国主义、军阀及封建、买办大资产阶级。在大会政治宣言中，沿袭着共产国际的两个时期联盟的思想，认为当前资产阶级叛变革命，使革命面临着危机；同时国民革命也进入了新时期，即工农及小资产阶级联盟时期，因此本次大会的中心口号是建立"工农小资产阶级的革命联盟"①，建立工农小资产阶级的民主专政。

其次，制定了工会的任务。工人运动是国民革命的重要一部分，由于革命由工人阶级、农民阶级、小资产阶级、资产阶级四个阶级的联盟转变成工人阶级、农民阶级、小资产阶级三个阶级的联盟，因而"工人阶级在国民革命中的任务和责任已更加重大，并且愈趋急迫"②。工会当前的任务就是必须全力巩固工农、小资产阶级的联盟。要做到这一点，必须第一，向帝国主义、军阀、买办、大资产阶级进行猛烈的攻击，粉碎反革命的封锁，铲除工商业发展的障碍。第二，必须巩固自己的组织，壮大自己的力量。纠正过去非组织的行动，同时也要照顾小资产阶级的经济利益。第三，农民的斗争已经动摇了封建制度的基础，但新军阀又

---

① 《中共中央致第四次全国劳动大会的信》，《向导》周报第200期，1927年7月8日。
② 《中华全国总工会召开第四次全国劳动大会宣言》，中华全国总工会中国职工运动史研究室编：《中国历次全国劳动大会文献》，工人出版社1957年版，第156页。

与土豪劣绅相勾结,大举反攻,摧残各地的农民运动,这是当前国民革命中最危险的现象。工人阶级应该积极支持农民运动,消灭一切封建势力。"只有立即使农民获得土地,解决土地问题,才能从根本上摧毁一切封建势力的基础。所以支持农民获得土地的斗争,乃是工人阶级在国民革命中最大的责任。"①

最后,提出了经济斗争的具体要求。为此大会专门作出《经济斗争决议案》,文件指出,经济斗争是工会组织的经常性的工作,经济斗争不仅是经济斗争,也是政治斗争,经济斗争的胜利不仅是工人改善生活的一种行动,也是工人阶级获得斗争胜利的一种教育和训练。工人阶级的经济总要求是:必须立即规定全国工人实行法定的劳动时间;适应社会经济的变化,规定最低工资标准,并按照物价规定工资增加的比例;慰劳保障工人的生活条件,对不可避免的疾病、死伤、失业、衰老等,实行社会劳动保障②。

大会还制定了《产业工人经济斗争决议案》、《救济失业工人决议案》、《手工业工人经济斗争决议案》、《女工童工问题决议案》等文件,按不同情况,就工作时间、工资和雇佣条件、童工及女工的保护、劳动保护、医疗及劳动保险、学徒的待遇、解决劳资纠纷、救济失业工人办法等,分别作出了具体的规定。

由于共产国际和中共中央坚持承认国民党中央党部的领导地位,有关决议中也就必然维护即将叛变革命的国民政府。这样就模糊了工人阶级的斗争目标,所以第四次全国劳动大会在大革命危难之际,没有提出什么应变的得力措施,以致半个月后,汪精卫集团发动反革命政变时,湖北工人运动立即受到致命的打击,迅速跌到谷底。

---

① 《政治报告决议案》,中华全国总工会中国职工运动史研究室编:《中国历次全国劳动大会文献》,工人出版社1957年版,第205页。
② 《经济斗争决议案》,中华全国总工会中国职工运动史研究室编:《中国历次全国劳动大会文献》,工人出版社1957年版,第211~212页。

第四节 国民政府的经济、教育、文化、新闻事业

武汉国民政府，始终处在十分险恶的环境中。经济是武汉国民政府生存、发展的基础，为此武汉国民政府作出了巨大的努力，采取了许多措施，但因宏观条件的不断恶化，以及自身不可克服的内部机制问题，最终一切努力都归于失败。

这一时期，武汉方面的教育、文学艺术和新闻等上层建筑有了长足的进步，对巩固新生的政权发挥了革命的作用，无论在湖北现代史，还是在中国现代史上均占有极其重要的一页，为后来产生的新民主主义文化机制提供了最初的基因。

一、经济形势与对策

武汉国民政府时期，经济一直处于十分困难的状况，主要表现在：首先，北洋军阀统治时，直系军阀无穷掠夺，滥发货币，生产遭到严重破坏，经济崩溃，而已经破产的纸币还在社会上流通，给新生的政权造成极大的困难。其次，始终保持庞大的军费开支，每月军饷约1 000万元，占全部支出的70%～80%，仅唐生智的第8军，每月军饷达120万，5个多月的军饷就是湖北一年的全部财政收入。再次，税种锐减，1927年只有统税、正杂税捐、田赋三种，全年财政收入632万元，约为常年一半左右，而开支却直线上升。1927年4月，代理财政部长张肇元在国民党中央政治委员会上报告，目前湖北的收入还不到300万，而每月预算则为1 200万①，是财政收入的4倍多。以前广东每月要解武汉1 000万元，尚能弥补财政的不足，但"四一二"反革命政变后，这笔收入断绝，财政形势极为严峻。此外，工人运动确实存在"左"的做法，主要是任意罢工，提出过激的经济要求，将民族资产阶级作为打击的对象；再加

---

① 《国民党中央执行委员会政治委员会第9次会议速记录》，1927年4月5日。

上帝国主义的造谣和破坏，民族资本家多半抽走现金，加重了经济的危机。帝国主义、新旧军阀的封锁则是造成武汉国民政府经济全面恶化的最根本原因。帝国主义对中国的国民革命是仇视的，北伐军攻克武汉后，他们在不断向国民政府施加政治、军事压力的同时，还在经济上破坏、打击、封锁武汉，使武汉国民政府的经济形势愈来愈糟。北伐军占领武汉后，英国在汉的银行相继停业，上海、天津等地的外国银行停止向武汉放款等金融业务，同时这些银行不断催逼在汉的业务部门、商号缴还欠款，催收的货币达数千万元。在汉的汇丰、麦加利、台湾、正金等银行还停止一切汇兑，拒收国民政府投放的纸币，吸收大量存款，套走现金。1926年年底，英国在汉的企业首先关闭，并抽走资金。美、日等国的企业相继停业，造成武汉工业萎缩，商业凋敝，是武汉30万工人近一半失业的主要因素。汉口"一三"惨案发生后，英怡和、太古轮船公司停航，给武汉主要交通线运输业以沉重的打击。武汉的燃料主要靠进口，汉口"四三"惨案后，从国外进口煤的渠道也中断，经济形势进一步恶化。

在宁汉没有对立以前，武汉只受到北方的封锁，四通八达的江城，只有京汉铁路运输受阻。

1927年4月，蒋介石在上海、李济深在广州发动反革命政变后，杨森、夏斗寅又在鄂西进攻，包围武汉，使武汉国民政府处在四面包围之中，经济发生全面危机。

如何摆脱经济困境，始终是武汉国民政府高度重视的问题，并采取了许多措施。

第一，武汉的经济是军事封锁造成的。1927年4月，武汉国民政府举行第二次北伐，第一期兵锋指向河南郑州。打通京汉线，解除北方的经济封锁是这次北伐的目的之一。

第二，1927年4月15日，宁申汉对峙时，武汉国民政府为了解决财政上的困难，专门成立战时经济委员会，以汪精卫、谭延闿、宋子文（时在上海）、孙科、苏兆征为委员，负责制定经济法规、政策，筹谋集中现金，整理财政，以挽救时局。

第三，出台一些法规、法令、政策，以维持社会、经济的正常秩序。

为了调和劳资关系，国民党中央执行委员会和国民政府于5月颁发《调解劳资斗争的训令与决议案》等一系列训令，在城市方面，主要是保护小资产阶级（这里主要是指工商业者，实际是民族资产阶级），限制工人运动。训令明确指出，工商业者是联合战线的主要成员，"所以中国国民革命之能否成功，要视工商业者之能否拥护国民革命为断，工商业者之能否拥护国民革命，又视农工群众是否明了工商业者为其亲挚之同盟者为断"。要求制定劳资仲裁法、劳动法，规范劳资双方的行为，"制止工人及店员之过度要求，并禁止其干涉厂店中之管理"等①。这些政策的制定和实际运作有两重性，一方面对启动武汉的生产，解决经济危机，规范工人运动起到了一定的作用；另一方面，中央训令被汪精卫集团利用，以之摧残农工运动，并成为所谓"分共"的主要原因，则凸显出它的反动性。

金融是现代经济的命脉，是武汉国民政府得以维持的生命线。4月中旬，武汉经济形势逐日险恶，武汉国民政府颁发了《集中现金条例》，主要内容是：1. 只许中央、中国、交通三银行纸币流通。2. 持有现银及其他银行钞票者，调换三行纸币。3. 收付银两均用纸币，以七钱一分折合，不得伸缩。4. 禁止现金出口。5. 禁止抑勒纸币价格或抬高物品价格，违犯者按律严办②。财政部在此之前，出台了《取缔外币条例》，规定一切外币不得在市面交易。

由于夏斗寅叛变，加上国民政府公布《集中现金条例》，一时武汉市面上谣言四起，米店停业，中央、中国、交通三大银行"纸币之行使亦因之停滞"。湖北省政府于5月19日发出命令，要各机关"即行劝导市

---

① 《调解劳资斗争的训令与决议案》，《武汉国民政府资料选编》编辑组编：《武汉国民政府资料选编》，1986年，第393～394页。
② 《武汉政府集中现金经过概况》，中国第二历史档案馆藏。

民明了真相，勿生纷扰，食米及纸币二者关系人民生计，尤须即行切实劝导照常贸易行使，勿得自己惊扰，妨碍治安，如有奸人造谣生事，仰即严拿究办"①。命令的颁布具有震慑作用。

失业问题在武汉成为一个社会热点，报刊公报的数字为14万，陈友仁在内部报告为近20万。国民政府劳工部专门设立失业工人救济局，并颁发《失业工人救济局组织大纲》，确定其工作性质和任务。

第四，整顿财政。这是国民政府为打破经济封锁，在经济上采取的最强有力的活动。主要有二点，一是现金集中，4月17日公布，18日各银行一律停止兑现，结果纸币膨胀，物价上涨了50%，虽然封存各商业银行、钱庄现金1 000万元，但没有弥补巨额的财政赤字，反而造成了前所未有的金融风潮，进一步激化了经济危机。二是发行有奖债券和国库券。为了解决财政危机，从6月5日起，国民政府发行"北伐胜利有奖债券"500万元，分5次发行，每次20万张，总额100万元。为此财政部颁发《有奖债券条例》规定，有奖债券金额定为每张银元5元，每次中签者2 629张，分8等，第一等1张，奖2.5万元。第二等1张，奖1万元。第三等2张，每张奖7 000元。第四等5张，每张奖1 000元。第五等20张，每张奖500元。第六等100张，每张奖100元。第七等500张，每张奖20元。第八等2 000张，每张奖10元②。有奖债券发售10天后，只卖出去1万余元。

财政部为了应付庞大的财政赤字，还多次发行国库券。当年1月发行国库券900万元。马日事变后，财政支出有增无减，税源几乎枯竭，政府只好增发国库券430万元。此项措施效果极差，政府不得不强行实行机关职员薪俸搭发国库券。

第五，紧急采购米煤。蒋介石的经济封锁，造成武汉的米荒和煤荒。

---

① 《湖北省政府令第189号》，1927年5月19日，全宗号L10，目录1，案卷号1，湖北省档案馆藏。
② 《财政部有奖债券条例》，《汉口民国日报》1927年5月24日，第1张第1页。

这是因为武汉每日需 7 000 担米，主要依靠长江下游的芜湖和镇江运来。于是武汉国民政府立即下令江西、湖南取消米粮出口的禁令，每日湖南、江西分别向武汉运米 5 000 担和 3 000 担，其中供应武汉 7 000 担，供应军队 1 000 担，暂时缓解了严重缺粮的矛盾。

煤原本依靠日本进口，自"四三"事件后，日本商人完全停止煤的供应，武汉国民政府立即将汉冶萍煤矿暂时收回，由财政、交通、劳工三部组成委员会管理，争取每天向武汉供煤 3 000 吨（实际生产 1 000 吨），同时煤实行计划分配。这些权宜之计暂时缓解了燃料供应紧张的状况，但随着形势的进一步恶化，武汉的经济终于在武汉国民政府的末期全面崩溃。

二、革命的教育事业

武汉国民政府时期，湖北的教育发生了根本性的变化。湖北政务委员会成立后，根据中共湖北区委与国民党湖北省党部协商的结果，由国民党左派李汉俊担任教育科长，负责全省的教育。

1926 年 11 月 1 日，在湖北政务委员会第 4 次会议上，经李汉俊提议并通过成立湖北教育讨论会。根据《湖北教育讨论会条例》，它的职权有 4 条：计划湖北教育之改革及扩充方法；审议湖北政务委员会提交之案件；决议湖北政务委员会建议之案件；审议会员之条件[①]。由此可见，该机构是湖北政务委员会设置的关于教育改造及振兴的最高权力部门。鉴于国共两党协商的原则，共产党员不能参加政府，李汉俊则以教育讨论委员会主席的身份，十分巧妙地利用这种特殊的形式，聘请共产党员董必武、钱介磐和国民党左派耿丹、邓初民等 9 人为委员，从而牢牢掌握住了湖北的教育大权。

由于军阀的黑暗统治，加上北伐战争，湖北全省各级学校，特别是中学和大学都处在停办或停课的状态，因此在教育方面，摆在湖北新政

---

① 《革命军日报》1926 年 10 月 7 日，第 4 版。

权面前的首要任务就是尽快恢复教育。在国民党湖北省党部和汉口特别市党部提出的《湖北目前最低政纲》中，对教育要求的第一条就是，"湖北省政府应于最短期内，恢复各学校，确定教育经费，实行义务教育，特别注重农村教育，并奖励私人捐款兴学"①。

国民政府迁汉后，先成立教育行政委员会，后成立教育部（实际没办公），作为国民政府的最高教育行政机构。湖北省政府正式成立后，成立了教育厅，李汉俊为厅长。湖北教育得到迅速恢复，并突飞猛进地发展。

第一，确立了革命教育的宗旨。在《湖北教育暂行纲领》中确定教育以实行革命化、平民化、团体化为宗旨。在《国民政府教育方针草案》中提出的教育的四项原则亦是革命化、民众化、科学化和社会化。以上两个文件的基本精神是一致的。革命化是"党化教育"精神的根本体现，是国民政府教育事业的核心和灵魂，贯穿在教育部门的所有方面。在中小学、大学的章程中，均有培养革命人才为教育目的的内容。在教材中，非常强调对主义的学习，在中学开设三民主义的课程；在大学专门设政治课，讲授三民主义、社会主义史、共产主义ABC、帝国主义侵略中国史、中华民族革命运动史等课程。中小学的老师必须经过党义研究所的学习，不明了"本党党义为基础之教员"者，将取消教师之资格②。在《湖北公私学校训育标准》中，特别强调学生应该服从党的指导和命令，应该信仰三民主义和五权宪法，拥护孙中山的三大政策。

民众化是国民政府执行孙中山三大政策在教育事业上的体现。以往的教育是为养成特殊利益阶级服务的，"是制造自私自利的特殊阶级，讨好于帝国主义者及军阀以求活"。国民政府的教育则是为人民大众的，"民众化的教育一方面使民众人人皆能享受教育的利益，另一方面可以养成为民众谋幸福的人材"③。

---

① 《湖北政府公报》第2期，1926年12月6日。
② 张君劢：《武汉见闻》，1927年版，第11页。
③ 《国民政府教育方针草案》，《汉口民国日报》1927年3月1日，第2张。

科学化是指教育应该向受教育者传授最进步的自然科学和社会科学，尤其在当时，社会科学十分重要。在以前的社会科学往往为压迫阶级所利用，将是非颠倒，事实歪曲，以维护统治阶级在社会上的统治地位。革命的教育科学是唯物的，自然以事实为根据，通过科学化的教育，使受教育者明白社会发展的规律，以进行国民革命。

社会化是指教育与社会的关系。教育与社会本来有密切的关系，但旧教育将教育与社会分离，致使教育失去了社会的功效。"我们的革命策略是以社会的事实为中心的"，因此教育要变成改革社会、建设社会的种种活动，"这就是党化教育要社会化的意义"①。

第二，通过立法的形式，以推动、规范教育事业。武汉国民政府和湖北省政府制定了数十个有关教育的法规、政策。有纲领性的文件，如《国民政府教育方针草案》、《湖北教育暂行纲领》、《湖北实施义务教育大纲》等。有对普通教育和高等教育的法规，如《湖北省县市立小学校通则》、《中学规程》、《大学规程》等。有对教育机构的条文，如《湖北教育讨论会条例》、《湖北实施义务教育委员会规程》、《湖北省工会教育行政机构章程》等等。

针对教会学校当局对国民革命采取仇视立场，继续实施其文化侵略之政策，并任意停闭学校，湖北省政府颁发《取缔外人设立学校条例》，将教育主权收回，规定在境内的一切外国人办的学校，必须限期到国民政府教育行政部门立案；所授课程必须与中国同等学校一致，不得开设宗教课程和传播宗教思想；训练主任得由湖北教育行政部门委任；湖北教育行政部门可以随时派员前往学校视察指导之②。

教师的待遇始终很低，中、小学教师月薪一般只有六七元，难以养家糊口，湖北省政府制定了《湖北各县市初级教职员待遇规程》等文件，将小学教职员的薪俸分11级，最高为正教员1级32元，最低为11级

---

① 《国民政府教育方针草案》，《汉口民国日报》1927年3月1日，第2张。
② 《湖北政府公报》第6期，1927年1月3日。

8元。实行"年功加薪"制,每满二年者依次晋一级,成绩优秀者得提前晋升。教职员薪俸三年期满者,每年增加两个月的薪俸;连续任满五年以上者,得派赴各省考查。这样调动了广大教职员从事教育事业的积极性。

第三,普通教育大发展。小学教育以汉口为例,到1927年6月,已办市立小学6所,市立初级小学20所;立案的私立小学30余所,准予注册的私塾306所。武昌共有7区,每区都有1所市立小学。黄冈县有各类小学430余所,受教育者1.7万人,是以前的4倍多。黄安县是一个贫穷的小县,但初级小学有800余所。《实施义务教育计划大纲》计划将全省352.8万学龄儿童,通过7年的时间实现普及义务教育。

第四,建立综合性的教育机制。首先在国立大学进行,1926年12月,国民党中央和武汉国民政府决定将国立武昌大学、国立商科大学、省立文科大学、省立法科大学、省立医科大学,以及私立中华大学等组建成国立武昌中山大学,校址分设三处,一处为前武昌大学(简称中大一院),一处为前商科大学(简称中大二院),一处为前法科大学(简称中大三院)。1927年2月20日,武昌中山大学举行盛大的开学典礼。这是一所革命的大学,其宗旨为"研究高深学术,养成革命人材"[①]。学校设文、理、法、商、医、预6科。这一时期,高等院校除了武昌中山大学外,最有影响的就是武汉中央军事政治学校,其前身为中央军事政治学校武汉分校,是有政治、炮兵、工兵等科的综合性军事学校。在中学阶段也将师范、职员学校一概并入普通中学。

第五,多种形式办学。各类干部学校和训练班如雨后春笋般地破土而出,如国民党中央农民运动讲习所、工人运动讲习所、国民党中央妇女党务训练班、湖北省教师党义研究所等,其共同特点是训练时间短,主要进行政治训练,培养各部门的专门革命人才。

---

① 《武昌中山大学组织大纲草案》,《汉口民国日报》1927年2月16日,第3张第2页。

三、文学艺术、新闻事业

革命文艺在这一时期有了新的发展。这是一个伟大的革命年代,它决定了作为革命在意识形态中的反映的文艺的任务,主要是围绕着革命宣传。相关的短幕话剧、诗歌和报告文学也就应运而生。短剧均反映时代的主旋律,与重大政治事件联系在一起,情节简单,有鼓动性。《最后的胜利》是在反对蒋介石高潮时产生的,剧中情节就是活捉蒋介石和军阀张作霖。为纪念"五七"、"五四"、"五卅",产生了新剧《光明的追求》、《新时代的男女》和《五卅短剧》。

诗歌、歌曲是深受广大人民欢迎的文学艺术形式。这一时期的诗歌通俗,主题鲜明,节奏紧凑,犹如战鼓,催人奋进。顾仲起的诗集《红光》可谓采取新形式反映"掀起万丈的国民革命高潮"的"滥觞"。它是"标语"的集合体,是体现出时代价值的新文学,在急风暴雨的大革命时代,"反是这种奇突的呼喊,口号式的新诗,才可算环境产生的真文学"[①]。

报告文学取得令世人瞩目的成就,产生了对后来革命报告文学具有深远影响的《从军日记》。作者谢冰莹[②]是湖南一户书香门第的女子,因不满封建包办婚姻,在大革命的大潮中冲出家门,考入武汉中央军事学校第6期,成为中国第一批革命女兵中的一员。夏斗寅叛变后,她随女生队毅然参加讨夏之战。在从军过程中,她以一个女战士独特的视野,用十分朴实的语言,记录下讨夏战役。她的日记原是寄给《中央副刊》主编孙伏园,请他代为保管的,孙将它在《中央副刊》上连续发表。这部在行军途中就地而坐,以膝当桌写出的作品,因为真实地反映大革命的风貌,塑造了一个敢于反抗世俗观念的革命女性,因而立即引起了广

---

① 沈雁冰:《〈红光〉序》,《中央副刊》星期特别号,1927年3月27日。
② 谢冰莹(1906—2000),女,原名谢鸣岗,字凤宝。湖南新化人。早年就读湖南省立第一女校(又名湖南第一女子师范),未毕业即投笔从戎,于1926年冬考入武汉中央军事政治学校。发表《从军日记》、《女兵自传》等书,蜚声文坛。晚年客居旧金山。

大读者，尤其是青年读者的喜爱。林语堂先生又将它译成英文，后又出了俄、日、法等文本，谢冰莹从此蜚声文坛。

文艺评论有了长足的进步，一批直接论述、探讨有关革命文化、革命文艺的文章相继问世，这是以往时代所没有过的。什么是革命的文化呢？邓演达为此专门作了界定。他认为文化是整个社会进化的法则，是整个社会努力的结果，与整个社会联系在一起，而不能单独存在的。人类的基本要求——衣食住，在没有完全根本解决之前，社会的内部矛盾是不能解决的，但文化不是消极的，而是可以积极为社会的建设服务，以解决人类的矛盾。这是他运用唯物史观论述文化与物质的关系，文化的反作用。他还运用人类社会发展的法则，指出以前的文化是封建阶级的，欧洲的文明掌握在高贵的欧洲人手中，"造成整个世界人类的腐败、堕落、懒惰"。世界是苦力的世界，因此"以后建设的新文化，完全掌握在我们朴实的，勇敢的贫苦的中国人手里！我们应该自骄的接受着这个重大的使命！"①

谈论革命文艺的文章更多，更深入。杜洛斯基著的《文学与革命》，运用马克思主义全面论述了文学与生活、社会、革命的关系，是一部对文学艺术具有指导意义的著作，对我国革命的文学评论和马克思主义文艺理论的建立，具有很大的影响。邓演达的《何谓革命文化》和傅东华的《什么是革命文艺》，显然从杜氏文章中吸收了养料。此外，这类文章还有《论革命文艺》（钟凄著）、《中国平民文学的潜在》（孤坟著）、《建设革命的文艺》（淦克超著）等。这些文章对革命文艺的社会功能和地位、特点均作了有意义的探索。

他们运用辩证唯物主义的观点去透视文艺，其主要观点是：首先，文艺是时代的表现，而不是相反，"你要改造文学，就须先改造时代，单从文学上去做改进的运动，是断乎不能成功的"②。其次，革命的文艺是

---

① 邓演达：《何谓革命文化》，《中央副刊》第6号，1927年3月27日。
② 傅东华：《什么是革命文艺》，《中央副刊》第2号，1927年3月23日。

民众的文艺，应该反映时代的中心点，推动国民革命前进。但文艺并不一定都要以革命来作题材，内容和形式可以多样化，不过不能忘记它的中心点，体现革命时代的精神。第三，革命的文艺应该是现实主义的，揭露旧社会的；情绪上应该是积极的、向上的，进取的，反抗的，乐观的。作者应该有积极的人生观，必须认清时代，认清革命，信仰革命，参加革命①。

随着武汉国民政府的建立，武汉新闻出版事业迎来了近代新闻报刊的第二个高潮。北伐军进抵武汉后，国民革命军总政治部立即将反动报纸封闭，同时成立了新闻检查委员会，颁发《新闻检查条例》、《新闻电报章程》等文件，对新闻媒体加强管理，使之成为革命宣传的有力工具。一时各类报刊竞相出版，据不完全统计，这一时期有120多种报刊创办和发行。在武汉创刊并产生巨大影响的有《汉口民国日报》、《中央日报》、《群众》等。

许多报纸为了配合政治宣传，开辟副刊，其中孙伏园先生主编的《中央副刊》最著名，它是《中央日报》的副刊，与《中央日报》同时创刊，于同年9月1日停刊，共出159期。除每日出一号外，每星期日出《上游》星期天特别号，由沈雁冰担任主编。《中央副刊》刊登了斯大林、布哈林等苏联领袖有关中国革命的论述，在第7号上刊登了毛泽东的《湖南农民运动考察报告》，发表了鲁迅的《无声的中国》、《老调子已经唱完》等讲演。蒋介石叛变革命后，郭沫若的讨蒋檄文《请看今日之蒋介石》在副刊登出，产生了轰动效应。副刊还发表了革命诗歌、散文、小说、报告文学、话剧等，谢冰莹的《从军日记》是从第61号（1927年5月24日）第一次与读者见面的。

《汉口民国日报》的副刊《国民之友》每天1期，半个版面，形式活泼，栏目众多，有论坛、一针、小说、诗歌、珍闻、译著、常识、书简、专著、趣闻、笑林、剧评、戏剧等。

---

① 钟凄：《论革命文艺》，《汉口民国日报》1927年2月12日，第3张第4页。

血光通讯社是由国民党湖北省党部于1926年12月创办的新闻通讯社,共产党员钱介磐、张朗轩先后兼任社长,主要报道省党部和下属党务消息。其事业不断发展,由每日发稿60份增加到200份。大革命失败后,由改组后的湖北省党部宣传部长邓初民兼任社长。

1927年3月20日,由《汉口民国日报》发起的武汉新闻记者联合会,在汉口血花世界(今民众乐园)举行成立大会,参加的单位有《汉口民国日报》、汉口《中央日报》、《楚光日报》、《革命军日报》、《汉口商报》等新闻单位,正式会员105人,选举陈启修等9人为记联的执行委员。武汉记联的成立,使武汉地区的新闻媒体在国民政府的领导下,"统一革命宣传,改良新闻技术,增进舆论权威,拥护本身利益"①,起到了很好的作用。

四、马克思主义传播的中心

从1926年年底到1927年8月,史书上称为武汉国民政府时期。在这个短短的9个月的时间里,武汉不仅是大革命的中心地,也是早期马克思主义传播的中心地。这一时期武汉地区马克思列宁主义传播的景观是此前没有哪个时段、哪个城市能够比拟的。作为大革命实践与经验总结的精神产品,一批深入探索中国革命基本问题的文章面世;马克思主义的经典著作,据不完全统计出版了50多种。各类学校都开展革命思想教育,各类大学、讲习所、训练班均开设科学社会主义的课程,特别是马克思主义与国民革命相结合的最初成果:新民主主义革命理论的基本思想在这一时期被完整提出,将早期马克思主义传播(1917—1927)推向了顶峰。

武汉成为马克思主义传播的中心地,这一中西文化交流的奇观,是近代中国先进文化的交响乐中的辉煌华章、中西文化交流的画廊中的浓

---

① 《武汉新闻记者联合会成立大会盛况》,《汉口民国日报》1927年3月22日,第3张第1页。

墨重彩的画卷、马克思主义中国化长诗中的序章,是武汉地方史中矗立的一座巍峨的文化丰碑。

第一,武汉成为马克思主义传播的中心不是偶然的,是大革命飞速发展与革命的客观需要。1926年年底,随着北伐军光复武汉三镇,特别是武汉国民政府成立之后,大革命中心由南国羊城迁移到长江中游,武汉成为举世瞩目的赤都。武汉革命政府采取一切宣传措施,积极发展新闻出版事业,发挥纸质媒体鼓吹革命、宣传主义的喉舌作用。在很短的时间内,出版业盛极一时,涌现出新报刊80多种,新创通讯社约16家,使武汉成为中国革命文化与舆论的中心。

中共中央也从1926年年底至1927年4月,陆续迁到江城,特别是中宣部来到武汉,主持革命舆论导向工作,大力宣传马克思列宁主义。中国共产党领导的新闻出版机构,成为最响亮的革命喉舌与传播马克思主义的最重要文化载体,占领了革命舆论与马克思主义传播的最高点。

第二,党的主要政治家、思想家、理论家聚集江城,是武汉成为马克思主义传播中心的主体决定性力量。随着中共中央进驻武汉,陈独秀、瞿秋白、蔡和森、周恩来、毛泽东、刘少奇、任弼时、恽代英、张太雷等中共要员齐聚赤都,他们不仅是党内主要领导人,更是马克思主义传播的主力军,承担着全国马克思主义宣传及舆论导向工作。在武汉,他们撰写大量传播马克思列宁主义的著述,发表了将马克思列宁主义应用于大革命的文章,如《十月革命与中国革命》(董必武)、《列宁逝世三周年纪念中之中国革命运动》(陈独秀)、《中国革命中之争论问题》(瞿秋白)、《湖南农民运动考察报告》(毛泽东)、《民主主义与封建势力》(恽代英)、《武汉革命基础之紧迫的问题》(张太雷)、《无产阶级的文化与艺术》(仲云译)等,他们的思想代表了当时最高的马克思主义理论水平。

第三,革命的新闻出版是推动武汉成为马克思主义传播中心的重要信息中介。从某种意义上讲,没有媒体的中介作用,就没有马克思主义的广泛传播,中国共产党领导的媒体起到了引领作用。主要的革命报刊:

《向导》周刊1922年9月在上海创刊,是中共中央的机关报,主要的任务是宣传马克思列宁主义，宣传党的方针政策，以推动国民革命的向前发展。《向导》是大革命时期"最急进的刊物"，"本马克思主义的观点，不屈不挠，毫无顾忌地批评中国的时局兼以指导中国民族革命运动的道路"①。1926年12月5日《向导》第180期，封底标明了编辑部、发行部、通信处为汉口后成马路长江书店。第181期封底的《本报总发行部启事》专门说明，"本报已迁移至汉口后城马路一切投稿订阅及代派本报者请直接向该处接洽可也"②。这说明《向导》及其发行机构都已从广州国光书店迁至汉口长江书店，负责全国的出版、发行及总代理。1927年7月18日第201期，即"七一五"反革命事变后第三天被迫停刊，前后共出版201期和汇刊5册。《向导》在武汉时期共出21期，发表了《列宁逝世三周年纪念中之中国革命运动》、《列宁论东方民族的解放运动》、《湖南农民运动考察报告》（部分）、《中国革命前途与革命领导权的问题》、《武汉革命基础之紧迫的问题》等文章，受到广大群众的热烈欢迎，发行一度高达10万份，鼎盛时期的《向导》，是武汉地区传播马克思列宁主义与鼓吹国民革命的领军刊物。

《中国青年》1923年8月创刊于上海，是中国社会主义（共产主义）青年团的机关刊物。1926年10月，《中国青年》第136期封二刊登《本刊紧要启示》："声明以后通信、投稿及汇款均请寄湖北汉口花楼街大新印刷公司转张德胜收。"同年12月20日，《中国青年》编辑部从广州迁到汉口长江书店，第145、146合期，在汉开始印行。1927年6月30日第167期以后，基本停刊。同年10月，编辑部迁回上海之后出版了最后一期（168期）就被迫停刊，大革命时期共出版了168期，留下240万份的精神财富。它作为"一般青年运动的机关"③，是广大青年学生和工

---

① 《向导》汇刊第4集广告，《向导》周报第179期，1926年10月25日。
② 《本报总发行部启事》，《向导》周报第181期，1927年1月6日。
③ 团中央青运史研究室、中央档案馆编：《中共中央青年运动文件选编》，中国青年出版社1988年版，第19页。

人非常依赖的知心朋友,享有很高的知名度和美誉度,其发行量仅次于《向导》,最高销量达3万多份。在武汉时期,《中国青年》通过《时事述评》、《革命运动》、《一般青年运动》、《学生运动》、《书报介绍》、《通讯》等栏目,发表《民族问题的根本观点》、《列宁主义——指导中国民族革命运动的理论》、《革命旗帜下的青年工作》、《革命青年应注意的日子》等文章,进一步从中国特殊国情出发,以大革命为载体,结合广大青年的实际利益,有针对性地宣传马克思列宁主义,深入宣传党的革命纲领、方针政策,武装革命青年的头脑,引导他们积极投身于革命事业中。

《群众》周刊1926年11月1日在武昌创刊,是中共湖北区委的机关刊物。编辑和发行处原设在武昌黄土坡,后迁至汉口后城马路长江书店。陈潭秋、罗章龙等先后担任主编,恽代英、李立三、林育南、郑超麟等参与编辑、撰稿。《汉口民国日报》称赞它"是湖北唯一新出版物,见解独到,主张正确,对于湖北政治经济及民众运动备述无遗,凡欲知湖北民众自身所受的痛苦及求其解放的方法者,不可不读。每期零售铜元四枚,一元寄足五十期,现已出版了四五合刊。代售处及总发行处汉口后城马路长江书店"①。《群众》发表《革命民众当前的一个紧迫问题》、《论目前湖北农村斗争》等文章,积极宣传马克思列宁主义、宣传中国共产党的革命纲领、政策与方针,报道湖北革命的形势,蓬勃发展的工农运动,被称为"'群众的革命化'和'革命的群众'的急先锋"②。

《汉口民国日报》1926年11月25日创刊,"原为国民党在中国中部唯一言论机关"③,国民政府迁都武汉后,就成为国民党湖北省党部的机关报,但实际是受中共中央宣传部指导的大型日报。共产党人董必武为总经理,毛泽民、宛希俨、高语罕、沈雁冰等先后任总编辑,社址在汉口歆生路(今江汉路)忠信二里4号。报纸最初为对开三大张,后增为

---

① 《汉口民国日报》1927年1月5日。
② 《〈群众〉周刊发刊词》,《群众》周刊,1926年11月1日。
③ 《〈汉口民国日报〉出版露布》,《北京晨报》1927年11月17日。

对开五大张，新闻版面占 6 页，广告版面占 4 页，"遇有节假日或重大纪念活动，加出半张增刊。另外还出版不定期的副刊"①。大革命失败后，报纸被汪精卫集团控制，1927 年 9 月停刊，共出版 306 期。《汉口民国日报》"很受群众欢迎，发行数由三千多份增加到八千多份"②。它发挥了马克思主义舆论宣传作用。首先，积极刊登马克思主义重要著作的广告，如多次登载长江书店出版的《工钱劳动与资本》、《唯物史观浅释》、《哥达纲领批评》、《马克思学说》、《通俗资本论》等马克思主义书籍广告。其次，积极为进步报刊搭建平台。刊登《向导》、《中国青年》、《群众》、《工人导报》等刊物广告，为革命刊物造势。最后，发表了一些诠释马克思列宁主义的文章，如《列宁与中国》、《列宁与无产阶级》等文章，是武汉地区主要的革命喉舌。

此外还有《楚光日报》、《汉口青年》、《武汉评论》、《中央日报副刊》、《湖北妇女》、《汉声周报》、《工人导报》、《革命生活》等传媒，均程度不一地宣传马克思列宁主义。

出版社是另一个重要的传播革命信息的媒介。汉口长江书店是大革命时期在武汉鼓动革命、宣传马克思主义的最重要的出版社。长江书店是中共中央继上海书店（1926 年 2 月被军阀封闭）之后，在武汉创办的出版机构，由中共中央宣传委员瞿秋白主管，毛泽民筹办，苏新甫任经理。书店选址在汉口后城马路与济生马路交汇处（今汉口六渡桥人行天桥东北侧）。1926 年 11 月开始营业，12 月 1 日正式开幕。书店在广州、成都、重庆、长沙、南昌、安庆、万县、九江等地设有分店。书店的广告，十分清楚地说明了书店的功能："本店经售向导社、新青年社、中国青年社并一切关于革命的书报，'没有革命的理论便不可能有革命的行动'，本店愿意于这革命高潮中供给革命民众以研究高深革命理论的材

---

① 袁继成、刘继增、毛磊：《第一次国内革命战争时期、武汉国民政府的革命报刊和教育事业》，《历史教学》1981 年第 2 期。
② 《武汉新闻史料》第 1 辑，1981 年印刷，第 17 页。

料,凡我革命同志欲购阅革命的书报,请移玉至敝店可也,地址后城马路上首济生路口。"① 书店附办长江印刷所,设在汉口济生路福生里。7月20日,书店被武汉国民政府查抄。8月4日,书店在《汉口民国日报》上刊登"停业启事"。

长江书店除了出售《向导》、《中国青年》、《群众周刊》、《妇女生活》等70多种各革命团体的进步刊物外,还大量出版、重印、出售马克思列宁主义、革命理论的图书,详见下表4-1。

表4-1 长江书店出版、出售的主要图书表(1926年12月—1927年8月)

著作	作者	译者	出版社	出版时间	备注
共产党宣言			社会主义研究社	1920年8月	长江书店重印
社会主义史	克卡朴(今译柯卡普)	李季	新青年社	1920年10月	长江书店重印
马克斯《资本论》入门	伊·马尔西(Mary E)	李汉俊	社会主义研究社	1920年9月	长江书店重印
阶级争斗	柯祖基	恽代英	新青年社	1921年1月	长江书店重印
工钱劳动与资本(今译《雇佣劳动与资本》)	马克思	袁让(湘)	人民出版社	1921年12月	长江书店重印
共产党底计划	布哈林	太柳	人民出版社	1921年12月初版	长江书店重印
列宁传	山川均	张亮	人民出版社	1922年1月	长江书店重印

---

① 《汉口民国日报》1927年5月28日,第1版。

续表

著作	作者	译者	出版社	出版时间	备注
俄国共产党党纲		希曼	人民出版社	1922年1月	长江书店重印
第三国际议案及宣言		成则人（沈泽民）	人民出版社	1922年4月	长江书店重印
劳动运动史	施光亮（施存统）		新青年社	1922年4月	长江书店重印
社会主义讨论集	陈独秀		新青年社	1922年9月	长江书店重印
唯物史观浅释	刘宜之		上海书店	1923年4月	长江书店重印
社会科学讲义（1—5集）	社会科学会			1924年1—4月	长江书店重印
显微镜下之醒狮派	抽玉（萧楚女）		中国青年社	1925年10月	长江书店重印
关税问题与特别关税会议			中国青年社	1925年11月	长江书店重印
共产主义的ABC	布哈林		新青年社	1926年1月	长江书店重印
资本制度浅说	山川均	施存统	国光书店长江书店	1926年3月（再版）	长江书店重印
中国共产党五年来之政治主张	向导周刊社		向导周刊社	1926年5月	长江书店重印
中国革命问题论文集（上下册）			新青年社	1926年9月	长江书店重印
俄国新经济政策		王国源	三民出版部长江书店重印	1926年9月	《汉口民国日报》1927年4月24日广告。长江书店重印

续表

著作	作者	译者	出版社	出版时间	备注
论北伐	向导周报社		向导周报社	1926年9月初版	长江书店重印
《向导汇刊》第1—5集				1926年12月	长江书店重印
《中国青年汇刊》第1—6集			长江书店重印		
马克思主义者的列宁	布哈林		新青年社长江书店总代售	1927年1月	
列宁主义概论（今译《论列宁主义基础》）	斯达林		新青年社	1927年1月	汉口出版
资本主义稳定与无产阶级革命	布哈林	陆定一	新青年社	1927年2月初版	长江书店总发行
无产阶级之哲学——唯物论	哥列夫	瞿秋白	新青年社	1927年3月	长江书店总发行
世界劳工运动现状	洛若夫斯基	瞿秋白	新青年社	1927年4月	长江书店总发行
湖南农民革命	毛泽东		长江书店	1927年4月	
共产国际党纲草案		王伊维（王一飞）	新青年社	1927年4月	长江书店总代售
马克思主义的民族革命论	马克思等		新青年社	1927年4月	长江书店总发行
俄国革命运动史（4册）	瞿秋白		新青年社	1927年7月	长江书局发行

续表

著作	作者	译者	出版社	出版时间	备注
中国革命史			长江书店经售		《汉口民国日报》1927年1月1日广告
马克思及其生平著作及其学说	李季		长江书店		《汉口民国日报》1927年1月1日广告。定价1元2角
通俗资本论	博洽德	李季	社会科学社长江书店经售	1926年6月	
将来之妇女	M. S. Lilienthal	张秋人	中国青年社长江书店经售	1925年	
新社会观	郭范仑科	王伊维（王一飞）	平民书社长江书店经售	1925年6月	
科学与人生观			长江书店经售		
社会主义与农业问题			长江书店经售		《汉口民国日报》1927年1月8日。定价3角
社会主义讲授大纲			长江书店经售		定价2角
海丰农民运动			国光书店长江书店经售		定价2角

续表

著作	作者	译者	出版社	出版时间	备注
哥达纲领批评		李春藩（高尔松）	上海书店长江书店经售	1925年8月	
世界职工运动			长江书店经售		
马克思学说			长江书店经售		
中国民族运动与劳动阶级	赫莱尔	东篱	国光书店长江书店经售	1926年6月	
社会进化史	蔡和森		民智书局长江书店经销	1924年10月	《汉口民国日报》1927年4月1日。定价1元
无产者运动			长江书店经销		
青年工人问题		中国青年社	国光书店长江书店经销	1925年10月	
中国关税问题	向导周报社		向导周报社长江书店经售	1925年9月	定价1角
各时代社会经济结构元素表	张伯简		上海书店长江书店经售	1924年12月	定价2角

续表

著作	作者	译者	出版社	出版时间	备注
农民问题	布哈林		新青年社 长江书店 经售	1926年11月	

第四，大量马克思主义中文本著作的出版，为武汉成为马克思主义传播中心奠定了坚实的思想基础。这一时期，武汉出版的马克思主义中文本，无论数量与质量，都超过了以往任何一个时期。从上表获知长江书店出版的书籍主要四个方面：一是重印重要马克思主义经典，如《共产党宣言》、《阶级争斗》、《第三国际议案及宣言》、《哥达纲领批评》（今译《哥达纲领批判》）等20本；二是新出版、总发行的《马克思主义概论》、《马克思主义的民族革命论》等8本；三是中国共产党人诠释马克思主义的读本《唯物史观浅释》、《社会科学讲义》等10本；四是将马克思主义与中国革命初步实际相结合的文本《社会主义讨论集》、《中国革命问题论文集》等13本。"没有革命的理论，就没有革命的行动。"马克思主义文本对中国共产党人领导中国革命指明了实践途径，其中曾产生较大影响的有：

《共产党宣言》这本宣告马克思主义诞生的经典文本，是陈望道翻译的，1920年8月由社会主义研究社出版，到武汉国民政府时期便印了17次，是中共创建到大革命时期最有影响的政治读本。

《共产主义的ABC》是由苏俄著名政治家、思想家布哈林和叶·普列奥布拉任斯基合写的。该书深入浅出、通俗易懂地解读马克思列宁主义，颇受读者欢迎，多次再版，有20种语言文本，成为畅销书，被列宁称为一本篇幅不大但极有价值的书。该书第一个中文本于1926年1月由新青年社出版。全书180页，共5编35章，它是大革命时期对中国共产党人和革命群众最有影响的马克思主义通俗读物。广告介绍："'共产主义的怪物'已经徘徊到中国来了。中国共产党便是这'怪物'变化的肉身。""什么是共产主义?——这就是一切中国人眼前最迫切待解答的一个疑问。这本书——《共产主义的 ABC》——就解答这个疑问。"① 邓小平在著名的南方谈话中,称这本书与《共产党宣言》是引导自己进入马克思主义大门的两本书。

《列宁主义概论》(今译《论列宁主义基础》,以下简称《概论》)是由斯大林于 1924 年 4 月初在斯维尔德洛夫大学——斯维尔德洛夫工农共产主义大学的讲演整理而成的。第一个中译本于 1927 年 1 月由新青年社以"新青年社丛书"在汉口出版,全书共 156 页,9 章。《概论》是斯大林全面解读列宁主义的经典著作,诠释了列宁主义的定义、体系和方法,以及社会主义革命的理论、无产阶级专政的理论、农民问题的理论、民族问题的理论以及党的理论等等。本书是对年幼中国共产党人的又一本马克思主义启蒙经典。《共产主义的 ABC》与《概论》有着内在的紧密联系,正如《向导》周刊刊登《概论》广告上所指出的那样:"这是一部列宁主义言简而意赅的书,读过《共产主义的 ABC》后,必须读此书,对于世界共产主义之理论和实际才能有完全的概念;但亦必须读过《共产主义的 ABC》,懂得若干原则和术语之后读此书,才能懂得这一部走遍全世界的著作。"②

民族与殖民地问题的理论 这是列宁对马克思东方革命理论的继承与新发展,是列宁的东方革命理论的精髓。其核心部分最早收入《第三国际议案及宣言》(1922 年 4 月,1927 年长江书店重印),1927 年 4 月长江书店出版的《马克思主义的民族革命论》,辑录列宁的《第三国际第二次大会关于民族与殖民地问题的议案》、《在第二国际大会之演说》等。列宁的民族与殖民地问题的理论对中国革命具有深远的影响,成为新民主主义革命理论的直接思想来源。中国共产党人在民族与殖民地理论的指引下,探索了国民革命的基本问题,指出所谓国民革命就是无产阶级、

---

① 广告,《新青年》不定期刊第 2 号,1925 年 6 月 1 日。
② 《〈列宁主义概论〉出版》,《向导》周报第 201 期,1927 年 7 月 18 日。

农民、小资产阶级和民族资产阶级联合反对帝国主义奴役,争取民族独立与解放的革命,它属于世界无产阶级革命的范畴,其前途是社会主义。这个革命的领导阶级是无产阶级,农民是革命的主力军,小资产阶级与民族资产阶级是革命的同盟者。国民革命的主要内容是土地革命。以上的提法形成了中国特色革命理论的雏形,即新民主主义革命理论的基本思想。

《中国革命问题论文集》(上下册) 中共二大后,中国共产党自觉地运用马克思列宁的地方革命理论于大革命实践,对中国民主革命的基本规律进行了初步的探索,到"五卅"运动,中国共产党人对大革命的认识产生了一次飞跃。作为这种认识的实践与经验总结的成果,集中反映于《中国革命问题论文集》。《中国革命问题论文集》1926年9月出版,1927年长江书店重印。共500页,分"中国革命之性质"、"帝国主义侵略下之中国"、"中国革命过去之经验"等七大类。正如该书广告介绍的那样:"中国革命问题是一个很复杂的问题,要完成中国革命,要使中国革命走上正确的道路,而不致由已发展的革命运动走入军阀勾结帝国主义之新式统治的危险,必须拿最革命科学的马克思主义观点来分析中国革命各方面的问题,以求得明确定位观念。这部书正是以马克思主义研究中国革命问题之结晶品。"①

《湖南农民革命》 中国革命的问题,根本就是农民问题。1927年3月毛泽东撰写的《湖南农民运动考察报告》发表,体现了党对农民问题认识的最高水平。4月长江书店以《湖南农民革命(一)》的书名出版单行本。瞿秋白作序,指出:"中国革命家都要代表三万万九千万农民说话做事,到战线去奋斗,毛泽东不过开始罢了。中国革命者个个都应当读一读毛泽东这本书,和读彭湃的《海丰农民运动》一样。"

第五,新民主主义理论基本思想的完整表述,是武汉成为马克思主义传播中心的思想标志。中国共产党人引进马克思主义的根本目的就是以科学的世界观与方法论作为救亡图存的指导思想,因此马克思主义与

---

① 《列宁主义概论》书末广告,1927年1月。

中国革命实际相结合的历史，在马克思主义在中国传播之初就开始了，到大革命时期，逐步形成了具有中国革命特色的新民主主义革命理论的基本思想。这个思想的形成有一个历史过程，经过几个突出历史事件彰显了数次飞跃。第一次是在中共一大，确定了社会主义道路与共产主义信仰。第二次是在中共二大，党明确提出中国民主革命的性质，制定了中国革命两步走的战略。第三次是在"五卅"运动时期，党对中国社会各阶级，尤其对中国资产阶级、对国共合作的策略认识提高到一个新的水平。第四次是在大革命后期（即武汉国民政府时期），此时中国革命进入了一个重要拐点，大革命由高潮向失败转变。国共合作联合战线内部争夺领导权的斗争空前激烈，面对错综复杂的革命斗争，中国共产党对中国革命的基本问题，即中国社会的性质、中国革命的性质与前途、资产阶级和农民、争取无产阶级领导权、武装斗争、统一战线等问题进行了广泛的探索，形成了后来被称为新民主主义理论的基本思想。这些将马克思列宁主义应用于中国革命的宝贵成果不仅体现在中国共产党人的实践与著述中，更主要体现在两次党的重要会议上，即中共五大和汉口"八七"会议。这两次会议作出的决议体现了党的集体意志，凸显出党在早期马克思主义中国化中的话语权，成为大革命时期马克思主义传播的风向标。

中共五大是在中国大革命紧急关头举行的，会上中国共产党人对中国革命进行了认真反省与探索，对民主革命的基本规律、策略、中国革命的主要内容、中国革命前途等中国革命的基本问题进行了前所未有的探索，其积极部分形成了新民主主义理论的基本思想，对后来新民主主义革命理论体系的形成，作出了重大的首创贡献，彰显了早期马克思主义中国化的最高水平。

汉口"八七"会议是在大革命失败后，中国共产党为了挽救中国革命命运的重要会议，会议确定了实行土地革命和独立进行武装斗争的总方针，使中国革命实现了由大革命失败到土地革命战争兴起的历史性转变。

第五节 国民政府的外交

北伐战争打破了北洋军阀统治中国的局面，同时也迫使英国等列强调整对华策略，由单一支持北洋军阀，改为与南方政府打交道，"选用"新工具①。在这种新的形势下，武汉国民政府开始了外交活动。

武汉国民政府的外交呈现出阶段性，从1926年国民政府迁至武汉到1927年4月汪精卫来汉之前，国民政府继承孙中山的三大政策，对外联合苏联，高揭起反对帝国主义的大旗，尤其是收回汉口、九江英租界，雪洗80年的国耻，大扬国威，赢得了"革命外交"之美誉。汪精卫抵达武汉后，形成的汪精卫集团逐渐控制了国民政府的大权，在外交方面，与帝国主义妥协逐渐成为外交的基本政策。到"七一五"反革命事变后，武汉国民政府与南京国民政府同流合污，外交方针便体现出半殖民地半封建的时代特征。

一、汉浔英租界的谈判

1927年1月3日，汉口"一三"惨案发生时，武汉临行联席会议第9次会议正在进行，会议立即决定对英持强硬立场，派徐谦、蒋作宾会同国民党汉口市党部代表赶到现场，向群众宣布："政府必当采取适当方法，保护人民，在24小时内，当可决定办法，防止以后再有此等惨剧发生，必为人民报仇雪耻，在政府未决定办法时，希望人民离开租界，以免危险。"②当晚，国民政府外交部长陈友仁在外交部召见英国驻华领事葛福（Herbert Goffe），强烈抗议英国水兵的暴行，限令英国水兵在24小时内撤回军舰上，否则当不负英人安全之责任。葛福等充分意识到

---

① 《孙科在第五次大局讨论会上报告最近外交状况》，《汉口民国日报》1927年6月2日，第1张第1页。
② 《英兵在汉惨杀同胞详情》，《广州民国日报》1927年1月17日。

谈判的对手不是军阀政府，而是有人民支持的革命政府，"如果诉诸武力，将带来不可想象的后果"。为避免事态扩大，第二天，他令水兵和陆战队"限制在中国人的视线之外"①，巡捕撤回巡捕房，并通知武汉政府派军警入租界维持秩序。

　　陈友仁与英方的交涉是以中国民众爱国运动为后盾的情况下进行的。"一三"惨案发生时，正值中国国民党湖北省第四次代表大会、湖北省总工会第一次代表大会开会期间，这两个大会立即通过对英的决议、通电和紧急通告，号召工人阶级和广大市民投入反对帝国主义的斗争中。4日，武汉工农商学等社会各团体集会，要求政府立即向英领事提出严重抗议，由政府接管汉口英租界等8条对英办法。武汉国民政府全部接受这8条办法，派国民党中央党部代表陈群到英租界巡捕房主持一切，命令卫戍司令部派3连士兵进驻英租界。湖北省总工会也派300名纠察队员进入英租界维持秩序。当天下午，许多群众拥入租界，拔除电网、沙袋等路障，张贴"打倒帝国主义"、"收回汉口英租界"等标语。

　　5日，武汉国民政府挟30万民众反英大游行之声势，成立汉口英租界临时管理委员会，由国民政府外交、财政、交通三部代表，加上武汉卫戍司令部汉口办事处处长及中央党部代表陈群等5人组成，管理租界公安市政事宜。1月7日，武汉临时联席会议决定，汉口英租界临时管理委员会改由陈友仁、宋子文、孙科为委员，陈友仁为主席委员。

　　正当汉口英租界被武汉国民政府接管之际，九江英租界又发生"一六"惨案。1月6日，九江罢工纠察队员与英商雇佣的搬运夫发生争执，英国水兵借此殴打纠察队员，英军舰发炮示威。愤怒的九江人民冲进租界，驻在九江的北伐军独立第2师当即向英国领事抗议。7日下午，北伐军与工人纠察队进入九江英租界。次日，九江英租界管理委员会组成，宣布接管租界的公安和市政事宜。至此，汉口、九江英租界被中国人民

---

① 《英国驻华总领事葛福致张伯伦爵士的第1号电文》，1927年1月7日，F1722/67/10，英国伦敦档案局。

收回。

1月11日，英国驻华使馆参赞阿马利抵达武汉，与武汉国民政府就汉口、九江英租界问题进行谈判。在如何对待汉口事件上，英国政府有两种选择，一种是武力解决，但时代与鸦片战争时有了很大的不同，如果用武力占据租界，就意味着向中国宣战，这"很难向世界满意地解释战争的主要动机，并且要想由温和主义者安全地驱逐俄国人和消灭极端主义者则更难"，而且"无限期地拖延了同国民党和解的所有机会"①。此时汉口处在低水位的季节，英国驻华海军总司令认为收复汉口英租界也是不可能的事。因此，摆在英国政府面前的事实上只有一种选择，即通过谈判以保持在华的利益。英国内阁会议决定，对上海公共租界将与日本等国不惜用武力保卫，对汉口租界则向国民党"表示慷慨的提议"，以获得武汉国民政府对英国在上海地位的充分和明确的保证。因此给阿马利关于汉口谈判的指示是：谈判由两部分组成——关于租界的谈判和修改条约的谈判②。阿马利企图用武力作后盾，增强谈判的地位。在他到汉前后，6艘英国军舰抵达汉口。他认为，"伦敦方面采取的任何激起中国人恐惧和不确定感的措施，都将对我有益"③。

中英关于汉口、九江英租界的谈判从1月15日开始，到2月19日结束，经历了两个阶段。1月15日—2月1日为第一阶段，经过谈判，双方于1月20日达成英方交出汉口英租界、改为特别区、设管理委员会等协议。但在此期间，英国政府不断增兵上海，激起中国人民反英爱国运动的进一步高涨。对此陈友仁于1月22日、23日，分别发表《对外宣言》和《汉口事件宣言》，要求英国政府停止派兵。同时向阿马利表

---

① 《阿马利发往北京的第3号电报》，1927年1月14日，F031/12431 31932，英国伦敦档案局。
② 《英国外交部致蓝普森》，1927年1月，（FO）371/12399 32044，英国伦敦档案局。
③ 《阿马利发往北京的第6号电报》，1927年1月15日，F378/67/10，英国伦敦档案局。

示：“谈判和协商应发生在一种从威胁中解脱出来的气氛中，这种威胁与现在英国军事力量的集结有关，它不仅是不必要的，而且对中国民族主义是很强的煽动。”① 因英国政府仍然不断增兵，2月1日，陈友仁发表中断谈判的宣言。

2月7—19日为第二阶段。2月3日，英国迫于国内动荡的形势，向武汉国民政府提出《英国提案》附件，表示愿继续谈判。2月7日恢复谈判。在谈判中，武汉国民政府坚持以英国在上海撤兵作为签字的前提条件，谈判无法进展。2月10日，英国外相张伯伦在英下院发表声明，如协定内租界办法正式交与中英市政董事会协定签字，则印度开往上海途中的军队，将在上海登陆；地中海及英国派遣之军队将不开往上海，在香港驻扎。2月12日，在谈判开始时，陈友仁宣读武汉国民政府对张伯伦声明的声明：张伯伦宣布的对原计划中关于在上海集结军队的内容的修改，被国民政府认为是一个让步，它使继续达成和签署汉口协议成为可能。但是，关于英军在上海登陆，即使是如英国外交部所说的在数量上减少，在目的上严格限制，也是不合法的。国民政府将不得不在上海的国际租借地对英军的登陆和出现提出抗议②。

19日晚7时，中英双方签订了《汉口英租界协定》和《九江英租界协定》③，两份文件的基本精神是一致的，即中国收回汉口、九江英租界管理权。汉口成立第三特别区市政局，直属武汉国民政府外交部，特别区管理局局长由中方任命，下设董事会，局长为董事长，6名董事由中英双方各选3人担任。九江英租界行政事务则无条件地转交国民政府办理，外国人无权过问，比汉口英租界的管理办法更为彻底。

---

① 《阿马利发往北京的第44号电报》，1927年1月29日，F881/2/10，英国伦敦档案局。
② 《阿马利致蓝普森》，附录1，1927年2月15日，F3629/67/10，英国伦敦档案局。
③ 《九江英租界协定》署期的时间为20日，这是因为条约中有"关于汉口英租界所订之协定将即时同样适用于九江英租界"等内容，故将日期推迟一天。

根据中英达成的先签订协议，后交备忘录的口头协议，签订汉口英租界等协议后，阿马利向陈友仁递交了英国将增加上海登陆军队并越出租界驻防的备忘录。陈友仁也告诫英方，此事必将激怒中国公众，事态可能演变到国民政府无法控制的地步。

二、太平洋劳动会议

1927年5月20日，太平洋劳动会议在汉口血花世界大舞台举行隆重的开幕式。这次盛会是在武汉召开的第一次国际性的工人大会，它同中共五大和第四次全国劳动大会一起，被称为5月紧急时期的三次重要的大会。

这次会议原为太平洋劳动代表大会，于1926年2月在澳大利亚新南威尔斯工人代表大会议决，由澳洲工联会发起，邀请太平洋沿岸的中国、日本、苏联、印度、南非、爪哇（今印度尼西亚）、美国、加拿大，以及太平洋各岛的国家、地区和英国的工会，于同年7月1日在悉尼召开。后因路途遥远，加上各国政府的干涉和阻挠，致使许多国家的工会组织代表无法如期参加会议。这次会议遂改为第二次预备会，并决定将大会改在1927年5月1日，在世界革命的中心地之一的中国广州举行，由中华全国总工会负责筹备。但因"四一二"政变后，广州政府也发生反革命政变，开会地点遂改到汉口，并延至5月下旬。

3月，美国代表白劳德，法国代表多理越，英国代表汤姆等国际工人代表团成员抵达汉口，受到中华全国总工会和武汉民众的热情接待。由于一些国家工会组织无法出席大会，因此在5月14日召开的筹备会议上将太平洋劳动大会改为太平洋劳动会议。

会场上挂满了社会各界赠送的各色绸料祝词。主席台正中悬挂马克思、列宁和孙中山的像。出席会议的有日本、朝鲜、法国、苏联、美国、英国、爪哇和中国工会的代表共33人。中国代表团最庞大，由苏兆征、李立三、刘少奇、林育南等15人组成。参加开幕式的还有赤色职工国际委员长罗佐夫斯基，中共中央代表瞿秋白，国民党中央党部代表陈公博、彭泽民，全国农民协会代表罗哲，国民党汉口市党部代表詹大悲，湖北省总工会代表向忠发，国民党湖北省党部代表徐虔知等。

开幕式由苏兆征主持，由会议秘书长林育南负责起草的开幕词是一份重要的文件，反映了中华全国总工会对世界形势和工人运动，以及中国革命形势和职工工人运动的认识和主张。开幕词首先热情祝贺太平洋劳动会议的召开，称这一天是帝国主义最注目、最恐慌的一天，同时也是太平洋各国的劳动者及全世界的工人阶级加紧团结，猛力向国际资本帝国主义进攻之新纪元。开幕词接着说，太平洋沿岸各国多半是殖民地、半殖民地国家，他们所受的政治经济上的压迫与剥削，比各帝国主义国家的工人阶级尤为深重。工人是没有祖国的，世界无产阶级要团结起来，为争取自身的权益与帝国主义作斗争。太平洋各国的工人阶级应当联合起来，组成一个大组织，以统一指挥，行动一致。开幕词指出，帝国主义各国的矛盾集中在太平洋地区，如果发生第二次世界大战，首当其冲的便是太平洋各国的劳动群众，因此本次会议的第一个重大的意义，就是无产阶级联合起来反对第二次世界大战。开幕词最后表示，中国是占太平洋海岸线最长的国家，是各帝国主义者最后互相争夺，借以补救其经济生命和危险的唯一市场，所以中国成为帝国主义者竞争之焦点。中国的国民革命是世界革命的一部分，帝国主义破坏中国革命，即是破坏世界革命。中国革命如果失败，就是世界革命遭到重大的打击，所以应该唤起太平洋沿岸各国的工人阶级，"一致来援助中国国民革命"①。

赤色职工国际委员长罗佐夫斯基发表演讲，将中国革命与俄国革命进行了比较，指出蒋介石集团之所以能够维持，是因为有帝国主义者接济和帮助。帝国主义利用这伙反革命捣乱，借以延长中国的内乱，使中国不能统一，以维持他们对中国人民的武力侵略和经济剥削。因此，中国无产阶级要和世界无产阶级团结起来，肃清国内一切反动派，打倒帝国主义。

---

① 《太平洋劳动会开幕词》，《汉口民国日报》1927年5月27日，第3张第6页。

刘少奇代表中华全国总工会向大会报告了中国职工运动，指出，目前帝国主义联合一致"对付中国无产阶级，对付中国革命，尤其是无产阶级领导的革命运动"。我们对付帝国主义联合进攻的办法，只有联合世界无产阶级对付世界反动派，我国只有在太平洋劳动大会的共同利害之下，巩固地联合起来，才能打破世界帝国主义与中国军阀联合进攻的危险①！

英、美、日等国代表，以及中共中央代表、国民党中央党部的代表均发表了热情洋溢的贺词和演讲。

第二天，会议商讨世界有关工人运动的重大问题。罗佐夫斯基作了《关于中国与世界职工运动》报告，英国代表汤姆、日本代表西田义一、法国代表拉克门、美国代表白劳德、苏联代表蔡米诺夫，以及爪哇、朝鲜等国代表均报告了本国的职工运动情况。

5月26日，会议决定成立太平洋工会秘书厅，其任务：1.联络太平洋各国的无产阶级；2.调查和统计各国劳动运动的情况；3.搜集帝国主义压迫工人阶级和弱小民族的事实，做广大的反对帝国主义的宣传运动；4.巩固东亚职工运动；5.筹备召集下次太平洋劳动大会，并出定期刊物，名曰《太平洋劳动者》②。秘书厅设在中国上海，由上海总工会代表2人，苏联总工会代表2人，日、英、美、法各国工会代表各1人组织之，每6个月召集一次会议。

同日，会议闭幕。7天的会议共通过20个决议案，其中包括拥护苏联、保卫和平；反对英、日、美等帝国主义者酝酿第二次世界大战；赞助中国革命事业，并祝其早日成功；援助朝鲜、印度等被压迫民族之独立等。

---

① 《太平洋劳动大会代表演讲词》，《汉口民国日报》1927年5月23日，第3张第5页。

② 《昨日之太平洋劳动大会议》，《汉口民国日报》1927年5月27日，第3张第5页。

在会议前后，苏、英、美等国工人代表还进行了广泛活动，武汉各团体、各机关分别举行各种会议欢迎各国工人代表。5月31日，毛泽东主持召开全国农协和湖北省农协欢迎太平洋劳动会议代表大会。他在致词中指出："中国革命是世界革命一部分，在过去只能有空洞之口号，然而今天欢迎会上已充实了此口号的内在性。""中国农民运动，是革命进程中主要之力量，尤须与全世界工人阶级携手前进，深赖工人运动之影响与指导，这证明是工人天然成为农民之领导者。今天中国农民能得国际无产阶级领袖之指导，其有益于革命前途，实在无可限量。"① 6月3日，湖北省总工会在血花世界召开工会大会，由罗佐夫斯基作《太平洋劳动会议之意义》，苏兆征作《太平洋劳动会议之经过》，李立三作《太平洋劳动会议与中国职工运动》的演讲，宣传了会议的意义。

三、国民政府的外交特点

首先是呈现出革命性。外交是内政的外延，是为政治服务的。武汉国民政府的外交坚持孙中山的三大政策，主要有两方面。其一，联合苏联和世界被压迫的国家和民族，这个基本战略在国民党二届三中全会的《对全国人民宣言》中再次得到肯定。大会规定的国民革命行动方针是"我们要继续并且巩固我们对于苏联的关系"②，因为苏联是诚恳帮助中国革命的国家。我们要与世界被压迫民族合作，以完成国民革命。其二，高举反对帝国主义旗帜。在同一文件里，专门解析帝国主义，特别是英国是侵略、干涉中国的根本因素，要求中国人民继续向帝国主义作战。在"一三"惨案后，国民政府在中国人民反对帝国主义运动的推动下，发表了对英宣言，与英国政府代表谈判，收回汉浔英租界的行政管理权，

---

① 《国省两农协欢宴太平洋劳动会议代表》，《汉口民国日报》1927年6月6日，第3张第5页。
② 荣孟源主编：《中国国民党历次代表大会及中央全会资料》（上），光明日报出版社1985年版，第307页。

谱写了旧中国外交史上辉煌的一页。

其次是呈现出妥协性。由于武汉国民政府联合政权的性质，资产阶级和小资产阶级占主导地位，因而在一开始就呈现出妥协性。这首先体现在国民政府的外交基本方针存在着理论和实践上的差别。在口头上高唱反对帝国主义、废除不平等条约，而在实践上则力求缓和对外关系，通过和平谈判达到外交目标。这一点，在国民政府决定迁都武汉时就已确定。

1926年10月13日，国民政府驻汉交涉员陈公博向英方转达国民政府的四点希望，要点是国民政府以放弃"废除"、"取消"，转而"修改"不平等条约为代价，要求英国政府对国民政府的某种形式上的承认。12月9日，国民政府外交部长陈友仁抵达武汉后，与英国驻华新公使蓝普森（Lampson）举行多次会谈，武汉临时会议确定的谈判目的是维持同英国的协商，俾不致发生破裂。为此谈判的基调从历来主张的"废除"、"取消"不平等条约，降为"修正"、"改正"不平等条约；把要求承认国民政府为全国政府，降为承认为区域的政府即可。谈判到最后，陈友仁主动提出用"更改"一词替换原提案中另订新约、取代旧约的措辞①。

武汉国民政府的有限妥协，并不能满足英国政府的要求，因此没有取得任何结果。汉口"一三"惨案的爆发，打断了国民政府与英国的谈判。在民众的推动下，国民政府采取了强硬的立场，在汉口英租界行使行政管理权。1月12日，武汉国民政府开始与英国驻华公使代表阿马利谈判，虽然谈判最终形成了《汉口英租界协定》、《九江英租界协定》，但国民政府也作了十分明显的让步，根据条约，武汉政府收回的是租界的行政权，而不是整个租界，所谓租界、租地权仍在英人手中，尤其是没有触动领事裁判权等不平等条约。为了避免与英国冲突，国民政府还承诺限制民众的反帝爱国运动。

应该指出，妥协性也有两重性，任何外交都存在妥协的一面，所谓谈判，就包括了让步，必要的让步是整个战略的重要部分。如在解决铲

---

① 牛大勇：《武汉国民政府外交两重性析论》，《历史档案》（京）1990年第3期。

除北京政府这个主要矛盾时，不激化与英国政府的矛盾，一般来讲是正确的策略。将帝国主义的侵略与外商的经济活动区别开来，保护外侨，维持外商在汉的金融、商业的利益，对于克服日益严重的经济危机，也是十分必要的。

南京事件和"四一二"反革命政变后，武汉国民政府处在内外反动派的包围之中，为了摆脱危机，武汉国民政府于4月下旬实施"战略退却"。作为这一新战略在外交方面的反映就是对外妥协，对汉口"四三"惨案的处理则是执行这个方针的具体结果。

1927年4月3日下午4时，两名日本水兵将1名人力车夫踢成重伤，引起武汉民众的愤怒，激起事件。日本500余名陆战队官兵用步枪、机关枪枪杀无辜群众，致使9人死亡，重伤8人，轻伤数十人。就事件的严重性来说，汉口"四三"事件超过"一三"事件，但武汉国民政府根据"战略退却"的基本方针，决定坚持中日谅解的政策。陈友仁本着这一精神，与日本驻汉领事进行谈判。中方将以上方针很清楚地告诉日本驻汉领事，希望日本不要参加英、美、法等国就南京事件向武汉国民政府提出的联合通牒。日本不顾武汉国民政府的友好表示，参加了联合通牒。即便如此，武汉国民政府仍没有放弃妥协让步的方针。

4月25日，经过20余日的谈判，陈友仁与日本驻汉领事达成了非正式解决"四三"惨案的6条办法。办法中虽然有日本撤兵并撤除各种防御武器的内容，但对于民众收回汉口日租界、惩罚凶手等强烈要求只字未提，反而写进了武汉国民政府负责保护日人财产，工人绝对服从政府命令，决不仇视日人等内容。实践已经证明，这种方略没有收到预期的效果，相反使帝国主义对武汉国民政府采取更加强硬的立场。5月以后，英、美、日等列强索性与武汉国民政府中断一切关系，否定武汉国民政府的存在，加剧了武汉国民政府内部的各种危机，加速了汪精卫集团"分共"与叛变革命的进程。

最后是采用了利用帝国主义矛盾，以打破帝国主义的封锁的策略。利用矛盾，各个击破的斗争方法是外交上经常运用的手段，武汉国民政府在外交上运用了这一策略。孙科 1927 年 5 月 16 日在国民党中央党部纪念周的报告《最近一月来之外交政治经济和军事》①中，对此讲得十分清楚。他说："我们的策略，简单两句话就是第一要利用帝国主义列强间的冲突，使他们不能一致对我。第二是要利用帝国主义国家内各派间之冲突，使他们也不能一致对我。"

对于第一点，主要是利用英日之间的矛盾。在南京事件后，国民政府采取避免与日本发生冲突的方针，其目的就是企图分离英、日，避免英、美、日形成反华的联合战线。为此，在国民党中央执行委员会政治委员会第 8 次会议上，通过总顾问鲍罗廷的提议，会议组织专门委员会起草争取对日谅解宣言等文件。

对于第二点，孙科以英国为例，指出英国国内分有财政资本派、商业资本派，前者主张对华实行强硬立场，即必要时武力干涉；后者害怕失去中国市场，主张和平，反对武力干涉。既然有这样的区别，政府就应该设法增加后者的力量，使财政资本派不能实行其干涉政策。为此，国民党中央党部于 5 月 16 日发出关于外交政策的训令，"宣示本党对于外侨的生命财产的安全，竭力任保护之责"。对传教士、教会和教会学校，都将进行保护，洋行商店也要给他们以相当的保障，使他们能够继续在中国经商，"商业资本派必起来极力反对武力干涉中国，这样我们便可以取'不战而屈人之兵'的功效"。

孙科对外交政策的说明，当然不是他个人的看法。这个策略实际上贯穿于国民政府外交活动的始终。但随着武汉国民政府的右转，这个策略就发生了根本性的变化，一则所谓外交训令是与限制、指责工农运动的训令同时期发出，因而成为汪精卫集团反动的信号。二则利用矛盾与列强妥协成为外交的基本政策，从而使国民政府的外交失去了革命的色彩，甚至成为与帝国主义实行屈辱外交的遁词，并企图以此换得帝国主义对其镇压工农运动的支持。

---

① 《汉口民国日报》1927 年 5 月 18—20 日，第 3 张第 6 页。

第六节　武汉国民政府的末期

武汉国民政府在末期变成一个反动的政权,这是国内外反革命合力的结果,也是武汉国民政府内部左中右派别较量的必然趋势。武汉国民政府在汪精卫未到汉前,国民党左派和中共的力量占主导地位,但共产国际和中国共产党将原本迎汪抑蒋、迎汪反蒋的策略作为政治大局对待,视汪精卫为国民党左派领袖,所以汪精卫抵达武汉后,就逐渐控制了国民党中央和国民政府的大权,共产国际仍然坚持通过国民党这个组织形式来体现政权的革命性。这样,就将国民革命的领导权再次让给了资产阶级,革命失败的种子已经埋下,一切挽救时局的措施,由于战略的失误,都变得无济于事。

一、第二次北伐与夏斗寅叛变

1927年4月中旬,武汉国民政府内外交困。为了摆脱危机,国共双方协商,制定"战略退却"的方针,为此在外交上实行战时外交策略,经济上执行集中现金政策,军事上则取攻势,举行第二次北伐。与前两项措施相比,军事行动取得了初步成功。

4月19日,武汉国民政府在武昌南湖举行了盛大的北伐誓师典礼并庆祝军事委员会成立大会,党政军民数十万人参加。汪精卫、谭延闿、徐谦、孙科及湖北省总工会代表先后发表演说。汪精卫代表国民党中央政治委员会主席团发表演说,宣称此次北伐的第一个目的,是"把革命的势力,扩充到北京,统一中国,将帝国主义在北部的最大锁链打碎,帝国主义在中国经济的政治势力完全扫除"。第二个目的,是打倒帝国主义最后的雇佣工具奉系军阀。第三个目的,是打倒国民党的内奸蒋介石[1]。

次日(20日),北伐军陆续沿京汉铁路北上,挺进河南。北伐军战

---

[1]《革命生活》第59期,1927年4月21日。

斗序列：总指挥唐生智，下辖第4军军长张发奎，辖第12、第10师；第11军军长张发奎兼，辖第10、第26师；第30军军长魏益三，辖第2师；第35军军长何键，辖第1、第2、第3师；第36军军长刘兴，辖第1、第2、第3师；独立第15师师长贺龙；暂编第3军军长梁寿恺；第41军军长段国璋；暂编第16军军长马吉第；靳云鹗部；北伐战斗飞机大队等，共计大军10万余人。

同日，冯玉祥在西安就任国民革命军第二集团军总司令职，兵分六路，中央军，由独立第5、第10、第11师和骑兵第4旅、炮兵第1旅组成，集中豫西一带；东路军，以刘镇华为总司令，由第24、第25、第26路军组成；南路军，以岳维峻为总司令，由第8、第12路军及2独立师、4独立旅组成；北路军，以宋哲元为总司令，由第7路军及独立第1、第8、第23、第3师组成；右路军，以孙连仲为总司令，由第14路军及独立第2师独立旅骑兵团组成；左路军，以徐永昌为总司令。

第二次北伐分两期，第一期以唐生智部和张发奎部为主力，统率3个纵队，北伐河南，与由西向东进的冯玉祥部会师于京汉铁路和陇海铁路，打通同苏联的交通线。具体的部署是第一纵队由张发奎统率，由第4、第11军和独立第15师组成，担任右翼，其主要任务是经汝南、上蔡，进取开封。第二纵队由刘兴统率，由原第36军组成，担任中路，其主要任务是沿京汉铁路北上，担任正面作战。第三纵队由新编的杂牌军队组成，担任左翼，沿京汉铁路西侧进攻。第35军为总预备队，继中路军之后推进。第二期争取阎锡山部，共同进占北京，然后再回师东征讨伐蒋介石。

北伐军当面之敌是奉军主力第三、四方面军团，由张学良任总指挥，下辖第8军，军长万福麟；第10军，军长于珍；第11军，军长赵恩臻；第17军，军长荣臻。

北伐军进入河南境内，在靳云鹗部的配合下，于4月27日占领驻马店。5月中旬，北伐中路军在西平一线与奉军激战，于17日占领西平，20日攻克漯河。21日占领郾城。此役为第二次北伐的首次重大战役，歼敌精锐7个团。右路军于5月中旬，在上蔡一线展开攻势，于18日占领上蔡，取得歼敌3 000余人的胜利。上蔡是奉军郑州的右方支点，上蔡一失，郑州奉军必出，其主力3万余人在临颍集结。北伐军第36军担任主攻，右路军协助，进攻临颍。5月27日展开攻势。次日北伐军独立第15师攻南门，第4军第12师攻城东正面之敌，第11军第26师攻北门，战斗十分激烈。第26师第77团团长蒋先云在抄敌左翼战斗中，不幸牺牲。张发奎亲临前线，指挥攻城，并令担任警戒的第10师投入战斗。战至下午2时，奉军全线动摇，4时，北伐军攻入临颍城。此役歼敌逾万，奉军在河南的主力基本被消灭。第三天（31日），国民革命军第2集团军石友三部占领郑州。6月1日，北伐军第36军与冯玉祥部在郑州会师，奉军全线溃退到黄河以北，至此，第二次北伐第一期作战任务完成。

正当北伐军在河南战场鏖战之际，驻扎在宜昌的国民革命军独立第14师师长夏斗寅，突然于5月中旬揭起了叛旗，与四川军阀杨森相勾结，进攻防备空虚的武汉。夏斗寅（1884—1951），字灵炳。湖北麻城人。早年毕业于湖北武备学堂，1906年加入中国同盟会。参加辛亥武昌首义，后任营长、旅长等职。1917年参加湖北靖国军，失败后退到湖南，被李书城收容。1926年在李书城的策动下，参加国民革命军，任第1师师长。率军抵达武汉后，任湖北省政务委员会委员、独立第14师师长等职。第二次北伐时，武汉国民政府令其部驻守宜昌，防备四川军阀杨森东犯。

5月5日，杨森部在蒋介石的支持和怂恿下，举兵出万县东下。8日进攻宜昌。此时夏斗寅已通过蒋作宾与蒋介石取得联系，暗中与杨森部达成反共协议，令部队不战自退，与川军分由长江南北岸扑向武汉。5月13日，夏发表《讨共通电》。次日枪杀武汉政府代表。16日进入咸宁，进逼武昌。吴佩孚残部于学忠、张联升趁机在鄂西北蠢蠢欲动。

夏斗寅叛变的消息传到武汉，形势顿时紧张，因为武汉几乎是一座空城，一时谣言四起，人心浮动。在此危难时刻，中共中央建议国民政府立即组织叶挺的第24师及武汉中央军事学校的学生讨伐叛军。武汉国民政府接受中共的建议，将中央军事学校、中央农民运动讲习所的学员编成中央独立师，由侯连瀛担任师长，恽代英担任党代表，与第4军第25师、第11军第24师，以及第11军教导营组成平叛军，由武昌卫戍司令叶挺担任总指挥，于5月18日出征纸坊，讨伐夏斗寅。

同日，中国共产党发表了《关于夏斗寅叛变告民众书》，指出夏斗寅的叛变不是偶然的，"是表现目下反动分子假充革命党事实依然存在"，他们站在革命战线里，却时时利用机会，反对革命，破坏革命。但是革命势力是建筑在大多数工农群众之上，工农已有为革命而战斗的意志，为革命而牺牲的决心，已立于不败的地位①。武汉国民政府也于同日发出命令，夏斗寅"称兵谋叛，罪状昭著，立即递职拿办"②。武汉立即掀起声讨夏斗寅的怒涛。国民党省市党部举行联席会议，董必武担任会议主席，会议决定"通电声讨夏斗寅"。5月19日，武汉三镇举行数十万人的讨夏大会，湖北总工会等群众团体纷纷发表声明，谴责夏斗寅叛变革命的罪行。

平叛军虽然多数没有作战经验，但士气高昂。18日晚第75团与叛军遭遇，立即发起冲锋，叛军退向纸坊以南土地堂。第二天，叛军分两路反扑纸坊，叶挺亲率部队与敌激战。叛军不支，退往贺胜桥。21日，平叛军在咸宁2 000多农民自卫军的协助下，收复咸宁，给叛军以重创。此战也切断了夏军与杨森部的退路，迫使叛军残部窜逃鄂东南，后逃到安徽境内，被蒋介石收编。

5月25日，武汉国民政府下令讨伐杨森，随即组成西征军，由程潜担任总指挥。6月6—9日，在湖北仙桃镇给杨森部队以沉重打击。15日，西征军占领沙市。26日，杨森率部逃回万县。

二、马日事变与郑州会议

5月21日，国民革命军第35军第33团团长许克祥又在长沙发动了

---

① 载《汉口民国日报》1927年5月22日，第1张第2页。
② 载《汉口民国日报》1927年5月19日，第1张第1页。

马日事变。这是一次有预谋的反革命事件。湖南的农民运动是全国农民运动的中心和模范，随着它的纵深发展，引起湖南反动军官的强烈不满，他们猥集在第35军军长何键周围，策划反攻倒算。在第二次北伐前夕，何键与第8军副军长李品仙密谋，待河南作战后，属于唐生智的第8、第35、第36三个军一致联合，向唐生智表示"清共的愿望和决心"①。

5月13日何键率军北上前，派参谋余湘三回湘，与留守长沙的许克祥等联络。夏斗寅叛变后，在武汉的李品仙已升任军长，因不知唐生智的态度，而没有轻举妄动。湖南的土豪劣绅和许克祥则加紧了镇压农民运动的步伐。5月中旬，临湘农民协会委员长李柱中被杀；18日，常德近郊农协委员长被凌迟；19日，益阳县工会、农会等革命群众团体办公地址被反动军队占领。同日晚，士兵、伤兵在长沙与工人纠察队发生冲突。

5月20日，湖南国民党省党部和省政府采取了一些对付反革命的紧急措施，公布了《什么人是反革命》的文告。

5月21日，许克祥召集秘密会议，宣布反共。晚10时，驻扎在长沙的第35军第33团、第35军教导团（团长王东原）、第35军留守处（主任陶柳）和第36军留守处（主任陈其祥）等部队，共1 000余人分三组进攻国民党湖南省市党部、省总工会、农民协会等单位。与此同时，常德等地的反革命武装采取了同一行动。在短短一天多的时间内，湖南反动派封闭了70多个革命团体，枪杀共产党员、国民党左派和革命群众100多人。23日，许克祥、王东原等在长沙成立"中国国民党湖南救党临时办事处"，许以"救国临时主席团"的名义发出反共通电。27日，"救党"扩大联席会议决定成立救党委员会，领导省政，推定唐生智、张翼鹏、许克祥、仇鳌、王东原等15人为委员。会议作出决议，请政府明令悬赏通缉暴徒首领，格杀勿论，私藏暴徒首领者同罪②。

---

① 《李品仙回忆录》（台北），中外图书出版社1975年版，第81页。
② 《救党委员会之组织》，《广州民国日报》1927年6月9日。

湖南新军阀的大屠杀，首先激起湖南工农群众的反抗。5月21日晚，中共湖南省委召开会议，鉴于省委书记夏曦临危出走，会议决定由郭亮代理省委书记，组织工农武装准备就地自卫，并积极与中共中央取得联系（因夏斗寅叛变，占领武长铁路，中共湖南省委与中共中央的联系中断）。散会后不久，马日事变爆发。在中共临时省委的发动下，长沙附近的平江、浏阳、醴陵、萍乡、湘乡、湘潭、宁乡、益阳等地近10万农民军，从四面八方包围长沙。

马日事变的消息传到武汉，国共两党进行了协商。5月下旬，中共中央政治局决定和平解决湖南问题，一方面谴责许克祥镇压工农的罪行，致电国民政府、湖南省政府、唐生智，要求"停止军事行动及恢复工农团体"，责问解散湖南省总工会、省农协事；另一方面要求工农商各团体表示接受国民政府的训令和政策。

5月25日，国民党中央政治委员会主席团决定和平解决长沙事件，派谭平山、陈公博、彭泽湘、周鳌山、邓绍汾5人组成特别委员会，与国民政府总顾问鲍罗廷前往长沙查办此事。27日，国民党中央发表训令，要求湖南各方消除误会，纠正错误，杜绝反革命的挑拨离间，一切纠纷应向党和政府陈述。许克祥对此不予理睬，反而下令军方枪决鲍罗廷等。鲍等一行同日抵达岳州，闻讯立即返回武汉。在此种情况下，汪精卫和谭延闿还致电湖南省政府代理主席张翼鹏，宣布派第36军副军长周斓前往长沙宣慰军队。

6月3日，武汉国民党中央执行委员会举行第14次扩大会议，再次确定和平解决的方针，决定：湖南省政府暂时维持现状；湖南省党部及省农民协会、省总工会均应改组；长沙、岳州一切部队归第36军副军长周斓指挥；军队及农民武装团体应回原地，两方均绝对不得有寻机报复举动；同意湖南省政府代理主席兼军事厅长张翼鹏辞职，由周斓代理。

周斓是唐生智的亲信，他到长沙后，立即与反动势力沉瀣一气，担任湖南救党委员会委员，派许克祥等部分赴湘省各地，实行清乡，疯狂镇压农民运动。

马日事变加速了武汉国民党中央和国民政府的动摇和反动。如前所述，汪精卫抵达汉口后，国民党中央和国民政府就逐渐右转。5月中旬开始，国民党中央执行委员会颁发了一系列的训令，其要点就是保护工商业者的利益，确定工商业者作为联合战线"亲挚同盟者"之地位，工农"对于工商业者而加以嫉视迫害，则必足以自杀，而陷革命于必败之地"①；保护农村"公正绅耆"的利益；保护军人的财产土地。指责工农的"幼稚"行动，明令工人必须遵守纪律，若有违法者，轻者总工会"得加以制裁"，重者"立交政府机关办理"②。对农民协会要求它们遵守训令，克服"幼稚过当之举动"，如果再有扰害军人家属，没收其财产土地者，"无论何项团体"，应立即解散，"并拘捕负责人员依法惩治"③。有侵犯公正绅耆"身体财产职业信仰之自由，其有借端扰乱破坏公共秩序以快意者，既有损于革命之利益，即无异反革命，应由各地党部随时制裁"④。所以马日事变爆发后，武汉国民政府对许采取姑息和容许的态度也就不是奇怪的事情。

应该指出，对以上的训令中共中央是同意的，这是中共中央战略退却的重要组成部分。这固然是中共中央面对危机，为换得联合战线暂时稳定而采取的妥协，但这种妥协还是有原则的，而汪精卫集团的战略退却则攻击工农运动，成为走向镇压革命群众的前奏。

6月10日，武汉方面与西北方面在郑州举行会议。参加会议的有武汉国民党中央政治委员会主席团成员汪精卫、徐谦、谭延闿、顾孟余、孙科、邓演达、唐生智、冯玉祥以及于右任、鹿钟麟等。按照武汉方面

---

① 《国民党中央执行委员会训令》，1927年5月14日，《汉口民国日报》1927年5月19日，第1张第2页。
② 《中央训令湖北全省总工会》，1927年5月19日，《汉口民国日报》1927年5月24日，第1张第1页。
③ 《国民政府为保护军人财产颁发命令》，1927年5月24日，《汉口民国日报》1927年5月25日，第1张第1页。
④ 《中央关于保护公正绅耆训令》，1927年5月10日，《汉口民国日报》1927年5月21日，第1张第1页。

的设计是通过会议拉冯反蒋,这在邓演达与冯玉祥的潼关会议上说得十分清楚,有三个内容:1. 蒋介石叛变和蒋叛变后的形势;2. 团结革命的力量讨伐蒋介石;3. 国民革命军的饷项装备问题。但此时冯玉祥已与蒋介石取得联系,蒋许诺每月供应军饷50万元(后改为200万元),使冯采取联蒋的方针。

郑州会议开了2天,做出了一系列决定。在党务方面,决定撤消原北京、西安政治分会,另设开封政治分会,由冯玉祥任主席,负责指导陕、甘、豫三省的党务。在政治方面,决定成立河南、陕西、甘肃三省政府委员会,分别以冯玉祥、于右任、刘郁芬为省政府主席。在军事方面,唐生智率领第四方面军全部撤回武汉,以巩固后方,河南全省及陕甘均为冯玉祥的防地;第2集团军改编为7个方面军。

汪精卫原希望通过承认冯玉祥在北方的权益来换得冯的联合反蒋,这一如意算盘落空,但在联合反共方面则取得了一致,使汪精卫集团决心"分共"。会后,冯玉祥又赶到徐州,在徐州会议上与蒋介石达成宁汉合作,共同反苏、反共的协议。

三、"七一五"反革命事变

6月13日汪精卫回到武汉后,在唐生智等军方的支持下,加快了"分共"的步伐。首先,汪精卫集团解除了总顾问鲍罗廷的职务,继而要共产党员谭平山、苏兆征辞去农政部长和劳工部长的职务。6月28日,何键发表反共宣言,声称所谓两湖"农工运动幼稚",纯系"共产党暴徒之策略"。他要求武汉国民政府及唐生智"明令与共产党分离"[①]。同日武汉卫戍司令李品仙奉汪精卫密令,出动军警查封中华全国总工会、湖北省总工会、农民协会等团体;看管苏联顾问,准备将他们遣送出境。

接着,国民政府颁发了训令、布告等,攻击农工运动"有少数不良

---

① 《中华民国史事纪要》(1927年1—6月),"中华民国史料"研究中心1980年印,1927年6月28日。

分子，掺入其间，反借打倒土豪劣绅口号，屡发生危害良善及滥行逮捕情事"，对此类事情必须"从严制止"①。

面对汪精卫集团的反共逆流，中共中央根据共产国际的指示，采取了果断的措施，7月12日，停止了陈独秀的职务，成立新的中央常委会。新的中央确定组织民众武装起义以反抗国民政府叛变的方针。7月13日，中共中央发表《中国共产党中央委员会对政局宣言》，公开谴责武汉国民党中央和国民政府背叛孙中山先生的三大政策，公开准备政变的罪行，宣布撤回参加国民政府的共产党员。

7月14日，汪精卫召开了国民党中央政治委员会主席团会议，汪精卫做报告，以共产国际"五月紧急指示"为借口，大肆攻击共产国际和中共，声称"对于本党内的CP同志，应有处置的方法，一党之内不能主义与主义冲突，政策与政策冲突，更不能有两个最高机关"②。做出了"分共"的若干决议和命令，主要内容有：1. 在一个月内召开国民党第四次中央执行委员会全体会议；2. 在开会之前，中央党部应制裁一切违反本党主义、政策之言论和行动；3. 派遣重要同志前往苏联，讨论切实联合办法，其人选由政治委员会决定③。

《统一本党政策案》规定：在国民党各级党部、各级政府及国民革命军任职的共产党员，必须声明脱离共产党，否则一律停止职务；不准共产党以国民党名义做共产党之工作；不准国民党加入他党，违者以叛党论。

第二天（7月15日），武汉国民党中央常委会举行第20次扩大会议，出席会议的有汪精卫、谭延闿、孙科等17人，会议通过了前一天政治委员会主席团的决定，公开背叛了孙中山制定的国共合作的政策和反帝反封建的纲领。

---

① 《国民政府布告》，《汉口民国日报》1927年7月7日，第1张第1页。
②③ 《中国国民党重要执行委员会第二届常委会第20次扩大会议速记录》，1927年7月15日，油印件。

7月16日,武汉国民党中央政治委员会主席团发表"分共"声明。7月19日,武汉国民党中央训令军事委员会制裁在军队中的共产党员。7月27日,武汉国民党中央执行委员会发表《告中国共产党书》,疯狂攻击中共和土地革命斗争,宣称"共产党应即自懔放弃其近日对本党敌视的态度",否则将"执行相当纪律"①。与此同时,反动军队封闭了一切工会、农会和革命团体,各地土豪劣绅和反动军官相勾结,残杀共产党员和革命群众。白色恐怖笼罩在荆楚大地上。

汪精卫的叛变,遭到宋庆龄、邓演达等国民党左派的坚决谴责和公开反对。宋、邓一贯坚持孙中山的联俄、联共、扶助农工的三大政策,在国民党内就联共还是反共问题与汪精卫等进行斗争。6月30日,邓演达看到"分共"的大局已无法挽回,怀着极其沉痛的心情写了《告别中国国民党的同志们》留别书,愤怒地揭露汪精卫的两面派手法:"前时主张讨伐蒋介石的,现在忽然有投降妥协的要求;前时主张联合一切革命分子去革命,现在忽然有与共产党分裂的主张;前时主张拥护农工利益的,现时忽然反而要去屠杀农民和嫉恶工友。""我始终认为三民主义如果受了曲解,农工如果受了摧残,革命分子如果被摈斥,政治工作如果被威胁,则不独党的革命意义和权威消灭,而且必然招致反革命的结果。"② 7月3日,《汉口民国日报》刊登了他的文章《我们现在又应该注意什么呢?》,文中针对汪精卫等肆意曲解孙中山先生的三民主义,重新论述了三民主义的革命意义,严肃指出,"如果三民主义未曾完成,或者仅仅谈一民主义或二民主义,仅仅做一民主义或二民主义的革命,绝对不是三民主义,绝对不是三民主义的国民革命"。在当前革命的生死关头,他号召中国国民党的信徒"要为保持总理三民主义的革命性而奋斗"。

宋庆龄于7月8日草拟了《抗议违犯孙中山的革命原则和政策》的声明。7月14日,汪精卫在他寓所召开秘密的"分共"会议,宋庆龄得

---

① 《革命文献》(16),总2832~2834页。
② 《邓演达文集》,人民出版社1981年版,第121页。

知,痛哭不已,断然拒绝参加会议。在会上陈友仁代表宋庆龄庄严宣布:孙夫人反对分共,"联俄、联共、扶助农工的三大政策是总理手定的,有了三大政策,革命才能发展成今天的局面,抛弃三大政策就必然要向帝国主义和蒋介石屈服"①。同日,宋庆龄以国民党中央执行委员的身份发表了《抗议违犯孙中山的革命原则和政策》声明。该文件重申了孙中山的三大政策,指出孙中山将三民主义和三大政策交给我们,他曾明确地说明,他的三大政策是实行三民主义的唯一方法。在三民主义与三大政策中,目前存亡攸关的是实行民生主义与支持工农的政策。孙中山所主张的不仅是政治革命,而且是社会革命,因此民生主义则是"解答中国根本社会变迁的问题的主义"。

声明深刻地揭露了蒋介石、汪精卫集团背叛革命的反革命两面派手法和反动政策,指出国民党右派的反革命策略背离孙中山的革命原则,还冒充为孙中山的"忠实信徒";他们口头上空谈"政治革命",实际上却否定必要的社会变革;他们"口里谈的是阶级,心里想的是'革命',但是那种革命实在却完全不顾到中国数千万贫困农民的痛苦";他们不是孙中山的"信徒",而是他的"叛徒"。

声明庄严宣布,汪精卫集团"解释孙中山先生政策和主义,在我看来,实是曲解孙先生的意思和理想",如果党内领袖不能贯彻孙中山的政策,"他们便不成为孙先生的真实信徒;党也便不成为革命的党,不过是某个军阀的工具"。为此,"对于目前本党新政策的实行,应当脱离积极的参加"。"我只有暂退以待将来较好的政策的出现"。"我对于革命并未灰心",孙中山的三民主义终究是要胜利的,"革命在中国是不可避免的"②。

---

① 《吴玉章回忆录》,中国青年出版社1978年版,第150页。
② 《宋庆龄对时局宣言》,《党务周刊》第3期,中国国民党湖北省党部印行,1927年7月24日。该文件与后来收录在《为新中国奋斗》一书中的,在文字上略有不同。

第五章　南京国民政府在湖北统治的确立

第一节　南京国民政府对湖北的全面控管

"七一五"政变后，武汉和南京的"中央党部"、"国民政府"在反共总方向上取得了共识与一致。但是，双方在中央党权和中央政权利益分割上的矛盾又迅速激化，经各种政治派别的明争暗斗和各个军事集团的战争较量，南京的"中央党部"和"国民政府"终于战胜对手，实现了对湖北的全面控管，湖北遂成为南京国民政府直接控制的地区。

一、武汉政治分会与南京中央特别委员会分庭抗礼

还在南京国民政府成立之际，南京方面即声明："所有汉口联席会议及中央执行委员会产生之机关，所发命令，一律否认"①，并敦促武汉方面党、政、军要人到南京行使职权。"七一五"政变后的武汉方面则认定："武昌中央，由全国两次代表大会产生，正统所在，中外共瞻"②，意在挟"正统"迫南京方面同武汉合作。与此同时，双方又都在军事上向对方施压。

双方军事施压的状况是这样：武汉方面，"由张发奎、程潜、朱培

---

① 《国民政府接受中国国民党中央执行委员会政治会议议决案通电》，国民政府秘书处：《中华民国国民政府公报》第 10 册，成文出版社有限公司发行，1927 年 5 月，第 7~8 页。
② 《唐生智讨蒋通电》(1927 年 8 月 9 日)，《国闻周报》第 4 卷第 33 期，1927 年 8 月。

德、贺龙各部合组之东征军，集中江西，分由九江湖口向安庆，由赣东攻浙江，由鄂东趋皖北之三路进行"①。南京方面则"以整编之第 10 军夏斗寅部，位于太湖附近，第 27 军之王普部，由蚌埠开赴秋浦附近，对长江上游警戒"，又"调津浦路北伐军 5 万人赴上游，泊湖口九江，以周凤岐、郑绍虔各军集中浙江衢州，威胁南昌"②。随着施压时间的持续，战争大有一触即发之势。

国民党的内争，使得遭到北伐打击的北洋军阀部队有了喘息和反扑的机会。其中，北洋奉军乘机反攻山西的阎锡山部和陕西、河南的冯玉祥部；已退往江北的北洋皖军乘机渡江南下反攻苏皖。为此，还在 7 月 14 日，冯玉祥即分电南京和武汉，提议"先解决北京后解决党内责任问题"③，并调兵进驻武胜关，准备武力调处。值此时刻，中国共产党领导的南昌起义于 8 月 1 日爆发，起义震惊了国民党。在此情势之下，国民党的内争转趋缓和。武汉方面表示："如有和平统一办法，自不必出于一战。"④ 南京方面的李宗仁、白崇禧等也赞成合作，并准备对不置可否的蒋介石实行逼宫。迫于内外压力，蒋介石于 8 月 13 日通电辞职。

蒋介石辞职后，南京方面的权力落在桂系手中，而桂系已有合作之意，这就为南京、武汉合作创造了条件。

8 月 19 日，武汉方面召开中央扩大会议，以党政名义联合发表声明告示："今蒋解除兵柄，听命于党"，"中央党部及国民政府""即日迁都南京"⑤。半个月后，武汉方面谭延闿、孙科、汪精卫、陈公博等陆续到达南京，并着手筹划召开国民党二届四中全会。不料，上海的西山会议

---

① ②《中华民国史事纪要》(1927 年 7—9 月)，"中华民国史料"研究中心 1980 年印，第 145 页。

③《冯玉祥、徐谦、孔祥熙致宁汉劝和电》(1927 年 7 月 14 日)，《国闻周报》第 4 卷第 33 期，1927 年 7 月。

④《汪精卫、谭延闿、唐生智、孙科复冯玉祥电》(1927 年 7 月 24 日)，中国人民大学党史系编：《中国国民党历史教学参考资料》第 2 册，1985 年，第 3 页。

⑤《一周间国内外大事述评》，《国闻周报》第 4 卷第 34 期，1927 年 9 月。

派坚决不同意汪精卫主持二届四中全会,并提出汪精卫应引咎辞职。汪精卫为摆脱尴尬,不得不在蒋介石辞职整整一个月的9月13日通电下野。

为了打破僵局,经孙科提议,决定成立一个中央党部特别委员会代行中央职权,成员由南京、武汉、上海三方对等推出。16日,由32名委员组成的中央特别委员会在南京成立。旋即,经16日、17日和19日的三次特别委员会会议,推举了中央特别委员会常务委员会及各部部长,新的国民政府及军事委员会组成人员。20日,武汉国民政府宣布正式撤销。但由于南京、武汉方面主要领袖先后辞职,西山会议派代表凭借其资历上的优势获得了中央特别委员会权力配置上的主导地位。对此,武汉方面强烈不满。

21日,汪精卫偕唐生智等返回武汉。次日,以中央政治会议主席团8月22日作出的关于武汉"中央党部及国民政府迁宁以后,武汉不可无政治分会,以指导党务、政治、军事"①的训示为据,宣布成立武汉政治分会,意在与南京中央特别委员会分庭抗礼。

果然,武汉政治分会于29日通电全国,称"南京特别委员会,代行中央职权,在党章上毫无根据,且为将来破坏党的组织者开一恶例,吾人深虑其不能得一般党员之信仰而解决今日党国之根本问题。吾人根据一般党员之意志及请求,不能承认南京特别委员会与中央执行委员会有同等之权力","特别委员会关于党务、政治上一般之决议,则不能认其有效"②。随后,汪精卫躲上庐山,静观形势之发展、变化。

对于武汉方面的变故,南京中央特别委员会立即做出反应。一方面派出代表分赴庐山、武汉同汪精卫、唐生智会谈,迫其取消武汉政治分会;一方面与留在南京的原武汉方面的程潜、朱培德联络,促其参加反

---

① 《中华民国史事纪要》(1927年8—12月),"中华民国史料"研究中心1980年印,第575页。
② 《武汉政治分会通电》,《汉口民国日报》1927年9月29日,第1张第1页。

唐阵线。

在与汪精卫、唐生智会谈未果后，10月20日，李宗仁控制的军事委员会决定讨伐唐生智。24日，中央特别委员会举行第7次会议，追认军事委员会的讨唐决定，并发表《中国国民党为讨伐逆贼唐生智告湘鄂皖民众书》。同时，南京方面组成的西征讨唐三路大军开始行动。其中，李宗仁率江右军，由江北入安徽西进；程潜率江左军，沿长江南岸西进；朱培德则率部在江西策应。

面对南京方面咄咄逼人之势，武汉方面唐生智不甘示弱，采取了针锋相对的措施。10月21日，唐生智宣布武汉政治分会与南京国民政府及中央特别委员会脱离关系。同时，动员军队迎击南京方面的进攻。是时，唐生智麾下的军队有李品仙第8军、何键第35军、刘兴第36军、叶琪第18军、高桂滋第19军、赵振声第30军、庞炳勋暂编第5军以及10个暂编师。

24日，程潜第6军攻击驻湾址的刘兴第36军，李宗仁率第7师进入皖北攻击何键第35军，宁汉战争正式爆发。

唐生智所部多为近期扩编起来的集团军，内部结构复杂，且战前军心已涣散，因而战事一经打响，多无心作战。24日，唐生智先遣队在安徽巢县被南京方面先头部队胡宗铎第19军击败。接着，防守粤汉线的张国威师，暗中与程潜取得联系，不再听唐生智指挥①。27日，在安庆的唐生智所部因受南京方面朱培德部威胁，退至鄂皖交界处。随后，胡宗铎部继续西进，11月初进入湖北境内，7日占领武穴，驱走刘兴第36军。8日，胡宗铎部又在蕲春击败何键第35军和前来增援的李品仙第8军，战事迅速逼近武汉。

在战事几成定局的情况下，冯玉祥辖下的樊仲秀、方振武部向鄂北挺进，参加讨唐；广东李济深辖下的方鼎英部则北上至湖南郴州，加入讨唐；驻湘西北的鲁涤平第2军，宣布反唐；原被唐生智打垮的宋鹤庚、

---

① 张同新：《国民党新军阀混战史略》，黑龙江人民出版社1982年版，第57页。

许克祥旧部,也乘机开进湘境反唐。

在外有强敌,内有叛将的情况下,唐生智被迫于11日通电下野,所部交刘兴、李品仙、何键指挥。14日,胡宗铎部占领汉口、汉阳,夏威第7军占领武昌,刘兴、李品仙、何键率部向鄂西和湖南撤退。宁汉战争遂告结束。

宁汉战争一结束,南京方面即着手接管湖北的军、政权力。15日,南京中央特别委员会宣布取消武汉政治分会,改设湘鄂临时政务委员会,以程潜为主席。同日,南京国民政府制定了《湘鄂临时政务委员会组织条例》,其内容为:"第一条,湘鄂两省在战事时期内设湘鄂临时政务委员会,秉承国民政府及该管部处理两省民政、外交、财政、交通等事务。第二条,临时政务委员会由国民政府任命作战军队总指挥及民政、外交、财政、交通主任人员各一人为委员组成之,以总指挥为主席。第三条,临时政务委员会得委任人员代理两省民政、外交、财政、交通各行政机关官吏,但荐任以上官吏仍呈请国民政府任命。第四条,临时政务委员会处理政务以时机紧迫须急切处理者为限,但仍随时呈报国民政府及该管部。第五条,湖北省政府或湖南省政府成立时,临时政务委员会即行裁撤。"① 25日,南京国民政府军事委员会任命第19军军长胡宗铎为武汉卫戍司令,副军长陶钧为副司令。12月2日,以程潜为主任的湘鄂临时政务委员会正式成立②。这样,南京国民政府便初步实现了对湖北的控管。

二、桂系鄂籍军人集团柄政

由于湘鄂临时政务委员会是宁汉战争期间处理两湖政务的临时性权力机构,所以,随着战事平息,政局基本稳定,成立新的湖北省政府一事便被提上日程。是时,担任湘鄂临时政务委员会主席的程潜拟推荐非

---

① 《湘鄂临时政务委员会组织条例》,《政务周刊》第2期,公牍,第1页,1927年。
② 《湘鄂临时政会成立》,《申报》1927年12月5日,第4版。

桂系军人严立三为湖北省政府主席，以便操纵湖北省政府。而担任第19军军长、武汉卫戍司令的胡宗铎则力荐湖北国民党元老张知本①，亦意在控制湖北省政府。由于此时桂系主宰着南京国民政府，而胡宗铎为桂系中仅次于李宗仁、黄绍竑的将领，因此，南京国民政府采纳了胡的建议，于1927年12月19日下令重组湖北省政府，指令张知本为省政府委员会主席。

由于桂系在军事上占据着湖北，且湖北省政府委员会主席等人选为桂系所推荐，因此，虽重建了湖北省政府，但湖北省军、政大权实际上控制在以胡宗铎、陶钧为首的桂系鄂籍军人集团之手。

胡宗铎、陶钧分别为湖北黄梅、浠水人。民国初年，二人同入武汉学生军，后又同入武昌第二陆军预备学校和保定军校学习，与黄绍竑、白崇禧为同窗。1924年，黄绍竑回广西开办军官学校，校务主任王啸凤又为湖北黄冈人，于是，二人应邀同赴广西投身桂系。1925年8月，桂系改编为国民革命军第7军，胡任该军第7旅旅长，陶任第1旅第1团团长。北伐战争期间，一路进抵武汉，随即转到南京。1927年3月，胡升任第7军第2师师长，陶升任旅长。8月，胡升任第19军军长，陶升任该军副军长兼第1师师长。同时，李石樵、李宜宣等一批鄂籍保定军校同学在胡、陶麾下相继升迁。这样，第19军遂成为桂系鄂籍军人集团的始基。10月，第19军进入武汉后，胡、陶自命不凡，野心大炽，企

---

① 张知本（1881—1976），字怀九。湖北江陵人。清末秀才，1904年留学日本，次年加入中国同盟会。归国后，任同盟会湖北支部评议长。1911年武昌起义后，被推为湖北军政府司法部部长。1917年随孙中山南下护法，任护法国会参议院议员。1924年当选为国民党第一届候补中央执行委员。同年，被孙中山委为大本营参议，旋受命负责国民党汉口执行部。1927年任武汉政治分会委员，是年底任湖北省政府主席。1929年调任首都建设委员会委员。1931年任国民党中央民众运动指导委员会主任委员。1933年任国民政府立法院委员兼宪法起草委员会副委员长。1938年任司法院秘书处秘书长，1943年调任行政法院院长，1949年年初任司法行政部部长。同年9月去台湾。1976年病逝于台北。著有《社会法律学》、《宪法论》、《辛亥革命论》等。

图独树一帜。恰逢李宗仁出任第4集团军总司令和武汉政治分会主席，无力直接经营湖北，遂将湖北的军政委之于胡、陶。以胡、陶为首的桂系鄂籍军人集团如愿以偿，终于获得了对自己家乡湖北省的实际控制权。

桂系鄂籍军人集团在控制湖北期间，曾历述"自民国初年黎元洪离鄂之后，鄂人长期在北洋军阀蹂躏之下，备受剥削与压迫，敢怒而不敢言"的状况，并向湖北民众承诺："今欲革新省政，改善鄂人生活，应从鄂人治鄂着手。"① 但事实上，桂系鄂籍军人集团控制湖北期间，始终带着一切军阀所共有的特性，实施残暴的军人统治。诸如大力扩充军队，凶残屠杀共产党人，强夺民众财富，使其控制湖北的一年半时间成为湖北历史上最黑暗、最恐怖的岁月。

桂系鄂籍军人集团控制湖北期间的活动之一，是着力扩充军队。其间，将魏益三部改编为卫戍部队，以加强胡宗铎为司令的武汉卫戍部队；补充第19军兵力，调升程汝怀为第19军副军长，以充实该军的力量；将程汝怀、王贵如两个省防师扩大、改编为第18军，提升陶钧为该军军长；兼并杂牌军，分别将刘和鼎独立第5师和马文德军改编为暂编师；扩充武汉警备旅、警备团和保安大队，以增强武汉警备力量；成立第18军、第19军随营军官学校，后改办武汉军官学校，招生千余人②。最后形成了以第18军、第19军为主体，拥兵约5万的桂系鄂籍军人集团。

桂系鄂籍军人集团控制湖北期间的又一活动，是凶残屠杀共产党人和迫害工农群众。他们先后7次破坏武汉地区中共党组织，两度掀起白色恐怖高潮，捕杀共产党人和进步人士达万人，致使湖北沉浸在一片血泊之中。同时，他们还大规模迫害工农群众。1928年1月，武汉卫戍司

---

① 转引自涂允檀：《新桂系把持武汉政局及其内部矛盾》，《武汉文史资料》第11辑，1983年。
② 转引自卢蔚乾：《胡宗铎、陶钧统治湖北的情况》，《湖北文史资料》第2辑，1981年。

令部发布布告称："共产党把持民众团体，为正本清源计，将所有工会、农民协会、商民协会、妇女协会、学生联合会，一律暂行解散，如有假借名义，希图煽惑者，依法惩治。"① 这致使湖北各地的群众团体几乎全部被解散，"最低的集会、结社等政治自由都被剥夺无遗"②。

桂系鄂籍军人集团控制湖北期间还强夺民众财富。为了筹措经费，他们不断增设苛捐杂税，并实行武力征收，致使全省"各地均有月捐、田亩捐、团防枪捐、冬防捐、清乡捐、门牌捐等"，"至征收一切苛税时，更多逼迫与剥削。否则，即派出武力到处捕人"③。1928 年秋，武汉市政委员会推行营业税，激起几千商人的请愿。胡宗铎、陶钧在被迫接见商人代表时说："王占元、吴佩孚和汪精卫都曾向你们勒索过巨款，现在我们举办营业税，合情合理，而你们却再三反对，还要兴师动众，威胁谁？""你们为什么要反对？混蛋！王八蛋！""你们以为我不敢枪毙你们啦？！"④ 其暴戾恣睢到何等程度由此可见。

然而，正当桂系鄂籍军人集团在湖北柄政时期，南京国民政府和国民党中央党部高层人事的变动以及派系矛盾的重新衍生、激化，迅速、直接影响到湖北的政局。

1928 年 1 月，辞职不到半年的蒋介石回南京复职，取代桂系主政南京国民政府。3 月，李宗仁出任武汉政治分会⑤主席，桂系中心转移到湖北。蒋介石主政南京国民政府后，通过召开国民党二届四中全会和举行第二期北伐，促成张学良东北易帜，实现了党权和政权的"统一"，形成了由蒋介石集团控制国民党和国民政府的局面。1929 年 1 月，蒋介石试

---

① 《时事日志》，《东方杂志》第 25 卷第 5 号，1928 年 3 月。
② 《鄂东北特委何玉林给中央的报告》（1929 年 5 月 7 日），湖北省档案馆藏。
③ 《鄂西特委致中央的报告》（1929 年 1 月 15 日），湖北省档案馆藏。
④ 转引自卢蔚乾：《胡宗铎、陶钧统治湖北的情况》，《湖北文史资料》第 2 辑，1981 年；《武汉文史资料》编辑部：《武汉人物选录》，1988 年。
⑤ 1928 年 2 月，国民党二届四中全会为平衡权力，确定中央政治会议下设广州、武汉、开封、太原 4 个政治分会，李济深、李宗仁、冯玉祥、阎锡山分任各分会主席。

图通过召开全国军事编遣会议，以实现军令统一，但遭各派军事首领的抵制。鉴此，蒋介石决定实行"武力统一"。

由于桂系在西征讨唐战争和第二期北伐中的急剧发展，控制着两广、两湖及华北一部的广阔地区，严重威胁着南京。又由于李宗仁是1927年8月宁汉之争试图对蒋介石逼宫的主谋，蒋介石对此含恨不忘。这便决定了蒋介石在实行"武力统一"的过程中，首先选择对桂系开战，只是等待时机和借口。湘案的发生迅速演绎为开战的时机和借口。

1929年2月14日，桂系截获了南京方面给湖南省政府主席兼第18师师长鲁涤平运送的军火，19日，武汉政治分会以"剿匪不力"、"有渎军纪"、"潜运军械、阴谋破坏"的罪名，免去鲁涤平湖南省政府主席职务，改组湖南省政府。同时，密调叶琪、夏威两师由鄂入湘，解决鲁涤平第18师和谭道源第50师，并宣布任命何键为湖南省政府主席，从而控制了湖南。这就是所谓的湘案。

湘案的发生，为蒋介石对桂系发难提供了借口。24日，蒋介石会晤李石曾、谭延闿，商谈对湘案的处置办法。26日，蒋介石声称：罢免鲁涤平，委任何键，违背了修改政治分会暂行条例第四条"不得以分会决议任免该特定区域内之人员"的规定。27日，中央政治会议派监察院院长蔡元培查办湘案，并于28日免去张知本、胡宗铎、张华辅武汉政治分会委员的职务。蒋介石仍不放手，于3月26日由南京国民政府下达对桂系的《讨伐令》，称李宗仁、李济深、白崇禧等"借革命之名义以消灭革命"，"实为国民革命之障碍，三民主义之叛徒"，令前方各军对桂系军队"痛加讨伐"[①]。27日，国民党第三次全国代表大会决议："李宗仁、李济深、白崇禧等叛党乱国，永远开除党籍；并交中央监察委员会查明附逆叛徒，一并开除党籍。"[②]

---

① 郭绪印主编：《国民党派系斗争史》，上海人民出版社1992年版，第69～70页。
② 荣孟源主编：《中国国民党历次代表大会及中央全会资料》（上），光明日报出版社1985年版，第685页。

28日，蒋介石亲任讨逆军总司令，指挥三路大军，讨伐武汉桂系。其中，以朱培德为总指挥的第一路军集中于九江、南昌、建昌、高安一线，西攻武昌至长沙铁路沿线，截断桂系南退之路；以刘峙为总指挥的第二路军由皖鄂边界沿长江西进，正面攻击桂系；以韩复榘为总指挥的第三路军由河南南下，背击桂系；设讨逆军行营于九江，蒋介石亲临九江督战。

在此前三天即25日，李宗仁曾电令武汉桂军参谋长张华辅，委任何键、叶琪、夏威、胡宗铎、陶钧分别为第1、第2、第3、第4、第5路军总司令，分守湘东、青山、黄陂祁家湾、阳逻和祁家湾阳逻中间地带。但战事尚未打响，何键即派张慕先从长沙到黄州谒蒋，投靠蒋介石，使蒋介石得以集中各路大军进攻湖北。

31日，蒋介石发出对桂系军队的总攻击令，各路大军顺利逼近武汉。由于桂系第3路军将领俞作柏、李明瑞、杨腾辉等已被蒋介石派员收买，所以当4月2日蒋军进至汉口东郊刘家庙时，李明瑞、杨腾辉即率部脱离战场，并于3日张贴布告，反对胡宗铎、陶钧，宣布服从"中央"，迫使驻守武汉的胡宗铎、陶钧、夏威各部仓皇弃城向鄂西的沙市、宜昌败逃。

在讨桂战事之前，蒋介石即派郑介民进入武汉与武汉卫戍部队参谋长聂洸和银行界首领孔庚取得联系。因而，当胡宗铎、陶钧等撤退时，聂洸即出面接收城市，组成以孔庚为委员长的武汉临时治安委员会，迎候蒋介石的到来。5日，蒋介石乘"楚材"兵舰进入汉口，宣布"兵不血刃而定武汉"。

接着，蒋介石以军事和政治的两手策略对付败逃鄂西的胡宗铎、陶钧和夏威各部。11日，胡宗铎、陶钧、夏威联名通电，同时下野，所部为张发奎、朱绍良改编，至此，在湖北的桂军全部瓦解，蒋桂战争遂告结束。

三、南京国民政府在湖北统治的确立

蒋桂战争打破了持续近两年之久的宁汉对峙局面，确立了蒋系南京

国民政府对湖北的统治。从这时起，历届湖北省政府完全听令于南京国民政府，与之保持一致。

蒋介石进入武汉后，即全面调整、更换了湖北的党、政、军人事。4月5日，任命鲁涤平为武汉卫戍司令，刘文岛①为武汉市②市长。5月4日，组成以何成濬③为主席的新一届湖北省政府，从而确立了南京国民政府对湖北及武汉的统治。

南京国民政府在全面调整、更换湖北的党、政、军人事之际，又发

---

① 刘文岛（1893—1967），字永清。湖北广济（今武穴市）人。保定军校第一届毕业生，后留学法国和日本，参加中国同盟会。1926年7月任国民革命军第八军党代表兼政治部主任、总司令行辕政治部主任。1928年任第一任汉口特别市市长兼民政厅厅长。任内颇有建树，如主持修建民生、民主、民权三民路，筹建孙中山铜像，兴建中山公园等。1932年出任驻意大利大使，1937年抗战爆发回国，任国民政府国防最高委员会委员。因经常当面批评蒋介石消极抗日政策，遭蒋怨恨。为此萌生退意，隐居重庆著书立说。1949年去台湾，但拒绝出任任何官职。1967年病逝。著有《新军论》、《民约论》、《政党政治论》等。

② 明末清初，武昌（江夏）、汉阳、汉口（夏口）分称分治，未建立统一的行政建制。1926年秋，国民革命军攻克汉阳、汉口、武昌三镇。次年初，武汉国民政府将汉口（辖汉阳县）与武昌合并，作为首都，并建立统一的武汉市政府。9月，国民政府迁都南京，改武汉市为直属南京国民政府的特别市。1928年1月改归湖北省辖。1929年6月，武汉分治，武昌、汉阳县城划出，汉口为直隶行政院特别市。1931年7月，汉口改为省辖市，1932年又改为特别市。1946年10月，武昌建市；1949年6月16日武汉三镇解放；同年合武昌市、汉口市和汉阳县为武汉市。

③ 何成濬（1882—1961），字雪竹。湖北随县（今随州市）人。1907年留学日本士官学校，加入中国同盟会。辛亥革命后跟随黄兴。历任中华民国临时政府陆军部副官长、广州军政府驻沪军事特派员、广州大元帅府鄂军总司令。1926年国民革命军攻克武昌，任湖北省政务委员会委员，旋悄然去南京依附蒋介石。1928年任国民革命军第一集团军参谋长，在蒋桂战争、中原大战、东北易帜等重大战事和事件中多方奔走，为蒋介石拉拢、分化地方军阀立下大功。1929年5月任湖北省政府主席。1932年任驻鄂绥靖公署主任，负责对鄂豫皖革命根据地的"围剿"。西安事变时婉拒赴西安谈判，后遭蒋介石排斥。1937年抗战爆发后，于11月再任湖北省政府主席。半年后任军事委员会军法执行总监。1946年离职回湖北任省参议会议长。1949年春避居香港。1951年春去台湾，1961年5月病逝于台北，著有《八十回忆》等。

布了《告武汉民众书》，表示今后施政方针，"当兴利革弊，除暴安良，休养生息，务使工农士商，各乐其业，各安其居"，把湖北建成"全国训政的模范省"①。在此背景下组成的新一届湖北省政府，积极追随蒋介石集团控制的南京国民政府，以主要精力配合蒋介石集团对其他军事集团的战事和"剿共"战争。

1929年10月至1930年9月的中原大战，其规模之大、牵涉和影响面之广，在国民党各军事集团混战历史上都是空前未有的。在冯玉祥、阎锡山根基深厚的实力派和全国各系军人、各派政客"反蒋大联合"的威胁面前，蒋介石一度陷入四面楚歌的处境之中。在这一关键时刻，何成濬于1930年5月将省政府主席一职交方本仁②代理，抽身接受蒋介石之令，以第3军团总指挥名义，统率徐源泉第48师、肖之楚第44师、杨虎城第17师、王金钰第47师、郝梦麟第54师、刘茂恩第66师，驻守漯河，沿平汉线对冯玉祥主力作战。同时，何成濬又以文秀才、武士官、老同盟会员的资历和影响，为蒋介石施展纵横捭阖的能量，策动冯玉祥部属反叛，"动员张学良带兵入关"，"使张学良宣布与蒋合作"③，为蒋介石战胜冯、阎联军，取得中原大战的胜利起了十分重要的作用。

方本仁在代理省政府主席的半年多时间里，虽然发表了"厉行禁烟、

---

① 转引自湖北省社会科学院历史研究所编：《湖北简史》，湖北教育出版社1994年版，第546页。

② 方本仁（1880—1951），字耀迁。湖北团风（今黄冈市）人。早年投军，1907年被选送北京陆军军官学堂，毕业后留京任禁卫军骑兵排长。翌年调新军任连、营长。1912年任都督府参议厅厅长、陆军将校讲习所所长、督军署参谋长。后调任赣西镇守使、赣南镇守使。1925年任东南五省联防军江西军总司令。1926年投奔广州国民政府。8月，任江西宣慰使兼国民革命军第11军军长和右路军总指挥，参加北伐战争。1928年3月，被委为中央政治会议太原分会委员。8月，任国民政府军事委员会委员。1930年5月，代理湖北省政府主席。10月，任军事委员会北平营主任。后因与蒋介石发生龃龉退出军界。抗战期间，拒绝出任汪伪政权职务。1949年年初，拒任湖北民军总指挥。同年5月，迎接解放军入城。1951年2月在天津病逝。

③ 刘鸣皋：《何成濬点滴记》，《武汉文史资料》第8辑，1982年。

实行清乡、整理财政、选用人才"①四项施政方针，但其代理省政府主席毕竟为短期行为，在此期间，省政基本无建树。

中原大战结束后的1930年10月，何成濬回任省政府主席。是时，中国共产党领导的鄂豫皖、湘鄂西和湘鄂赣革命根据地相继形成，红军活动活跃。因而，何成濬即于回任省政府主席的当月18日布告："先剿匪清乡，次实施建设"②；随即，在南京国民政府的统一部署和指挥下，连续对革命根据地进行了三次"围剿"战争。由于何成濬主鄂期间竭力于国民党各军事集团间战事和"剿共"战争，因而在省治其他方面少有政绩，连他自己也承认"愧无建树"③。

正因为何成濬疏于省政，致使1931年夏的特大洪水给湖北人民的生命财产造成了难以计量的损失，并成为其辞职的根由。

1931年夏的特大水灾发生后，早就觊觎省政府主席一职的省警备司令夏斗寅趁机倒何，唆使地方绅商高重远等人，向国民政府控告何成濬"绥靖不力，防洪失职"，同时派人以湖北旅京同乡会名义，在南京散发传单，历数何成濬治鄂无术、祸鄂万端的罪行，请求免除何成濬省政府主席职务④。1932年3月，南京国民政府下令免去何成濬省政府主席职务，以夏斗寅⑤代之。

---

① 《鄂省府定期成立》，《申报》1929年5月15日，第4版。
② 《何成濬布告与民更始》，《申报》1930年10月19日，第4版。
③ 转引自顾学颉：《记黄建中先生》，《湖北文史资料》第29辑，1989年。
④ 刘鸣皋：《何成濬点滴记》，《湖北文史资料》第8辑，1982年。
⑤ 夏斗寅（1886—1951），湖北麻城人。早年投军，后加入共进会，参加辛亥武昌首义。1917年参加护法运动，任湖北第1师新兵训练总督。旋任鄂军团长。1920年该团扩编后鄂军司令，卫戍长沙。1926年任鄂军第1师师长，率部参加北伐，隶国民革命军第8军。1927年初，所部改称独立第14师，任师长，驻防宜昌。5月，率先发动叛乱反对武汉国民政府，被蒋介石擢升为新编第10军军长。7月，第10军改编为第27军。1929年兼任武汉警备司令，次年兼武汉警备司令。1932年3月任湖北省政府主席。抗战期间任国民党第三、四、五届中央委员。抗战胜利后返鄂经营煤矿。1949年参加武汉和平运动，签名迎接解放军进城，任武汉治安委员会委员。1950年潜至香港，1951年6月病逝。

夏斗寅主鄂期间，南京国民政府加紧了对鄂豫皖、湘鄂西苏区红军的"围剿"。1932年6月，南京国民政府在汉口设立了"豫鄂皖三省剿匪总司令部"，蒋介石亲自兼任总司令，部署、指挥对鄂豫皖、湘鄂西苏区红军的"围剿"。

在这一背景下，夏斗寅上任之后，即以"剿共"和整理财政为其施政重点。夏斗寅在向南京国民政府陈述其施政方针时称："查鄂省匪患已蔓延全省，兼之去岁洪水为灾"，"税收无几，财政濒于破产，一切要政均无法进行"，"故整顿之法，首在剿匪理财两大端"①。

1932年7月，南京国民政府50万中央大军在鄂、豫、皖、湘等省政府的配合下，开始了对湘鄂西和鄂豫皖苏区的第四次"围剿"战争。10月，湘鄂西和鄂豫皖苏区相继丧失，红军先后撤离出湖北。这样，夏斗寅任内基本上结束了对境内红军的作战，南京国民政府进一步加强了对湖北的控制。

在第四次"围剿"战争结束后，蒋介石于1932年11月亲订了《整理湖北省政治纲要》，其主要内容有：实行行政督察专员制度；慎重县长、公安局长人选；整顿各县警察及保安队；编查保甲；县政府及其附属机关的经费收支要编造预算；财务机关实施会计制度；限期清丈土地；修筑公路；办理水利堤工；对中小学生进行民族主义教育②等等。《整理湖北政治纲要》颁布后，湖北省政府即以此作为制定施政计划的依据。

但是不久，夏斗寅在没有报经南京国民政府批准的情况下，擅自成立了"省政设计委员会"，声称以湖北人的身份在湖北"大展宏猷"③，引起南京国民政府的警觉和不满。加上夏斗寅与前省政府主席、时任驻鄂绥靖公署主任何成濬的恩怨和争斗，遂于1933年7月被免职。

---

① 《湖北省政府主席夏斗寅陈报任事旬月以来办理剿匪理财及各项政务情形》，1932年4月，中国第二历史档案馆藏。
② 湖北省政府秘书处：《湖北省政府公报》第45期，特载，第36页。
③ 华觉明：《夏斗寅事略》，《湖北文史资料》第25辑，1988年。

夏斗寅去职后，张群①接任省政府主席。

张群主鄂期间，湖北已无地方军阀势力存在，红军主力也相继退出，境内已无大的战事。因而，其施政方针开始由"剿共"军事转移到省治的其他方面。1934年1月，张群在省政府举行的纪念周演讲中提出其施政三原则：（1）建立保甲，组织民众；（2）提倡传统道德，转移社会风气；（3）培养经济力，复兴农村经济②。1935年3月，张群在湖北全省行政会议上进一步强调："今后急待实施之三要政"有三大问题：（1）制度改革问题；（2）生产建设问题；（3）土地整理问题③。根据湖北省实际情况，张群尤其注重农业经济复兴。1934年2月，张群巡视黄安、麻城和黄陂，在对黄安县各区长各机关团体训话中，着重谈了怎样复兴农村经济问题，并提出以下措施：（1）对增加生产量并发展副产品者，给予特别奖励；（2）奖励垦荒、代耕、竞耕，提倡手工业，使人人从事生产；（3）为预防灾患，随时随地提倡培修堤坝、堰、凿井等事；（4）提倡建立各种合作社④。

虽然张群主鄂时间不长，其政治立场和施政出发点都是为巩固南京

---

① 张群（1889—1990），字岳军。四川华阳（今属天府新区）人。1906年入保定军校，次年赴日本入陆军士官学校，加入中国同盟会。辛亥革命爆发后回国参加上海战役。1913年参加讨袁军事，事败赴日本，继续陆军士官学校学业。1917年任职广州大元帅府。1926年任国民革命军总司令部总参议，1928年任军政部政务次长兼兵工署长。1929年任上海特别市市长。同年当选国民党中央委员。1933年7月任湖北省政府主席。1935年调任外交部长。1937年任中央政治委员会秘书长，兼外交专门委员会主任委员。1938年年初任行政院副院长，翌年任国防最高委员会秘书长。1940年任四川省政府主席。1947年春任行政院院长，后任西南绥靖公署主任。1949年由香港去台湾，1990年12月病逝于台北，寿101岁。著有《中日关系与美国》、《对日言论集》、《谈修养》、《至德管窥录》等。
② 《张主席在本府纪念周报告》（1934年1月8日），湖北省政府秘书处：《湖北省政府公报》第37期，1934年。
③ 《张主席在全省行政会议开会词》（1935年3月4日），湖北省政府秘书处：《湖北省政府公报》第77期，1935年。
④ 《张主席对黄安县各区长机关团体训话》（1934年2月），《湖北省政府公报》第40期，1934年。

国民政府在湖北的统治，但在适时把省政重心由内战转移到建设方面，还是值得称道的，且为其后任主鄂者奠定了基础。

1935年12月，张群调任南京国民政府外交部长，省政府主席由杨永泰①接任。

杨永泰主鄂期间，施政重点放在民政和建设方面。在民政方面，注意调节农民负担。在此之前，保安经费由各县在田赋中附加"亩捐"解决，因而常常出现保安队持枪到各乡强收，搅得农村鸡犬不宁的现象。杨永泰上任后，设立了湖北省保安经费总经理处，将保安经费改由省统收统付，从而减轻了农民负担，缓和了社会矛盾。此外，杨永泰比较重视建设，"诸如兴建省府合署办公大厦，整顿武昌市容，造林防洪，整修武昌电厂（胡光镛协助），提高行政效率，及筹划兴建武汉桥梁等，都受到鄂人的欣赏与赞佩"②。

1936年冬杨永泰被刺后，南京国民政府任命黄绍竑③为湖北省政府

---

① 杨永泰（1880—1936），字畅卿。广东茂名人。清末秀才，后入北京法政学堂、汇文大学学习并留学日本。归国后任广东咨议局议员。1913年被选为参议院议员，因反对袁世凯复辟帝制南下，任肇庆军务处财政部长。1918年参加广州国会非常会议，旋被任为广东省财政厅厅长、广东省省长。1926年国民革命军北伐，任国民革命军总司令部参议，后转任南京国民政府军事委员会参议。1932年，任"豫鄂皖三省剿匪总司令部"秘书长、军事委员会委员长行营秘书长，对军队政治工作策划独多，是"三分军事、七分政治"的首倡者。1935年接任湖北省政府主席。1936年10月25日被刺于汉口江汉关轮渡码头。
② 韩玉辰：《我所知道的杨永泰》，《湖北文史资料》第25辑，1988年。
③ 黄绍竑（1895—1966），字季宽。广西容县人。先后毕业于广西陆军小学堂、武昌第二陆军预备学校和保定军校。1916年冬回广西，在广西陆军模范营任职，后与李宗仁合作。1924年，开办广西军务处军官学校，旋组成"定桂讨贼联军"，1925年任广西省民政厅厅长。次年，任广西省政府主席、国民革命军第7军党代表，参加北伐战争。1930年卷入中原大战，失败后通电下野赴香港。以后脱离桂系，附着于蒋介石。历任南京国民政府内政部部长、浙江省政府主席、湖北省政府主席、军事委员会军令部部长、监察院副院长等职。1949年4月，为南京国民政府"和谈代表团"成员赴北平与中共代表商谈和平，后去香港，发表声明与国民政府决裂。8月到北平出席中国人民政治协商会议第一届全体会议。中华人民共和国建立后，历任政务院政务委员、全国人大常务委员、政协全国委员会委员、民革中央常委等职。1966年11月在北京逝世。

主席。

黄绍竑主鄂期间,南京国民政府的《实业四年计划》(1933—1936年)基本实现,1935年起又推行"国民经济建设运动"①。这一时期,"中国经济发展进入一崭新阶段","在若干方面,业已萌露'起飞'的迹象"②,在此背景下,省政府十分重视经济建设。黄绍竑上任伊始,便进行广泛的调查研究,于1937年2月提出包括改良农业、发展轻工业、兴修水利、整理现有公路等内容的施政计划③。同时,为了适应经济建设的需要,省政府对各级政府官员和公务员提出新的素质要求,即选用各级政府官员和公务员,以"富于朝气,不失时代性,而能快干、实干、苦干"为条件,"以成绩之良否,为去留之标准"④。

然而,1937年7月日本发动的全面侵华战争,打断了全中国也打断了湖北省的经济建设的步伐。

第二节 政治运作与政制变更

1927—1937年的十年间,作为地方政府的湖北省政府,在政治方向和政治运作上始终亦步亦趋于南京国民政府。其间,厉行"清共"和"铲共剿匪"⑤,以屠杀和战争对付中国共产党;频繁调整、变更各级政权体制,不断强化政权机制;控制和压制抗日救亡运动,将其对政局的影响压至最低的程度。国民党试图通过上述政治举措,达到维持和巩固其统治的目的。

---

① 陆仰渊、方庆秋主编:《民国社会经济史》,中国经济出版社1991年版,第221页。
② 郑竹园:《日本侵华战争对中国经济的影响》,许倬云、丘宏达主编:《抗战胜利的代价》,(台北)联合报社1986年版,第53页。
③④ 《今后鄂省施政精神及行政计划之主要骨干——2月9日黄主席在本府纪念周报告》,《湖北省政府公报》第292期,1937年4月12日。
⑤ 1930年11月8日通过的《中国国民党第三届中央执行委员会第四次全体会议宣言》,首次称中国共产党为"共匪"、"匪共",并把对中国共产党领导的苏区和红军的军事"围剿"称为"铲共剿匪"。

一、从"清共"到"铲共剿匪"

上海"四一二"政变、广州"四一五"政变和长沙马日事变相继发生后,国民党右派的反共浊浪漫延到武汉。1927年7月14日,武汉国民党中央执行委员会常务委员会扩大会议议决"裁制一切违反本党主义政策之言论行动",实行"和平清共"①。15日,武汉国民党中央执行委员会通过《取消共产党案》②,宣布"分共",与共产党决裂。18日,武汉国民党中央政治委员会主席团发表宣言,声称:中共党员"既然退出国民政府","则在国民革命军中,及各级政府机关中,亦无须存在"③。19日,武汉国民政府训令军事委员会在军队中"清党",通饬各军务须在最短期间核查所属军队中的军事负责人及政治工作人员,对于已知的中共党员,"切实劝导与共产党脱离关系";对于未知的中共党员"应随时留心查察,禁止一切秘密会议,并考核其言论行动,如有违反本党主义及政策者,立予惩办"④。23日,武汉国民党中央执行委员会发表《统一本党政策案》,宣布:凡列名本党之共产党员,在本党各级党部、各级政府及国民革命军中有职务者,应自即日起声明脱离共产党,否则一律停止职务⑤。27日,武汉国民党中央党部通令各省党部、省政府、军部,对中共党员的活动"加以注意,严加防范"⑥。

1927年8月1日南昌起义爆发后,武汉国民党暨国民政府同南京国民党暨国民政府即一致"称共产党为人民之公敌"⑦,汪精卫更厉声宣

---

① 《中央扩大会议关于最近党务之重要决议》(1927年7月15日),《汉口民国日报》1927年7月16日,第1张第1页。
② 陈兴唐主编:《中国国民党大事典》,中国华侨出版社1993年版,第197页。
③⑥ 《武汉反共之重要文件》,《国闻周报》第4卷第29期,1927年7月。
④ 《武汉反共之重要文件》,《国闻周报》第4卷第31期,1927年8月。
⑤ 转引自皮明庥、欧阳植梁主编:《武汉史稿》,中国文史出版社1992年版,第531页。
⑦ 《中共"八七"会议告全党党员书》(1927年8月7日),中央档案馆编:《中共中央文件选集》第3册,中共中央党校出版社1983年版,第235页。

称,"要用对付敌人的手段"①,"用开割的手段来肃清共产党"②,对中共党员"捉一个杀一个","把他们一个个抓来枪毙"③。2日,武汉国民政府明令对"共产党员一经拿获即行明正典刑,决不宽恕"④。8月8日,武汉国民党中央执行委员会又函告各级党部、各政府机关清查共产党四项办法:"(1)各级党部及各省市党部、各行政机关暨国民政府任职人员,须一律登记,声明有无跨党,以凭考核,而定去留。(2)严重监视,如有反革命行为,应即拿办。(3)有共产党嫌疑者,令其于三日内登报声明反对共产党或发表文章反对共产党。(4)如有 CP 分子潜伏各级党部、各行政机关,既不退出,又不声明脱离共产党者,以反革命论。"⑤随即,湖北省政府和武汉卫戍司令部等单位联合设立"镇反"委员会,专门负责捕杀共产党人和革命群众。

一时间,"几百几千的工农运动的指导同志被武汉政府的将领所残杀"⑥。仅8月上旬,在武汉一地被捕杀的中共党员人数即达100人以上⑦。而据9月下旬统计,武汉地区的中共党员人数由原来的8 000人骤降到1 269人⑧。在石首县,反动派按农协的花名册,大肆捕杀农协领导人和农民群众,"击毙农友及党员二百余人,事后各负责同志家属,悉数受祸"⑨。在江陵县,"土豪劣绅公开反动,许多农协职员被土豪劣绅告发或直接屠杀"⑩。在阳新县,国民党军队"一次就杀害二十多名共产党员,

---

① ③ 刘健清、王家典等主编:《中国国民党史》,江苏古籍出版社1992年版,第301页。
② 汪精卫:《武汉分共之经过》,《革命文献》第16辑,第93页。
④ ⑦ ⑧ 转引自皮明庥、欧阳植梁主编:《武汉史稿》,中国文史出版社1992年版,第531、532页。
⑤ 《武汉中央执行委员会秘书处告关于清查各级党部各行政机关内之共党分子办法函》,1927年8月8日,《革命文献》第16辑,第73页。
⑥ 《中共"八七"会议告全党党员书》(1927年8月7日),中央档案馆编:《中共中央文件选集》第3册,中共中央党校出版社1983年版,第234页。
⑨ 《各县市党部团体被摧残情形》,《汉口民国日报》1927年7月29日,第2张第4页。
⑩ 《中共湖北省委关于湖北农民暴动经过之报告》,《中央政治通讯》第11期,1927年10月。

其中，把中共阳新县委书记罗伟在城关太玉巷用五马分尸的酷刑处死"①。

为反抗国民党的屠杀政策，中国共产党在湖北各地发动了武装暴动和武装起义。为镇压湖北各地的武装暴动和武装起义，桂系鄂籍军人集团对中国共产党人实施了更加凶残的屠杀政策。

桂系鄂籍军人集团统治湖北伊始，便决意"治乱国，用重典"、"以杀为治"②。厉声叫嚣"宁肯错杀三万市民，不留一个CP"③。为此，在强化军、警、宪等镇压机关的同时，又于1928年4月间成立"湖北全省清乡督办公署"和鄂东、鄂西、鄂北、鄂中、鄂南5个清乡区司令部。清乡督办公署和各清乡区司令部内分设稽查总队和稽查大队，专职捕杀共产党人和革命群众。此外，桂系鄂籍军人集团在处置中共党员案件时，无需法律程序，在定案与未定案"犯人"处置上，采用"一律枪决，以免麻烦"④的原则。在桂系鄂籍军人集团凶残屠杀政策下，武汉和湖北地区的中共党组织被多次破坏，无数中共党员遭到杀害。

12月6日，桂系鄂籍军人集团出动大批军警，包围武昌中山大学，抓捕学生会负责人周达山，学生吴宗鲁、易国华、沈毓芳，教授林可彝等19人；16日，在武汉全城搜捕中共党人；17日，将从日租界引渡的前省政府财政厅厅长詹大悲、教育厅厅长李汉俊，以"李是共产党、詹是同伙，密谋暴动"的罪名，不经审讯，当街枪杀于汉口中山大道水塔附近，并暴尸三日⑤。19日，将11月28日因声援震寰纱厂女工斗争而被捕的武昌中山大学学生马坤、许闻道、陈慕兰、纪李华、梅玉珂、许白池、李子芬、田常、吴夐等杀害。不久又将林可彝、周达山、吴宗鲁

---

① 湖南省社会科学院、武汉师范学院历史系等编：《湘鄂赣苏区史稿》，湖南人民出版社1982年版，第4页。
② 李春初：《胡宗铎、陶钧在湖北的统治与崩溃》，《武汉文史资料》第11辑，1983年。
③ 中央档案馆、湖北省档案馆编印：《湖北革命历史文件汇集》甲5，1984年，第376页。
④ 郑奇：《腥风血雨的一九二八年》，《武汉文史资料》第11辑，1983年。
⑤ 李春初：《胡宗铎、陶钧在湖北的统治与崩溃》，《武汉文史资料》第11辑，1983年；皮明庥、欧阳植梁主编：《武汉史稿》，中国文史出版社1992年版，第541页。

等师生杀害。年底，围捕中共地下省委联络站裕泰客栈，当场拘捕30余人，后株连亲友共68人，全部枪杀于汉口余记里广坪，其中，1名被杀害的女性竟褪衣裸露示众一日①。

进入1928年后，桂系鄂籍军人集团进一步加紧破获武汉和湖北地区中共地下党组织，残杀中共党人和革命群众。1月，先后捕杀了中共湖北省委常委兼省工委书记黄五一，粤汉铁路工人领袖、湖北省委常委余长彬，湖北省委员夏桂林，省纺织总工会常委、申新纱厂工会委员长冯良骥，裕华纱厂工会委员长段良材，泰安纱厂工会委员长侯步升，申新纱厂工会委员马瑞亭、女工领袖王小妹，汉口车夫工运领袖李协臣，武昌第五区农协会委员长郑魁元，洪山农运领袖刘子良等30余人②。2月，汉口中共地下机关小董家巷下巷8号、慈德里22号、武昌中共地下机关保安门正街81号相继被破坏，前后有50余人被捕。同月，中共武昌市委书记施季高（施洋之胞弟）等13人被捕③。中共湖北省委委员王达祥，汉口市委常委胡治中，武昌市委书记施季高，京汉路区特委书记邓雅声，鄂南特委书记熊映楚等50余人被判处死刑。3—4月间，中共中央派任弼时到武汉任湖北省委书记，向警予、夏之栩、葛琴等也先后进入武汉秘密恢复党的组织。桂系鄂籍军人集团又先后破坏了中共和共青团省委机关及武汉城区委、各支部、省总工会、京汉铁路总工会及各级工会组织。其中，中共湖北省委委员、共青团省委书记唐鉴，省委秘书长任开国，省委常委夏明翰，著名妇女运动领袖、省委机关报《长江》报主笔向警予，汉口市委书记马俊三，武昌县委书记、省委委员黄赤光等先后被杀害④。5月，鄂中清乡司令部在沙市捕杀中共鄂东特委成员及普通党员26人⑤。同期，鄂东、鄂西、鄂北、鄂南清乡司令部屠戮的中共党员和革命群众无法统计，致使武汉和湖北的中共党组织的活动一度陷于中断。10月，中共中央又派夏文法为湖北省委书记，曹壮父为省委宣传部部长，法和尚为工人部部

---

① ③ ④ ⑤ 参见郑奇：《腥风血雨的一九二八年》，《武汉文史资料》第11辑，1983年。
② 参见皮明庥、欧阳植梁主编：《武汉史稿》，中国文史出版社1992年版，第542页。

长，相继由上海、宜昌等地进入武汉，准备恢复武汉和湖北地区的党组织和党的活动。但至1929年年初，新的中共湖北省委及其下属组织再度被破坏，夏文法、曹壮父、法和尚等16人被枪杀。

据1929年4月桂系鄂籍军人集团败逃后武汉报纸上公布的统计数字，桂系鄂籍军人集团在1928年间以所谓"验明正身，绑赴刑场"枪决的中共党人和革命群众"达八百余人之多"[1]，而未曾公布的被害者则无法统计。

继桂系鄂籍军人集团之后，何成濬、夏斗寅两届湖北省政府，继续秉承南京国民政府的旨意，一面加紧破坏武汉和湖北地区中共地下党组织、捕杀共产党人；一面配合地方驻军和源源不断进入湖北的中央军反复"围剿"境内革命根据地和红军。

1930年3月，国民党军警包围了在洪山召开的中共武昌区委活动分子会议会场，逮捕几乎全体与会人员，其中有新任中共湖北省委书记毛春芳、武昌区委书记邓斌等。4月，毛春芳、邓斌、何长清、史汉斌等被杀于武昌阅马场。同月，军警又逮捕了中共湖北省委组织委员程吟吾，省互济会党团书记陈贯一。6月，军警破坏了省总工会常委接头机关，逮捕了中共湖北省委常委、秘书长冯任及机关工作人员王巡清等人。随后，又破坏了中共湖北省委总机关，逮捕干部和工作人员26人。8月，将在押的著名中共党人何恐、王自强等87人分别砍杀于武汉三镇闹市。9月，汉口行委及所属的兵工厂、轮渡、铁路、烟厂、印刷、刘家庙等中共党支部先后被破坏，20余人被捕，市委委员兼行委书记秦了君，区行委委员邬聘三、彭信儒被杀。12月，军警相继破获了中共武汉市委秘书机关、武汉市委会议机关、长江局接头机关、长江局接待机关、长江局印刷机关。先后被杀害的有中共中央军委办事处主任胡学宏，总兵委书记陈导，长江局委员兼秘书长张采真，长江局共青团负责人袁树人，武汉市委委员周子辉、王崇仁等。

---

[1] 参见郑奇：《腥风血雨的一九二八年》，《武汉文史资料》第11辑，1983年。

1931年4月，由于中共中央政治局委员、特科负责人顾顺章被捕叛变，致使中央军委武汉交通站，红2军团驻汉办事处、交通站和采购处，鄂西联县苏维埃政府驻汉办事处，湖北省委交通处，武汉市委交通处等20余处秘密联络点相继被破坏，数百名在武汉从事地下活动的中共党员和工作人员被捕，其中100余人被杀害①。至此，武汉和湖北地区中共地下党组织"被摧毁殆尽"②，党的活动再度中断。

1930年11月23日，南京国民政府军事委员会在汉口召开湘、鄂、赣三省"绥靖"会议，部署对赣南闽西、湘鄂西、鄂豫皖革命根据地和红军的"围剿"。会议决定，重点"围剿"赣南闽西革命根据地，由蒋介石坐镇南昌督剿；任命徐源泉为"湘鄂川边区清乡督办"，指挥对湘鄂西革命根据地"围剿"；任命湖北省主席何成濬负责对鄂豫皖革命根据地的"围剿"。对湖北境内革命根据地和红军的"围剿"战争由此开始。

1930年11月至1932年6月，国民党军队分别连续对湘鄂西和鄂豫皖革命根据地发动了三次"围剿"，均告失败。1932年6月23日，南京国民政府军事委员会决定于汉口成立"豫鄂皖三省剿匪总司令部"，由蒋介石兼任总司令，直接指挥对鄂豫皖和湘鄂西革命根据地的"围剿"。6月29日，"豫鄂皖三省剿匪总司令部"分别向鄂豫皖、湘鄂西革命根据地投入30万和10万兵力，发动第四次"围剿"。10月中旬和下旬，先后占据鄂豫皖和湘鄂西革命根据地，1933年2月，占据湘鄂赣革命根据地。

国民党军队占据各革命根据地后，即展开了疯狂的残杀和摧残。在原湘鄂西革命根据地，"数百里赤区几乎无一处不被白军摧残"③，被屠杀的群众数以万计，被烧毁的房屋不计其数，仅江陵一县中共党员即"牺牲了两千以上，群众二三万人"，在沔阳被杀者"一千左右"④。在原

---

① 皮明庥、欧阳植梁主编：《武汉史稿》，中国文史出版社1992年版，第547～548页。
② 郭述申：《湖北农民运动与组织工作》（1938年10月20日），湖北省档案馆藏。
③ 《湘鄂西特委致邓中夏信》（1931年2月16日），湖北省档案馆藏。
④ 《湘鄂西苏区通讯》（1931年8月28日），《红旗周报》第17期，1931年9月。

鄂豫皖革命根据地，"湖北有四个县，安徽有五个县，河南有三个县都几乎完全破坏。东西四百里，南北三百里之内，全部人口不是被杀光就是给迁空了"①。仅麻城县乘马区泗店、田铺一带方圆六七十里地区内，烧毁村庄891个，杀害群众24 825人②。

二、政权体制的变更

政权体制的确定与变更，是以巩固国家权力为目的，以特定的政治、经济、军事状况为依据的。因而，南京国民政府成立和实现全国"统一"后，在确立五院制中央制度的同时，又着力于各级地方政权体制的不断变更，借以实现更大的和全新的权力。在这一背景下，湖北省各级政权体制出现了一系列重大变更。

宁汉战争结束，南京国民政府接管湖北军、政权力后，于12月19日重组湖北省政府，规定设省政府委员会主席为全省最高行政长官，改实行了半年多的合议制为合议制与独任制相结合的新体制。1928年4月，省政府第1次政务委员会通过《省政府暂行条例》，根据南京国民政府的指令，改省政府委员会主席为省政府主席。同时，裁撤司法、农工、军事三个厅。1929年3月，南京国民政府驱逐桂系出湖北后又一次改组湖北省政府，确认省政府下设民政、财政、教育、建设四个厅和秘书处，分别掌管民政、财政、教育、建设、文秘等方面，各厅均分别设置办公，各自对外行文，是谓分署办公。

分署办公的运作，利弊兼备。其优点是分管职责明确，上下对口部门垂直领导特点明显，有利于纠正此前军政混杂的局面。其弊端有二：一是容易形成各厅之间分工不合作，"各成系统各固范围，各私财用，事

---

① [美]埃德加·斯诺：《西行漫记》，生活·读书·新知三联书店1979年版，第276页。
② 谭克绳、欧阳植梁主编：《鄂豫皖革命根据地斗争史简编》，解放军出版社1987年版，第398页。

涉甲厅者,则不喜乙厅过问,而事涉两厅以上者,又往往迁延不决,权则相争,过则互诿"①。二是容易弱化甚至架空省政府主席的职权,致"省政府与各厅处骈肩而立"②,且各厅、处上受国民政府对口部、会指挥监督,下对县政府对口局、科直接行文,致省政府主席难能有效统筹各厅政务。这样,改革分署办公的办法势在必行。

1934年7月1日,南昌行营颁布《剿匪区内各政府合署办公办法》规定:凡省政府所属之秘书处、民政厅、财政厅、建设厅、教育厅等一律并入省府公署之内办公;其他直属省府之机关,应分别裁并或尽量缩小;各厅、处及其所辖各机关之组织暨各科组之职掌等,均须按照需要,重新划定,厉行裁并,减少员额;合署办公后,一切文书概由省政府秘书处总收总发,由主管厅承办,分别副署或会同副署,签呈主席判行;省府及各厅处之经费集中管理等。《剿匪区内各政府合署办公办法》颁布后,时任湖北省政府主席的杨永泰雷厉风行,贯彻到底。9月,各厅处开始并入省政府公署办公,并筹建省政府合署办公大厦。

省政府合署办公后,秘书处的职权范围逐渐扩大,成为省政府的幕僚机构和各厅、处、局联系的枢纽,掌理省政府公署的一切机要及会议事项、文书收发、编制分配、保管、人事管理、典守印信、规章审核、各机关行政计划和工作报告的审查,以及其他不属各厅、处的事项③。

从行政学的角度看,合议制与独任制相结合的混合体制的确立和省政府合署办公办法的实行,初奠了现代政治制度的基础。同时,从实际运作来看,也有利于省政府的权力趋于统一和民主,减少了行政层级,提高了工作效率。

在改革省级行政体制的同时,县级行政体制也相继进行了改革,且

---

①②《申报年鉴》(1934年),上海申报年鉴社1934年版,第231页。
③ 湖北省地方志编纂委员会:《湖北省志·政权》,湖北人民出版社1996年版,第177页。

在省、县两级行政体制改革的过程中，又设立了介于省和县两级政权之间的行政督察专员公署。

南京国民政府成立初期，地方行政采取省、县两级制。但由于省区辖境较大，辖县较多，省政府往往难以对县政府进行有效与及时的监督和指挥。就湖北省而言，第一届湖北省政府组成时，所辖县数为69县①，省会武汉位于湖北东南部，鄂西、鄂北各县不仅距省会遥远，且地处山区，交通不便，省政府对上述各县的管辖往往鞭长莫及。鉴此，1928年9月1日，省政府曾制订《鄂西鄂北行政委员暂行条例》，决定"特设鄂西鄂北行政委员"。其中，鄂西行政委员管辖宜昌、五峰、长阳、巴东、秭归、兴山、鹤峰、恩施、宣恩、利川、咸丰、建始、来凤等县，鄂北行政委员管辖郧阳、郧西、房县、竹溪、保康、襄阳、南漳、宜城、枣阳、谷城、均县、光化等县②。但由于该条例未获南京国民政府立法院认可，到1929年5月省政府改组时，鄂西、鄂北行政委员被撤销。

1931年，南京国民政府军事委员会委员长南昌行营为加强对江西境内苏区的"围剿"，在行营内设党政委员会，同时把江西境内革命根据地区域40余县划为9个区，各区设党政委员会分会，督察所属区内各县党、政及保安事务。随即，分区设党政委员会分会的办法被逐步推广于"剿匪"各省，从而成为后来行政督察专员公署的雏形。1932年8月，"豫鄂皖三省剿匪总司令部"颁发《剿匪区内各省行政督察专员公署组织条例》，规定："酌划一省为若干区，各设行政督察专员公署"；"行政督察专员公署直隶本部，并受省政府之指挥、监督，综理辖区内各县市行政及剿匪清乡

---

① 1927年4月第一届湖北省政府组成时，全省共辖69个县。1929年8月，夏口县裁撤，全省遂为68个县。在国民党完成对省境内革命根据地第四次"围剿"，红军主力撤离后，根据南京国民政府《新收复区设县纲要》，1932年11月，安徽省英山县划归湖北省管辖。1933年1月，又将河南省罗山，湖北省黄陂、黄安、孝感四县边陲地带设礼山县。至此，湖北省共辖70县。
② 湖北省政府秘书处：《湖北省政府公报》第13期，1928年。

事宜";"行政督察专员由省政府加委";等等①。稍后,南京国民政府行政院公布《各省行政督察专员暂行条例》。这样,行政督察专员公署就由"剿匪"省份开始实施并由此推行到"剿匪"区以外的一些省份。

湖北省属于"剿匪"重点省份,因而在《剿匪区内各省行政督察专员公署组织条例》和《各省行政督察专员暂行条例》公布后的9月6日,湖北省政府委员会便决定将全省划分为11个行政督察区,并通过了《湖北省行政督察专员管辖区域及专员公署驻在县名》。其具体情况如表5-1:

表5-1　湖北省行政督察专员公署所在地及辖区县名、县数一览表(1932年)

区别	专员公署所在地	辖区县名	县数
第一区	蒲圻	蒲圻、武昌、汉阳、嘉鱼、咸宁、通城、崇阳	7县
第二区	大冶	大冶、阳新、鄂城、通山	4县
第三区	蕲春	蕲春、蕲水、黄梅、广济、罗田、英山	6县
第四区	黄安	黄安、黄冈、麻城、黄陂	4县
第五区	随县	随县、安陆、孝感、应山、云梦、应城	6县
第六区	天门	天门、汉川、沔阳、京山、钟祥、荆门	6县
第七区	江陵	江陵、潜江、监利、石首、公安、枝江、松滋	7县
第八区	襄阳	襄阳、枣阳、宜城、光化、谷城、南漳、保康	7县
第九区	宜昌	宜昌、远安、当阳、宜都、兴山、秭归、长阳、五峰	8县
第十区	恩施	恩施、宣恩、建始、巴东、鹤峰、利川、咸丰、来凤	8县
第十一区	郧县	郧县、均县、郧西、房县、竹山、竹溪	6县

资料来源:中国第二历史档案馆编:《中华民国史档案资料汇编》第5辑第1编·政治(1),江苏古籍出版社1994年版,第110页。

1936年3月25日,南京国民政府行政院再度颁布《行政督察专员公署组织暂行条例》,正式确定各省划定行政督察区,设专员公署,并要求已划定行政督察区、设置专员公署的省份进一步规范其区划。据此,

---

① 《剿匪区内各省行政督察专员公署组织条例》(1932年8月),中国第二历史档案馆编:《中华民国史档案资料汇编》第5辑第1编·政治(1),江苏古籍出版社1994年版,第107~108页。

湖北省政府对原划分的行政督察专员公署进行了裁并,将 11 个行政督察专员公署裁并为 8 个。原第一、第二两区合并为第一区,专员公署驻蒲圻;原第三、第四两区合并为第二区,专员公署驻黄冈;原第五、第六两区合并为第三区,专员公署驻随县;原第七区改为第四区,划入原第六区的沔阳、潜江,专员公署驻江陵;原第八、第九、第十、第十一等四区相应改为第五、第六、第七、第八区,专员公署驻地不变①。

根据南京国民政府行政院 1936 年 3 月公布的《行政督察专员公署组织暂行条例》规定,行政督察专员公署为"省政府之辅助机关",并非在省与县之间增设的一级政府。但是,实际运作的结果,制度内涵逐渐发生了变化,行政督察专员公署逐渐演变成为权力实体。行政督察专员公署的设置,无疑加强了省政府对各县的指挥和监督。

由于南京国民政府成立之初推行的地方制度为省、县两级制,因而特别重视县政建设。

1926 年 10 月国民革命军北伐占领武汉后,当即公布《湖北省县行政公署临时组织大纲》,改组此前的县政权机关,规定各县设县行政公署。宁汉战争结束,南京国民政府接管湖北政权后,湖北省政府于 1928 年 7 月公布《暂行新县制》,规定县行政公署一律改为县公署。1928 年 9 月,南京国民政府颁布《县组织法》,确定"训政"时期的县政权组织机构为县政府②。其后湖北省各县都改设县政府。

自设县行政公署起,即设县长 1 人为县行政长官。县长初由省政府委任。1929 年后改由民政厅推荐合格人员 2 至 3 人,经省政府委员会议决任命。所谓合格人员的条件为:"(1) 曾在国民政府统治下县长考试及格者;(2) 现任或曾在国民政府统治下充任荐任文官二年以上经甄别审

---

① 湖北省地方志编纂委员会:《湖北省志·政权》,湖北人民出版社 1996 年版,第 205~206 页。
② 国民政府秘书处:《中华民国国民政府公报》第 92 期,成文出版社有限公司发行,1928 年 9 月。

查合格得有证书者；(3) 现任或曾在国民政府统治下充任最高级委任文官三年以上，经甄别审查合格得有证书者；(4) 对于党国有勋劳或致力于革命十年以上经中央执监委员二人以上之证明，并曾任荐任文职一年以上者；(5) 在教育部认可之国内外大学法律政治经济各系毕业且有专门之研究，并曾任荐任文职一年以上者。"① 1933 年，"豫鄂皖三省剿匪总司令部"训令豫鄂皖三省政府，对除县长考试合格者外的"预保合格人员"的条件作了更严格的限制："(1) 得有教育部认可之国内外大学独立学院或专门学校研究政治法律经济社会各学科三年以上，得有毕业证书并曾任荐任文职三年以上者；(2) 曾任县长二年以上，确著政绩有公文书足资证明者；(3) 曾任荐任职五年以上卓著成绩有公文书足资证明者；(4) 现任最高级委任制，有异常劳绩受有升级奖励者；(5) 曾任委任职七年，以成绩优异，于县政确有研究，有公文书足资证明者。"②

由此可见，这一时期的县长任用，不仅对政治态度、任职经历有特定的要求，而且对学历的要求也是相当严格的。据统计，1937 年 6 月在任的县长总计 70 名，其中具有大学本科学历（含国内外大学、国内外军校毕业）的有 42 名，具有专科学历（含国内外专科学校）的有 27 名，其他 1 名③。

为了强化县政管理的需要，南京国民政府成立后不久，即以各县面积、人口、经济、文化、交通 5 项标准，要求各省将所属各县划分等第，并于 1929 年颁布《各县厘定县等办法》。据此，1932 年 1 月，湖北省政府经南京国民政府行政院核准公布本省 68 个县的等第，其情况如下：

一等县：武昌、沔阳、黄冈、随县、襄阳、钟祥、荆门、宜昌、江陵，计 9 县。

二等县：鄂城、蒲圻、大冶、阳新、汉川、黄陂、孝感、黄安、蕲

---

① 《湖北省县长任用暂行办法》(1930 年 11 月)，湖北省档案馆藏。
② 鄂豫皖三省"剿匪"总司令部秘书处：《政务周刊》第 10 期，命令，1934 年。
③ 湖北省政府秘书处：《湖北省年鉴第一回》，1937 年，第 750 页。

春、蕲水、麻城、广济、京山、天门、南漳、枣阳、谷城、均县、郧县、房县、监利、松滋、巴东、恩施、汉阳，计25县。

三等县：嘉鱼、咸宁、崇阳、通山、通城、黄梅、罗田、安陆、云梦、应山、应城、潜江、当阳、远安、宜城、光化、竹溪、竹山、保康、郧西、公安、石首、枝江、宜都、长阳、兴山、五峰、秭归、宣恩、建始、利川、来凤、咸丰、鹤峰，计34县。

1935年，湖北省政府对各县等第进行了调整，将此时所辖的70个县划分为四等，其情况如下：

一等县：武昌、沔阳、黄冈、随县、襄阳、钟祥、荆门、宜昌、江陵、礼山、蒲圻、阳新、蕲春、黄安、天门、恩施、郧县，计17县。

二等县：鄂城、大冶、汉川、黄陂、孝感、蕲水、麻城、广济、京山、南漳、枣阳、谷城、均县、房县、监利、松滋、汉阳，计17县。

三等县：嘉鱼、咸宁、崇阳、通山、通城、黄梅、罗田、安陆、云梦、应山、应城、潜江、当阳、宜城、光化、公安、石首、枝江、宜都、长阳，计20县。

三等小县：保康、远安、兴山、秭归、五峰、宣恩、建始、鹤峰、利川、咸丰、来凤、竹山、竹溪、郧西、巴东，计15县。

各县等第的划分，有利于省政府对各县县情的掌握，并由此实施相应、配套的政策，统筹全省建设的步调。

县级政治体制变更的又一重大措施是实行了裁局改科。

1928年9月南京国民政府公布的《县组织法》规定，县政府一般设公安、财政、建设、教育各局。各局受省政府主管厅和所在县县长的双重指挥与监督。但在实际运作过程中，尤其是在省政府实施合署办公之前，各局多直接受省政府对应厅、处的指挥和管理，县长往往无权过问，致使县长对县政缺乏整体管理和指挥，县政府失去作为地方一级政权的作用。

为了改变这一状况，1932年8月，"豫鄂皖三省剿匪总司令部"通令河南、湖北、安徽三省将县政府所属各局改为科。1934年12月，南京军事委员会委员长南昌行营又制定了《剿匪区内各县政府裁局改科办法大纲》。据此，湖北省政府制定了《湖北省县政府分科职掌暂行规程草案》，裁局改科遂在全省各县实行。

根据《剿匪区内各县政府裁局改科办法大纲》和《湖北省县政府分科职掌暂行规程草案》，县政府所属之公安、财政、建设、教育各局概行裁撤，其职掌分别归并于县政府之各科办理。县政府设秘书一人和第一科、第二科、第三科。第一科掌管地方自治、赈灾救济、教育建设、禁烟等事项；第二科掌管财政；第三科掌管公安、保甲团队、清乡、交通、水利堤防等事项。县与省各厅的行文均以县政府名义对省政府呈送，省政府各厅不再直接指挥、监督县政府对口部门。

各县裁局改科实行后，提高了县长的地位，加强了县政府的权力。同时，精减了行政人员，减少了行政经费的开支（每年可节省行政开支10万余元①）。

根据1928年9月15日南京国民政府公布的《县组织法》规定，县以下实行四级制，即县下为区，区下为村、里，村里下编闾，闾内编邻。其中，区由20村里组成；百户以上乡村为村；百户以上市镇为里；25户居民为闾；5户居民为邻。其系统为：

$$县——区——\begin{bmatrix}村\\里\end{bmatrix}——闾——邻$$

1930年7月，南京国民政府公布《修正县组织法》，规定县以下仍维持四级，但将原来的村里改称为乡镇，区的数额依各县区域大小确定。

根据上述法规规定，湖北省68县先后确定了区的数额，最多的有10区，最少的有4区，共412区。其中，设10区的有武昌、阳新、大冶、随县、沔阳、钟祥、荆门、枣阳、云梦、应城10县；设9区的有襄阳、竹溪、麻城3县；设8区的有天门、南漳2县；设7区的有汉阳、竹山、郧县、京山4县；设6区的有房县、蕲春、黄冈、黄陂、孝感、

---

① 湖北省政府秘书处：《湖北省政府公报》第45期，特载，1929年。

汉川、江陵、谷城、长阳、郧西、鹤峰、应山、监利、黄安、巴东15县；设5区的有利川、宜昌、蒲圻、崇阳、鄂城、浠水、安陆、潜江、石首、公安、松滋、宜城、建始、恩施、秭归15县；设4区的有当阳、嘉鱼、通山、黄梅、广济、罗田、均县、枝江、宜都、来凤、五峰、远安、光化、咸丰、咸宁、通城、保康、兴山、宣恩19县[①]。

根据南京国民政府1929年10月公布的《区自治施行法》和1930年7月公布的《修正区自治施行法》规定，各县所辖各区均为自治性组织。虽然上述法规对区所设备机关及区长人选都做了详细、具体的规定。但是，由于南京国民政府初建时期在民众中的信任程度很低，民众的自治意识很淡薄，一部分具备条件的人不愿出任区各机关职员。因而，在实际运作中，区长人选"仅由省政府召集一批年纪甚轻，大抵刚从中学毕业的青年加以短期训练，训练完毕后，就派充区长，把一切自治的筹备事务都安置在这些区长的身上。现今的县政府是腐败的，再加上这些缺乏经验、能力薄弱的区长，当然不能有良好的成绩"[②]。有些地方的"民众视区公所区长，无异前清地方制度遗下的保卫团董、庄头，绝不特加尊重，于是地方优秀贤良，多抱消极态度，托词规避，不肖者则奔竞而进，结果各地区公所区长，不是操于乡里投机分子之手，便是为豪劣或年纪高大思想落后者所包办"[③]。"故县长与民众之间，既无居间联系之枢纽，自失指臂相使之效用。以致一切政令，逮县之后，即等于具文，无法推进。"[④]

有鉴于此，南京国民政府即从"剿匪"的总任务和"三分军事、七分政治"的方略出发，着手"剿匪"区域的区制变更。1932年8月，南京国民政府军事委员会委员长南昌行营制订、颁发了《剿匪区内各县区公所组织条例》，规定扩大区的区域，减少区的数额，并改自治组织性质

[①]《湖北各县区数暨区政经费数目比较表》，湖北省民政厅：《湖北县政概况》第1册，附图1，1934年。
[②][③] 黄伦：《地方行政论》，正中书局1942年版，第135～136页。
[④] 张富康：《中国地方政府》，汉口新昌印书馆1947年版，第95页。

的区为官治补充的县的下级机构。1934年12月，又制订、颁发了《剿匪省份各县分区设署办法大纲》，进一步明令取消原来的区公所或区办事处，改设区署。于是，分区设署制度首先在"剿匪"区域施行。

湖北省属于"剿匪"重点省份，《剿匪省份各县分区设署办法大纲》颁发后，南昌行营即限令湖北省从1935年3月起分三期在各县实行分区设署，至1936年2月底完成①。据此，1935年4月8日，湖北省政府制定了《湖北省各县分区设署实施细则》，规定全省各县分区设署分期次第办理。第一期为武昌等24县，第二期为嘉鱼等24县，第三期为崇阳等22县。《湖北省各县分区设署实施细则》还规定各县划区应就现有区域酌量减并，各区长委定后组成区署。

按照上述法规和安排，湖北省如期完成了分区设署事宜，全省各县区数由412个减至268个②。划区数为3区至6区。其中，划6区的县有黄冈、随县、孝感、南漳、襄阳、江陵、沔阳7县；划5区的县有武昌、京山、钟祥、荆门、麻城、黄陂6县；划4区的有汉阳、蕲春、监利、宜昌、恩施、郧县、鄂城、大冶、浠水、应山、汉川、谷城、房县、均县、郧西、巴东、鹤峰、利川、竹山、竹溪20县；划3区的有来凤、咸丰、建始、宣恩、五峰、长阳、秭归、兴山、远安、保康、礼山、英山、罗田、通山、通城、咸宁、崇阳、当阳、宜都、嘉鱼、枣阳、应城、云梦、光化、宜城、松滋、枝江、公安、石首、潜江、广济、黄梅、安陆、黄安、阳新、蒲圻等37县③。

分区设署制度的实施，大大地强化了湖北省基层政权的职能。正因为如此，1936年6月，南京国民政府行政院公布《各县分区设署暂行规程》，将分区设署制度由"剿匪"区域推向全国。

在分区设署制度实行前后，湖北省基层政权体制的又一项重大变更

---

① ② 湖北省政府秘书处：《湖北省年鉴第一回》，1937年，第744页。
③ 《湖北省各县应划区数表》，湖北省政府秘书处：《湖北省政府公报》第88期，1935年。

是推行了保甲制度，取代了此前的闾邻制度。

如前所述，根据1928年9月、1930年7月南京国民政府先后公布的《县组织法》和《修正县组织法》规定，湖北省政治制度的最下层自治组织为闾邻。但随着各级地方政治制度的改革，尤其是为适应对苏区红军"围剿"的军事、政治需要，南京国民政府决定编组始于宋代而民国初年一度废弃了的保甲制度。

1931年年初，南京国民政府军事委员会"剿匪"总司令部党政委员会地方自卫处即研究、草拟了保甲制度和保甲法规，试图以保甲取代原来的闾邻，并于当年6月在江西修水等43个县试行。1932年8月，豫鄂皖三省"剿匪"总司令部制订、颁布了《豫鄂皖三省剿匪总司令部施行保甲训令》和《剿匪区内各县编查保甲户口条例》。训令和条例规定：每户即以家长为户长，负管束其家人男女之责，报告人口异动，实行联保连坐切结；以十户为甲，十甲为保，甲设甲长，保设保长；编组保甲的同时，进行户口调查，先确定户数及户长，以为推定保甲长之根据等。训令和条例还限令豫鄂皖三省分三期办理保甲，在1933年3月前完成。

根据《豫鄂皖三省剿匪总司令部施行保甲训令》和《剿匪区内各县编查保甲户口条例》，湖北省从1932年9月开始编组保甲，至1935年，"全省保甲之组织，始得整个完成"①。在编组保甲的过程中，又出现了由若干保而组成的联保，联保组成后，乡镇政权组织渐被联保取代。1935年，湖北省政府规定联保"为推行管教养卫各项政务枢纽"②，并于1936年决定联保一律由15至20保组成，随后，联保完全取代乡镇。据1934年统计，湖北全省共有联保6 736个，保44 786个，甲419 990个（其中黄陂、建始、郧县、房县甲数缺）③。

---

① 湖北省政府秘书处：《湖北省年鉴第一回》，1937年，第743页。
② 转引自湖北省地方志编纂委员会：《湖北省志·政权》，湖北人民出版社1996年版，第255页。
③ 《湖北各县保甲数目比较图表》，湖北省民政厅：《湖北县政概况》第1册，附图1，1934年。

保甲制度虽然不是南京国民政府地方政权的独立层级，却是其基层政权最核心、最本质的内容。保甲制度的实施，实际上带动了湖北省地方基层政治体制全面、深刻的变更，极大地强化了湖北省政府对广大乡村的统治。

三、严厉压制抗日救亡运动

1931年"九一八"事变和1935年华北事变的相继发生，使民族危机一步步加深。为反对日本的侵略，反对国民党暨南京国民政府的不抵抗政策，全国各地尤其是各大城市的抗日救亡运动接踵而起，一浪接一浪。湖北各地尤其是省会武汉市的抗日救亡运动应声而起，积极呼应着全国各地的抗日救亡运动。面对全国性的抗日救亡运动，国民党暨南京国民政府采取了压制和镇压的政策。湖北省政府秉承国民党暨南京国民政府的旨意，对全省抗日救亡运动实行了压制、限制和镇压。

1931年"九一八"事变后，全国各大城市的青年学生立即行动起来，举行反日罢课，抗议日本的侵略行径。9月25日，国民党中央执行委员会发表《告全国学生书》，要求"全国学生在中央统一指挥之下"，完成其"最后一课"①。28日，蒋介石亲临中央军校演讲，要求学生"力持镇静"②。10月8日，南京国民政府教育部向各省教育厅和有关大学发出专电，规定"学生一切行动，应悉遵中央意旨，并遵行中央及政府颁布之法规"，"学生救国运动必须遵守中央统一之规定"，"不得罢课"③。

---

① 《国民党中央执行委员会告全国学生书》（1931年9月25日），中国第二历史档案馆编：《中华民国史档案资料汇编》第5辑第1编·政治（4），江苏古籍出版社1994年版，第144页。
② 陈兴唐主编：《中国国民党大事典》，中国华侨出版社1993年版，第315页。
③ 《（国民政府）教育部关于压制学生抗日救亡运动要点及注意事项电》（1931年10月8日），中国第二历史档案馆编：《中华民国史档案资料汇编》第5辑第1编·政治（4），江苏古籍出版社1994年版，第146～147页。

为响应全国的抗日救亡运动，武汉各界尤其是各校青年学生立即投身抗日救亡运动之中。9月21日，武汉各界集会声讨日本制造"九一八"事变的侵略行径。22日，成立武汉抗日救国会。28日，武汉各界举行反日救亡民众示威游行。29日，武汉大学校务会议代表全校师生致电国民党中央党部和南京国民政府外交部，呼吁"研究巩固东省国防办法"，"对日经济绝交"①。10月5日，武汉大学500多名学生齐集军事委员会武汉行营请愿，要求对日宣战，发给学生枪械，准备武装抗日②。19日，武汉学生抗日救国会组织各校学生举行大规模反日示威游行，并参加抵制日货的宣传。12月6日，武汉大学学生代表150人组成请愿团奔赴南京，汇入有声有色、规模空前的南京请愿③活动之中。8日，武汉大学请愿团同中央大学、北平大学学生一起举行联合总示威，抗议南京国民政府的不抵抗政策，谴责当局暴力镇压抗日爱国活动。9日，武汉大学请愿团返汉，筹组武汉抗日救亡总示威，以策应南京，并计划于24日举行总示威。

在此关键时刻，武汉警备司令部和武汉"绥靖"公署对学生活动进行严密监控，做好了武力镇压的准备，从而使原定24日举行的武汉青年学生

---

①②《全国青年学生抗日救国运动情况简明统计表》（1931年9月22日—12月7日），中国第二历史档案馆编：《中华民国史档案资料汇编》第5辑第1编·政治(4)，江苏古籍出版社1994年版，第170、176页。

③ "九一八"事变发生后，上海各校学生代表51人率先于9月26日赴南京向国民党暨南京国民政府请愿，要求集中兵力，抵抗日本侵略；惩办不力外交官员，实行革命外交；武装全国学生；等等。随后，各地学生络绎不绝来到南京。到11月底，人数至1万以上。这些到达南京的学生，代表全国各地民众的呼声，以请愿的形式要求国民党暨国民政府改变不抵抗政策，举兵抗战。迫使蒋介石不得不数次与学生见面，并承诺"将率师北上抗日"。但在不久后的12月，南京国民政府在面对日本欲从东北南下入关时，南京国民政府代表却向国联提议将锦州划为"中立区"，至此，国民党暨国民政府不抵抗政策大白于天下。各地学生极度愤怒，纷纷赶赴南京。12月初，会聚南京的学生达3万多。12月17日，赴南京学生联合举行浩浩荡荡的请愿、示威，准备齐赴国民政府。是为著名的"南京请愿"。这时，国民党暨国民政府出动大批军警，在学生请愿、示威队伍途经的珍珠桥附近开枪镇压，当场死30多人，伤100多人，搜捕100多人，制造了"珍珠桥惨案"。

抗日救亡总示威计划未能实现，武汉暨湖北省的抗日救亡运动转入低潮。

1935年华北事变后，"一二·九"运动在北平爆发，全国抗日救亡运动再起，武汉地区的抗日救亡运动表现尤为出色。

12月10日，武汉《大光报》率先报道了北平"一二·九"运动，武汉学生奋起响应。是日，华中大学成立学生自治会，并以该会名义致电北平各校，声援北平学生的爱国行动。武汉大学的学生还用大字报招贴公布《北平来信》，号召全校师生行动起来，参加抗日救亡运动。同日，省立高中、省立一中、省立二中、私立育杰中学、市一男中、市一女中等校学生，均以各种形式投身抗日救亡运动。12日，华中大学、省立高中、市一男中、市一女中、省立女子师范、市二女中、湖北艺术专科学校、心勉女中、中华大学等40余校100多名学生代表在华中大学礼堂召开联席会议，决定组织各校学生会，举行示威游行，并通过《告全国同胞书》。17日，正式成立了"武汉中学以上学校学生救国联合会"，作为武汉地区学界抗日救亡运动的领导机构。

面对抗日救亡运动的再起，湖北省政府有意镇压。湖北省学生军训总队队长阮齐声色俱厉地叫嚷："这里面有问题！哪里是什么爱国？！分明是害国！有人操纵，捣乱！"①镇压之意溢于言表。但鉴于北平当局用水龙、马刀镇压学生运动的失败，湖北省政府乃事先压制。其主要手段和对策，一是责令教育厅厅长程其保负责各校校长限制各该校学生，在各校宣讲"学生在于读好书，不要务外"，"爱国不忘读书，读好书才有本领救国"等②。二是限制各校学生之间的串连。一时，各校加紧门禁，不准学生随意外出，不准学生随便对外会客，尤其对学生代表更是防范严密，除了家里来人送伙食费和衣物外，一概不许外出和会客。在一些重点学校校区，则安置了戒备武装或便衣特务。据当时《大光报》记者徐怨宇回忆："九中门口没有戒备武装。但是走近一看，有一二十名

---

① 徐怨宇：《一二九在武汉采访纪实》，《武汉文史资料》第16辑，1984年。
② 季禾子：《在学生运动的后面》，《武汉文史资料》第16辑，1984年。

穿着便装的大个子聚集在大门内外;无疑,这是特务部门派来的便衣警卫。"① 三是在有效控制范围内,允许青年学生开开会,搞搞示威游行,喊喊口号,出出气,表示爱国之后把学生带回学校。

但是,湖北省政府上述手段和对策未能奏效。"武汉中学以上学校学生救国联合会"决定于20日举行汉口、汉阳、武昌三镇学生联合大游行。湖北省政府、国民党湖北省党部获此信息后,立即紧急部署,于19日夜"分向省市各军政警机关,促其注意","一面召集各中学校长谈话,请其劝导阻止学生行动"②,并下令于20日实行封江禁渡。

20日,所有的轮渡船只调离出了武汉各码头,轮渡售票处的铁栏栅均挂上大锁,浩瀚的江面上不但看不到一艘轮船,连木帆船也不见一只。封江禁渡完全打乱了学生救国联合会的计划,使20日的汉口、汉阳、武昌三镇学生联合大游行计划未能实现。后经学生反复斗争,湖北省政府被迫答应轮渡复航,23日,学生实现了到汉口会师的目标。但此时学生们的锐气已减,而且经过几天准备,湖北省政府已在警力等方面做好了充分的准备,因而基本上控制了23日游行的态势。

湖北省政府在严厉压制武汉地区的抗日救亡运动的同时,对省内各县市出现的抗日救亡运动也进行了压制和镇压。

在武汉抗日救亡运动高潮期间,宜昌、襄樊、应城等地也出现了青年学生的抗日救亡活动,其中,以应城规模为大。12月25日,应城西河中学、简易师范、新蒲女子职业学校、中心小学等10余所学校的师生近千人,在应城公园举行集会,会上通过了致北平、武汉爱国学生的慰问电。会后举行游行请愿,但游行请愿刚开始,便遭到县政府保安队的镇压,致使40多名学生受伤,造成应城惨案③。

---

① 徐怨宇:《一二九在武汉采访纪实》,《武汉文史资料》第16辑,1984年。
② 《国民党汉口市党部报告武汉学生举行游行示威实况与处理经过情形致中央民训部呈》(1935年12月31日),湖北省档案馆藏。
③ 湖北省应城市地方志编纂委员会编:《应城县志》,中国城市出版社1992年版,第18页。

在全国各地抗日救亡运动此起彼伏的局面下，南京国民政府应对抗日救亡运动的对策进一步强硬。12月25日，南京国民政府命令军事委员会在必要地区实行戒严，"凡违反戒严令者，概以军法从事"①。随即，南京、上海、武汉等市相继戒严。1936年1月27日，南京国民政府指令教育部，"应严订办法，凡以任何方式妨害学校课业之学生应立即严令离校，地方军政机关查有从事此种煽动行为之团体，应立即予以制裁"②。各省教育厅均遵令行事。恰逢寒假已到，各校一律不准学生留校，学生纷纷回家度假，力量因此分散。

至1936年4月8日，湖北省政府及武汉警备司令部强迫"武汉中学以上学校学生救国联合会"解散，停止了学联的一切活动，武汉暨湖北省的抗日救亡运动再次转入低潮。

第三节 跌宕起伏的社会经济

如果说南京国民政府建立后10年，中国社会经济在艰难曲折的道路上得到了一定程度发展的话，那么，同一历史时期的湖北省社会经济当与全国同步，也得到了相应的发展。只不过，由于湖北省曾是国民党各军事集团混战的主战场，又是南京国民政府中央军和地方军"围剿"红军最重要的省份之一，还是水患频发、灾情连年的省区，从而使得湖北省社会经济发展走过的是一条尤为艰难曲折的道路。

一、农业的破败与复兴

湖北省是一个农业大省，农业状况如何，直接关系全省经济全局，

---

① 中国社会科学院近代史研究所中华民国史研究室编：《中华民国史资料丛稿》第21辑，中华书局1979年版，第31页。
② 转引自刘健清、王家典主编：《中国国民党史》，江苏古籍出版社1992年版，第401页。

影响社会稳定和政权基础。

虽然湖北省政府早就意识到"复兴湖北，首在恢复农业"。但在南京国民政府建立初期，湖北省农业经济始终处于滑坡状态，并在1931年跌入低谷。其重要标志是全省主要农作物大幅度减产。1931年全省水稻、小麦和棉花的年产量，与20年代年均产量比较，分别减产31.3%、23.2%和68.7%[①]，减产幅度之大，实属罕见。农作物大幅度减产的直接后果是农户收入锐减，农村金融枯竭。在这一背景下，农户普遍无力添置种子、农具投入再生产，且失去了农业生产的热情。一部分农户则因生活艰窘被迫弃田外流，农村劳动力大量流失。一时间，许多地区田地荒芜，屋舍为墟，经济枯竭，生活维艰。

农业经济的破败，直接关系全省经济的恢复和发展，且影响着全省政治的稳定。鉴此，1932年10月红军主力退出鄂境后，湖北省政府开始采取措施恢复和发展农业经济。其主要措施如下：

第一，整理田赋，调节农民负担。

早在1928年10月，南京国民政府财政部即制订了《限制田赋附加八项办法》，饬令各地限制田赋、减免税收。但各地置若罔闻，不仅不予限制，反而相机肆意增加。1933年5月，财政部又制订了《整理田赋附加办法十一条》，经行政院批准公布，饬令各地附加于1933年度内全部整理完竣，不得延缓遗漏。据此，1933年7月张群主鄂后，立即饬令各县地方财政实行预决算制度，对一切不合法的捐税以及超过法定范围的各种附加税均予减免。随后，省政府又根据1934年5月第二次全国财政会议所制订的《田赋税则及附加章程六项》，加大了废除和减免苛捐杂税及田赋附加税的范围和力度。到1935年，全省已废除和减免田赋附加税21种，苛捐杂税91种，共计减免126万元。1936年，又将武昌等21县的田赋附加税予以减征，计52万元。同年，还将蒲圻等39县的62种苛捐杂税计45万元相继裁撤[②]。

[①②] 陈钧、张元俊，等主编：《湖北农业开发史》，中国文史出版社1992年版，第246页。

湖北省政府整理田赋，减免税收的措施，在一定程度上减轻了部分农民的负担，调动了农民生产的积极性，有利于农业经济的恢复和发展。但由于减免的幅度太小，各地执行标准、力度不平衡，致使其效果极其有限。田赋税收依然是制约农业经济恢复和发展的因素之一。

第二，兴修水利，防治水患。

1931年大水灾①的出现及其所造成的惨重损失，举国震惊，也成了湖北省政府乃至南京国民政府水政建设的最严重的教训。为此，湖北省政府和南京国民政府均以前所未有的水患意识致力于水利建设。

大水过后，湖北省政府立即开始组织堵口复堤的水利工程，到1932年9月，与沿江各省协作，完成了上自湖北石首，下迄江苏江都，长达1 800余公里的堤防培修工程，堤岸高度比1931年最高水位高1公尺，其中，汉口段堤身高27.5公尺。与此同时，汉江及各县干堤的加高培厚的修复工程也基本完成。

为了加强水利工程的管理，1932年9月，湖北省政府决定设置堤工局，将水利局主管的堤防工程业务划归堤工局专管。11月，根据"豫鄂皖三省剿匪总司令部"的指令，湖北省堤防工程业务及管理移交给全国经济委员会江汉工程局。这样，湖北省水利建设的主管机构升格为全国经济委员会。

全国经济委员会江汉工程局接管湖北省堤防工程业务及管理事宜后，一方面加大了湖北省境内水利建设的资金投入，另一方面改过去修修补补的岁修工程为规模型的重点工程。1933年年初，动工修建武昌三孔排水闸工程；1935年，确定荆江大堤、东荆河堤、东成垸、府河堤为重点工程；1936年，修筑了长18公里的汉江罗汉寺至旧口段的堤防工程，

---

① 1931年7月，长江流域降雨量超过常年同期一倍以上，加上多年来堤防严重失修，造成8月间长江全流域洪水泛滥，沿江堤防多处溃决，洪灾遍及长江中下游流域各省。其中，湖北70个县就有50个县受灾，整个江汉平原一片汪洋，武汉被淹两月之久。死于洪灾、饥饿和瘟疫的达3.26万人，农作物和财产损失难以统计。

完成了武汉防水墙工程。此外，在全国经济委员会的主持下，还先后完成了全省水道测量、水准测量、汉江水文测量等项水利勘测事宜。

这一时期湖北省水利建设的兴起，堤防修复工程和若干重点水利工程的建成，对于防治水患，保障农业经济的恢复和发展起了重要的作用。

第三，发放农业贷款，扶持农业经济复兴。

湖北省农业经济一直受到资金短缺、生产资料不足的困扰，1931年大水灾后，这一问题更加突出。为此，湖北省政府设法筹措资金，发放农业贷款，以扶持全省尤其是受灾地区和贫困县份农业经济的复兴。

1931年水灾过后，湖北省政府即拨款筹设农民贷款处，专门发放农业贷款。1932年11月，"豫鄂皖三省剿匪总司令部"设立农村金融救济处，其主要活动也是发放农业贷款。与此同时，经省建设厅建议，于1931年年底成立了湖北省合作事业指导委员会，由其指导全省各县农村组织信用合作社，以接受政府贷款转贷给社员。1933年4月，以农村金融救济处为基础，成立了豫鄂皖赣四省农民银行（1935年4月改为中国农民银行），其基本业务之一便是发放农业信用贷款。这样，农业贷款开始输入广大农村。1933年，豫鄂皖赣四省农民银行即对黄安、罗田等县的1 500多个农村合作社放款50余万元[1]。到1936年，政府贷款金额总计约270余万元[2]，主要发放到受灾地区和贫困县份。

根据《豫鄂皖赣四省农民银行条例》规定，农业贷款的用途为：购买耕牛、种子、肥料、畜种及各种农业原料；购买或修理农业应用器械；农产品的运输及囤积；修造农业应用房屋及场所；与农业有密切关系的事项。

农业贷款的发放，缓解了农业资金短缺、生产资料不足的困难，有利于全省农业经济的复苏和发展。

---

[1] 湖北省地方志编纂委员会编：《湖北省志·金融》，湖北人民出版社1993年版，第63页。

[2] 陈钧、张元俊，等主编：《湖北农业开发史》，中国文史出版社1992年版，第258页。

第四，推广良种，改良农产。

湖北省是国内最早大批引入良种棉种的省份，但因棉农缺乏科学知识，在技术上因循守旧、墨守成规，良种棉种引入后不久，其原有的优良品性逐渐退化。到 20 年代末，全省棉种退化日益严重，汉口细绒已成为最劣品。为了解决这一问题，进入 30 年代后，湖北省产棉县地方政府和省内外一些民间团体，相继从省外引入美棉新品种。同期，全国经济委员会也选购棉种 3.8 万余担，分发江苏、河南、陕西、湖北等省。为了加快美棉新品种的繁育和推广，湖北省政府陆续建立了武昌徐家棚、天门、江陵、公安、钟祥、随县等棉场①，担负全省棉花品种试验和种子繁育的任务。同时还在主要棉区建立良种示范区和特约棉种繁殖区，加快美棉新品种在全省的推广。随后又先后于 1935 年和 1937 年设立湖北棉产改进所和湖北省农业改进所，继续推进全省种子改良工作。据不完全统计，1929 年至 1937 年间，全省美棉新品种种植面积年均达 528 万亩，占全省棉田总面积的近 70%，仅 1936 年就新增 20 万亩②。

由于采取了上述一系列措施，从 1932 年起，全省主要农作物产量开始回升，并呈基本平稳状态。其中，1932 年、1936 年同 1931 年的可比性最强。见表 5-2。

表 5-2　1932 年、1936 年与 1931 年湖北省主要农作物产量比较表　单位：担

	1931 年	1932 年	1936 年
稻谷	67 554 000	88 897 000	79 532 000
小麦	26 303 000	27 413 000	30 122 000
棉花	1 121 000	1 641 000	3 135 911

资料来源：湖北省政府秘书处：《湖北省年鉴第一回》，1937 年，第 166 页。

同时，1936 年的棉产量与各省比较，则更具有典型意义。是年，全

---

① 湖北省政府建设厅编：《湖北建设最近概况·农政》，1933 年，第 1 页。
② 陈钧、张元俊，等主编：《湖北农业开发史》，中国文史出版社 1992 年版，第 257 页。

省棉产量 3 135 911 担,居各产棉省的第一位。见表 5-3。

表 5-3　1936 年全国主要产棉省种植面积、产量比较表

省别	种植面积（亩）	产量（担）
湖北	8 189 825	3 135 911
河北	9 613 000	2 979 000
山东	5 632 000	2 101 000
山西	1 912 000	582 000
河南	5 592 000	1 604 000
陕西	3 893 000	1 092 000
湖南	678 000	303 000
江西	209 000	44 000
安徽	1 294 000	605 000
江苏	9 586 000	2 845 000
浙江	1 584 000	1 000 000
四川	3 687 000	646 000

资料来源：湖北省政府秘书处：《湖北省年鉴第一回》，1937 年，第 200 页。

此外,在主要农作物产量呈基本平稳回升的状态中,逐步形成了一些产粮大县。以 1936 年为例,稻谷年产量 200 万担以上的有：钟祥（3 200 000 担）、沔阳（2 700 000 担）、黄冈（2 700 000 担）、江陵（2 600 000 担）、荆门（2 400 000 担）、京山（2 400 000 担）、随县（2 400 000 担）；小麦年产量 50 万担以上的有：沔阳（850 000 担）、襄阳（760 000 担）、江陵（660 000 担）、京山（620 000 担）、天门（600 000 担）、随县（520 000 担）、潜江（500 000 担）①。

农作物产量的平稳回升,逐步改变了多年来湖北省粮食来源不足的状况,使多数县基本自给甚至自给有余,为全省范围内的粮食调剂提供了条件。据统计,1937 年的各县常年粮食概况如下：自给有余的有蕲

---

① 湖北省政府秘书处：《湖北省年鉴第一回》，1937 年，第 162～169 页。

春、黄陂、孝感、云梦、应城、京山、监利、石首、荆门、襄阳、当阳、兴山、来凤、安陆、应山、随县、利川17县；基本自给的有崇阳、通城、麻城、钟祥、宜城、枣阳、公安、松滋、五峰、咸丰、鹤峰、宣恩、长阳、保康、南漳、广济、黄安、恩施、建始、房县、均县、竹溪、郧西23县；丰年有余、灾年不足的有黄梅、沔阳、浠水、江陵4县；自给不足的有武昌、汉阳、嘉鱼、咸宁、蒲圻、通山、阳新、大冶、鄂城、黄冈、英山、罗田、礼山、汉川、天门、潜江、枝江、光化、谷城、远安、宜都、宜昌、秭归、巴东、郧县、竹山26县①。

农业经济的复兴，为工业的发展提供了大量的原料，为整个经济发展创造了必要的条件。

二、工业的衰退与发展

南京国民政府建立后，重视现代工业的发展，为此制定了一系列政策，颁发了许多法规。据此，湖北省政府采取了许多具体措施，努力推动本省矿业工业和各类工业的恢复和发展。

湖北省的矿业工业起步较早，到民国初年成立湖北官矿公署后，"一度造端宏大"②。但由于政局动荡、设备陈旧和资金不足等原因，自20年代中期开始，无论官矿还是民矿，均一落千丈，"致有日就衰落之势"③。

1927年年底，湖北省政府开始着手调查整理公矿。1928年2月，湖北省政府决定撤销公矿局，所有事务归口建设厅直接办理，并分别采取省府经营和招商承租的方式，促成公矿恢复生产，但成果不显著。

1927年12月，南京国民政府交通部组织整理汉冶萍公司委员会，试图接管汉冶萍公司。日本1928年年初派军舰在大冶示威，并派驻华财政事务官公森太郎到南京、武汉提出抗议，以日本享有"委托经营"权拒绝接受南京国民政府交通部的整理。1928年5月，交通部将整理汉冶萍公司的

---

①③ 湖北省政府秘书处：《湖北省年鉴第一回》，1937年，176～178页、263页。
② 湖北省政府建设厅编：《湖北建设最近概况·矿政》，1933年，第22页。

事宜转交农矿部，农矿部成立新的整理汉冶萍公司委员会，亦试图接管。对此，日本驻上海总领事重光葵先后三次提出严重抗议，致使整理汉冶萍公司在湖北境内所属厂矿事宜未能实现。"大权旁落，尤堪痛惜。"①

与此同时，原公矿局所属的大新铜矿、宜昌兴山秭归铅矿等公矿依旧停产。省政府建设厅着力改造、建设象鼻山铁矿。

象鼻山铁矿开办于1919年。初创之时，因经费有限，一切设备均甚简陋。1926年10月，武汉国民政府设立象鼻山铁矿局管理之。1927年6月，象鼻山铁矿局改为湖北公矿局。1928年2月，湖北省政府决定撤销公矿局，所有事务归建设厅办理，设象鼻山铁矿办公处管理之。此后，湖北省建设厅对象鼻山铁矿的设备进行了添设和改进，使其生产能力大大提高。据统计，从1927年到1936年6月，象鼻山铁矿共产矿砂1 154 197吨，其中，1928年为218 321吨，1936年上半年为108 697吨②。

在整理公矿的同时，湖北省政府又大力鼓励民营矿业的发展。在这种背景下，原有的一些民营矿业被核准继续生产，一些新的民营矿业亦相继被核准投产。无论从矿业公司的数量上看，还是从矿业种类上看，这一时期的民营矿业显然比公营矿业活跃得多。据统计，大冶县境内有新华、源华、富源、华利、振华、德和、利源、春大、四维、协合、利华、兴华、慈惠等煤矿公司和华记水泥公司；阳新县境内有裕东、裕利、福星等煤矿公司和民生石棉公司；武昌县境内有源昌、裕兴、晋昌等煤矿公司；宜都县境内有开源、信义、同兴、全城等煤矿公司；秭归县境内有正大、桂元、协成等煤矿公司；蒲圻县境内有富德、益昌煤矿公司；应城县境内有应城石膏公司；汉阳县境内有资若锰矿公司；等等。

从全省民营矿业的结构来看，"煤矿为最发达"③。而从民营矿业的

---

① 湖北省政府秘书处：《湖北省年鉴第一回》，矿业，1937年，第263页。
② （国民党）中央党部国民经济计划委员会编：《十年来之中国经济建设》第7章，南京扶轮日报社1937年版，第8页。
③ 湖北省政府建设厅编：《湖北建设最近概况·矿政》，1933年，第22页。

规模来看，具有一定实力的矿业如表5-4。

表5-4　湖北省主要民营矿业概况表（1933年）

公司名称	矿别	矿区地点	资本数（元）	月产量（吨）
富源公司	煤	大冶县石灰堡	200 000	15 000
富华公司	煤	大冶县关王堡	500 000	5 400
利华公司	煤	大冶县关王堡	500 000	
德和公司	煤	大冶县关王堡	600 000	1 800
四维公司	煤	大冶县野猫洞	2 000	5 000
裕鄂公司	煤	大冶县关王堡	80 000	1 800
慈惠公司	煤	阳新县狮子山	50 000	2 400
裕利公司	煤	阳新县善福里	60 000	500
正大公司	煤	秭归县香溪	100 000	1 500
桂元公司	煤	秭归县香溪	30 000	800
应城石膏公司	石膏	应城县	800 000	
华记公司	水泥	大冶县石灰窑	2 777 778	

资料来源：湖北省政府建设厅编：《湖北建设最近概况·矿政》，1933年，第22～23页；湖北省政府秘书处：《湖北省年鉴第一回》，1937年，第280～281页。

湖北省公矿的整理特别是民矿的发展，初步遏制了自20年代中期以来全省矿业工业一落千丈的衰落态势，既为日后矿业工业的发展奠定了一定的基础，也获得了一定的产量。从1928年到1933年，计开采铁矿石3 000 282吨、膏矿227 132吨、盐矿83 250吨，生产水泥1 094 000吨①。1936年则开采铁矿石416 000吨、原煤490 200吨、膏矿40 180吨、盐矿14 000吨，生产水泥34 900吨②。

在矿业工业得到整理、发展的同时，湖北省各类工厂工业则经历了

---

① 湖北省政府秘书处：《湖北省年鉴第一回》，1937年，第285页。
② 湖北省地方志编纂委员会编：《湖北省志·工业》上，湖北人民出版社1995年版，第24页。

发展、倒退、再发展的曲折过程。

湖北省的工厂工业起步亦较早,在清末民初,"区区武汉一隅,各业工厂应时而兴,且均具相当规模,盖已极一时之盛"①。同样,由于政局动荡,工厂主"大都昧于工业智识"②,以及资金不足等原因,自20年代初开始,各类工厂工业相继陷入困境。1927年年底宁汉战争结束,湖北省政局相对稳定,吸引了一部分资金投入办厂,全省工厂工业开始回升。据统计,1928—1930年,全省兴办工厂约70家,其中规模较大的有汉口第一毛绒厂、东亚布厂、鼎升丝光纱厂、惠丰打包厂、沙市纸厂、善利冰厂等。一批老厂如裕华纱厂、震寰纱厂、申新纱厂、汉口第一纱厂等也由于投资环境改善,设备增加,产量亦有所提高。据统计,1930年前后,仅武汉三镇计有实业部规定资格的工厂约400家,而不合实业部规定的小厂则不下500家③。

但是,1930年前后,资本主义国家尤其是日本,为转嫁经济危机,进一步加紧对中国的经济侵略,通过廉价倾销产品,大肆抢占湖北省市场。加上1931年特大水灾发生,致使来自农产品的工业原料短缺,工厂被迫提高收购价格,增加了生产成本,而社会购买力却因灾年骤然下降,不少厂家产品积压。因此1931—1934年间,各类工业生产急剧倒退。据记载,"至1934年年底,湖北全省90％工厂被迫停产或减产"④。

面对各类工业生产的急剧倒退,湖北省政府于1930年前后,根据南京国民政府制定的相关法规,先后出台了减轻税收、提倡国货、鼓励公私企业发展等政策,以扶助工业摆脱困境。同时,从1932年起,全省农业经济开始复兴,为工业发展提供了相应的原料。因而,从1935年下半年起,全省工业逐步回升、发展和繁荣。据1936年8月调查统计,全省按工厂法登记的工厂计548家,资本额51 365 648元,工人数46 563人,

---

①② 湖北省政府秘书处:《湖北省年鉴第一回》,1937年,第291页。
③④ 湖北省地方志编纂委员会编:《湖北省志·工业》上,湖北人民出版社1995年版,第19~20页。

年产值 203 231 737 元①。

从全省工厂的地区分布来看,武汉三镇为全省各业工厂的集中地区,计有工厂 516 家,占全省工厂总数的 94%;资金 47 247 548 元,占全省工厂总资本的 92%;工人 43 843 人,占全省工厂总人数的 94%;年产值 188 531 037 元,占全省工业总产值的 94%。广济、江陵等县各有工厂 6 家,蒲圻县 5 家,大冶、光化等县各有工厂 2 家,宜昌、应城、沔阳、襄阳、荆门、宜都、随县等县各有工厂 1 家。

从全省工厂的结构来看,分布的行业比较广泛,1936 年的 548 家工厂主要分布在 15 个行业中。与 20 年代比较,纺织业依然占据优势,而机器、化学、水电和饮食等行业或专业工厂有了较大的发展。其中,资本额 100 万元以上的行业有：纺织（15 020 000 元）、烟草（11 953 000 元）、水电（10 735 680 元）、饮食品（7 164 320 元）、军火（4 290 000 元）、文化印刷（1 540 000 元）、冶铁（1 510 288 元）、化学（1 429 800 元）；年产值 100 万元以上的行业有：烟草（102 471 000 元）、纺织（43 334 000 元）、饮食品（27 638 000 元）、水电（15 983 458 元）、服饰品（5 157 000 元）、化学（4 330 000 元）、文化印刷（1 190 000 元）、机器（1 160 000 元）、冶铁（1 081 960 元）②。

在上述各业工厂中,均一度出现过一些颇具规模和实力的专业工厂。其中,在纺织业中有裕华纱厂、震寰纱厂、申新纱厂、汉口第一纱厂、民生纱厂、沙市纱厂等；在机器业中有武昌机器厂、汉阳兵工厂、周恒顺机器厂、江岸车辆厂、新华机器厂、沙市长丰机器翻砂厂等；在水电业中有既济水电公司、武昌电灯公司、汉阳电气公司以及外商经营的美最时洋行发电厂、卜劳德汉口电灯公司、大正洋行发电厂等；在饮食品业中有金龙面粉厂、裕隆面粉厂、福新面粉厂、五丰面粉厂、宝善机米厂、大生机米厂、信元油厂、福华油厂、兴商砖茶公司、新泰砖茶厂、羊楼洞茶厂以及外商经营的太平洋砖茶厂；在文化印刷业中有武汉日报

---

①② 湖北省政府秘书处：《湖北省年鉴第一回》,1937 年,第 293～295 页。

印刷厂、扫荡日报印刷厂、大公报印刷厂等；在烟草业中有南洋烟草公司汉厂；等等。

综观湖北省这一时期的工业，其趋势是步履蹒跚地向前发展。但无论是衰退期还是发展期，湖北省的工业在全省整个经济构成中的比重都显得比较轻，其发展步幅同商业和金融业相比较，又显得比较滞后。以1929年为例，全省工商重镇汉口的工业资本为13 187 920元，仅为商业资本34 272 742元的1/3强①。这与湖北省丰富的工业资源分布的省情及清末"造端宏大"的工业传统是不相称的。

三、商业贸易的萧条与繁荣

宁汉战争结束后，武汉暨湖北地区商业贸易曾出现了短暂繁荣的景象。

在汉口，1929年登记开业的商户达15 192户，从业人员70 215人，资本额34 272 724元②。在沙市，各种商品销售十分旺盛，1928年匹头业销货，折合四君子哔叽布97万匹，比1919年增长1.3倍③。在老河口，1928年登记开业的大小匹头商户即有70多户，销售额约为200万元④。同期宜昌、武穴、樊城、石灰窑等市场的商业活动也转趋活跃。

与此同时，由于南京国民政府实现了关税自主，调整了进出口商品税率，并奖励外销，组织直接对外贸易，从而使湖北省的对外贸易也迅速活跃起来。

其时，湖北省境内有汉口、宜昌和沙市三所海关。据统计，上述三所海关的进出口贸易值由1927年的35 805万元猛升到1928年的56 727万元和1929年的48 690万元的高点上⑤，创民国时期的最高纪录。其中，1928年

---

①② 武汉地方志编纂委员会编：《武汉市志·商业志》，武汉大学出版社1989年版，第62页。

③④ 湖北省地方志编纂委员会编：《湖北省志·贸易》，湖北人民出版社1992年版，第168页。

⑤ 湖北省政府秘书处：《湖北省年鉴第一回》，1937年，第355~357页。

沙市棉花转口输出达70万担,成为全国棉花输出的第三大口岸①。

但是,进入1930年后,繁荣活跃的商业贸易急骤陷入萧条停滞。究其原因,主要有以下几个方面:

第一,1929年世界经济危机的冲击。1929年世界经济危机发生后,资本主义各国分别采取不同的途径把危机带来的灾难转嫁给其他国家。其间,日本向中国各地市场大幅降价倾销各类商品,以脱货求现。美国则实施白银政策,动摇了中国的银本位制。湖北省属于世界经济危机冲击的前沿省份,因而,全省各地商品销售市场迅速疲软,商店营业状况立时恶化,对外贸易值急剧降低。

第二,1931年大水灾的袭击。1931年大水灾的发生,对全省人民生命财产和社会经济造成了极其严重的损失和破坏,对商业贸易的影响更是显然。是时,仓储商品大量损失,各种生活资料来源空前紧张,社会购买力急剧下降,全省城乡商业贸易几乎陷入停顿。

第三,"九省通衢"的商业贸易优势逐渐弱化。武汉素为水陆交通总汇,内地商业贸易之枢纽,具有特殊的商业贸易优势。但这一优势随着陇海铁路的延伸、粤汉铁路的逐段连通以及沪渝长江直航,开始逐渐弱化。原集中郑州由平汉铁路南运之陕豫货物一部分改道沿陇海铁路向连云港东运,湘粤桂之货物可沿粤汉、平汉铁路径直北上,川滇货物则沿长江直航下游,在武汉"多经不驻"②,从而使湖北省各市场商业、各口岸转口贸易受到相当打击。

在商业贸易萧条停滞的时期里,全省各地商店大量倒闭。其中,大水灾后的汉口,停业商户达4 000余户,约占汉口商户总数的1/5,而未停业的商户,或因债务紧迫,或因货源短缺而半开半闭,其营业状况"仅有灾前十分之三四"。其他遭受大水灾的商业市场亦莫不如此,乃至

---

① 湖北省地方志编纂委员会编:《湖北省志·贸易》,湖北人民出版社1992年版,第31页。
② 湖北省政府秘书处:《湖北省年鉴第一回》,1937年,第339页。

更甚。与此同时,全省进出口贸易值亦急剧下降。据统计,1932—1935年四年间年均贸易总值为 26 858 万元,仅及 1927—1929 年三年间年均贸易总值的 54%[①]。见表 5-5。

表 5-5　1927—1935 年湖北省进出口货值表　　单位:万元(国币)

年　次	进出口货值	进口货值	出口货值	入超、出超
1927	35 805	13 087	22 718	9 631
1928	56 727	24 156	32 571	8 415
1929	48 690	21 397	27 293	5 896
1930	36 750	15 692	21 058	5 366
1931	37 215	20 117	17 098	3 019
1932	27 610	13 782	13 828	46
1933	25 737	12 285	13 452	1 167
1934	27 528	11 616	15 912	4 296
1935	26 707	11 573	15 134	3 561

资料来源:湖北省政府秘书处:《湖北省年鉴第一回》,1937 年,第 355、356、357 页。

1935 年下半年后,湖北省商业贸易萧条停滞的局面终于有了转机,开始出现新的繁荣活跃局面。

首先,全省各商市登记开业的商户、营业额以及从业人员明显回升,有的接近甚至超过 1929 年。据统计,1935 年全省主要商市的商户数为 22 615 户。其中,汉口 12 234 户、武昌 4 015 户、宜昌 1 315 户、沙市 2 287 户、老河口 958 户、武穴 1 078 户、樊城 348 户、石灰窑 225 户、黄石港 235 户。1935 年全省主要商市的营业总额为 385 358 466 元。其中,汉口 335 763 241 元、武昌 18 468 140 元、宜昌 8 969 377 元、沙市 8 645 764 元、老河口 5 875 152 元、武穴 3 418 948 元、樊城 2 160 472 元、石灰窑 1 173 028 元、黄石港 884 344 元[②]。同年,汉口的商业从业人数

[①②] 湖北省政府秘书处:《湖北省年鉴第一回》,1937 年,第 357、242 页。

达 163 606 人①。

其次，行业分工更细，经营规模扩大。据统计，1935 年全省 12 234 户商店分布在几十个大行业和近 200 个小行业中。其中，商店数在 500 户以上的行业有：饮食 4 705 户、交通 1 307 户、纺织 1 030 户、木竹 940 户、服饰 920 户、文化用品 863 户、金属 806 户、医药 720 户、化学 715 户。营业额在 100 万元以上的行业有：纺织 87 887 696 元、饮食 51 178 797 元、金属 13 096 430 元、医药 8 552 635 元、金融 6 228 732 元、土石 4 935 260 元、服饰 3 570 813 元、木竹 3 537 970 元、艺术 2 833 530 元、文化用品 2 354 030 元、禽畜 1 096 328 元②。在此基础上，出现了汉口的国货陈列馆、中国国货联合公司汉口公司等大型商业企业。行业分工的专业化和经营规模的扩大，成为湖北省商业近代化的一个重要标志。

第三，商业内部管理方式和经营方法发生变革。在商业内部管理方式上，新设商店和一些规模较大的传统商店，均逐渐把旧式店东老板制改为新式的经理制，把旧的"家店不分"的财产管理制改为财务会计制，把旧式盈利分配制改为新式的工资制，把旧的以亲族和人身依附为主的伙计学徒制改为雇佣关系制。在经营方法上，开始注重讲究服务质量，要求营业员服装整洁，尊重顾客，各种商品明码实价，商品出售予以包扎等。商业内部管理方式和经营方法的这种变革，是湖北省商业近代化的又一个标志。

在商业转趋繁荣的同时，对外贸易也活跃起来。1936 年全省对外贸易值回升至 34 784 万元，比 1935 年的 26 554 万元增加了 31%③。

四、财政运转和金融运作

1927 年 12 月国民政府湖北省第一届政府组成后，在财政方面所面

---

① 武汉地方志编纂委员会编：《武汉市志·商业志》，武汉大学出版社 1989 年版，第 60 页。

②③ 湖北省政府秘书处：《湖北省年鉴第一回》，1937 年，第 342、357 页。

临的首要任务，是整理财政机构和清理财政收支。

湖北省第一届政府组成之际，即设置财政厅为全省财政经济的行政管理机构。而在确立省为一级财政之前，全省财政事务分别由湖北省财政厅、武汉临时财政整理委员会、武汉政治分会财政委员会管理，并沿袭武汉国民政府时期的中央地方财政收入合一的制度。

1928年3月，省被确立为一级财政，湖北省地方税划归省财政厅管理。随即，湖北省政府先后制定《湖北省金库暂行条例》、《湖北省地方会计条例草案》，订立库款管理办法和财政预算收支办法，着手健全财政管理。6月，南京国民政府公布《划分国家收支地方收支标准案》。据此，湖北省财政划分为国家、地方两个渠道管理。其中，田赋、契税、牙税、屠宰税等税收划归省地方收入，厘金则属南京国民政府收入。

省成为一级财政并划分了国家收支、地方收支标准后，湖北省又先后设立赋税设计委员会及公产清理处等机构，着手清理财政收支。其间，田赋在改征银元的基础上，重造粮册，办理推收过户，统一印制征收券，实行分期完纳。厘金则重新制定征收章程，从25个厘卡改为24个厘卡由征收局统一征收。经过两年的整顿清理，田赋、厘金及其他收入均有增长。其中，厘金收入较往年增长3倍以上，"约占全部岁入额的2/3"①。同时，虽然1928年6月南京国民政府公布的《划分国家收支地方收支标准案》规定厘金属于国家税，但因湖北省除此收入外，田赋及其他收入甚微，故在全国统一裁撤厘金之前，暂作省地方收入。这样，在1931年以前的两年时期内，湖北省财政状况日趋好转，"除保证政教各费支出外，尚有余力从事各项建设事业，是为湖北财政较为充裕时期"②。

但自1931年起，湖北省财政状况急剧恶化，"收支不敷甚巨"，"遂陷于极度艰窘之境"③。财政缺口1931年为8 056 664元，1932年为

---

①② 湖北省地方志编纂委员会编：《湖北省志·财政》，湖北人民出版社1995年版，第65页。
③ 湖北省政府秘书处：《湖北省年鉴第一回》，1937年，第473页。

7 002 036 元，1933 年为 2 555 545 元①。见表 5-6。

表 5-6　1931—1933 年湖北省级财政收支构成表　　　　单位：元

年　度	收　入	支　出	缺　额
1931	16 426 273	24 482 937	8 056 664
1932	16 693 930	23 695 966	7 002 036
1933	20 567 699	22 967 699	2 400 000

资料来源：贾士毅：《湖北财政史略》，1937 年，第 74、83、114、133 页。

造成湖北省财政困难的原因有以下几个方面。

第一，裁厘过骤。湖北省为"九省通衢"，"在未裁厘以前，省库收入，向以厘税为大宗"②。其中，1928 年为 11 353 325 元，1929 年为 9 236 188 元③。1931 年 1 月湖北省奉令裁撤厘金后，"省库骤失大宗税源"④。虽举办营业税以资抵补，但营业税开办之初，收数甚微，较之厘金相差甚巨。据统计，1931 年营业税收入为 856 451 元⑤，仅相当于 1928 年厘金收入的 1/13 或 1929 年厘金收入的 1/11。

第二，水灾造成的田赋骤减。田赋历来为湖北省主要税源之一，但 1931 年大水灾发生后，全省农业损失空前，省政府被迫对已勘明灾情严重的石首、钟祥、沔阳、黄陂、广济、云梦、咸宁等 16 县豁免田赋，对其他受灾县也相应减免或缓征田赋。这致使田赋收入骤减。

第三，财政支出增长过快。宁汉战争结束后，湖北省处于百废待兴的状态，各项事业的兴办和发展均依赖财政的支持。1930 年后，财政支出逐渐膨胀，收入的增长赶不上支出的增长。1931 年度与 1928 年度相比，收入减少 12 739 元，支出增加 7 095 683 元；1932 年度与 1928 年度相比，收入增加 144 万元，支出却增加了 6 308 712 元⑥。

为改变艰窘的财政状况，自 1933 年 2 月，省财政厅采取了一系列

---

①③ 湖北省政府秘书处：《湖北省年鉴第一回》，1937 年，第 473 页。
② 湖北省地方志编纂委员会编：《湖北省志·财政》，湖北人民出版社 1995 年版，第 141 页。
④⑤⑥ 贾士毅：《湖北财政史略》，1937 年，第 74、83 页。

措施。

第一，健全县级财政机构，规范财政管理。

1928年3月，确立了省为一级财政，但县级财政依旧承袭清末旧制，不为一级财政。所以各县既无统一机构，亦无独立税源。1933年，省政府着力整理县级财政，各县统一设财务委员会，管理地方财政事务。1936年，省政府进一步改进县级财政机构的职能，划分财政收、解、拨、管各权。各县原有田赋征收处改组为税捐经征处，统一征收省、县各项正附税捐；委托省银行代理在各县成立县金库，负出纳保管县款之责；县财务委员会划出征收税捐及出纳保管权后，专司审核县地方收支款项之权。1937年3月，省政府又制定《湖北省县地方预算章程》，进一步规定了县地方财政的收支范围、预决算编制原则、方法和预算收支科目。至此，全省县级财政管理步入正轨。

第二，着力开拓财政来源，增加财政收入。

1933年后，全省政局相对稳定，农业经济逐步复兴，从而为开拓财政来源创造了最基本的条件和多种途径。其主要途径如下：

一是整理田赋。1933年，省政府成立整理田赋委员会，以加强整理田赋的力度。是时，各地普遍采取"就户问粮，就田问赋"① 的两种办法，对全省土地及田赋状况作了比较全面的清查。在此基础上，取消丁、漕、屯、租等名目和废除按银两、米石计征方法，统一实行按亩按元计征。经过几年的努力，田赋征数大为增加。据统计，整理田赋前的1928—1932年的年均田赋征数为1 022 172元，整理田赋后的1933—1936年的年均田赋征数为1 790 695元，整理田赋后的年均田赋征数为整理田赋前的年均田赋征数的1.7倍②。

二是改订营业税率。1931年裁撤厘金改征营业税之初，营业税分资本额和营业额两种方法计征，按资本额征税的税率自4‰～20‰分五级；按

---

① 贾士毅：《湖北财政史略》，1937年，第90页。
② 根据《湖北财政史略》统计数据整理而来。

营业额征税的自 2‰～12‰ 分七级。但从实施结果来看,"收数甚微"①。为此,省财政厅于 1932 年 9 月参照财政部核准江苏、浙江两省规定,改订营业税税率。其中,以资本额征税的分 10‰、15‰、20‰ 三级;以营业额征税的分 5‰、8‰、10‰ 三级。从而,调高了营业税税率。1934 年 4 月,依据国民政府颁布的《营业税法》,湖北省政府制定公布了《湖北省营业税征收章程》和《湖北省营业税分类税类表》,使营业税税率量化得更具体和更便于操作。这样,自 1933 年开始,营业税收数大增。据记载,1932 年以前,每年平均收 24 万元左右,1933 年以后,"收入较前增一倍左右"。其中,1933 年为 40 余万元,1934 年为 48 万余元,1935 年为 45 万余元,1936 年为 46 万余元②。

三是并汉口为湖北省财政范围。汉口素为湖北省经济中心,税收十分可观。但 1929 年 4 月蒋桂战争后,汉口即划为特别市直属南京国民政府,汉口的税收随之脱离湖北省财政范围,省地方财政收入大减。1931 年 6 月,湖北省政府呈准南京国民政府取消汉口特别市,改属湖北省政府,汉口的税收遂并为湖北省财政范围。这无疑大大增加了湖北省政府的财政收入。

四是继续争取中央政府财政补助。湖北省自 1931 年 1 月裁厘失去重要财政来源后,南京国民政府财政部为弥补湖北省财政支出的不足,每年给予湖北省相应的财政补助。其中,1931 年为 8 010 000 元,1932 年为 7 150 000 元,1933 年为 2 400 000 元,1934 年为 2 800 000 元,1935 年为 3 000 000 元,1936 年为 2 791 534 元③。每年的中央政府财政补助在湖北省财政收入中仍占相当比重。

第三,严格控制财政支出,减轻财政负担。

湖北省政府在着力开拓财政来源的同时,又严格控制财政支出。其主要办法:一是大规模削减行政费,压缩财政支出;二是核定预算指标,严格限制预算外支出,对预算外开支一概不予追加。这两种办法的实施,

---

①②③ 贾士毅:《湖北财政史略》,1937 年,第 87、113 页。

对减轻财政负担起到立竿见影的作用。

由于上述各项措施的实施，1933年后，湖北省逐步改变了财政艰窘的状况，实现了财政收入的大体平衡。具体情况如表5-7。

表5-7　1933—1936年湖北省财政收支表　　　　　　单位：元

年度	实收	实支	余亏
1933	22 967 699	23 123 244	亏 155 545
1934	23 958 989	23 807 728	余 151 261
1935	21 797 663	21 654 084	余 143 579
1936	23 802 991	23 802 991	平衡

资料来源：贾士毅：《湖北财政史略》，1937年，第114、133页。

在全省社会经济历经坎坷、曲折发展的过程中，湖北省的金融业却踏着经济发展的浪尖，得到了颇为顺利和比较快速的发展。这一发展又集中地体现在金融机构的大量成立和币制改革的顺利实施。

1927年4月武汉国民政府现金集中令的颁布和随之而来的南京方面的经济封锁，曾一度使湖北省金融业受到极大的打击，银行、钱庄纷纷关闭歇业。但随着1927年秋现金解禁和同年11月宁汉战争结束，以及随后二三年全省经济的恢复和发展，关闭歇业的几乎所有银行和一部分钱庄又相继复业。尤其是1934年全省经济的再度恢复和发展后，又有一大批新的银行在全省各地出现，至1935年，在湖北省境内营业的银行发展到76户。在这76户银行中，按国籍统计，外国银行10户，本国银行66户；按地区统计，汉口41户，武昌8户，宜昌6户，老河口3户，武穴、沙洋各2户，宜都、巴东、恩施、黄石港、樊城、天门、岳口、随县、石灰窑各1户。

上述银行中营业额数较大者，1932年以前当推中央银行、湖北省银行及上海商业储蓄银行。其中，中央银行乃中央政府所设立，因国库出纳关系，营业收益，较他行为优。湖北省银行乃省政府所设立，因省库出纳关系，各官厅均在该行往来，营业十分旺盛。上海商业储蓄银行则素为武汉市商业银行中之巨擘，经营得法，信用坚固。此外，中国银行、交通银行、中国农民银行，营业也较活跃。

与兴旺活跃的银行业形成鲜明对照的是，这一时期的钱庄日趋衰落。民国初年，全省钱庄兴起，1922年，仅汉口一地即多至180余家。随着银行业的发展和币制改革的实施，钱庄急骤衰落，到1936年年底，汉口的钱庄仅存20余家①，并逐渐沦为银行的附庸。

在金融机构大量成立的同时，币制改革在湖北省得到顺利的实施。

晚清民初以来，中国的货币制度一直很混乱。在湖北省，长期使用的有银两、银元、制钱和铜元等金属货币，有官钱局发行的官票，银行发行的兑换券以及外商银行发行的钞票等。在沙市、宜昌、襄阳、天门等地还流行商号、钱庄等发行的毫无保障的市票②。混乱的货币制度，束缚着国内工商业和对外贸易的发展。民国初年，政府即提及币制改革，但未能实现。1928年后，国家实现统一，国家银行和民族资本银行已逐渐占有优势，加上货币虽以银两为单位，但银元已广泛使用，为人们普遍接受。鉴此，1933年4月5日，南京国民政府财政部发表公告，规定自6日起"所有公私款项之收付及一切交易须一律改用银币，不得再用银两"③，废两改元遂推向全国。财政部公告发出后，湖北省立即遵令办理，实施过程颇为顺利。

废两改元实施两年后，为了制止由于美国白银政策所引起的中国白银的大量外流，推进货币制度的进一步改革，南京国民政府决定放弃银本位制，实施法币政策。1935年11月3日，南京国民政府发布《紧急安定货币金融办法》，规定"以中央、中国、交通三银行所发行之钞票定为法币。所有完粮纳税及一切公私款项之收付，概以法币为限"。同时，发表宣言，规定"所有银元持有人，立即将其缴存政府，照面额换领法币"④。南京国

---

① 湖北省政府秘书处：《湖北省年鉴第一回》，1937年，第406页。
② 湖北省地方志编纂委员会编：《湖北省志·金融》，湖北人民出版社1993年版，第58页。
③ 中国第二历史档案馆：《国民党政府"废两改元"案》，《历史档案》1982年第1期。
④ 《财政部实行新货币有关文电》，《革命文献》第28辑，第522页。

民政府的法币政策公布后,湖北省政府立即制定了有关具体规定,全省实施。由于有1933年废两改元统一货币的基础,这次法币政策在湖北省实施也比较顺利。

废两改元和法币政策在湖北省的顺利实施,使湖北省的货币伴随全国货币的统一而统一,有利于湖北省的经济发展。

五、交通业的拓展

湖北省为长江、汉水交汇之处,"航运之便,为各省冠"[①],湖北省交通业的发展,当在充分利用航运之优势,着力发展省营航运业。为此,湖北省政府先后采取了以下措施。

第一,强化航政管理机构。清末民初,湖北省航政权由海关兼理,各海关设理船厅,权力完全由外人掌握。武汉国民政府时期,湖北省政务委员会设立湖北省航政局,接管海关理船厅的事权。1927年年底,湖北省航政局改为航政委员会,1928年春再改为建设厅航政处,统一管理全省航政。

第二,建立和发展省营航运业。湖北省航政局在接管海关理船厅事权之际,便将商营的武汉轮渡收归公营,开始了省营航运。随后,不断兼并小型商营轮船公司,逐步壮大省营航运力量。至1936年,省营航运发展到拥有轮驳39艘,载重量最大的240吨[②]。

第三,加强对商营轮船的统一管理。这一时期,商营航运发展比较活跃,但管理无序。1934年2月,湖北省政府颁布《整理省境内商轮办法》,决定将省境内河商轮收归建设厅航政处代管经营。至1936年,代管商轮计115艘。1933年3月,湖北省政府又决定对代管商轮实行合

[①] (国民党)中央党部国民经济计划委员会编:《十年来之中国经济建设》第7章,南京扶轮日报社1937年版,第12页。

[②] 湖北省地方志编纂委员会编:《湖北省志·交通邮电》,湖北人民出版社1995年版,第26页。

营。这样，加强了全省轮船的统一管理。

通过上述措施，省营航运业逐渐发展，"高峰时拥有营运轮船469艘，航线延至7 000多公里"①。到抗战前夕，在汉口经营的各种轮驳321艘，航线增加到68条。其中，上江航线21条，下江航线22条，汉江航线16条，汉湘航线9条，武汉三镇轮渡航线9条②。

在省营航运业逐渐发展的同时，境内木帆船运输业尤为活跃，据1937年南京国民政府交通部长江航政局的调查，汉口、宜昌、沙市三港共有载重200担以上木帆船7 711艘，总载重量364.4万担，其中湖北籍木帆船3 119艘，载重量105万担；汉江航线有200担以上木帆船1 072艘，载重量37.9万担，其中湖北籍木帆船591艘，载重量17.9万担③。

此外，营运在湖北省境内内河航线上的还有大量外埠轮船公司、外国轮船公司的船只和船队。

湖北省这一时期的航运业也存在很大的局限，主要表现在未能采取相应的措施建造、购置适量的轮船，其运载能力提高不大。因而，至少在1934年以前，湖北省营航运业在若干主航线上还不具备同外国轮船公司抗衡的实力。

与航运业的发展相比较，湖北省这一时期的公路运输发展更为显著。

南京国民政府建立后，把公路修建列为国家经济建设的要政。1928年交通部在草拟的交通事业革新方案中，将全国道路按各自不同的筑路标准，划分为国道、省道和县道三类。其线路网则以兰州为中心，用经、纬干线及支线连接各重要都市及边陲要塞，准备在10年内分三期修造公路41 550公里④。

在交通部的交通事业革新方案草拟之后，湖北省政府即着手统一规

---

①③ 湖北省地方志编纂委员会编：《湖北省志·交通邮电》，湖北人民出版社1995年版，第24、31页。

② 皮明庥主编：《近代武汉城市史》，中国社会科学出版社1993年版，第432页。

④ 陆仰渊、方庆秋主编：《民国社会经济史》，中国经济出版社1991年版，第450页。

划与建设公路。1928年6月，成立省道测量队，勘测汉宜、鄂北、鄂东省道，并编制了《湖北省修建省道计划大纲》。随后，开始筹措资金，招聘、培训土木工程人员，将私营长途汽车公司收归省管，为实施省道计划大纲做财力、人力等方面的准备。

1929年，湖北省公路建设工程开始启动。是时，除修理、延展原有商办公路，如襄沙路、襄花路、汉新路外，着力修建鄂东、鄂北省道。但"因时局不靖，财力有限，进展颇缓"①。

1932年11月，国民政府军事委员会和"豫鄂皖三省剿匪总司令部"在汉口召开豫、鄂、皖、赣、苏、浙、湘七省公路会议，会议拟定修筑国道干线11条，长11 940公里，支线74条，长10 443公里。其中，通过湖北境内的国道干线有京川（南京至四川）、汴粤（开封至广东南雄）、洛韶（洛阳至韶关）3条，省境内公路里程1 781公里。会议拟定湖北省境内需要整修和新建的支线有麻城至汉口、罗田至英山、田家镇至英山、宋埠至花园、江西瑞昌至赵李桥、崇阳至阳新、长江埠至安陆、京山至潜江、襄阳至花园、青河口至孟家楼、沙市至崇阳等15条，计2 342公里②。

七省公路会议后，湖北省加大了公路建设的投资，加快了公路建设的进度。据统计，1933—1935年，湖北省政府公路建设的投资达8 056 105元。至1936年10月，共完成干线、支线4 002.74公里，正在修建的382.4公里。同时，全省还修建县道14条，计457.32公里③。

由此可见，湖北省这一时期公路建设的成绩是十分显著的，全省公路交通初具规模，极大地便利了沿线各地的交通，拉动了沿线各地的经济发展。同时也应该看到，同各省这一时期所修建的公路一样，由于"困于财力、限于时间与人才，未遑注意各种工程之标准，致路线设计多未完善"④，致使全省所修公路约有3/4未铺路面，"一遇天雨，则多数

---

① ③《各省市经济建设一览》，国民政府实业部统计处印行，1937年，第74页。
② 湖北公路史志编审委员会编：《湖北公路史》，人民交通出版社1990年版，第71页。
④《交通杂志》第4卷第1、2期合刊，1936年，转引自陆仰渊、方庆秋主编：《民国社会经济史》，中国经济出版社1991年版，第455页。

不能行车"①。

同航运业和公路建设取得的发展相比较,湖北省这一时期的铁路的发展显得稍微逊色一些。其主要成果仅是实现了粤汉铁路的全线通车和汉口江岸至武昌徐家棚间铁路轮渡的竣工。

粤汉铁路早在1907年动工兴建,其中湖北段于1912年8月开工,1917年2月铺轨至蒲圻,同年8月,与长沙接通。1918年9月,与长(沙)株(洲)段接轨。同期,广(州)韶(关)段亦已建成。然而受政局影响,粤汉铁路留下株(洲)韶(关)段缺口,未能竣工通车。1929年1月,国民党中央政治会议通过的"庚关两款筑路计划"把粤汉铁路株(洲)韶(关)段列入计划之首②。1930年年底,株(洲)韶(关)段正式开工,历经5年多,于1936年4月建成,6月粤汉铁路全线通车。

粤汉铁路全线通车后,即与1905年全线贯通的平汉铁路隔江而望,从而使开办铁路轮渡更显迫切。鉴此,原已承办铁路轮渡业务的湘鄂铁路局加紧施工。1937年3月,汉口江岸至武昌徐家棚间铁路轮渡设施竣工,平汉铁路与粤汉铁路即开办铁路车辆过江轮渡,计有过轨船2艘,拖轮2艘。

粤汉铁路全线通车后,武汉遂成为平汉、粤汉两条铁路的始发站和联结点,使武汉和湖北在南北铁路交通上的功能得以进一步增强。

湖北省这一时期交通业拓展的另一瞩目的成果是创建了民用航空。

还在1920年6月北洋政府制定航空路线计划时,便将汉口至北京航线列为重要干线,汉口至上海、福州、广州、昆明、拉萨、伊犁等航线列为次要干线。因缺资金,计划未能实施。

1929年1月,南京国民政府交通部设立航空筹备委员会,筹划航空

---

① 湖北公路史志编审委员会编:《湖北公路史》,人民交通出版社1990年版,第75页。
② 陆仰渊、方庆秋主编:《民国社会经济史》,中国经济出版社1991年版,第432页。

业的发展和组建国家航空公司。4月15日,中国航空公司成立。17日,中国航空公司同美国航空发展公司签订《中美航空邮务合同》,合同规定由中美双方共同经营三条航线,其中的上海—南京—汉口航线以汉口为起讫站。10月21日,上海—南京—汉口航线开航,其营运的飞机为"洛宁号"水陆两用双翼机,汉口机场为江岸分金炉江面水上机场。营运至1930年2月,"共运邮件3.56吨,旅客211人次"①。

1930年8月,重组后的中国航空公司在汉口开办航空事务所,并着手开辟新航线。1931年3月,开辟汉口—宜昌航线,10月,延至重庆,1933年6月,延伸至成都。

继中国航空公司首开湖北省境内航空业之后,1931年2月成立的欧亚航空公司也先后开辟过北平—太原—洛阳—汉口—长沙—广州、北平—郑州—汉口、汉口—香港、汉口—西安等航线。

为了适应航空运输的需要,中国航空公司和欧亚航空公司在经营湖北省境内业务过程中,先后修建了一批机场。其中,长江江面水上机场有汉口江岸分金炉、沙市二郎门至玉和坪、宜昌美孚油栈等,陆地机场则有汉口王家墩机场、武昌南湖机场、恩施机场、枣阳机场、老河口机场等。

第四节　文化教育卫生事业的发展与误区

与社会经济运作的过程不一样,1927—1937年湖北省文化教育卫生事业的发展,没有明显的跌宕起伏,而是在平稳的过程中缓慢发展。其间,文化建设以报刊、出版、文艺较为活跃,教育建设以各级各类学校教育颇有建树,医疗卫生事业的改善则体现在医院、诊所的不断增设。但由于政治的原因,作为意识形态的文化教育,在其缓慢发展的同时,又存在着毋容置疑的种种误区。

---

① 湖北省地方志编纂委员会编:《湖北省志·交通邮电》,湖北人民出版社1995年版,第53页。

一、文化建设与文化"围剿"

南京国民政府建立后，从维护和巩固政权的需要出发，认为"文化建设之振废，关系于国家兴衰，民族存亡，至深且巨"①，因而，不仅确立了由国民党中央宣传部和国民政府教育部共管文化的特殊体制，而且迅速确立了文化建设的原则、方针，并制定了一系列法规，以推进文化建设和强化对文化领域的管制。因此，这一时期湖北省的文化建设有一定的发展，但同时存在着明显的政治伤痕。

湖北省的报刊业自清末以来一直都比较活跃。南京国民政府建立后，其势未减。其间因政权转换，原有的一些报刊或停止或被查禁，但同时出现了一大批新报新刊。据统计，1933年，仅武汉即有报刊75家，随后又不断有所增加。主要报纸概况如表5-8。

表5-8　1937年1月汉口市主要报纸概况表

报　名	发行人	篇幅	创办年月	登记年月
武汉日报	王亚明	对开3张	1929.6	1934.12
汉口新闻报	张云渊	对开5张	1914.5	1932.3
汉口新民报	谢蒨茂	对开3张	1926.9	1933.3
汉口新快报	万克哉	4开1张	1928.6	1932.1
武汉时事白话报	郭少仪	4开1张	1929.11	1932.2
汉口大同日报	陶尧阶	对开2张	1931.10	1931.10
汉口震旦民报	蔡寄鸥	对开2张	1912.5	1933.3
正义报	萧恩承	对开3张	1918.4	1931.4
时代日报	胡野萍	4开1张	1931.12	1931.12
汉口工商日报	萧亚侬	4开1张	1931.1	1931.2
汉口新汉报	陈　倬	4开1张	1931.2	1931.5

---

① 《国民政府转发〈关于确定文化建设原则与推进方针以复兴民族案〉的训令》(1936年1月)，中国第二历史档案馆编：《中华民国史档案资料汇编》第5辑第1编·文化(1)，江苏古籍出版社1994年版，第26页。

续表

报　名	发行人	篇幅	创办年月	登记年月
武汉时报	戴　震	4开1张	1932.3	1932.1
汉口中西报	王华轩	对开3张	1906.5	1932.1
汉口日需指南报	汪耀门	10开1张	1933.7	1933.8
汉口壮报	刘治平	4开1张	1933.2	1933.2
汉口国货日报	易葆恂	对开1张	1930.8	1931.4
新汉口报	唐　镜	4开1张	1933.10	1933.9
汉口戏世界报	梁梓华	4开1张	1933.5	1933.4
汉报	刘静哉	对开4张	1934.4	1934.8
大光报	赵惜梦	对开3张	1935.3	1935.1
汉口罗宾汉报	夏国宾	4开1张	1935.2	1935.6
扫荡报	袁守谦	对开3张	1932.5	1935.6
春秋日报	罗培三	4开1张	1935.7	1935.8
汉口导报	何颖扶	4开1张	1930.11	1930.11

资料来源：中国第二历史档案馆编：《中华民国史档案资料汇编》第5辑第1编·文化（1），江苏古籍出版社1994年版，第151～152页。

其中，有一定影响的有《武汉日报》、《扫荡报》、《汉口中西报》和《大光报》等。《武汉日报》于1929年6月创刊，直属国民党中央宣传部。《扫荡报》1932年5月创刊于南昌，1935年1月迁到武汉，隶属国民政府军事委员会。这两家官报利用其特殊的政治背景，垄断政治新闻和广告。《汉口中西报》创办于1906年，是这一时期湖北省报龄最长的一家报纸。《大光报》于1935年3月创办，以新颖的编辑风格和排版、印刷，以及充实的内容受到读者欢迎。

这一时期的刊物，有国民党党务系统办的《党务周刊》、《湖北周刊》、《新湖北》、《湖北地方政务研究》、《江汉思潮》；有军队系统办的《精诚月刊》、《国民空军》；有省政府系统办的《湖北省政府公报》、《湖北财政》、《湖北教育》、《湖北民政》、《建设月刊》、《公安月刊》；有学校系统办的《武汉大学文哲季刊》、《华中》、《中华季刊》、《武美》；有文艺系统办的《武汉文艺》、《夜航》、《诗座》、《文艺》、《奔涛》；有社会办的《现代读书》、《建设评论月刊》、《现代画刊》、《经济评论》、《商业月刊》、《青年评论》、《湖北农村合作》等。

这一时期湖北省的通讯社有较大的调整。1933年，由国人自办的通讯社有49家①，随后又有发展。这些通讯社的概况见表5-9。

表5-9　1937年1月汉口市主要通讯社概况表

社　　名	发行人	创办年月	登记年月
中央通讯社武汉分社	李尧卿	1928.12	1934.12
汉口导群通讯社	杨济民	1930.4	1935.9
湖北省政通讯社	刘树棠	1927.8	1931.11
中华宪政新闻通讯社	魏龙渊	1930.8	1931.2
民国新闻编译社	傅啸衫	1924.2	1932.5
汉口曙光通讯社	陈耐冬	1932.1	1932.1
秉公通讯社	张秉清	1929.3	1929.3
武汉亚新新闻社	朱愳人	1932.3	1932.3
湖北刊江通讯社	程　澄	1932.7	1932.7
中国逐日新闻社	季灏川	1932.6	1932.8
湖北迅雷通讯社	潘国勋	1932.8	1932.8
光黄通讯社	张鼎新	1932.6	1932.6
江汉通讯社	李少庸	1929.4	1929.4
汉口每日新闻社	万克哉	1934.2	1933.4
导言新闻社	童丽生	1933.1	1934.4
湖北警政新闻社	王文英	1933.6	1933.6
湖北鄂政新闻社	赵宗英	1933.9	1933.9
训政通讯社	何葆民	1932.11	1933.10
汉口益世通讯社	邓凤麟	1934.1	1934.1
合众新闻社	刘雨邨	1933.10	1933.9

①《武汉指南》第12编，汉口广益书局1933年版，第1页。

续表

社　名	发行人	创办年月	登记年月
汉口大声通讯社	刘中杰	1933.1	1933.12
汉口华中通讯社	江述之	1934.12	1934.12
武汉通讯社	徐公仆	1934.2	1934.2
汉口经济电讯通讯社	史剑平	1934.9	1934.9
汉口公益新闻社	杨葆荪	1931.6	1934.6
寰宇新闻社	姚悟千	1934.10	1934.11
楚翘通讯社	熊斌臣	1934.11	1934.10
湖北行政通讯社	萧有初	1934.11	1935.1
大我通讯社	朱肇霭	1934.11	1935.1
中流新闻通讯社	彭涛掀	1935.3	1935.3
现代通讯社	张力活	1935.1	1935.1
汉口日新新闻社	朱荣培		
武汉新闻摄影社	舒少南	1934.12	1935.2

资料来源：中国第二历史档案馆编：《中华民国史档案资料汇编》第5辑第1编·文化 (1)，江苏古籍出版社1994年版，第154~156页。

湖北省的图书出版业自清末民初以后，一直呈现时起时伏的状态。南京国民政府建立后，转趋平稳地发展，出版机构和出版发行量出现明显的增加。

作为出版、发行机构的书局、书店，这一时期湖北省先后设立有100多家，其中有商务印书馆汉口分馆、中华书局汉口分局、生活书店汉口分店、开明书店汉口分店、大东书局汉口分局、儿童书局汉口分局、华中图书公司、现代书局、新时代书局、正中书局、宝文堂书局、民益书局、崇文书局、广益书局、光明书局、良友图书公司、光华书局、泰和书局、子文书局、大同书局、文善书局、汉文书局、文林书局、文华书局、光华书局、武汉书局、益善书局、润文书局、黄鹄书局、群化书局、新生命书局等，并形成了汉口交通路"书店街"、"汉口统一街图书市场"和武昌横街头古旧书图书市场。

伴随着图书出版业的兴旺,以及这一时期教育的发展和学术研究的活跃,湖北省的公共图书馆业也得到相应的发展。1928年,有湖北省图书馆、文华大学图书馆、汉口市通俗图书馆、仲恺图书馆、汉口市图书馆等。1936年,又建成湖北省图书馆新馆和武汉大学图书馆。其中,新建的湖北省图书馆和武汉大学图书馆已具相当规模。

湖北省图书馆始建于1904年8月,是为我国最早建立的省级图书馆之一。1928年的藏书为10万余册,其中古籍旧书7万余册,中文新书1万余册。到1935年,发展到有"古籍九万多册,善本三千多册,平装书二万多册,西文书三千多册,日文书一千多册,杂志一千多种一万多册,儿童书四千多册,共计十三万一千多册"。"1929年读者56 537人,全年开放354天"[①]。1936年6月坐落于武昌蛇山南麓的新馆建成后,藏书量进一步增加,管理和阅览条件得到极大的改善。

武汉大学图书馆由原武昌中山大学图书馆改名而来。自1928年7月改名后,即大量购置图书,"其中文学院在建校8年中,购买中西文图书约有数万册,杂志100多种;理学院购进近代杂志200多种,购置旧杂志37种(全套);农学院一开办就订有中英文杂志30多种,购置中文农林书籍500余册"。1936年坐落于珞珈山的新馆建成时,"藏书已达14万册"[②]。

湖北省这一时期的文艺活动尤其是城市文艺活动比较活跃,各种戏剧团体相继建立,并上演了一大批新剧目,涌现出一批有影响的戏剧演员。

这一时期建立的汉剧演出团体有1929年组建的福兴班,1931年组建的汉剧旅行社,1936年组建的时代汉剧社和复兴汉剧社。话剧演出团体有1928年组建的北辰剧团、友联剧团、晨曦剧团,1930年组建的歌

---

① 湖北省图书馆编印:《湖北省图书馆建馆八十周年》,1984年,第2~3页。
② 吴贻谷主编:《武汉大学校史》(1893—1993),武汉大学出版社1993年版,第121页。

笛剧社，1931年组建的鸽的艺术社，1933年组建的秋声剧社，1935年组建的拓荒剧团，1936年组建的雷雨剧社。楚剧演出团体则有天仙班和楚剧进化社等。

这一时期演出的各种新剧目，有汉剧《宇宙锋》、《二度梅》、《柜中缘》等；有话剧《卡门》、《街头人》、《母亲》、《未完成的杰作》、《回春之曲》、《生的意志》、《苏州夜话》、《阿银姑娘》、《水银灯下》、《东北之家》、《洪水》、《雷雨》、《一片爱国心》、《蟋蟀》、《一只马蜂》、《酒后》、《未婚的母亲》、《南归》等；有楚剧《箱中冤》、《天雨花》、《三门街》等。

伴随着戏剧演出的活跃，涌现出了一批知名的和初露头角的演员。其中，汉剧演员有董瑶阶（艺名牡丹花）、陈伯华（艺名筱牡丹花）、吴天保、傅心一、余洪元，楚剧演员有沈云陔、关啸彬、高月楼（艺名筱叫天）。

综上所述，1927—1937年湖北省的文化建设尤其是城市文化建设是有一定发展的。但与此同时，对进步、革命文化的"围剿"一直没有间断。

1928年5月，南京国民政府颁布《著作权法》，拒不给进步出版物注册并禁止其发行。1929年9月，国民党中央宣传部在《宣传品审查条例》中规定："宣传共产主义及阶级斗争"的为"反动宣传品"，审查后概行"查禁、查封或究办之"[①]。1929年8月和1930年4月，国民党中央宣传部又先后颁布《全国重要都市邮件检查办法》和《各县市邮电检查办法》，在全国县市实行邮件检查。据此，湖北省政府、国民党湖北省党部相继成立了刊物、电影、戏剧等审查委员会，并于1930年9月颁布了《湖北省刊物条例》等法规，以封杀进步、革命文化。

1927年8月，武汉政府时期的《革命青年》、《海外周刊》等被通令查禁。1930年7—9月间，湖北省审查了12种报纸、7种杂志，汉口市

---

① 《宣传品审查条例》（1929年1月10日），中国第二历史档案馆编：《中华民国史档案资料汇编》第5辑第1编·文化（1），江苏古籍出版社1994年版，第75页。

审查了24种报纸，查禁了《前进》杂志、《共产党的计划》和《革命歌集》等书刊。12月，武汉警备司令部邮件检查所查禁了由上海寄达武汉的《东方日报》、《评论周报》。1931年，武汉出版的《霹雳》、《红光》、《日日新闻》、《在前》、《狂涛》、《沙漠》等刊物，也先后被查禁。与此同时，大批进步、革命文化工作者或被拘捕或被杀害，进步、革命的文化被摧残殆尽。

二、学校教育与"特种教育"

南京国民政府建立后，相对重视教育，在1932年以前的短短几年中，便迅速确立了教育宗旨，制定了教育方针、计划，完成了各级各类学校的教育立法，使得湖北省的教育事业也得到了比较快的发展。

湖北省的教育主要由初等教育、中等教育、高等教育、留学教育等各级各类学校教育和"特种教育"构成。

初等教育即小学教育。依据南京国民政府1932年12月颁布的《小学法》和1933年3月颁布的《小学规程》规定，小学学制为6年，前4年为初级小学，后2年为高级小学。初级小学和高级小学并设的为完全小学，完全小学多附设幼稚园。为普及义务教育，1930年后，各完全小学又附设短期小学和简易小学。1935年后，各县普遍设立联保小学。各所小学分属省立、市县立和私立，其经费分别来自中央政府补助、省款、市县款和私人款。省立小学多集中在省会，市县立小学分立在各该市县，私立小学则分布全省城乡。

这一时期，各类小学发展比较快。到1935年，全省各类小学达7 822所。其中，完全小学436所，初级小学3 418所，短期小学646所，简易小学124所，联保小学3 162所，幼稚园36所①。其中，省立小学718所，市县立小学6 146所，私立小学958所②。这一发展奠定了全省初等教育的基本格局。各县比较，则以浠水较为发达，计学校435所，

---

①② 湖北省政府秘书处：《湖北省年鉴第一回》，1937年，第522、529页。

学生17 091人①。但即便如此，依然未能改变湖北省初等教育落后的面貌。据统计，1935年度入学儿童数仅占学龄儿童总数的7%，处全国倒数第四位，仅列西康、青海、宁夏之前②。

中等教育是在学校教育中具有承上启下作用的一个重要教育层次，南京国民政府建立后，十分重视中等教育的改革和发展。在中等教育的体制上，取消了此前实行的综合中学制，改设普通中学、师范学校和职业学校。

湖北省的中等教育这时也得到了一定程度的发展。到1933年，全省便有普通中学64所、学生14 293人；师范学校5所、学生1 096人；职业学校7所、学生1 032人③。到1935年，普通中学发展到76所、学生18 543人；师范学校7所、学生1 792人；职业学校19所、学生1 929人④。

虽然从各类学校数量和规模方面看是得到了一定程度的发展，但却存在一些明显的缺憾。

第一，学校分布不平衡。以1935年的76所普通中学的分布为例，汉口20所，武昌37所，宜昌6所，襄阳5所，汉阳4所，蕲春、江陵各3所，黄冈、孝感、应城、随县、钟祥各2所，蒲圻、通城、阳新、大冶、浠水、广济、黄梅、黄陂、安陆、松滋、荆门、光化、恩施、郧县各1所，其他45县均未设立⑤。学校如此集中于大城市，固然有其历史的、经济的、社会的原因，但这显然不利于改变全省中等教育落后的状况。

第二，公立学校在数量上依然处于弱势。据统计，在1935年的102所各类中等学校中，公立学校为41所，私立学校为61所；其中在76所普通中学中，公立学校为23所，私立学校为53所⑥。公立学校的偏少，使得大量家庭贫困的学生无力上学。

---

① 湖北省政府秘书处：《湖北省年鉴第一回》，1937年，第521页。
②③ 湖北省地方志编纂委员会编：《湖北省志·教育》，湖北人民出版社1993年版，第115页。
④⑤⑥ 湖北省政府秘书处：《湖北省年鉴第一回》，1937年，第522～523、528～533、528～529页。

第三，教育质量不甚高。据省教育厅1933年度下学期中学毕业会考成绩统计，初中生749人，成绩列甲等5人，乙等79人，丙等562人，丁等103人；高中生162人，无甲等，乙等15人，丙等113人，丁等13人，戊等21人①。造成这种状况，固然有命题难易程度、评分标准等因素，但主要还是过多强调"党化"教育，忽视质量教育，以及师资水平不高等原因所致。

高等教育在学校教育中占有十分重要的地位。为此，南京国民政府在1928年便颁布了《大学组织法》、《专科学校组织法》等法规，以作为高等教育的指南。根据上述法规，高等教育分设大学、独立学院、专科学校三种，设三个以上学院的为大学。高等学校分为国立、省立和私立。

这一时期，在湖北省的高等学校有国立武汉大学、省立教育学院、私立华中大学、中华大学、武昌文华图书馆学专科学校、武昌艺术专科学校等。

武汉大学的前身，是在清末自强学堂和方言学堂基础上于1913年创办的国立武昌高等师范学校。1927年2月，武汉国民政府将其改建为武昌中山大学。1928年7月，南京国民政府决定改组武昌中山大学，组建国立武汉大学。同年10月31日，武汉大学以武昌东厂口原武昌中山大学校址招生开学，是时仅设社会科学院、理工学院及文学院；1932年4月，迁武昌珞珈山新校舍，1936年，发展成为有法学院、理学院、工学院、文学院四个学院13个系的大型综合性大学，在校学生670名。

省立教育学院的前身是1930年8月组建的湖北省立乡村师范学院。1931年9月，改办为湖北省立教育学院，先后设立乡村教育系和农事教育系及民众教育、乡村教育、职业师资三个专修科。1935年的在校学生为101名。

私立华中大学始建于1924年。武汉国民政府时期一度停办。1929年

---

① 湖北省地方志编纂委员会：《湖北省志·教育》，湖北人民出版社1993年版，第115～116页。

9月重建，并将长沙雅礼大学、岳阳湖滨大学并入，设文学院、理学院和教育学院三个学院11个系。1936年的在校学生为118名。

私立中华大学始建于1912年，1927年春并入武昌中山大学，1928年3月复校，设文学院、理学院、商学院三个学院13个系。1936年的在校学生为476名，规模仅次于武汉大学。

私立武昌文华图书馆学专科学校是从私立华中大学中分立出来的一所学校。1927年华中大学一度停办，该校文华图书科遂单独办学，更名为私立武昌文华图书馆学专科学校，1929年9月批准立案。1935年的在校学生仅18名。

私立武昌艺术专科学校的前身是1920年建校的武昌美术专门学校。1929年2月改称私立武昌艺术专科学校。设有绘画科、艺术教育科和中等艺术师范科。1935年的在校学生为64名。

湖北省这一时期的高等教育，从学校数量上看，仅次于上海、北平、浙江、广东等省市，居全国第5位，从而初步奠定了湖北省在全国高等教育中的地位。同时也应当看到，这一时期湖北省在校大学生数在全省总人口中所占的比例，同全国各省比较是相当之低的。据统计，这一时期全国每百万人口中的大学生平均数为93人，而湖北省仅为49人，处于全国各省的第17位[①]。

湖北省的留学教育始于1892年，此后一直处于断断续续的状况。南京国民政府建立后，湖北省政府对留学教育比较重视，于1928年拟订了《湖北省政府教育厅派遣公费留学生规定》等规章，对公费留学生的派遣方法、考试资格、所去国家等作了一些改革。派遣方法为考派与选补并行。考派即由省教育厅主持考试，统一派遣；选补则是从已在国外自费留学生中选择，选中者享受政府奖学金。考试资格则附加了一些政治条件，根据《湖北省政府教育厅派遣公费留学生规定》，考试资格为"本省

[①] 湖北省地方志编纂委员会编：《湖北省志·教育》，湖北人民出版社1993年版，第246页。

学生在国内外大学或专门学校毕业，曾服务党政军各机关一年以上著有成绩者"①。所去国家多为日本、美国、英国、比利时、法国、德国等。1929 年规定的名额为 19 名，1930 年在学公费生为 75 人，1931 年应试者 12 人，1933 年应试者 16 人。据统计，1927—1937 年湖北省每年公费留学生及奖学金名额为 68 名上下，年经费 22 万元左右②。

"特种教育"是南京国民政府在被"收复"后的原革命根据地区域实施的旨在"肃清"中共党组织和红军影响的社会教育。

根据 1933 年 3 月国民党中央执行委员会制定的《特种区域暂行社会教育实施办法》和随后赣闽皖鄂豫 5 省教育厅长会议制定的《赣闽皖鄂豫五省推行特种教育计划》，湖北省于同年 11 月成立了特种教育处并制定了《湖北匪区特种教育实施办法》，开始推行"特种教育"。

湖北省实施"特种教育"的途径，是由特种教育处"招收中等以上学校毕业学生，予以三个月之严格训练"后，分发"收复匪区"设立中山民众学校，"以中山民众学校为总枢纽"、"以收复匪区民众为对象"实施教育③。

由于"特种教育"具有明显的政治色彩，推行"特种教育"成为一种政治任务，因而在"特种教育"推行之初，出现一哄而起的状况。1934 年 11 月，已在黄安、麻城、礼山、英山、罗田、大冶、枣阳、天门、阳新、黄陂、咸宁、崇阳、沔阳、汉川、监利、黄冈、潜江、通山、蒲圻、广济、浠水、鄂城 22 县设校 245 所，学生数万人④。随着时间的推移，"特种教育"很快萎缩。1935 年，实施"特种教育"的中山民众学校减至 204 所。到 1937 年，虽实施"特种教育"的县增至 24 个，但中山民众学校仅剩 88 所⑤。"特种教育"未能达到预期目的。

造成湖北省"特种教育"这一结局的原因，一是由"特种教育"本

---

①②④⑤ 湖北省地方志编纂委员会编：《湖北省志·教育》，湖北人民出版社 1993 年版，第 127～129 页。

③ 湖北省政府秘书处：《湖北省年鉴第一回》，1937 年，第 521 页。

身的性质所决定。"特种教育"实际上是一种集中营式的强制教育,不为受教育者所接受,致使学生"领到书籍学习用品后,多中途退学"①。二是投入"特种教育"的人力、财力不够。各地中山民众学校多为一个教员办一所学校,各项事务性和教学性事宜均由教员承担。全省"特种教育"经费由南京国民政府拨给,1934年为6万元,1935年为48 384元②,这对于浩大的"特种教育"无异于杯水车薪。

三、医疗卫生的改善与局限

南京国民政府建立后,湖北省从加强医疗卫生的行政管理和筹设医院着手,促进医疗卫生业的改善和发展。1928年4月,医疗卫生行政归并民政厅第三科管理。1934年2月,第三科下设卫生股,专司医疗卫生行政管理。卫生股设立后,着力筹设医院,培养训练医务卫生人员,医院、诊所以及从业人员迅速增加。1937年6月,改民政厅第三科卫生股为第四科,下设医政、保健、防疫等三股,从而进一步完善了医疗卫生业的行政管理,促进了医疗卫生业的改善和发展。

到1937年,全省计有医院、诊所308所,病床3 622张,医护人员1 603人,分布在汉口市、各行政督察区以及大部分县,大致情况如表5-10。

就医院的分布来看,汉口31所,武昌18所,江陵、宜昌各13所,京山10所,天门、襄阳、光化各7所,嘉鱼、广济、应山、石首各6所,蕲春5所,阳新、云梦各4所,咸宁、麻城、沔阳、荆门、郧县各3所,汉阳、孝感、应城、钟祥、潜江、枝江、当阳各2所,通山、大冶、鄂城、黄冈、英山、罗田、黄陂、安陆、随县、利川、恩施、郧西各1所。其中,规模比较大的有汉口的普爱医院、同仁医院、梅神父医院、市立医院、协和医院和武昌的同仁医院。

---

① 湖北省政府秘书处:《湖北特教半月刊》第3卷第3,4期合刊,第11页。
② 湖北省政府秘书处:《湖北省年鉴第一回》,1937年,第523页。

表 5-10　1937 年汉口市和各行政督察区医疗机构概况表

	医院数	诊所数	病床数	医师数	药师数	护士数
汉口市	31	76	1 290	192	62	303
第一区	36	54	675	132	30	122
第二区	18	8	174	29	13	32
第三区	36	22	595	76	36	108
第四区	29	18	233	62	32	81
第五区	14	11	285	34	23	98
第六区	15	2	294	26	17	59
第七区	2	2	9	5	2	4
第八区	4	2	67	6	5	14

资料来源：湖北省政府秘书处：《湖北省年鉴第一回》，1937 年，第 780～789 页。

就诊所的分布来看，汉口 76 所，武昌 29 所，汉阳 12 所，江陵 9 所，鄂城、光化各 8 所，汉川、天门各 7 所，蒲圻 5 所，黄冈、浠水、孝感、荆门各 4 所，安陆、监利各 3 所，石首、宜城、宜昌、恩施、均县各 2 所，应山、南漳各 1 所。

至 1937 年年初，未设医院、诊所的县份还有崇阳、通城、黄梅、黄安、礼山、公安、松滋、枣阳、谷城、保康、远安、宜都、兴山、秭归、长阳、五峰、鹤峰、宣恩、来凤、咸丰、建始、巴东、房县、竹山、竹溪 25 县。

应该说，这一时期湖北省的医疗事业较之以前有了明显的改善和发展，局部地改变了湖北社会长期以来缺医少药的状况，并初步形成了近代医疗管理的体系。但同时也应看到，这一时期医疗业的改善和发展存在着很大的局限。首先是医疗机构的分布极不平衡，医院、诊所大多集中在大城市，广大县区很少，1/3 以上的县根本就没有医疗机构。其次是医务人员严重不足，医药用品和设备严重短缺，除汉口、武昌的几所大医院外，其他医院、诊所尤其是县区医院、诊所多数仅有 1 名医务人员，没有医疗设备。因而造成享受医疗保障的只是城市的富人，城市贫民和广大乡村民众依然难以就医的局面。

这一时期，湖北省环境卫生业的改善集中体现在武汉三镇。

武汉三镇环境卫生由政府组织管理始于20世纪初，当时管理机构为武昌警察总局，1929年4月后由武汉市卫生局接管。这时汉口设19个卫生事务所，武昌、汉阳设卫生办事处，办理清洁和其他卫生行政。据卫生局统计，1929年10月，武汉三镇共有清道夫789名，其中汉口520名，武昌220名，汉阳49名。随着省、市政府的重视和清道人员的增加，1928—1929年间，武汉三镇主要街道市容卫生有所改观。

1930年，汉口市分别在5月15日、12月5日举行全市性污物大扫除。1934年以后，规定每年3月15日、4月15日、5月15日、6月15日、9月15日、12月15日举行全市性污物大扫除，基本上保持了武汉三镇的市容卫生。

除武汉三镇外，全省各县区尚未重视环境卫生工作，脏乱现象依旧十分普遍。

第六章　革命根据地①的创建与受挫

第一节　从武装起义到革命根据地形成

1927年国民党背叛革命，攫取国民革命的成果，疯狂屠杀中共党人之际，中共中央及时地确定了土地革命和武装反抗国民党的总方针。旋即，湖北地区的共产党人呼应着全国多地，在全省境内发动了多次武装暴动、武装起义。暴动、起义后保留下来的武装力量在流动游击极端困难的条件下，凭借自身的艰苦探索和以井冈山为榜样，逐步地走上了工农武装割据、建立革命根据地的道路。到1930年6月，相继形成了鄂豫皖、湘鄂西、鄂东南等革命根据地。

一、武装反抗国民党方针的确定

"四一二"、"七一五"政变后，主持中共中央工作的瞿秋白当时就敏锐地指出："国民党偷取政权而变成反革命的政党，中国工农民众的革命潮流立刻便向着推翻国民党政权的道路。"②

---

① 革命根据地，即有革命政党、革命武装、革命政权、革命群众组织这四种组织在一定地区能够公开、合法地存在，各自执行自己职权的地区。这里特指第二次国内革命战争时期，中国共产党为反抗国民党统治，在国民党统治相对薄弱的农村实行工农武装割据的地区。由于这些地区的政权采用苏维埃的形式，当年多使用"苏区"这一名称。随着近年来学术界约定俗成使用"革命根据地"这一名称，因而本书中，在引证当年文献时即尊重文献中原来的"苏区"这一表述；而在本书著述中，则统一使用"革命根据地"这一名称。
② 瞿秋白：《中国革命是什么样的革命方针?》，中央档案馆编：《中共中央文件选集》第3册，中共中央党校出版社1983年版，第425页。

由于中共中央机关 1927 年春伴随国民政府迁都到达武汉，因而，在中共中央机关 1927 年 9 月迁往上海之前，中共中央的所有重大决策均在武汉形成。同时，由于国民革命时期中国共产党在湖北省的影响比较大，湖北省工农群众的革命热情和组织程度比较高，因而，湖北省便成为中国共产党拟定实施武装反抗国民党的最主要的省份之一。

早在 1927 年 7 月 12 日，中国共产党就在共产国际的帮助下，改组了中央领导机关，成立了中共中央临时政治局常务委员会，"代表中央政治局职权"① 处理变乱之际的党务。7 月 13 日，中共中央发表了对政局宣言，宣告："中国共产党必将努力奋斗，反抗反动军官、封建豪绅及资产阶级完全攫取国民革命运动的阴谋，反抗他们屠杀工农剥削民众的政策。"② 7 月 20 日，中共中央发出《中央通告农字第九号——目前农民运动总策略》，具体分析了中国农民的政治经济情况，提出了在农村开展土地革命、推翻封建地主的乡村统治的新的历史使命，并就"北方各省如直鲁晋豫"和"南方湘鄂赣粤等省"的不同情况制定了土地革命的总策略③。7 月 25 日，中共中央临时政治局常务委员会"根据派赴九江的李立三、邓中夏、恽代英、聂荣臻等人的建议，决定集中中国共产党掌握和影响下的部队，在南昌举行起义"④。这表明，在国民党背叛革命攫取国民革命成果、屠杀共产党人和工农群众之际，中国共产党便及时被迫地选择了武装反抗的道路。

继 8 月 1 日南昌起义打响了武装反抗国民党的第一枪之后，中共中央于 8 月 3 日制定了《关于湘鄂粤赣四省农民秋收暴动大纲》。大纲号召

---

① 《"八七"中央紧急会议文件·小引》（1927 年 8 月 11 日），中央档案馆编：《中共中央文件选集》第 3 册，中共中央党校出版社 1983 年版，第 223 页。

② 《中国共产党中央委员会对政局宣言》（1927 年 7 月 13 日），中央档案馆编：《中共中央文件选集》第 3 册，中共中央党校出版社 1983 年版，第 181 页。

③ 《中央通告农字第九号——目前农民运动总策略》（1927 年 7 月 20 日），中央档案馆编：《中共中央文件选集》第 3 册，中共中央党校出版社 1983 年版，第 184 页。

④ 蒋凤波、徐占权：《土地革命战争纪事》，解放军出版社 1989 年版，第 5 页。

全党"勇往直前","领导秋收的暴动"①。

8月7日,中共中央在汉口秘密召开紧急会议,即著名的"八七"会议。会议批判了陈独秀的右倾投降主义错误,确定了土地革命和武装反抗国民党的总方针,并把发动农民进行秋收暴动作为党在目前最主要的任务。会议通过的《最近农民斗争的议决案》指出:"共产党现时最主要的任务是有系统的有计划的尽可能的在广大区域中准备农民的总暴动。""中国共产党及中国共产主义青年团应当在极短期间调最积极的,坚强的,革命性稳定的,有斗争经验的同志尽量分配到各主要的省份做农民暴动的组织者。"《最近农民斗争的议决案》还提出了以下鲜明的口号:"农村政权属于农民协会";"肃清土豪乡绅与一切反革命分子,没收他们的财产";"没收重利盘剥者财产";"没收大地主及中地主的土地,分这些土地给佃农及无地的农民";"没收一切所谓公产的祠族庙宇等土地,分给无地的农民";"解除民团团防等类的武装与其他地主的军队,而武装农民";"对于一切新旧军阀政府的税捐实行抗纳,并实行抗租",等等②。

根据中共中央上述决议和决定以及南昌起义后的形势,中共湖北省委于8月中旬制订了《湖北省秋收暴动计划》,计划明确指出:"党必须坚决领导土地革命;领导工农群众实行武装暴动。"③ 并对武装暴动的目的、步骤、组织机构等作了具体规定。关于武装暴动的目的,计划指出:"为响应武汉工人罢工,拥护南昌叶、贺独立及促进土地革命加速度的发展,我们党应立即领导农民起来,杀戮土豪劣绅,打倒土豪劣绅复起的凶焰,引起乡村间极大的骚动,抗税抗捐以动摇武汉的政[统]治,使其不能出兵江西及其他省份压迫革命,并进一步武装农民,抗租抗粮,

---

① 《中共中央关于湘鄂粤赣四省农民秋收暴动大纲》(1927年8月3日),中央档案馆编:《中共中央文件选集》第3册,中共中央党校出版社1983年版,第220页。
② 《"八七"中央紧急会议文件——最近农民斗争的议决案》(1927年8月7日),湖北省档案馆藏。
③ 《湖北省秋收暴动计划》(1927年8月),湖北省档案馆藏。

实行全省大暴动，没收大中地主、土豪劣绅的土地及一切公地（对小地主则实行减租），准备推翻武汉的统治，彻底消灭封建势力而建设农民协会的政权。"关于武装暴动的步骤，计划指出：第一步，建设各区集中指挥机关，组织农民游击队……造成乡村大恐怖，以镇压土豪劣绅复起的凶焰，恢复农民斗争的勇气及组织。第二步，实行抗租抗粮抗捐，健全并扩大农民武装及农协组织，准备乡村普遍大暴动。大暴动开始即夺取敌人武器，占领财政、交通、警署、邮电等机关，建立农民协会政权及农民军队。关于武装暴动的组织，计划规定：全省划分为武汉、鄂东、鄂南、京汉路、鄂北、鄂中、鄂西7个区。各区组成特别委员会，由省委指定从事农运和军事工作人员组成，受省委直接领导。

随后，中共湖北省委调配干部，先后组成了鄂南、鄂中、鄂西特委[①]和鄂东农运指导委员会。其中，鄂中特委由王平章、萧仁谷组成；鄂南特委由符向一、吴德峰、黄赤光组成；鄂西特委由曹壮父、张计储、张善孚组成；鄂东农运指导委员会由梅电奎负责。

正值中共湖北省委加紧准备武装暴动之际，中共中央又于8月下旬制订了《两湖暴动计划决议案》，决议案强调指出："本党当前唯一重要责任，就是坚决的实行土地革命，领导两湖的工农群众实行暴动。"决议案还明确指示："两湖的农民暴动必须开始于9月10号，因为两湖的环境不同，两湖应各有其中心区域，应各创成一种独立的暴动局面以发展暴动，但总的政治目标口号与行动须一致。"决议案再次提出了鲜明的暴动口号："暴动打倒武汉政府"，"暴动杀尽土豪劣绅反革命的大地主及一切反动派"，"暴动为死难民众复仇"，"暴动没收地主的土地"，"暴动抗租抗税抗粮抗捐"，"暴动实行一切政权归农民协会"，等等[②]。

至此，全省各地的武装暴动、武装起义已迫在眉睫。

[①] 特委即特别委员会的简称，是中国共产党在武装起义和革命根据地时期，在特定地区设立的党的组织机构。
[②]《两湖暴动计划决议案》(1927年8月)，湖北省档案馆藏。

二、全省各地武装暴动、武装起义的发动

经过短期的酝酿准备,从1927年9月开始,全省各地的武装暴动、武装起义相继发动。其中,具有一定规模和影响的有1927年9月间的全省普遍暴动、11月间的黄麻起义和1928年1—2月间的荆江两岸年关暴动。

(一)全省普遍暴动

全省普遍暴动基本上是按照《湖北省秋收暴动计划》,分暴动区而发动的。而拉开暴动帷幕的是鄂南暴动。

在鄂南区,鄂南特委组成后,即设特委机关于蒲圻,直接部署和领导鄂南暴动。9月初,省委书记罗亦农亲赴鄂南,召集各县负责人会议,决定鄂南暴动与毛泽东领导的湘赣边秋收起义同时发动,时间定为9月9日。9月8日,鄂南特委获悉当晚有一列运送饷银的火车由武昌开往长沙,遂决定先行劫车,然后攻取蒲圻和咸宁县城。于是,特委迅速集中农军二三百人,预伏于蒲圻境内中伙铺车站铁道两侧。车行至此,总指挥黄赤光率八九名农军以国民党第23军查车为名先行登车,随即,预伏农军一拥而入,押车士兵不敢抵抗,车上所载饷银3万元、子弹5箱、快枪16支全部被缴获,是为"中伙铺劫车"。随后,鄂南暴动全面展开。在通山,县农协委员长夏桂林领导农军从横市潭出发,打进了通山县城,逮捕了县长,取得了通山的政权。在咸宁,农军先后打败了汀泗桥守军,攻占了马桥、官埠桥等地,"对咸宁县城形成了包围的形势","城内的反动派惶恐已极,急忙电告伪省政府请援"。与此同时,"通城、崇阳、嘉鱼等县也爆发了起义","整个鄂东南地区都沸腾起来了"①。

在鄂中区,暴动的帷幕在沔阳南部拉开。9月10日晚,鄂中特委和沔阳县委负责人率领部分党员和数十名群众,突袭了沔南戴家场大土豪、团防武装头子涂老五院宅,击伤涂老五,焚其房屋,控制了戴家场。在

---

① 湖北省革命史资料编写小组编:《党在湖北地区革命斗争史资料》第4分册,1961年,第15、16页。

这一暴动的鼓舞下,沔东的杨树峰、郑道湖、彭家场,沔中的白庙、小河口、府场、何家湾,沔西的段家湾、新沟坝、拖船埠等地的暴动群众四处杀戮土豪劣绅。在此基础上,中共沔阳县委"率领游击队六七十人","内外夹攻,占领了沔城,镇压了伪县长胡保全",取得沔城暴动的胜利①。与沔阳暴动相呼应,监利剅口暴动农民以火把为号举行暴动,于9月10日夜攻占了郑家拐、汤家竹林、跑马岭等地。同时,三官殿、上车湾等地也爆发了暴动。在此基础上,鄂中特委于9月下旬决定:"以洪湖为中心,沿湖出没无常地杀戮土豪劣绅","向农民宣布实行土地革命,实行乡村政权归农协,实现耕者有其田"②。

在鄂西区,特委所辖各县的武装暴动自9月中旬广泛开展起来,其中,以当阳瓦仓暴动和公安暴动声势较大。9月14日夜,当阳县委带领瓦仓农民自卫团,打垮了设在庙前石马槽的团防局,拘捕、处决了土豪劣绅数十人。15日,成立了瓦仓区工农革命政权。随即,观音区、城区九子山以及远安县南乡的农民也纷纷响应,或烧毁土豪劣绅的田契、借据,或没收其财物分给贫苦农民。与当阳瓦仓暴动同时,公安县各区农民自卫队四境戒严,捕杀官吏、土豪劣绅,捣毁税收机关,其势甚锐。正值此时,湖南澧县农民自卫队因受敌压迫转至公安,与公安农民自卫队会合,使鄂西暴动武装力量大增。于是,特委决定攻占与公安相邻的江陵县重镇弥陀寺镇。9月23日,农民武装攻占了弥陀寺镇。随后,农民武装回到公安境内,在公安南部各区进行反苛捐杂税、反土豪劣绅的斗争。

在鄂北区,枣阳县委领导枣西程坡、马岗、蔡阳铺和七方岗暴动农民,联合襄阳东北部的程河、双沟和张家集等地的暴动农民,攻打了隆兴寺区署和团防局,接着,又攻破沈家大屋,捣毁了琚湾团防局。不久,暴动武装组成了枣西农民赤卫队。与此同时,随县工农自卫军独立大队

---

① 湖北省革命史资料编写小组编:《党在湖北地区革命斗争史资料》第3分册,1961年,第10页。
② 《中央湖北省委关于湖北农民暴动经过之报告》,《中央政治通讯》第11期,1927年10月。

在吴山镇的东山击溃敌"建国军"一个团，接着攻占吴山镇，全歼团防武装，11月间又攻克三合店团防局。在此基础上，鄂北特委于11月10日召开了襄阳、枣阳、随县三县党组织联席会议，成立了三县秋收暴动总指挥部，决定开展以枣阳为中心的大规模武装暴动。

在鄂东区，黄安、麻城两县的农民暴动风起云涌。9月下旬，黄安紫云区檀树乡熊家嘴数百农民首先暴动，处决了恶霸地主程瑞林，并没收其财产。七里坪镇暴动中农民则处决了商会会长李业阶。旋即，紫云、七里两区的福德桥、古峰岭、阮家店、东岳庙、柳林河、紫云寨等地的农民相继暴动，"在三四天内即捕杀了（豪绅地主）数十名，并没收其财产，烧毁其房屋"①。与此同时，麻城乘马、顺河两区的农民也纷纷拿起大刀、长矛，扛起锄头、扁担，不分昼夜地搜捕土豪劣绅，没收其财产。其间，冷水坳农民没收了地主陶祖培的财产，林家山农民逮捕了土豪"邱麻子"，西张店农民活捉了土豪王芝庭的弟弟王润先，邱家畈农民逮捕了土豪张继全，等等。上述暴动均发生在9月间，因此称之为"九月暴动"。

全省普遍暴动虽然比较零散、规模小，并先后停息下来，但有力地回击了国民党的屠杀政策，鼓舞了广大群众的斗志，锻炼了党组织和党员，为日后大规模武装起义准备了条件。

（二）黄麻起义

黄麻"九月暴动"虽然停息下来，但尚保存了一定规模的农民武装。其中，"黄安之七里坪地方有群众万人，枪二三百支"。麻城北部"有人民自卫军，有快枪七八十支……能号召群众二万人"②。鉴此，中共湖北省委于10月间派遣多名重要干部进入黄麻地区，并建立起中共黄麻特委，负责指导黄安、麻城、罗田、黄冈等县的工作，准备大规模的武装起义。

这时，宁汉战争刚刚结束，初占武汉的国民党蒋系军阀无力顾及黄

---

① 湖北省革命史资料编写小组编：《党在湖北地区革命斗争史资料》第2分册，1961年，第7页。
② 《黄麻地区农运情况——湖北省委向中央报告》，《中央政治通讯》第11期，1927年10月。

麻地区，在客观上给黄麻特委发动大规模起义造成了有利条件。

11月3日，中共黄麻特委在黄安七里坪召开黄麻两县党团活动分子会议，决定发动黄麻起义，武装夺取黄安县城，建立革命政权和革命军队。会上，成立了黄麻起义指挥部，潘忠汝、吴光浩分任正副指挥，指挥部设于黄安县七里坪。会后，黄麻两县党组织迅速动员了一批勇敢、坚定的党团员到各区、乡宣传党的主张，整编和训练农民武装，准备大规模武装起义。

11月12日，黄麻起义指挥部在黄安七里坪召开会议，认为起义条件已完全成熟，决定立即发动起义。

13日傍晚，黄麻两县农民自卫军及起义农民2万余人汇集七里坪，随即，队伍浩浩荡荡向黄安县城进发。为顺利夺取县城，起义指挥部在起义大部队出发前，已先期选派了由70人组成的突击队趁夜入城担任内应。14日凌晨，起义大部队包围了县城，在内应队员的接应下，起义部队由城西北攀梯登上城墙，夺取北门，随即，起义大部队奋勇冲进城内，全歼了近200人的县警备队，捣毁了县政府，活捉了县长贺守忠。17日，根据中共湖北省委的指示，黄麻两县农民自卫军改编为中国工农革命军鄂东军，总指挥潘忠汝，副总指挥吴光浩，党代表戴克敏，全军共有约240支枪。18日，根据黄麻特委和黄安县委的安排，成立了黄安县农民政府，选曹学楷为政府主席，并颁布了《黄安县农民政府施政纲领》。纲领的主要内容为："实行土地革命，工农武装起来推翻豪绅地主统治，打倒国民党蒋介石，建立工农政权，实行民主自由，改善劳苦群众生活，实行八小时工作制，增加工资，保护商业贸易，保护中小商人，拥护苏联社会主义，反对帝国主义侵占中国。"①

被黄麻起义震惊的国民党当局，急忙调派军队严加镇压。11月28日，驻河口之国民党第30军独立旅进攻黄安县城，被守城鄂东军和闻讯赶来增援的农民武装击退。12月5日，国民党第12军教导师突然

---

① 湖北省革命史资料编写小组编：《党在湖北地区革命斗争史资料》第2分册，1961年，第11页。

从宋埠奔袭黄安城，鄂东军据城与敌奋战，终因力量悬殊，伤亡严重，城门失守，被迫退出县城。

黄麻起义虽遭挫折，但它是这一时期湖北省境内规模最大的一次武装起义，而且也是这一时期全国各地影响较大的一次武装起义。起义的发动，有力地回击了国民党的屠杀政策，极大地鼓舞了该地区民众的革命斗争，也鼓舞了全国各地民众的革命热情。起义的地区成为日后鄂豫皖革命根据地发源地和最初的来源。起义后组成的工农革命军鄂东军，成了日后鄂豫皖革命根据地红军的最初来源和骨干力量，起义后成立的黄安农民政府，成为鄂豫皖革命根据地政权建设的先声。

（三）荆江两岸年关暴动

继鄂东北的黄麻起义之后，荆江两岸年关暴动接踵而起。荆江，系指宜昌至城陵矶的长江江段，全长330公里。1927年11月，中共中央曾多次指示湘、鄂两省利用年关时节阶级矛盾尖锐的时机，发动新的暴动。"鄂省委应在极短的时间内领导农民割据公安、石首、当阳，向西发展，并与湘西联合；割据天门、沔阳，向四周发展。""湘省委，应当发动广大的农民群众割据湘西、湘南、湘北各数县，与鄂西、鄂南联合"①。据此，荆江两岸的公安、石首、监利、沔阳、汉川、潜江、江陵、华容和南县等县即在中共湖北省委和湖南省委的指导下积极准备暴动。正值此刻，贺龙②、周逸

---

① 《中央致两湖省委信》（1927年11月15日），湖北省档案馆藏。
② 贺龙（1896—1969），本名文常。湖南桑植人。少年以愤世嫉俗、仗义疏财闻名乡里。1914年加入中华革命党。1916年两把菜刀闹革命，组织起一支农民武装。1922年被孙中山任命为四川讨贼联军旅长。1926年参加北伐战争，历任国民革命军第8军师长兼湘西镇守使、第9军师长、第20军军长。1927年参加领导"八一"南昌起义，任起义军总指挥。同年加入中国共产党。随后与周逸群等在湘鄂西建立革命武装和开辟革命根据地。历任红军第2军军长、第2军团总指挥等。长征途中与红6军团会合后开辟湘鄂川黔革命根据地，任红2、6军团总指挥兼湘鄂川黔军区司令员、中共湘鄂川黔军委分会主席、红二方面军总指挥。抗日战争时期，任八路军120师师长、晋绥军区司令员等，创建晋绥抗日根据地。解放战争时期，任西北军区司令员等。新中国成立后，历任中央人民政府委员、西南军区司令员、国防委员会副主席、国务院副总理兼国家体育运动委员会主任等。1955年被授予元帅军衔。1956年在中共八届一中全会上当选为中央政治局委员、中共中央军委副主席。"文化大革命"期间受诬陷，1969年6月被迫害致死。

群①等于 1928 年 1 月下旬到达监利县境，从而加强了暴动的领导力量。随即，湘西北特委与监利、石首、华容、沔阳等县委共同商定：监利、石首、华容、沔阳各县党组织全体动员，带领农民暴动，发动游击战争。同时，鄂中特委领导的工农革命军 200 余人到达监利朱河，与石首、监利等县的农民暴动队组成为"中国共产党湖北沔阳工农革命军第 5 军"②，军长贺锦斋，全军 300 余人。

工农革命军第 5 军成立后，首先在监利境内行动，先后在上车湾、何堡、尺八、聂河、王垸等地攻打团防据点，处决土豪劣绅、湖霸。2 月 7 日，工农革命军第 5 军移师江南，攻克华容砖桥，攻打石首调弦口、高基庙、小河等地，一度袭击石首县城，不久，折返监利下车湾，部队发展到 1 000 余人。

工农革命军第 5 军转战荆江两岸的胜利，极大地推动了荆江两岸各县年关斗争的发展，据湘西北特委给中央的报告，石首县"民众蜂起"，"杀地主豪绅三十余人，焚毁田契很多"；华容县委"组织同志，全体动员"，"杀戮豪绅至七十余人"③。与此同时，公安县农民暴动队攻击了桥埠头国民党第 73 师傅祖光部，奔袭了闸口团防，伏击了前来增援的县警备队。江陵县赤卫队先后袭击了沙岗、林家垱，并成立了江陵县农民协会。汉川县的椰头、丁集、南河、庙头、韩集的农民发生暴动，组织了工农革命军汉川第 4 军。沔阳、潜江、南县也发生了农民暴动。荆江两

---

① 周逸群（1896—1931），字立凤。贵州桐仁人。1919 年赴日本留学，1923 年回国后在上海创办《贵州青年》，1924 年加入中国共产党，同年 10 月入黄埔军校。1925 年 2 月任黄埔军校青年军人联合会主席。1926 年后，任北伐军左翼军宣传队队长、第 1 师政治训练所所长、第 3 师师长。1927 年参加南昌起义。随后与贺龙等在湘鄂西建立革命武装和开辟革命根据地。历任中共湘西北特委书记、湘鄂西特委书记、红 6 军政委、红 2 军团政委、湘鄂西联县政府主席。1931 年 3 月，被"左"倾错误的中央代表撤销领导职务，离开洪湖根据地。同年 5 月，在岳阳地区遭敌人伏击，不幸牺牲。

②③《湘西北特委施元关于特委工作及暴动经过等向中央的报告》（1928 年 3 月 13 日），湖南省档案馆藏。

岸的年关暴动，"自监利、石首、华容三县大骚动后，所有邻近之沔阳、汉川、潜江、公安、南县等地农民，均大动起来，烧杀之事，无日不有。反动（派）方面，恐怖异常，虽各地有驻军防范，但多不敢出地区一步"①。

荆江两岸年关暴动的成果虽然未能巩固与扩大，但它也同样有力地回击了国民党的屠杀政策，鼓舞了该地区人民的斗争热情。同时，暴动期间组成的沔阳工农革命军第5军、工农革命军汉川第4军及其他暴动武装，为日后开辟湘鄂西革命根据地奠定了武装基础。

三、革命根据地的创建

全省各地武装起义受挫后，保留下来的起义武装被迫辗转游击于各地，在极其困难的条件下，逐步走上了工农武装割据的道路。到1930年6月，鄂豫皖、湘鄂西、鄂东南等相继建立革命根据地。

（一）鄂豫皖革命根据地的形成

黄安县城失守后，中共湖北省委几次给黄安县委发出指示信，指示黄安县委坚持斗争，积极向麻城、罗田方向发展，同黄梅县取得联系，以便"在麻城、黄安及河南之商城一带，造成一个割据局面"②。12月下旬，工农革命军鄂东军72人、53支枪，突破敌人的封锁，到达黄陂县北部的木兰山。1928年1月，工农革命军鄂东军奉上级指示改编为中国工农革命军第7军，在木兰山一带开展游击活动。后因国民党军不断进袭，工农革命军第7军又不得不辗转于黄陂、黄安、黄冈、罗田、光山各县境内。3个月的辗转游击，使工农革命军第7军深切地认识到立足点的重要性和迫切性。4月，工农革命军第7军发现两省（河南省和湖北省）三县（黄安县、麻城县和光山县）边界的柴山保具备立足点的许

---

① 《湘西北特委施元关于特委工作及暴动经过等向中央的报告》（1928年3月13日），湖南省档案馆藏。
② 《湖北省委致黄安县委的信》（1927年12月12日），湖北省档案馆藏。

多有利条件。5月，工农革命军第7军和地方党组织领导人会议决定："开展柴山保地区的工作，以便在黄、麻、光三县交界的摩云山、羚羊山、木城寨、光裕山之间，创造一个比较稳定的立足点，作为对敌斗争的依托。"① 旋即，工农革命军第7军进入柴山保，并经过两个月的努力，站稳了脚跟。工农革命军第7军进入柴山保并站稳脚根，是这支武装力量走上边界割据道路的决定性的一步。

1928年7月，根据上级指示，工农革命军第7军改编为中国工农红军第11军第31师（简称红31师）。吴光浩任军长兼师长，戴克敏任党代表，曹学楷任参谋长。全师约120人，分编为4个大队。同时，由于黄麻特委在黄安县城失守时已遭破坏，于是由红军和地方党组织的主要负责人于10月间组成中共鄂东特委，王秀松任书记。

工农革命军第7军改编为红31师后，其第1、2大队即南下黄麻地区，先后击溃和消灭了乘马、顺河等地的4个反动民团，击退了麻城驻军1个营的进攻，到年底，基本上控制了黄麻北部七里、紫云、乘马、顺河等区的大部分。同时，柴山保以西的观音保等地，也由于红军的经常活动而成为割据区域。这样，以柴山保为中心的工农武装割据区域逐步形成。

正值鄂东特委组成后不久和工农革命军第7军辗转游击、进入柴山保之际，井冈山的斗争和经验传到了鄂东北，振奋了鄂东特委和工农革命军第7军，坚定了其武装割据的信念。1928年冬，鄂东特委即明确提出"学江西井冈山的办法"②。12月，中央湖北省委巡视员曹壮父巡视鄂东北之后认为，黄麻地区是"湖北最好的一个苏维埃区域"③，建议中共中央把黄安、麻城、光山、商城、六安划为鄂豫皖特别区，以造成整个

---

① 王树声、陈再道、等：《从黄麻起义到鄂豫边割据》，《湖北日报》1963年7月23日，第3版。
② 《鄂东北特委何玉林给中央的报告》（1929年5月7日），谭克绳主编：《中国革命根据地史》（上），福建人民出版社2007年版，第55页。
③ 《曹壮父给中央的报告》（1928年12月15日），湖北省档案馆藏。

大别山脉的武装割据。1929年1月，中共中央派徐宝珊来鄂豫边工作。随后，红31师利用蒋桂战争之机，向外扩大游击，武装割据区域日益扩大。4月，鄂东特委改组为鄂东北特委。5月下旬，鄂东北特委召开了黄安、麻城、黄陂、孝感四县县委和红31师党委第二次联席会议，通过了《目前政治形势与党的任务》、农民运动、组织问题、苏维埃问题等8项决议。根据会议决议，黄安、麻城、黄陂、孝感等县的部分地区，相继建立起区、乡苏维埃政府。6月，以黄安、麻城、光山三县边界为中心，横65公里、纵50公里的鄂豫边割据区初步形成。

在鄂豫边割据区形成之际，1929年5月，豫东南地区爆发商（城）南起义，成立了工农红军第11军第32师（简称红32师），并初步形成了以南溪、斑竹园、吴家店为中心的纵横六七十里的豫东南割据区。11月，皖西北地区爆发六（安）霍（山）起义，成立了工农红军第11军第33师（简称红33师），并在不到半年时间里形成了六安、霍山、霍丘、英山、潜山等县边界地区，纵90公里、横50公里的皖西割据区。

根据上述形势，中共中央于1930年2月召开会议，决定建立鄂豫皖边区，组建中共鄂豫皖边区特委和中国工农红军第1军。2月25日，中共中央给湖北省委、河南省委及六安中心县委发出指示信，指示将湖北的黄安、麻城、黄陂、黄冈、孝感、罗田，河南的商城、光山、潢川、固始、息县，安徽的六安、英山、霍山、霍丘、颍上、寿县、合肥等县划为鄂豫皖边区，在中共湖北省委的领导下组建鄂豫皖边特委。3月17日，中共中央给湖北省委发出鄂豫皖边特委组成名单的指示。次日，中共中央发出给鄂豫皖边特委和红31师、红32师、红33师师委的指示信，决定将3个师合编为中国工农红军第1军。随后，中共中央选派的军政干部相继到达鄂豫皖边区。3月20日，中共鄂豫皖边特委正式组建，郭述申任书记。4月，正式组成了中国工农红军第1军（简称红1军），军长许继慎、政治委员曹大骏。6月下旬，鄂豫皖边区第一次工农兵代表大会在光山县王家湾召开，选举产生了鄂豫皖边区苏维埃政府，甘元景当选为政府主席。至此，鄂豫皖革命根据地正式形成。

鄂豫皖革命根据地的形成，不仅在本地区，同时在全国的革命斗争中都有着重要意义。正如中共中央当时所指出："鄂豫皖三省边境……红色区域相接，这有便于红军的改编与训练的条件，有武器给养的来源，尤其是一面可以控制平汉铁路，一面可以截据长江交通，有直接威逼武汉进而使全国红色区域打成一片的前途，这完全符合于革命根据地的作用。因此，中央特将此区域划为全国六大根据地之一。"①

（二）湘鄂西革命根据地的形成

荆江两岸年关暴动告一段落后，湘西北特委负责人转赴湘鄂边开展武装斗争，并逐渐走上了武装割据湘鄂边的道路。

1928年3月，周逸群、贺龙到达桑植，依靠亲族、旧部等关系聚集起了一支3 000多人、700多支枪的工农革命军。4月2日，工农革命军攻占桑植县城，建立了桑植县革命委员会，拉开了湘鄂边武装割据的序幕。

当月，在敌人重兵围攻下，桑植县城失守，工农革命军大部失散，湘西北特委与上级失去联系，周逸群辗转到达洪湖地区，贺龙则在桑植和鹤峰边界收集失散部队。7月，重新收集起来的部队被编为工农革命军第4军，贺龙任军长。随后，部队辗转游击于桑植、鹤峰边界，寻找立足点。

11月初，湘西前委收到中央指示信，指示信指出："在大的敌人的包围下"，"宜竭力避免与敌人的主要力量直接冲突"，"应极力帮助发展群众组织"，"只有在广大群众当中才能生存和发展"②。中央指示使湘西前委和工农革命军更加明确了割据湘鄂边的重要性及其办法。

11月下旬，工农革命军第4军进行整编，改称工农红军第4军（简

---

① 《中央给鄂豫皖特委指示》（1930年10月18日），转引自谭克绳主编：《中国革命根据地史》（上），福建人民出版社2007年版，第153页。

② 古堡、戴柏汉、梁琴主编：《湘鄂西革命根据地史》，湖南人民出版社1988年版，第49页。

称红4军)。随后,红4军向宣恩、恩施、咸丰、利川和建始等地展开游击活动。1929年1月7日,红4军攻占鹤峰县城,13日,成立鹤峰县苏维埃政府。随后,红4军主动撤出鹤峰县城,向四周展开游击,以建立巩固的割据区。4月,形成以鹤峰为中心,西起奇峰关,东至白果坪,南达昌坪、红土、四门岩,北抵邬阳关、石灰窑的武装割据局面。6月16日,红4军再克桑植县城,组成中共桑植临时县委和第二届县苏维埃政府,随即,普遍建立起基层党组织和区乡苏维埃政权。至此,桑植、鹤峰两县的武装割据区域基本联成一片,初步形成了湘鄂边割据区。

随后,湘鄂边割据区先后向湖南的大庸、慈利、石门和湖北的五峰、长阳、巴东发展。至1930年6月,割据区扩大到西起宣恩的椿木营,东至石门的磨岗隘和五峰的蒿坪,北抵巴东、长阳、建始之清江,南迄桑植的苦竹坪和慈利的竹叶坪,纵横二三百里。湘鄂边割据区的形成、扩大,与同一时期形成的洪湖割据区相呼应,为湘鄂西大片革命根据地的形成奠定了基础。

洪湖位于江汉平原的东南部,南临长江,北近汉水,总面积近1 000平方公里,素有"千里洪湖"之称。洪湖四周,大小湖泊星罗棋布,港汊交错,沟渠遍布,水上交通便利,滨湖土地肥沃,良田阡陌,稻、棉、鱼、莲驰名。但这里天灾人祸频繁,贫富悬殊,阶级矛盾激化,从而为开展游击战争,开辟武装割据区域提供了最基本的条件。

1928年4月桑植得而复失后,周逸群即自湘鄂边到达洪湖,在同石首、监利等县委和鄂西特委取得联系后,周逸群提出集中各地武装转向洪湖地区活动的主张。随后,各地武装先后撤至洪湖沿岸活动。7月,重建鄂西特委。随着各地武装的到来和鄂西特委的重建,各地党组织相继恢复,游击战争普遍展开,出现沿洪湖的若干小块割据区域和游击区,从而为洪湖割据区的形成奠定了初步基础。

1929年3月,鄂西特委将沿洪湖的各地武装组建为鄂西游击大队,下辖2个中队。第1中队由段玉林、彭之玉领导,以江陵沙岗为中心开展游击活动;第2中队由段德昌、王尚武和彭国材指挥,活动于洪湖沿岸。8月，鄂西游击大队正式组成为洪湖游击总队，下辖3个大队，全队共千余人，四五百支枪。随后，各小块割据区域逐渐扩大。到1929年夏，"在江陵、监利、石首、沔阳几县斗争，已经发展到横亘几百里，成为赤色区域。广大的成千成万的群众，已经成为有组织的伟大力量。一切封建剥削关系在赤色区域已经渐次扫除，土地已经归诸农民。豪绅地主及一切反动势力，在赤色区域已经绝迹，从群众当中生长出来的赤色武装，在广大群众的拥护之下，已经形成红军一部分的基础，渐渐随群众斗争发展而扩大。这些区域的政权，事实上已经在农民协会管理之下"①。12月，洪湖游击总队改编为中国工农红军独立第1师（简称红1师），下辖3个纵队，全师六七千人。这样，洪湖割据区初步形成。

1930年2月，红1师扩编为中国工农红军第6军（简称红6军），军长孙德清（不久因病离职，由旷继勋接任）。随即，红6军转战监北、沔西，使江陵、石首、沔阳、监利、潜江边界的割据区域基本联成一片。与此同时，江陵县、潜江县、石首县苏维埃政府先后成立。在此形势下，鄂西特委决定在鄂西建立联县苏维埃政府。4月中旬，鄂西工农兵贫民代表大会在石首调弦口召开，成立了由江陵、石首、监利、沔阳和潜江组成的鄂西联县政府。

鄂西联县政府成立后，红6军继续向江北拓展。到6月，鄂西联县政府的实际管辖范围包括江陵、石首、沔阳、监利、潜江及华容等县的大部分农村，拥有石首、潜江两座县城和藕池、调弦口、郝穴、沙岗、峰口等大小集镇数十座。

1930年7月，转战湘鄂边的红4军到达公安县城与红6军会合，红4军改名红2军。不久，根据中央指示，红2军与红6军合编为中国工农红军第2军团（简称红2军团），贺龙任总指挥，周逸群任政委，下辖红2、6军。全军团共1万多人，5 000多支枪。9月中旬，中共中央代表邓中夏来到洪湖根据地，主持召开鄂西特委和红2军团前委联

---

① 《鄂西党目前政治任务及工作决议案》（1929年8月），湖北省档案馆藏。

席会议，决定把鄂西特委扩大为湘鄂西特委，鄂西联县苏维埃政府扩大为湘鄂西苏维埃联县政府。9月下旬，中共鄂西特委改组为湘鄂西特委，书记邓中夏。10月16日，湘鄂西第二次工农兵贫民代表大会在监利县城召开，选举产生了湘鄂西苏维埃联县政府，周逸群当选为联县政府主席。

红2军团的组建、湘鄂西特委的组成和湘鄂西苏维埃联县政府的成立，标志着以洪湖为中心的湘鄂西革命根据地正式形成。其范围除了"上抵沙市近郊，下抵仙桃、汉川，北至天门，南至安乡，纵横千余里"①的洪湖根据地外，还包括有湘鄂边、巴（东）兴（山）（秭）归根据地和松（滋）枝（江）宜（都）、荆（门）当（阳）远（安）和京（山）钟（祥）等大片游击区。

湘鄂西革命根据地的创建，不仅在当时对本地区和全国的革命斗争有着重要意义，而且对日后的民族革命战争有着借鉴作用。正因为如此，毛泽东在抗日战争初期论及游击战争和根据地问题时，就引证了当年的洪湖游击战争。他说："……红军时代的洪湖游击战争支持了数年之后，都是河湖港汊地带能够发展游击战争并建立根据地的证据。"②

（三）鄂东南革命根据地的形成

鄂南暴动失利后，中共湖北省委先后派方步舟、吴致民等到鄂东南的阳新、大冶、通山开展工作。1927年11月，成立了阳（新）大（冶）县委。随着工作的开展，1928年3月，阳新单独成立县委。5月，大冶、通山也成立了县委。随之，武装游击活动又开始在鄂东南活跃起来。

正当鄂东南的武装游击活动复起之际，1928年7月，与鄂东南毗邻的湘东北爆发平江起义，建立了中国工农红军第5军（简称红5军），成

---

① 《湘鄂西特委关于二军团与苏区失掉联系的经过的报告》（1931年3月7日），湖北省档案馆藏。
② 《抗日游击战争的战略问题》（1938年5月），《毛泽东选集》第2卷，人民出版社1991年版，第421页。

立了平江县工农兵苏维埃政府。1929年6月，红5军军委扩大会议决定：吴溉之等带领第5军第1、2、3纵队留在平江、浏阳、铜鼓和修水一带进行游击活动；彭德怀、滕代远等率领第5军第4纵队上井冈山；李灿和何长工带领第5军第5纵队（简称红5纵队）前往鄂东南开展活动。随即，红5纵队来到鄂东南地区。在红5纵队来到鄂东南地区前夕，鄂东南大冶、阳新等县的游击队组成了红12军。

10月上旬，红5纵队党委和大冶中心县委在通山的黄沙镇举行联席会议，湖北省委巡视员吴致民和大冶、阳新、通城、通山、崇阳、咸宁等县委负责人均到会。会议确定：鄂东南地区的中心任务是积极开展武装斗争，消灭本地区的反动武装，扩大红军主力，迅速造成鄂东南地区武装割据的局面。在此后的一个多月里，红5纵队在当地农民武装配合下，扫荡了通山、大冶、阳新三县的敌军和反动民团，各县、区、乡纷纷建立起苏维埃政权，从而为鄂东南革命根据地的形成奠定了初步基础。

1929年12月14日，红5纵队又配合国民党独立15旅中的中共党组织发动了"大冶兵暴"，占领了大冶县城，兵暴部队编为红5纵队第2支队，而红12军和原第2支队则编为第3支队。这时，红5纵队发展至3个支队6 000多人。

1930年6月，红5军在大冶刘仁八召开军委扩大会议，将红5纵队扩编为红8军，何长工任军长，邓乾元任党代表。随即，红5军和红8军组成为中国工农红军第3军团（简称红3军团），彭德怀任总指挥，滕代远任政委，全军团共1.7万人。

红3军团成立后，军威大振，革命根据地随之猛烈扩大。6月底，在北至长江沿岸的黄石港、石灰窑，东至阳新东部的富池口，西抵长（沙）武（汉）路的广阔地区内，所有的重要城镇都被红军攻下过，从敌正规军到地主武装，都被红军打得落花流水，鄂东南地区的反动统治基本上被摧毁。与此同时，苏维埃政权普遍建立，除阳新、大冶、通山等县建立起县苏维埃政府外，鄂城、黄梅、广济、蕲春、咸宁、蒲圻、崇阳、通城、嘉鱼等县普遍建立起了区、乡苏维埃政府。整个鄂东南苏区扩大到方圆五六百里，人口二三百万，成为湘鄂赣革命根据地的重要组成部分。

第二节　革命根据地的革命战争和建设

省境内各革命根据地形成后，即进入到保卫和建设革命根据地的新阶段。其间，反"围剿"战争的进行，保卫和扩大了革命根据地；土地革命的深入，实现了土地制度的变革，极大地解放了生产力；经济建设的开展，基本保障了红军战争和军民生活的需要，促进了社会经济结构的变化；文化教育事业的兴办，提高了人民群众的文化水平和政治觉悟，从而出现了一个全新的政治局面。

一、革命根据地的反"围剿"战争

到 1930 年 6 月，全国已建立起大小十几块革命根据地，红军发展到近 7 万人，连同地方革命武装共约 10 万人。革命根据地的创建和红军的建立，成为南京国民政府的严重威胁。为此，中原大战一结束，国民政府即于 10 月在武汉召开湘、鄂、赣三省绥靖会议，部署对全国各革命根据地和红军的军事"围剿"。从这时起，反"围剿"战争便成为包括鄂豫皖、湘鄂西、鄂东南革命根据地在内的全国各革命根据地和红军的最重要的任务。

（一）鄂豫皖革命根据地的反"围剿"战争

1930 年 11 月，国民政府设立了鄂豫皖三省边区绥靖督办公署，负责对鄂豫皖革命根据地的"围剿"。12 月，国民党以 8 个师又 3 个旅近 10 万人的兵力，开始对鄂豫皖革命根据地实施"围剿"，主要目标为鄂豫皖革命根据地西部的鄂豫边地区。

此时，鄂豫皖革命根据地的红军主力红 1 军正在皖西地区作战，鄂豫边地区仅存在 300 余人枪的地方红军。因而，国民党军迅速于 12 月 9 日占领黄安，12 日占领河口，27 日占领七里坪，进入革命根据地中心地区，革命根据地形势十分危急。

鉴此，战斗在鄂东蕲春、黄梅、广济的红15军急速进入鄂豫边黄麻地区。同时，红1军在皖西取得一连串战斗的胜利后也西返鄂豫边黄麻地区。1931年1月上旬，红15军与红1军在麻城福田河会合，改编为中国工农红军第4军（简称红4军）。红15军和红1军进入鄂豫边并合编为红4军极大地增强了鄂豫边反"围剿"的力量。在随后的1月26日至2月10日的半个月的时间里，红4军先后取得了磨角楼、新集战斗的胜利。2月下旬，红4军乘胜出击平汉线。3月1日，奔袭李家集车站，截获一列军车，全歼车上国民党军新编12师1个旅。继之又袭击柳林车站，歼灭国民党新编12师的1个营，击溃其2个团。

面对红4军的连续军事行动，国民党郑州绥靖公署和武汉绥靖公署急调第6、第30、第31、第34师4个师的兵力，分南北两路夹击红4军。但由于北路的3个师徘徊于信阳与罗山之间，始终未敢贸然深入革命根据地，而南路的第34师竟孤军突进。于是，红4军集中兵力，奔袭第34师阵地双桥镇，毙敌上千人，俘敌师长岳维峻以下官兵5 000多人①。双桥镇战斗后，国民党其他部队停止了军事行动，鄂豫皖革命根据地第一次反"围剿"战争遂告结束。

1931年3月中旬，国民党集结11个师13万兵力，对鄂豫皖革命根据地实施第二次"围剿"。4月上旬，国民党军开始在鄂豫皖革命根据地边沿地区展开攻势，逐步进入革命根据地中心地带。中共鄂豫皖特委决定集中红4军主力东进，先打击进入皖西之敌，再回师鄂豫边，对敌实施各个击破。

4月15日，红4军收复麻埠。25日，收复独山，迫国民党军退回霍山县城。与此同时，留在鄂豫边的红军部队则与地方武装配合，采取侧击、骚扰等战术，打击、消耗敌军。5月中旬，红4军主力由独山西返鄂豫边，在新集浒湾痛击敌军1个旅，毙、伤、俘敌近千人。接着转兵

---

① 中国工农红军第四方面军战史编辑委员会编：《中国工农红军第四方面军战史》，解放军出版社1989年版，第123页。

南下，于5月28日在黄安桃花镇和十里铺分别歼敌2个团1个营。随后，国民党军转入守势，鄂豫皖革命根据地第二次反"围剿"战争结束。

1931年9月间，国民党又着手对鄂豫皖革命根据地实施第三次"围剿"。到11月，集结在鄂豫皖革命根据地周围的兵力达15个师约20万人。对于新的更大规模的"围剿"，鄂豫皖革命根据地已有预料，因而及时地进行了政治动员和红军整编。10月间，于麻埠组成了中国工农红军第25军（简称红25军），军长旷继勋，政委王平章。11月7日，红4军和红25军在黄安七里坪合编为中国工农红军第四方面军（简称红四方面军），徐向前①任总指挥，陈昌浩任政委。下辖红4、红25军和直属教导团，全军近3万人。红四方面军的成立，使鄂豫皖革命根据地的红军在指挥上更加统一，作战行动上更加集中，为第三次反"围剿"战争创造了条件。

红四方面军成立后，即根据国民党军内部不统一、不协调的状况，决定主动出击，以破坏敌军"围剿"计划。从1931年11月至1932年6月，红四方面军连续进行了黄安、商潢、苏家埠和潢光四大战役。其中，黄安战役歼敌第69师整师并1个团，计1.5万余人，生俘敌师长赵

---

① 徐向前（1901—1990），字子敬。山西五台人。1919年考入山西师范第一期速成班学习。1924年入黄埔军校学习。1926年随国民革命军到达武汉，1927年3月加入中国共产党，4月任武汉中央军校政治学大队队长。1929年6月，被中共中央派往鄂东北任红31师副师长。1931年年初，任红4军参谋长。7月，任军长。11月，红四方面军组建，任总指挥。1932年10月，撤出鄂豫皖革命根据地。随后开辟川陕革命根据地。1934年2月，当选为中华苏维埃共和国中央执行委员。1935年6月，红一、四方面军懋功会师，任红军前敌总指挥部总指挥。1936年6月，红四、二方面军甘孜会师。后任中共中央西北局委员。长征到达陕北后，于11月奉中央军委命令，任西路军军政委员会副主席兼西路军总指挥。抗日战争时期先后任八路军129师副师长、第1纵队司令员、陕甘宁晋绥联防军副司令员。解放战争时期，调任晋冀豫军区副司令员，不久任华北军区副司令员。1949年4月，任华北野战军第1兵团司令员。新中国建立后，先后任中国人民解放军总参谋长、中央军委副主席。1955年被授予元帅军衔。"文化大革命"期间同林彪、江青集团斗争。1978年，任国务院副总理兼国防部长。1988年，主动辞去中央军委副主席、国务院副总理等职。1990年9月在北京逝世。著有《历史的回顾》。

冠英以下官兵近万人；缴枪7 000余支，迫击炮10余门，电台1部①。商潢战役重创敌第2师，击溃援敌19个团，歼敌约5 000人②。苏家埠战役歼敌3万余人，俘敌第7师副师长兼皖西"剿共"总指挥厉式鼎以下官兵2万余人；缴枪1.2万多支，机枪171挺，各种炮43门，击落飞机1架③。潢光战役歼敌8个团，计约万人，缴枪7 000余支④。

鄂豫皖革命根据地第三次反"围剿"战争中进行的四大战役，不仅彻底挫败了国民党的"围剿"计划，而且其战绩在鄂豫皖革命根据地是空前的，在全国红军战争史上是罕见的。鄂豫皖革命根据地第三次反"围剿"战争结束后，鄂豫皖革命根据地迅猛扩大，其范围"东起浠河，西迄平汉路，北达潢川、固始，南至黄梅、广济，总面积达4万余平方公里，人口三百五十余万，拥有黄安、商城、英山、罗田、霍丘五座县城"⑤。

（二）湘鄂西革命根据地的反"围剿"战争

1930年11月，国民党集结5个师7个旅的兵力，以洪湖地区为重点，对湘鄂西革命根据地发动大规模"围剿"。此时，根据地的红2军团主力不在洪湖地区，远在长江以南的松滋、公安活动。洪湖地区"所留之枪，好坏共八十余枝，集中各地武装一共三百上下"⑥，形势十分严峻。鉴此，湘鄂西特委一面将各县赤卫队、赤色教导团等地方武装整编为江左军和江右军；将红2军团的一部分伤病员和一度被敌隔断返回洪湖的部队编为新6军，军长段德昌，分别与敌周旋。一面去信红2军团回援洪湖。

1931年1月1日，国民党军分4路进击，先后进攻柳家集、峰口和瞿家湾，占据洪湖中心地区。正当国民党军声称"洪湖匪多窜溃"⑦，转

---

① ② ④ 中国工农红军第四方面军战史编辑委员会编：《中国工农红军第四方面军战史》，解放军出版社1989年版，第152、158、163页。

③ 刘琦：《"围剿"边区革命根据地亲历记——原国民党将领回忆》，中国文史出版社1996年版，第144页。

⑤ 徐向前：《历史的回顾》（上），解放军出版社1984年版，第187页。

⑥ 《湘鄂西特委来信（一）》（1931年3月7日），湖北省档案馆藏。

⑦ 《洪湖在包围中》，《申报》1931年1月14日，第3版。

向攻击长江以南的石首、华容之际，新6军乘虚渡过长江，进入监利下车湾，随即，疾进洪湖地区。至此，国民党军虽占领了江北主要地区，但没有实现"围剿"的预期。

1931年3月1日，集结在洪湖地区的国民党军对湘鄂西革命根据地实施第二次"围剿"，进攻方向指向根据地长江以南地区。此时，根据地长江以北的部队因长江水势过大不能南渡，长江以南的红军部队仅有警卫第2团，这样，根据地长江以南地区很快被国民党军占据。国民党军乘势封锁长江以北的洪湖地区。在此期间，红2军团奉命改编为工农红军第3军（简称红3军），下辖第7、第8、第9师，贺龙为军长，唐赤军代政委。面对国民党军的进攻，根据地以红9师一部保卫后方，大部向潜江、天门移动。同时函红7、红8师再返洪湖。随后，红军部队寻找战机，在各地反击国民党军。5月，国民党各军事集团间矛盾又趋尖锐，"围剿"根据地的国民党军主力相继撤走，红军部队乘势反攻。至6月初，根据地江北地区除监利、沔阳、潜江县城外，大部恢复。

1931年7月，国民党集结24个团的兵力，向湘鄂西革命根据地发动第三次"围剿"。恰于此时，长江中下游发生特大水灾，洪湖地区溃涝面积达80%。红3军主力远在鄂西北均县、房县一带，根据地只有红9师和各县地方武装。为打破国民党军的"围剿"和应对水灾，根据地决定以红9师一部留守保卫根据地，一部出击潜江、天门一带。8月，红9师北进以接应红3军主力返回洪湖，并在沿途多地反击国民党军。相继攻占沙洋、荆门、潜江，迫使国民党军停止了进攻，从北面打破了国民党军对洪湖地区的"围剿"。9月中旬，红3军主力由鄂西北向洪湖地区转移，相继攻占钟祥、京山张截港，经天门南下于10月初进入潜江。11月，国民党军重新集结，向洪湖地区进攻，红3军转至外线作战，接连进攻荆门后港、天门皂市。1932年1月，红3军袭占皂市，直逼应城。2月中旬，红3军军部和红7军渡过襄河，大量歼敌。至此，国民党军第三次"围剿"再次失败。

湘鄂西革命根据地三次反"围剿"战争的胜利，使之进入全盛时期。至1932年春，湘鄂西革命根据地的范围扩大到55个县境，红3军发展到3个师8个团计1.5万人,地方部队1万人,赤卫队员30余万人。

（三）鄂东南革命根据地的反"围剿"战争

鄂东南革命根据地的反"围剿"战争,始终是统一的湘鄂赣革命根据地的反"围剿"战争的一部分。

1930年11月,国民党为配合其对中央革命根据地的"围剿",集结6个师又1个旅的兵力,发动了对湘鄂赣革命根据地的进攻。根据中共中央的指示,湘鄂赣革命根据地的红16军采取避敌主力,打其虚弱,同敌军兜圈子的战术,展开了反"围剿"战斗。在鄂东南地区,红16军在地方赤卫队、游击队的配合下,于1931年1月底,猛攻沿埠头,全歼国民党军1个团,接着围攻龙港,迫使敌军退出燕厦,鄂东南革命根据地第一次反"围剿"战争结束。

1931年2月,国民党调集7个师又1个旅的兵力,部署对湘鄂赣革命根据地的第二次"围剿"。其中,用于鄂东南地区的有2个师。

5月初,国民党军进入鄂东南革命根据地,围攻革命根据地党政机关驻地阳新三溪口。鉴此,刚由地方武装编成的中国工农红军独立第3师（简称红3师）先对敌游击,接着与修水的红16军协同作战,迫敌撤出三溪口。6月间,利用中央革命根据地第二次反"围剿"战争的胜利局面,红3师与红16军紧密配合,主动出击,先后发起了通山战役、官埠桥和马桥战役,大量歼灭、俘虏敌军,缴获大量武器装备。鄂东南革命根据地第二次反"围剿"战争结束。

1931年7月,国民党发动对中央革命根据地的第三次"围剿",对湘鄂赣革命根据地采取警戒守势。为了配合中央革命根据地的第三次反"围剿"战争,湘鄂赣革命根据地的红军不失时机地进行了一连串作战。其中,鄂东南地区的红16军在发动了玉岭山（阳新县境内）战役后,又接连进攻通山大畈、通城望夫洞、咸宁沙子岭、阳新刘宣塝,迫敌退守根据地外围据点。鄂东南革命根据地第三次反"围剿"战争结束。

鄂东南革命根据地的三次反"围剿"战争,是湘鄂赣革命根据地反"围剿"战争的重要组成部分。反"围剿"战争的胜利,保卫了湘鄂赣革命根据地的完整、统一,促进了根据地的扩大和红军的扩大。第三次反

"围剿"战争结束时，湘鄂赣革命根据地基本面积扩大到东西宽 600 里，南北长 1 000 里，人口近千万，根据地的红军扩大到 1.7 万人。反"围剿"战争的胜利，同时又促进了鄂东南革命根据地的扩大。第三次反"围剿"战争结束时，鄂东南革命根据地的面积和人口占湘鄂赣革命根据地总面积、总人口的 1/2①。

二、苏维埃②政权建设

（一）各级苏维埃政权的建立

苏维埃政权是在中共中央指导下，伴随着武装起义的发动，革命根据地的形成、发展而逐步建立和健全起来的。

1927 年 8 月 21 日，中共中央通过《中国共产党的政治任务与策略的决议案》。《决议案》指出："工农兵代表苏维埃，是一种革命的政权形式"，"我们现在就应当在党的机关报与劳动群众之中开始宣传苏维埃的意义，以便到了必要的时期，立刻可以开始组织苏维埃"③。接着，在各地武装起义相继发动，旧政权被摧毁之际，1928 年 6、7 月间召开的中共六大又明确指出："党在准备武装起义中的主要任务，在于造成那维持并巩固苏维埃政权的先决条件"，现在"已经就是力争建立工农兵代表会议（苏维埃）的政权"时候④，并通过了《苏维埃政权组织问题决议案》等。

根据中共中央上述决议，中共湖北省委在 1928 年元旦通告中指示各地武装起义后立即建立苏维埃政权，并于当月 30 日制定了《乡村苏维埃的组织决议案》。决议案指出，乡村的斗争"在已经发动群众之后，必须

---

① 陈昆满主编：《湖北近代革命史》，湖北人民出版社 2006 年版，第 386 页。
② 苏维埃，是俄语 совет 的意译，原意即"代表会议"或"会议"，十月革命后成为苏联各级政权机关的名称。1928 年 6、7 月间的中国共产党第六次全国代表大会后，各革命根据地的各种名称的革命政权统称为苏维埃。直至 1937 年 5 月中国共产党全国代表会议议定，为适应建立抗日民族统一战线的需要，停用苏维埃称谓，随后统一使用"人民代表会议"名称。
③ 《中国共产党的政治任务与策略的决议案》（1927 年 8 月 21 日），中央档案馆编：《中共中央文件选集》第 3 册，中共中央党校出版社 1983 年版，第 290 页。
④ 《中国共产党第六次全国代表大会文件——政治决议案》（1928 年 7 月 9 日），中央档案馆编：《中共中央文件选集》第 4 册，中共中央党校出版社 1983 年版，第 170 页。

立即组织广大斗争的农民代表会"或"工农兵代表会议","正式组织乡村苏维埃"①。于是,同全国各起义地区、各革命根据地一样,各级苏维埃政权在省境内各起义地区、各革命根据地相继建立。

在鄂豫皖革命根据地,1927年11月黄麻起义后即建立起黄安农民政府。黄安农民政府虽然在反动势力反扑下夭折了,但却成为后来鄂豫皖革命根据地政权的先声。从1928年秋至1929年夏,鄂豫边先后在光山、麻城、黄安、黄陂建立了具有政权性质的县级农民委员会,以及下属区、乡农民委员会。1929年6月,随着鄂豫边武装割据的出现,中共鄂东特委决定:"黄麻两县应依照六次大会(即中共六大)关于苏维埃的指示召集农民代表会议,由乡而区县将苏维埃正式成立起来。"② 旋即,县、区、乡苏维埃政府得以在鄂豫边先后建立。1929年9月,成立了商城县苏维埃政府。1930年年初,在皖西的潜山、英山等县先后成立了革命委员会。1930年6月,成立了鄂豫皖特区苏维埃政府。

到1931年夏秋,鄂东北的黄安、麻城、黄冈、陂安南、河口、陂孝北、罗田、蕲水、黄梅、广济,豫东南的罗山、光山、潢川、赤城、赤南、固始、信阳,皖西北的六安、霍山、霍丘、英山、五星、太湖、宿松、潜山、舒城26个县相继成立了苏维埃政府。1932年1月,鄂豫皖特区苏维埃政府改称鄂豫皖省苏维埃政府,高敬亭③任主席,政府机关

---

① 《乡村苏维埃的组织决议案》(1928年1月30日),湖北省档案馆藏。
② 谭克绳、欧阳植梁主编:《鄂豫皖革命根据地斗争史简编》,解放军出版社1987年版,第280页。
③ 高敬亭(1907—1939),河南光山(今属新县)人。1928年参加革命,1929年3月加入中国共产党,同年秋当选为乡苏维埃政府主席。1930年5月,当选为光山县苏维埃政府主席,年底,任鄂豫皖特区苏维埃政府主席。1931年后,先后任中共鄂豫皖中央分局委员、鄂豫皖省委常委兼组织部部长、光山县委书记。1932年1月,任鄂豫皖省苏维埃政府主席。红四方面军撤离后,任豫东南道委书记。1932年11月,重建红25军,任第75师政委。1934年11月红25军长征后,奉命重建28军,任政委(未设军长)。在异常困难的条件下,在大别山坚持游击战争。抗日战争爆发后,于1937年9月,红28军改为鄂豫皖工农抗日联军。10月,鄂豫皖工农抗日联军改为新四军第4支队,任司令员。其间,在"肃反"扩大化问题上,他错杀了一些同志。1939年6月他本人亦被误杀。1977年4月,中国人民解放军总政治部发出《关于高敬亭同志平反的通知》,为其平反。

设在光山县新集镇（今新县县城）。

在湘鄂西革命根据地，1928年年初荆江两岸年关暴动后，即建立起若干具有政权性质的县、区农民协会组织。随着湘鄂边和洪湖地区武装割据的出现，1929年12月，中共鄂西党的二大通过了《关于苏维埃组织问题决议案》，要求普遍建立苏维埃政权，改变原来的"农协代替政权"的现象。随即，县、区、乡苏维埃政权纷纷建立。到1930年年底，湘鄂西革命根据地先后建立有鹤峰、桑植、石门、江陵、石首、监利、沔阳、汉川、潜江、长阳、五峰、巴兴归、公安、华容、南县、天门、枣阳、襄阳、长巴、江南、房县、均县、谷城、荆南、天汉、天潜、川阳、云孝、荆当、枝宜和南安等30多个县苏维埃政府或革命委员会。在县、区苏维埃政府建立的基础上，1930年2月成立了鄂西五县联县苏维埃政府；10月，扩大为湘鄂西联县苏维埃政府；1931年12月改组为湘鄂西省苏维埃政府，崔琪①任主席，政府机关设在监利县瞿家湾（今洪湖市境内）。

在鄂东南革命根据地，1927年9月开始的鄂南暴动便夺取过通城、通山等县的政权，建立起若干起着政权作用的区、乡农民委员会。虽然这些政权未能保持下来，但成为日后苏维埃政权的尝试。1930年3月，中共湘鄂赣特委发出第九号通知，明确指出："建立边境苏维埃政权，已成为边境革命民众之迫切需要，边境的党应以实现群众此一需要为迫切之任务。"② 随后，边境各地召开乡、区、县工农兵代表大会，选举产生

---

① 崔琪（1899—1932），湖北监利人。1927年参加革命，1928年1月加入中国共产党。1929年1月，被推为中共监利县委书记。1930年7月，在洪湖西岸筹建了湘鄂西后方医院和湘鄂西兵工厂。9月，领导监利地方革命武装配合红2军团攻克了监利县城（今容城镇）。10月当选为湘鄂西苏维埃联县政府主席。1931年6月，任中共湘鄂西临时省委书记。7月，当选为湘鄂西省苏维埃政府主席。11月，当选为中华苏维埃共和国临时中央政府执行委员会委员。1932年6月，国民党军向湘鄂西革命根据地发动第四次"围剿"，率湘鄂西省和监利县党政机关2 000人突围。9月，在湖南洞庭湖地区被敌包围，战斗至弹尽粮绝与敌肉搏，中弹昏迷，被国民党押解至华容杀害。

② 湖南省社会科学院、武汉师范学院历史系，等编：《湘鄂赣苏区史稿》，湖南人民出版社1982年版，第154页。

各地苏维埃政府。

到1930年8月,鄂东南革命根据地先后建立有阳新、大冶、通山、鄂城、广济、黄梅、蕲春、蕲水、武宁、瑞昌10个县苏维埃政府。10月,成立了鄂东工农革命委员会。1931年5月,鄂东工农革命委员会改为鄂东南工农革命委员会,同时决定长江以北的黄梅、广济、蕲春、蕲水4个县苏维埃政府划归鄂豫皖特区苏维埃政府管辖。9月,湘鄂赣省苏维埃政府成立,鄂东南工农革命委员会随之改为湘鄂赣省苏维埃政府鄂东南办事处,属于湘鄂赣省苏维埃政府的派出机关。1932年6月,鄂东南第一次工农兵代表大会选出鄂东南工农兵苏维埃政府,主席盛茂炯。

(二)苏维埃政权的性质及其职能

鄂豫皖、湘鄂西、鄂东南革命根据地的苏维埃政权虽按各自制定的法规组建,但其共同的依据是1928年6、7月间中共六大所通过的《苏维埃问题决议案》。因而,其性质和任务是一致的。

苏维埃政权是通过武装斗争建立起来的崭新的工农民主专政,它与国民党政权完全对立,且不同于历史上一切剥削阶级的政权。1931年7月鄂豫皖特区第二次苏维埃代表大会通过的《苏维埃临时组织大纲》指出:"苏维埃是工农兵代表会议,是工农民主专政的政权,是彻底替工农兵谋解放的政权,与地主阶级的国民党政权完全对立。"[①] 1929年12月中共鄂西党的二大通过的《关于苏维埃组织问题决议案》指出,苏维埃"是广大劳苦群众自己起来管理政权的最好方式",是工农兵和贫民群众用以"保卫自己"和"对付豪绅地主资产阶级"的工具[②]。1930年6月鄂东南革命根据地阳新县第一次工农兵代表大会通过的《阳新县苏维埃政府组织条例》指出,"苏维埃是工农兵无产阶级的政府","苏维埃是工农的政权机关,目前是工农斗争的武器"[③]。

---

① 《鄂豫皖特区第二次苏维埃代表大会文件——苏维埃临时组织大纲》(1931年7月),湖北省档案馆藏。
② 《中共鄂西党第二次代表大会文件——关于苏维埃组织问题决议案》(1929年12月),湖北省档案馆藏。
③ 《阳新县苏维埃政府组织条例》(1930年6月),湖北省档案馆藏。

苏维埃政权的任务，一方面是组织革命根据地人民群众参加革命战争，镇压境内一切反革命活动，以保卫革命根据地；另一方面是领导革命根据地人民群众进行土地革命，从事经济、政权、文化教育等各项建设，以建设革命根据地。对此，鄂豫皖、湘鄂西、鄂东南革命根据地制定、颁布的有关决议、法规均作了明确的说明。其中，1929年12月中共鄂西特委代表大会通过的《苏维埃组织问题决议案》指出，苏维埃政权的任务是："颁布土地法令和其他关于实际改良工农生活的法令"；"改编游击队、暴动队为正式红军和赤卫队，尽量扩大保卫政权的武装力量"；"积极向外扩大，根本动摇敌人统治"；"有计划的制裁反革命……主要的是有计划的拘捕该区的资产阶级、地主、豪绅、流氓头子"等①。而1931年7月鄂豫皖特区第二次苏维埃代表大会通过的《苏维埃临时组织大纲》指出，村苏维埃政府的主要任务是："支援红军，拥护红军。由乡苏维埃分配支援红军的物资（如粮食、鞋袜等）数字，发动群众自愿捐献，组织各种慰问队，慰问红军及其家属"；"扩大红军，发动青壮年农民自愿报名参军"；"没收地主、土豪劣绅及反革命分子的财产"；"肃反"；"维持社会秩序"；"领导土地改革"；"开办小学和贫民学校"；"领导群众运动"；"领导生产"等②。

鄂豫皖、湘鄂西、鄂东南革命根据地苏维埃政权建立的时间虽不相同，但其政权层级、组织形式、机构设置等都大体相同。

苏维埃政权分为乡、区、县、特区（省）四级。其中，乡、区苏维埃政府之组织，基本上按照原有政治区域组织之；县苏维埃政府之组织，多按照原有政治区域组织之，少部分按照具体情况以新的政治区域组织之；特区（省）苏维埃政府之组织，则以完整的、相对独立的苏区区域组织之。

---

① 《中共鄂西特委代表大会文件——苏维埃组织问题决议案》（1929年12月），湖北省档案馆藏。
② 《鄂豫皖特区第二次苏维埃代表大会文件——苏维埃临时组织大纲》（1931年7月），湖北省档案馆藏。

苏维埃政权组织形式采取苏维埃（工农兵）代表大会制，各级苏维埃代表大会为各该级最高政权机关，各级苏维埃代表大会闭会期间，各该级执行委员会或主席团为最高政权机关。

乡苏维埃代表大会是乡最高政权机关，由全乡选民选出的代表组成；乡苏维埃代表会议选举的主席团，为乡苏维埃代表会议闭会期间乡最高政权机关。区苏维埃代表大会为全区最高政权机关，由乡苏维埃、区属红军、区辖市苏维埃选出的代表组成；区苏维埃代表会议选举的区执行委员会，为区苏维埃代表大会闭会期间的最高政权机关。县苏维埃代表大会为全县最高政权机关，由区苏维埃代表大会、县直属市苏维埃选出的代表及县属红军选出的代表组成；县苏维埃代表大会选举的县执行委员会，为县苏维埃代表大会闭会期间的最高政权机关。特区（省）苏维埃代表大会为全特区（省）最高政权机关，由县苏维埃代表大会和省直属市苏维埃选出的代表及省属红军选出的代表组成；省苏维埃代表大会选举的省执行委员会，为省苏维埃代表大会闭会期间的最高政权机关。

各级苏维埃执行委员会或主席团之下，设置若干职能部门。其中，鄂豫皖特区（省）苏维埃政府执行委员会下设外交、军事、交通、财政经济、内务、土地、粮食、文化、劳工委员会以及政治保卫局、革命法庭①。湘鄂西省苏维埃政府执行委员会下设土地、经济、财政、行政、劳动、文化、裁判、社会保养、军事、工农监察等委员会以及政治保卫局、秘书处②。湘鄂赣省鄂东南苏维埃政府下设内务、财政、土地、劳动、粮食、卫生、文化、工农检查、裁判等部和政治保卫局。而各革命根据地县、区、乡执行委员会或主席团则根据各该特区（省）苏维埃政府的组织机构设置了若干相对应的部门机构，形成完整的地方政权体系。

同全国各革命根据地一样，鄂豫皖、湘鄂西、鄂东南革命根据地的苏维埃政权赋予了工农群众及一切劳动者以宽泛和真正的民主权利。

---

①② 参见《鄂豫皖区苏维埃政府关于各种委员会工作概要说明》（1931年10月28日），湖北省档案馆藏。

首先，革命根据地广大工农群众及一切劳动群众享有选举权和被选举权。1929年6月，鄂东北各县第三次联席会议制定的《苏维埃组织法》规定："凡满十六岁之男女而非剥削者有选举权和被选举权。"同年12月，鄂西特委代表大会通过的《苏维埃组织问题决议案》①也规定："凡年满十八岁的工农兵及一切劳动者都享有选举权和被选举权。"②

其次，苏维埃政权具有广泛的代表性。1931年7月，鄂豫皖区第二次苏维埃代表大会通过的《苏维埃临时组织大纲》规定，苏维埃代表"遵照一定比例选举之"。"工人、雇农选举由工会发起，区为单位，每五百人以下选举一人，每一千人以下五百人以上选举二人，余类推"；"农民选举以乡为单位，每乡二千人以下选举一人，二千人至四千人选举二人，余类推"；"红军以团为单位，每一千人以下选一人，每一千人至二千人选举二人，余类推"。各级代表大会代表的成分和性别也有规定。在鄂豫边区，"工人占五分之二，农民及其他一切群众占五分之三"；"妇女占四分之一，男子占四分之三"③。

再次，工农群众享有对苏维埃政府及其工作人员实行监督、批评和罢免的权利。1931年7月，鄂豫皖区第二次苏维埃代表大会通过的《苏维埃临时组织大纲》规定："公民有选举与撤换代表之权，对于各级苏维埃或苏维埃的工作人员有不满意者，有到工农监察委员会、各级苏维埃或上级苏维埃去控诉的权利。""代表有不能胜任之处，由选民随时撤换之。"为了监督、检查和建议各级苏维埃政府的工作，各级苏维埃代表大会都设立了工农监察委员会。

此外，革命根据地人民群众有完全的集会、结社、言论和出版的自由。

---

① 《鄂东北各县第三次联席会议文件——苏维埃组织法》（1929年6月），湖北省档案馆藏。
② 《中共鄂西特委代表大会文件——苏维埃组织问题决议案》（1929年12月），湖北省档案馆藏。
③ 《鄂豫边特委综合报告》（1930年12月），湖北省档案馆藏。

苏维埃政权的建立，是破天荒的创举。虽然苏维埃政权管辖区域比国民党政权小得多，且各地各级苏维埃政权稳定的程度不一样，但苏维埃政权的建立，创造了一个与国民党政权截然不同的、由工农群众及一切劳动群众当家做主的崭新的政治制度。苏维埃政权的建立，有效地组织和领导了革命根据地人民群众参加、支援革命战争，进行土地革命和建设革命根据地，创造了全新的社会生活。苏维埃政权的建立，是中国共产党领导广大劳动群众建立政权的一次尝试，为日后的抗日民主政权和革命胜利后人民民主政权的建立提供了宝贵的经验。

同时也应看到，由于当时阶级斗争异常残酷，中国共产党人缺乏经验，因而在苏维埃政权建设过程中，也出现过一些不足和失误。比如，在对待地富家属等非劳动群众出身的社会成员问题上，无论是鄂豫皖革命根据地，还是湘鄂西、鄂东南革命根据地，均没有采取区别对待、争取团结的政策，往往简单地将其拒于苏维埃政治生活的大门之外。又如，在党政关系问题上，虽然有关的决议、法规规定"党是苏维埃思想上的领导者"，"不能直接命令苏维埃或代替苏维埃"①，但在实际运作中，以党代政的现象在一些地方依然存在。

（三）群众团体的建立及其活动

在进行苏维埃政权建设的同时，革命根据地还普遍建立了工会、贫农团、妇女会、共青团、少先队、童子团等群众团体组织。

工会，是革命根据地产业工人、雇工和各行各业手工业工人自愿组成的群众团体。还在第一次国内革命战争时期，湖北许多城镇就曾建立过工会组织，后因国民党的背叛遭到严重破坏。随着中国共产党武装斗争的开展、革命根据地苏维埃政权的建立，工会组织得以在根据地的许多城镇恢复起来，先后建立起各行业工会，一些区、县还自下而上选出代表召开县工人代表大会，成立县总工会。在此基础上，从 1931 年 3 月

---

① 《中共鄂西党第二次代表大会文件——关于苏维埃组织问题决议案》（1929 年 12 月），湖北省档案馆藏。

到11月间，湘鄂西、鄂豫皖、湘鄂赣革命根据地先后召开了第一次工人代表大会，各自成立了特区总工会（后改为省总工会），共辖有县总工会50余个，拥有会员10万余人①，并逐步健全了乡分会、区工会、县总工会、特区（省）总工会的工会组织系统。

各级工会成立后，即接受革命根据地同级党组织、苏维埃政府和上级工会领导，积极开展活动。一是积极动员工人群众在各自行业、各自厂矿努力做工，多生产工业产品，支援革命战争，满足人民群众生活需求，促进根据地工业发展。二是积极动员青年工人参加红军，组织工人群众支援前线，保卫革命根据地，保卫苏维埃政权。三是积极谋取法规范围内的工人群众的利益，如八小时工作制、废除包工制、增加工资、言论结社自由等。努力践行苏区党第一次代表大会通过的《苏区工会运动决议案》中提出的"要将工人阶级利益与苏维埃整体利益密切联系起来"②的宗旨。

贫农团，是革命根据地以贫农、雇农为主要成分的群众组织。同工会组织一样，在第一次国内革命战争时期，湖北许多农村便建立过农会组织，也是因为国民党的叛变遭到严重破坏。中国共产党在武装起义和革命根据地创建初期，即提出了恢复和发展农会组织的任务。随着各级苏维埃政权的建立，革命根据地采取两项具体措施促进农民组织的恢复和发展。一是对原来遭破坏或转入地下的农会予以恢复和整顿，二是根据土地革命的特点和需要，组建阶级色彩更加鲜明的贫农团。贫农团的主要成员为贫农、雇农，中农、富农不得参加。贫农团一经出现，即得到迅速发展，许多乡、区、县直至特区都相继成立了贫农团，农会的权力移交给了贫农团并随之淡出。1931年3月成立新集市苏维埃政府时，贫农团即相继成立。1931年7月，湘鄂西省贫农团则伴随省总工会、省

---

① 陈昆满主编：《湖北近代革命史》，湖北人民出版社2006年版，第399页。
② 《苏区党第一次代表大会通过的决议案——苏区工会运动决议案》（1931年11月），湖北省档案馆藏。

妇女会等一道成立。根据中共中央指示,贫农团的组织结构为,县、区、乡成立贫农团,村设小组。

贫农团成立后,立即投身革命根据地的革命和建设,开展多方面的活动。在武装起义和根据地创建初期,其主要活动是在苏维埃政府土地部门领导下打土豪、分田地,没收地主豪绅的土地和其他财产,按规定分配给贫雇农,是轰轰烈烈的土地革命的中坚力量。土地改革完成后,贫农团的主要活动转入动员和组织农业生产。贫农团的成员多为农业生产的主要劳动力,因而,无论是在自家生产,还是互助生产和代耕等生产活动中,开荒、耕地、挑粪等重体力活多为贫农团成员承担,是根据地农业生产的主力军。同时,贫农团又是扩红、参政的主要来源。随着革命战争的发展和苏维埃政权的建设,需要不断补充、扩大红军部队和充实苏维埃政府各机关,为保卫革命根据地、保卫苏维埃政权,贫农团成员又踊跃参加红军,积极进入各级苏维埃政府工作。

妇女会(亦称妇女生活改善委员会),是革命根据地广大劳动妇女群众组织。在革命根据地,妇女占根据地总人口的半数,因而妇女成为根据地革命和建设不可忽视的力量。在武装起义和革命根据地初创时期,广大劳动妇女便展现出独特的作用,并在革命的过程中组建了不同名称的妇女组织。为此,1930年4月,中共湖北省委发布的《湖北省妇女问题决议草案》即要求各地苏维埃政府内设妇女委员会,妇女委员会下设有青妇小组和以乡为单位设妇女生活改善委员会等[1]妇女群众组织。随后,乡、区、县、特区(省)各级妇女会在革命根据地普遍建立起来。正因为如此,在1931年4月16日《中央给河南省委的信——关于妇女工作问题》和同年11月《CY鄂豫皖中央分局给团中央的综合报告》中,先后就妇女会工作作了指示和汇报。

妇女会建立后,以革命根据地一支重要的、独特的社会力量,开展

---

[1] 中国工农红军第四方面军战史资料选编写组编:《中国工农红军第四方面军战史资料选编(鄂豫皖下)》,解放军出版社1992年版,第120页。

了两方面的活动。一方面是为根据地广大劳动妇女谋权益、求解放。长期以来，广大劳动妇女被排斥在政治活动和社会劳动之外，在婚姻问题上，更是深受强迫婚姻、买卖婚姻、童养媳、蓄婢、强迫守寡、一夫多妻等封建残余的迫害。妇女会成立后，通过各种形式提高广大妇女的素质和觉悟，宣传中国共产党和苏维埃政府关于妇女问题的主张，动员、鼓励和帮助广大劳动妇女争取属于自身的权益，从封建束缚中解放出来。另一方面，积极动员和组织广大劳动妇女投身到生产建设、扩红运动、拥军支前等活动中去。随着革命根据地革命战争和建设的需要，成年男子有的参加红军，有的参加政府工作，工农业生产的劳动力减少，在这种情况下，妇女会努力动员和组织广大妇女毅然担负起过去主要由男子承担的开荒、插秧、车水、挑粪等较繁重的农业劳动。还有一部分妇女进入军需缝纫厂、被服厂。同时，由于革命战争的需要，根据地不断补充兵源，扩大红军部队，广大妇女积极鼓励自己的丈夫和兄弟参加红军，甚至很多青年女子自己也要求参加红军。1931年年初，在黄安、麻城扩红运动中，就"有数百小足女子和小孩要求参加红军"[①]。此外，妇女会经常性的活动是积极动员和组织广大妇女开展慰劳红军、上前线为战斗服务等拥军支前活动。1931年11月，红1军到达皖西时，妇女会就将收集的7 000双布鞋送给了红军[②]。

共青团[③]、少先队（全称少年先锋队）、童子团（初称儿童团），均

---

① 中国工农红军第四方面军战史资料选编编写组编：《中国工农红军第四方面军战史资料选编（鄂豫皖下）》，解放军出版社1992年版，第141页。
② 中华全国妇女联合会、妇女运动历史研究室编：《中国妇女运动历史资料（1927—1937）》，中国妇女出版社1991年版，第180页。
③ 共青团全称中国共产主义青年团。原名为1922年5月成立的中国社会主义青年团，1925年改为中国共产主义青年团。在土地革命战争时期，中国共产主义青年团是"少年共产国际"的成员，因此又称"少年共产党"，简称"少共"。1935年11月，为团结广大青年一致抗日，改组为青年抗日救国团体。1946年试建中国新民主主义青年团，1949年正式成立中国新民主主义青年团。1957年5月，改称中国共产主义青年团。

为革命根据地的青少年群众组织。其中,共青团团员年龄为 16～23 岁。共青团的组织系统是:地方上,从特区(省)到县、区逐级设委员会,乡设支部,村设小组;红军部队中,军、师、团三级和地方武装在县一级均设委员会,接受同级党组织和上级团组织领导。1931 年 5 月,成立了少共鄂豫皖中央分局。1932 年春,成立了共青团鄂豫皖、湘鄂西、湘鄂赣、鄂豫边 4 个省委,拥有团员 7 万余人①。少年队是受共青团直接领导的青少年组织,队员年龄为 15～20 岁(1931 年年底根据少共中央指示,年龄上限降到 16 岁)。其组织系统是:特区(省)、县为总队部,区为大队部,乡为中队部,村为小队部。1931 年 3 月,湘鄂西根据地少先队员达 15 万余人。同年 6 月,鄂豫皖根据地有少先队员 3.6 万人②。童子团是在共青团领导下的儿童组织,团员年龄为 8～15 岁。其组织系统与少先队相似,特区(省)设少共儿童局,县设大队部,区设中队部,乡设分队部,村设小队部。据 1931 年春统计,湘鄂西根据地有童子团团员 8 万余人。而 1931 年 11 月统计,鄂豫皖根据地有童子团团员 11.1 万人③。

在革命根据地,青少年群众组织的活动非常活跃。其中,共青团是中国共产党的助手,又是根据地青年工作的领导者。其主要活动是配合根据地各级党组织和苏维埃政府开展宣传,参加生产,支援前线和参军参战等。少先队和童子团的主要活动是协助共青团开展宣传、站岗放哨、传递公文信件以及拥军优属等。

革命根据地除了上述群众团体组织外,还有反帝大同盟、赤色教师联合会、学生联合会、互济会等团体组织。

革命根据地各种群众团体组织的建立及其活动,极大地充实了革命根据地政治生态的内涵,加强了根据地的党组织、苏维埃政府与广大人民群众的联系,起到了连接党组织、苏维埃政府和广大人民群众之间的桥梁和纽带作用,从而促进了革命根据地的革命和建设。革命根据地各种群众团体组织的建立及其活动,又为根据地的人民群众争

---

①②③ 陈昆满主编:《湖北近代革命史》,湖北人民出版社 2006 年版,第 399、401 页。

取了法规范围内的诸多权益,实现了人民群众的利益与革命根据地整体利益的结合。

三、土地革命的开展

地主对土地的占有,是中国农村封建制度的基础。因而,中共"八七"会议明确地指出,封建制度的破坏,"只有用剧烈的土地革命","现在中国革命的根本内容是土地革命"①。于是,随着武装起义的发动和革命根据地的形成,土地革命在各革命根据地普遍开展起来。

1927年10月,中共湖北省委根据"八七"会议的精神,指示各地党组织:"中国革命已进到土地革命的阶段,本党的任务就在把土地革命的责任担负起来。……将土豪劣绅、大中地主的土地及一切公地分配给贫苦农民,实行耕者有其田。"②

根据中共中央精神和湖北省委指示,省境内各革命根据地先后制定了一系列有关土地革命的具体政策。

在鄂豫皖革命根据地,还在黄麻起义发动时,便提出了"暴动实行土地革命"的口号。黄安农民政府成立后,又立即制定了《土地问题决议案》,规定"没收豪绅地主的剥削土地及一切不法财产",实行"耕者有其田",并在起义地区开展起没收地主财产、焚烧田契债票、开仓分粮活动。1929年6月,中共鄂东北特委召开鄂东北各县第二次联席会议,制定了《临时土地政纲》,对没收和分配土地作了规定。1929年冬,鄂豫边第一次苏维埃代表大会在《临时土地政纲》的基础上,进一步制定了《土地政纲实施细则》,对没收和分配土地作了更明确的规定。《土地政纲实施细则》规定:"凡豪绅地主所有之土地一律无代价的没收","凡祠堂、庙宇、教堂、祖积、公积所有之土地及一切公产、官地一律没收

---

① 《中共"八七"会议告全党党员书》(1927年8月7日),中央档案馆编:《中共中央文件选集》第3册,中共中央党校出版社1983年版,第239页。
② 《中共湖北省委关于湖北农民暴动经过之报告》(1927年10月),湖北省档案馆藏。

之","凡经革命政府肃反委员会宣布没收财产之反革命分子所有之土地,一律没收之"。"凡没收之土地得照下列情形分配之:1. 无地之农民;2. 少地之农民;3. 愿安家耕种之雇农;4. 愿耕种之工人;5. 红军的官兵;6. 革命职业家;7. 退伍的兵士。"①

在湘鄂西革命根据地,荆江两岸年关暴动后,土地革命的政纲、口号就日益在湘鄂西地区传播开来。1929年12月,中共鄂西党的第二次代表大会召开,制定了《关于土地问题决议案》。《决议案》规定:"无代价的立即没收豪绅地主阶级的财产土地。没收的土地归农民代表会议苏维埃处理,分配给无地及少地的农民使用";"祠堂、庙宇、教堂的地产及其他的公产、官产或无主的荒地,都归农民代表会议苏维埃处理,分配给农民使用"②。1930年10月,湘鄂西第二次工农兵贫民代表大会召开,通过了《土地革命法令》,对土地没收对象、分配原则和标准等作了进一步的规定。《法令》规定:"没收地主阶级的土地和财产","没收富农所余出租的一部分土地","没收教堂、庙宇、祠堂、会馆占有的土地及一切带有公共性质的土地";"平均分配无地和少地的农民及失业贫民,男女老幼均可分得土地";"以人口为标准,但有耕种能力之男女可得全份(红军虽在外,应以有耕种能力看待),否则可得半份"③。

在鄂东南革命根据地,1929年10月,湘鄂赣边革命委员会发布的《革命纲领》即指出,没收一切地主阶级的土地财产,没收的土地归当地苏维埃政府处理,分配给无地或少地的农民及退伍的红军士兵使用。一切祠堂、庙宇、教堂的地产及其他公田、公地,概归当地苏维埃没收处理,分配给农民使用。1930年6月,阳新县第一次苏维埃代表大会通过的《没收土地和分配简例》和《土地使用暂行条例》则是具有代表意义

---

① 《鄂豫边革命委员会土地政纲实施细则》(1930年1月),湖北省档案馆藏。
② 《中共鄂西特委关于土地问题决议案》(1929年12月),湖北省档案馆藏。
③ 《湘鄂西第二次工农兵贫民代表大会文件——土地革命法令》(1930年10月),湖北省档案馆藏。

的土地法规。《没收土地和分配简则》规定:"一切祠堂、庙宇、公会、教堂、公户、官荒、无主之荒地、沙田,豪绅地主阶级(的土地),富农剩余土地实行没收。""没收之土地由苏维埃分配。凡具有下列情形之一者应分别情形给以土地:1. 无地及少地农民;2. 失业工人、退职官兵愿意耕作者;3. 有生活职业而不够生活者得斟酌情形分给之。""分配土地应以土地之肥瘠及人口之多少为标准,以年满四岁为人口,年满十六岁能自耕种者为劳动单位,红军现役之军官和士兵之有家属者,其本名以为一劳动单位,每一劳动单位平均使用土地,其余土地按照劳动单位所属的四岁以上的人口多少平均分给劳动单位使用。土地分配暂以一亩为单位,由乡苏维埃分配,区苏维埃指导帮助之。"①

在上述决议、法规、条例的指导下,土地革命即如暴风骤雨般地在鄂豫皖、湘鄂西、鄂东南革命根据地开展起来。虽然各革命根据地在土地革命开展的时间、范围、深入程度及操作方法上不尽相同,但基本步骤是大致相同的。这些步骤主要为:

第一步,广泛宣传和动员。具体做法是公布土地改革的有关法规,使广大群众了解土地改革的意义、政策和实施办法。有些地方通过召开会议、举办训练班的方法来发动和组织群众。在鄂豫皖革命根据地,为了营造土地改革的氛围,还采取了逮捕、公审和判决罪大恶极的地主豪绅分子的措施。

第二步,划分阶级成分。虽各革命根据地划分阶级的标准不完全相同,但都是依据拥有的土地数量和剥削或被剥削的程度而划定。在鄂豫皖革命根据地,农村阶级划分的标准是:"打长工的是农村中的无产阶级,叫做雇农";"自己有少数土地、卖短工、做贩或佃种人家的土地耕种,受人家的剥削和压迫,一年收入不够穿吃用,这是农村中的半无产阶级,叫做贫民";"自己的田地自己耕种,在政治上受豪绅地主的压迫,

---

① 《阳新县第一次苏维埃代表大会文件——没收土地和分配简则》(1930年6月),湖北省档案馆藏。

在经济方面受苛捐杂税的剥削，他本人又不剥削人家，一年收入供给他全家人口需要恰恰够了，没有多余的，叫做中农"；"自己有多余土地租给他人耕种，他可收租或自己种不完，雇人耕种剥削雇农，或自己种田又有多余的金钱放高利贷，或自己种田地，又请人做生意（如开榨坊、粉坊、杂货店等），一年除供给自家普通农民生活需要外，有多的，这个多的是以剥削得来的，就叫做富农"；"自己把田地佃给别人耕种，专靠剥削人家过生活，自己不劳动者叫做地主"①。在湘鄂西革命根据地，阶级划分的标准是："凡有土地自己不耕种，而只出佃坐收租谷者为地主"；"凡自耕地有余，雇人耕种或出租者，无地但租得大批土地雇人耕种者为富农"；"凡土地仅足自给者为中农"；"有小块土地，但不足以维持生活，而兼做零工及其他副业方能维持生活者为贫农"；"凡无土地而被人雇佣耕种者为雇农"②。在鄂东南革命根据地，阶级划分的标准是：一无所有靠做长工过活，终年债务缠身者是雇农；没有或只有少量土地，佃耕地主富农的土地、卖零工，经常向地主富农借债者叫贫农；农具较齐全，自耕自吃，不剥削别人，也不受别人剥削者叫中农；有十几亩田，自己参加劳动，农具齐全，一部分土地自耕，一部分出租，雇长工或短工，放高利贷，主要靠剥削为生者叫富农；凡占有大量土地，自己不劳动，出租土地或雇长工，放高利贷，或兼营工商业，全靠剥削为生者叫地主；其中的地方势力派、讼棍、伪官僚叫土豪劣绅。

  阶级成分的划分，是事关各家各户政治生命，政策性极强的一个决定性步骤。为此，各革命根据地都非常重视阶级成分的分析和确认，一般先由土地改革委员会根据各家各户情况对照政策、标准初定，然后交由群众讨论确定。

---

① 《鄂豫皖军委总政治部关于怎样分配土地的宣传材料》（1931年10月11日），湖北省档案馆藏。
② 《湘鄂西第二次工农兵贫民代表大会文件——土地问题决议案大纲》（1930年10月），湖北省档案馆藏。

第三步,调查人口和土地。其中,人口调查包括贫雇农人数、参加革命团体人数、富农及其他职业者人数、被处决的豪绅地主家属经证明无反动嫌疑者人数以及各家人口结构5项内容。土地调查包括土地的肥瘠、远近、水源及光照等。

第四步,分配土地。分配土地前,由区苏维埃政府派代表,会同乡土地委员会,召集农民代表大会讨论分配方案,根据分配方案分配土地。土地分配程序是先提取红军公田,再按分配土地的标准分配给有关农户。土地分配完毕后,由土地委员会成员带领群众到田间实地踏勘,划定田界。最后,由乡苏维埃政府发给土地使用证。

土地革命的开展,使革命根据地的面貌发生了深刻的变化。

第一,改变了极不合理的土地占有关系,广大贫苦农民实现了千百年来要求获得一块土地的愿望。例如,鄂豫皖革命根据地黄安县紫云区檀树乡程璞畈10个村庄中占总户数93%的贫苦农民,在土地改革前只有土地156亩,占总耕地面积的7.9%,土地改革后,分得土地1 711亩,比土地改革前所占土地增加了10倍以上。湘鄂西革命根据地石首江北地区农民王傅安一家、沔阳县周开斌一家,分别分得了18亩和40亩土地,改变了过去上无片瓦、下无寸土的状况。鄂东南革命根据地则约有100万农民群众分得了土地。

第二,使农村阶级关系发生了剧烈的变动。土地改革以前,土地的占有既是财富占有的标志,也是政治地位的象征,是地主阶级压迫、剥削农民的封建制度的基础。土地革命的开展,不仅没收分配了地主的土地,处决了他们当中的首恶者,而且使地主阶级政治上的优势随之而丧失;相反,过去被压迫、被剥削的贫苦农民,既分得了土地,又获得了政治上的翻身,从而变更了千百年来的农村阶级关系。

第三,土地革命的开展,极大地激发了在经济上、政治上翻了身的广大农民的生产和革命的积极性。广大贫苦农民一经获得土地后,即以极大的热情投入生产,从而促进了农业生产的发展。在鄂豫皖革命根据地的黄梅县,土地改革后的1930年,收成增加了二三成;1931年,黄陂县一些地方的水稻亩产比往年增加了三四十斤；英山县的水稻亩产增加了二三成甚至五成。农业生产的发展，不仅为革命根据地经济的恢复和发展奠定了基础，而且极大地改善了广大贫苦农民的生活。广大贫苦农民一经获得土地后，又以极大的热情投身苏维埃政权的一切活动，积极参加红军和支援前线。在鄂豫皖革命根据地，1930年5月黄安县七里坪檀树岗招兵站，一天就招兵800人。1931年6—8月，鄂豫皖革命根据地就有5 295人参军。在湘鄂西革命根据地，沔阳县姚家河600多人口中，有140多人参加红军、赤卫队；鹤峰县城关各乡原有赤卫队员100多人，土地改革后迅速增加到500多人。在鄂东南革命根据地，"大冶五区马对于村一次自动报名参加红军的就有二十余人，大冶五、六两区有个时期同时在籍的红军就有五百七十三人之多"①。由土地革命所激发起的广大贫苦农民的政治热情，对保卫和建设革命根据地起了重要作用。

应当看到，苏区的土地革命也出现过一些"左"的错误。

一是实行了"地主不分田，富农分坏田"的政策，把地主、富农推向了与苏维埃政府对抗的道路。土地革命发动之际，地主豪绅中的首恶分子即被处决，怎样对待存留下来的地主、富农及其家属，是土地革命中一个十分敏感的问题。在鄂豫皖革命根据地，中共鄂豫皖中央分局于1931年7月、10月先后制定的《关于怎样分配土地的宣传材料》和《反富农问题》通告规定："地主阶级土地被没收后，不得取得丝毫土地"，"地主不分土地，要他做苦工"②。"富农土地亦应没收……可分得较坏的'劳动份地'"③。在湘鄂西革命根据地，中共湘鄂西中央分局于1931年5月通过的《土地问题及富农斗争的决议》也规定："没收富农土地"，"立

---

① 湖北省革命史资料编写小组编：《党在湖北地区革命斗争史资料》第4分册，1961年，第61页。
② 《鄂豫皖军委总政治部关于怎样分配土地的宣传材料》（1931年10月11日），湖北省档案馆藏。
③ 《鄂豫皖中央分局通告第七号——反富农问题》（1931年7月14日），湖北省档案馆藏。

即将富农的土地分配给无地少地的贫农雇农,另给富农以坏的土地"①。在这一政策指导下和暴风骤雨般土地革命的大氛围中,各地均不分配给地主甚至其家属丝毫土地,对富农只分配给一份坏地。结果导致地主、富农无以为生,或逃匿或另建据点,平时破坏苏区,战时配合敌军进攻红军。

二是侵犯了中农利益。在划分阶级成分时,有的地方执行"有一点剩余也是富农"②的规定,致使一部分本应划为中农甚至贫农的农民也被划为富农。在分配土地时,有的地方强调平分一切土地,有的地方多次重新分配土地。其结果无异于没收了包括中农土地在内的全部土地,从而侵犯了中农利益。

四、经济建设的展开

革命根据地的党和政府在开展政权建设、土地革命的同时,又以极大的努力进行了包括农业、工业、商贸和财政在内的经济建设,以创造保卫和发展革命根据地的物质基础。

（一）农业的发展

鄂豫皖、湘鄂西、鄂东南革命根据地,或处山区或处湖区,均为以农业为主要经济的地区。因此,发展农业生产便成为革命根据地经济建设的首要任务。为了迅速发展农业生产,革命根据地党和政府采取了许多行之有效的措施。

第一,帮助农民解决生产中的耕牛、种子、农具等生产资料不足的问题。

土地改革后,革命根据地广大农民分得了土地和部分耕畜、农具等。但由于长期的贫穷以及反动势力的经常袭扰、破坏,许多农民仍然存在

---

① 《湘鄂西中央分局关于土地问题及富农斗争的决议》(1931年5月),湖北省档案馆藏。

② 《鄂豫皖特委曾中生给中央的报告》(1931年2月10日),湖北省档案馆藏。

缺少耕牛、农具和种子的困难。"农人得了田地,没有农具耕牛怎么办"①的问题迅即提到议事日程上来。为此,革命根据地一方面在各地设立种子、耕牛调剂站或农具、牲畜经理处,以调度调剂邻近村、乡的种子、耕牛和农具。另一方面大力提倡和组织群众性的互济互助运动,"帮助无农具的人种田耕地"②。此外,革命根据地党和政府还设法筹集一定数量的资金,通过银行低利或无利借贷给农户,以解燃眉之急。

虽然上述调剂和互助的活动在各地收到的实效不尽一样,贷款的数量也极其有限,但还是在不同程度上缓和和解决了一些地区、一部分农户生产资料不足的困难。

第二,合理组织劳力,解决劳动力不足的问题。

劳动力是发展农业生产的决定性因素之一。由于长期军阀战争的影响,以及革命根据地形成后大量青壮年参加红军、进入党政机关,使革命根据地农村劳动力严重不足。为了解决这一问题,革命根据地党和政府采取了以下具体措施。一是动员和组织各级党政机关工作人员、守备队等,参加当地或附近地区的农业生产。二是发动妇女参加农业生产。1931年7月,鄂豫皖革命根据地第二次苏维埃代表大会号召"妇女、儿童应用尽可能的力量参加耕田"③。8月,共青团鄂豫皖中央分局第一次扩大会议进一步要求"宣传与鼓动全体青年妇女来参加劳动"④。三是提倡和鼓励生产互助,推行代耕制⑤和红军公田制⑥,尽量帮助劳动力缺

---

① ②《鄂豫皖军委总政治部关于怎样分配土地的宣传材料》(1931年10月11日),湖北省档案馆藏。
③《鄂豫皖区第二次苏维埃代表大会关于粮食问题决议案》(1931年7月),湖北省档案馆藏。
④《中国共产青年团鄂豫皖区中央分局第一次扩大会议决议》(1931年8月),湖北省档案馆藏。
⑤ 代耕制,由乡、村苏维埃政府安排人力,代替、帮助缺乏劳动力的红军家属、残疾红军战士、鳏寡孤独者耕种其所分的土地的制度。
⑥ 红军公田制,由苏维埃政府划定并组织耕作的红军公有土地,其产品除少数用于耕牛、种子费外,其余完全交给红军战士、无劳动力的红军家属的制度。

乏的农户、红军家属、鳏寡孤独者耕种其所分的土地。四是以生产运动的方式，动员、组织广大农民和其他各类人员参加春耕和秋收，形成大规模的春耕运动和秋收运动。

上述具体措施在革命根据地各地收到的效果比较明显，其中，在动员妇女参加农业生产方面成绩尤为显著。在鄂豫皖革命根据地的中心地带，"青年妇女多半都参加了生产队"①，几乎成了农业生产的主力。在湘鄂西革命根据地的监利县周老嘴乡，1930年秋冬，170多名青年妇女，走出家门，几天内就学会了犁耙技术，完成了700多亩地的冬播任务。

第三，大力兴修农田水利，增强抵抗旱涝的能力。

鄂豫皖、鄂东南革命根据地境内多为山地和丘陵，这种地形，一方面蓄水困难，水源缺少；另一方面，大雨和久雨后又易爆发山洪。湘鄂西革命根据地境内则多江河湖汊，江河处险段多，湖汊地势低洼。其中，主要险段有石首的陈家垸和新厂江堤，江陵的麻布拐江堤，潜江的莲花寺襄堤，沔阳的东荆河襄堤和新滩口岸，监利的朱三弓、车湾、邹码头、蒋家垴和漯山江堤；汉川的同兴垸襄堤等。这样，兴修水利便成为发展农业的基础建设。

为兴修水利，各级苏维埃政府均设有水利委员会或水利局，以领导、组织兴修水利工程。在鄂豫皖革命根据地，先后修建起的规模较大的水利工程有黄安金牛凉亭水堤、新集陡山河榨河河堤等。在湘鄂西革命根据地，1931年冬，大规模修整了境内长江大堤和东荆河堤。其间，修复了监利邹码头，完成了100多公里东荆河堤的堵口复堤工程，修筑了沔阳丰乐垸和红土垸之间的河坝和潜江田关的一条3.5公里长的大堤等。

第四，利用革命根据地的自然资源，发展副业生产。

革命根据地的党和政府在着力发展粮食生产的同时，又十分重视利用革命根据地的自然资源，因地制宜地发展副业生产。在山区、丘陵，

---

① 《皖西北特委报告》（1931年6月），湖北省档案馆藏。

发动群众造林、伐木、种茶、采药、打猎、剥棕片、割生漆、熬桐油、培植果树、喂养牛羊、植竹等。在湖区，组织群众捕鱼、放鸭、采莲、捞菱角、挖藕、割柴、编芦席、打野鸭等。

副业生产的发展，既弥补了主粮的不足，又丰富了农业生产的内涵。在鄂豫皖革命根据地，副业生产的开展，帮助群众克服了粮少缺食的问题，使广大群众"饥荒的恐惧心理"大大减少①。在湘鄂西革命根据地的洪湖地区，从事副业生产的渔业、柴林生产合作社达40多个，仅沔阳、监利两县，每年渔利就达200万元左右。

由于采取了上述一系列行之有效的措施，革命根据地的农业生产得到了较快的发展，各地农作物产量都有不同程度的增长。1931年，鄂豫皖革命根据地获得了农业丰收。其中，麻城县乘马岗区第八乡第八村上等田的亩产由1929年以前的300斤增长到380斤，麻城县顺河区第四乡垸店各湾下等田的亩产由1929年以前的175斤增长到250斤。鄂东南革命根据地的阳新县龙港区蔡家湾一带，土地改革前亩产平均产稻谷200斤，土地改革后的第一年亩产平均达到400斤。而湘鄂西革命根据地1933年的粮食产量比上年增长11.6％。

革命根据地农业的发展，使革命根据地军民吃饭、穿衣问题有了基本保障，促进了革命根据地的政治稳定。正因为如此，中共鄂豫皖中央分局才能自豪地向中共中央报告说："鄂豫皖区因分得了田和群众努力生产，获得了大大的丰收，冲过了饥荒的难关。"② 革命根据地农业的发展，又为工业和手工业提供了原料，为商业贸易提供了产品和商品，为财政收入提供了源泉，从而促进了革命根据地整个经济的发展。

（二）工业的创办

由于革命根据地原来的工业基础极其薄弱，因而，革命根据地的工

---

① 张国焘：《我的回忆》（三）上，明报月刊出版社1971年版，第971页。
② 《鄂豫皖中央分局关于鄂豫皖区情况给党中央的综合报告》（1931年10月9日），湖北省档案馆藏。

业除少数是在原有基础上恢复起来的外，大部分是根据革命根据地革命战争和人民群众生产、生活的需要而创办起来的，并分为军用工业和民用工业两大类。

革命根据地的军用工业由苏维埃政府和红军部队经营，主要是兵工厂和被服厂。由于战事频繁，武器、服装紧缺，兵工厂和被服厂多由各地苏维埃政府和红军部队自行物色军工技工、铁匠、裁缝等人员，集中红炉、缝纫机等设备组建而成。在鄂豫皖革命根据地，黄安县的七里坪、潭河、箭厂河、华家河，陂安南县的庙家垸，罗田县的城关，黄梅县的洪家楼，麻城县的西张店，英山的贺家桥，商城县的新湾，光山县的新集，固始县的王新屋南院以及金家寨等地，均在不同时期组建过兵工厂或修械所；而黄安县的叶家河、天台山，麻城县的西张店以及金家寨等地，先后组建过缝纫厂和被服厂。在湘鄂西革命根据地，监利县的匡家老墩，石首县的冯家潭子、袁家铺，鹤峰县的龙潭，沔阳县的吴家新场，宜城县的新街等地，先后组建了兵工厂和被服厂。在鄂东南革命根据地，阳新县的龙港等地也组建了兵工厂和被服厂。

在上述各地组建的兵工厂和被服厂中，具有一定规模的有鄂豫皖兵工厂、红山兵工厂、湘鄂西兵工厂、鄂东南兵工厂、鄂豫皖缝纫厂、红山缝纫厂、湘鄂西红军被服厂、湘鄂西省被服厂、鄂东南被服厂等。

鄂豫皖兵工厂的前身是1930年春由柴山保一带的几个修械小组组建起来的鄂豫边兵工厂，同年4月，扩大为鄂豫皖兵工厂。建厂之初，厂址在光山县佛尔寺，全厂有职工60多人。1931年下半年，厂址迁至黄安县紫云区熊家嘴村，并在黄安县城关、光山徐家畈、麻城、陂孝北县设立分厂。1932年10月，随革命根据地第四次反"围剿"战争失利而解散。鄂豫皖兵工厂共生产了撇把子枪2 000余支，汉阳造步枪1 800多支，并生产了大量子弹、大刀、长矛等。

红山兵工厂于1931年8月在红山县（由英山县改名）贺家桥鸭掌村建立。建厂初期，有工人30多名，设备也比较简陋。后工厂扩大，工人增至90多人，有机床3部，炉子10个，每天生产子弹100至120发，撇把子枪三四十支①。

湘鄂西兵工厂又称洪湖兵工厂,由监利县周老嘴的一个修械厂迁至洪湖扩建而成。1931年4月,发展到有锻工、模型、机械、轻工、子弹、总务、财务7个科,设有机修、铸造、木工3个车间和1个火药库,有职工250多人,能制造长枪、短枪、手榴弹、手雷、子弹,还成功地试制了迫击炮。

鄂东南兵工厂于1930年初建在阳新县龙港镇附近。全厂有修理、翻沙、木工、铁工、子弹、机械等车间,工人最多时近千人。除能修理各种枪炮外,还能制造步枪、手枪、手榴弹、地雷、子弹等。

鄂豫皖缝纫厂的前身为1929年建立于黄安县紫云区黄谷畈的红军被服厂。1931年改名为鄂豫皖缝纫厂,并发展为1个总厂4个分厂,共有工人七八百人。缝纫厂主要生产衣、被、鞋、帽、绑腿等。

红山被服厂于1931年建立,有机器8架,工人多时80多人,少时30多人,分裁工、手工、车工等工种。每日生产军服100套、绑腿40副、军帽25顶、子弹带100余条。

湘鄂西被服厂是在1929年石首县冯家潭子红军被服厂的基础上发展起来的,有缝纫机50多台,工人500余人,日产军装600多套。

鄂东南被服厂于1930年初建于阳新县龙港镇附近,有缝纫机、织布机、弹花机200多台,全厂工人四五百人,能织布,制作单衣、棉衣、袜子、毛巾等。

革命根据地的民用工业分别由苏维埃政府、集体和个人经营,主要为服务于革命根据地生产、生活的各种工厂、作坊。在鄂豫皖革命根据地,由政府经营的有制盐厂、造纸厂、五金制造厂、铁工厂、印刷厂、造币厂、造船厂、农具厂、榨油厂、卷烟厂等;由集体和个人经营的有缝纫、木器竹篾、铁器、榨油、造纸、制陶、印染、制粉、豆腐等工厂和作坊。

---

① 湖北省革命史资料编写小组编:《党在湖北地区革命斗争史资料》第2分册,1961年,第87页。

在湘鄂西革命根据地，先后兴办的民用工业有榨油、造船、制盐、造纸、卷烟、制陶、整米、农具、印染等工厂和作坊。在鄂东南革命根据地，相继兴办的民用工业则有造纸厂、纺织厂、制伞厂、制扇厂、硝盐厂、炉罐厂、樟脑厂、石灰厂、制锅厂、煤矿、硫黄矿、膏矿等工厂和矿场。

其中，具有一定规模的民用工业厂矿有鄂豫皖革命根据地的五一模范工厂、红日印刷厂，湘鄂西革命根据地的沔阳张沟造船厂，鄂东南革命根据地的鄂东纺织厂等。

五一模范工厂直属鄂豫皖特区（省）苏维埃政府，有织布机30多部，缝纫机18台，全厂职工300多人。设有织布、印染、缝纫等车间以及总务股、采购股等机构。主要产品有纱布、卡叽布等。

红日印刷厂是以原商城开明绅士周雁宾开办的文明石印馆为基础建立起来的，隶属商城县苏维埃政府，有石印机3部，职工20多人。除印刷中共商城县委机关报《红日报》外，还承印县委和县政府各种文件以及小学课本。

鄂东纺织厂隶属鄂东南苏维埃政府，1930年年初组建，1932年扩建后增置铁制织布机10余架。

沔阳张沟造船厂隶属沔阳县苏维埃政府，造船厂规模较大，1930年夏至1932年春，平均每天造木船两只。

革命根据地工业的创办，生产了大量的产品和商品，对于支援革命战争，改善军民生活，改变革命根据地落后的工业状况起了重要作用；革命根据地工业的创办，又改变了革命根据地的经济结构，巩固了工农联盟。同时，由于战事频繁，技术力量不足，资金、设备缺乏等原因，革命根据地的工业水平是比较低的，产品不丰富，尤其是西药、食盐等的生产，还不能满足革命根据地军民的需要。

（三）商业贸易的发展

随着农业、工业的恢复和发展，革命根据地的商业贸易也随之活跃起来。

革命根据地的商业有国营、集体和私营三种经济成分。

革命根据地的国营商业由苏维埃政府经营，经营机构名称不尽相同。在鄂豫皖革命根据地称为经济公社，在湘鄂西和鄂东南革命根据地称为苏维埃商店（又称红色商店）。鄂豫皖特区（省）苏维埃政府设经济公社总社，各县、区设经济公社分社，各乡设经济公社代办所。湘鄂西省苏维埃政府和鄂东南苏维埃政府设苏维埃商店总店，下设若干分店。

革命根据地的国营商业经营各种商品，并享有经营食盐、布匹、医药、粮食等主要和紧缺生活用品的专营权，以及负责对集体和私营商业的商品批发。国营商业的经营资金起初主要来源于没收豪绅地主、大商贾的财产，后来则依靠自身经营利润积累和苏维埃政府拨款。国营商业的商品来自革命根据地工、农业产品和境外输入的商品，其销售价格由苏维埃政府划价，一般低于私营商业。利润一般为1%。国营商业工作人员大都选用办事公道、不谋私利的政府工作人员和复员的红军伤员。工作人员实行供给制，家属享受代耕。

革命根据地的国营商业在苏区整个商业中具有主导和领导的地位，除了供给革命根据地军民必需生活品外，还发挥着控制物价，活跃整个商业的作用。

革命根据地的集体商业称为消费合作社（习惯简称合作社），由具备一定条件的群众集股组成，其条件一般包括阶级成分好，一贯从事农业劳动，忠诚老实，积极拥护合作社组织等，一切有剥削行为的不准入股。有少数合作社由苏维埃政府或国营商业给予一定资助。

革命根据地的集体商业主要经营粮食、食油、布匹、火柴、文具等日常生活用品，兼营土特产收购。货源一部分从国营商业批发，一部分由自身采购。利润一般为2%。盈利归集体所有，年终按股分红。

合作社设置普遍，因而十分方便群众购物，极大地活跃了革命根据地商业。

革命根据地的私营商业受到苏维埃政府的保护和鼓励，成为革命根据地整个商业中别具特色的商业构成。

1930年10月，湘鄂西第二次工农兵贫民代表大会制定的《经济政策决议案》指出:"允许中小商人正当营业,对中小商人不要过于苛刻限制。"① 1931年8月,鄂豫皖特区苏维埃政府公告:"商人服从法令,生意由你经营。"② 这样,中小商人的商业得以保留下来并得到相应的发展。

革命根据地的私营商业主要经营食糖、火柴、针线、文具等一般生活用品,货源主要由国营商店(或经济公社)批发,有时在苏维埃政府允许下从境外购进。资金不足的中小商人可先到国营商店(或经济公社)提货,待货物销售完后再交货款,利润可达20%。

革命根据地的私营商业因得到苏维埃政府的政策保护,因而不仅得到保留,在有些地区还比较活跃,成为苏区整个商业的必要补充。

革命根据地的党和政府在努力发展革命根据地内部的商业活动过程中,又十分重视对外贸易,制定了相应的政策,采取了一些措施。

1930年10月,湘鄂西第二次工农兵贫民代表大会制定的《经济政策决议案》即指出:"赤区经济务须与白区流通,封锁是自毁政策。"③ 1931年2月,中共鄂豫皖特委扩大会议提出:"放任对外贸易,并设法专门帮助丝、茶、药等物之运出","原料与药品及军械要建立特别的组织来输入"④。

为开展对外贸易,革命根据地采取了以下措施。其一,设立贸易机构。1931年年底,湘鄂西、鄂东南苏维埃政府经济委员会(部)下设转运部,县设转运所,区设转运站,专门负责对境外贸易业务。在鄂豫皖革命根据地,对境外贸易业务则由经济公社负责。其二,革命根据地多次派遣工作组、游击队、特务队到境外建立秘密据点,负责购销商品、物资。其三,各地苏维埃政府武装护送和接应私商出入革命根据地边界,以购销境内外物资。此外,还采取免税等优惠政策吸引境外商人进入革

---

①③《湘鄂西第二次工农兵贫民代表大会文件——经济政策决议案》(1930年10月),湖北省档案馆藏。
②《鄂豫皖区苏维埃政府布告十一号》(1931年8月22日),湖北省档案馆藏。
④《鄂豫皖特委曾中生给中央的报告》(1931年2月10日),湖北省档案馆藏。

命根据地做买卖。

由于采取了上述政策和具体措施,革命根据地得以突破国民党严密的经济封锁,进行频繁的对外贸易业务,有些地区还比较活跃。如湘鄂西革命根据地的监利、沔阳一带,对外贸易具有相当规模,据1931年6月新堤商会转发国民党监利县清乡局的公函即称:"据报,监、沔各地商人有贪利与共匪通商者",每日船只不断,"往来新堤、洪湖及城陵矶、白螺矶等处,装运日常用品"①。又如鄂豫皖革命根据地的麻城,县苏维埃政府曾将全县60多名私商组织起来,分成若干小组,从麻城运出羊皮、木梓油、猪皮、猪鬃等土特产品到武汉出售,然后从武汉购进食盐、布匹、药品、纱布、文具以及军械。

革命根据地商业贸易的发展,对打破敌人的经济封锁,沟通对外物资交流,活跃市场,保障军民物资的供给等发挥了重大作用,极大地促进了革命根据地社会经济的发展。

(四)财政金融的运作

财政是国家为了实现自己的职能而参加社会产品的分配和再分配所形成的分配关系。财政活动具体表现为国家资财的收入、管理、分配和支出等经济活动。革命根据地的财政也不例外。

革命根据地初创时期,各地财政收入主要依赖没收地主豪绅、大商贾的资财和对富农、富商的征调,以及战场上的缴获。随着革命根据地经济的恢复和发展,群众具备了一定的经济承受能力后,税收便逐步成为革命根据地财政收入的主要来源。

革命根据地的税种主要有农业税、营业税和过境税。

革命根据地农业税开征的时间,分别在1930年下半年和1931年下半年。其中,鄂豫皖和湘鄂西革命根据地开征于1930年下半年,鄂东南革命根据地则开征于1931年下半年。1930年9月17日,中共鄂豫边特

---

① 古堡、戴柏汉、梁琴主编:《湘鄂西革命根据地史》,湖南人民出版社1988年版,第340页。

委发布《征收累进税问题》通告,随即开征农业税。同年 10 月,湘鄂西第二次工农兵贫民代表大会制定《经济政策决议案》,决定征收农业税。1931 年 8 月,中共湘鄂赣省委第一次执委扩大会议决定统一全省财政和税收,鄂东南革命根据地即开征农业税。

革命根据地的农业税是以累进方式计算征收。其依据和标准在各革命根据地及其各革命根据地不同时期不完全一样。在鄂豫皖革命根据地,根据 1930 年 9 月中共鄂豫边特委发布的《征收累进税问题》通告规定:农业税以实物形式征收,产谷一石征税五升,二石征一斗五升,三石征三斗,四石征五斗,五石征七斗五升,以此类推。1931 年 8 月,鄂豫皖特区苏维埃政府发布《粮食储藏收集暂行条例》调整了税则,规定除红军士兵本身及牺牲了的红色战士家庭概不征收外,其余每户按下列税率征收:1～3 石,征收 8%;3～7 石,征收 13%;7～10 石,征收 22%;10～13 石,征收 27%;以此类推。在湘鄂西革命根据地,根据 1930 年 10 月湘鄂西第二次工农兵贫民代表大会制定的《经济政策决议案》规定,农业税征收以田为标准,上等田,10 亩以下不收,10 亩以上征收 10%,15 亩以上征收 15%,40 亩以上征收 30%;下等田,15 亩以下不征收,15 亩以上征收 10%,35 亩以上征收 35%,60 亩以上征收 30%。1931 年后,湘鄂西革命根据地农业税具体规定有所变化,其税率如表 6-1。

表 6-1 湘鄂西革命根据地农业税率

成分	征收起码	征收率
富农	100 元	5%
中农	100 元	5%
贫农	100 元	3% 或免税

资料来源:湖北省革命史资料编写小组编:《党在湖北地区革命斗争史资料》第 3 分册,1961 年。

革命根据地的营业税也是以累进方式计算征收,其依据和标准在各革命根据地也不相同。在鄂豫皖革命根据地,以营业额为依据征收。每月营业额不到 150 元者免税;每月营业额 160～200 元者,征收 5‰;每月营业额 200～300 元者，征收 6‰；每月营业额 300～400 元者，征收 7‰；以此类推。在湘鄂西革命根据地，则是以资本数量为依据征收。200 元以下者免税；200 元以上者，每年征收 5%；500 元以上者，每年征收 10%；1 000 元以上者，每年征收 15%；5 000 元以上者，每年征收 20%；1 万元以上者，每年征收 25%；5 万元以上者，每年征收 30%；10 万元以上者，每年征收 40%。每年分 5 月、8 月、12 月 3 次征收①。

革命根据地的过境税是以不同物资及其数量计算征收。在鄂豫皖革命根据地，出入境物资税率与革命根据地营业税率相同。1931 年后，为鼓励和刺激入境，对日用生活品实行免税，仅对装饰品、耗费品、迷信品等收税，并按其价值的 40% 收取②。在湘鄂西革命根据地，出入境物资税率如表 6-2：

表 6-2　湘鄂西革命根据地出入境物资税率

物资种类	征收标准	税率
普通物资	价格在 30 元以上	1%
奢侈品	不论价格	5%
粮食入境		免税
油盐		减半

资料来源：湖北省革命史资料编写小组编：《党在湖北地区革命斗争史资料》第 3 分册，1961 年。

革命根据地的税收取得的成绩比较显著。在"黄麻苏区每月可收三四千元"的营业税③。1931 年 11 月一个月，鄂豫皖革命根据地所收营业

---

① 古堡、戴柏汉、梁琴主编：《湘鄂西革命根据地史》，湖南人民出版社 1988 年版，第 344 页。
② 谭克绳、马建离、周学濂主编：《鄂豫皖革命根据地财政经济史》，华中师范大学出版社 1989 年版，第 150 页。
③ 《鄂豫皖中央分局关于鄂豫皖区情况给党中央的综合报告》（1931 年 10 月 9 日），湖北省档案馆藏。

税"有五千元之谱,整理一下可以收到一万元"①。湘鄂西革命根据地的白螺和调弦口,每月可收取出入境税1 500元。而汉川的府河,沔阳的新滩口(今属洪湖市)、柳沟、杜窑、坪坊(今属洪湖市)等13处要道码头,每月可收取出入境税1.5～2万元。

革命根据地的财政支出主要用于红军供给、党政机关行政费和革命根据地建设等。

红军供给在财政支出中占第一位,包括红军官兵伙食费、军械购置修理费、红军医院医药费等。尽管红军官兵伙食标准很低,但对财政收入极其有限的革命根据地来讲,还是一个比较大的支出项目。据1929年6月鄂东北的红11军31师党委的报告,该师每月需要费用1万元左右,内中伙食费4 500元,购置子弹、修理枪支1 000元,官兵零用钱2 000元,特别费2 500元②。按照这一支出标准推算,到1931年11月鄂豫皖革命根据地的红四方面军建立时,方面军所辖6个师的每月支出费用当在6万元左右。

财政支出的第二项为党政机关行政费用。在湘鄂西革命根据地,省直各种机关工作人员共约1万人,每天需大米70余石(值银元700元),每月需大米2 100石(值银元2.1万元),油盐菜金每月1.8万元,办公费每月3 000元,医院菜金、药费每月至少2万元,加上兵工厂和被服厂购置原料等,共计每月至少需要8万元,甚至10万元③。

财政支出的第三项是革命根据地建设拨款。为了扶植农业、工业,创办文化、教育,革命根据地根据财政状况,划拨了一定的经费。1931年春,鄂豫皖革命根据地便在财政上拨出一部分款,通过银行借给农民购买耕牛、农具和种子;同时,还拨款设立公牛站,成立农具制造所,

---

① 《鄂豫皖省委给中央的报告》(1932年2月),湖北省档案馆藏。
② 《鄂东北红军三十一师师委的报告》(1929年6月),湖北省档案馆藏。
③ 古堡、戴柏汉、梁琴主编:《湘鄂西革命根据地史》,湖南人民出版社1988年版,第347页。

开办公营农具厂，兴修水利等。鄂豫皖革命根据地各县、区开办的各种工厂，也多有苏维埃政府投资。而各革命根据地的文化、教育，均由财政拨款创办。

革命根据地党和政府十分重视财政管理，为此采取了许多措施。

第一，建立和健全各级财政机构。鄂豫皖、湘鄂西和鄂东南革命根据地各级苏维埃政府财政经济委员会下，均设有会计科、设计科、建设科和税务局等管理财政的机构。其中，会计科负责管理财政收支、审查财政账目、制定预决算。设计科负责制定各种财政经济计划和条例。建设科负责革命根据地各项建设。税务局负责征收各种税收。此外，各级财政经济委员会必须接受同级工农监察委员会的监察。

第二，建立和健全财政管理制度。苏维埃政府财政经济委员会规定：实行统一集中的原则，一切财政事项必须统一在财政经济委员会，反对各自为政的现象。没有法令上的规定和财委会的委托，个人或组织不得随意开支或取款、领款。财政上的权力集中到特区（省）苏维埃政府财委会，下级财委会服从上级财委会①。

第三，实行必要的财政纪律。为了管理好财政，苏维埃政府提倡节俭，反对浪费，制裁贪污。1929年，鄂豫边各县苏维埃联席会议议决："绝对反对浪费金钱"，"严禁苏维埃政府工作人员拿公家款项滥吃滥喝"，"如发现一元至三元经济不清者，受书面警告，三至十元者，即受革命纪律处分"②。1931年8月，鄂豫皖特区苏维埃政府财政经济委员会发出《集中财政、注意节省》的通令，规定各机关团体不得用好油光纸扎花彩，不得用好纸糊墙，不得用洋烛，尽量用油灯，不得亮灯睡觉等。在湘鄂西革命根据地，则规定禁止用公款买自来水笔、手电筒，哪怕是一张纸也不能浪费。其间，鄂豫皖特区苏维埃政府一事务长因利用职权贪

---

① 《鄂豫皖区苏维埃政府财政经济委员会通令第一号》（1931年8月1日），湖北省档案馆藏。
② 《鄂豫边各县苏维埃联席会议决议案》（1929年），湖北省档案馆藏。

污公款公物受到撤职查办；红31师一司务长因贪污20元被处以死刑①。

随着社会经济的恢复和发展，革命根据地开始创办银行。

革命根据地初创时期，因忙于开展武装斗争、发展革命根据地，尚无精力顾及金融工作。1930年后，各革命根据地相继建立起银行并开展金融活动。其中，鄂豫皖革命根据地的银行有1930年7月建立的鄂豫皖特区苏维埃银行（1932年更名为鄂豫皖省苏维埃银行），1931年5月建立的皖西北苏维埃银行，1931年秋建立的鄂豫皖省苏维埃工农银行，1932年建立的鄂东工农银行等。湘鄂西革命根据地的银行有1930年4月建立的鄂西农民银行（1931年11月更名为湘鄂西特区分行），1930年秋建立的鄂北农民银行等。鄂东南革命根据地则于1929年建立了鄂东农民银行，1930年更名为鄂东工农银行，继又更名为鄂东南工农兵银行。

革命根据地的银行建立后，即开始发行货币和统一货币制度。其间，鄂豫皖特区苏维埃银行发行了与银元具有同等价值的13种银币券，现已收集到的有"壹圆"的两种，"伍角"的一种。鄂豫皖特区苏维埃银行更名为鄂豫皖省苏维埃银行后，又发行了面额为"壹元"，每枚重七钱二分，含银量为88%的银币和面额为"壹角"、"贰角"、"伍角"的银币券。皖西北苏维埃银行先后发行了面额为"壹圆"、"伍圆"、"贰角"的银币券。鄂西农民银行先后发行了面额为"壹角"、"贰角"、"伍角"和"壹圆"的信用券。鄂西农民银行更名为湘鄂西特区分行后，发行了纸币和银币。鄂北农民银行发行了面额为"壹圆"的银币。鄂东南工农兵银行则先后发行了面额为"壹百文"、"贰百文"、"伍百文"、"壹串"和"伍串"的纸币。

革命根据地的货币发行前，旧币可继续在市场流通，但要由苏维埃政府经济委员会加盖印记。革命根据地的货币发行之后，旧币禁止流通，

---

① 徐向前：《历史的回顾》（上），解放军出版社1984年版，第91页。

但可拿到苏维埃银行兑换为革命根据地货币。

革命根据地的银行建立后，还开展了吸收存款、发放贷款等业务。存款的主要来源有战场收缴的金银和各种货币，没收和征收地主豪绅、富商的钱款，政府税收款以及国营商业的销售款等。贷款的主要对象有缺乏生产资料的农民、渔民，集体经营的工厂，集体经营的合作社。

在建立银行开展银行业务的同时，革命根据地的一些县、区还先后建立过集体性质的金融组织——信用合作社，并开展了小额农业贷款和小商贩贷款。

革命根据地的金融活动的开展，对于统一货币，集中资金，流通金融，支援革命战争，促进农业、工业、商业的发展，巩固革命根据地的经济基础，发挥了重要的作用。

五、文化教育事业的兴办

随着政治和社会经济的改革，以及革命根据地党和政府的重视，革命根据地的文化教育也有明显的发展。

革命根据地形成后，即制定了革命根据地文化教育的方针和政策。1930年10月，湘鄂西第二次工农兵代表大会制定的《文化教育决议案》指出："文化教育工作，在目前苏维埃区域日益扩大的情形之下，已成了苏维埃主要任务之一，特别是要造成苏维埃社会基础，消灭苏维埃政权之下的一切危机和争取广大之工农群众特别是青年群众，以生死存亡的决心来拥护苏维埃，都只有加紧文化教育。"[①] 1931年7月，鄂豫皖特区第二次苏维埃代表大会指出："只有工农自己的苏维埃能够发展真正广大的文化教育工作，去为广大工农群众谋利益。依靠革命的伟大创造力，我们要在革命战争的创造中，去创造鄂豫皖特区的文化教育工作。"革命根据地的教育工作的任务，主要是提高广大军民的阶级意识和文化知识，

---

① 《湘鄂西第二次工农兵代表大会文化教育决议案》（1930年10月），湖北省档案馆藏。

"造就苏维埃政府各方面所需要的人才"①。湘鄂赣省苏维埃政府亦明确指出，革命根据地的教育事业的任务，是"以教育为阶级斗争的武器，造就无产阶级所需要的政治、经济、技术等专门人才；培养儿童有集体的思想、革命的热情、科学的头脑、艺术的兴趣、健康的体魄、劳动的身手，投身阶级斗争，以推翻反动统治，巩固苏维埃政权"②。

在革命根据地党和政府文化教育方针、政策指导下，革命根据地的教育事业迅速发展起来，形成了干部教育、普通小学教育和工农业余教育等多种教育形式。

革命根据地革命战争的开展和各项建设事业的开创，不仅需要相当数量的干部，而且需要不断提高干部的政策水平和管理能力。因而，干部教育便成为革命根据地教育事业的首要任务。

根据革命根据地的具体实际情况，干部教育主要有实践培养和干部学校教育两种途径。其中，干部学校教育是分别通过创办军事学校、地方党政干部学校而实现的。

革命根据地的军事学校均是在早期的随军教导队和训练班的基础上发展形成的。1927年11月黄麻起义部队组建为中国工农革命军鄂东军后，在黄陂木兰山一带创办了游击战争教导队。1929年7月鄂西游击总队和中共鄂西特委创办了鄂西五县军事政治训练班。1930年3月，中共鄂西特委、红6军在监利县桥市创建了中国工农红军中央军事政治学校第二分校（又名洪湖军事政治学校）。1931年2月，中共鄂豫皖边特委、红4军在黄安县七里坪创建了中国工农红军中央军事政治学校第四分校，5月改称彭杨军事政治学校。1931年8月，中共湘鄂赣省委、红3军团创建了中国工农红军中央军事政治学校第五分校。

革命根据地的军事学校主要招收红军中的排、连现职干部和有培养

---

① 《鄂豫皖区第二次苏维埃代表大会关于文化教育政策》（1931年7月），湖北省档案馆藏。
② 《湘鄂赣省苏维埃政府文字第一号训令》（1932年5月），湖南省档案馆藏。

前途的红军战士,以培养排、连、营级军事干部和政治工作干部。军事学校的课程设置为军事、政治课程并重。其中,军事课除讲授军事理论外,尤其注重战例分析,研究实战经验,训练学员指挥作战的技能。

革命根据地的地方党政干部学校均由各级中共党组织和苏维埃政府开办。在鄂豫皖革命根据地,1929年年初,中共鄂东北特委开办了党务干部学校。1931年2月,鄂豫皖区苏维埃政府在郭家河开办了列宁高级学校。此后,农业、商业、财政、师范等各类职业学校或训练班在鄂豫皖革命根据地各地先后开办。在湘鄂西革命根据地,1931年5月,中共湘鄂西中央分局创办了党校。8月,中共湘鄂西省委开办了列宁大学。1932年3月,中共湘鄂西中央分局又创办了湘鄂西省列宁学校。此外,中共湘鄂西省委和湘鄂西省苏维埃政府还先后开办了简易师范、女子职业学校等。

革命根据地的地方党政干部学校主要是培养革命根据地党、团、工会、苏维埃等方面的干部,学生来自在职干部和优秀青年。学校教学课程视各类学校性质不同而异。

革命根据地在将干部教育放在首位的同时,为了改变教育落后的状况,培养苏维埃事业的后备力量,又十分重视普通小学教育。

革命根据地的小学多命名为列宁小学,隶属当地苏维埃政府文化教育委员会领导,学校教育行政则由各校校务委员会负责。学制为5年,初小3年,高小2年。学生多为6~20岁的青少年。学校对工农子弟实行免费和减费教育,红军及烈属子弟另给予食宿补助。革命根据地形成初期,禁止地富子女入学,后改为定额收费入学。

列宁小学设置有国语、算术、自然常识、政治常识、体育、美术、唱歌等课程,根据教育"要政治化"、"要生产化"[①] 的方针,学校既注重学生文化知识的学习,又注意培养学生热爱劳动的品德,参加学校公田的劳动。

---

① 《鄂豫边特委综合报告》(1930年12月),湖北省档案馆藏。

革命根据地的普通小学教育成绩十分显著。据记载,1930年,麻城县在校小学生达3万名左右。1931年,黄安县有列宁小学1 100多所。同年,湘鄂西革命根据地的江陵、石首、华容、沔阳、监利和鹤峰6县,有列宁小学530多所,学生达2万多名。

为了改变教育落后的状况,提高工农群众的文化知识,促进革命根据地的各项建设,革命根据地还开展了大规模的工农业余教育。

革命根据地工农业余教育的主要任务是扫除文盲。为了适应革命根据地工农群众的需要,革命根据地工农业余教育采取了办夜校、冬学、识字班以及开展识字运动等形式。夜校的学生对象多为成年男女,其任务为识字、习字和学习政治常识、生产常识。冬学是利用冬季农闲组织工农群众学习,其任务与夜校相同。识字班的任务是识字。识字运动则是以运动的形式动员工农群众参加识字。是时,在村头、道口树起识字牌,设识字监督岗,帮助工农群众识字。1932年1月16日,鄂豫皖省苏维埃政府文化教育委员会发出的《识字运动周宣言》提出了"工农每天至少要学一个字"的号召。

革命根据地的工农业余教育也取得了一定的成效。据统计,鄂豫皖革命根据地各县参加识字教育的工农群众达30余万人,其中妇女占65%左右。鄂东南革命根据地的大冶县开办工农夜校300多所,工农识字班280多个,参加学习的工农群众1万余人[①]。湘鄂西革命根据地鹤峰县城的妇女夜校长年有学员30人以上。

与教育的迅速发展相呼应,在革命根据地党和政府文化教育方针、政策指导下,革命根据地的文化活动也十分活跃,并以崭新的面貌和多种多样的形式出现。

文艺演出是革命根据地文化活动中最活跃的部分。文艺演出由红军或地方的宣传队、剧团、音乐队等文艺组织承担。除重大节日、群众集

---

① 湖北省地方志编纂委员会编:《湖北省志·教育》,湖北人民出版社1993年版,第174~175页。

会外，平时也时有安排。演出的节目均为群众喜闻乐见的民族舞蹈、各种戏剧、唱歌等。

俱乐部（又称列宁室）是革命根据地群众文化活动和娱乐的重要场所，中心市镇和部分乡村均设有。依据不同的规模辟有图书室、讲演场、戏台、阅览室和棋室等。红军部队则设有士兵俱乐部，配备"有网球、足球、琴、棋、音乐等娱乐设备"①。

群众性歌咏是革命根据地最普及的文化活动。革命根据地的民众历来爱唱民歌，革命根据地形成后，民众创作、演唱民歌的热情空前高涨，作品的内容越来越广泛、深刻，其数量亦与日俱增。在鄂豫皖革命根据地，有《发动歌》、《土地革命歌》、《苏区处处见太阳》、《八月桂花遍地开》、《送郎当红军》等。在湘鄂西革命根据地，有《武装暴动歌》、《当兵就要当红军》、《告白军士兵歌》、《十杯酒》等。

书刊出版是革命根据地文化活动中成绩最突出的部分。其中，鄂豫皖革命根据地先后创办了《英特纳雄纳尔》、《我们的路线》、《工农兵》、《党内生活》、《苏维埃三日刊》、《列宁三日刊》、《火花》、《红旗》、《赤色儿童》、《赤色先锋》、《群众》、《战斗》、《红军周刊》、《红色战士》、《红军生活》、《消息汇报》等30余种报刊。湘鄂西革命根据地先后创办了《斗争》、《红旗日报》、《布尔什维克周刊》、《工农日报》、《湘鄂西苏维埃三日刊》、《洪湖日报》、《红旗》旬刊、《红星报》、《红色军人》、《湘鄂西工人》、《列宁青年》、《鄂西通讯》、《党的生活》、《时事演讲》等报刊。鄂东南革命根据地先后创办了《红旗报》、《列宁青年》、《儿童实话》和《工人生活》等报刊。革命根据地出售的书籍，仅湘鄂西革命根据地即有从上海等地带来的《共产党宣言》、《社会意识大纲》、《资本论》、《列宁主义》、《法国巴黎公社》、《马克思》、《列宁》、《苏俄十月革命感想》和本地印售的《洪湖渔歌》、《红色政权的宪法大纲》、《土改法》、《红军读本》、《列宁小学课本》等数十种。

---

① 徐向前：《历史的回顾》（上），解放军出版社1984年版，第98页。

革命根据地文化教育事业的兴办及其取得的成绩，迅速改变了革命根据地形成之前这一地区文化教育极其落后的状况，广大军民的文化知识普遍提高，文化生活显著改善。一些以前一字不识的工农群众，现在多能写信、写标语；一些老实巴交的雇工、贫农，现在亦能在大庭广众面前讲得几句话。"苏区群众的文化程度，比国民党统治时代提高得多了"①。革命根据地文化教育事业的兴办及其取得的成绩，又极大地提高了工农群众的政治觉悟。过去的善男信女，"现在不再相信菩萨了，他们是相信马克思列宁主义了"。学校、俱乐部等文化教育场所，"都高悬列宁和马克思的画像，就是在农民家中，许多从前是供奉菩萨的，现在都是被列宁、马克思驱逐出去了"②。工农群众政治觉悟的提高，进一步加深了他们对中国共产党的信赖，对革命根据地事业的热心，更坚定、更积极地投身保卫革命根据地和建设革命根据地活动中去。革命根据地文化教育事业的兴办，又为革命根据地培养了一大批党、政、军各方面的人才和干部及其后备军，为革命根据地的革命战争和各项建设创造了重要条件。

也应看到，由于缺乏经验和阶级斗争的残酷，革命根据地的文化教育事业也出现过一些"左"的错误。如革命根据地初创时期，曾一度不准地富子女入学；在1931年审定教师资格时，使"许多能教书的做了改组派，走的走了，杀的杀了"③，加剧了师资力量不足的困难程度；在一些新编教材中，政治色彩过于浓厚，"有许多的唯［违］心话"④，超越了学生的实际觉悟程度等。

第三节 革命根据地严重受挫

正当革命根据地各项事业蓬勃发展的时候，中共中央的路线发生了

---

①② 《鄂豫边苏区的实况》，《红旗周报》第4期，1931年4月6日。
③④ 《鄂豫皖特委曾中生给中央的报告》（1931年2月10日），湖北省档案馆藏。

重大变化。1931年1月，中国共产党六届四中全会召开，王明"左"倾路线①开始统治中央。随即，"左"倾路线迅速推行到各革命根据地，给革命根据地造成严重危害。与此同时，国民党在平息了内部派别争斗和全国性抗日救亡运动后，集中精力对革命根据地实施更大规模的"围剿"。就在这双重因素的作用下，鄂豫皖、湘鄂西、鄂东南革命根据地的反第四、第五次"围剿"先后于1932年10月和1934年5月失败。各主力红军被迫撤离革命根据地，留下的部分红军在极端艰难的条件下坚持开展游击战争。

一、"左"倾路线的全面贯彻

中国共产党六届四中全会后，中共中央开始有系统、有组织地向各地派遣中央代表和设立中央代表机关，以贯彻六届四中全会路线。

---

① 王明"左"倾路线即第二次国内革命战争时期，中国共产党内以王明为代表，以教条主义、冒险主义为特征的错误路线。王明（1904—1974），原名陈绍禹，安徽六安人。早年参加学生运动和工人运动。1925年10月加入中国共产党，11月被派往莫斯科中山大学学习，得到该校副校长米夫赏识。1929年4月回国，先后在《红旗》报编辑部、中共中央宣传部、全国总工会等部门工作。1930年年底以批立三路线，提出比立三路线更"左"的政治纲领，撰写系统阐发其政治纲领的《为中共更加布尔什维克化而斗争》的小册子。1931年1月中共六届四中全会上，在苏联和共产国际代表米夫的支持下，当选中央政治局委员，旋补入中央政治局常委，取得中央领导权。6月，代理中共中央总书记，推行"左"倾路线。9月，中央机关遭破坏，随米夫到苏联，任中共驻共产国际代表，仍通过临时中央总书记博古继续推行"左"倾路线。1937年抗日战争开始后，回国任中共中央长江局书记，提出右倾主张。1941年因病长期休息。在延安整风运动中受到批评，仍担任中共第七、第八届中央委员会委员。新中国成立后，任政务院政法委员会副主任。1956年去苏联就医。1974年3月在莫斯科病逝。王明"左"倾路线的特征为教条主义、冒险主义。在政治上，混淆民主革命和社会主义革命的界线，主张民主革命和社会主义革命同时进行；夸大国民党统治的危机和革命主观力量的发展，主张进攻路线；坚持城市中心，要求红军占领大城市，以实现一省数省首先胜利。在组织上，实行宗派主义和惩办主义，对不同意其主张的人，进行残酷斗争、无情打击。在军事上，主张和强调红军"正规化"、"正规战"和全线出击。王明"左"倾路线给中国共产党造成了严重危害。

3月初,夏曦①作为中共中央代表进入湘鄂西革命根据地。27日,宣布建立中共湘鄂西中央分局,夏曦任书记。4月15日,夏曦主持召开的湘鄂西特委会议作出了《湘鄂西特委接受四中全会决议的决议》。接着,中共湘鄂西中央分局于1932年1月召开了湘鄂西省第四次党代表会,把中共六届四中全会和湘鄂西特委会议的精神贯彻到代表会议的各项决议之中。

与此同期,1931年4月,张国焘②作为中共中央代表进入鄂豫皖革命根据地。5月12日,撤销鄂豫皖边特委,成立中共鄂豫皖中央分局,

---

① 夏曦(1901—1936),字蔓伯。湖南益阳人。早年参加新民学会和俄罗斯研究会。1921年加入中国共产党。同年赴苏联参加共产国际召开的远东各国共产党及民族革命团体第一次代表大会。1923年后,历任中共湖南区委委员、中国国民党候补中央执行委员、中共湖南省委书记。中共五大当选为中央委员。参加"八一"南昌起义。后赴莫斯科大学学习。1930年回国任中共江苏省常委兼宣传部部长。1931年3月被派往湘鄂西革命根据地,任中共湘鄂西中央分局书记。执行"左"倾路线,开展错误的"肃反"。后任红6军团政治部主任、湘鄂川黔省军分会委员和革命委员会副主席。随后参加长征,于1936年2月在贵州牺牲。

② 张国焘(1897—1979),字恺荫。江西萍乡人。1916年入北京大学读书,投身五四运动,参加共产党早期组织。1921年7月出席中国共产党第一次全国代表大会,被选为中央局成员。1923年领导组织京汉铁路工人大罢工。1926年,任中共湖北区委书记。1928年赴苏联参加中共六大,当选为中央政治局委员。1931年年初回国,中共六届四中全会后任中央政治局常委。4月,被派往鄂豫皖革命根据地,任中共鄂豫皖中央分局主席兼军事委员会主席。11月,当选为中华苏维埃共和国临时中央政府副主席。在鄂豫皖革命根据地期间,执行"左"倾路线,开展错误的"肃反"。1932年10月,撤离鄂豫皖革命根据地,随后开辟川陕革命根据地。1935年4月,放弃川陕革命根据地参加长征。6月,红一、四方面军懋功会师,任红军总政委、中国革命军事委员会副主席。反对中央北上的方针,10月率部南下川康,在卓木碉另立"中央"。1936年6月被迫取消,随红二、四方面军北上,10月到达陕北革命根据地。1937年3月,在中央政治局扩大会上受到批判。9月,任陕甘宁边区政府副主席、代主席。1938年4月,乘祭黄帝陵之机逃出陕甘宁边区,委身于国民党。4月18日被开除党籍。抗日战争胜利后,一度任职于国民政府善后救济总署。1948年6月,在上海创办《创进周刊》。同年11月去台湾,之后移居香港、多伦多等地。1979年去世于多伦多。著有《我的回忆》。

张国焘任书记。同时，改组了鄂豫皖特区军事委员会，张国焘兼任主席。6月28—30日，中共鄂豫皖中央分局召开第一次扩大会议，会议通过了《政治决议案》、《中共鄂豫皖中央分局第一次扩大会议的总结》等文件，接受了中共六届四中全会的决议和主张。紧接着，在中共鄂豫皖中央分局指导下，于1931年7月1日召开了鄂豫皖区第二次苏维埃代表大会，把中央分局第一次扩大会议的精神贯彻到政府部门的各种决议案中。

此外，中共中央还于1932年3月中旬派出以林瑞笙①为首的中央代表团进入湘鄂赣革命根据地，使中共六届四中全会的"左"倾路线贯彻到鄂东南革命根据地。

在贯彻"左"倾路线过程中，鄂豫皖、湘鄂西以及鄂东南革命根据地分别制定和实施了以下"左"的政策和措施。

首先，接受和确定了"左"的进攻策略。

根据中共六届四中全会决议精神和1932年1月9日中共中央作出的《中共中央关于争取革命在一省与数省首先胜利的决议》，1932年1月22—30日召开的湘鄂西省第四次党代表大会通过的《政治任务决议案》认为，"国内阶级力量的对比，已经转变到有利于工农方面了"，"现在革命形势的特征……是扩大苏区，将零碎苏区联系成整个的苏区"。湘鄂西革命根据地发展的方向是"向着汉水流域发展，首先与鄂豫皖及鄂北苏区打成一片，以汇合成长江北岸苏维埃运动的中心"，"与湘鄂赣打成一片，以造成包围武汉、长（沙）、岳（阳）的形势"。而中共鄂豫皖省委于1932年2月17日通过的《关于目前形势和党的紧急任务的决议》认

---

① 林瑞笙（1908—1935），字焕然。江西萍乡人。早年参加学生运动和安源工人运动。1925年加入中国共产党。1926年被派赴莫斯科中山大学学习。1930年回国后，在中央革命根据地做党的组织工作。1931年年初，被派往湘赣革命根据地。1932年3月，派往湘鄂赣革命根据地主持工作，任湘鄂赣省委书记兼省军区政委，执行"左"倾路线。革命根据地反第五次"围剿"失败后，转入湘赣革命根据地。1935年2月，代理湘赣省军区司令员。红军主力北上后，留守革命根据地开展游击战争。同年3月，在江西萍乡被敌包围，为拥护其他同志撤退，负伤后毁坏武器跳崖牺牲。时年27岁。

为,"全国革命形势已进到成熟的前夜","国民党由于进攻苏区与红军的失败,已经成为帝国主义所斥逐的走狗,……从此在进攻苏区与红军的战场上主要的火线将由帝国主义者所直接担负,而国民党……只担任偏师的职务"。鄂豫皖革命根据地的任务就是"采取坚决进攻的策略……消除苏区向南方发展的障碍,夺取武汉门户,与湘鄂西取得联系,造成红军在长江边与京汉路沿线行动自如与苏区包围武汉的形势。……准备与帝国主义直接战争和准备夺取武汉,完成一省数省首先胜利"。随后,1932年9月1—15日湘鄂赣省第二次党员代表大会通过的《政治决议案》也认定,中国革命的时机更加成熟,湘鄂赣革命根据地的任务就是猛烈向东南发展,建立新革命根据地,夺取大城市,与湘赣革命根据地打成一片,实现一省数省的首先胜利。

各革命根据地"左"的进攻策略的确定,完全脱离了阶级力量对比的客观事实,成为革命根据地制定和实施"左"的经济、军事政策的政治依据。

第二,实行了一系列"左"的土地政策和经济政策。

根据王明"坚决打击富农","使富农得到较坏的土地"① 的主张和中共六届四中全会相应的精神,中共湘鄂西中央分局在1931年5月14日制定的《土地问题及反富农斗争的决议案》中规定,没收富农的一切生产工具和生活资料,"另给富农以坏的土地",并把一切税收落在富农和资本家身上,完全免除雇农、贫农及城市贫民的负担。在中共鄂豫皖中央分局指导下于1931年7月1日召开的鄂豫皖区第二次苏维埃代表大会重申,"重新彻底分配土地","地主不分田","富农分坏田"。并规定"实行不抽工人农民一个钱的统一累进税,把苏维埃政府的用费,完全要资产阶级去负担"。7月14日,中共鄂豫皖中央分局发出通告第七号,专门就反对富农问题作出决定,明令"富农土地亦应没收","富农

---

① 陈绍禹:《为中共更加布尔什维克化而斗争》(1932年1月),中央档案馆编:《中共中央文件选集》第7册,中共中央党校出版社1983年版,第120页。

多余的牛和耕具、房子可以没收","可分得较坏的'劳动份地'"①。

在上述土地和税收问题上过"左"政策的指导下,革命根据地很多地方对待地主富农的政策越来越过火,进而把富裕中农划为富农,造成土地及其他生产资料的反复分割。而革命根据地的税收则因"不抽工人农民一个钱"、"完全要资产阶级去负担"而急剧减少,从而增加了恢复和发展经济的困难。同时,又扩大了打击面,增加了政治上不稳定的因素。

第三,实行了错误的"肃反"运动。

本来,清除革命队伍内部的反革命是中国共产党组织建设的一个正常环节和措施。但是,贯彻"左"倾路线的中共鄂豫皖中央分局、中共湘鄂西中央分局和中共湘鄂赣省委,却是借用"肃反"这一措施,推行宗派主义的干部政策,把在政策和策略上与之有分歧的干部,在思想上对"左"倾路线有抵触情绪的同志,统统视为"改组派"②、"第三党"③、"AB团"④分子予以逮捕,直至杀害。

在鄂豫皖革命根据地,仅从1931年9月中旬到12月中旬的"将近3个月的'肃反',肃掉了2 500名以上的红军指战员"⑤。在被杀害的红军干部中,军级17人,师级35人,团级44人。其中有:鄂豫皖军委副主席郑行瑞,鄂豫皖军委政治部主任王培吾,鄂豫皖军委参谋主任李荣桂,红4军政委曾中生,红10师参谋主任柯柏元,红11师师长周维炯,红11师政委姜镜堂,红12师师长许继慎,红12师政委庞永俊,红12

---

① 《鄂豫皖中央分局通告第七号——反富农问题》(1931年7月14日),湖北省档案馆藏。
② 改组派,全称中国国民党改组派。1928年冬在上海组建。主张恢复1924年国民党改组精神,改组南京国民政府。该组织实际上是汪精卫、陈公博等与蒋介石争权夺利的国民党内部的政治派别。1931年年初解散。
③ 第三党,中国国民党临时行动委员会的别称。1930年8月在上海成立。该党反对蒋介石控制的国民党,同时也不赞成中国共产党的政策。1935年11月更名为中华民族解放行动委员会。1947年2月再更名为中国农工民主党。
④ AB团,AB是英文Anti-Bolshevik的简写,意即反布尔什维克。第二次国内革命战争时期国民党潜伏在革命根据地的反革命组织。
⑤ 徐向前:《历史的回顾》,解放军出版社1984年版,第152页。

师政治部主任熊受暄，红 13 师政委陈奇、曹学楷，红 17 师政委戴克敏，中央独立第 1 师师长徐百川，红 10 师政治部主任吴叔衣、梅光荣，皖西独立旅旅长廖其业，红 28 团政委罗炳刚，红 29 团团长查子清、政委李溪石，红 32 团政委江子英，红 33 团团长黄刚、王长先，红 38 团政委任难，等等。

在湘鄂西革命根据地，从 1932 年 5 月开始，先后进行了 4 次大规模"肃反"，"前后逮捕 3 000 多人"①，且大多被杀害。其中有：湘鄂西省委常委、湘鄂西省军委主席团委员万涛，湘鄂西省委委员、湘鄂边特委书记周小康，省委委员、分局巡视员尉士筠，湘鄂西省委委员、沔阳县委书记冯纯，湘鄂西省委委员刘腊喜，湘鄂西省候补委员蓝育才，湘鄂西省委候补委员、宜昌特委书记张宗理，湘鄂西省委监察委员、省苏维埃政府副主席刘革非，湘鄂西省委委员、省苏维埃政府党团书记彭之玉，湘鄂西省委巡视员潘家辰，湘鄂西省工会党团书记张昆弟，湘鄂西银行行长戴补天，湘鄂西省保卫局副局长彭国才，湘鄂西省苏维埃财政部部长王恩平，湘鄂西省苏维埃经济部部长许栩，红 3 军参谋长孙德清、汤慕禹，红 3 军政治部主任柳克明，红 7 师师长王一鸣，红 7 师参谋长赵奇、周荣光、叶光吉，红 7 师政委盛联均，红 8 师师长段玉林，红 8 师参谋长胡慎己，红 8 师政治部主任戴君实、周子服，红 9 师师长段德昌，红 9 师参谋长张应南、胡悌、王炳南，红 9 师政治部主任刘鸣先、吴凤卿，教导 2 师政委涂美中等。

鄂东南革命根据地的"肃反"，是整个湘鄂赣革命根据地"肃反"运动的组成部分。据统计，在 1932 年 3 月以前，湘鄂赣革命根据地"被处决的人先后达五千多名。其中，鄂东不下三千，修水和红 16 军不下五百，平浏铜宜不下两千"②。1932 年 3 月湘鄂赣省委第一届第三次执委扩

---

① 《湘鄂西中央分局来件》（1934 年 3 月 17 日），湖北省档案馆藏。
② 湖南省社会科学院、武汉师范学院历史系、宜春地区史料征集办编：《湘鄂赣苏区史稿》，湖南人民出版社 1982 年版，第 205 页。

大会议召开后，被逮捕、处决者又达"一千一百余人"①。其中有：湘鄂赣省苏维埃政府主席赖汝樵，省反帝大同盟主任张警吾，省互济会副主任胡筠，红16军政治部主任吴天骥，红16军组织部部长刘英杰，红16军9师政委李幼军，红16军团政委汤钊，红3师政委叶金波，万载县委书记何曾益，铜鼓县委书记王楚来，平江县委书记王直，浏阳县委书记左之前，蒲圻县委书记高飞，阳新县委书记罗冠国等。

错误的"肃反"，致使革命根据地大批党、政、军干部，尤其是高级干部遭到错杀，"造成了党内极可痛心的损失"②，严重削弱了革命根据地党和红军的战斗力，破坏了革命根据地党的组织原则和组织基础，使中国共产党的干部政策、组织原则遭到最严重的践踏。错误的"肃反"，还严重地损害了中国共产党在人民群众中的威望和形象，挫伤了党员群众和红军将士的革命热情和斗争精神。

"左"倾路线在革命根据地的贯彻，成为革命根据地日后在军事上反"围剿"战争失败的"一个主要原因"③。

二、革命根据地的大部丧失

就在革命根据地全面贯彻"左"倾路线，造成致命内伤时，国民党平息了内部派别争斗和全国性抗日救亡运动，集中精力对革命根据地发动更大规模的"围剿"。

1932年6月18日，国民政府军事委员会在庐山召开鄂、豫、皖、湘、赣五省"剿共"会议，确定第四次"围剿"革命根据地的计划。议决先集中兵力"围剿"鄂豫皖和湘鄂西革命根据地，而后全力"围剿"

---

① 湖南省社会科学院、武汉师范学院历史系、宜春地区史料征集办编：《湘鄂赣苏区史稿》，湖南人民出版社1982年版，第207页。
② 《关于若干历史问题的决议》（1945年4月20日），《毛泽东选集》第3卷，人民出版社1991年版，第987页。
③ 《郑位三谈话记录》（1959年4月7日），转引自《鄂豫皖革命根据地斗争史简编》，第219页。

中央革命根据地。6月23日,国民政府军事委员会决定设"鄂豫皖三省剿匪总司令部"于汉口。6月29日,蒋介石到达武汉,兼任"豫鄂皖三省剿匪总司令部"总司令,亲自部署、指挥对鄂豫皖和湘鄂西革命根据地的第四次"围剿"。随即,组成左、中、右三路"围剿"大军。其中,左路军担任对湘鄂西革命根据地的"围剿",兵力10余万人,由武汉"绥靖"主任何成濬指挥。中、右路两军共同担任对鄂豫皖革命根据地的"围剿",兵力约30万人,分别由蒋介石和李济深指挥。为配合"围剿",国民政府开始推行"三分军事,七分政治"的策略:即一面大军"进剿",消灭根据地内红军;一面重划"清乡"区域,设立新的地方行政组织,加强地主武装,推行"连保"、"连坐法",以配合军事"进剿",铲除红军赖以生存的条件。

面对国民党新的"围剿",革命根据地并不是没有打破"围剿"的可能。这是因为:第一,革命根据地第三次反"围剿"战争后,枪弹充足,作战经验更为丰富,且士气正旺,战斗力增强。第二,各革命根据地或连成一片或有所扩大,红军作战有了更大的回旋余地和更多的群众支援。第三,革命根据地的各项建设取得了显著成绩,有比过去更好的物质基础。但是,革命根据地没有利用这些有利条件作应有的反"围剿"战争的准备,而是坚决地执行"左"倾进攻路线和策略。

在鄂豫皖革命根据地,1931年7月初,中共鄂豫皖中央分局轻率地决定红4军南下,开拓南部工作,要求"攻下麻城,攻下宋埠、黄陂,打到武汉去"①。在湘鄂西革命根据地,中共湘鄂西中央分局命令红3军向北发展,扩大襄北根据地。结果,使革命根据地失去准备和组织反"围剿"战争的宝贵时机。

正当鄂豫皖革命根据地红四方面军主力南下在麻城地区作战时,分布在革命根据地周围的国民党军队开始紧缩包围圈。7月12日,霍丘县城陷落,红25军遭受重大伤亡。8月初,国民党军队分别从东线、北

---

① 徐向前:《历史的回顾》(上),解放军出版社1984年版,第195页。

线、西线发起进攻,并逐步迫近鄂豫皖革命根据地中心区域。8月7日,国民党军队对革命根据地发动"总攻",迫使红四方面军主力不得不撤出对麻城的围城作战,转向黄安地区。但国民党军队这时已相继进入黄安地区,红四方面军又只得放弃黄安县城而转战七里坪。旋即,与国民党军激战七里坪。由于没有集中优势兵力大量歼灭敌军有生力量,七里坪之战未能从根本上扭转整个战局。

随后,红四方面军向新集以北的胡山寨转移,西面国民党军各部相继赶达,红四方面军被迫与敌激战胡山寨。战事未息,北面和南面的国民党军已步步向红四方面军后侧逼近,逐步形成对红四方面军的合围之势。鉴此,红四方面军主力偕同中共鄂豫皖中央分局、中共鄂豫皖省委以及鄂豫皖省苏维埃政府等党政机关撤出新集,向皖西金家寨转移。9月9日,鄂豫皖革命根据地首府新集陷入国民党军之手。14日,豫东南重镇商城也告失。

红四方面军进入皖西后,又遭皖西国民党军和尾追红四方面军的国民党军的东西两面夹击。为此,红四方面军只得经英山返回黄麻地区,到达黄柴畈。黄柴畈仅为方圆几十里的弹丸之地,且国民党军又部署了"进剿"黄柴畈的军事。在此危急时刻,中共鄂豫皖中央分局和红四方面军总部于10月10日召开紧急会议,决定红军主力跳到鄂豫皖革命根据地之外,待机返回。

根据黄柴畈紧急会议决定,红四方面军总部遂于10月12日率红10师、红11师、红12师和红73师及少共国际团共13个团,加上总部直属各单位共约2万人,穿越广水以南至卫家店以北之间的平汉铁路,向西撤离。

随着红四方面军主力撤离,鄂豫皖革命根据地大部丧失。

在鄂豫皖革命根据地第四次反"围剿"战争失败之际,湘鄂西革命根据地的第四次反"围剿"战争也告失败。

1932年7月14日,"围剿"湘鄂西革命根据地的国民党军分兵三路,自东北向西南齐头并进,试图先襄北、后洪湖、再湘鄂边,一步步占领整个湘鄂西革命根据地。

7月24日,国民党军占领潜江,在襄北寻找红军主力决战。7月底,红3军被迫向襄南转移,国民党军跟踪尾追。红3军再退至洪湖地区。随着红3军退往洪湖地区,钟祥、京山、天门、沙洋间的革命根据地基本上落入敌手。而国民党军占领上述地区后,即直逼洪湖中心区。在优势敌军围攻面前,中共湘鄂西中央分局命令红3军"加强修建工事,加强守备工作","不让敌人蹂躏一寸土地"①。同时要求地方党组织和政府带领地方武装坚守市镇。

8月11日,国民党军分头推进,全力围攻洪湖中心区。此时此刻,中共湘鄂西中央分局却为获取粮食和物资,命令红3军进攻沙市、江陵和草市。结果,不仅"借粮"目的没达到,反使红3军遭到重大损失。随即,红3军决定分兵,所辖红7师退守洪湖地区,而红8、红9师转赴襄北。红7师退往洪湖后,孤军与敌作战,在敌重兵压迫下,节节败退。9月3日,中共湘鄂西中央分局暨湘鄂西省苏维埃政府所在地瞿家湾被国民党军占领。这时,中共湘鄂西中央分局又贸然决定已进入襄北的红8、红9师返回洪湖地区。结果,在红8、红9师返回洪湖途中,反复遭受敌军阻击和追击,损失重大且无法返回洪湖地区。鉴此,中共湘鄂西中央分局只得命令红7师退出洪湖地区北上与红8、红9师会合。随即,红7师偕同中共湘鄂西省委和省苏维埃政府负责人分头突围,一部到大洪山一带,一部辗转至远安,一部进入洞庭湖地区。至此,洪湖革命根据地告失。

在洪湖革命根据地丧失前后,湘鄂边和鄂北革命根据地也相继丧失。这样,作为整块的湘鄂西革命根据地即丧失殆尽。

就在鄂豫皖、湘鄂西革命根据地相继丧失后一年,作为湘鄂赣革命根据地一部分的鄂东南革命根据地,也在国民党第五次"围剿"中丧失。

1933年10月,国民党调集100万军队对中央革命根据地发动了第

---

① 《湘鄂西中央分局报告》(1934年9月15日),湖北省档案馆藏。

五次"围剿"。为了配合对中央革命根据地的"围剿",国民党军调集两个纵队"围剿"湘鄂赣革命根据地,其中,由陈继承指挥的第 3 纵队全力围攻鄂东南革命根据地。

11 月,中共鄂东北道委在通山县石门召开执委扩大会议,部署鄂东南革命根据地的第五次反"围剿"战争。会议决定把红 3 师和地方武装集中起来,攻打阳新驻敌,恢复龙港、燕厦、木石港等革命根据地,然后向瑞昌、武宁方向发展,配合中央革命根据地反"围剿"战争。不久,原在赣西的红 16 师的一部进入鄂东南,两部遂决定进攻通山、燕厦。但是,由于配合失误,燕厦战役失利,红 3 师遭受严重损失。

燕厦战役失利后,红 3 师即行休整补充。不久,中共鄂东南道委再次决定红 3 师进攻阳新之木石港,然后直逼龙港,进取武宁、瑞昌。由于准备充分,指挥得当,木石港战役获得胜利,恢复了木石港周围地区。但是,由于此时红 3 师负责人举棋不定,既不乘胜追击逃敌,也不转移至武宁、瑞昌一带游击,而是在木石港休息了 7 天,给了国民党军喘息之机。国民党军利用这段时间,集结兵力于阳新县紫金山一带,布置伏击阵地。果然,当红 3 师于 1934 年 2 月自木石港经大冶向黄沙转移之际,在紫金山附近的王文驿一带陷入国民党军的伏击圈,红 3 师仓促应战,全师损失 2/3 兵力,余部 1 000 余人被迫转移到通山九宫山,鄂东南革命根据地大部丧失。

三、红军游击战争的坚持

主力红军撤离和革命根据地大部丧失后,留在革命根据地的部分红军在极其困难的条件下,分别在鄂豫皖边、湘鄂边和鄂东南进行了长达 5 年之久的艰苦卓绝的游击战争。

红四方面军主力撤离后,留在鄂豫皖边区的红军仅剩红 25 军所属的 5 个团 1 个营,约 5 000 人。革命根据地只剩下黄安的紫云、七里、仙居三个区的部分边沿地带,麻城的顺河、乘马两个区,光山的东区和六安的金家寨等,只相当于革命根据地全盛时期面积的 1/6。党政机构则只剩下被国民党军堵截下来的中共鄂豫皖省委主要成员和各级苏维埃政府部分干部。而此时，留在鄂豫皖边区继续"围剿"的国民党军队还有15个师3个旅，加上地方民团，共约20万兵力。

面对严峻的形势，中共鄂豫皖省委主要成员于1932年11月12日主持召开扩大会议，决定扩大红军，开展游击战争，逐步恢复鄂豫皖革命根据地，迎接红四方面军主力返回。29日，中共鄂豫皖省委召开最高军事干部会议，决定重建红25军，议决即使红四方面军主力不返回革命根据地，也应当依靠现有力量恢复革命根据地。次日，红25军在黄安檀树岗重建，军长吴焕先，政委王平章，下辖第74、第75两个师。12月30日，中共鄂豫皖省委再度召开会议，进一步明确了独立坚持斗争的思想，并决定组建红28军，恢复皖西北革命根据地。1933年1月上旬，红28军在麻城大畈（今属新县）组成，军长廖荣坤，政委王平章。

中共鄂豫皖省委关于独立坚持鄂豫皖边区斗争的决定，以及红25军的重建和红28军的组建，初步结束了红四方面军主力撤离革命根据地后的混乱局面。

红25军重建和红28军组建后，即相互呼应、配合，经过几个月的战斗，打破了国民党军继续"围剿"的计划，部分恢复了区、乡政权，初步稳定了鄂东北中心区，重新打开了皖西北地区的斗争局面。

然而，就在鄂豫皖边区形势初步好转之际，中共鄂豫皖省委主要领导人的"左"倾思想又重新抬头，号召军民"趁热打铁的起来"，"一定要夺回七里坪、新集、红安等中心城市"，"恢复整个苏区"[1]。"拿鄂豫皖根据地积极反攻和反攻胜利来牵制敌人的兵力，帮助中央根据地"[2]。于是，从4月中旬开始，红25军全力围攻七里坪。由于红25军不具备攻击坚固设防据点的经验，缺乏围城打援的力量，加上武器装备的简陋，导致七里坪久攻不下，红25军被迫于6月13日撤离阵地。

---

[1]《鄂东北通讯》（1933年3月7日），湖北省档案馆藏。
[2]《中共鄂豫皖省委通告第一〇六号》（1933年4月14日），湖北省档案馆藏。

围攻七里坪战斗的失利，不仅极大地消耗了红25军的元气，而且暴露了红军的实力和活动区域，遭到国民党军新的"围剿"。

7月，国民党军调集10余万人的兵力，对鄂东北红军活动中心区域发动第五次"围剿"。其中，以8个师兵力合围红25军。红25军虽经英勇奋战，毙伤部分敌军，但因长期病饿交加，疲惫不堪，没有力量击退敌军的围攻，被迫撤出鄂东北，转战皖西北。敌军紧追不舍，从四面向皖西北地区进攻，合围红25军。9月26日，中共鄂豫皖省委决定红25军再返鄂东北。9月29日，红25军向鄂东北转进，但在跨越黄麻公路时，被国民党军拦腰截断，一部到达鄂东北，一部被阻于路东退回皖西北。返回鄂东北的部队随即进入天台山、老君山周围开展游击战争。退回皖西北的部队汇入红28军，坚持皖西北地区游击战争。

1934年4月10日，中共鄂豫皖省委决定红25军和红28军会合。于是，红25军向皖西北移动，红28军则向鄂东北移动，4月16日，两军在商城县豹迹岩会合。两军会合后，红28军编入红25军，军长徐海东，政委吴焕先。

两军合编后，恢复了一些游击区。但是，鄂豫皖边区的整个形势仍然十分严峻，且短期内难以根本改变。因此，红25军是坚持原地活动，还是转移其他地方，是一个亟待解决的问题。恰逢此时，程子华携带中共中央文件和指示于11月到达鄂东北。同时，中共中央分别于7月26日和29日发出的《关于组织抗日先遣队的通知》和《致鄂豫皖省委训令》等文件也到达中共鄂豫皖省委。11月11日，中共鄂豫皖省委举行常委会议，会议根据中共中央精神和鄂豫皖边斗争的实际情况，决定红25军进行战略转移。会后，红25军进行了改编，程子华任军长，全军2 980余人。11月16日，红25军在中共鄂豫皖省委率领下，以"中国工农红军北上抗日第二先遣队"的名义，向鄂豫陕边转移，开始了西进长征。

红25军西进后，留下来的地方党组织和一部分红军部队的处境更加艰苦。1934年11月17日，中共鄂东北道委在罗山县金竹林召开会议，决定调整党的组织，组织地方武装和便衣队，安排红 25 军留下来的伤病员。1935 年 2 月，按照中共鄂豫皖省委指示，重建红 28 军，未设军长，高敬亭任军政委，下辖第 82 师和直属手枪团，共 1 000 余人。

红 28 军重建后，即与数十倍于己的国民党军周旋，转战鄂东北、豫东南、皖西北。在 1935 年的一年时间里，先后打破了国民党军自 2 月开始的"驻剿"，自 4 月下旬开始的"清剿"和秋天开始的"冬季攻势"。1936 年以后，红 28 军开始以营为单位分散游击，由在敌人包围圈内兜圈子改变为跳出包围圈，在包围圈外袭击敌人，活动范围达数十县，致使大别山的革命火种始终未灭，革命旗帜始终不倒。

在鄂豫皖边区的中共党组织和红军为恢复革命根据地艰苦斗争的同时，湘鄂西边区的中共党组织和红军也为恢复革命根据地艰苦转战湘鄂边。

湘鄂西革命根据地的中心区域洪湖革命根据地丧失后，红 3 军即到达鄂北大、小洪山一带，力图向鄂豫皖革命根据地的红四方面军靠拢。不久，发现红四方面军布告，得知红四方面军已经离开鄂豫皖革命根据地，红 3 军遂调整行动计划，向湘鄂边转移。经两个半月 7 000 里的转战，红 3 军终于 1932 年 12 月下旬进入巴东、建始、鹤峰边界地区。12 月 30 日，红 3 军攻占鹤峰县城，恢复了中共鹤峰县委和县苏维埃政府。随即，一直坚持在桑鹤边割耳台游击的贺英游击队赶达，与红 3 军会合，初步稳定了湘鄂边革命根据地的局势。

1933 年 1 月中旬，红 3 军一度占领桑植县城。2 月中旬，红 3 军偕中共湘鄂西中央分局向建始、巴东、恩施、宣恩和鹤峰边界地区转移，开始在这一地区游击。到 1933 年 6 月，湘鄂边革命根据地拥有鹤峰、宣恩、恩施、建始、巴东、长阳等县的 20 多个区 100 多个乡，近 10 万人口。其范围，除湘西方面外，已大部恢复到 1930 年湘鄂边全盛时期的规模。

然而，就在湘鄂边形势刚刚好转和稳定之际，中共湘鄂西中央分局主要领导人又决意解散党团组织，取消省苏维埃政府，并再度进行"肃反"，从而使有望进一步恢复、发展的革命力量再度遭到削弱。

6月初，国民党"湘鄂边剿匪总司令部"调集驻地军队和保安团对湘鄂边革命根据地发动围攻。7月中旬，红3军和各县区游击队被压缩到方圆仅数十里的麻水一带，形势十分危急。7月下旬，中共湘鄂西中央分局决定红3军分兵游击，一部往恩施、咸丰、利川开辟新区，一部留鹤峰坚持斗争。

由于兵力分散，在国民党军优势兵力围攻下，红3军既没能开辟出新区，也没能保持住湘鄂边老区。12月，中共湘鄂西中央分局决定放弃恢复湘鄂边根据地，另创湘鄂川黔新区。随后，中共湘鄂西中央分局偕同红3军向湘鄂川黔边界转移。至此，恢复湘鄂西革命根据地的努力失败。

在鄂东北的红28军开展游击战争的同时，鄂东南的红3师也坚持着游击战争。

鄂东南红3师兵败王文驿退守九宫山后不久，中共鄂东南道委机关也在叛徒带领地主武装的进攻下于1934年9月遭严重破坏，鄂东南形势十分危急。于是，中共湘鄂赣省委立即抽调干部到鄂东南收集武装。11月，中共湘鄂赣省委将在鄂东南地区收集起来的红3师余部与省军区独立营在通山县冷水坪合编为红16师，取消红3师建制。

红16师恢复后，便不断转战于鄂东南、湘东各地，开展游击战争，先后挫败国民党军的"清剿"、"进剿"、"驻剿"。到1936年年底，九宫山、冷水坪等小块游击区仍然掌握在红16师手中。

鄂豫皖边、湘鄂边和鄂东南长达5年之久的游击战争的坚持，充分表现出湖北地区中共党组织和红军坚定的革命信念和不屈不挠的斗争精神，是第二次国内革命战争后期中国共产党领导的整个南方游击战争的重要组成部分。游击战争保留下来的红军，是中国共产党和中国革命的宝贵财富，成为抗日战争时期中国共产党领导的抗日部队新四军第4支队的重要来源。游击战争保存下来的鄂豫皖边游击根据地，则成为抗日战争时期中国共产党开辟的鄂豫边抗日根据地的中心地区。湖北地区长达5年之久的红军游击战争是农村革命根据地史的重要篇章！

第七章　抗战的武汉时期①

第一节　抗战中心的骤然形成

　　1937年7月，全国抗战实现。11月20日，国民政府公告迁都重庆。但由于战局变化的需要和武汉所具有的重要战略地位，国民政府军政机关多留驻武汉。在此后近一年的时间里，一系列关系国家和民族命运的政治活动在这里进行，全国抗战的军事大本营在这里奠定，江海沿岸内迁的工业在这里中转，抗战的文化在这里张扬，武汉，骤然成为全国抗战的中心和"战时首都"。

一、抗战的政治中心

　　1937年7月7日，日本发动卢沟桥事变，开始了全面侵华战争。7月17日，蒋介石在庐山发表演说，表示准备"全面应战"②。7月28日，

---

① 在中国近现代，武汉曾几度闪耀最耀眼的政治光芒。1938年10月10日周恩来在《辛亥、北伐与抗战》一文中便指出："武汉是中华民国的诞生地，是大革命北伐时代的最高峰，现在又是全中华民族抗战的中心。"（《新华日报》1938年10月10日第1版）随后，又在1945年4月30日中共七大所作的《论统一战线》的报告中，把"大革命后期"、"大革命末期"称为"第一个武汉时期"；把"抗战初期"、"一九三八年"称为"第二个武汉时期"，并明确使用了"抗战的武汉时期"（《周恩来选集》上卷，人民出版社1980年版，第215页）的概念。本书即借用了"抗战的武汉时期"这一表述作为第七章的标题。抗战的武汉时期是指1937年12月13日南京失守到1938年10月25日武汉弃守这一时段，以武汉为中心的全国抗战时期。

② 《蒋介石对卢沟桥事变之严正声明》（1937年7月17日），章伯锋、庄建平主编：《中国近代史资料丛刊·抗日战争》第三卷·政治（上），四川大学出版社1997年版，第15页。

日军进攻北平、天津，中国守军为保卫平津与日军激战。29、30 日，天津、北平失守。8 月 13 日，日军进攻上海，中国守军奋起抵抗，打响了淞沪会战。14 日，国民政府外交部受权发表《国民政府自卫抗战声明书》，向全世界声明："中国为日本无止境之侵略所逼迫，兹已不得不实行自卫，抵抗暴力。"① 11 月 11 日，淞沪会战历时 3 个月后上海失守。12 月 1 日，日本华中方面军分兵三路，直扑距上海直线距离仅 260 公里的国民政府首府南京。值此时刻，国民政府于 1937 年 11 月 20 日发表《国民政府移驻重庆宣言》，宣布："迩者，暴日更肆贪黩，分兵西进，逼我首都。察其用意，无非欲挟其暴力要我为城下之盟。……国民政府兹为适应战况、统筹全局长期抗战起见，本日移驻重庆。"② 由于对日作战的需要，以及武汉所具有的战略地位，国民政府军政机关并未立刻迁往重庆，而是留驻武汉。

　　还在《国民政府移驻重庆宣言》发布之前，国民政府主席林森即于 11 月 16 日率千余名中央政府官员和眷属西迁（26 日抵达重庆）。国民政府的中央银行、中国银行、交通银行、中国农民银行也已由上海迁至武汉。随着《国民政府移驻重庆宣言》发布迁都行动正式启动后，国民党中央党部，国民政府内政部、经济委员会、侨务委员会、建设委员会、邮政储金总局等相继移驻武汉办公。至南京失守前夕，国民政府司法部、监察部、行政院、军政部、经济部、交通部、教育部、卫生部也纷纷撤至武汉。国民党和国民政府要员蒋介石、汪精卫、孔祥熙、冯玉祥、于右任、张群、何应钦、邵力子、居正、陈立夫、王宠惠、董显光、翁文灏等先后莅汉。同时，中国共产党代表团、中国青年党中央党部、国家

---

① 《国民政府自卫抗战声明书》（1937 年 8 月 14 日），章伯锋、庄建平主编：《中国近代史资料丛刊·抗日战争》第三卷·政治（上），四川大学出版社 1997 年版，第 19 页。

② 《国民政府移驻重庆宣言》（1938 年 11 月 20 日），章伯锋、庄建平主编：《中国近代史资料丛刊·抗日战争》第三卷·政治（上），四川大学出版社 1997 年版，第 27 页。

社会党中央党部以及全国救国联合会、中华民族解放行动委员会、中华职业教育社、乡村建设派的领导人也先后迁驻和抵达武汉。此外，苏联、美国、英国、法国、德国、意大利、比利时、瑞典等国的外交使节也纷至沓来。

国民党中央党部、国民政府多个部委、多个党派机构、多个社会团体等的迁驻，以及大批党政要员乃至外国使节的莅临，使武汉毅然承担起临时首都的职能。在不到一年的时间里，一系列重大政治活动在武汉进行，一系列重要的抗战决策在武汉出台，第二次国共合作最好的岁月在武汉出现。武汉，骤然成为全国抗战的政治中心。

1938年3月29日至4月1日，国民党在武昌珞珈山武汉大学召开临时全国代表大会。大会听取了由丁惟汾宣读的蒋介石的开会词，听取了叶楚伧、汪精卫、何应钦、王宠惠、孔祥熙等人的党务、政治、军事、外交、财政等报告。大会通过了《改进党务并调整党政关系案》、《非常时期经济方案》、《在抗倭战争中必须举国一致，一切建设以军事为中心，以期完成国军建设案》、《组织非常时期国民参政会，以统一国民意志增强抗战力量案》、《中国国民党抗战建国纲领案》等一系列决议案和《中国国民党临时全国代表大会宣言》。

根据《改进党务并调整党政关系案》，大会确立了全党领袖制度，由大会修改党章，选举蒋介石为总裁，汪精卫为副总裁；撤销了党内一切小组织，设立三民主义青年团；改组各省市党部等。根据《中国国民党抗战建国纲领案》，会后立即颁行了《抗战建国纲领》（以下简称《纲领》）。《纲领》共分7个方面32条，其内容涵盖了外交、军事、政治、经济、民众运动、教育等方面。《纲领》确定三民主义为抗战建国最高准绳。外交方面，本独立自主精神，联合世界上同情中国的国家和民族，联合一切反对日本侵略的势力，制止日本侵略。军事方面，加紧军队之政治训练，使全国官兵明了抗战建国之意义；训练全国壮丁，充实民众武力，与正式军队配合作战，在敌后发动游击战争，以破坏及牵制敌人之兵力。政治方面，组织国民参政机关，团结全国力量，集中全国之思考与识见；改善并健全民众之自卫组织，完成地方自治条件，巩固抗战中之政治、社会的基础。经济方面，应以军事为中心，同时注意改善人民生活。实行计划经济，扩大战时生产。推行战时税制，实施物品平价制度。民众运动方面，发动全国民众，组织、充实各职业团体，于不违反三民主义最高原则和法令范围内，保障言论出版集会结社自由。教育方面，推行战时教程，加强科学研究，训练专门人才，满足抗战需要，等等①。大会通过的《中国国民党临时全国代表大会宣言》宣告了抗战的意义、目的。"今日之抗战，其伟大之意义，神圣之任务，亦为中国四千余年历史上所未曾有。""此抗战之目的，在于抵御日本帝国主义之侵略，以救国家民族于垂亡。"强调了"抗战与建国同时并行"。分述了"达此目的"的外交方针和内政方针，号召全国民众"竭其忠诚，服从领导，使此至艰至巨之事业，至崇高至重大之使命，克底于成"②。

中国国民党临时全国代表大会的召开，是抗战初期国内政治生活中的一件大事。会议所制定、通过的一系列决议、宣言，是全国抗战后国民党第一次全面、系统地阐述抗战的主张和施政纲领，尽管存在严重缺陷，但顺应了抗战的需要，因而受到普遍的欢迎和肯定。此外，由于会议的会址是在武汉，使武汉履行了临时首都的职能，添加了武汉在全国抗战中的政治影响。

继中国国民党临时全国代表大会之后，武汉又迎来了国民参政会的召开。

根据中国国民党临时全国代表大会通过的相关决议，1938年4月12日，国民政府公布了《国民参政会组织条例》。该条例说明了设立国

---

① 《中国国民党抗战建国纲领》（1938年4月1日），中国第二历史档案馆编：《中华民国史档案资料汇编》第5辑第2编·政治（1），江苏古籍出版社1998年版，第386～389页。
② 《中国国民党临时全国代表大会宣言》（1938年4月1日），中国第二历史档案馆编：《中华民国史档案资料汇编》第5辑第2编·政治（1），江苏古籍出版社1998年版，第403～404、416页。

民参政会的宗旨和国民参政会的职能,规定了参政员的资格和参政员的数额及其分配原则。6月17日,国民政府公布了国民参政会议长及参政员名单,汪精卫、张伯苓为参政会正副议长,参政员共200名。这批参政员如以党派划分,国民党88名,共产党7名,中国青年党7名,国家社会党7名,社会民主党1名,中华民族解放行动委员会1名,其余为无党派人士;如以地区和团体划分,各省市88名,蒙古、西藏6名,海外侨居6名,文化团体和经济团体100名①。

7月6日至15日,国民参政会一届一次大会在汉口两仪路20号上海大戏院召开。参加开幕式的除162名参政员外,还有军政要人蒋介石、冯玉祥、孔祥熙、张群、居正、于右任、王宠惠、陈立夫、何应钦、陈诚、何键、张嘉璈、翁文灏等以及各国驻华使节、中外记者共千余人,规模盛大,中外瞩目。大会听取了国民参政会议长汪精卫、军事委员会委员长蒋介石的致词,听取了行政院院长、各部部长关于内政、外交、财政、教育、交通等方面的施政报告。随后,大会分设5个审查委员会,分别审查军事及国防、外交及国际事项、内政、财政、教育文化等方面的议案。审查委员会各经9次会议,共审毕议案125件,其中议决案120件②。决议案包括《拥护政府长期抗战国策案》、《调整民众团体以发挥民力案》、《拥护国民政府,实施抗战建国纲领案》、《改善各级行政案》、《在内地建立工矿基础,增加生产,以充实国力案》、《建设内地农业,以促进后方生产,充实抗战力量案》、《改善地方政治机构,加速完成地方自治案》、《请政府加重救济难民之工作案》、《战时各级教育实施方案》等。大会闭会之日推举产生了由25人组成的驻会委员会,发表了《大会宣言》。《大会宣言》宣告:"中华民族必以坚强不屈之意志,动员其一切

---

① 《第一届国民参政会参政员名单》,孟广涵主编:《国民参政会纪实》上卷,重庆出版社1985年版,第66~68页。
② 《第一次大会之筹备及开会经过》,章伯锋、庄建平主编:《中国近代史资料丛刊·抗日战争》第三卷·政治(上),四川大学出版社1997年版,第168~169页。

物力人力，为自卫、为人道，与此穷凶极恶之侵略者，长期抗战，以达到最后胜利之日为止。"①

尽管国民参政会在代表的产生、参政会的职权等方面都受到限制和制约，仅为抗日战争时期国民党设立的一个咨询性质的机构。但是，国民参政会的设立给了各党派和各界人士一个公开发表政见的场所，为参政各党派和无党派人士提供了一个发表政见和进一步宣传抗日主张的讲坛。同时，参政会通过的议决案，多顺应了抗战的需要，确定了"实行民主政治"的方针和"党各派各界合作的抗日民族统一战线"的方针，振奋了全国人民的抗战精神。这些在中国政治史上无疑是一个进步。正因为如此，毛泽东等7名中共参政员发表的《我们对于国民参政会的意见》即肯定："在目前抗战剧烈的环境中，国民参政会之召开，显然表示着我国政治生活向着民主制度的一个进步，显然表示着我国各党派、各民族、各阶层、各地域的团结统一的一个进展。虽然在其产生的方法上，在其职权的规定上，国民参政会还不是尽如人意的全权的人民代表机关，但是并不因此而失掉国民参政会在今天的作用与意义——进一步团结全国各种力量为抗战救国而努力的作用，企图使全国政治生活走向真正民主化的初步开端的意义。"② 此外，由于国民参政会是在继国民党临时全国代表大会之后不久在武汉召开的，这无疑又增强了武汉在全国抗战中的政治影响。

就在一系列重大政治活动联袂在武汉上演、一系列重要的抗战决策在武汉出台的同期，武汉还迎来了第二次国共合作最好的岁月。

以1937年9月22日国民党中央通讯社向全国播发《中共中央为公布国共合作宣言》和次日蒋介石发表《对中国共产党宣言的谈话》为标

---

① 《国民参政会第一届第一次大会宣言》（1938年7月15日），章伯锋、庄建平主编：《中国近代史资料丛刊·抗日战争》第三卷·政治（上），四川大学出版社1997年版，第166页。

② 《我们对于国民参政会的意见》（1938年7月5日），《解放》第3卷第47期，1938年8月1日。

志,宣布第二次国共合作实现。然而,国共合作的具体的政治行为和成果却是在抗战的武汉时期出现的。

1937年12月上旬,刚刚由南京撤退到武汉的蒋介石接连发出邀请,希望中国共产党派代表到武汉商谈。12月18日,中国共产党人陈绍禹、周恩来、秦邦宪等从延安抵达国民党政治中心武汉。21日,陈绍禹、周恩来、秦邦宪、叶剑英与蒋介石会面。这是1927年第一次国共破裂时隔愈10年之后国共两党最高层领导人的首度会面。会谈就成立国共两党关系委员会达成协议。26日,国共两党关系委员会正式成立,成为这一时期国共两党党际交流的最高层机构。

还在1937年8月红军改编为八路军(9月改战斗序列为第十八集团军)之际,国共两党即达成协议,在国民党统治区若干大城市设立八路军办事处或联系通讯处。根据这一协议,继设驻陕、驻晋、驻上海、驻南京办事处之后,1937年10月下旬,八路军驻武汉办事处在汉口府西一路(今汉口民意一路)安仁里2号正式设立。12月中旬,从南京撤退到武汉的八路军南京办事处和武汉办事处合并,办事处迁到旧日租界128街89号(今长春街67号)大石洋行。处长钱之光。1938年春,增设新四军办事处和中共中央代表团办事处。八路军驻武汉办事处的设立,是八路军与国民党中央军事当局联系的公开合法机构。

根据1937年9月间国共两党就南方红军游击队改编事宜的谈判,9月28日,蒋介石任命叶挺为国民革命军新编第四军军长。10月12日,蒋介石同意南方8省14区红军游击队编进新四军。经短筹备后,12月25日,新四军军部在汉口大和街26号(今汉口胜利街332—352号)成立。1938年1月6日,新四军军部移至南昌。

1938年1月,国民政府改组军事委员会,成立以陈诚为部长的军事委员会政治部。蒋介石提议中国共产党人周恩来出任副部长,陈诚亲自出面相请。经在汉的中共中央代表团研究并报中共中央批准,周恩来出任国民政府军事委员会政治部副部长。

1938年3月,在中国国民党临时全国代表大会召开前夕,中共中央即向国民党提出若干抗日主张并表示拟派代表团出席中国国民党临时全国代表大会。虽然大会并未邀请中国共产党人与会，中国共产党仍于3月25日致电国民党临时全国代表大会，提出八项建议。这些建议包括"用一切宣传鼓动方法，号召全国人民以中华民族必胜的信心，克服一切困难，忍受一切牺牲，誓与日寇抗战到底"；"继续动员全国武力、人力、财力、物力，为保卫西北、保卫武汉而战"；"继续扩大与巩固抗日民族统一战线"；"继续扩大与巩固国民革命军"；"继续改善政府机构"；"继续全国人民的动员"；"实施优待抗日军人家属，优待伤病官兵"；"组织抗战的经济基础，建立国防工业，发展国防业，改善农业"等①。这些建议被明显地吸收和采纳到中国国民党临时全国代表大会所通过的《中国国民党抗战建国纲领》之中。

1938年6月3日，国民党中央监察委员会决议，恢复第一次国共破裂时被国民党中央开除出党的共产党跨党党员毛泽东、周恩来、林伯渠、吴玉章、董必武、邓颖超、叶剑英等26人的国民党党籍。虽上述党员集体声明不予接受，但中共中央代表团认为，此项决议可能出于国民党中央监察委员会中一些元老的好意。中共中央研究后也认为，这项决议的制定，是国民党公开容共的表示，是徐州失守后国民党在政治上前进一步的表示。对于这种进步，应表示欢迎，并积极利用之，以求得两党合作的发展②。

1938年7月6日至15日，国民参政会在汉召开。根据会前6月17日国民党中常会认定，遴选中国共产党党员毛泽东、陈绍禹、秦邦宪、林祖涵（林伯渠）、吴玉章、董必武、邓颖超7人为国民参政会参会代表。会议期间，陈绍禹、秦邦宪、林祖涵、吴玉章、董必武、邓颖超应邀出席，毛泽东未出席。国民参政会开幕前一日，毛泽东即致国民参政会贺电，赞誉"国民参政会集会于武汉，开宪政之先河，启民意于初

---

① 《中国中央致国民党临时全国代表大会电》（1938年3月25日），《中共中央文件选集》第11册，中央党校出版社1991年版，第481~484页。
② 转引自《第二次国共合作的一件史实》，《党史研究资料》1981年第3期。

步,凡在国人,庆喜同深"①。会议期间,中共参议员与与会代表多有接触交流,并分别参加会议 5 个提议审查委员会的工作,促成大会的顺利召开和各项决议案的通过。会议最后一天,陈绍禹、秦邦宪、董必武被选为由 25 人组成的驻会委员会委员。

第二次国共合作最好的岁月在抗战的武汉时期出现,彰显了第二次国共合作的发展,有利于加强以国共合作为主轴的抗日民族统一战线,极大地丰富了武汉作为全国抗战政治中心的内涵。

二、抗战的军事大本营

抗日战争爆发前,武汉即成为区域性军事中心。在这里,国民政府军事委员会先后设有军事行营、集团军总司令部,建有军用机场、高射炮阵地、军用无线电话、雷达站等设施和许多江防、陆防工事。随着抗日战争爆发,战场由北向南、由东向西推进,尤其是南京失守以后,武汉既成为全国的政治中心,又迅速地由区域性军事中心转变为全国抗战的军事大本营。

作为全国抗战军事大本营的重要标志,是抗战最高军事统帅部国民政府军事委员会各机关迁驻武汉,在这里决策和指导全国抗战。

1937 年 11 月 16 日国防最高会议批准迁都决定后,军事委员会各机关即与国民政府各机关同步,相继西迁。12 月 5 日,军事委员会移设武昌,所属各机关分驻武昌和汉口。7 日,军事委员会委员长蒋介石抵达武昌,开始坐镇武汉。

军事委员会移驻武汉期间,相继作出了若干对抗战全局具有重大意义的决策和部署,指导全国抗战。

第一,建立和完善抗战的军事体制和指挥系统。

1938 年 1 月 17 日,国民政府颁布《修正军事委员会组织大纲》,明确规定军事委员会为负责全国作战的最高机构,隶属国民政府。军事委

---

① 《毛泽东致国民参政会的贺电》(1938 年 7 月 5 日),《中共中央文件选集》第 11 册,中央党校出版社 1991 年版,第 527 页。

员会委员长仍为蒋介石，参谋总长由何应钦接替程潜。委员长"统率全国之陆海空军，并指挥全民，负国防之全责"①。直辖军事委员会办公厅、侍从室、参事室、各战区司令长官、海军总司令、空军总司令、后方勤务部、各江防司令、各防空司令、各卫戍司令。参谋总长负责各项军事行政，直辖军令部、军政部、军训部、政治部、军法执行总监、航空委员会、铨叙厅、军事参议院。

据此，军事委员会进行了改组，将1937年11月规定暂属军事委员会领导的国民党中央党部的组织、宣传、训练三部重归国民党系统；将军事委员会第三、第四两部合并于国民政府新成立的经济部及其他有关各部；将军事委员会参谋本部及第一部合并为军令部，第六部及政训部合并为政治部，训练总监部改为军训部。后又将军事委员会中属于政府性质的农产调整委员会、工矿调整委员会和贸易委员会等改隶国民政府行政院有关部。

这样，军事委员会不再包揽党务、政务方面的若干事权而专注于军事，同时理顺了军事委员会内部的事权，从而完善了抗战的军事体制和指挥系统，提高了军事委员会的决策和指挥效能。

第二，制定了抗战军事纲领。

抗日战争爆发后，中国军队即投身正面战场作战，由于战事紧张，未能来得及制定抗战军事纲领。1938年3月在武汉召开的国民党临时全国代表大会通过的《中国国民党抗战建国纲领》制定了专门的军事纲领，其主要内容为："加紧军队之政治训练，使全国官兵明了抗战建国之意义，一致为国效命"；"训练全国壮丁，充实民众武力，补充抗战部队。对于华侨回国效力疆场者，则按照其技能，施行特殊训练，使之保卫祖国"；"指导及援助各地武装人民，在各战区司令长官指挥之下，与正式军队配合作战，以充分发挥保卫乡土捍御外侮之效能，并在敌人后方发

---

① 《修正军事委员会组织大纲》（1938年1月17日），章伯锋、庄建平主编：《中国近代史资料丛刊·抗日战争》第三卷·政治（上），四川大学出版社1997年版，第32页。

动普遍的游击战，以破坏及牵制敌人之兵力"；"抚慰伤亡官兵，安置残废，并优待抗战人员之家属，以增高士气而为全国动员之鼓励"①。

抗战军事纲领的制定，不仅明确了抗战军事使命及致胜途径，而且起到了全国军事总动员的作用。

第三，重新划分了战区。

为统筹全国抗战，军事委员会曾于1937年8月20日把对日作战的前线区域划分为5个战区。但随着战事的发展、变化，作战的前线区域已逐渐推进到华中地区，为适应战事发展、变化的需要，军事委员会移驻武汉后，即于1938年1月重新划分了战区，把对日作战的前线区域划分为6个战区和1个卫戍总司令部。

重新划分后的战区构成为：第一战区辖平汉路及陇海路中段，司令长官程潜；第二战区辖山西，司令长官阎锡山；第三战区辖浙江、江西，司令长官顾祝同；第四战区辖广东、广西，司令长官余汉谋；第五战区辖津浦路，司令长官李宗仁；第八战区辖甘肃、宁夏、青海，司令长官蒋介石兼；设武汉卫戍总司令部，负责武汉及其周围各战略要线与要点的防务，卫戍总司令陈诚。

不久，为实施武汉会战，军事委员会又于6月5日在第三、第五战区之间（湖口至南昌以西、长江以南地区）设置第九战区，陈诚②任司令长官。

---

① 《中国国民党抗战建国纲领》(1938年4月1日)，章伯锋、庄建平主编：《中国近代史资料丛刊·抗日战争》第三卷·政治（上），四川大学出版社1997年版，第96页。

② 陈诚（1898—1965），字辞修。浙江青田人。保定军校毕业，1922年投身粤军，即入黄埔军校。1926年参加北伐战争，任国民革命军团长、师长。国民党各派军事集团混战期间，着力助蒋稳定大局，升任军长。1933年，出任庐山军官训练团教育长，旋参加指挥对工农红军的"围剿"。抗战爆发后，历任第15集团军总司令、武汉卫戍司令兼湖北省政府主席、军事委员会政治部部长、第九战区司令长官、中央训练团教育长、第六战区司令长官、中国远征军司令长官、军政部部长。主政湖北期间，鄂西后方的革新和建设为后方各省瞩目，被蒋介石誉为"三民主义的模范省"。全面内战爆发后，出任国防部参谋总长、东北行营主任。1948年去台湾，1965年病逝。保留和整理有《石叟丛书》文献资料，著有《陈诚回忆录——抗日战争》等。

重新划分战区，使对日作战的前线区域和战略集团军得到了及时的调整和组合，有利于统筹全国抗战。

第四，制定和实施了作战奖励惩罚条例。

1937年12月6日，蒋介石通令守土抗战，提出"能见危奋志，守土有功，克尽职责，完成任务者，则必予……特殊之荣励"；"倘有闻警先退，致使地方管理无人，秩序陷于混乱者，则一律以军法从事，立置重典"①。1938年1月17日，蒋介石发表《抗战真谛与必胜基础训词》演讲，宣布了作战奖励和惩罚办法。宣布"自告奋勇，出击敌军，能达到目的者，特擢升用，或晋二级"；"俘获敌军将官赏万元，其他官长百元，士兵十元"；"截获敌军辎重，或焚毁敌军仓库者"，"破坏敌军交通、铁路、桥梁者"，"得赏百元以上，千元以下奖金"。而"无令擅退者杀"，"假伤图逃者杀"，"拥兵不进奉令不力者杀"，"坐视友军不加协助者杀"②。1938年3月25日，国民政府军事委员会公布《战地守土奖励条例》，规定对"尽力守土赖以挽回危局者"、"因守土死亡者"、"因守土受伤残废者"、"毁家守土者"等，相应给予"晋级"、"授予官（职）或官衔"、"建造纪念坊塔"、"颁给奖章"、"题赠匾额"、"发给抚恤金"、"免除遗族学费"等奖励③。根据上述办法、条例，截至1938年1月，共处分失职将校43人。其中，死刑者9人，包括集团军总司令韩复榘、集团军副总司令香翰屏、军长李服膺和旅长2名、团长3名；撤职者30人，包括师长14名，旅长5名，团长10名等。

作战奖励办法、条例的制定及其实施，奖励和惩罚了一批将官和士

---

① 《蒋介石通令守土抗战》（1937年12月6日），章伯锋、庄建平主编：《中国近代史资料丛刊·抗日战争》第三卷·政治（上），四川大学出版社1997年版，第71页。
② 蒋介石：《抗战真谛与必胜基础训词》（1938年1月17日），章伯锋、庄建平主编：《中国近代史资料丛刊·抗日战争》第三卷·政治（上），四川大学出版社1997年版，第73~74页。
③ 《战地守土奖励条例》（1938年3月25日），章伯锋、庄建平主编：《中国近代史资料丛刊·抗日战争》第三卷·政治（上），四川大学出版社1997年版，第71~72页。

兵，对于严明军纪军法，激励广大官士投身抗战具有激励和示警使用。

第五，决策徐州撤守。

南京失守后，正面战场上又一次大规模战役当为徐州会战。会战前期，第五战区军队曾以前仆后继、决死奋战的精神赢得了台儿庄战役的胜利。台儿庄战役后，第五战区军队欲扩大战果，与日军决战徐州。是时，日军南北两路共40万大军已逐步完成对徐州的合围，欲迫使第五战区军队在处于内线作战的不利处境下与之决战，以遂其围歼中国主力之目的。很显然，第五战区部队"如果不迅速采取反包围或脱出包围圈的措施，就有在徐州地区遭受全部歼灭的危险"①。

在此关键时刻，军事委员会决定：自5月15日起，第五战区应放弃与日军决战，立即从徐州撤出，向豫皖边界转移。据此，集中在徐州地区的第五战区几十万部队立即利用天时地利等条件，在5月15日至21日的一个星期内，全部撤出徐州地区，有序地到达指定地区。

徐州撤守，不仅保存了中国军队的有生力量，为即将到来的武汉保卫战和日后的持久抗战准备了兵力，而且还表明中国军队开始了由消极防御转向机动防御的战略进步。

第六，准备武汉会战。

1937年12月13日，南京失守，军事委员会估计日军将西进武汉，遂于当日拟定了《军事委员会拟第三期作战计划》②，拟定了武汉会战的作战方针、战略以及指导要纲等。徐州会战后，军事委员会正式部署武汉会战。1938年6月5日，军事委员会在武汉召开会议，讨论兵力部署，确定了武汉会战的指挥机构。6月8日，制定了《保卫武汉作战计划》，确定了作战兵力及其防线。6月17日，中共代表团提出了保卫武汉的战略总方针及兵力部署的建议。蒋介石于8月3日接见中共代表团，

---

① 刘斐：《徐州会战概述》，《徐州会战》，中国文史出版社1985年版，第34页。
② 此处"第三期"实指第一期第三阶段，即1938年6月上旬至11月底（武汉会战时期）。

就保卫武汉的军事问题进行了交流①。6月中旬，第五战区、第九战区全部和第三战区、第一战区一部计139个师以及骑兵、炮兵、工兵及海军、空军共约100万兵力相继进入武汉会战的战场。

上述作战方针、战略、计划的制定及兵力部署的完成，为武汉会战作了应有的准备。

三、工业内迁的枢纽

抗战前，中国近代工业大部分集中在江海沿岸和铁路沿线地区。据1937年国民政府经济部统计，（山海）关内共有工厂3 925家，其中上海1 235家，约占总数的30%，其他沿海各省共2 063家，占总数的51%，内地各省所有工厂只占工厂总数的19%左右②。如此不平衡的工业分布，极容易为现代战争所摧毁。抗战爆发后，为了避免沿海地区工业毁于战火或陷入敌手，为了建立长期抗战的后方工业基地，国民政府决定沿海工业内迁。

1937年7月28日，资源委员会机器和化学工业组举行会议，商讨上海等地工业内迁问题，并于当日派林继庸、庄前鼎、张季熙3人赴沪与上海工业界各业人士商洽有关工业内迁事宜。8月9日，资源委员会根据商洽结果，向行政院函送"补助上海各工厂迁移内地工作，专供充实军备以增厚长期抵抗外侮之力量"案。次日，行政院第324次会议通过这一提案，决定以资源委员会为主办机关，会同财政部、军政部、实业部组成上海工厂迁移监督委员会，以林继庸为主任委员，在沪主持迁厂事宜，并调拨资金56万元，作为迁移初期经费。

8月11日，上海工厂迁移监督委员会在南京成立，并于当夜赴沪。12日，上海工厂迁移监督委员会召集机械、化学、五金、冶炼、橡胶等

---

① 黄修荣：《国共关系史》中卷，广东教育出版社2002年版，第1629页。
② （国民政府）经济部统计处编：《后方工业概况统计》（1943年5月），转引自陆仰渊、方庆秋主编：《民国社会经济史》，中国经济出版社1991年版，第574页。

厂方代表会议，组建了以颜耀秋为主任的上海工厂联合迁移委员会，具体负责上海工厂内迁。同日，上海工厂迁移监督委员会和上海工厂联合迁移委员会商议确定，上海工厂迁移"以武昌徐家棚附近为集中地点，然后再分配西上宜昌、重庆，南下岳阳、长沙"①。随即，资源委员会派李荃孙、吴至信赴汉主持划地及接洽银行，上海工厂联合迁移委员会派委员支秉渊驻武汉，成立办事处。

从8月15日开始，上海的内迁各厂职工冒着日机轰炸的危险抢拆机器装箱。8月27日，由顺昌机械厂、新民机械厂、上海机械厂、合作五金厂4家的22船机件，冒着被日机轰炸的危险开出苏州河，通过吴淞口入长江西上。28日，大鑫钢铁厂、启文机械厂、新中机械厂、利民机械厂、姚兴机械厂等6家组成的船队也尾随第一批船队西上。随后，各类迁移船队接踵溯长江西上。据统计，在上海失守前，共迁出民营工厂148家，机件物资1 200余吨，其中有121家工厂先后到达武汉②。

在大批上海工厂内迁武汉的同时，东南沿海以及华北地区的部分工厂也相继迁达武汉，这样，迁达武汉的工厂共有170余家③。

在上海及其他各地工厂迁达武汉之际，湖北省、武汉市有关部门给予了有力配合。首先，从既便于交通运输又便于防止空袭的考虑出发，划定武昌洪山一带为内迁工厂厂址，以此建设内迁工业基地。其次，规划修建轻便铁路，把内迁工业基地与粤汉铁路和江边码头连接起来，以实现水陆联运。

在湖北省和武汉市有关部门的配合下，一部分内迁工厂比较快地安置下来。此时，恰逢兵工署急需一批军用定货，一些内迁工厂主动承接下来，利用空余的堆栈或租用民宅作厂房，临时开工生产。至1937年12月，

---

① 《工厂迁移内地以及制造原料之救济办法》，转引自陆仰渊、方庆秋主编：《民国社会经济史》，中国经济出版社1991年版，第577页。
② 孙果达：《抗战期间上海民营内迁厂在武汉》，《湖北文史资料》第12辑，1985年。
③ 欧阳植梁、陈芳国主编：《武汉抗战史》，湖北人民出版社1995年版，第180页。

有上海的新民、合作、慎昌等37家工厂临时开工生产。1938年1月，又有华丰、三北、华生等27家工厂临时开工生产。随后，还有一些工厂也临时开工生产。总计由上海及其他各地迁汉的工厂临时开工生产者达66家①。到1938年6月，这些临时开工生产的工厂共制造手榴弹10万多枚，迫击炮弹2万多枚，还有地雷、水雷、洋镐等大批军用器材②。

但是，由于湖北省民政厅长以洪山盛产红菜薹而反对在洪山建设内迁工业基地，以及大地主、长春观道士侯永德以地价太廉唆使其佃农闹事，致使厂址未及时落实。更由于战事很快逼近武汉，武汉不能成为内迁工厂的久留之地。故内迁工厂终未能在武汉建厂复工，一部分工厂迁达武汉后即转迁西安、咸阳等地，一部分因战事迫近武汉而伴随武汉本地工厂的西迁而续迁。

由于有了沿海工厂内迁的经验，加上时间上比较充裕，因而武汉本地工厂和伴随续迁的工厂这时的内迁准备要充分一些。

据1936年年底统计，武汉地区有国营、省营工厂22家，民营工厂516家。1938年3月，国民政府经济部工矿调整处即组成厂矿迁建督导工作组，负责武汉地区厂矿迁建。同时，军政部兵工署与经济部工矿调整处又联合组建钢铁厂迁建委员会，专司汉阳铁厂、大冶铁厂及其他钢铁厂的迁建事宜。交通部则成立了水道运输管理处，负责调度长江航道所有船只，统一长江运输。此外，湖北省建设厅也组建了厂矿迁建的相应机构。

1938年3月22日，工矿调整处召集30余名武汉厂家代表开会，催促各厂做好内迁准备。7月1日，工矿调整处奉蒋介石手令，开始拆迁大冶各厂矿。接着，国民政府下令武汉各业工厂内迁，规定各类工厂不论大小，凡对后方军工、民生有用的一律内迁；规定凡在运输、复工方面缺少资金的工厂，一律予以低息贷款；规定凡来不及拆迁者一律炸毁③。随即，武汉地区的国营、省营、民营工厂，以及迁汉的外地工厂，通过长

---

① 孙果达：《抗战期间上海民营内迁厂在武汉》，《湖北文史资料》第12辑，1985年。
② 《工商经济史料丛刊》第2辑，文史资料出版社1983年版，第70页。
③ 陆仰渊、方庆秋主编：《民国社会经济史》，中国经济出版社1991年版，第580页。

江航道和粤汉、平汉铁路，分别向西、向南、向北迁移。向西迁往四川，向南迁往湘西、湘南和桂林，向北迁往陕西，展开了继上海等地工厂内迁后的更大规模的工业内迁。

自武汉内迁的国营工厂主要有军政部所属的汉阳铁厂、汉阳兵工厂、汉阳火药厂和接管的日商泰安纱厂、财政部所属的谌家矶造纸厂、铁路局所属的各机械厂等。其中，汉阳铁厂迁至重庆，汉阳兵工厂、汉阳火药厂迁至湖南，泰安纱厂迁至重庆，谌家矶纸厂辗转至成都，铁路局所属各机械厂则迁至广西。自武汉内迁的省营工厂主要有官布局、官纱局、麻布局、白沙洲造纸厂、湖北航业局修船厂、大冶象鼻山铁矿等。其中，官布局、官纱局迁至陕西，麻布局、白沙洲造纸厂、湖北航业局修船厂迁至四川，大冶象鼻山铁矿机械设备迁至鄂西。

自武汉内迁的民营工厂计233家，分别迁至四川、湖南、陕西、广西等省。其中，迁往重庆的有老振兴机器厂、方兴发电机器厂、毛有定铁工厂等83家。迁往巴县的有周恒顺机器厂、裕华纱厂、申新纱厂第四厂、震寰纱厂、福新面粉厂等11家。迁往北碚的有隆昌染织厂、华中电器工业社2家。迁往万县的有湖北麻织厂等2家。迁往常德的有张鸿兴机器厂、仁昌机器厂、陶国记翻砂厂、汤益兴机器厂等41家。迁往祁阳的有国华布厂、仁记布厂、正记布厂、兴记布厂等31家。迁往沅陵的有福顺机器厂、彭宝泰机器厂、万利药棉厂、沪汉玻璃厂、华中制药厂等14家。迁往辰溪的有隆泰机器厂、义兴机器厂2家。迁往浦市的有鸿泰机器厂1家。迁往衡阳的有仲桐机器厂1家。迁往宝鸡的有民康实业公司药棉厂、申新第四棉纱厂、福新面粉厂、申新纺织铁工厂等15家。迁往西安的有吕方记机器厂、胡万泰铁工厂、洪顺机器厂等3家。迁往桂林的有么民实验机械厂、汉口冰厂、国光印刷厂等6家。迁往贵阳的有瑞丰汽车修理厂、中国煤气机制造厂等5家。迁往老河口的有黄云发电机厂、应城石膏厂2家。另有30多家工厂迁往内地乡镇①。

---

① 龙从启：《武汉工厂拆迁抗战后方》，《武汉文史资料》第41、42辑合刊，1990年。

抗战初期，中国的最重要的经济活动莫过于沿海沿江工业的内迁。工业内迁，不仅保存了菁华荟萃的中国工业地带的一部分工业设备，而且强有力地推动了西南大后方工业的发展，这在中外经济活动史上当属绝无仅有的纪录。而在整个工业内迁的活动中，武汉所起的承东启西的特殊作用异常显著，从这个意义上讲，武汉不失为工业内迁的枢纽。

四、抗战的文化中心

在国民政府各军政机关迁驻武汉之际，各地文化界人士及其机构、团体也纷纷迁移武汉。截至 1937 年年底，"迁移到武汉的科学、文化艺术和救亡团体已达一二百个，各类文化界人士达 1 000 人以上"[1]。加上"这时全国各方面是欣欣向荣的，政治上有民主化的趋势，文化上有较普遍的动员"[2]，从而使武汉迅速成为全国文化的中心。

抗战以前，武汉报业比较活跃，但基本上是由直属国民党中央宣传部的《武汉日报》和隶属于国民政府军事委员会的《扫荡报》控制着舆论导向，其他报纸多随波逐流。抗战爆发后，武汉报界的气氛为之一改，不仅报纸数量急剧增加，而且各报基本上统一到了抗战的舆论方向上。

原有的武汉报纸中，无论是《武汉日报》、《扫荡报》等官报，还是《中西报》、《汉口新闻报》、《新民报》、《华中日报》、《工商日报》、《新快报》、《汉报》等商报，均大量刊登抗战的言论和消息，宣传抗战的意义，探讨有关抗战的问题和报道前方将士英勇杀敌的事迹。

从外地迁到武汉的报纸主要有天津的《大公报》、上海的《申报》以及南京的《中央日报》。其中《大公报》尤为活跃。该报既报道国民党和国民政府上层决策人物的抗战态度、政治立场，又每遇重大战役，必派

---

[1] 戴知贤、李良志主编：《抗战时期的文化教育》，北京出版社 1995 年版，第 62 页。
[2] 《新民主主义论》（1940 年 1 月），《毛泽东选集》第 2 卷，人民出版社 1991 年版，第 703 页。

专人赴前线采访，独家报道前线战事，分析战局形势。1937年年底，该报记者不避艰险，亲赴延安采访中共领导人并及时予以报道。因而该报成为当时颇为国内外人士所注目的报纸，每日最多发行到10万份，是时即有人认为，《大公报》在中国有些类似《泰晤士报》在英国。

新办的报纸主要有中国共产党创办的《新华日报》，中华民族解放行动委员会创办的《前进日报》，救国会系统创办的《大众报》，陈铭枢等赞助、刘叔模发行、胡秋原编辑的《时代日报》，孔庚任社长、孟宪章任总编辑的《尚理日报》以及《武汉晚报》、《旬报》、《救国晚报》、《西南导报》等。其中，《新华日报》尤其为人瞩目。

《新华日报》于1938年1月11日正式出版，是中国共产党在国民党统治区第一次公开出版的全国性党报。其办报宗旨是："愿在争取民族生存独立的伟大战斗中作一个鼓励前进的号角"，"力求成为全国民众的共同的呼声"①。《新华日报》在武汉的9个多月时间里，高擎团结抗战的旗帜，既报道中国共产党的政策、主张，也反映国民政府以及其他各党派的一切有利于团结抗战的政策、主张和意见；既报道八路军、新四军英勇抗战的事实，也反映一切军队浴血抗战的事实；既报道陕甘宁边区和晋察冀等抗日根据地的建设，也反映国统区的建设和救亡活动。《新华日报》的工作正如该报创刊一周年时中共中央的贺电所指出："一年来《新华日报》正确地执行了中国共产党的路线，坦白地反映了全中国同胞的意志，坚定地发扬了坚持抗战，坚持持久战，坚持抗日民族统一战线的主张……坚持抗战到底，争取最后胜利的责任。"② 因而，《新华日报》赢得了各界的信任与欢迎，其发行量由创刊初期的二三千份左右增加到1938年7月间的2万份。国内文化界认为："《新华日报》无论就形式或内容来说，都可以说是国内第一流的报纸。无论就读者的踊跃，报纸的地位，言论的力量说，《新华日报》的影响，都不在英国的《工人日报》

---

① 《新华日报发刊词》，《新华日报》1938年1月11日，第1版。
② 《中国共产党中央电贺本报周年纪念》，《新华日报》1939年1月12日，第2版。

或法国的《人道报》之下。"①

与报纸发展同步,这一时期武汉的刊物发展也很快。据统计,1937 年 12 月,武汉有各类刊物 30 余种,1938 年 3 月增至 67 种。至 7 月前后,则达到百种以上,超过武汉历史上任何一个时期。这些刊物中,一部分是抗战以前便已在武汉发行的;一部分是由南京、上海、北平等地迁往武汉的;更多的则是汇聚武汉的各党派团体、文化界人士新创办的。这些刊物,分属政治、时事、文艺、青年、妇女、少儿、文化、教育、经济等类别。

政治类的刊物主要有:孟十还主编的《大时代》,姚宝贤主编的《创导》,陶希圣主编的《民意周刊》,孟宪章主编的《民族战线》,王龙章主编的《血路》,罗家伦主编的《新民族》,陈石泉主编的《国魂》,潘梓年、许涤新主编的《群众周刊》,孔罗荪、冯乃超主编的《战斗旬刊》,李公朴、柳湜主编的《全民周刊》,邹韬奋主编的《抗战》,张仲实主编的《国民公论》,左舜生主编的《国光》,彭文应主编的《民主》等。

时事类的刊物主要有:王向予主编的《抗敌新闻》,金仲华主编的《世界知识》,朱家骅主编的《世界政治》,樊仲云主编的《国际周报》,宋斐如主编的《战时日本》,宜闲主编的《集纳》,胡绳主编的《救中国》,中山文教馆主办的《时事类编》等。

文艺类的刊物主要有:姚蓬子主编的《抗战文艺》,胡风主编的《七月》,胡绍轩主编的《文艺战线》,丁玲、舒群主编的《战地》,王平陵、徐蔚南主编的《文艺月刊》,臧云远、孙陵主编的《自由中国》,赵清阁主编的《弹花》,穆木天主编的《时调》,魏孟嘉主编的《艺术信号》,章泯、葛一虹主编的《新演剧》,田汉、马彦祥主编的《抗战戏剧》,唐纳主编的《抗战电影》,宋一痕主编的《战斗画报》,赵望云主编的《抗战画刊》,刘雪庵主编的《战歌》等。

青年、妇女、少儿类的刊物主要有:何仲觉主编的《战时青年》,杨

---

① 杜若君:《大公报与新华日报》,《战时文化》第 1 卷第 3 期,1938 年。

锦昱主编的《中国青年》，陈涛主编的《武汉青年》，沈兹九主编的《妇女生活》，王汝淇主编的《战时妇女》，子岗、宋元主编的《妇女前哨》，陈逸云主编的《妇女共鸣》，张道藩主编的《中国儿童》，茅盾、楼适夷等合编的《少年先锋》，周苏主编的《小战士》等。

文化、教育、经济类的刊物主要有：张申府主编的《战时文化》，稽文甫、傅非白主编的《前卫文化》，叶籁士、林曦主编的《大众的文学》，白桃、刘季平等编辑的《战时教育》，朱启贤主编的《教育短波》，陈礼江主编的《教育通讯》，邓沧玉主编的《抗战经济》等。

抗战以前，武汉图书出版业有一定发展，出版发行机构先后有100多家。但其中有一定影响的，多为上海、北平等地出版发行机构设在武汉的分支机构，真正属于武汉的并不多。抗战爆发后，随着上海、北平等地有影响的出版发行机构迁入武汉，以及一些新的出版发行机构的建立，极大地活跃了武汉的图书出版业。据统计，在抗战爆发后的"一年多的时间里，武汉地区新增加了40多家出版社"，"书刊发行量超过战前的全国总量"[1]。

这一时期从外地迁入武汉的出版发行机构主要有：生活书店、读书生活出版社、新知书店、光明书局、天马书店、上海杂志公司、新亚书店、黎明书店、通俗读物编刊社、儿童书局、独立出版社、战时大众知识社等。在武汉新建的出版发行机构有：中国出版社、扬子江出版社、大众出版社、全民出版社、海燕出版社、群力出版社、战时出版社、抗战知识社、星星出版社、大时代书店、新生图书公司、复兴出版社、民族解放社、新时代出版社等。

这一时期在武汉的各出版发行机构，均以抗战为主题出版发行了大量的书刊。其间，生活书店即发行了"数十种书籍"，"仅抗战通俗读物就发行了500余万册"。读书生活出版社"在武汉也出版了二十几种书"[2]。中

---

[1] 湖北省地方志编纂委员会编：《湖北省志·新闻出版》（下），湖北人民出版社1995年版，第70页。

[2] 戴知贤、李良志主编：《抗战时期的文化教育》，北京出版社1995年版，第68页。

国出版社则出版发行了大量马列著作。

这一时期武汉出版的图书中,以"丛书"最有特色。据不完全统计,各出版发行机构共出版发行"丛书"51种(套)①。其中,有一定价值的有:新华日报社和群众周刊社编辑出版的《新群丛书》;生活书店出版的《黑白丛书战时特刊》、《世界知识丛书》、《世界知识战时丛刊》、《抗战中的中国丛书》、《救亡文丛》、《问题与答案丛刊》、《中国文化丛书》、《战时社会科学丛书》、《西北战地服务团丛书》、《战时大众知识丛书》、《青年自学丛书》、《战时教育丛书》、《军事技术丛书》;扬子江出版社出版的《实践文库》、《实践丛书》;新知书店出版的《战时问题丛书》、《救中国通俗小丛书》;上海杂志公司出版的《大时代文库》、《大时代丛书》、《战地报告丛刊》、《抗战戏剧丛刊》、《日本问题研究丛书》;华中图书公司出版的《民族革命战争丛书》、《抗战建国丛书》、《抗战戏剧丛书》;汉口全民出版社出版的《民众抗战知识丛书》、《少年抗战丛书》;复兴社出版的《民族复兴丛书》;独立出版社出版的《战时综合丛书》等。

抗战以前,武汉的文艺活动比较活跃,但存在明显的地方特色。抗战爆发后,随着各地文艺界人士及其团体进入武汉,以抗战为主题的各种形式的文艺活动在武汉空前活跃起来。

在这一时期的武汉文艺活动中,戏剧依然具有十分重要的地位。其特点,一是剧种多,除享誉武汉和湖北的汉剧、楚剧外,话剧、京剧等剧种在演出场次中占有相当的比重。二是演出形式多,除有剧院营业性演出外,大规模的会演、公演、街头演出十分的频繁。其间,1937年12月20日举行的全国戏剧界援助各战区游击军大公演和12月25日"首都抗敌剧团"等14个戏剧团体在汉口光明大戏院联合公演,反响尤大。三是剧目多,仅大型话剧即有阳翰笙的《前夜》、《塞上风云》,田汉的《卢沟桥》、《最后的胜利》,洪深的《飞将军》、《米》,丁玲的《河内

---

① 湖北省地方志编纂委员会编:《湖北省志·新闻出版》(下),湖北人民出版社1995年版,第79页。

一郎》、《重逢》，宋之的《黄埔月》，崔嵬、王震之的《八百壮士》，锡金、罗峰等的《台儿庄》，塞克等的《突击》等。而风靡一时的独幕小型剧作，则有欧阳山的《大路》，冼群的《中国妇人》，光未然的《难民曲》、《沦亡之后》，舒湮的《老爷不走了》，舒非的《民族公敌》，吕复、舒强等的《放下你的鞭子》，凌鹤的《再上前线》，尤竞的《省一颗子弹》，荒煤的《打鬼子去》等。

  这一时期的武汉文艺活动中，电影也占有十分重要的地位，主要表现为大批影片的摄制和上映。抗战爆发后，原汉口摄影场扩建为中国电影制片厂。随即，大批来汉的著名编导和演职员相继进入该厂，其中有原上海明星公司的应云卫、袁牧之、陈波儿、舒绣文、王士珍，联华公司的黎莉莉、陈晨、许可、陈依萍，新华公司的史东山、高占非以及郑君里、魏鹤龄、周伯勋等，并由阳翰笙兼任编导委员会主任。在武汉失守前的几个月里，该厂以罕见的速度，先后拍摄了史东山编导的《保卫我们的土地》，应卫云导演的《八百壮士》以及《热血忠魂》等三部故事片以及《"四·二九"武汉空战》、《京沪线上大血战》、《中国空军长征日本凯旋记》、《血战大南京》、《台儿庄歼灭暴敌》、《抗战实录》、《抗战特辑》、《抗战歌辑》、《抗战标语卡通》等50多部抗战纪录片、新闻片、卡通片和歌集片，这些影片的上映，不仅在武汉掀起了电影文化的热潮，而且在国际上产生了颇为广泛的影响。

  这一时期的武汉文艺活动中，音乐也占有一定的地位。是时，著名音乐词曲家冼星海、田汉、张曙、吕骥、光未然、麦新、安娥、任光、贺绿汀、赵启阵、沙梅等与广大音乐工作者一道，把对祖国的爱和对日寇的恨倾注于音乐，创作了大量的抗战歌曲。其主要作品有：《救亡进行曲》、《青年进行曲》、《雪耻复仇歌》、《保卫大武汉》、《到敌人后方去》、《有钱出钱，有力出力》、《大刀进行曲》、《打回老家去》、《抗战歌》、《中华民族不会亡》、《全面抗战》、《长城谣》、《中国妇女抗战歌》、《保家乡》、《游击队歌》、《最后的胜利是我们的》等。此外，各种报刊也发表了不少优秀歌曲，这些歌曲在武汉和全国各地传唱，极大地鼓舞了全国军民的士气，丰富了全国军民的文化生活。

第二节　波澜壮阔的抗日救亡运动

伴随国民政府各军政机关迁驻武汉，各地的抗日救亡团体和群体也纷纷从华北、华东，从战区、沦陷区汇聚武汉，形成自"九一八"事变以来的最强阵容。与此同时，国民党暨国民政府亦认可"民众运动"①，并在军事委员会设政治部第三厅"掌理宣传事宜"②。于是，抗日救亡运动的大潮就波浪式地由上海、南京推向江汉之滨的武汉。

一、抗日救亡团体的汇聚

抗战爆发伊始，武汉即成立有武汉秘密学联、武汉文化界抗战协会、武汉民先队等抗日救亡团体。此外，华北地区的华北流亡同学会、武汉华北宣传队等抗日救亡团体也已来到武汉。但是，这时的抗日救亡运动的潮头在上海、南京，武汉的抗日救亡团体无论是数量还是影响都不能与之相比。然而，战局的发展变化和抗战中心的转移，迅速地改变了这种状况。

1937年11月，上海沦陷。12月，南京失守。伴随国民政府军政机关迁驻武汉，各地的抗日救亡团体和群体也纷纷从华北、华东，从战区、沦陷区汇聚武汉。与此同时，在全国舆论的压力和中国共产党的建议下，国民党已认同民众运动。1938年3月1日，中共中央向国民党提议："将工、农、军、商、学各界，根据其职业地位而组织各种职业联合体，

---

① 《中国国民党抗战建国纲领》（1938年4月1日），中国第二历史档案馆编：《中华民国史档案资料汇编》第5辑第2编·政治（1），江苏古籍出版社1998年版，第388页。

② 《国民政府军事委员会政治部组织条例》（1938年5月20日），武汉市档案馆、八路军武汉办事处旧址纪念馆、武汉图书馆：《武汉抗战史料选编》，1985年，第70页。

即将已有组织的群众团体加以健全和充实,将还无组织的民众,组织在各种群众团体以内去","造成统一的群众运动和统一的群众组织","以便真正达到全国人力、财力、物力总动员的目的"①。4月1日,国民党临时全国代表大会通过的《中国国民党抗战建国纲领》规定:"发动全国民众,组织农工商学各职业团体,改善而充实之,使有钱者出钱,有力者出力,为争取民族生存之抗战而动员。"② 国民党对民众运动的认可,无疑为抗日救亡团体的合法存在和发展提供了政治上的保证。于是,抗日救亡团体得以在武汉进一步发展,形成自"九一八"事变以来的最强阵容。据统计,"武汉失守以前,群众救亡团体约有七八十个"③,分布在各个阶层和职业。

青年学生界有中国学生救国联合会、中国青年救亡协会、中华民族解放先锋队、中国青年新闻记者协会、中华青年抗敌救国团、中华青年急进救亡协会、湖北省学生抗敌工作联合会、武汉学生抗敌工作团、武汉职业青年抗敌工作团、武汉大学学生抗敌后援会、汉口蚁社等。文化艺术界有中华全国文艺界抗敌协会、中华全国戏剧界抗敌协会、中华全国电影界抗敌协会、全国美术界抗敌协会、中华全国木刻作者抗敌协会、中华全国漫画界抗敌协会、中华全国摄影协会、全国歌咏协会、国际反侵略大会中国分会、星海歌咏队、武汉文化界抗敌协会、武汉合唱团、武汉业余歌咏团、武汉出版业抗敌工作团等。教育界有全国战时教育协会、抗敌教育研究会、武汉中学老师抗敌研究社等。工农界有中国工人抗敌总会筹备会、汉阳兵工厂抗敌工作团、

---

① 《中共中央对国民党临时全国代表大会的提议》(1938年3月1日),《中共中央文件选集》第10册,中共中央党校出版社1985年版,第492~493页。

② 《中国国民党抗战建国纲领》(1938年4月1日),中国第二历史档案馆编:《中华民国史档案资料汇编》第5辑第2编·政治(1),江苏古籍出版社1998年版,第388页。

③ 武汉市档案馆、八路军武汉办事处旧址纪念馆、武汉图书馆编:《武汉抗战史料选编》,1985年,第163页。

武汉职业界抗敌工作团、武汉工界战时服务团、武昌工界抗敌协会、战时乡村工作促进会等。妇女界有中国新生活运动妇女指导委员会、武汉各妇女团体联合办事处、战时儿童保育会、湖北妇女战时工作团、湖北妇女慰劳分会、汉口市妇女抗敌后援会、三八女子歌咏队等。宗教界有中国回教青年抗敌协会、汉口回民战地服务团、武阳汉基督徒难民服务团、僧众救护队等。还有文化界人士和民主党派人士发起组织的国际反侵略大会中国分会。其中，阵容强、影响大的抗日救亡团体当为中国学生救国联合会、中华全国文化界抗敌协会和国际反侵略大会中国分会。

中国学生救国联合会于1936年5月在上海成立，上海沦陷后，一度停止活动。1938年初部分领导人来武汉商议恢复学联工作，决定在武汉召开第二次全国代表大会。3月24日，中国学生救国联合会筹备委员会在汉口日租界小西路15号举行预备会议，审议了大会议程、会章，推举出香港学生代表团、国立中山大学抗敌后援工作团、广西学生抗敌后援会、广东青年抗日先锋队、陕西省各界抗敌后援会西安学生分会、武汉基督教学生联合会、广州学生抗敌联合会、国立长沙临时大学学生会及国立武汉大学学生抗敌后援会9个单位为大会主席团，蒋南翔、黄华、姚雪冰、李柏、侯朝芝、方东百、陈兹照、邹文宣及杨昭明9人为大会秘书，并决定聘请蒋介石为大会名誉主席①。25日，中国学生救国联合会第二次代表大会正式在汉口商会大礼堂召开，全国各地共73个学生团体123名代表出席了会议。大会听取了会议主席郑代巩关于《中国学生救国联合会第二次代表大会筹备经过》的报告和出席世界学联的中国代表陈柱天《各国青年怎样援助中国学生》的报告。大会讨论了今后学生救亡运动的方针，明确规定全国学生的目标"就是抗日救国"，号召广大学生加强团结，积极参加救亡运动，为保卫和平、捍卫国家主权而奋斗。大会选举产生了中国学生救国联合会主席团留守机构，选举郑代巩为主

---

① 《全国学联代表会》，《新华日报》1938年3月25日，第2版。

席、蒋南翔为秘书长。

中国学生救国联合会第二次代表大会的召开"为中国学生界空前盛举",标志着中国学生救国联合会活动的恢复,标志着全国学生的救亡活动有了统一的组织,并使之成为"策动全国学生参加救亡工作的一个强有力的组织"和"中国救亡运动中一支极有力量的队伍"①。

中华全国文艺界抗敌协会是在各类文化界人士云集武汉,并以文艺界各类救亡团体为基础建立起来的。

在各地抗日救亡团体纷纷汇聚武汉的时刻,文艺界是最活跃的部分。"截至1937年底,从全国各地先后迁移到武汉的科学、文化艺术和救亡团体已达一二百个,各类文化界人士达1 000人以上。"② 鉴此,时任军事委员会政治部第三厅主任秘书的阳翰笙于1938年1月提议建立一个全国性的文艺界救亡团体。不久,就成立了由茅盾、老舍、胡风、楼适夷、王平陵、冯乃超等14人组成的临时筹备会。经过筹备会5次会议,拟定了《中华全国文艺界抗敌协会发起旨趣》、《中华全国文艺界抗敌协会简章》等文件。《中华全国文艺界抗敌协会发起旨趣》指出,在"全国上下,已集中目的于抗敌救亡"的情势下,"我们应该把分散的各个战友的力量,团结起来,像前线将士用他们的枪一样,用我们的笔,来发动民众,捍卫祖国,粉碎寇敌,争取胜利"③。

经过近3个月的筹备,中华全国文艺界抗敌协会于1938年3月27日在汉口召开成立大会。大会通过了《中华全国文艺界抗敌协会宣言》、《中华全国文艺界抗敌协会简章》等文件。宣言指出:"对国内,我们必须喊出民族的危机,宣布暴日的罪状,造成全民族严肃的抗战情绪生活,以求持久的抵抗,争取最后胜利。对世界,我们必须揭露日本的

---

① 《祝中国学生代表大会》(社论),《新华日报》1938年3月25日,第1版。
② 戴知贤、李良志主编:《抗战时期的文化教育》,北京出版社1995年版,第62页。
③ 《中华全国文艺界抗敌协会发起旨趣》(1938年1月),文天行、王大明、廖全京编:《中华全国文艺界抗敌协会史料选编》,四川省社会科学院出版社1983年版,第17页。

野心与暴行,引起全人类的正义感,以共同制裁侵略者。"① 大会选出了老舍、郭沫若、茅盾、丁玲、邵力子、冯玉祥、田汉等45人为理事,蔡元培、宋庆龄、于右任、周恩来等为名誉理事,随后推定老舍、郁达夫、王平陵等15人为常务理事,老舍、华林为总务部正、副主任。

中华全国文艺界抗敌协会的成立,促成了文艺界人士空前广泛的联合,有力地推动了文艺界的抗日救亡活动。为此,郭沫若在《新文艺的使命——纪念文协五年》中欣慰地说:"抗战以来在中国文艺界最值得纪念的事,便是'中国文艺界抗敌协会'的结成。一切从事于文笔艺术工作者,无论是诗人、戏剧家、小说家、批评家、文艺史学家、各种艺术部门的作家与从业员,乃至大多数的新闻记者、杂志编辑、教育家、宗教家等等,不分派别,不分阶层,不分新旧,都一致地团结起来,为争取抗战的胜利而奔走,而呼号,而报效。这是文艺作家们的大团结,这在中国的现代史上无疑地是一个空前的现象。"②

抗日救亡团体的汇聚与团结,聚集起了空前强大的抗日救亡运动的群众力量。

二、"第三厅"③ 的成立

为了适应抗战的需要,对全国军民实施战时政治训练,国民政府1938年1月17日公布的《军事委员会组织大纲》规定:军事委员会内恢复设置政治部,陈诚负责组建,吸收中共党人和其他人士参加政治部工作。

1938年2月6日,国民政府军事委员会在武汉改组,政治部在武昌阅马场东厂口武汉大学老校舍正式成立。部长为时任武汉卫戍总司令、湖北省政府主席的陈诚,副部长为国民党左派人士黄琪翔和中共中央军

---

① 《中华全国文艺界抗敌协会宣言》(1938年3月27日),文天行、王大明、廖全京编:《中华全国文艺界抗敌协会史料选编》,四川省社会科学院出版社1983年版,第12页。

② 郭沫若:《新文艺的使命——纪念文协五年》,文天行、王大明、廖全京编:《中华全国文艺界抗敌协会史料选编》,四川省社会科学院出版社1983年版,第212页。

③ "第三厅"即国民政府军事委员会政治部下设的第三厅的简称。

事委员会副主席周恩来。陈诚聘请周恩来为副部长，是为了衬托以国共合作为基础的国内和解的政治背景和借用中共党员政治工作方面的优势；而周恩来屈就副部长一职，是为了表示中国共产党团结抗战的诚意和扩大中共的影响。

根据1938年5月20日通过的《国民政府军事委员会政治部组织条例》规定，政治部的职责是负责"陆海空军之政治训练"；"国民军训，民众组训及战地服务"；"宣传及政治情报"①。政治部下设秘书处、总务厅、第一厅、第二厅、第三厅。其中，秘书处掌理文书、机要、情报等事宜；总务厅掌理总务、人事、纪律等事宜；第一厅掌理军队政治训练及军事学校政治训练事宜；第二厅掌理民众运动及国民军事训练事宜；第三厅掌理宣传事宜。

政治部成立之际，正值抗日救亡运动大潮涌向武汉之时。因而，掌理宣传事宜的第三厅的作用就显得特别重要。

1938年4月1日，第三厅在武昌昙华林湖北省立第一中学成立。厅长郭沫若，副厅长范寿康，主任秘书阳翰笙，秘书傅抱石、钱运铎。第三厅下设第五、第六、第七3个处。第五处处长胡愈之，主管一般宣传工作；第六处处长田汉，主管艺术宣传工作；第七处处长范寿康兼任，主管对外宣传和对敌宣传。各处下设3个科。第五处一科管文字编辑，科长徐寿轩；二科管民众运动和一般宣传，科长张志让；三科管印刷发行，科长尹伯休。第六处一科管音乐戏剧，科长洪深；二科管电影制作、发行，科长郑用之；三科管美术宣传，科长徐悲鸿。第七处一科管设计和日文翻译，科长杜国庠；二科管国际宣传，科长董维健；三科管日文宣传品制作，科长冯乃超②。同时，文艺界许多知名人士如金山、郑君

---

① 《国民政府军事委员会政治部组织条例》（1938年5月20日），武汉市档案馆、八路军武汉办事处旧址纪念馆、武汉图书馆编：《武汉抗战史料选编》，1985年，第69页。

② 《第三厅组织机构与干部一览》，武汉市档案馆、八路军武汉办事处旧址纪念馆、武汉图书馆编：《武汉抗战史料选编》，1985年，第103页。

里、应卫云、史东山、程步高、石凌鹤、赵丹、冼星海、光未然、任光、马彦祥、张曙、张乐平、李可染、叶浅予、倪贻德、罗工柳、力群、沙梅等，都分别在第三厅担任各科科员。从而使第三厅人才济济，群星璀璨，被誉为"名流内阁"①。

此外，第三厅下面还附属有4个抗敌宣传队，10个抗敌演剧队，3个电影放映队，1个电影制片厂，1个孩子剧团，1个漫画宣传队。详见表7-1。

表7-1 第三厅所属主要工作团队一览表

团队名称	主官姓名	所属处	人数	派往工作地点
抗敌宣传队第一队	吴获舟	第五处	20	桂 林
抗敌宣传队第二队	何 惧	第五处	20	浙 江
抗敌宣传队第三队	郑含华	第五处	20	鄂西北
抗敌宣传队第四队	卢德明	第五处	20	陕 西
抗敌演剧队第一队	徐 韬	第六处	25	连 县
抗敌演剧队第二队	吕 复	第六处	28	南 昌
抗敌演剧队第三队	徐世津	第六处	28	西 安
抗敌演剧队第四队	侯 枫	第六处	28	樊 城
抗敌演剧队第五队	王梦生	第六处	28	屯 溪
抗敌演剧队第六队	陆万美	第六处	26	立 煌
抗敌演剧队第七队	冼 群	第六处	23	屯 溪
抗敌演剧队第八队	刘斐章	第六处	30	衡 阳
抗敌演剧队第九队	徐桑楚	第六处	25	桂 林
抗敌演剧队第十队	姚肇年	第六处	29	洛 阳
电影放映队第一队	林 斐	第六处	32	衡 阳
电影放映队第二队	欧阳齐修	第六处	32	桂 林
电影放映队第三队	彭介人	第六处	12	桂 林
孩子剧团	吴新稼	第六处	60	重 庆

资料来源：武汉市档案馆、八路军武汉办事处旧址纪念馆、武汉图书馆编：《武汉抗战史料选编》，1985年，第104～105页。

---

① 戴知贤、李良志主编：《抗战时期的文化教育》，北京出版社1995年版，第80～81页。

第三厅的成立，是国民政府顺应抗战需要，实施民主政治的一项具体措施。由于第三厅是由周恩来具体负责，因而为中共党人投身抗战宣传，广泛接触各界人士尤其是文艺界人士，大力发动群众，组织群众提供了难得的机遇和舞台。第三厅的成立，更使得汇聚武汉的各种民众救亡团体有了一个合法的、统一的指导机构，自此，抗日救亡运动得以公开地有计划地更大规模地开展起来。正如阳翰笙所说："我们拿着三厅这个招牌，就可以用政府的名义，组织团体到前线去，也可以到后方去，到后方大大小小的城市乡村去，公开地、合法地、名正言顺地进行宣传，既可以宣传民众，也可以宣传士兵。"①

三、沸腾的抗日救亡运动

抗日救亡团体的汇聚和第三厅的成立，极大地促进了武汉地区抗日救亡运动的发展，使武汉迅速成为全国抗日救亡运动的中心。

在第三厅成立之前，武汉地区的抗日救亡运动多以各抗日救亡团体为单位展开活动。

是时，成千上万的青年学生们"由京沪、由平津、更远地由东北，离乡背井，流亡到武汉"，"他们踊跃参军，或者投考军事学校和干部训练班，毫不吝惜地想把自己的生命来贡献给祖国"②。他们参加各种抗日救亡团体后，又"有组织地经常不断地为伤兵服务，为难民服务，无论在任何伤兵医院或难民收容所里，都可以听见他们的歌咏，看得见他们在写书信，报告时事，做临时护士"③。在武汉的大街小巷里，更是随处可见他们创办的抗日救亡报刊、读物和举办的各种座谈会、讲演会、研究会。

数以千计的文艺界人士及其文艺团体到达武汉后，立即开始寻找自己在抗日救亡运动中的位置。他们一面与武汉的文艺界人士联合举行公

---

① 阳翰笙：《第三厅——国统区抗日民族统一战线的一个战斗堡垒》，《新文学史料》1980年第4期。

②③ 郭沫若：《洪波曲》，人民文学出版社1979年版，第111、112页。

演，宣传抗日救亡；一面组建或参加各类抗日救亡团体，投身抗日救亡运动。当国际反侵略大会拟于1938年2月11日在伦敦举行国际反日援华大会的消息传到武汉时，文艺界人士立时与民主党派人士于1月23日发起组织国际反侵略大会中国分会和中国反侵略运动周，并在其发表的《告友人书》中坚定地表示："今日全中国已决心在民族的领袖蒋介石委员长的领导之下，抗战到底"，"在日本军阀没有完全退出中国领土以前，我们决不停止抵抗"①。

全国工人抗敌总会筹备会在武汉宣告成立后，筹备会宣传部"除参加武汉各界抗敌宣传周各项工作和活动外，特组织50个宣传队，到各工人区、工厂、各码头，开展大规模的宣传"②。

湖北省妇女战时服务团成立后，在短时间内即"为前线将士一次募集10万双军鞋，并迅速加工完成一批防毒面具"。而汉口基督教女青年会、湖北妇女慰劳会、汉口市妇女会则组织妇女分别前往协和医院、第一伤兵收容所、梅神父医院、天主教医院、第四休养院，为伤员洗衣、缝衣、写信，进行慰劳服务。

在第三厅成立之后，武汉地区的抗日救亡运动便开始在第三厅的统一组织、指导之下，呈现出规模宏大、波澜壮阔的局面。

第三厅组织、指导的第一个重大活动，是1938年4月7日至13日的抗战扩大宣传周。"此次宣传周目的，一方面要鼓励前方将士再接再厉，一方面要振奋后方民众同仇敌忾，俾坚强国人长期抗战之意志。"③为达此目的，第三厅在抗战扩大宣传周的内容和形式上作了精心的设计和安排。

抗战扩大宣传周的第一天即4月7日为文字宣传日。是日上午，在汉口市商会大礼堂举行抗战扩大宣传周开幕礼，由军事委员会政治部部

---

① 中国反侵略运动会编：《告中国友人书》，《大公报》1938年1月25日，第3版。
② 欧阳植梁，等编：《武汉抗战史》，湖北人民出版社1995年版，第280页。
③ 《陈诚在抗战宣传周开幕礼上训词》，《扫荡报》1938年4月8日，第4版。

长陈诚、副部长周恩来向到会的军政长官、各界首领及团体代表千余人报告举办抗战扩大宣传周的目的、方法等。礼毕之时，恰逢台儿庄大捷的消息传到武汉，整个武汉三镇立即欢腾起来。各报社均发号外，各机关均以白布抄写捷报高悬门首，一时鞭炮声不绝于耳。下午6时，各机关团体学校及各界民众，在中山公园体育场举行庆祝大会。会后"举行火炬游行，行列绵亘数里，经过之地区，市民均以鞭炮欢迎，民气极度振奋"①。宣传周筹备会所有之传单、唱本、小册子等文字宣传品，皆普遍散布武昌、汉阳、汉口三镇，并寄发各战区前线及内地。

抗战扩大宣传周的第二天即4月8日为口头宣传日。第三厅安排了广播讲演、集会讲演和街头讲演。广播讲演的讲演人先后有张之江、邵力子、汪精卫、黄琪翔、周恩来、张厉生和郭沫若等。集会讲演有：史良、邹韬奋在汉口民教馆的讲演，于右任、王昆仑在汉口市商会的讲演，甘乃光、陈铭枢在汉口青年社的讲演，郭沫若、鹿地亘在武昌商会的讲演，冯玉祥、沈钧儒在省党部的讲演，杜重远、章乃器在汉阳商会的讲演。街头讲演则由军事委员会政治部战时工作干部训练班成员、党政军各机关工作人员和各团体宣传队计3 000多人在武汉三镇各街头、伤兵医院、难民收容所等地进行②。

抗战扩大宣传周的第三天即4月9日为歌咏宣传日。是日上午，在汉的民声、星海、量才、青年女子、三八女子、汉光、乐余、孩子剧团、华北等近100个歌咏队3 000余队员③，在中山公园体育场举行盛大的广场歌咏。由冼星海、张曙指挥，全体高唱《义勇军进行曲》、《牺牲已到最后关头》、《大刀进行曲》、《救国军歌》、《中华民族不会亡》、《救亡进行曲》、《保卫大武汉》等歌曲。歌曲唱毕，全体绕场游行一周，并高呼

---

① 《台庄昨晨传来捷报　武汉民众热烈庆祝》，《扫荡报》1938年4月8日，第4版。
② 《抗战宣传周第三日》，《扫荡报》1938年4月9日，第4版。
③ 《青年月刊》5卷6期，转引自武汉市档案馆、八路军武汉办事处旧址纪念馆、武汉图书馆编：《武汉抗战史料选编》，1985年，第97页。

口号，随后开始游行歌咏。晚7时又在光明大戏院举行大合唱。"全日情况，至为热烈"①，乃至48年后阳翰笙在所著《风雨五十年》一书中写道："我敢说，这时期武汉歌咏的盛况，在后来，一直到今天恐怕也没有达到过这样热烈的程度和宏大的规模。"②

抗战扩大宣传周的第四天即4月10日为美术宣传日。是日，在汉的美术工作者把创作的数百幅抗战宣传画陈列在黄鹤楼两侧和台阶上，并在武汉三镇大街小巷的醒目处绘制了许多巨幅壁画、漫画。晚上，各美术团体燃起火炬，高举数百幅宣传画和数十名抗战将领的画像，举行了火炬、美术、歌咏大游行。

抗战扩大宣传周的第五天即4月11日为戏剧宣传日。是日，由第三厅所属抗敌演剧队等17个团体分别在汉口的民教馆、青年会、市商会、中华大戏院、中山公园、江岸、大智门、市政府空场、硚口水厂，由上海怒吼剧社等13个团体在武昌的省党部大礼堂、复兴纱厂、徐家棚、大东门、司门口、阅马场，由新剧公会等3个团体在汉阳的黑山、东门口、西山等处主演话剧。剧目有《最后一计》、《团结抗日》、《日兵暴行》、《青纱帐》、《东北之家》、《放下你的鞭子》、《难民曲》、《大家一条心》、《八百壮士》、《打鬼子去》等。同时，武汉三镇的新市场、凌霄、长乐、明记、维多利亚纪念堂、天声、美成、共和、满春、天仙、汉兴、粤汉12家剧院，皆分日夜两场免费上演汉剧、楚剧、评剧等，主要剧目有《岳飞》、《文天祥》、《八百壮士》、《卧薪尝胆》、《木兰从军》、《平倭传》、《梁红玉》、《汉奸末路》等。此外，还有许多文艺团体走出剧院，走遍大街小巷，演出活报剧、独幕剧和街头剧等③。

抗敌扩大宣传周的第六天即4月12日为电影宣传日。是日，汉口的光

---

① 《青年月刊》5卷6期，转引自武汉市档案馆、八路军武汉办事处旧址纪念馆、武汉图书馆编：《武汉抗战史料选编》，1985年，第98页。
② 阳翰笙：《风雨五十年》，人民文学出版社1986年版，第184页。
③ 《抗战宣传周第五日》，《扫荡报》1938年4月11日，第4版。

明影戏院、世界影戏院、新市场、上海大戏院、明星大戏院、中央大戏院、维多利亚纪念堂均上映或加映《火中的上海》、《保卫我们的土地》、《抗战特辑》等抗战体裁的影片和新闻片。同时，第三厅还组织许多电影巡回放映队，分别到武汉各重要地点如汉口的中国球场、特三区医院、江汉关、民族路、硚口、大智门、中山公园，武昌的省党部前、十字街口、中正桥畔、汉阳门、司门口、徐家棚、复兴纱厂等地放映上述影片①。

抗战扩大宣传周的第七天即4月13日为游行宣传日，原拟定举行武汉三镇"六十万民众大游行"②，且至中午，汉口中山公园已聚集4.5万人，武昌公共体育场已达万人，汉阳社会总部操场也达8 000余人，其络绎于途者则达数十万人③。但是，在刚准备宣布组队游行时，游行总指挥部获悉"敌机来袭"报告，遂将聚集民众迅速疏散。随后，大雨不断，致使三镇大游行未能如预拟计划顺利举行，各团体遂在市街分头游行，其"热烈情况，则并未稍减"④。

为期7天的抗战扩大宣传周活动，气势恢宏，有声有色，极大地激发了前方将士和后方民众的抗战热情，掀起了"抗战的武汉时期"救亡运动的第一个高潮。

继抗战扩大宣传周活动之后，第三厅又发起、组织了感人肺腑的献金活动。

1938年7月7日，为纪念抗战一周年，第三厅在组织大规模的示威集会游行、祭奠抗战烈士、印发告民众书和告前方将士书等活动的同时，周密组织了献金活动。为了献金活动顺利开展，第三厅事先起草了计划，蒋介石亲自审批了计划并约见郭沫若商谈了有关事宜，还特批1.5万元作为活动经费⑤。

---

① 《抗战宣传周第六日》，《扫荡报》1938年4月12日，第4版。
② 《六十万民众大游行今在三镇同时分别举行》，《扫荡报》1938年4月13日，第4版。
③④ 《三镇民众参加游行》，《武汉日报》1938年4月14日，第4版。
⑤ 欧阳植梁，等编：《武汉抗战史》，湖北人民出版社1995年版，第295页。

根据计划，献金活动的时间为7月7—9日的每天上午9时至下午6时。共设有6个献金台，地点为武昌的司门口，汉口的三民路孙中山铜像前、江汉关右首、世界影戏院门首、中山路水塔旁和汉阳的东门码头。献金为完全自愿活动，其方法是献金人献金时，由管理员登记验明后，由献金人亲自投入箱内；如属金银饰物，则由献金人写上姓名及物品质料、数目于纸上，包好后交保管员专箱保存。

7月7日上午9时，各献金台分别由郭秀仪（黄琪翔夫人）、郭德洁（李宗仁夫人）、沈慧莲（马超俊夫人）、陈逸云等妇女界领袖揭幕，随即，早已等候在献金台旁的人们争先恐后地上台捐献钱物。"中山路水塔献金台前、台右、台左，拥满了黑压压的人群，他们都打开了贫弱的口袋，拿出了各色各样的法币、银币、金戒、铜辅币"；"世界戏院前的一座献金台，也和其他的献金台同时揭幕，在那儿附近的市民毫无畛区地走到这座台来，贡献出他所能出的财力"；江汉关献金台"是武汉两地的连接点，由轮渡上出来的人群，都得在那儿出入，所以献金情况特别紧张热烈"[①]。其他献金台，莫不如此。每座献金台原有8个工作人员负责登记，但忙不过来，遂增加到30余人，仍应接不暇，只得再增设十几个流动献金台。献金时间，原定3天，到9日结束，"兹因各界民众献金踊跃，多数民众尚抱向隅之憾，纷纷向各献金台或致函本会，要求延长献金时间"，故献金时间延续到11日结束[②]。

参加献金的机关和人群十分广泛。其中，国民党中央党部献金23 100元，汉口特别市党部献金1 000元，湖北省党部献金1 000元，武昌市政处献金1 900元，国民参政会各参政员共献金20 000元，军委会政治部献金10 000元，后方勤务部献金10 000元，武汉卫戍司令部献金10 000元；国民政府主席林森献出重17.44两金鼎一座，重1.35两金戒4枚；蒋介石夫妇委托新生活运动总会总干事黄仁霖献金19 451.14元；陈诚带着省政府重要职员亲到献金台献金10 000元；立法院院长孙科、

---

① 《武汉献金第一日》，《扫荡报》1938年7月8日，第3版。
② 《应各界要求武汉献金展期两日》，《扫荡报》1938年7月10日，第4版。

国民党中央秘书长朱家骅、前秘书长叶楚伧、海军中将桂永清等人也参加了献金。中国共产党尽管经济困难，但仍尽力献金。驻汉中共代表团和八路军驻汉办事处的献金团，将6月份党费中拨出的1 000元和八路军将士7月7日节食素餐省下的1 000元分别献出；毛泽东、陈绍禹、秦邦宪、林祖涵、吴玉章、董必武、邓颖超7位中共参政员，献出7月份的薪金共2 450元；周恩来将其政治部副部长7月份薪金240元全部捐出①。民主党派代表及无党派人士黄炎培、史良、邹韬奋、张澜、陶行知、沈钧儒、谭平山等200余人也都热烈献金。

在国共两党带头献金的同时，其他各界也纷纷参加献金活动。汉口各店主代表全体店员、职员，捐献了一个月的薪金；各房屋出租主也共同派代表捐献了一个月的房租钱，这两项捐款计47万元。福兴、裕华、申新、大成4家纱厂共认捐10万元②。文艺界的几十家戏院影院于8日举行献金公演，近3 000名演职员不取报酬，将全部收入献出。主演电影《热血忠魂》的女影星黎莉莉还献出了自己的结婚戒指③。7月8日，600多名人力车夫一起赶达献金台，逐个献出他们当天的血汗钱。天生裕茶叶铺拣茶女工24人一排，各持5角一张的毛票，投进木箱④。武昌乞丐所全体乞丐自动绝食一天，献金40元。两名断了腿的辛亥老兵，挂着木棍上献金台，献出2元钱，并谓："现在已经年老残废，再不能背起枪杆打鬼子去，谨献纳两支大洋，买一粒子弹。"⑤一位丈夫牺牲在战场上的姓马的青年妇女，坚持要献出全部财产，并泣不成声地说："没有了丈夫，没有了家，我什么都不需要，所需要的，只是祖国的胜利。"⑥一位来自东北的难民李安启，连献两次共24分钱时说："愿以我所有的最少的钱献纳出来，但愿国家早一日把这批鬼子驱逐。"⑦ 一名8岁的小孩

---

① 郑自来、李如：《"七·七"献金运动》，《武汉文史资料》第41、42辑合刊，1990年。
②③《武汉献金第一日》，《扫荡报》1938年7月8日，第3版。
④⑤⑥《武汉三镇献金圆满结束》，《新华日报》1938年7月12日，第3版。
⑦ 关梦觉：《献金台上》，《新华日报》1938年7月11日，第3版。

杨瑞全，抱着一个泥塑老虎钱罐，一跳一跳地跳到献金台边，打破钱罐，将所盛"铜元角票一共二元三角三分"献出①。

在献金的队伍中，还有许多外国友人，如日本反战作家池田幸子、西班牙文山神甫、美国明德神甫、朝鲜战时青年服务团等。

在5天的献金活动中，献金者达50万人以上，共接受捐款93万元，金银饰物1 156件，其他物品77件，现金和实物折款相加计100万元以上②。为了使用好这笔钱，第三厅筹建了全国慰劳总会和全国寒衣委员会到香港购买了10大卡车的药品、医疗器械，赶制了20万套暑衣、40万套棉衣、20万件蚊帐，分送到了前线，其中八路军得到5万套棉衣和一些药品③。

献金活动的意义，绝不仅在于财力上支持了抗战，更重要的是充分地表现了中华民族高度的爱国主义精神。正如7月12日《新华日报》社论指出：献金活动"其情形的热烈，不仅在中国历史上为空前，在世界史上也少有！这次献金运动，是中国兴亡的重大测验，测验的结果如何？可以万分肯定地回答：中国不会亡，中国一定复兴！"④ 此外，献金活动还把"抗战的武汉时期"救亡运动推向一个新的高度。

继抗战扩大宣传周和献金活动之后，第三厅组建的武汉各界慰劳前线抗战将士委员会还发起了30万封慰问信活动。

1938年8月11日，武汉各界慰劳前线抗战将士委员会发出《征求慰问信三十万封》启事，说明该活动的意义在于："一方面，表示后方民众对前线将士的关怀；一方面也可借此鼓励士气。"同时"希望各界同胞，不分男女老小，团体个人，大家都来尽一点力，每人至少自动写一封"⑤。

---

① 《武汉献金第四日》，《新华日报》1938年7月11日，第3版。
② 《武汉三镇献金圆满结束》，《新华日报》1938年7月12日，第3版。
③ 戴知贤、李良志主编：《抗战时期的文化教育》，北京出版社1995年版，第85页。
④ 《民众献金运动》（社论），《新华日报》1938年7月12日，第1版。
⑤ 武汉各界慰劳前线抗战将士委员会编：《征求慰问信三十万封》，《新华日报》1938年8月11日，第1版。

16日,《新华日报》发表社论指出:前线将士浴血杀敌,"受到后方同胞不断的激励和慰藉",会更加"感觉到自己对民族国家所负义务之重大,更加认识到自己对人民所负义务之光荣,于是更加提高战斗热情和杀敌壮气"①。随即,30万封慰问信活动得到各界响应。

青年救国团全体团员赶写了大量慰问信,许多女团员还日夜缝制了精巧慰问袋1 200个,袋上写着"抗战到底"、"还我河山"、"保卫武汉"等鼓励字样。怒涛歌咏团每人写了20封。武汉妇女指导委员会联络委员会、难民妇女服务团、妇女救护训练班等,做慰问袋约4 000个。生活书店交慰问信520封。东北救亡总会战地服务团征集慰问信1 000多封。儿童保育院、儿童先锋队、儿童读书会的孩子们以及日本友好人士绿川英子也参加了写慰问信的活动。

慰问信的内容十分丰富感人。汉口码头工人写道:"亲爱的英勇抗战的将士,我们的生活是非常困苦的,每天劳动所赚只一两毛钱。可是,我们晓得,如果我们不把日本鬼子赶出中国去,咱们全中国的老百姓都没有好日子过。所以,我们大家情愿饿一顿肚子,聚集了四块大洋,送给你们买东西,以示我们对你们的敬意。"② 一个孩子写道:"战士叔叔,你有胡子吗?我不愿有胡子的人亲我,要是你要亲我,我只好让你亲了,因为你是打鬼子的战士。"③ 绿川英子的信里写道:"使你们陷入这样困苦里,是日本军阀。他们杀了你们很多兄弟,奸了你们很多姊妹,实在我们很对不起你们","假如我有百个身体,要到前方的日本军队去,同他们好好谈一谈,不让他们再杀中国兄弟、中国老百姓;假如我有千只手,要到所有前线去,给你们中国士兵绷一绷受伤的地方,替你们洗一洗衣服"④。

---

① 《加紧三十万封慰劳信运动》(社论),《新华日报》1938年8月16日,第1版。
② 毛磊,等:《武汉抗战史要》,湖北人民出版社1985年版,第356页。
③ 舒宗侨:《难忘的一九三八年——抗战初期在武汉的回忆》,《湖北文史资料》第13辑,1985年。
④ 孙金科:《中国人民的挚友绿川英子》,《湖北文史资料》第46辑,1995年。

第三节 规模空前的武汉会战

武汉会战是抗战初期正面战场中日中双方以攻占或保卫武汉为作战目标的一次大规模战役。会战从 1938 年 6 月 11 日日军进攻安庆起,至 10 月 25 日中国军队撤退武汉止,历时 4 个半月。日军投入的兵力约 35 万,中国参战的部队约 100 万①。战事从长江沿线展开,扩及大别山麓、鄂赣边界以及武汉近郊,纵横数千里,遍及安徽、河南、江西、湖北 4 省广大地区。会战时间之长、兵力之多、规模之大,是抗战中其他战役所不能比拟的。

一、日中双方的作战准备

自 1937 年 12 月 13 日攻占南京后,日本大本营陆军部"就开始研究了攻占汉口作战"②。待 1938 年 5 月 19 日徐州会战一结束,日本大本营陆军部即决定于当年"秋季进行汉口作战"③,并利用徐州会战后军队所处的有利进攻态势,逐次向武汉外围推进。

根据大本营陆军部的决定,1938 年 6 月 15 日,日本御前会议正式"决定了进行攻占汉口作战"④。18 日,大本营陆军部迅速下达"准备汉口作战"的命令,并确定"以初秋为期,攻占汉口"⑤。至此,日本进攻武汉的计划遂告完成。

日本大本营制定进攻武汉计划的同时,即开始全面配置兵力。

1938 年 5 月,日本大本营陆军部决定:进攻汉口作战由"华中派遣军统一指挥"⑥,并着力加强华中派遣军的力量。是时,华中派遣军只辖有第 6、第 13、第 101 这 3 个师团。7 月间,日军大本营将华北方面军第

---

① 中国人民政治协商会议全国委员会文史资料研究委员会编:《武汉会战——原国民党将领抗日战争亲历记》,中国文史出版社 1989 年版,第 1~2 页。
②③④⑤⑥ 日本防卫厅防卫研究所战史室著,田琪之译:《中国事变陆军作战史》第 2 卷第 1 分册,中华书局 1979 年版,第 89~91、111 页。

2军调归华中派遣军，并新编了第11军，归附华中派遣军。此外，将临时航空兵团改编为航空兵团，也编入华中派遣军序列。到这时，华中派遣军共有14个师团和2个旅团、2个支队（相当于旅团）以及直辖兵团、航空兵团等4个作战单位。畑俊六任华中派遣军司令官。其中，第2军辖有第10、第13、第16、第3师团和野战重炮1旅团、骑兵第4旅团、战车第1联队；第11军辖有第6、第101、第106、第27、第9师团和波田支队（台湾步兵旅团）、石原支队、海军第3舰队、土师池海军陆战队、战车第2联队、町九机械化兵团、野战重炮旅团；直辖兵团辖有第18、第116、第15、第17、第22师团；航空兵团辖有第1、第2、第4飞行团①。计有总兵力约30万，各型飞机300架，各型舰艇120艘②。

伴随作战计划的制定和作战兵力的全面配置，日本大本营陆军部又几经变更，确定了作战的路线和作战目标。

日本大本营陆军部曾于1938年4月计划以1个军自郑州沿平汉线南下，以1个军自南京沿长江西进，从北面和东面直取武汉③。后考虑到两军战场过远，不便于华中派遣军统一指挥，遂改为由第2军"担任沿淮河作战"，第11军"担任沿扬子江作战"④。6月9日黄河花园口决堤⑤，

---

① 中国人民政治协商会议全国委员会文史资料研究委员会编：《武汉会战——原国民党将领抗日战争亲历记》，中国文史出版社1989年版，第541～542页。
② 敖文蔚：《兵火奇观——武汉保卫战》，广西师范大学出版社1995年版，第58页。
③④ 日本防卫厅防卫研究所战史室著，田琪之译：《中国事变陆军作战史》第2卷第1分册，中华书局1979年版，第110页。
⑤ 花园口决堤：1938年5月19日日军占领徐州后，即执行日本大本营陆军部攻占郑州尔后沿平汉铁路南下直取武汉的作战计划。6月初，日军沿陇海铁路西进，连陷开封、中牟，直逼郑州。为阻滞日军行动，中国第一战区第20集团军所部奉命于6月9日炸开郑州北郊17公里处黄河南岸花园口的黄河大堤。时值黄河上游进入高水位，又遇大雨，决堤后的黄河水汹涌改道向东南倾泻。突入豫东地区的日军猝不及防，不少人员和马匹被水冲走，大量辎重装备被淹没，陷入洪水中待援的日军被中国军队歼灭。日军死亡人数说法不一，当在万人左右。日军承认"受相当损失"。日军被迫退到开封以东地区，放弃了从平汉铁路南下直取武汉的作战计划，中日军队对峙在黄泛区东西两边达6年之久。同时，花园口决堤致300多万民众失去家园，89万人被淹死，财产损失无计。又造成人为的黄河改道，形成30多万平方公里的黄泛区，直到1947年2月黄河回归故道。

日军放弃以主力攻占郑州沿平汉铁路南下的计划，改变为以主力沿长江两岸向武汉推进，以一部由淮河以南西进翻越大别山进攻汉口。

日本大本营陆军部"汉口作战"的作战目标是攻占中国抗战中心武汉，并消灭中国军队主力。为此，1938年7月31日日本大本营陆军部制定的《以秋季作战为中心的战争指导大纲》即明确规定："汉口作战的目的，在于摧毁蒋政权的最后的统一中枢——武汉三镇"，同时，"作战指导上采取这样的策略，对配置于该地防御线上的敌方兵力，尽力给予重大损害"①。

在日本大本营全面准备"汉口作战"的同时，国民政府军事委员会也在积极准备保卫武汉作战。

南京保卫战之际，国民政府军事委员会就估计到日军将攻占武汉，并在南京失守当日即1937年12月13日拟定了《军事委员会第三期作战计划》，制定了武汉会战的方针和战略。决定"国军以确保武汉核心，持久抗战，争取最后胜利为目的，应以各战区为外廓，发动广大游击战。同时重新构成强韧阵地于湘东、赣西、皖西、豫南各山地，配置新锐兵力，待敌深入，在新阵地与之决战"②。1938年6月8日，军事委员会制定《保卫武汉作战计划》，进一步指出："国军以聚歼敌军于武汉附近之目的，应努力保持现有态势，消耗敌军兵力，最后须确保大别山、黄麻间主阵地，及德安、箬溪、辛潭铺、通山、汀泗桥各要线，先摧破敌包围之企图，尔后以集结之有力部队，由南北两方面向沿江夹击突进之敌。"③ 至此，中国统帅部不仅确定了保卫武汉作战的方针，而且明确了

---

① 日本防卫厅防卫研究所战史室著，田琪之译：《中国事变陆军作战史》第2卷第1分册，中华书局1979年版，第107页。
② 《军事委员会第三期作战计划》（1937年12月13日），中国第二历史档案馆编：《中华民国史档案资料汇编》第5辑第2编·军事（1），江苏古籍出版社1998年版，第634页。
③ 秦孝仪主编：《中华民国重要史料初编——对日抗战时期》第2编，（台北）中国国民党中央委员会党史委员会编印，1980年，第308页。

积极防御、持久抗战的战略。

为了实施保卫武汉作战的方针、战略，国民政府军事委员会及时地配置了兵力，规划了防线。

1937年12月21日，军事委员会决定由时任第15集团军总司令的陈诚负责，守备武汉，并于次日确定武汉守备军为9个师。紧接着，于1938年1月11日成立武汉卫戍总司令部，陈诚任卫戍总司令，卫戍部队增至14个师、1个旅以及特种兵一部。随后，组成江防部队，兵力7个师。

徐州会战后，军事委员会进一步调整和加强保卫武汉作战的指挥机构及兵力。6月5日，军事委员会在武汉召开会议，决定由蒋介石担任保卫武汉作战的总指挥。8日，制定《保卫武汉作战计划》，决定从徐州战场转移到豫皖边境的第五战区部队"以现在态势，确保大别山主阵地，积极击破沿江及豫南进犯之敌"①。14日，军事委员会通知成立第九战区，部队由武汉卫戍部队改编而成，陈诚任战区司令长官，负责武汉及长江以南防务。至此，保卫武汉作战的兵力及防线最后确定：由陈诚为战区司令长官的第九战区负责长江南岸及武汉的防务；由李宗仁为战区司令长官的第五战区负责大别山南北两翼及长江北岸的防务。

是时，第九战区辖有第1兵团的第1、第20、第9集团军和第29、第37军团，第2兵团的第30、第3、第31集团军和第32、第11军团，武汉卫戍区的江北区和江南区、武汉警备区和第30、第26军团，共23个军49个师；第五战区辖有第3兵团的第3、第2集团军，第4兵团的第29、第11、第26、第21、第5、第33、第24、第27集团军和第28、第19、第17军团，共26个军58个师②；加上第三、第一战区的增援部队和骑兵、

---

① 秦孝仪主编：《中华民国重要史料初编——对日抗战时期》第2编，（台北）中国国民党中央委员会党史委员会编印，1980年，第309页。
② 中国人民政治协商会议全国委员会文史资料研究委员会编：《武汉会战——原国民党将领抗日战争亲历记》，中国文史出版社1989年版，第539～540页；武汉市档案馆、八路军武汉办事处旧址纪念馆、武汉图书馆编：《武汉抗战史料选编》，1985年，第298～301页。

炮兵、工兵及海军、空军，参加保卫武汉作战的兵力约 100 万人。

在配置兵力和规划防线的同时，国民政府军事委员会又加紧在各条防线上构筑起了大量的防御工事。其中，在北起横店，南至贺胜桥，东起葛店，西至新沟的武汉城防区，至 1938 年 5 月，共构筑永久工事 650 个，构成以武汉为核心的大纵深防御阵地。在大别山麓，构筑起的工事线主要有六（安）霍（山）线、立（煌）商（城）线、潢（川）光（山）罗（山）线、长（台关）信（阳）武（胜关）线。其最重要的阵地有六（安）商（城）公路的叶家集地区、商（城）麻（城）公路的小界岭地区及武胜关、平靖关、九里关地区。在赣湘鄂边界，先后在武宁横路区、修水铜鼓区、阳新辛潭铺区及湘北、湘赣铁路东段构筑起了二线阵地。在安庆至武汉的长江江段，则先后构筑和扩建起马当、湖口、田家镇和葛店等要塞工事，尤以马当要塞工事规模为巨。

马当要塞构筑于江西省彭泽县马当镇东 2.5 公里马当山。这里的江面因泥沙冲积成洲被分为二道，其左水道由于淤塞不能通航，其通航的右水道江面宽度不及半公里，形状如马的马当山横枕大江，与北岸稍西的小孤山夹束江流，自古为用兵要地。马当要塞工事为拦河坝式的阻塞线，由底中上三层构成。"底层用铅丝构成大网，内铺柳枝和乱石，拌水泥凝固，逐段投沉江底，然后绕以铅丝缆和芋麻瓣，使之紧密连接，并在上游处用铁锚拉住，在下游处加用大木桩打入江底，以不为水流冲激所撼动。""中层用大型铁锚和大块乱石，放置在大帆船和铁驳里，以水泥凝固，沉列在底层之上，藉铁锚齿和大石块锋尖作为暗礁。""上层布设水雷。"[①] 坝面约低于水面 2 公尺，如敌舰溯江直闯而上，将被水雷轰击，或触撞在礁上。马当江面共有 3 道这种构造的阻塞线，成为长江江面最重要的防御工事。

[①] 刘嘉：《马当阻塞工程始末》，中国人民政治协商会议全国委员会文史资料研究委员会编：《武汉会战——原国民党将领抗日战争亲历记》，中国文史出版社 1989 年版，第 41 页。

至此,中日双方的会战准备基本就绪,武汉会战迫在眉睫。

二、武汉会战的全面展开

(一)武汉会战前夕的空战

在武汉会战全面打响前几个月,日军就开始倚仗其空中优势,频频对武汉进行空袭、轰炸。为保卫武汉免遭袭击、轰炸,年轻的中国空军多次与苏联志愿航空大队混编起飞迎敌,空战就成了武汉会战全面打响的前奏。

1938年2月18日,日军从南京、芜湖等地出动26架战斗机和12架轰炸机,沿长江一线向武汉进犯。中国空军闻讯后,第4大队第22队的11架E-15式战斗机和第21队的10架E-16式战斗机迅速从汉口王家墩机场起飞迎战。随后,第23队的8架E-15式战斗机也从孝感机场起飞投入战斗[①]。经过12分钟的激战,中国战机击落日机14架,其余日机狼狈逃窜,未能进入武汉市区投弹[②]。中国空军损失飞机4架,第4大队大队长李桂丹等5名飞行员牺牲。"二一八"空战成为武汉抗战时期的首次空中大捷。

4月29日,日军为了以"空中大捷"向天长节献礼,出动了39架飞机飞向武汉。由于中国空军事先从被击落的一架日侦察机获得有关情报,遂严阵以待,出动了2个大队67架战机实行拦击,并在战术上预作了安排。中国机群起飞后,以E-15式战机诱导日战机脱离轰炸机群,以E-16式战机痛歼日轰炸机,得手后,中国机群又联手攻击日战机。一时间,"自武昌以至黄冈上空,漫天焰火,均属被我击坠之敌重轰炸机残骸"[③]。

[①] 步青:《在武汉"二一八"空战中殉国的空军大队长李桂丹》,《湖北文史资料》第13辑,1985年。

[②] 何应钦:《日军侵华八年抗战史》,(台北)黎明文化事业股份有限公司1982年版,第307页。

[③] 《武汉昨日壮烈空战,我击落敌机廿一架》,《新华日报》1938年4月30日,第2版。

经过半小时激战，中国空军击落日机 21 架，其中战斗机 11 架，轰炸机 10 架①。中国空军损失飞机 12 架。第 4 大队飞行员陈怀民在飞机多处被击中后追撞日机壮烈牺牲。"四二九"空战不仅是武汉抗战期间，而且是全国八年抗战时期最激烈的一次空战。

5 月 31 日，日军又出动 36 架战斗机和 18 架轰炸机向武汉进犯，中国空军派出强大战斗机群，在汉口北方上空截住日机，经过一番激烈格斗，日机东逃，中国战机乘胜追击，一举击落日机 14 架②。是为"五三一"空战。

中国空军除进行武汉上空的空战外，还多次从汉口机场起飞执行在其他地方的战斗任务。2 月 17 日，参加长沙空战，击落日机 2 架。2 月 25 日，参加南昌空战，击落日机数架。2 月 30 日，长途飞行空袭日军台北松山机场，炸毁日机 4 架和一座油库。3 月 25 日，参加归德空战，击落日机 7 架，击伤 3 架。5 月 11 日，一日内 3 次远飞南海万山群岛，炸沉日舰 2 艘，击落日机 3 架。5 月 19 日，远飞日本长崎、福冈、久留米、佐贺及九州多个城市上空遍撒传单，并侦察了日本军港及机场，使得"日本全国骚动，惊恐万分"，惊呼"这是日本有史以来外国飞机进入其本土空前的奇迹"③。8 月 11 日凌晨，5 机编队空袭了停泊在九江的日军舰队。是日黄昏，又起飞 7 架 SB 型飞机再次空袭日军该舰队。两次空袭，击沉日舰 5 艘，击伤日舰 7 艘。等等。据统计，在武汉会战期间，中苏混编的空军共计击落日机 62 架，击伤 9 架，炸毁 16 架；炸沉日军舰艇 23 艘，炸伤 62 艘④。

---

① 何应钦：《日军侵华八年抗战史》，（台北）黎明文化事业股份有限公司 1982 年版，第 308 页。
② 《武汉空战我又大捷，敌机十四架被击落》，《新华日报》1938 年 6 月 1 日，第 2 版。
③ 王倬：《我国空军远征日本的正义壮举》，《湖北文史资料》第 13 辑，1985 年。
④ 何应钦：《日军侵华八年抗战史》，（台北）黎明文化事业股份有限公司 1982 年版，第 309 页。

武汉会战前夕的空战，引起了全国各界的深切关注，赢得了国内外的一致称誉。每一次空战之后，武汉各界都热烈庆祝，并亲切慰问凯旋的空军将士。"二一八"空战后，武汉各界举行隆重的庆祝大会。中国空军远征日本飞回时，孔祥熙、何应钦、钱大钧等军政要员亲自到机场迎接。为纪念在空战中殉国的空军将士，武汉各界两次举行隆重的公祭仪式，蒋介石、陈诚等军政首脑以及中共中央代表团成员都亲临致祭。国外舆论则普遍称赞：中国最出色的部队是空军①。

（二）长江中游沿岸的作战

武汉会战长江中游沿岸的作战始自日军对安庆的进攻。

1938年5月下旬，日本大本营决定："攻占安庆，作为汉口作战的据点。"② 5月29日，日本大本营陆军部命令"华中派遣军司令官应以一部部队占领安庆附近"；大本营海军部命令"中国方面舰队司令长官应协助陆军占领安庆附近"③。意在陆、海军合力一举攻占安庆。

6月1日，日军第6师团从合肥南下，3日进逼凤台，4日占正阳关，9日陷舒城，直扑安庆之背。同时，日军波田支队在海军的护卫和领航下，6月10日从芜湖附近出发，开始溯江西进。次日，停泊安庆下游20公里处。12日3时起，波田支队驾筏登陆，占领将军庙，经新河口、大王庙向安庆疾进。日军陆战队则占领南岸上窑炮台。旋即，日舰多艘驶抵南岸大渡口，向安庆城猛烈轰击。由于中国军队第26、第27集团军两部夹击由舒城南下之日军的计划未获成功，无法援助安庆守备部队，安庆守军第21军第146师第872团及保安团虽然奋力抵抗，终因伤亡过重于当晚撤离，日军占领全城。安庆失守，使武汉的江防外围被打开了一个缺口。

日军占领安庆后，日本华中派遣军于6月18日"命令波田支队配合

---

① 转引自欧阳植梁，等编：《武汉抗战史》，湖北人民出版社1995年版，第155页。
②③ 日本防卫厅防卫研究所战史室著，田琪之译：《中国事变陆军作战史》第2卷第1分册，中华书局1979年版，第112、113页。

海军继续由扬子江溯江行动，占领湖口及九江地区"①。在安庆与湖口、九江之间，有马垱阻塞线拱卫，因而战事首先在马垱打响。

为保卫马垱，除构筑起大规模的阻塞线外，中国军队还配置了重兵守备。其中，核心区即马垱要塞，由江防要塞守备队第2总队、第43军第26师之一营、守备第1营和第2营，以及炮兵第8团、第41团、第42团各一部等守备；外廓区即马垱山下游之黄山、香山、藏山矶及下隅坂、黄栗树、马路口等，由江防军第16军第53师和第167师守备。此外，第21、第27集团军各一部和第23集团军唐式遵部分守江北的怀宁和江南的东流，以随时策应。

从6月18日起，日军着力在东流至马垱间扫雷，以开辟航道，但由于中国空军的参战，至23日，日军未能突破水雷区。于是，日军改由陆路偷袭马垱山下游16公里处称为马垱之唇的香山，香山中国守军第53师和第167师全体官兵抱与阵地共存亡之决心，与日军展开激烈的拼搏。24日，日军施用毒气弹，突破香山阵地。29日，日军后续陆战队乘装甲汽艇强行突破江上封锁线，由太白湖迂回马垱要塞后方彭泽登陆，致使马垱中国守军腹背受敌。此外，又因江水盛涨而高于前一年同期水位，使马垱阻塞线未能发挥预想的效果。在这种情况下，中国守军被迫弃守马垱要塞。6月29日，日军占领马垱。

日军占领马垱后，即以第106师团沿公路西进，波田支队则乘舰艇分批西上，合攻湖口。7月4日，日军第106师团进抵离湖口城仅10公里的老大山和走马坂，波田支队则在湖口城东北柘矶登岸，合力攻击湖口主阵地。中国守军第43军第26师顽强抵抗，直至反复肉搏，终因弹药告罄，援军未及时赶达，以及日军再度使用毒气，而逐次后撤。5日晨，日军占领湖口。

日军占领湖口后，乘势攻击九江。7月22日夜，日军第一线部队波

---

① 日本防卫厅防卫研究所战史室著，田琪之译：《中国事变陆军作战史》第2卷第1分册，中华书局1979年版，第115页。

田支队在九江东面 22 公里处的姑塘登陆，猛攻中国守军第 11 预备师的阵地。第 11 预备师待日军刚靠近登陆点时，即从断崖上向日军猛射并投掷手榴弹。日军反复进攻，突破庐山北面险峻山地上构筑的数道阵地。24 日，日军第二线部队第 106 师团进入波田支队左侧，并于当晚与波田支队发起对中国守军的总攻击。中国守军第 8 军第 3 师、第 52 军第 2 师、第 13 军第 15 师顽强抵抗，终因伤亡过重，于 25 日晚放弃阵地。26 日，日军占领九江。

在日军波田支队、第 106 师团攻占长江南岸各地的同时，江北的日军第 6 师团则着力进攻潜山、太湖、宿松、黄梅一线，以与江南日军相呼应。

6 月 16 日，日军第 6 师团前锋部队从桐城出发，突破皖水，进抵潜山城下。17 日，日军攻击潜山城，中国守军第 31 军第 131 师凭借街市战壕与敌厮杀，重创日军。但因日军后续部队不断增援，中国守军不支，于当日夜晚撤出潜山。日军第 6 师团攻占潜山后，稍事休整，于 7 月 24 日西攻太湖。26 日，日军出动飞机猛轰太湖城，随即由东门突入城内。中国守军第 31 军第 131 师顽强抵抗，但由于地势不利，无险可守，被迫撤离。日军于当晚占领太湖全城。日军第 6 师团占领太湖后，即分兵西攻宿松和黄梅。为守备宿松，中国守军第 31 军与日军激战于凉亭河畔及其附近山地，使日军迟至 8 月 1 日才进入宿松。为阻止日军进占黄梅，中国守军第 68 军一部和第 31 军第 135 师与日军激战于黄梅东北的花凉亭、二郎河、界岭一线和双河口、掂林铺、渡河桥、独山镇等地。8 月 2 日，日军出动 20 余架轰炸机轰炸黄梅达 11 次，县城成为废墟。当晚，日军从北门涌入，占领黄梅县城。日军占领黄梅县城后，长江沿岸战事进入湖北境内。

日军进入湖北境内并稍事休整后，即大力进攻武汉东面门户田家镇要塞，田家镇要塞争夺战开始。

田家镇位于长江北岸广济县境内，背负丘陵，南临长江。丘陵之后有黄泥、马口二湖东西并列，鸭掌山峙立其间。江面狭窄，仅约半公里，水流湍急。对岸为半壁山，峭壁临江，十分险要。半壁山之东为富水入长江之口的富池口，富池口之背又有军山耸峙。三处山隔江鼎立，互成犄角，构成长江天然要塞。清咸丰年间，在此构筑南、北、中3座炮台，南在半壁山，中在吴王庙，北在冯家山，统称为田家镇要塞。武汉会战前，已全面改建、修葺，成为长江中游锁钥，武汉的门户。

国民政府军事委员会非常重视田家镇要塞的防卫作用。1938年8月6日，蒋介石致电田北要塞指挥官李延年，指出："田、富要塞为大别山及赣北我主阵地之锁钥，乃五、九战区会战之枢轴，亦武汉之屏障，其地位重要，勿待多言"，并命令各守备部队"以与要塞共存亡之决心，积极整备，长久固守，以利全局"①。为此，中国军队配置了第2、第54、第73军等部于要塞北区、南区及外围各阵地，后随着战事的发展，又调第26、第55、第75、第84、第86军等部策应于广济、蕲春各地。

9月15日起，日军波田支队与南岸第9师团开始进攻田家镇要塞南区富池口阵地。是时，日军波田支队先取北岸武穴镇，清除水路障碍后，即与第9师团逐次攻取南岸刘象山、竹林塘、菩提寺、鸡笼山等富池口外围阵地，使中国军队沿江防区缩小，给富池口阵地施加压力。随即，日军向朱婆山、鲤鱼山、周家山一线发起猛攻，中国守军第54军第18师伤亡惨重。24日，日军波田支队强攻中心阵地，中国守军第18师凭借天险和工事顽强抵抗，无奈日军又施放毒气弹，中国守军被迫撤离富池口中心阵地，渡过富水河，退守半壁山。

正值日军波田支队、第9师团与中国守军第54军酣战富池口阵地之际，北岸日军第6师团自9月18日起，开始进攻田家镇要塞北区阵地。9月18—20日，日军接连向田家镇北区阵地发起攻势，遭到中国守军第26、第86军顽强阻击，损失惨重。21日，日军出动30架飞机对田家镇中心阵地狂轰滥炸，投弹5 000余枚。随后，施放毒气弹，发动猛攻，

---

① 《蒋介石致李延年密电稿》（1938年8月6日），中国第二历史档案馆编：《抗日战争正面战场》上，江苏古籍出版社1987年版，第695页。

中国守军牺牲惨重，但依然浴血鏖战，田家镇中心阵地岿然不动。28日，日军再次出动78架飞机，集中100多门重炮，对田家镇中心阵地狂轰滥炸，阵地工事全部被摧毁，中国守军龙子育团死守不退，全部战死。入夜，守军第2军第57师主力被迫撤出阵地。29日，田家镇中心阵地终陷敌手。

北岸田家镇中心阵地失守后，南岸日军即加紧攻占半壁山阵地。10月4日，日军先行出动80多架飞机轰炸半壁山阵地，阵地尽成焦土，工事全部被毁。随后，日军分乘六七十艘汽艇，在上下水口、六家墩、半壁山强行登陆，中国守军第98军第193师第1124团官兵奋勇抵抗，除60余人生还外，其余全部战死，半壁山失守。

至此，田家镇要塞全部陷落。

田家镇要塞陷落后，武汉即失去了东面的最重要屏障，长江沿线战事迅速逼近武汉。

果然，北岸日军夺取田家镇后，兵分两路向汉口进逼。其中，沿江西进之日军10日占蕲春，16日陷茅山，20日占团风，22日占黄冈、阳逻。沿广（济）浠（水）线西进之日军21日占浠水，23日入新洲，24日陷黄陂，直抵汉口东北郊。南岸日军夺取半壁山后，11日陷龙港，18日占阳新，19日占大冶、鄂城，20日占黄石港，24日陷葛店，进抵武昌东郊。

（三）大别山麓的作战

在长江沿岸战线进入湖北境内之际，日本华中派遣军于8月22日命令第2军向河南光山、商城一线挺进，企图沿淮河流域西窥信阳，沿平汉路南下，翻越大别山直抵武汉，实施对武汉的战略包围。于是，集结在合肥附近的日军第10、第3、第13、第16师团分兵两路，进击六安和霍山。

六安、霍山位于大别山东麓，为日军西窥信阳和商城的必经之地。8月27日，日军第10、第13师团分别进抵六安城东面和霍山城东北面。28日，日军第10师团猛攻六安城，但在中国守军第51军第113师顽强抵抗下屡攻不下。随后，日军一面组成决死队爆破城门，一面由东南城角攀梯登城，与中国守军发生激烈巷战。因日军增兵不已，中国守军伤亡过重，被迫西撤，日军占领六安。同日，日军第13师团一面强攻霍山城正面阵地，一面沿小路绕至霍山城北着便衣混入城内。中国守军第77军经激烈巷战后，按预定计划转移至城南高地。当夜，日军占领霍山全城。

日军占领六安、霍山后，加紧西进，并直指潢川、商城，以获取西可进击信阳，南下可突破大别山的战略主动。但富金山阵地堵住了日军的去路。

富金山位于豫皖交界的史河西岸商城县境内，山形宛如扇状，卧于霍（山）商（城）公路南侧，封锁着霍（山）商（城）公路。为阻止日军直入商城，中国军队第77、第71军先后进入富金山阵地设防。9月2日，日军第13师团主力反复向富金山左翼阵地发动猛烈冲击，中国守军第71军在军长宋希濂亲自指挥下，英勇抵抗，使日军每前进一步均付出重大代价。5日，日军猛攻富金山主阵地。6日，富金山三面受敌，第三峰一度失守。经第36师猛烈反击，才将日军打退，双方在半山腰对峙。9日，日军由富金山北向该山附近侧击，以争夺钉耙店西南端高地，经几度易手，高地终为中国守军控制。10日，日军增援部队到达，继之以大炮20余门、飞机18架猛烈轰炸，富金山阵地几乎变为焦土，中国守军前赴后继，寸土必争，拼死抵抗，始终占据阵地。11日，日军再向富金山阵地猛攻，发炮5 000余发，中国守军第36师虽只剩850余人，仍坚持与敌拼搏。日军凭借风势，一次又一次施放毒气弹，中国守军伤亡殆尽，是日黄昏，日军攻占了富金山。

日军攻占富金山后，立即西进商城。商城地势低洼，无坚固工事，无险可守，中国守军第42军所部奉命于16日放弃商城。日军以为商城布有重兵，先事火炮狂轰、飞机滥炸，后从东门冲入城内，占领全城。

日军占领商城稍事休整后，即转兵南下，跨越大别山，向鄂东北麻城进击，直逼武汉。是时，中国军队已在商城与麻城之间的沙窝至小界岭至新店一线布有重兵，准备迎敌。

沙窝、小界岭、新店一线地形险要，山林茂密，是扼制山脚下贯通豫鄂两省的商（城）麻（城）公路的咽喉。商城弃守后，中国军队已在这里布置有第30、第71、第42、第77军防守。

9月20日，日军第16师团筱原支队开始向沙窝两侧高地攻击，中国守军第30、第71军所部利用险要地形和茂密山林阻击日军，日军进展艰难。27日，日军第16师团主力自商城南下，与筱原支队会合，经过一番准备后，于10月6日起，集中重炮、山炮50余门轰击中国守军阵地。但由于连日风雨，炮兵射击受到妨碍，步兵斜面登山也至为艰难，因而直至10月9日，日军无大进展，双方处于胶着状态。

在日军第16师团受阻于沙窝之际，日军第13师团进攻新店阵地得手。9月29日，日军第13师团主力自商城南下，直抵新店阵地。10月3日、7日，日军两度猛攻新店各阵地，均被中国守军第42军击退。8日，日军先以20余门火炮轰击，继以集团式冲锋，阵地被全部摧毁，中国守军伤亡殆尽，日军占领新店。

由于新店失守，沙窝阵地失去东面保护。10月15日，日军第16师团利用天气转晴总攻沙窝，中国守军继续顽强抵抗，战斗白热化。20日，日军占领沙窝四周高地。这时，日军第3、第10师团已攻占信阳，沙窝阵地的战略作用随之失去。于是，沙窝阵地的中国守军逐次南撤。24日，日军第16、第13师团相继越过大别山，进入麻城地区，直抵武汉东北面。

还在中国军队与日军第13师团激战富金山时，日军第10师团即占领了与富金山隔河相望的叶家集。随后，日军向固始推进。9月5日进抵固始城郊，因中国守军第59军所派骑兵旅尚未到达，守备固始之第71军第181旅兵力单薄，日军于6日占领固始，随即猛扑潢川，以取信阳。

潢川位于信阳东约90公里的潢河南北两岸，是日军进攻信阳的必由之路。为此，驻守信阳一带的中国军队第33军团第59军疾速赶达潢川，并沿潢河左岸布防。9月15日，日军第10师团已从东、北、西三面包围了潢川城，形势十分危急。16日，为与进攻商城的第13师团相呼应，日军第10师团猛攻潢川城，先以20余门火炮猛轰潢川城，继之向城内发射毒气弹，随后以步兵猛冲城内，但被中国守军击退。17日，日军再度以密集火炮攻城，摧毁北城及西北角城墙，并由此缺口攻入城内，中国守军舍生忘死与日军展开街巷肉搏战，随后转向南城与日军对战。这时，中国军队已完成在信阳、武胜关一带集结布防的任务，故第59军在与敌血战10余日后奉命撤出潢川阵地。19日，日军第10师团占领潢川。

日军占领潢川后，加速西进，以夺取信阳。为加强进攻力量，日军第3师团已由合肥赶达潢川，与第10师团配合，正面攻占信阳。21日，日军攻占罗山，中国守军第1、第45军立即向东迎击，从西、北、南三面连日反攻罗山，予敌重大伤亡，牵制日军西进。于是，日军采取迂回包围战术，以第3师团出罗山北占明港，然后从北面进攻信阳；以第10师团出罗山南占柳林，然后从南面进攻信阳。至此，信阳三面受敌。10月12日，日军总攻信阳，中国守军顽强抵抗，日军终在优势炮火掩护及坦克撞击下突进城内，占领信阳。

日军占领信阳后，即沿平汉路南下直逼武汉。

（四）鄂赣边的作战

日军波田支队、第106师团攻占九江后，第106师团即试图突破南浔路，一方面策应长江沿岸的作战，一方面沿南浔路西侧向鄂东推进，形成对武汉东南面的战略大包围。对此，中国军队已有预料。7月25日，第九战区司令长官陈诚即断定：日军于"九江得手后，当以舰队溯江西犯，其陆军则以主力向瑞昌，趋武昌，以有力之一部，最少当在一师团以上经德安趋南昌"①。据此，中国军队分别在沿江各要点和南浔路配置兵力。鄂赣边作战随之展开。

7月27日，日军第106师团自九江沿南浔路南下，在夺取狮子山、张家山后，于8月6日起接连进攻金官桥，遭中国守军第70军、第8军顽强阻击，久攻不下，正面进攻受挫。日军遂调第101师团从南浔路东侧助攻。8月19日、20日，日军第101师团在鄱阳湖西岸星子登陆，中

---

① 《陈诚致蒋介石电》（1938年7月25日），中国第二历史档案馆藏。

国守军第 25 军第 53 师奋勇迎战,但独力难支,星子失守,23 日退守庐山东侧的东孤岭。日军即沿星子至德安公路突进,直趋章恕桥,钳击东孤岭。同时,日军第 9 师团一部从瑞昌出发,进攻南浔路西侧岷山阵地,进而攻占马回岭。9 月 4 日,日军第 101 师团重炮轰击东孤岭阵地,继之施放毒气弹,中国守军决死作战,激战至次日,东孤岭为日军占领。随后,中日双方军队激战西孤岭,并形成拉锯战,13 日,日军占领西孤岭。9 月 24 日,日军第 101 师团沿庐山南麓倾全力向德安东南推进,10 月 7 日攻打德安东北面重要阵地隘口,中国守军第 25 军第 52 师死守不退,激战两天后,隘口陷落。

在日军第 101 师团向德安东南推进之际,经过休整、补充的日军第 106 师团全力向德安西南进击,企图包围中国第九战区第一兵团德安阵地左翼。当日军第 106 师团主力深入万家岭地区时,一场激烈的围歼战即在这里打响。

万家岭位于江西省德安县城西北 20 公里处,三面高丘包围。当发现日军主力孤军进入万家岭地区时,第九战区第 1 兵团总司令薛岳经报第九战区司令部同意,乃从德星路、南浔路、瑞武路三个方面抽调第 66 军、74 军、第 187 师、193 师一个旅、第 91 师、新第 13 师、新编第 15 师一个旅、第 142 师、第 6 师、预备队第 6 师、第 19 师,汇同正在正面阻击日军第 106 师团的第 4 军,共计 10 万兵力,完成对日军的四面包围,从 10 月 1 日开始,对被包围的日军发起进攻。日军在飞机掩护下拼死反击,双方伤亡均重。直到 4 日,多处阵地几度易手后,日军终被压缩在三四平方公里的 3 个村子里,遭到口袋式合围。10 月 5、6 日,第 1 兵团主力第 74 军等在长岭、背溪街、张古山、狮子岩等处与日军激战。10 月 7 日,薛岳下达对日军 106 师团的总攻击令。当晚 8 时,各部队四面攻击日军,战斗至烈。张古山主阵地反复易手。9 日,第 74 军第 51 师挑选 400 名军人,组成绝死突击队员,由第 51 师 153 旅副旅长张灵甫率领,攀绝壁、出奇兵,再占张古山主阵地,坚决堵住日军突围方向,并配合援军于 10 日上午全歼哔叽街日军。至此,万家岭战役结束。是役歼敌万余，缴获火炮 44 门，轻重机枪 200 余挺，步枪 3 000 余支，生俘日军百余名，日军第 106 师团几乎全军覆灭。为此，蒋介石亲自致电慰问参战部队官兵，并通知军事委员会和第九战区各以 5 万元犒劳各部，"以资鼓励"①。

万家岭战役后，日军重新部署兵力，三路进逼德安，中国守军顽强地节节阻击，战至 27 日，此时武汉已撤守，遂放弃德安。随后，日军第 9、第 27 师团进入鄂南，先后占领咸宁、通山、崇阳、通城、岳阳等地，与中国军队隔修水、新墙河对峙。

三、中国军队撤守武汉

当 1938 年 10 月中旬战事迫近武汉核心阵地之后，各方面条件已明显不利于武汉固守。从战略态势来看：武汉东面，长江沿岸各城镇、要塞尽失，门户洞开；武汉北面和东北面，日军占领平汉线、翻越大别山后，尽占武汉以北各阵地；武汉东南面，日军正加紧战略推进。也就是说，武汉三镇已逐渐陷入日军的三面包围之中。从作战地形来看：尽管早在 1936 年中国军队就构筑起了以武汉三镇为核心、约 100 公里长的环形防守阵地，南京失守后又修筑了不少坚固工事。但是，武汉三镇近郊多为湖沼港汊，无险可守，不宜于大兵团的城市保卫战。从部队状态来看：中国军队固然同仇敌忾，士气旺盛，且在数月作战中予敌大量杀伤，但在连续数月的作战中，伤亡也极大，且相当疲惫，亟需补充休整。正是在这种战局背景下，国民政府军事委员会审时度势，决定主动撤退武汉。

10 月 14 日，蒋介石电令武汉会战的第五、第九战区部队"于一星期内变更现在态势"②，转移阵地。17 日，蒋介石又分别致电李宗仁和

---

① 《蒋介石致薛岳等密电稿》(1938 年 10 月 10 日)，中国第二历史档案馆编：《抗日战争正面战场》上，江苏古籍出版社 1987 年版，第 760 页。
② 《李宗仁致蒋介石电》(1938 年 10 月 16 日)，中国第二历史档案馆编：《抗日战争正面战场》上，江苏古籍出版社 1987 年版，第 771 页。

陈诚，明示撤守武汉的理由和部队转移的部署。同日，军事委员会军令部命令第五战区：麻城、径扶、宣化店至武胜关等处，应多支持几日，以使转移便利；长江埠、新堤之线间应暂不破坏道路，作为武汉卫戍部队的退路；各部转移之前，必需留置掩护及前方游击部队，与敌接触，以资牵制①。

当日，第五战区召开高级军事会议，商定转移计划，决定："战区以调整态势，即将主力逐次向铁路以西转移，确保鄂西；以一部留置苏、皖边区及大别山脉游击，以牵制敌之西进。"② 随即，除第21集团军留在大别山打游击外，第五战区所属各兵团主力开始转移。

长江以北、大别山以南的第五战区右翼兵团，从19日起，且战且退，从浠水向巴河、阳逻、团风、黄陂转移。汉口附近的第29集团军第44、第67军由黄陂，经三汊港、云梦、应城，向潜江集结。第26军退至平汉路西再移京山，第55军赴钟祥后转枣阳，第87军殿后阻击，掩护各部转移后，经孝感、应城至沔阳、天门皂市附近集结整理。

正在鄂豫边界浴血阻敌的左翼兵团，以第33集团军和第26集团军第10军掩护作战，其他主力迅速脱离战场，先沿商（城）麻（城）公路南移，后向西折道河口店、花园、安陆，再北抵枣阳。第71军主力脱敌后渡过淮河，北上到达豫南唐河。第33集团军掩护兵团主力脱敌后，于云梦以北渡过涢水，到达钟祥、荆门地区。豫南兵团先事阻击日军后再转移。其中，第39、第31、第68军于武胜关、平靖关和应山阻击日军，掩护兵团其他部队转移后，分别向随县、枣阳撤退。第17军团进入桐柏附近。至11月中旬，第五战区所属各兵团主力，除留置敌后部队之外，均越过平汉路，重新部署战场。

---

① 蒋纬国总编著：《国民革命战史·抗日御侮》第5卷，（台北）黎明文化事业股份有限公司1978年版，第773页。

② 《第五战区作战计划》（1938年10月17日），章伯锋、庄建平主编：《中国近代史资料丛刊·抗日战争》第二卷·军事（上），四川大学出版社1997年版，第698页。

在第五战区奉命转移的同时,第九战区也奉命转移,除留有一部于鄂南九宫山地区实行游击外,主力先向武宁、通山、咸宁转移,随后一部转移到湘北,一部转移到鄂西。

在武汉外围的第五、第九战区部队撤退转移之际,武汉市区内的撤退疏散也同时进行。至10月中旬,武汉市区只有一个旅、一个警备团、一个高射炮连和宪警一部,以维护治安,掩护驻汉机关和民众的最后撤离和疏散。

就在中国军队撤守的最后时刻,10月25日晚7时,日军第6师团牛岛满部冲入汉口。26日晨5时,日军波田支队突入武昌。27日下午3时,日军第15师团高品部进入汉阳。武汉三镇全部为日军占领。武汉会战遂告结束。

武汉会战历时4个半月,中日双方军队均付出重大伤亡①,终因中国军队主动撤守,武汉为日军占领。会战在湖北区域史和中国抗战史上具有重要地位,留下重要篇章。

中国军队在会战中失去了武汉赢得了战略。日本"汉口作战"的战略计划是攻占武汉,消灭中国军队主力,迫使国民政府屈服,早日结束战争。但会战的结局是,日军仅实现了占领武汉的战役目标,而其战略

---

① 武汉会战中中日双方军队的伤亡至今尚没有一个统一的数字,存在多种说法。其中,关于中国军队的伤亡数,据敖文蔚著《兵火奇观——武汉保卫战》所采信的军事委员会军政部的统计,第五战区伤亡47 885人,第九战区125 736人,共计173 621人。据《中华民国史资料丛稿·大事记》(第24辑)记载为15万人。而据日本防卫厅防卫研究所战史室著《中国事变陆军作战史》公布的数字为207 374人。关于日军的伤亡数,据陈诚《第三期抗战中敌兵的重大损失》公布,日军阵亡人数为9.6万人,伤病人数为25万人,总计当在35万左右。何应钦著《八年抗战之经过》记载为20万以上。而日本《中国事变陆军作战史》公布,第2军战死2 300人,负伤7 300人;第11军战死4 506人,负伤17 380人。另日本《中国方面海军作战史》公布,海军损失783人。共计32 269人。出现这样大的差异,除了中日双方统计的方法不同外,显然还存在着缩小和夸大的主观因素。目前国内的相关研究成果,不是不加辨析地加以采信,就是简单地表示怀疑。鉴此,这里仅客观地通过注释的方式陈述其中较权威和具代表性的数字。

计划和战略方针则被打破。由于主动撤守,中国军队保存了有生力量,主力得以有序转移。其中,第五战区部队除留置一部于大别山游击外,主力相继转移到鄂中、桐柏山一带。第九战区部队主力先期转移到鄂南,随后转移至湘北和鄂西。从而保存了持久抗战的军事力量,使日军消灭中国军队主力的战略目标落空。在会战过程中,不仅中国军队始终浴血奋战在各条防线、各个阵地和各次战斗中。也不仅武汉和后方的民众以各种方式投身到"保卫大武汉"的洪流中。同时,国民政府始终不曾动摇、妥协和屈服,时任国民政府三军统帅的军事委员会委员长兼武汉保卫战总指挥的蒋介石便始终督战武汉,在日军占领武汉后又坚定表示:"任何城市之得失,绝不能影响于抗战之全局","一时之进退变化绝不能动摇我国抗战之决心"①。从而使得日本妄图通过"汉口作战"迫使国民政府屈服、早日结束战争的战略计划被彻底打破。反观日本,不仅在武汉会战中发生重大伤亡和战争消耗,而且由于占领武汉后战线延长数百公里,既要防止中国军队的反攻,又要维护占领区的治安,从而失去了在短期内发动类似大规模作战的兵力条件,武汉会战遂成了终结日军战略进攻,中国抗日战争由战略防御转为战略相持的标志性战役。

武汉会战为调度、布局持久抗战的国家力量赢得了宝贵时间。日本发动全面侵华战争后,即疯狂攻城略地,尽力灭击中国军队,致华北、华东地区先后沦陷,中国军队被迫内撤。为持久抗战,中国需要时间进行国力的调度、布局,长达四个半月之久的武汉会战即为中国赢得了宝贵时间。在武汉会战的时间段内,中国完成了政府的迁移,其中包括国民政府的西迁和抗战前沿各省省政府的迁移;保障了东部和沿海沿江工业的西迁,使得大量的工厂设备器材及技术工人到达西部诸省;保障了文化西迁和高校西迁,形成文化西迁和高校西迁的高

---

① 蒋介石:《告全国国民书》(1938年10月31日),《武汉文史资料》1998年第3期。

潮，许多文化机构、文化团体、文化人士、高校师生得以迁达西部诸省，保存了中国文化的精脉和精英，储备了持久抗战的人才资源。武汉会战所赢得的时间，为包括国军和中国共产党领导的军队在内的中国军队开展敌后游击战争、建立敌后游击区、开辟敌后抗日根据地提供了条件。其间，各战区国军部队先后建立了太行山东南部、中条山、吕梁山、五台山、鲁东、沂照山区、浙西、皖东、皖北、大别山等游击区；八路军、新四军则开辟了第一块完整的晋察冀抗日根据地和晋西北、晋冀豫、冀鲁豫、山东、苏南、皖中、豫皖苏、苏北、苏中、豫鄂边等小块抗日根据地。

武汉会战亦暴露出中国军队的诸多失误和缺陷。其一，作战指挥层级过多。武汉会战中，中国军队作战指挥层级过多，作为基本战略单位的师以上，即有军、军团、集团军、兵团、战区长官部等，这种叠床架屋式的设置，虽然关照到了各部队来源的复杂性及相关部队将领的名誉、地位，但违背了战时应尽量减少上下层次的基本军事原则，造成会战中各部队间配合、协调的困难，并影响军令传达的速度和准确性，以至耽误战机。其二，作战指导计划变更频繁。会战之前，国民政府军事委员会即几度制定会战计划，这是必要的。但在会战过程中，军事委员会和战区长官部又多次追随日军的行动，短期内反复改变作战计划，造成了作战部队或难以追随甚至自乱阵脚。乃至在武汉撤守的具体时间上都反复变更。据陈诚战后的检讨中透露："最初决定 8 月底，后改为九一八，又改为 9 月底，双十节，直至 10 月 20 日，领袖尚在武汉。"① 其三，在作战形式上，过多采取阵地防御战形式。作为会战的防御方，战略上的防御作战是不可避免的。但在战术上、在具体的战斗中，可尽可能地实施运动性的防御作战，万家岭战斗等即为成功的范例。但在会战中，多次战斗、多个部队多采取单纯阵地防御的作战形式，这就容易造成不仅

---

① 陈诚：《武汉会战之教训》，章伯锋、庄建平主编：《中国近代史资料丛刊·抗日战争》第二卷·军事（上），四川大学出版社 1997 年版，第 709 页。

阵地难以固守,而且增加部队伤亡。其四,许多部队缺乏训练,直接影响战斗。武汉会战中,第五战区部队是刚刚从徐州会战转场过来的,第九战区部队则多为南京保卫战撤退部队所新编建,均存在大战之间的休整和补充。更重要的是,两个战区所属部队中即有相当部分部队原本就缺乏训练,以至于战事的烈度、强度和复杂性一旦超出其承受能力时,就容易出现逃离战场、见敌即溃等状况,影响战斗全局。

第八章 鄂西后方和鄂豫边区

第一节 境内正面战场的持续作战

从全国战局来看，1938年10月武汉、广州失守后，抗日战争即进入相持阶段，正面战场的战略性进攻和防御作战告一段落。但就湖北境内战局来看，正面战场的战役性进攻和防御作战一直没有停息。在日军不断向战区前沿发动攻势作战的态势下，驻防境内的第五、第六战区的中国军队又先后投身随枣战役、枣宜战役、反攻宜昌战役和鄂西会战等战事之中，继续浴血奋战在鄂中、鄂西的国土上。

一、随枣战役

随县、枣阳地区，位于湖北北部，东接大别山余脉，南屏大洪山，北亘桐柏山，西临襄河①和滚河，既为入鄂西而出川陕之通道，又为瞰制武汉之高地，因而，在武汉失守后的湖北乃至全国抗战中都有着重要的战略地位。

武汉失守后，第五战区迅速调整了防线，长官部由大悟县夏店移设樊城，鄂豫皖边区游击总司令廖磊所部占大别山，第33集团军张自忠部守襄河两岸，江防司令郭忏部沿沙市至宜昌一线布防，对随枣地区和大洪山、桐柏山则纵深配备重兵据守，形成以随枣地区为枢纽，由鄂西经鄂北至大别山区的半月形防线。

为了巩固武汉外围和扩大占领区，日军在攻占南昌获得武汉安全圈

---

① 习惯上把汉江的襄樊段称为襄河。

的东南屏障后，即着手策划随枣战役。1939年4月17日，日军制定了《会战指导方针》和作战计划大纲，随即开始抽调兵力，将其第3、第13、第16师团，骑兵第2、第4旅团以及炮兵、工兵等部队，向钟祥、安陆、淅河间秘密集结，计划"以一部配置于淅河以东，行牵制攻击，以主力于5月上旬自安陆—京山附近向汉水左岸地区滚河线急进，将中国军队主力包围击灭于枣阳东北地区"①。

鉴于日军的战略意图，国民政府于4月下旬即电令第五战区准备应战，并命令第一、第三、第九战区积极策应，牵制日军。4月28日，军事委员会又电令第五战区司令长官李宗仁："第五战区敌军增兵，无论其为防为攻，我军应仍照预定计划进行。正面各部队更应利用气候、地形与民众等有利条件，分路出击，只要应用无孔不入之要领，继续不断予以打击，以粉碎其进攻之企图。而总预备队应仍控制相当地点，作为最后使用。"② 同时电令第一战区第2集团军所部兼程向桐柏、南阳靠拢，以增援第五战区。

30日，第五战区下达作战命令："决以主力行攻势防御，粉碎敌之企图，长久保持襄河东岸地区，一部渡河攻击，竭力牵制敌之兵力。"③ 命令规定，郭忏指挥的江防军以第20军为主力，推进至沙洋、十里铺、沙市间地区，并牵制日军主力；张自忠为总司令的右集团军加强襄河左岸地区兵力，防止日军北上和渡河；李品仙为总司令的左集团军在随县附近阻敌西进，并将主力配置于左翼，伺机攻击日军侧背；孙震为总司令的第22集团军为第二线兵团，其第41军在唐河、白河及襄河右岸扼要防守，第45军集结茅茨畈附近，分别策应左、右两集团军作战。

---

① 蒋纬国总编著：《国民革命战史·抗日御侮》第6卷，（台北）黎明文化事业股份有限公司1978年版，第105页。
② 《蒋介石致李宗仁文电稿》（1939年4月28日），中国第二历史档案馆编：《抗日战争正面战场》上，江苏古籍出版社1987年版，第825页。
③ 《李宗仁呈送第五战区作战命令电》（1939年4月30日），中国第二历史档案馆编：《抗日战争正面战场》上，江苏古籍出版社1987年版，第827页。

5月1日拂晓，日军分兵两路进攻。一路以第16、第13师团为主力，由钟祥、东桥、大龙垱向右集团军第59军第38、第180师和第77军第37、第132师阵地进攻，试图由大洪山南麓与襄河之间地区进击枣阳；另一路以第3师团为主力，由信阳至汉口间平汉线西侧向左集团军第84军阵地攻击，夺取随县、桐柏地区；为掩护上述两路进攻，日军另一部在沙洋附近进行佯攻。

是日夜，右集团军进一步调整部署，由第132师承担河防任务，第37、第179师即行东渡襄河，修筑第二线防御阵地，加强已在襄河东岸的第38、第180师的防御力量。2日，日军第16师团在炮、空火力的掩护下，对第180师主力阵地杨家岗一带轮番进攻，第180师顽强抵抗，激战至5日傍晚，杨家岗阵地失守，日军继续北上。第180师撤出杨家岗阵地后，以一部据守长寿店，掩护师主力退守黄起庵一线，同时，第37师退守姚家河附近，第38师进驻流水沟。6日，长寿店、黄起庵阵地相继失守，第180师再退马家集。7日，日军后续部队进入前沿阵地向北疾进，威胁枣阳。为了阻滞日军北进，右集团军即令第37师抢占肖家冲高地，扼守入新集进枣阳的通道；令第132师主力东渡襄河，从贺家集向普门冲反攻，阻击日军后续部队。张自忠则亲率第38师两个团向由田家集北进的日军主力侧背猛击，在亭子山附近与日军2 000余人血战，歼其500余人。

在第16师团与右集团军酣战襄河东岸之际，日军第13师团在大洪山南麓向第22集团军第41军第122师发动了进攻，以策应第16师团，合取枣阳。是时，第122师利用大洪山之利，顽强抵抗，但限于兵力过于薄弱，被迫退守大洪山阵地。6日晨，日军猛攻第122师温家庙主阵地，中国守军伤亡惨重，退守张家集。7日，日军再陷张家集，分向双河、茅茨畈推进。同日，第16师团已从丰乐河、流水沟向北疾进。8日，第16、第13师团先后进入枣阳。

在右集团军顽强抵抗于襄河与大洪山南麓之间地区时，左集团军则与日军激战于大洪山北麓与桐柏山一带。

5月1日拂晓，日军第3师团在炮、空火力掩护下，向左集团军第84军第173、174师阵地吴家店、泉口店及万家店猛攻。第84军退守塔儿湾附近阵地，日军跟踪追击。此时，左集团军第13、第39军所部已相继进入高城、天河口一线和洛阳店一带，随时可与第84军协同作战。2日，日军集中兵力攻击塔儿湾阵地，图谋经历山、唐县镇直取枣阳、襄樊，并围歼第39军于大洪山附近。第84军依托既设阵地与日军激战，位于高城、天河口一线的第13军主力协同第84军作战。日军继续猛攻，阵地多次易手，双方伤亡甚重，日军施放毒气，塔儿湾阵地于4日失守，第84军西退长湾、高庙坡之线，第13军撤至溳水西岸蒋家河。5日，日军几度强渡溳水，均被第13军击退。6日，第13、第84军与日军在历山、蒋家河一线血战，双方伤亡甚重。7日，日军绕攻左集团军侧后，第五战区即令左集团军第39军在大洪山担任游击，牵制日军西进北上。日军遂以坦克引导步兵直入襄花公路及其两侧地区。第84军据壕死守，随后撤出阵地，日军于7日攻占随县县城。

日军攻占枣阳、随县后，迅速调整兵力，加强两翼攻击，南路以其骑兵第4旅团从钟祥沿襄河北进，直插湖阳镇、新野等地；北路以第3师团从信阳西进，陷桐柏、唐河县，图谋对桐柏山、大洪山实施大包围。对此，第五战区作出相应调整，第45军撤至本集团军防区，第84军移至尚市店、唐县镇、万福店一带设防，第13军依托桐柏山固守天河口等要隘，从而跳出包围，变内线为外线，使日军合围桐柏山、大洪山一带中国军队的图谋破产。随后，第五战区令大洪山留置部队第39军进击襄花公路，令右集团军进出襄河东岸地区，分别截击敌后联络，迨至日军四窜时予以侧击。同时，重庆统帅部将第2集团军调归第五战区指挥，使第五战区战力增强。

在作战态势发生新的变化且战斗力得到增强的情况下，第五战区及时电呈军令部，提出反攻计划："第五战区目前已成外线作战有利态势，且掌握汉水东岸地区有利地形，似应乘机先以河防部队两三师向汉宜、京钟两路出击，牵制襄花路方面之敌，尔后第五战区左、右集团军全线开始反攻。"① 9日，右集团军率先发起大规模反攻，第37师克复丰乐河、清水桥一线，第38师击退耗子岗附近日军，第132师切断了长寿店以南交通。日军第16师团深恐孤军深入，补给线被切断，除一部分协力与第13师团进击新野外，主力全部回师增援。这为左集团军的反攻创造了宝贵的条件和时机。与右集团军的大规模反攻相呼应，左集团军除以第39军在大洪山游击外，主力于10日以桐柏山为依托，侧击随枣之日军。同时，第一战区友军也向襄花公路施加压力。15日，第五战区下达总反攻令，经三昼夜激战，迫使日军于18日向东南收缩兵力，先后经襄花公路、襄河东岸后撤。左集团军实施尾追，19日收复枣阳，23日收复随县。右集团军一部在襄河东岸截击日军。日军退回平汉线和鄂中地区，第五战区恢复已失阵地，随枣战役遂告结束。

随枣战役历时30余天，第五战区中国军队伤亡25 832人，日军伤亡2 450人②。第五战区坚守并巩固了鄂北战略重地，日军捕捉和消灭中国军队主力的战役企图被粉碎。

二、枣宜战役

随枣战役后，日军退回鄂中和平汉铁路南段沿线，进入守备态势。1939年年底，第九和第五战区的中国军队发起"冬季攻势"，分别向粤汉铁路北段、平汉铁路南段沿线和鄂中地带的日军进袭，直接威胁武汉及其外围日军的安全。

为了确保武汉及其外围的安全，解除鄂北第五战区中国军队的威胁，日军决定再度对鄂北第五战区中国军队发动攻势作战。1940年4月，日军缩小鄂东、赣北防区，抽调第6、第34、第40师团各一部，会同武汉

---

① 《刘斐致徐永昌等签呈》（1939年5月7日），中国第二历史档案馆编：《抗日战争正面战场》上，江苏古籍出版社1987年版，第835页。
② 随枣战役日军伤亡有不同记载。本书引用数据来源于《中国事变陆军作战史》；另据《李宗仁回忆录》记载为5 000余人；《中华民族的抗日战争》记载为1.3万人。

外围的第3、第13、第39师团的兵力,共计10万余人,集结于钟祥、京山、安陆、随县和信阳等地,准备向襄樊、宜昌地区进攻,图谋将第五战区中国军队围歼于枣阳、襄阳周围地区,或赶至老河口和鄂陕川边界,并相机夺取沙市、宜昌。

还在日军大规模调整、集结之时,第五战区即于4月13、14日召开各集团军总司令会议研究对策,认为:敌"似将主力由襄花路方面攻击,企图歼我襄河以东地区野战军,并相机攻沙、宜"①。据此判断,第五战区遂将所属部队分为左、中、右三个兵团分区防守。中央兵团为黄琪翔第11集团军,担负随枣地区的正面防务和大洪山、桐柏山的游击战;右翼兵团为张自忠指挥的第29、第33集团军和第55军,担负襄河河防及大洪山的守备任务,迎击日军;左翼兵团为孙连仲第2集团军和鲍刚游击队、鄂东游击队之一部,负责迎战信阳之敌。另以郭忏指挥的江防军利用襄河东岸、荆河右岸阵地拒敌渡河,以汤恩伯所辖第31集团军为机动兵力,以孙震第22集团军为预备兵力,共计兵力20万人。

5月1日,日军分三路西进。北路第3师团及第40师团一部,由信阳、明港西进。5日,分别突破第五战区左翼兵团第68、第30军的正面阵地,攻占泌阳和桐柏县。7日,进占唐河县城及平氏,随后,转向枣北。南路第13师团配属骑兵、炮兵一部,在30余架飞机、百余辆战车的支援下,由钟祥北进。5日,突破第五战区右翼兵团第33集团军的正面阵地,攻占长寿店、田家集和黄龙垱等地。9日,进占双沟、朱集等地,切入枣阳与襄阳之间地带。中路第39师团及第6师团一部,在南北两路日军取得相应进展后,于4日由随县西进。5日,突破第五战区中央兵团第84军的正面阵地,占领高城、厉山、安居。7日,进占随阳店、吴家店。8日,攻占枣阳。9日,各路日军会师唐、白河畔,并准备西进北上,继续捕捉第五战区主力部队。

---

① 《第五战区枣宜会战经过及检讨》(1940年),中国第二历史档案馆编:《抗日战争正面战场》上,江苏古籍出版社1987年版,第940页。

在日军分路进击枣阳、襄阳，会师唐、白河畔之际，第五战区所部均已跳出日军包围圈转入外线，并在襄东平原形成对日军的反包围态势。10日，军事委员会电令第五战区："鄂北之敌经我多日围攻，粮弹殆尽，必将向原阵地退却。第五战区应乘敌态势不利、退却困难之好机，以全力围攻捕捉歼灭之于战场附近。"① 第五战区即令第2、第31集团军和第92军从北向南，第33、第75军由西向东，第33、第29集团军由南向北，合击日军。11日，第五战区全线攻击，日军逐次向枣阳以南收缩。13日，军事委员会电令"第五战区应以遮断敌退路，断其补［补给］为主眼，克服一切困难，迅速围歼枣阳一带敌之主力"②。14日，第33集团军突进至黄龙垱、方家集，堵截日军南退。日军见后路被堵，遂与第33集团军拼死决战，并转向攻击南瓜店，威胁襄阳、宜城。有鉴于此，右翼兵团总指挥兼第33集团军总司令张自忠亲率直属特务营和第74师及骑9师一部渡襄河向灌子口、南瓜店一带截击。16日，第31集团军及第30军克复枣阳城，枣阳以南被堵日军更急于打通退路南逃，遂结集万余兵力，从东南、西北两面向张自忠部夹击。张自忠亲自督战，率部坚守南瓜店东十里长山，不幸左肩、胸部中弹，为防落入日军之手，遂拔枪自戕，壮烈殉国。第74师与特务营亦伤亡殆尽。日军乘势转兵北进，21日再陷枣阳，第33集团军向唐河和白河两岸转移。5月下旬，襄河东岸战事告停。

日军稍事休整后，又开始新一轮攻势。5月31日晚，第39师团从王家集、红山头强渡襄河。6月1日零时，第3师团从欧庙附近偷渡襄河，当日攻占襄阳。随即，日军调整部署，构成北路军，并列南下，试图取南漳、远安道和宜城、荆门、当阳道，进攻宜昌。

---

① 《蒋介石致李宗仁孙连仲郭忏密电稿》（1940年5月10日），中国第二历史档案馆编：《抗日战争正面战场》上，江苏古籍出版社1987年版，第947页。
② 《蒋介石致李宗仁孙连仲等电稿》（1940年5月13日），中国第二历史档案馆编：《抗日战争正面战场》上，江苏古籍出版社1987年版，第949页。

宜昌地处川鄂咽喉，地理位置重要，武汉失守后，更为拱卫鄂西和四川、影响全省乃至全国战局的关键地带。为此，军事委员会一面电令第五战区加强牵制日军，一面紧急调度宜昌附近兵力。6月2日，除第22集团军反攻襄阳外，第五战区大部分为左、右两个兵团，相互策应，阻止日军南下。3日，时任军事委员会政治部部长的陈诚受命赶至宜昌，负责指挥守卫。

是时，并列南下的北路日军，于3日陷南漳、宜城，6日占荆门，10日取远安并在当阳会合，旋即突进宜昌东北面。同时，由第13师团及第6师团一部构成的南路日军，已由旧口、沙洋附近强渡襄河，分别向沙市、江陵、十里铺一带急进，试图与北路军会合，6日取十里铺，7日占江陵，9日陷沙市，随后进抵宜昌东面。10日，日军第11军下达攻占宜昌命令："决定攻占敌军具有战略意义的长江南北联络要冲宜昌"①。12日，日军猛攻宜昌，第五战区第18军依城固守，伤亡惨重，被迫于当晚撤守。14日，宜昌失陷。

在日军第3、第39师团由襄阳南下时，第五战区第2、第31集团军尾随其后，收复襄阳、宜城，进至荆门、当阳以北地区。17日，日军一度奉命撤出宜昌，第五战区第18军立即跟进，收复宜昌。旋即，日军改变计划，奉命回兵确保宜昌。24日，日军再次控制宜昌。第五战区所部分抵江陵、宜昌、当阳、钟祥、随县、信阳以北一线，与日军对峙，枣宜战役遂告结束。枣宜战役历时2个月，第五战区中国军队伤亡10.4万余人，日军伤亡2.5万人②。

三、反攻宜昌战役

鉴于宜昌在战略上的重要性，日军在攻占宜昌后，即在守备兵力的

---

① 日本防卫厅防卫研究所战史室著，田琪之、齐福霖译：《中国事变陆军作战史》第3卷第2分册，中华书局1983年版，第18页。
② 枣宜战役中日军队伤亡数据来源于《湖北省志·军事》，第351页。

配置和城防工事的构筑方面作了精心的安排，意在坚守。在守备兵力的配置方面，以第 13 师团主力据守宜昌西岸和北岸的慈云寺、龙泉铺、双莲寺以及东南之鸦鹊岭等地，以第 39 师团一部扼守当阳、土门垭，维护宜昌后方交通安全，并与宜昌相呼应。在城防工事的筑构方面，主阵地设置在宜昌东面高地土城之大梁子岗、二梁子岗，其工事坚固且隐蔽，碉堡群之间接连处有掩盖的交通壕，并有暗堡延伸于主阵地之前的障碍物内，阵地前设置有鹿砦、铁丝网等障碍物数道。宜昌北部小溪塔、毛狗洞之线及其东端之牛鼻子岗、杨岔路，宜昌北郊的黑虎山、烟墩堡则为辅阵地，均修建有坚固据点或工事。

日军占领、坚守宜昌，对第五战区长官司令部驻地老河口和湖北省战时省会恩施，乃至国民政府战时首都重庆，都具有极大的战略上的压制。为此，国民政府军事委员会于 1940 年 7 月重新划分战区，设立第六战区，陈诚为司令长官，长官部设在恩施，所辖 32 个师屯居鄂西及长江两岸，对宜昌形成半包围圈，准备随时反攻宜昌。

1941 年 9 月 18 日，长沙会战打响，日军从宜昌抽调部分兵力参加长沙会战。9 月 19 日，军事委员会即向第九、第三、第五、第六战区下达命令："为使九战区作战容易，第三、六、五战区应各以有力一部出击，策应九战区作战。"① 22 日，军事委员会更明确命令第六战区："敌人有攻占长沙之企图，第六战区立即攻克宜昌。"② 此时，日军主力正着力会攻湘北，宜昌方面只有建制不全的第 13 师团据守，其周围地区也只有第 39 师团。而此时第六战区作战兵力多达 12 个军 34 个师，如不失时机猛攻宜昌，至少可以吸引湘北日军回援，减轻第九战区的压力，甚至直接攻下宜昌，扩大战果的可能性也完全存在。23 日，第六战区做出具

---

① 《军令部关于第二次长沙会战之军事部署》（1941 年 9 月 19 日），中国第二历史档案馆编：《抗日战争正面战场》上，江苏古籍出版社 1987 年版，第 1086 页。
② 蒋纬国总编著：《国民革命战史·抗日御侮》第 7 卷，（台北）黎明文化事业股份有限公司 1978 年版，第 171 页。

体部署：第94军攻击宜昌西岸和东侧，第75军进攻双莲寺、王家店，第39军第56师进攻茶店子，第2军进攻宜昌市区东山寺、慈云寺，第32军进攻丰宝山、营盘山、龙泉铺、土门垭，第73军进攻沙洋、鸦鹊岭和安福寺。陈诚随即由恩施赶赴秭归，亲临前线指挥。

28日，宜昌长江南北两岸的第六战区中央炮兵团、江防要塞及参战各军，集140门重炮，同时猛轰宜昌日军外围阵地，揭开了反攻宜昌战役的序幕。旋即，第六战区所属骑兵两度向日军前沿阵地发起冲击。至10月2日，分别扫清了宜昌外围障碍，缩小了包围圈。同时，切断了日军第39师团与第13师团的联系。2日晚，第六战区接到蒋介石"不顾任何牺牲务于三日内克复宜昌"①的命令后，遂加紧了对宜昌的包围，并相机由空隙地带向宜昌城区深入。

3日，新编第33师向谭家台子、滑石垸日军阵地进攻，第76师进入烟墩堡、黑虎山日军阵地。4日，第2军全部包围了慈云寺地带的日军，并分由空隙地带向宜昌城区深入。6日晨，第76师向丰宝山日军据点攻击，日军第十中队陷入重围，藤岛中队长被击毙。随即，第76、第139以及新编第33师穿过日军北侧据点，陆续进入宜昌东侧。7日凌晨，第2军突击队突袭石板铺南侧日军据点。随即，第139师也向丰宝山日军据点猛攻，击毙日军植山讨伐队第三中队长永川彦次郎。是日晚，占领丰宝山日军据点。8日凌晨，第9师占领烟墩堡日军据点。拂晓，第2军一部奋勇在葛洲坝登陆。至此，宜昌外围日军各阵地、据点，均为第六战区中国军队占领。

面对第六战区中国军队连日来的凌厉攻势，驻守宜昌的日军第13师团完全未曾预料。日军一面进行顽强殊死的抵抗，等待战局的转变，一面做了包括烧毁军旗、文件，选定师团长、幕僚、各部长自尽的位置及烧掉尸体的各种准备②。

---

① 转引自张宪文主编：《抗日战争的正面战场》，河南人民出版社1987年版，第252页。
② 袁海天：《1941年反攻宜昌之战》，政协宜昌市委员会文史资料委员会编：《宜昌抗战纪实》，1995年，第34页。

然而，正值夺城关键时刻，长沙会战已告结束，撤出会战的日军第3、第4师团和早渊支队奉命迅速向宜昌方向集结。同时，由于10日和11日宜昌地区普降大雨，使第六战区中国军队失去了连续进攻的战机，战役形势急转直下。尽管如此，第六战区仍于10日为攻克宜昌作了最后的努力。

是日，第9师、新编第33师和第76师猛攻宜昌城区，先后克复了宜昌城郊的胡家大坡、大娘子岗、慈云寺等日军重要据点。其间，第9师组成的3个突击营攻克东山寺、土城等据点后冲入宜昌城，离日本第13师团司令部不到1 000米。这时，从湘北向宜昌方面集结的日军已过荆门、当阳，逼近宜昌，且日军又出动20架飞机冒雨飞临宜昌上空，向攻城和已突进城内的中国军队进行轰炸，并投掷毒瓦斯弹。这样，第六战区奉命撤出城外，停止对宜昌的攻势。反攻宜昌战役遂告结束。是役历时半月，日军伤亡6 400余人，中国军队伤亡2.1万人[①]。

四、鄂西会战

1943年年初，太平洋战场上的日军在英美盟军的逐岛进攻下开始节节退守。日军为早日从陷入泥沼的中国战场抽出兵力转用于太平洋战场，遂决定加紧中国战场的作战，其进攻方向直指扼守入川通道、拱卫战时首都重庆的鄂西。为此，华中日军第11军于是年初夏集结了第3、第13、第30师团以及配属的第34、第40、第58、第68师团各一部，共10万兵力和100多架飞机，分三路向鄂西进攻。其左路由华容、石首、藕池口西进，右路由宜昌溯江而上，中路经枝江、宜都、长阳西进。

根据日军的作战意图和部署，驻守鄂西的第六战区迅速作出部署和调度兵力：以第29集团军固守安乡、公安一线，以第10集团军固守公安、枝江一线，以江防军固守宜都与石牌之间的阵地，以第26集团军第75军和第33集团军第77、第59军固守三游洞与转斗湾之间阵地。并令

---

① 陈诚：《陈诚回忆录——抗日战争》，东方出版社2009年版，第112～113页。

各部队以坚强之抵抗予敌以不断消耗，然后转入攻势，压迫日军于长江西岸而聚歼之①。是时，兼任中国远征军总司令的第六战区司令长官陈诚奉命从昆明飞恩施，专心指挥鄂西会战。

5月5日晨，各路日军在大批飞机的配合下，分向第六战区各前沿阵地发起攻击，拉开了鄂西会战的序幕，使沉寂了近3年的鄂西再起战事。

从5至15日，日军第3师团和第34、第40师团各一部由华容、石首、藕池口向西南突进。中国江防军第73军依照预定计划，逐次迎击日军，将日军阻止在湘北的新安、大堰垱一带。日军第13师团一部由弥陀寺向斑竹垱、新江口进击。第10集团军第87军奋力抵抗后乃放弃公安西移。日军第13师团主力由枝江、洋溪强渡长江后，被第10集团军第94军和江防军第86军一部阻击于茶园寺、刘家场和暖水街附近。至此，战场逐渐进入鄂西山岳地带。

日军各部在稍稍稳定阵脚后，继续向西进击。16、17日，日军第58师团投入战场，增援第13师团在暖水街、刘家场、茶园寺一线激战，第10集团军力战不支，向西南转移。至20日，日军第13师团进占仁和坪、子良坪，北上渔洋关。22日，古老背日军第39师团一部西渡长江得手，向红花套猛攻，守军江防军第86军转移到枇杷树、磨市、仙人桥一线。23日，日军第13师团攻占渔洋关，随即北上，与红花套之第39师团夹击江防军第86军和第33集团军第79军。当日晚，第86、第79军撤至长阳附近设防。24日，日军第3、第39师团突破长阳附近防线，占领长阳，江防军第86军退守长阳西北及清江北岸亘凤凰山一线。与此同时，宜昌西岸日军第34、第39师团从上下五龙口西攻，突破长岭岗防线，一部突入偏岩、津洋口间，一部插入土城寺、曹家畈间。至此，战场已推进到清江两岸，日军在清江两岸聚集有6万兵力，并准备攻占石牌要塞。

---

① 闵江月：《浴血大鄂西——中日鄂西会战纪实》，政协宜昌市委员会文史资料委员会编：《宜昌抗战纪实》，1995年，第42页。

石牌要塞位于长江三峡之西陵峡右岸宜昌县境内,上有三斗坪军事重镇,下有平善坝前哨,水路距宜昌城20多公里。宜昌失守后,石牌要塞便成为拱卫战时首都重庆的第一道门户,战略地位极为重要。为增强石牌要塞的作用,中国海军于1938年冬就在石牌设置了第一炮台,其左右有第一、第二分台,安装大炮10尊,为长江三峡要塞炮台群的最前线,与之相配套,还组建有川江漂雷队、烟幕队等。随着日军进逼石牌,重庆统帅部及时严令江防守备部队死守,明确指出:确保石牌要塞,希望成为我国之斯大林格勒①。守军各级指挥官奉令后,均抱定与要塞共存亡之决心,依地形之有利,与敌决战。

26日,争夺石牌要塞的战斗打响。是日,江防军第18、第32军在馒头嘴、柳林子、轿顶山、石门垭、笔尖峰一线与日军展开激战,第139师在鸭子口、天柱山奋力阻击日军,双方伤亡惨重。27日,江防军全线进入守稻草坪、曹家畈、石牌一线,阻止日军进逼。第94军主力转移至资丘附近,以掩护江防军右侧。28日,日军第3、第13师团分别猛攻木桥溪、曹家畈、石牌一线,均被江防军击退。29日,第10集团军从五峰、资丘向渔洋关、天柱山之日军实施侧击尾追,以切断宜昌西岸日军的归路。30日,日军第3、第13师团再向曹家畈、石牌强攻,并以一部从天柱山向木桥溪迂回,石牌守军江防军第18军第11师沉着应战,打退日军接连发起的5次冲锋。其间,日军曾搬来直射钢炮数门,出动飞机5架,对第11师所属阵地狂轰滥炸,但第11师始终坚守阵地,没有后退一步,以血肉之躯抵挡住了日军的进攻,造成日军重大伤亡。同日,江防军第86军第13师将一度突破曹家畈的日军阻于落步垱以东地带,迂回至木桥溪以东的日军亦被第32军所阻。至此,日军已完全丧失了争夺石牌要塞的力量和信心。

31日,第六战区发动全面反攻。第10集团军以第87军向宜都聂家河、长阳磨市一线截击,第79军沿汉洋河两岸向宜都、枝江镇间沿江追

---

① 陈诚:《陈诚回忆录——抗日战争》,东方出版社2009年版,第355页。

击，第94军主力向都镇湾、磨市攻击，以暂35师和121师攻占天柱山、两河口，尔后分向鄢家沱、红花套和长阳城、津洋口反击；江防军分别从高家堰、落步垱、大桥边、红花套反攻。中美空军亦以大编队机群投入反攻，参战飞机达165架，夺取和掌握了制空权，有力支援了地面作战。在第六战区的全面反攻下，各路日军全线东撤。

在日军全线东撤之际，第六战区各部乘势追击，至6月11日，先后收复宜都、枝江、松滋、公安等地，"完全恢复了5月5日以前之原态势"①，鄂西会战遂告结束。是役历时月余，日军伤亡3万余人，中国军队伤亡、失踪1.97万人②。

第二节　鄂西后方的奠定与营建

迫于战事，湖北省政府于1938年8月中旬迁至宜昌，11月中旬再迁恩施，逐步形成了以恩施为中心、包括30多个县的鄂西后方。在湖北省政府先后制定的《新湖北建设计划大纲》、《湖北省政府施政要旨》、《三民主义新经济政策》、《湖北省计划教育实施纲要》等指导下，鄂西后方在政治、经济、教育等方面实施了一系列革新和建设，为后方各省瞩目，被蒋介石誉为"建国的模范"、"三民主义的模范省"③。同时，鄂西后方紧跟国民党中央"溶共、防共、限共、反共"政策，出现了有计划、有步骤的"反共"活动。

一、省府西迁和鄂西后方的奠定

1937年11月12日上海失守，12月13日南京沦陷，战区迅速由东

---

① 中国人民政治协商会议全国委员会文史资料研究委员会编：《武汉会战——原国民党将领抗日战争亲历记》，中国文史出版社1989年版，第481页。
② 陈诚：《陈诚回忆录——抗日战争》，东方出版社2009年版，第116页。
③ 蒋介石：《鄂西大捷后湖北省党政军学各界之责》，《新湖北季刊》第3卷第3期，1943年。

向西推移。于是，刚刚接任湖北省政府主席的何成濬及新一届湖北省政府即开始考虑和酝酿省政府西迁宜昌的问题。1938年3月，经省政府第288次会议通过，由财政厅核拨4 214.3元用于维修宜昌三游洞房屋，为省政府西迁宜昌做准备。

6月13日，日军攻占安庆，战区愈益迫近武汉。为适应战时需要，统一指挥武汉会战和湖北的军事、政治，国民政府决定改组湖北省政府，由时任武汉卫戍司令、第九战区司令长官等职的陈诚取代何成濬兼任湖北省政府主席。

陈诚兼任省政府主席后，省政府西迁即成为压倒一切的政务。7月6日，省政府委派视察员徐硕俊率6人赴鄂西办理省府档案器物迁移保管和勘察房屋事宜。14日，又令视察员王度率各厅处工作人员共6人前往宜昌，以与徐硕俊等衔接，筹备省政府临时办公地点，并令第六行政督察专员李石樵和宜昌县县长李晋芳协助办理。20日，王度一行抵宜昌，与徐硕俊等会合。徐硕俊等将有关工作向王度一行交代后，又奉命赴巴东、恩施考察。24日，王度将所勘定之省政府办公地点详细情况向省政府报告。27日，省政府委员会召开第303次会议，就省政府西迁宜昌做出如下决议：（1）自8月1日起开始迁移，定10日结束；（2）省府各单位之迁移，按照财政厅、民政厅、秘书处、建设厅、教育厅、保安处之秩序；（3）船只由建设厅负责拨派；（4）迁移事务由秘书处负责主持；（5）迁移费在省预算项开支①。28日，陈诚以第九战区司令长官名义电令宜昌警备司令部：省府在宜所觅房屋"已派保安团驻守，其他军事机关、部队不得占用"②。30日，省政府又设置运输事务委员会，以统筹西迁运输事宜。

经过几天的紧张准备之后，省政府即正式西迁。8月6日晚，省政

---

① 湖北省政府秘书处编：《湖北省政府委员会第301—317次会议议事录》，湖北省档案馆藏。
② 《陈诚致蔡继伦电》（1938年7月28日），中国第二历史档案馆藏。

府部分眷属共340人乘"江新"轮离汉。12日，各厅处大部分人员乘"龙安"轮西上，15日全部迁宜。20日，省政府各机关均在宜昌韩家坝开始办公。在省政府西迁之际，国民党湖北省党部亦迁至离宜昌城区15华里的小溪塔办公。

省政府西迁宜昌后两个月，日军即于10月25日占领武汉。日军占领武汉后，经常出动飞机对宜昌进行轰炸。为策安全，10月27日，省政府委员会召开第306次会议，就省政府再迁恩施做出如下决议：(1)原运输事务委员会改组为运输处，全权负责省府迁施的运输工作；(2)派省政府视察员邦俭率先遣人员即日动身前往恩施进行部署；(3)所有迁往恩施的人员及器物从10月30日起开始办理手续，准备迁移；(4)各厅处不急用之重要物品及业务上不需留在宜昌之人员以及职员眷属先行迁移，各厅处主要官员及少数重要办公人员先留宜昌，后续行动①。由于此前徐硕俊等已赴恩施考察，并会同第七行政督察区专员袁济安、恩施县长余廷襄共同勘定了省政府和各厅处办公地点，所以，待省政府委员会作出迁施决定后，便立即开始省府再迁工作。11月初，省府机关职员和家眷陆续动身离开宜昌，到11月中旬，所有机关人员和物品全部抵达恩施，并相继开始办公。其中，省政府及民政、财政、建设、教育4厅和秘书、卫生、社会、人事、田粮管理5处及保安司令部、高级法院等机关驻恩施城东门外3公里的土桥坝，湖北省党部驻金子坝，警察局驻恩施城内薛家巷②。继省政府迁至恩施后，省政府所属机构、学校、团体亦先后迁至恩施。

恩施古称施州，位于湖北省西南部。北有大巴山雄峙，中有巫山横亘，南有武陵山矗立，西有川鄂古道，历来就具有"锁钥荆襄，咽喉巴

---

① 湖北省政府秘书处编：《湖北省政府委员会第301—317次会议议事录》，湖北省档案馆藏。
② 恩施土家族苗族自治州地方志编纂委员会编：《恩施州志》，湖北人民出版社1998年版，第655页。

蜀"的重要战略地位。随着国民政府1937年11月迁都重庆，以及西南大后方的初奠，使得与重庆直线距离不到300公里的恩施，以及以恩施为中心的与川、陕、湘毗邻的鄂西的战略地位倍增。此外，相对鄂中及长江沿岸而言，以恩施为中心的鄂西经济固然落后，但这里资源丰富，民风淳朴，具有发展经济的潜力，只要政策、措施适宜，完全可以承受由于省政府西迁而骤增的物资上的需求。

省政府西迁恩施后不久，省政府主席陈诚于1939年2月调赴重庆主持军事委员会政治部工作，省政府进行了改组，由民政厅长严立三①代理省政府主席。严立三代主省府期间，正值大局动荡，鄂西初奠之际。他以"济世之念"、"责任之心"②，在迅速处理西迁善后工作，理顺各种关系，稳定鄂西政局的同时，又着力领导治理、开发和建设鄂西，以开辟鄂西新局面。其间，在凝聚各种力量，转移社会风气，提倡清廉勤政，厉行禁烟禁毒，改善鄂西交通，发展后方生产，迁移学校，实行学生公费制度，维护国共合作等方面，都发挥了影响，做出了成绩，初奠了鄂西后方之基础，为后来陈诚回任省府主席奠定了基业。到1940年年初，鄂西后方辖区包括恩施、建始、巴东、利川、咸丰、来凤、宣恩、鹤峰、秭归、兴山、宜都、宜昌、长阳、五峰、远安、当阳、枝江、松滋、石首、公安、江陵、监利、荆门、宜城、枣阳、襄阳、光山、谷城、保康、南漳、房县、均县、郧县、竹山、竹溪、郧西36县的全部或大部③。

---

① 严立三（1892—1944），原名重，晚以字行。湖北麻城人。早年就读安徽陆军小学和保定军校。1924年赴广州投身革命，参加筹建黄埔军校，历任黄埔军校筹备委员、战术教官、总队长、训练部长、教授部长。北伐期间，任国民革命军师长。1928年出任湖北省政府委员兼民政厅长。一年后辞职，潜心治学。抗日战争爆发后，复任湖北省政府委员兼民政厅长。1939年2月，受任代理省政府主席，其间，清廉勤政，初奠鄂西基业。1940年8月，卸职而退，移寓宣恩山中，扶助垦民，自耕而食。兼以暇日整理旧著，1944年病逝。撰有《庄子天下篇绪论之杂谈》、《道学宣言》、《大学辩宗》、《礼记大学篇考释》等。
② 陈诚：《陈诚回忆录——抗日战争》，东方出版社2009年版，第160页。
③ 刘韵石：《抗日战争中的新湖北》，（台北）《湖北文献》第85期，1987年10月。

1940年8月，境内战局基本稳定，陈诚回任省政府主席。陈诚回任后，改组了省政府，并以手定的《湖北省政府施政要旨》和主持制定的《新湖北建设计划大纲》、《实行三民主义新经济政策》为指导，革新省政，营建鄂西后方。其间，在改革行政、整编法令、增加生产、推进工业、二五减租、物物交换、凭证分配、计划教育等方面，都取得了一定的业绩，使鄂西呈现出"一种朝气勃勃的新气象"，"以崭新的姿态，呈现在抗战的祖国面前"①，并被蒋介石誉为"建国的模范"、"三民主义的模范省"②，为后方各省瞩目。但与此同时，陈诚又忠实贯彻国民党五届五中全会"溶共、防共、限共、反共"方针，在鄂西后方进行了一系列有计划、有步骤的"反共"活动。

1944年7月，陈诚出任国民政府军政部部长，省政府再度改组，原省政府秘书长王东原③接任省政府主席。王东原履任后，抗日战争已接近尾声，省政府的施政在立足鄂西后方的同时，开始着眼全省。在政治方面，加紧推行"地方自治"，调整乡、保结构，加强对地方的控管。在经济上，拟定了《统一全省公营企业实施方案》，组织企业委员会，控制鄂西后方及所有管辖区的公营企业。在教育方面，拟定了《湖北教育实施方案》，强调学校教育、社会教育、职业教育均衡发展。从而推进了鄂西后方的持续稳定和发展。

---

① 《鄂西纪行之一》，《扫荡报》1943年6月29日。
② 蒋介石：《鄂西大捷后湖北省党政军学各界之责》，《新湖北季刊》第3卷第3期，1943年。
③ 王东原（1898—1995），安徽全椒人。1917年入北京高等师范学校，次年入保定军校。1922年毕业后先后投入河南国民军和湘军。1929年后，历任国民革命军旅长、师长、湖南省会警备司令。1935年被授予中将。1937年夏入庐山军官训练团。抗战爆发后，任第73军军长，1938年升任第34集团军副总司令。1940年任国民政府军事委员会政治部副部长，1943年兼任国防研究院主任。1944年7月，任湖北省政府主席，8月，兼第六战区副司令长官。1946年任湖南省政府主席。1948年任战略顾问委员会委员。1949年去台湾，1979年后寓居美国，1995年病逝于洛杉矶。著有《浮生简述》。

1945年8月，日本宣布投降，湖北全省收复，抗日战争终告胜利。根据国民政府行政院的命令，省政府立即布置"还治"。9月17日，省政府和省党部主要官员偕第六战区长官部主要军事将领，告别恩施，告别鄂西，乘船回到武汉。20日，省政府恢复在武昌办公，鄂西后方便作为一个特定时间和空间的概念而成为过去。

二、"革新政治"

鄂西历来是湖北政治建设的薄弱地区。在这里，各级干部普遍存在着"苟且敷衍，得过且过的心理"①，行政效率十分低下。在这里，贪污、社会恶劣势力和吸毒等社会现象十分严重，社会政治生活浑浊。为此，在陈诚手定的《湖北省政府施政要旨》中便明确宣示"要革新政治"、"把政治办好"②。

据此，鄂西进行了改革行政、惩治贪污、打击社会恶劣势力和厉行禁烟等一系列政治革新措施。

在行政改革方面，先后采取了以下措施。

第一，以推行新县制为契机，改革基层政权体制。省政府迁施后不久，恰逢1939年9月19日国民政府公布《县各级组织纲要》向全国推行新县制③。据此，省政府相继于1941年10月和1942年2月公布了《修正湖北省县各级组织纲要实施计划》和《修正湖北省县政府组织规程》、《湖北省县政府办事通则》。依据这些法规，鄂西后方及省政府所能管辖的其他地区开始全面实施新县制。

根据新县制的要求，鄂西后方扩大了县政府组织。其具体操作方法是：废除各县原以数字排列的第一、二、三科名称及机构，扩大改设以职能冠名的若干科室，以及扩大县政府的职员编制。截至1945年6月

---

① ②《湖北省政府施政要旨及其诠释》，鄂西自治州档案馆藏。
③ 新县制，即旧县制的对称。北伐战争后至抗日战争前的县制称为旧县制，抗日战争期间《县各级组织纲要》公布后的县制称为新县制。

底,设置民政、财政、建设、教育、军事、粮政、社会7科和秘书、会计2室的县份有恩施、枣阳、襄阳、南漳、房县、郧县、巴东、自忠①、光化、谷城、秭归、长阳、来凤、利川、建始、均县、竹山、竹溪、郧西、保康、兴山、五峰、宣恩、咸丰、鹤峰25县;设置民政、财政、建设、教育、军事、粮食6科和秘书、会计2室的县份有英山、罗田、随县、松滋、远安、宜昌6县;设置民政、财政、教育、建设、军事5科和秘书、会计2室的县份有黄冈、浠水、麻城、蕲春、广济、礼山6县;设置民政、财政、建设、教育4科和秘书、会计2室的县份有公安、钟祥、京山、宜都、枝江、应山、当阳、通城8县。县政府职员编制为:大县70多人,小县50多人。县政府组织的扩大,使县政府及县长的权力比原来更加强化和集中。

根据新县制的要求,鄂西后方全面整理了区署,设立乡(镇)公所。其具体操作方法是:原则上各县以下不设区署,如果因地域辽阔、偏远、交通困难或其他特殊情况,可以设置区署,所设区署的名称,冠以区署所在地名称。撤销联保办公处,改设乡(镇)公所,乡(镇)公所直隶县政府,受当地区署督导,乡(镇)公所设正、副乡(镇)长,以及民政、财政、建设、教育、卫生、警卫等干事。全省划定的乡(镇)数,1942年12月为739所②,到1944年8月为1 440所③。截至1945年6月,全省各县区署由268所减少到51所,撤销217所④。整理区署和设立乡(镇)公所,减少了基层政权层级,对于政令通达,提高行政效能,加强和集中权力有一定的作用。

根据新县制的要求,鄂西后方训练和调整了新县制机构的人员。根据蒋介石"县政最要是用人"⑤的原则,省政府在健全各级行政机构的

---

① 为纪念张自忠在宜城县南瓜店殉国,国民政府于1942年将宜城县更名为自忠县。
② 国民政府内政部编:《后方各省市户口统计》,1943年。
③④ 湖北省地方志编纂委员会编:《湖北省志·政权》,湖北人民出版社1996年版,第253、250页。
⑤ 张铮:《抗战戡乱时期县政一夕谈》,(台北)《湖北文献》第66辑,1983年。

同时，还特别注重县长人选任用。其间，免去了一批旧人，起用了一批新人。这批新人或为大学毕业，或通过县长考试，或经不同渠道保荐。这就不仅保证了各县政府和省政府的思想统一，而且具有一定的治县能力。如利川县县长于国桢，"能从下层去了解民瘼，常常探察社会黑暗面"①，以作为实施县政的参考。

第二，调整省政府机构，恢复合署办公制度。抗日战争爆发前，湖北省政府设有四厅（民政、财政、建设、教育）一局（地政）三处（秘书、保安、保安经费总经理）共8个机构，并从1934年9月实行合署办公。抗日战争爆发省政府西迁宜昌和恩施之初，因缺办公用房，各厅、处只能分散办公。又因战事和西迁导致的各种政务的错综复杂，省政府机构一度增至四厅（民政、财政、建设、教育）六处（秘书、卫生、合作事业、驿运管理、会计、人事）一局（粮政）共11个机构。随着鄂西后方的稳定，省政府先后在1941年、1942年重新制定《湖北省政府合署办公施行细则草案》、《湖北省政府合署办公施行细则》，旋即恢复了各厅、处合署办公。1943年1月，省政府委员会又比照中央政府和新县制县政府的组织状况，参照后方各省政府机构设置的情形通过了《重新调整本省省级机构案》，据此，省政府机构减少为四厅（民政、财政、建设、教育）五处（秘书、会计、卫生、人事、社会）共9个机构。

第三，实行层级负责制。民国以来，省政府各职能部门，以及省以下各级政权间，普遍存在职权不清、责任不明的问题，鄂西尤其如此。为此，省政府西迁后，决定实行层级负责制，以实现"层层节制，人人负责"②。层级负责制包括分层负责和分级负责两个方面。分层负责适用于省政府各层职能部门，分级负责适用于省以下各级政权之间。其操作原则，就分层负责而言，根据1941年2月28日省政府委员会第344次

---

① 刘韵石：《抗日战争中的新湖北》，（台北）《湖北文献》第85期，1987年10月。
② 湖北省政府秘书处编：《湖北省政府委员会议陈主席指示备忘录汇编》，1942年，第21~24页。

会议的议定："各厅处可以负责解决的事，由各厅处自己负责解决，各厅处自己不能负责解决的事，签呈主席解决。主席自己不能解决的事，再提省政府委员会议解决"，"各厅处内科室自己可以负责解决的事，主管可授权各科室负责解决"①。就分级负责而言，根据1941年1月17日的省政府委员会第339次会议和1941年8月8日的省政府委员会第372次会议的议定是："在法令范围内，各厅处可多授权各区署专员，使其集中权力，负责办事"；"凡属应归各县办理之业务，应完全交由各县办理，不必由各厅处一一分设机关，自成系统"；"凡属中央及省各种必要之机关，一时不能裁并者，关于纪律方面，应授权驻在地之专员县长就近指挥监督"②。

第四，设立省、县两级参议会。1927年国民政府成立后，即以"训政"为由，拒绝设置民意机关。抗日战争爆发后，国民政府于1938年7月设立国民参政会。随后，又于同年9月和1941年8月先后公布《省临时参议会组织条例》和《县参议会组织暂行条例》，令各省各县设置参议会。据此，湖北省第一届临时参议会于1938年6月组成，并于9月举行第一届会议。1941年10月组成第二届临时参议会，并于11月召开第二届会议。随后，各县临时参议会相继设立。截至1944年9月，湖北省设置临时参议会的县份有恩施、郧县、宣恩、鹤峰、来凤、咸丰、利川、建始、巴东、秭归、兴山、宜都、宜昌、枣阳、均县、房县、竹山、竹溪、通城、通山、罗田、英山、长阳、五峰、南漳、保康、宜城、光化、谷城、襄阳、郧西、随县、钟祥、崇阳、蕲春、远安、浠水37县③。

在对各级政权体制作出重大改革的同时，省政府又以"乱世用重典"为训，雷厉风行地在鄂西后方进行了严惩贪污、铲除社会恶劣势力和禁

---

① ② 湖北省政府秘书处编：《湖北省政府委员会议陈主席指示备忘录汇编》，1942年，第21~24页。

③ 参见湖北省地方志编纂委员会编：《湖北省志·政权》，湖北人民出版社1996年版，第248页。

毒禁烟等行动。

贪污是民国时期政治经济生活的痼疾，贫困的鄂西亦是如此。为此，鄂西后方采取了必要措施。

首先是从制度上防止贪污。早在1938年12月，省政府便把"铲除贪污，厉行廉洁"①确定为四大施政要项之一，并公布了中央政府1938年6月27日制定的《惩治贪污暂行条例》。随后，陈诚在《湖北省政府施政要旨》中进一步强调："现百废待举"，务必保持"廉洁刻苦之风"，"彻底铲除贪官、污吏"②。同时，为了防止贪污，鄂西后方确立了会计制度和交代制度。关于会计制度，《湖北省政府施政要旨》规定，今后关于财政"核发手续，节余之缴库，预算之编造，报销之核实，均须依法改善，而重计政。"③1941年9月，陈诚又在省行政会议上强调，"确立会计制度……是在制度方面澄清吏治最好的办法"④。关于交代制度，1941年1月省政府便制定、颁发了《湖北省公务人员交代条例施行暂行规则》和《严厉执行交代法令》，1943年6月又制定了《湖北省各县县长交代规则》。这些法规规定各级干部卸职、任职必须履行财产交接手续，违者严惩不贷。其中，《湖北省公务人员交代条例施行暂行规则》规定："卸任长官，应将任内暂存各款，于交卸日起，五日内悉数移交新任接收，并将交接数目会同电文呈上级机关查核"。并规定对"虚列事实填列表报者"、"漏交款项及重要案件者"、"交代愈限不清者"、"串通接任或监盘人员通同舞弊者"等，"酌予记过、罚俸、免职或查封财产之处分"⑤。

其次是严惩贪污人员。在鄂西后方，惩治贪污人员是十分严厉的。

---

① 陈诚：《湖北省政府工作之近状与今后施政之要领》，湖北省政府编印，1939年，第22页。

②③ 陈诚：《湖北省政府施政要旨》，1940年，第2～4页。

④ 湖北省政府秘书处编：《湖北省政府委员会议陈主席指示备忘录汇编》，1942年，第34页。

⑤ 湖北省政府秘书处编：《湖北省法令辑要》第1辑，新湖北书店，1941年，第114页。

凡涉嫌查明贪污者，一律枪决。其间，湖北省平价物品供应处粮食部经理郑楚良因把公家粮食卖了，被处决于恩施东门外河滩上。宜昌县县长武长清在颁发鸦片烟膏新旧牌照交替期间，从经营者捐赠款项中得到好处，以贪污罪枪决。宜昌警备司令兼城防司令蔡继伦把国防工事交私商承包，个人从中分成，经查明后以贪污罪枪决。监利县县长黄向荣，用公款做棉花生意，经举报、查明后，被逮捕枪决，因贪污被处决的还有枣阳县县长郭雪萍、老河口警察局局长杜淮等①。

鄂西后方在惩治贪污的同时，又以同样的力度，铲除社会恶劣势力。

长期以来，在偏远落后的鄂西即存在一些强宗大族、流氓地痞等封建势力、地方莠民，霸道一方，抗拒政令，扰乱社会秩序。有鉴于此，在省政府西迁恩施之后，陈诚就提出："土豪劣绅、地痞流氓与贪官污吏是相依为命、相辅相成的。惟其政府中有贪官污吏，所以社会上才有土豪劣绅、地痞流氓；亦惟社会上有土豪劣绅、地痞流氓，所以政府才能发生贪官污吏。"② 遂决定一手惩治贪官，一手打击社会恶劣势力，并号召"养成大智大仁大勇的革命精神誓与恶势力奋斗到底"，"彻底铲除"③。为此，湖北省政府多次动用团警，对恩施的傅卫风，利川的冉作霖、刘惠卿，咸丰的王俊安、李可瑞、邓及门，来凤的向作安、田部云，建始的田见龙等恶劣社会势力分别实施了"剿抚"和"制裁"。其间，在捉拿覃瑞三时，居然动用了正规部队第26集团军所部。至此，长期以来为害一方的社会势力为之一扫。

为了整肃社会风气和制止犯罪，鄂西后方还坚决地实行了禁毒禁烟。

近代以来，毗邻湖北的陕、川等省相继栽种鸦片，大量烟毒流入湖北，鄂西尤为严重。清末民初，虽几度禁烟，但屡禁不止，鄂西成为湖

---

① 《省政辑要》，《新湖北季刊》第1卷第1期，1941年。
② 孙宅巍：《陈诚别传》，上海人民出版社1998年版，第209页。
③ 湖北省政府秘书处编：《湖北省政府委员会议陈主席指示备忘录汇编》，1942年，第153页。

北境内种植鸦片和吸、运、卖烟毒最严重的地区,男女老少多遭烟毒之摧残。省政府西迁后,加大了禁烟禁毒力度,严厉实行禁烟。

1940年2月1日,省政府代主席严立三宣布:"禁绝烟毒计划,年底届满,不但种、运、卖烟的要从重处刑,吸烟的也一律罚办,法令森严,绝无宽假。"① 同年9月,省政府主席陈诚又宣布:"过去禁烟,无论想什么方法,都不能收到很大的效果。所以本省规定自民国三十年元月一日起,凡属吸、运、售、藏各种烟犯,一律枪决。"② 接着,省政府作出五条具体规定:"(一)禁烟最后期限,于九月底届满。剩有未戒者,即属烟犯。在1940年12月底前拿获者,依《禁治罪暂行条例》,从重判处。除死刑外,概责令长期体力劳动……强宗豪劣吸食鸦片的,除按前两项处治外,并没收其财产。(二)责成毗邻川、湘、豫、陕各边地县长,严督区、乡(镇)保甲长明密检查搜捕,务断来路。(三)贩运烟毒犯,由民政厅、专署、县府、区署、乡(镇)公所、保甲长随时报请当地及附近驻军协缉。如徇纵情弊,一律重惩。(四)破获烟案,当众验明签字印封,连同案犯送县府以军法职权审讯,不得藉任何理由逗留延迟,如有盗换侵蚀隐匿纵逃情弊,概处死刑。(五)禁藏方面。督促人民自动呈缴焚毁,限联保各户检举,派便衣多方查缉,查获吸犯即责报烟土来源以凭拿办。"③

根据上述禁烟规定,从1941年1月1日起,鄂西后方和战区开始对各种烟毒犯进行捕获,并奖励民众密告,严追烟毒来源。至年底,据各县上报,全年共处决烟犯271名。其中,种烟犯8名,运售犯50名,吸藏犯194名,开设烟馆犯19名④。"截至1942年底,在鄂西几县被处死

---

① 《为推进"当兵"、"纳税"、"清匪"、"禁烟"四项要政告全省同胞书》(1940年2月1日),湖北省档案馆藏。
② 《湖北省政府工作报告》(1940年),湖北省档案馆藏。
③ 《湖北省政府二十九年度中心业务概要》,湖北省档案馆藏。
④ 湖北省地方志编纂委员会编:《湖北省志·民政》,湖北人民出版社1994年版,第137页。

刑的就将近千人之多。"① 在捕杀各种烟犯的同时，鄂西后方还对一些仍未禁种的边沿山区实行强制铲除。1943 年 5 月，省政府令调国民兵 230 名，步枪 60 支，发动保甲，带刀矛、锄头，对巴东县罗溪、长峰两乡交界处的鸦片苗予以尽铲②。

严厉的禁烟法规及措施，使屡禁不止的烟毒在鄂西后方一度"弊绝风清"③。

三、"三民主义新经济政策"的实施

鄂西素为湖北经济落后地区。就农业而言，由于长期封建制度的束缚与地缘劣势造成的闭塞，致使这里的生产方式十分落后，生产力十分低下。就工业而言，这里的矿产资源比较丰富，但是"各种矿产的开发甚为落伍"④。而就交通而言，鄂西远离省政治经济文化中心，且多为山区，交通业异常落后。而战时的经济状况对支持战争、稳定后方具有极其重要的意义。这种状况，迫使鄂西后方不能不以最大的努力去面对。

省政府西迁恩施后不久，即认识到了经济开发和建设的极端重要性。早在 1938 年 12 月 22 日，陈诚便鲜明地提出和号召"开发鄂西"，"建设后方"⑤。接着，他又在 1940 年 9 月强调："本省建设之急务"，在于"改进农业，开发矿产，兴办水利，培植森林"，"振兴轻工业"等⑥。随后，省政府于 1941 年 6 月制定了《新湖北建设计划大纲》。大纲提出：经济建设的任务是"开发资源，增进生产"；"经济建设之中心政策，为逐渐实行统制经济以调节物资之生产消费，而树立施行计划经济之基础"；"生

---

① 徐怨宇：《我在鄂西五年的经历与见闻》，《湖北文史资料》第 14 辑，1986 年。
② 湖北省地方志编纂委员会编：《湖北省志·民政》，湖北人民出版社 1994 年版，第 137 页。
③ 刘韵石：《抗日战争中的新湖北》，（台北）《湖北文献》第 85 期，1987 年 10 月。
④ 蒋君章：《湖北资源论》，《新湖北季刊》第 1 卷第 1 期，1941 年。
⑤ 陈诚：《湖北省政府工作之近状与今后施政之要领》，湖北省政府编印，1939 年，第 3 页。
⑥ 陈诚：《湖北省政府施政要旨》，1940 年，第 5 页。

产之经营，则分国营、省营、县营、民营、合营五种"；"经济建设中采取农业与工业，相互促进，配合发展的政策，以求经济全面的发展"；"工业之建设，以发展机器工业为主，并扶植手工业之生产"。1942年1月，陈诚倡导的"实行三民主义新经济政策"则更具体地提出了"增加生产"、"征购实物"、"物物交换"、"凭证分配"① 的四大经济政策。

根据上述方针和政策，省政府有关厅、处采取了许多措施，开展了以鄂西为中心的，包括农业、工业、商业、金融业等方面的经济开发和建设。

（一）农业的改进

"民以食为天。"随着省政府机关、工矿、学校的西迁和驻军的增加，鄂西人口陡增，军粮民食成为最迫切的问题。为此，省政府除依赖国民政府补贴和湘谷济助外，更主要的是采取多种措施，发展鄂西后方的农业生产。其主要措施为：

第一，发放农业贷款和贷放春耕种子。1939年，省政府与农垦局拟定发放农业贷款200万元；1940年，省政府发放合作金融贷款118万元；1943年，省政府再次发放合作金融贷款858万元，其中，农业生产贷款535万元；1942—1945年，中国农民银行在湖北发放农业生产贷款16 274万元②。1942年，鄂西各县灾情严重，农民缺乏种子，省政府则直接向各县农民贷放春耕种子29 365石③。增加发放农业贷款和贷放春耕种子的措施，在一定程度上缓解了缺乏生产资金和生产资料的困难。见表8-1。

第二，扩大耕种面积和充分利用地力。由于东部和中部地区沦陷，使全省耕地锐减。据统计，1940年年初，鄂西后方耕地面积为2 612万亩，占全省耕地面积39.72%④。而鄂西又习惯只种一季的落后耕作方

---

①③ 湖北省政府编：《湖北省抗战期中民生主义经济政策实施概况》，1942年，第9、45页。

②④ 湖北省地方志编纂委员会编：《湖北省志·经济综述》，湖北人民出版社1992年版，第74、72页。

式，使地力未能充分利用。有鉴于此，省政府大力提倡和推广水田冬季作物、旱地夏季作物的双季耕作方式。1940年在恩施、宣恩、咸丰3县试行，增加冬作面积60 329亩；1941年在房县和鄂西8县推广，增加冬作面积568 584亩，夏作面积25 897亩；1942年扩大推广到鄂西后方各县，增加耕作面积794 672亩①。

表8-1 湖北省1942年贷放春耕种子一览表

县 别	贷放数（石）	县 别	贷放数（石）
郧 县	260.00	松 滋	8 000.00
竹 山	400.00	枝 江	300.00
郧 西	400.00	江 陵	2 500.00
建 始	35.77	宜 都	1 000.00
宣 恩	510.00	兴 山	1 300.00
咸 丰	510.00	秭 归	775.00
来 凤	70.26	长 阳	1 000.00
鹤 峰	101.95	五 峰	300.00
石 首	3 412.00	房 县	2 500.00
公 安	6 000.00	合 计	29 365.28

资料来源：湖北省政府编：《湖北省抗战期中民生主义经济政策实施概况》，1942年，第45页。

第三，改良农作品种。省政府西迁前，鄂西各种作物种子均从当年收获物中选留，种子性能退化严重。省政府西迁后，原有试验材料损失净尽，只能采取引进和重新试验优良种子的措施。1940年，引进了"湘潭云南白"、"湘农638"、"宾阳早"等水稻种子。1941年，引进了"中农28"、"金大2905"、"美国玉皮"等小麦种子。1942年，通过恩施县内鄂西农场试验，获得了上场坝黄、芭蕉黄等玉米种子，以及长梁子、桂阳等油菜种子。农作物品种的改良，使水稻、小麦、玉米和油菜产量得

---

① 湖北省政府编：《湖北省抗战期中民生主义经济政策实施概况》，1942年，第41页。

到明显提高。

第四，兴修水利。省政府西迁前，省水利建设的重心一直在长江、汉水流域，鄂西长期被忽视。省政府西迁后，开始大规模兴修水利工程。截至1946年，共修水塘9 417口，水井3 815口，堰坝4 060座，水库23座，涵闸40座，堤垸590道，沟渠4 059条，受益农田107.4万亩①。其中，规模较大的水利工程有郧县岣园渠、利川南坪水道、郧西五渠、宜城南漳长渠、建始广润渠、恩施高桥坝、咸丰灌溉工程等。见表8-2。

表8-2　湖北省主要农田水利工程概况表

工程名称	修建时间	受益田亩（亩）	工款数量（元）
郧县岣园渠	1940.6—1940.12	3 000	30 000
利川南坪水道	1941.3—1941.7	10 240	65 000
郧西复兴、中正、民族、民权、民生五渠	1940—1942	2 900	
宜城南漳长渠	1942.11—1944.4	150 000	5 900 000
郧西无惠渠	1942.11—1943.5	5 000	660 000
郧县晓阳渠	1942.11—1943.4	1 500	300 000
郧县滔惠渠	1942.11—1943.2	1 000	13 000
郧县柳坡	1942.11—1943.2	2 000	13 000
建始广润渠	1942.12—1943.2	1 500	150 000
建始三里坝	1942.10—1942.12	3 000	140 000
恩施高桥坝	1942.12—1943.5	4 000	800 000
咸丰灌溉工程	1942.10—1943	2 000	120 000

资料来源：湖北省政府编：《湖北省抗战期中民生主义经济政策实施概况》，1942年，第26~27页。

第五，实行减租减息。"鄂西民间习惯，地主将土地交与佃农耕种，

---

① 湖北省地方志编纂委员会编：《湖北省志·经济综述》，湖北人民出版社1992年版，第74页。

每到秋收,谷物平均分享各得一半,农人往往终岁勤劳,不得温饱。"①省政府西迁后,即考虑减租。1940年,民政厅在恩施、宣恩、利川、来凤、咸丰、鹤峰、建始、巴东8县试行"四六减租"。在郧县、均县、房县、襄阳、枣阳等21县则试行"二五减租"②。同时规定借贷年息不得超过20%,月息不超过1.5%。1941年4月,省政府又公布了《湖北省减租实施办法》,将租额统一定为正产物总收获量的375‰。鄂西后方减租减息政策的实行,"使佃农增加收入得到实惠,占百分之八十的农人,生活的痛苦有了纾解"③。

通过以上措施,鄂西后方农业生产取得明显的发展,基本上保障了军粮民食之最低需要。据1942年鄂西19个县的调查统计,人均粮食年消费水平为:米121.8公斤,小麦27.1公斤,杂粮120公斤,共270公斤④。农业生产的发展,推动了鄂西后方整个社会经济的发展。

(二)工业的推进

鄂西地区资源丰富,劳动力也不匮乏,但长期以来,工矿业始终滞后。省政府西迁后,即利用内迁资金、设备和技术力量,兴办了一批军需民用、国计民生所必需的工矿企业。

在矿业方面,兴办了具有一定规模的兴秭煤矿管理处和恩施煤矿厂等省营矿业,扶持了一大批民营小铁矿和小铁厂。据统计,从1940—1942年,兴秭煤矿管理处和恩施煤矿厂共产煤10 750吨,恩施各机关所需燃料,均属上述两厂供应。而各县的小铁矿和小铁厂所生产的产品,则均为当地农具制造所用。见表8-3。

在工业方面,根据《新湖北建设计划大纲》提出的"生产之经营,则分国营、省营、县营、民营、合营五种"的方针,从1939—1942年,先后

---

①③ 刘韵石:《抗日战争中的新湖北》,(台北)《湖北文献》第85期,1987年10月。
② "四六减租",即夏季收成农民与地主四六分成,晚季收成全归农民。"二五减租",即先以25%提归农民,剩余由地主与农民均分。
④ 湖北省地方志编纂委员会编:《湖北省志·经济综述》,湖北人民出版社1992年版,第75页。

表 8-3 1940—1942 年鄂西后方省营矿业概况表

矿 名	矿区地点	厂数	工人数	产量（吨）		
				1940 年	1941 年	1942 年
兴秭煤矿管理处	兴山大峡口及秭归香溪	5	316	1 678.5	556	3 632
恩施煤矿厂	恩施屯罗乡、袁家湾、潭山坝等地		55	50	2 862	1 972

资料来源：湖北省政府编印：《湖北省抗战期中民生主义经济政策实施概况》，1942 年，第 72 页。

建立起一批各种性质的工厂。其中，具有一定规模的省营工厂有：咸丰化工厂、万县麻织厂、万县机械厂、咸阳纺织厂、恩施纺织厂、利川硫酸厂、万县造纸厂、谷城纺织厂、恩施造纸厂、巴东炼油厂、巴东机械厂、宣恩陶器厂、光化机械厂等，1942 年的注册资金共 5 152 289.20 元①。具有一定规模的县营及合营工厂有：咸丰纺织厂、咸丰砖瓦厂、宣恩堤砖厂、保康印刷厂、松滋纺织厂、来凤纺织厂、建始纺织厂、恩施石灰厂、鄂西纺织厂、均县纺织厂等。恩施石灰厂、郧西造船厂等，1942 年的注册资金共 832 000 元②。具有一定规模的民营工厂有：来凤高洞河造纸厂、恩施官坡日用化工生产合作社、巴东利川烛皂厂、鄂西唯美皂烛厂、宣恩振兴木炭厂等，1942 年的注册资金共 178 800 元③。具有一定规模的合营工厂有：谷城纺织厂、利川纺织厂、秭归纺织厂、长阳纺织厂、郧县纺织厂、鹤峰纺织厂、竹山纺织厂等，1942 年的注册资金共 278 800 元④。此外，还出现了一批从事铁器、铜器、首饰、木器、皮革、纺织的手工业户，据 1943 年统计，鄂西后方共有手工业户 2.1 万家⑤。

鄂西后方工矿业的兴建，为鄂西后方公教人员、驻军以及民众提供了一

---

①②③④ 湖北省政府编：《湖北省统计年鉴》，1945 年，第 958～962 页、第 974 页、第 970～972 页。

⑤ 湖北省地方志编纂委员会编：《湖北省志·经济综述》，湖北人民出版社 1992 年版，第 76 页。

定量的工业品,纾解了鄂西后方物资匮乏的困难。同时,初步改变了鄂西工业滞后的状况,极大地促进了鄂西地区工业的发展。见表8-4、表8-5。

表8-4　1942年鄂西后方主要省营工厂一览表

厂　名	厂　址	开厂时间	职工数	资金（元）
咸丰化工厂	咸丰县	1940.2	95	190 000
万县麻织厂	万县钟鼓楼	1940.3	515	1 337 085
万县机械厂	万县明镜滩	1940.8	228	744 670
咸丰纺织厂	咸丰县北门外	1940.8	81	2 000 000
恩施纺织厂	恩施红庙	1940.10	131	376 755
利川硫酸厂	利川南坪	1941.1	292	252 217
万县造纸厂	万县明镜滩	1941.1	111	339 849
谷城纺织厂	谷城县	1941.1	181	316 794
恩施造纸厂	恩施官坡	1941.11	49	125 908
巴东炼油厂	巴东旧县	1942.7	126	563 000
巴东机械厂	巴东悟源	1942.4	173	
宣恩陶器厂	宣恩小关	1942.4	188	290 000
光化机械厂	光化县	1942.8		

资料来源：湖北省政府编：《湖北省统计年鉴》,1943年。

表8-5　1942年鄂西后方各县主要民营工厂一览表

县别	厂　名	开厂时间	职工数	资金（元）
来凤	来凤高洞河造纸厂	1942.7	47	30 000
恩施	恩施官坡日用品化工生产合作社	1940.10	30	100 000
巴东	巴东利川烛皂厂	1941.3	15	20 000
宣恩	鄂西唯美皂烛厂	1942.5		11 000
宣恩	振兴木炭厂	1940.12		10 000
恩施	恩施碾米厂	1940.4	50	43 800
巴东	巴东碾米厂	1939.3	44	50 000

资料来源：湖北省政府编：《湖北省统计年鉴》,1943年。

（三）商贸金融活动的开展

1940年，省政府颁布了《湖北省战时贸易管理规程》，规定设立湖北省战时贸易管理处，统一管理输出输入物品。其中，输出物品的管理范围包括桐油、茶叶、五倍子、生漆、棉、麻、木耳、药材、砂金、煤、铁、硝、磺、土布、猪鬃等15种。输入物品的管理范围包括纱布、卷烟、火柴、液体燃料、食盐、粮食、药品及其他主要日用品。《湖北省战时贸易管理规程》还规定，经营上述物品的商业组织，必须事先向管理处申请登记批准，其价格由管理处制定，公告执行。不准自由营运。凡纳入管理范围的物品，私人如有大量囤积，应向管理处登记，必要时管理处可以强制收买。对有可能被敌人利用的货物，管理处有权通知货主及时转移，或代为管理，直至没收。

为了强化对输出输入物品的管理，1940年5月，省政府又公布了《湖北省战时货物查验规则》，规定由战时贸易管理处设立查验所和查缉队，负责查验战时货物，特别是在水陆交通要隘实行过境检查。凡偷运敌货、私运管理物品资敌者，一经查获，按战时贸易管理的有关规定惩处。

为了强化对输出输入物品的管理，省政府还对若干重要物资实行专门营运。1940年8月，省政府制定了《棉花纱布营运办法》，规定棉花纱布营运分为省营和民营两种。其中，省政府和省银行联合设立的棉花纱布运销处负责经营省营部分；各地成立的同业公会负责民营部分，未加入同业公会的公司行号不得参与棉花纱布的营运。对鄂西后方的另一大宗产品茶叶，则是根据财政部1938年6月公布的《管理全国茶叶出口贸易办法大纲》的规定，由省专门成立的茶叶管理处负责营运，1942年后，改由平价物品供应处负责营运。

在强化对输出输入物品的管理过程中，鄂西后方着力建立和加强同西南大后方各省的经济联系。1942年平价物品供应处建立后，在湖南衡阳、津市和四川重庆、万县等地设有办事处，通过这些办事处，把粮食、棉纱、食盐和日用工业品输入鄂西，把鄂西的茶叶、猪鬃、桐油、药材、生漆、苎麻等输入西南大后方各省。据统计,供应处"每月到万县购进食盐 1 200 担左右"①。

在统一对输出输入物品管理的同时,省政府又为保障鄂西后方的物资供应和促进鄂西后方的商业活动采取了许多特殊措施。这些特殊措施为:

第一,实行凭证供应。

1941 年 7 月,省政府打破银行不准经营物资的中央金融管理惯例,由湖北省银行出资 1 000 万元创设湖北省平价物品供应处,主办鄂西后方的物资供应。其主要工作是负责凭证供应,即对粮食、食油、食盐、燃料、土布、棉花等主要生活用品实行计口定量、凭证分配。首先对省级公教人员及直系亲属实施,次第推及县级机关及民众。具体操作方法是,由省、县机关和学校等组织消费合作社,每月造册送省政府社会处核转分配人数暨物品数量,整批领取后凭证、计量分配给消费者。

根据平价物品供应处承受的能力,其定量标准为:粮食每月大口 28 斤,小口 14 斤;燃料每月每户配引火柴 5 斤,煤每户 2 人以内者 150 斤,每增加 1 人加 50 斤,6 人以上者不增,统以 6 人量计算;食油每月大口 0.75 斤,小口 0.5 斤;食盐每月大口 0.75 斤,小口 0.5 斤;土布每年大口 3 丈,小口 1.5 丈;棉花每年大口 1 斤,小口 0.5 斤;棉絮每户每年 1 床②。据 1941 年年底的调查统计,享受凭证分配的人数达 273 298 人,年需分配数量为粮食 124 822 483 斤,食油 1 206 963 斤,食盐 192 726 斤,柴和煤 316 900 担,棉花 559 173 斤,土布 559 173 丈。见表 8-6、表 8-7。

凭证供应的实行,在湖北省历史上尚属创举,在西南大后方各省虽也有类似的做法,但都不及湖北省这样全面、完备。凭证供应的实行,

---

① 湖北省地方志编纂委员会编:《湖北省志·经济综述》,湖北人民出版社 1992 年版,第 76 页。
② 熊连城:《略述恩施的平价物品供应》,《湖北文史资料》第 14 辑,1986 年。

安定了公教人员的基本生活,是鄂西后方得以稳定的一个基本条件。

表 8-6　湖北省凭证分配人数统计表

机关	中央驻省机关		省级机关		县级机关	总　计
	省政府所在地	各级	省政府所在地	各级		
职　员	2 710	7 917	4 162	9 399	16 600	40 788
公　役	3 301	1 043	5 539	485	7 364	17 726
职员眷属	3 731		7 496	40 018	66 400	117 645
公役眷属	315		4 405	1 449	14 720	20 889
学　生				13 810	16 494	30 304
人　民			13 000		13 000	
囚　犯		6 036				6 036
共　计	10 057	14 996	34 602	65 161	134 578	233 388

资料来源:湖北省政府编:《湖北省抗战期中民生主义经济政策实施概况》,1942 年,第 145 页。

表 8-7　湖北省凭证分配物品年需数量统计表

机关	粮食(斤)	食油(斤)	食盐(斤)	柴和煤(担)	棉花(斤)	土布(丈)
中央驻省机关	9 177 589	140 726	86 454	100 580	28 818	28 818
省级机关	46 066 694	1 066 237	879 552	216 020	215 115	215 115
县级机关	63 646 950		945 720		315 240	315 240
省会人民	5 913 250					
总计	124 804 483	1 206 963	1 911 726	316 600	559 173	559 173

资料来源:湖北省政府编:《湖北省抗战期中民生主义经济政策实施概况》,1942 年,第 146 页。

第二,提倡物物交换。

战时经济的一个突出特点,就是通货膨胀。为了"限制货币的作用,减少通货的膨胀"①,1942 年 3 月,省政府提倡物物交换。随即,物物交

---

① 刘千俊:《鄂政纪要》,正中书局 1945 年版,第 121 页。

换在鄂西后方出现。

物物交换一般通过交换机关即合作社进行，未组成合作社的地方也可以在双方自愿的情况下自由成交。交换的物品很广泛，包括粮食、燃料、棉花、布匹和其他生活用品。交换的方法，是由交换人将交换物品交给交换机关营业人员验收后，依照规定的交换比价表，折合现金，再照现金数额发给所需物品，不足之数，可找现金。交换的方式，最初是单式一次交换为止，如以布换蛋，或以木柴换巴盐等。后渐次进为复式多次交换，如棉花换纱，纱换布，布换大米，大米换木炭等。物物交换首先在恩施城区试行，随后，很多地方都仿照，以致在土桥坝、夏家湾、金子坝、江庵等地均设立交换站。后由于商业活动转趋活跃，物物交换逐渐消失。见表8-8。

表8-8　恩施城区交换所货物交换比例表

交换比例 换进物品 \ 换出物品	市布（尺）	土布（尺）	棉花（斤）	巴盐（斤）
大米（斤）	6.12	12.54	10.19	3
小麦（斤）	8.125	16	14	3.14
黄豆（斤）	11.125	21.5	18.10	5.3
公鸡（斤）	2.148	5.55	4.185	1.5
母鸡（斤）	2.8	4.9	4	1.2
鸡鸭蛋（个）	25	45.7	40	11.1
菜油（斤）	2.148	5.55	4.105	1.5
猪油（斤）	1.65	2.9	2.38	3.2
茶油（斤）	2.5	4.9	4	1.2
板炭（斤）	25	45.115	40	11.2
木柴（斤）	70	126	12	31.3

资料来源：刘千俊：《鄂政纪要》，正中书局1945年版，第114～115页。

尽管省政府在鄂西后方实行输出输入物品的统一管理，但整个鄂西后方的商业仍得到较快的发展,形成以恩施为中心的多个商业城镇。到1943年,恩施城区有商店801家,资本总额22亿多元。此外,宜昌以西的三斗坪和茅坪两个滨江小镇,也居然发展到有商户几百家,成为鄂、川、黔几省货物交流的大市场。见表8-9。

表8-9 恩施城区商业概况 (1943年)

业别	商店数	资本额(元)	业别	商店数	资本额(元)
总计	801	2 200 730 960	旅栈	77	8 725 000
绸缎布匹	50	1 349 606 000	缝纫	50	3 752 400
百货	57	201 592 000	蔬菜	14	139 400
杂货	250	366 200 500	银楼	7	56 957 000
文具	39	89 806 500	钟表	7	394 500
烟业	61	79 865 500	照相	6	10 946 500
理发	28	1 309 360	碾坊	4	492 300
屠宰	21	160 200	茶叶	3	712 000
药业	16	11 590 500	寄售	9	592 900
铜铁	35	951 400	鞋业	15	1 985 400
糖食	14	2 580 500	染业	4	170 600
菜饭	80	2 952 400	其他	9	9 249 300

资料来源:湖北省政府编:《湖北省统计年鉴》,1943年,第979~980页。

(四) 金融业的激活

省政府西迁前的鄂西,受整个经济发展水平的制约,金融机构很少,金融活动呆滞,整个鄂西只在恩施、巴东、宜都和樊城各设1个银行办事处。省政府西迁后,鄂西后方金融机构迅速增设和升格。1938年11月,湖北省银行总行迁往恩施,并相继在鄂西各县设立了32个办事处和15个合作金库。1939年夏和1940年年初,中央银行分别在老河口和恩施设立办事处。1941年1月,中国银行在恩施成立分行。3月,中央银行恩施办事处升格为分行。7月,中国银行在老河口设立办事处,不久改为支行。随后,中国农民银行、交通银行也在老河口设立分行。

从而,在鄂西后方迅速出现了恩施和老河口两个金融中心。

随着银行机构的增设和社会经济的发展,鄂西后方的金融活动被迅速激活。

第一,各个银行的存款、放款、储蓄等常规业务活跃起来。其中,湖北银行尤为突出。在营业总额方面,由1939年的214 849万元增至1944年的9 409 067万元;在存款方面,1939年的存款余额为1 918万元,1941年增至5 419万元,1944年更增至7 557万元;在储蓄方面,1939年的储蓄余额为46万元,1941年增至300万元,1944年更增至643万元;在放款方面,1939年的放款余额为2 082万元,1941年增至3 306万元,1944年更猛增至34 281万元①。

第二,各个银行都以不同形式开展起战时信托业务。其中,湖北省银行是以打破银行不准经营物资的中央金融管理惯例,出资1 000万元创设湖北省平价物品供应处的形式而展开信托业务。而且,湖北省平价物品供应处的各级主管人员均由湖北省银行各级主管人员兼任。湖北省银行的这一举措,极大地拓宽了银行的职能,直接服务于鄂西后方的经济建设。

第三,各个银行均积极维护了法币体制。日伪为了破坏法币的信誉,抢购、套购各种物资,一方面在沦陷区大量发行军用票、伪钞,另一方面又吸收和压抑法币,贬低法币价值。为此,湖北省银行积极协助省政府,从1939年起,禁止使用银币,并承担起银币兑换法币的业务。同时,为了与日伪争购物资,调节通货供需,在中央财政部的核准下,湖北省银行于1940年增印法币2 100万元,从而增强了维护法币体制的力量。

(五)交通业的开发

鄂西后方在开发交通业方面采取了以下措施。

第一,补修和拓展原有公路。战前鄂西公路不仅数量少,且多未真正投入运营。省政府迁达后,即根据鄂西后方的需要和能力,决定把力

---

① 湖北省地方志编纂委员会编:《湖北省志·金融》,湖北人民出版社1993年版,第74页。

量集中投放到对原有公路的补修和人行道的开辟方面。至1942年，原有公路全部得到补修。其主要公路路段及里程为：巴黔路（巴东经建始、恩施、咸丰至四川黔江）342.56公里，老白路（老河口经谷城、草店、黄龙滩至陕西白河）230.2公里，樊老路（樊城至老河口）74.3公里，孟老路（孟家楼至老河口）24.44公里，均草路（均县至草店）19.1公里，郧十路（郧县至十堰）34公里，咸来路（咸丰至来凤）53.6公里，施黄路（恩施至黄泥坝）6.5公里。各路共计里程775.7公里①。

第二，大规模开辟人行道。由于省政府路政建设的重点放在了人行道开辟方面，因而，鄂西后方人行道开辟的成绩十分显著。至1941年，修竣的人行道路段及里程如下：巴元道（巴东经兴山、保康、房县至均县元和观）311公里，施利道（恩施经利川至与四川万县交界的碉上）97公里，宜巴道（宜昌经雾渡河、大峡口、兴山至巴东的东渡口）220公里，宜施道（宜昌经长阳、野三关、高店子至恩施）339公里，宣来道（宣恩经来凤至与四川酉阳交界的智勇关）160公里，咸来道（咸丰经来凤至与湖南龙山交界的官渡河）61.5公里，保房竹道（保康经房县、竹山至竹溪小河山）295公里，长鹤道（长阳经五峰至鹤峰）241.5公里，来鹤道（来凤经李家河至鹤峰）220公里，石保道（谷城石花街至保康欧家店）145公里，宜五道（宜都经渔阳关至五峰洞口）125公里，建奉道（建始至与四川奉节交界的横漕）35公里，利咸道（利川至咸丰）106公里，郧巫道（郧县至巫山）303.6公里，宜恩道（宜都至恩施）146.8公里。各道共计里程2 806.4公里②。

第三，开通航道。鄂西境内可通航的河流至少有4条，即过境的长江（约250公里江段）、清江（全长420公里）、丹江（全长524公里）以及与湖南交界的界河酉水。但由于长期以来省交通建设的重心不在鄂西，故上述河流航道均没有得到应有的开发。省政府迁达后，即明确规

---

① 马季文：《湖北的路政建设》，《新湖北季刊》第1卷第1期，1941年。
② 湖北省政府编：《湖北省统计年鉴》，1942年，第842页。

定:"整治其航道","设法整理通航"①。至1943年,在长江江段上开通了三斗坪至巴东、巴东至四川万县和万县至重庆的3条航线,通航里程共958公里②。在清江江段上,除修建起长116.4米、宽5.6米,荷载15吨的清江大桥外,还开辟了长阳以上航段159.7公里③。在丹江江段上,则开辟航道17公里④。

鄂西后方的经济开发和建设有很多方面是值得肯定的。其一,鄂西后方的经济开发和建设,创造了一定数量的物质财富,基本上保证了后方的军需民用,改善了鄂西民众的生活状况,并支援了战区部队和后方其他省。据1942年后方19个县的调查统计,人均粮食达到了稻谷121.8公斤、小麦27.1公斤、杂粮120公斤,共计约270公斤⑤。据《省政府三十年度施政成绩》记载,1941年,鄂西后方"拨交五、六两战区军食计稻谷127 206市担、麦16 042市担、苞谷91 296市担;拨支军运伕粮计稻谷13 273市担、包谷33 404市担"⑥。又据《湖北省政府秘书处三十年度工作总检讨报告》记载,1942年鄂西后方"各厂所产生铁、自制毛铁,能供制造农具及日常用具之需外,其大部分则运输重庆各工厂,解决一部分兵工厂及工业需要"⑦。其二,鄂西后方的经济开发和建设,极大地改变了鄂西原来的落后经济状况,推动了鄂西后方整个社会经济的发展,缩小了鄂西与鄂中、鄂东的经济差距,从而在客观上对全省生产力的布局作了一次历史性的调整。此外,鄂西后方在经济开发和建设中实施的一些政策,采取的一些措施,又在一定层面调整了鄂西后方的生产关系,缓解了一些社会矛盾,有利于鄂西后方的社会稳定。

---

① 陈诚:《新湖北建设计划大纲》,湖北省政府秘书处印,1941年,第23页。
②③④⑥ 湖北省政府编:《湖北省统计年鉴》,1945年,第819页、776页、777页、248~249页。
⑤ 湖北省地方志编纂委员会编:《湖北省志·经济综述》,湖北人民出版社1992年版,第75页。
⑦ 湖北省政府编:《湖北省三十年度行政会议党政军工作总检讨大会汇编》,1942年,第241页。

同时也应当看到，鄂西后方的经济开发和建设存在的缺憾也不少。首先，鄂西后方的经济开发和建设是在抗战的特定环境下进行的，这种特定的环境便决定了经济开发和建设没有和平的保障，没有充分的准备和借鉴，也没有大量的资金和技术的投入，只能是一种低起点、被动的开发和建设，所创造的社会财富以及对原来经济状况的改变是有限的。因而，在整个鄂西后方时期，军民生存条件一直十分艰苦，并在一段时间里不得不采取凭证供应制度和物物交换等措施。其次，鄂西后方的经济开发和建设缺乏全局统筹。以农业为例，在优先发展粮食生产时，忽视了其他尤其是传统地方特产的生产，这就导致粮食产量上去了，但地方特产茶、桐油等产量则降下来了。如以1942年同1936年相比，后方各县的茶减产了73 075担①，桐油减产了120 414担②。此外，在鄂西后方经济开发和建设过程中，计划的制订与计划的落实间存在很大差距，直至抗战结束省政府还治武汉时，《新湖北建设计划大纲》以及一些年度计划并未切实落实。

四、"湖北联中"和"计划教育"

鄂西的教育素来落后，即使是在教育史纪录中最好的1935年，鄂西全境也只有12所中学，为全省中学数的1/9；在校中学生2 846名，为全省中学生数的1/8③。而各类小学也只有2 730所，为全省小学数的1/3④。为了迅速改变落后的教育状况，鄂西后方采取了多项创新措施，带动了鄂西后方教育的空前发展。

（一）组建"湖北联中"

随着战事迫近武汉，为保障学生的安全和蓄备人才，从1938年3月开始，在汉的武汉大学、私立中华大学、华中大学、文华图书馆专科学

---

①② 湖北省政府编：《湖北省统计年鉴》，1945年，第746～749页、748～749页。
③ 湖北省政府秘书处：《湖北省年鉴第一回》，1937年，第529～530页。
④ 湖北省政府编：《湖北省计划教育实施概况》，1943年，第529～530页。

校和武昌艺术专科学校等高等学校相继自行西迁。但武汉及鄂东临战地区的中等学校何去何从，尚未统一规划和行动，仅有武汉规模较大的中等学校部分班级迁并到鄂西、鄂北和鄂南。6月，武汉会战开始，大批失学学生流落武汉，目睹这一现状，初任湖北省主席的陈诚即提出："对于来自各战区之失学青年，应思有妥善之安置，对于本省万余之中学生，复须未雨绸缪。"① 7月上旬，湖北省教育厅召开全省中等学校校长会议，全省公私立中学校长59人参加。会议作出两项重要决定：（1）将全省各类中等学校合并，组建"湖北省联合中等以上学校"，迁往鄂西、鄂北各县，以联中分校形式办学。联中学生免交学费，公费食宿。会议并起草了《湖北省公私立中等以上学校联合设立办法》，交省政府审议。（2）举办全省中等学校教职员暑假讲习会，对全省中学教师进行整训，整训后统一分派到联中各分校任教②。8月3日，湖北省政府委员会修正通过《湖北省公私立中等以上学校联合设立办法》，确认了全省校长会议的决定，并呈教育部备案，正式组建"湖北联中"③。"湖北联中"本部始设武昌，省长陈诚兼任校长，省教育厅厅长陈剑修任副校长。

全省中等学校校长会议结束和联中本部成立后，省教育厅一面组织暑期讲习会，选派分校校长，聘任教师；一面派人到鄂西、鄂北勘察、选择校址，为学校内迁和联中分校的开办做准备。8月中旬，由省教育厅组织联中交通委员会，具体负责学校西迁工作。随即，开始以学校为单位实施西迁并招收新生。根据省教育厅联中交通委员会的安排，西迁师生和图书设备在武昌集中，先乘船到沙市、宜昌、巴东、襄樊，再转赴鄂西、鄂北各县。经过3个月的辗转，到11月底，武汉及鄂东战区的30多所中学1万多名师生先后迁移到恩施、巴东、建始、咸丰、宣恩、郧县、谷城等县，当即合并当地几所学校，组建成22所联中分校。其构

---

① 陈诚：《计划教育丛书序》，湖北省政府编：《湖北省计划教育实施概况》，1943年。
② 湖北省政府秘书处：《湖北省政府施政报告》，1939年。
③ 湖北省政府秘书处：《湖北省政府公报》第355、356期合刊，湖北省档案馆藏。

成情况如表 8-10。

"湖北联中"本部设校务委员会，负责制定规章、审核经费、联络分校、设置课程、筹划校务等。分校设主任 1 人和训育、教育、事务等机构。"湖北联中"一切经费由政府供给，学生除免收学费外，食宿、制服以及职校和师范学生的书籍费均实行供给。

表 8-10　1938 年"湖北联中"各分校一览表

分校名称	校　址	教职员数（人）	班数（个）	学生人数（人）
秭归职业	秭归新滩	22	10	407
恩施农专	恩施五峰山	11	5	212
恩施高农	恩施三步岩	10	4	163
恩施高中	恩施金子坝	58	26	1 552
恩施女高	恩施新屯堡	31	18	593
巴东高工	巴东东瀼口	30	12	325
巴东高商	巴东楠木园	31	8	394
巴东初农	巴东罗坪	11	4	143
巴东初中	巴东火烽镇	27	12	512
巴东初工	巴东野山关	14	6	285
巴东女高	巴东罗溪坝	30	18	505
巴东女职	巴东龙船河	18	9	220
建始师范	建始七里坪	13	7	287
建始女师	建始松树坪	16	8	326
建始高中	建始三里坝	53	24	1 350
利川乡师	利川岩洞寺	23	8	252
利川初中	利川城内	23	12	534
宣恩初中	宣恩城内	26	12	617
咸丰初中	咸丰城内	24	12	493
来凤初中	来凤三光坪	26	12	516
郧县高中	郧县城外	56	22	1 520
谷城初中	谷城城外	30	18	678
总　　计		583	267	11 884

资料来源：王延杰：《湖北的"联中"和"计划教育"》，《湖北文史资料》第 14 辑，1986 年；湖北省地方志编纂委员会编：《湖北省志·教育》，湖北人民出版社 1993 年版，第 131～133 页。

"湖北联中"的设立,"一方面让一万多青年免于日军的蹂躏,得以继续读书;一方面使文化比较落后的鄂西、鄂北,因新设学校而提高了当地民众的知识水准"①。此外,"湖北联中"的设立,又为日后的"计划教育"、公费教育提供了经验和做了必要的准备。

(二) 实施"计划教育"

1941年6月,陈诚主持制定《新湖北建设计划大纲》,首次明确提出实行"计划教育",并对"计划教育"的方针和内容作了规定。1942年9月4日,湖北省政府委员会审议通过了《湖北省计划教育实施纲要》,对"计划教育"的目的、任务和具体方案作了详细说明。按照陈诚和湖北省政府的解释:"计划教育就是由政府有计划地负起培养和发挥国民才能的一种教育。……就是根据本省的需要,造就本省的人才,再按照所造就的人才,去发展各部门的事业。换言之,就是根据既定的方针,有计划、有目的、有意义、有步骤地推动教育事业"②。"以采公费制度为原则,凡学生之就学、升学与就业,均由政府按实际需要,及其本身之智能,统筹分配";"本省办理中等教育之原则为:每县设一初中,每行政区设一高中,及师范学校、职业学校按各区需要设立,高等教育按本省建设所需专门人才之性质设立"。关于"计划教育"的内容,根据《新湖北建设计划大纲》和《湖北省计划教育实施纲要》规定,主要有以下方面:

第一,有计划地调整、增设各级各类学校。

在初等教育方面,把实施"计划教育"与实行新县制结合起来。于1941年把原有省会以外的51所省立小学,一律改为县立实验乡(镇)中心小学;将原有各县的中心学校、中山中心学校及中山国民学校,一并交县统一调整,分别改为或并入所在乡(镇)中心学校、保国民学校。截至1945年,全省小学有12 287所,学生701 186人,教职员33 772人。虽没达到"计划教育"设定5年内做到每个乡(镇)设1所中心学

---

① 徐扬、寇思曼:《陈诚评传》,(台北)群伦出版社1986年版,第122页。
② 陈诚:《陈诚回忆录——抗日战争》,东方出版社2009年版,第243页。

校，每个保设1所国民学校的目标，但较1940年小学总数5 180所增加了1倍多。

在中等教育方面，为实现"计划教育"所设定的每个县设初中1所，每个行政督察区设高中1所的要求，省教育厅改组了"湖北联中"，即取消"湖北联中"的名义，所有分校独立设校。其中，初中分校划归所在各县，冠以县名，一律为县立；高中分校划归行政督察区，以行政督察区区划命名，一律为省立；师范分校及职业分校则以职业类别命名，一律为省立。对没有分校的县份，则接收该县私立中学改办县中。截至1945年，全省计有县立中学51所①，基本上达到了"计划教育"的要求。

在高等教育方面，由于武汉沦陷前夕，除省立农业专科学校迁到鄂西外，其他公立和私立高等学校均迁往四川或云南，因而，实现"计划教育"中设定的高等学校需要极大的努力。在这种背景下，鄂西后方依然根据"计划教育"的要求，于1940年8月改组恩施省立农专为省立湖北农学院，1941年秋再度开办湖北省立教育学院，并于1944年春改为国立湖北师范学院，1943年春分别建立湖北省立医学院和湖北省立工学院。至此，湖北有了省立农、工、医、师高等学校4所。见表8-11。

第二，统筹安排大中学生的升学和就业。

由政府统筹安排大中学生的升学和就业的措施始于1940年，在实施计划教育后，统筹安排更加规范和有序。统筹安排的原则是：初中毕业生由政府根据需要，结合学生个人志愿，经统一考试后，分发到各普通高中、师范和职业学校学习。高中毕业生择优保送省立和国立高等学校就读，其他根据本省需要，指定高校与系科由学生自行报考；落选者或不愿升学者，由省教育厅会同省其他主管部门，分派到各机关、部门或工厂就业。师范毕业生，择优保送省内外师范大学就读，其余全部分派到省内各中心学校或国民学校任教。职业学校毕业生除少部分保送升学外，其

---

① 湖北省地方志编纂委员会编：《湖北省志·教育》，湖北人民出版社1993年版，第138页。

表 8-11　1944 年湖北高等学校一览表

校　名	校长	校址	开办时间	系科设置
国立湖北师范学院	汪奠基	恩施五峰山	1941 年秋	教育、国文、英语、史地、数学、理化、音乐 7 系
湖北省立农学院	管泽良	恩施金子坝	1940 年春	农艺、园艺、农业经济、植物病虫害 4 系
湖北省立医学院	朱裕璧	恩施土桥坝	1943 年春	本专科医疗系，内科、外科、妇产科、眼科 4 科
湖北省立工学院	许传经	恩施金子坝	1943 年春	水利系、土木工程系 2 系

资料主要来源：王延杰：《湖北的"联中"和"计划教育"》，《湖北文史资料》第 14 辑，1986 年。

他由省建设厅、财政厅和会计处负责分配安置。大学毕业生按所学专业分配到机关、学校或厂矿工作①。据统计，1940 年，全省初中毕业生 1 220 人，全部分发升学；高中毕业生共 303 名，升入大学者 239 人，就业 64 人；师范和职业学校毕业生共 647 人，除 8 人保送升学外，安排就业 639 人。1941 年，初中毕业生 1 209 人，全部升学；高中毕业生 355 人，升学者 319 人，就业 36 人；师范和职业学校毕业生共 740 人，升学 97 人，安排就业 643 人②。1942 年，各校毕业生亦均统筹分发升学与就业③。

第三，加强学校行政管理和思想训导。

实施计划教育之前，学校均由教育职能部门领导，校长由教育职能部门遴选产生，学校内部实行校长（或分校主任）、训育主任、教育主

---

①② 湖北省政府编：《湖北省计划教育实施概况》，1943 年，第 152～165 页、24 页。
③ 湖北省政府编：《湖北省计划教育法令汇编》，1943 年，第 21 页。

任、事务主任集体负责制。实施计划教育后,为"使学校与政府得以上下沟通,树立指臂相使之效"①,遂改行以校长为中心的管理体制。校长人选则依据新县制的规定,指令由县长兼任各县立中学校长,乡镇长兼任乡镇中心学校校长,保长兼任各保国民学校校长,各乡镇经济、民政两股主任兼任乡中心学校教员。与此同时,依据计划教育的要求,学校加强了对教师和学生的思想训导和军事训练。思想训导除开设有公民课程之外,还有以党团教程、精神讲话、军事训练为主要内容的暑期集训。应该说,加强学校行政管理和思想训导有利于战时学校管理和政府力量对学校的帮助,有利于培养国民政府所需要的抗战建国的人才。但另一方面,由于这时"限共"、"反共"已成为鄂西各级政府政策的重要组成部分,因而,这种体制势必浸润着"反共"的色彩。

(三) 实行公费教育

鄂西后方的公费教育始于"湖北联中"时期,在"计划教育"时期逐步完善,也是"计划教育"的要素之一。

1938年8月湖北省政府委员会通过的《湖北省公私立中等以上学校联合设立办法》即规定:"各公私立学校学生,经登记审查核准后,由教育厅指定学校入学,所有膳宿、制服各费,由学校供给。"② 是时,学生公费的概念是供给学生伙食。根据当时的物价,每个学生每月伙食费5万,师范生发给服装和书籍。在此后的两年中,由于战局动荡和经费紧张,公费教育还不稳定和完善。至1940年9月陈诚复兼湖北省政府主席,着力实施计划教育,全面实行公费教育,就全面实行公费教育先后制定了一系列文件。这些文件包括:《湖北省省县公产拨充学生公费保证办法》(1941年9月10日)、《湖北省县市立中等以上学校学生公费制度实施办法》(1941年10月8日)、《湖北省中等以上学校学生公费制度实

---

① 湖北省政府编:《湖北省计划教育实施概况》,1943年,第21页。
② 《修正湖北省中等以上学校学生公费制度实施办法》,湖北省政府编:《湖北省计划教育法令汇编》,1943年,第18页。

施办法》(1942年1月27日)、《湖北省积谷划拨学粮暂行办法》(1942年2月13日)、《湖北省计划教育实施纲领》(1942年9月4日)等。这些文件对公费制度的实施范围、发放标准及经费筹措等问题做了具体、明确的规定，使公费教育由联中时期的行为措施转化为行为制度。

根据上述相关文件规定，享受公费教育的学生范围是：(1) 籍隶本省者；(2) 在本省服务之公务人员子弟；(3) 来自外省沦陷区域确系经济来源断绝经核准者；(4) 非沦陷区域之外省籍学生学期考试成绩前五名者①。在各中等学校上述学生享受公费教育的同时，先后建校的湖北农学院、湖北师范学院、湖北医学院和湖北工学院等高等学校的全体学生都享受公费教育。公费待遇的项目和标准是：伙食费。包括主食、副食、食盐、食油。主食每人每日18市两，后增至20市两、22市两，粮种依各地出产而定；副食发贷金4元，后增至9元；食盐每日3钱，按月配给；食油每月4两，按月配给②。服装费。从1940年冬天起，每两年发一套棉衣，每年发一套单衣、一副绑腿。书籍费。1940年秋季开始，高中班每学期发书籍费10套，每套以18元计价发给；初中每班每学期发书籍费10套，每套以10元计价发给；师范生每人发书籍费5元。1942年后，普遍中学生每人发书籍费10元，师范和职校生每人44元。上级学生用书移交下级学生使用。后随着物价上涨，书籍费相应上调。医药费。1940年人均医药费5.9元，1941年11.23元，1942年17.63元；大病送省医院诊治，费用由学校承担。杂费和零用金。1941年下半年开始，师范学校学生每人每年发给杂费和零用金35元；1942年，师范生和职校生每人每月分别发3元和2元。10月，农学院和教育学院学生每月发给省主席津贴10元，高级护士学校每生每月5元。成绩优异的师范生另发奖学金1 000元③。此外，公费待遇的项目还有参观费、就业旅

---

① 《修正湖北省中等以上学校学生公费制度实施办法》，湖北省政府编：《湖北省计划教育法令汇编》，1943年，第18页。
② 重量计量均为旧制，16市两为1市斤。
③ 湖北省教育厅编：《湖北省教育厅工作报告》，1945年，湖北省档案馆藏。

费、就学津贴以及留学费等。

按照上述公费学生范围和公费项目、标准实施公费教育，实为一笔庞大的经费开支，必须有可靠、稳定的经费来源。据统计，仅1942年全省享受公费待遇的29 374名大中学生，就需食米14 745 748市斤，副食费3 172 392元，食盐220 305市斤，棉衣29 374套，单衣35 552套，书杂费8 868 000元①。而1944年享受公费待遇的学生近4万人，主食除外，仅8—12月副食一项即达24 238 000元②。为此，湖北省政府尽到了最大的努力，采取了许多具体措施。1941年以前，公费教育经费概由省款开支。后因物价上涨，享受公费教育的学生数增加，为保障公费制度，湖北省政府于1942年7月3日通过了以下筹措具体办法：（1）主食，均随田赋带征，或以积谷划拨，并定有《湖北省建仓积谷实施办法》、《湖北省积谷划拨学粮暂行办法》等法规，通令遵行。（2）食盐，按月由省县食盐分配机关，按照学生实有人数分别供给，并将其供给额折价加入分配之食盐成本内发售。（3）副食费，依照《湖北省省县公产拨充学生公费保证办法》之规定，以省县公产收益拨充，遇有不足时，由省政府随时拨发。（4）服装，依照《湖北省学棉征收暂行规则》之规定，征收学棉制发之，如学棉征收不足额时，另由省政府筹款制发。（5）书杂费，在各年度省有公产收益项下开支，遇有不足时，由省政府随时筹拨。（6）零用金，在各年度省有公产收益项下开支，遇有不足时，由省政府随时筹拨。（7）参观费及就业旅费，在省级预算内开支。（8）就学津贴及留学费，在省级预算内开支③。

公费教育是鄂西后方实施计划教育、鄂西后方教育创新的最具特色、最主要的内容之一。虽然在其实施的过程中存在着制度和措施不尽完善、

---

① 湖北省政府编：《湖北省计划教育实施概况》，1943年，第116~133页。
② 湖北省教育厅编：《湖北省教育厅三十二年九月~三十三年九月施政报告》，湖北省档案馆藏。
③ 陈诚：《陈诚回忆录——抗日战争》，东方出版社2009年版，第246页。

公费待遇时有不能及时到位，以及部分学校管理混乱的问题。但是，公费教育的实施，为湖北战区失学青年和省内各地寒门子弟的求学提供了最重要的经济保障，也为新湖北建设的人才、为抗战建国人才的培养提供了保障。更重要的是，公费教育的实施，是在抗战亟需军费、财政十分困难的条件下实施的，更显得难能可贵。正因为如此，时任湖北省教育厅厅长的张伯谨自诩此举"不但系全国各省罕见之情形，亦系世界各国教育史上仅有之奇迹"①。

五、步步升级的"反共"活动

鄂西是具有光荣革命传统的地区，当抗日战争爆发、第二次国共合作形成后，中共地下党组织及其活动迅速在这里建立和发展起来。

1938年4月，中共湖北临时省委派雍文涛带领汤池合作训练班第三期学员38人（其中中共党员11人），以开办农村合作事业的名义来到鄂西并迅速分散到各县。其中，恩施5人，巴东5人，建始6人，利川5人，咸丰5人，来凤4人，宣恩6人，鹤峰2人②。这就为中共鄂西地下党组织的建立和发展奠定了基础。8月，建始建立了特支，巴东建立了支部，恩施、利川、咸丰、来凤分别建立了特别小组。11月，省政府和省属机关、学校、团体陆续迁至恩施，分布在机关、学校、团体中的一批中共党员也随之来到恩施，中共鄂西地下党员数量应运骤增，地下党的基层组织也逐步建立。

1938年11月，组建中共恩施工委。1939年2月，组建中共巴归兴工委。4月，根据中共中央南方局的指示，中共鄂湘西区委在宜昌成立，以统一领导鄂湘西地区党的工作。5月和10月，先后组建施鹤特委和施巴特委，分别领导恩施、建始、来凤、咸丰、利川、宣恩、巴东、秭归、

---

① 湖北省政府编：《湖北省计划教育实施概况》，1943年，第6页。
② 中共恩施州委党史办公室：《恩施地区革命斗争史》，湖北人民出版社1996年版，第310页。

兴山等县党的工作。1940年8月,根据中共中央南方局的再度指示,撤销鄂湘区委及其所辖的施鹤特委、施巴特委,成立中共鄂西特委,何功伟任特委书记,王东放任组织部长,马千木任宣传部长,何功楷任青年部长,刘一清任妇女部长。中共鄂西特委受中共中央南方局直接领导,下辖巴归兴宜工委、来咸宜中心县委、建巴中心县委、恩施县委、建始县委、利川县委以及湘鄂川边部分党的组织,党员1 900余人[①]。中共鄂西特委的成立,标志中共鄂西地下党组织的统一和健全。

中共鄂西地下党组织在建立、健全之际,便在"坚持抗战和坚持革命的三民主义的原则下,找寻每一个政治上、经济上、文化上、生活上的共同点,和国民党员、三青团员、政府官员、开明士绅实行合作"[②]。同时,又通过各个群众团体,如农村合作信贷社、巡回社会教育工作队、农民夜校等,宣传中国共产党的主张,促进鄂西抗日民主运动的发展。此外,中共鄂西地下党组织还利用省政府公布的减租减息的法令,发动农民减租减息,打击地主阶级;利用农民基层政权的选举,致使旧保甲长纷纷落选;通过调查县长贪污和欺压民众的事实,向省政府报告或直接向社会曝光,等等。

中共鄂西地下党组织的建立及其活动,立即引起国民党当局的警觉,恰逢国民党五届五中全会"溶共"、"防共"、"限共"、"反共"的方针及其《防制异党活动办法》、《共产党问题处置办法》等"反共"文件传达到鄂西,鄂西的"限共""反共"活动便开始出现并逐步升级。

从1939年1月起,省政府即会同省教育厅、恩施行政督察专员公署向联中分校频繁发出"限共"训令,称"据报迩来大批共产党来施活动,以联中为活动目标,希严密注意";"施鹤21联中均有共产党派来陕北受训之学生,务应妥慎防制,严密处理"云云[③]。4月,省政府又转发了国民党中央军委会的《查共产党活动原则六项》。依据上述训令、文件和

[①][②][③] 转引自中共恩施州委党史办公室:《恩施地区革命斗争史》,湖北人民出版社1996年版,第321页、327页、360页。

指示，鄂西当局即利用严密的反共特务网监视、收集中共鄂西地下党的活动及其任何嫌疑，并采取了一些初步的处理。其具体手段为：撕毁《新华日报》和进步壁报；监视进步师生的言行；拆检嫌疑人的信件；搜查学生的日记、课外读物等等。凡被认为有"异党"嫌疑者，即被传讯，造册密报备案。

1939年7月，国民党湖北省执委发出通告，强令"停止中共一切非法活动，各级军政机关，中共均不得有组织及派员秘密活动"①。据此，鄂西的"限共""反共"活动开始升级。是时，中共鄂西地下党在恩施、建始、利川、咸丰、来凤、宣恩等县开办的生活书店被相继查封。被认为有"异党"嫌疑的学生被逼迫"自动"离校，不从者由校方强令请假、退学或开除。在巴东、咸丰还发生了搜查和拘留中共地下党员事件。仅因这时国民党全国性反共高潮尚未到来，且时任省政府主席的严立三力主维持国共合作，并"运用自己的权力同情和保护中共干部和爱国人士"②，才使得这一时期鄂西反共活动未能转入公开。

1940年下半年以后，情况发生了变化。是时，国民党正酝酿全国性的"反共"高潮，这一大气候势必影响鄂西；同时，以坚定"反共"而备受蒋介石器重的陈诚回任省政府主席，也势必变本加厉和不遗余力地投身鄂西"反共"。这就使鄂西"反共"活动进一步升级不可避免。

果然，陈诚回任省政府主席后，即诬蔑中共鄂西地下党为"特种汉奸"，指责原省政府有人受了"特种汉奸的欺骗诱惑"③，以"军事第一、第六战区第一"相号召，全面布置和动用党、政、军、警、宪、特、团等机构，大肆逮捕中共鄂西地下党员，破坏中共鄂西地下党组织。

1940年10月23日，国民党特务以恩施农专彭维成鼓动学生闹事为由，逮捕7名学生，其中中共地下党员4人。12月21日，国民党特务密捕中共鄂西特委交通员向仲亚，通过严刑逼供，迫其"自首悔过"，从中

---

①②③ 转引自中共恩施州委党史办公室：《恩施地区革命斗争史》，湖北人民出版社1996年版，第361页、335页。

获得中共鄂西特委书记何功伟等人名单。1941年1月9日，国民党特务逮捕中共鄂西特委秘书郑新民。20日，国民党特务逮捕中共鄂西特委书记何功伟、中共鄂西特委妇女部长刘一清和中共湖北农学院支部书记张翼。23日，国民党军警逮捕"恩施第十救济队"中共地下党支部书记等7人。同月下旬，国民党军警赴巴东逮捕了中共鄂西特委交通员董童刚等8人，并在押解恩施途中，对他们进行捆绑吊打、烟熏、灌辣椒水，刑讯逼供。2月，国民党军警又赴巴东，逮捕中共地下党员15人，押解恩施。同月，国民党特务逮捕湖北省银行中共地下党组长邓思群及进步青年7人。3月，国民党军警、特务在咸丰逮捕黄舜忠等8名中共地下党员，在利川逮捕谢世坤、邹达益、李绍先等15名中共地下党员之后，又分赴宣恩、来凤等县逮捕中共地下党员和进步师生文振鑫、崔家兰等39人。4月，国民党军警、特务包围建始高中，逮捕中共地下党员和进步学生50多人。6月16日，中共利川城关支部书记李绍先被国民党军警杀害。11月17日，中共鄂西特委书记何功伟、妇女部长刘一清被国民党特务秘密杀害。同年8月至年底，国民党军警、特务又在恩施、建始、咸丰、巴东等县，逮捕数十名中共地下党员。1942年1月，中共地下党员董童刚、李子耘被国民党军警枪杀。2月，国民党特务又分别在恩施芭蕉区和咸丰逮捕中共地下党员55人。3月，国民党军警、特务赴宜都，大肆搜捕松木坪七七纱厂中共地下党员和进步人士100多人。

由于国民党军警、特务的大规模逮捕和杀害，中共鄂西地下党组织大部遭到破坏，中共地下党员人数由1940年的1 900余人减少到1 300余人[①]，中共鄂西地下党组织的活动一度停止。

第三节　鄂豫边区的开辟和建设

鄂豫边区是1938年10月武汉撤守后，中国共产党及其所领导的新

[①] 转引自中共恩施州委党史办公室：《恩施地区革命斗争史》，湖北人民出版社1996年版，第396页。

四军第 5 师、地方抗日武装，在日军占领区的后方开辟出来的抗日根据地。鄂豫边区以鄂东、鄂北和豫南为中心，兼跨鄂、豫、皖、湘、赣诸省边界，具有十分重要的战略位置。在抗日战争的岁月里，鄂豫边区以其艰苦的抗战和卓有成效的建设，成为湖北境内与鄂西后方互为犄角的又一个抗战基地，成为中国共产党领导的全国抗日根据地的一个战略支点，对全国抗战起着十分重要的战略配合作用。

一、鄂豫边区的开辟

鄂豫边区是伴随着鄂豫边界地区中国共产党组织的重建和发展、抗日游击战争的发动和扩大而逐步开辟出来的。

鄂豫边界地区，曾是第二次国内革命战争时期鄂豫皖革命根据地的中心地区，但至第二次国内革命战争末期，这里的中国共产党组织被摧毁殆尽，只剩下少数零星党员分散隐蔽①；革命军队主力也已先后撤离，只剩下红 28 军分散游击。随着国共合作抗战的实现，中共党组织及其所领导的武装迅即获得新生。

1937 年 9 月，中共河南省委重建。10 月，中共临时湖北省委组成。同月，根据红 28 军与安徽省政府达成的协议，分散游击的红 28 军开始向湖北黄安（今红安）、礼山（今大悟）边境的七里坪、吕王城、宣化店一线集中。12 月，中共中央长江局成立，以指导长江流域各省市党组织的工作。1938 年 2 月，红 28 军正式改编为新四军第 4 支队。6 月，中共湖北省委正式组建。中共河南、湖北省委的重建，中共中央长江局的成立，以及新四军第 4 支队的编成，为日后鄂豫边区的开辟创造了最重要的条件。

在此期间，战事尚未进入湖北，刚刚重建的中共河南、湖北省委即着手在豫南的竹沟、鄂中的汤池和鄂东的七里坪训练抗日干部。

竹沟，是桐柏山区数县交界处的一个小镇，人口近千。1938 年 2 月，中共河南省委组织部长彭雪枫率一批军事干部到达竹沟，开始在

---

① 郭述申：《湖北农民运动与组织工作》（1938 年 10 月 20 日），湖北省档案馆藏。

这里培训抗日骨干。接着，中共中央又陆续从延安、武汉等地调派多批军政干部来这里指导或接受培训。据不完全统计，经竹沟培训的各类学员有3 000多人①。

汤池，是鄂中应城县的一个小镇。1937年12月，湖北省政府农村合作委员会议定在这里开办农村合作训练班，以培养农村合作事业的指导员。时任湖北省建设厅厅长兼农村合作事业委员会主任的石瑛接受董必武的提议，选派中共湖北省工委副书记陶铸主办训练班。陶铸赴任后，即在训练班的指导思想和课程上注入大量关于中共建设、统一战线、抗日游击战争等内容，使训练班实际上成为中国共产党的干部培训班。汤池训练班前后共培训学员600多人②。

七里坪，是鄂东北黄安（今红安）县的一个小镇，曾是鄂豫皖革命根据地的中心区域。经红28军与安徽省政府达成协议后，红28军即于1937年10月集结于七里坪。1938年1月，中共湖北临时省委开始在这里开办抗日游击干部训练班。至5月，共培训干部600余人③。

竹沟、汤池、七里坪训练班的开办，培养了大批的抗日干部。这批干部一经受训后，立即深入到鄂豫边界各地，积极从事恢复和重建党的基层组织，组建和扩充抗日游击武装的活动。到武汉撤守前，鄂豫边界地区已先后恢复、重建有黄梅、浠水、黄冈、黄安、（黄）安麻（城）、（黄）安北、黄陂、天（门）汉（川）、大冶、确山、竹沟、息县、商城、潢川、罗山、遂平、信（阳）桐（柏）、唐河等中心县委、县委或特支，以及鄂东、鄂北、鄂中、豫东南、豫南等特委④。同期，组建、扩充有黄梅抗日工作团、孝感抗日游击大队、汉川县抗日游击队、黄冈鄂东抗日游击挺进队、浠水游击队、黄陂梅店自卫队、应城抗日游击队、京山抗日自卫队、应山县抗敌自卫团第2大队、汉阳县游击大队、汉川县抗日游击大队、孝感湖北省游击大队、咸宁游击队、崇阳县自卫大队、崇阳县游击队、阳新县八路军鄂南抗日游击大队、鄂南人民抗日游击总队

---

①②③④ 鄂豫边区革命史编辑部编：《鄂豫边区抗日民主根据地史稿》，湖北人民出版社1995年版，第38页、42页、46~48页。

以及豫南信阳挺进队、二七平汉铁路破坏总队等地方抗日武装。鄂豫边界地区中国共产党基层组织的恢复、重建和大批地方抗日武装的组建、扩充，为日后鄂豫边区的开辟奠定了群众和武装基础。

武汉失守后，中共中央决定调整沦陷区的党的组织机构。1938年11月，中共中央长江局撤销，改设中共中央中原局和中共中央南方局，长江以北的河南、安徽和湖北、江苏部分地区党的工作归中共中央中原局领导。同时，根据中共六届六中全会关于在沦陷区不设省委，改设区党委的决定，中共中央中原局决定撤销原河南、湖北2个省委，成立豫鄂边、鄂豫皖边、鄂中和鄂西北4个区党委，并确定豫鄂边、鄂豫皖边、鄂中3个沦陷区区党委的主要任务是发展党的组织，发动群众开展敌后游击战争，开辟敌后抗日根据地。与此同时，为了保证鄂豫边界各地分散的抗日游击武装的生存和发展，中共中央中原局及时指示新四军第4支队组派一支新四军独立游击大队，从竹沟南下鄂豫敌后，寻找和汇集各地抗日武装，以实现对这些队伍的统一领导和战略上的统一部署，发展抗日游击战争，开辟抗日根据地。

1939年1月，由李先念率领的新四军游击大队从竹沟南下进入应山、随县、大悟等地，经过一段时间的工作，统一了该地区的抗日游击武装。4月，由陈少敏率领的新四军第4支队的200余名干部、战士也接踵南下。6月6日，这两支南下的部队及其所汇集的各地抗日武装在安陆赵家棚统一合编为新四军挺进团。8月，新四军挺进团又在掌握鄂中、豫南各抗日武装的基础上，整编为拥有7个主力团队的新四军豫鄂挺进支队。同期，鄂豫边界地区中共党组织得到很快发展。

1939年春，鄂豫边界地区的13个县内已建立了县委或工委，而据1939年7月间的统计，仅鄂中襄（阳）花（园）公路以南地区的党员即发展到3 000余人①。"边区党的发展工作，无论在党员的数量上、成分

---

① 鄂豫边区革命史编辑部编：《鄂豫边区抗日民主根据地史稿》，湖北人民出版社1995年版，第150页。

上、发展的方式方法与入党手续上,都取得很大的收获与进步,尤其是党的支部逐渐深入到保里,及党的组织能逐步发展到敌人据点内。"①

为了适应党组织和抗日武装迅速发展的需要,1939年11月,中共中央中原局决定将豫南、鄂中、鄂东3个区委合并为中共鄂豫边区党委。12月,新的鄂豫边区党委成立,陈少敏代理书记,下辖鄂东、信应、随枣、天汉4个地委和鄂中各县县委。紧接着,根据1940年1月3日中共中央中原局电示,新四军豫鄂挺进支队扩编为新四军鄂豫挺进纵队,纵队司令员李先念,政治委员朱理治,下辖5个团队和3个总队,共9 000多人枪。至此,鄂豫边界地区的中共党组织和抗日武装实现了全面统一。

为了避免同武汉会战后留置大别山的国民党军队摩擦,新四军挺进纵队组建后,即向鄂豫边界敌后地区挺进,广泛开辟敌后抗日游击战争,并在所控制的地区内因地制宜地建立起各种形式的各级抗日民主政权。至1940年6月,先后建立起应城、京(山)安(陆)、天门等9个县级和250个乡级抗日民主政权。在此基础上,中共鄂豫边区党委于9月1日在京山八字门召开鄂豫边区第一次军政代表大会,产生了鄂豫边区军政联合办事处这一鄂豫边区统一行政机构的过渡形式。

1941年1月皖南事变后,中共中央军委决定重建新四军军部并将原辖各支队扩编为7个师。28日,新四军新的军部成立。4月5日,新四军豫鄂挺进纵队及新四军第4支队所部整编为新四军第5师,李先念任师长兼政治委员,任质斌任师政治部主任。下辖3个正规旅、2个游击纵队,共12个团1.5万兵力。同月1日,鄂豫边区第二次军政代表大会在京山向家冲召开,正式成立了鄂豫边区行政公署,许子威当选为行署主席,杨经曲、涂云庵当选为副主席。行署下辖鄂东、信应、天汉、襄西4个行政办事处和安陆、应城、云梦、孝感、随南、京山6个直属县政府。

---

① 孙西岐:《加紧扩大党的组织为巩固边区抗日根据地而斗争》(1940年8月),鄂豫边区革命史编辑部编:《鄂豫边区抗日根据地历史资料》第8辑,1985年,第36页。

中共鄂豫边区党委、新四军第5师的组建和鄂豫边区行政公署的成立，标志着鄂豫边区基本形成。随后，出现了中共党组织、抗日部队以及抗日根据地同步发展的局面，鄂豫边区进入发展、巩固的阶段。

到抗日战争胜利时，鄂豫边区已发展到东起皖西的宿松、太湖及赣北的彭泽、瑞昌，西达鄂西的当阳、宜昌，南至湘北的南县、湘阴及鄂南的通城、通山，北抵豫中的叶县、舞阳，计9万多平方公里。如果按原建制县统计，边区管辖的范围包括：黄冈、黄陂、黄安、礼山、孝感、应山、安陆、云梦、应城、京山、汉川、天门、江陵、监利、潜江、大冶、阳新、信阳、确山19个县的全部或大部，钟祥、沔阳、石首、公安、荆门、当阳、随县、鄂城、广济、黄梅、罗山、汝南、正阳、桐柏、泌阳、华容、彭泽17个县的一半或小部分，以及枝江、咸宁、通山、通城、崇阳、嘉鱼、蒲圻、武昌、浠水、蕲春、英山、罗田、麻城、经扶、上蔡、遂平、西平、临湘、岳阳、平江、湖口、东流、秋蒲、望江、宿松、潜山、太湖27个县境内的游击区。在这一管辖范围内建立起来的抗日民主政权"有一个行政公署，七个专员公署，三十九个县政府"①。与此同时，边区的党员数量，到1942年"增至5万多名"②，边区的党组织机构，截至1945年8月，在鄂豫边区党委下建立有鄂东、鄂中、襄南、豫南、襄北、淮源、鄂南、豫中8个地委和60多个县委或工委③。边区的抗日武装则发展到"拥有5万多正规部队和30余万民兵"④。

鄂豫边区的形成和发展，在湖北境内的抗战，乃至全国抗战的战略格局中，都具有十分重要的作用，且将作用于战后中国国内军事、政治

---

① 鄂豫边区革命史编辑部编：《鄂豫边区抗日根据地历史资料》第7辑，1985年，第40页。
② 王乱记：《鄂豫边区党建工作的基本经验》，李少瑜、雷河清主编：《中原伟业》，武汉大学出版社1996年版，第328页。
③ 鄂豫边区革命史编辑部编：《鄂豫边区抗日根据地历史资料》，1985年，第539～543页。
④ 鄂豫边区革命史编辑部编：《新四军第五师抗日战争史稿》，湖北人民出版社1989年版，第259页。

局势的发展。

二、鄂豫边区的英勇抗战

伴随鄂豫边区的形成和发展，鄂豫边区军民积极、英勇地展开了对日伪的作战。据不完全统计，在整个抗日战争期间，新四军第5师及边区的地方武装，对日伪的主要战斗达1 262次，毙伤俘日伪军及日伪军投诚反正人员共43 772名，先后抗击和牵制了15万日军和8万多伪军。其间，新四军第5师伤亡13 274人[①]。其中，有一定规模的战事有：1940年5月的配合枣宜战役的作战，1940年7—10月的保卫坪坝战斗，1941年12月至1942年2月的侏儒山战役，1942年11—12月的大悟山反"扫荡"战役等。

（一）配合枣宜战役的作战

1940年5月1日，日军抽调6个师团20万兵力，发起枣宜战役，企图围歼第五战区国民党军队。战役打响之际，新四军豫鄂挺进纵队立即主动出击，袭扰敌后，以牵制日军西进，配合枣宜正面战场作战。

在配合枣宜正面战场作战期间，新四军豫鄂挺进纵队先后拔除了京山、云梦、沙店、洛阳店、李店、骆家店、花园、杨家店、夏店、姚家店、南新街等地的日军军事据点。袭击了礼山、黄陂、孝感、安陆、应山、随县、应城、京山等日军占领的县城，破坏了小河镇至夏店、花园至东阳岗、花园至应山、安陆至巡店等公路，等等[②]，从而有效地迟滞了日军西进的行动。

此外，鄂豫边区的军民还多次救援第五战区的国民党军队。5月17日，国民党第125师1个团被日伪军包围在安陆县北的李家冲，豫鄂

[①] 鄂豫边区革命史编辑部编：《新四军第五师抗日战争史稿》，湖北人民出版社1989年版，第259~260页。
[②] 襄樊市新四军暨华中抗日根据地历史研究会、中共襄樊市委党史办公室：《论鄂西北地区国民党第五战区战场和豫鄂解放区战场的形成及其对抗战的功绩》，李少瑜、雷河清、张广立主编：《湖北抗战》，军事谊文出版社1995年版，第270页。

挺进纵队第 7 团闻讯后主动驰援，打破了日伪军的包围圈，使该团安全突围。同月，国民党第 94 军一部自长江沿岸进入鄂豫边区，边区的广大群众热情地慰问了该部，并收容了该部伤病员 300 余人①。

(二) 保卫坪坝战斗

坪坝位于京山县北，介于白兆山与大山头之间，既是联结鄂中各县的枢纽，又是鄂中通往鄂西的屏障，具有重要的战略位置。1940 年 6 月 21 日，新四军豫鄂挺进纵队登云梯破寨，从伪军手中夺取了坪坝，坪坝即为新四军豫鄂挺进纵队控制。

新四军豫鄂挺进纵队控制坪坝后，切断了安陆与三阳店日军军事据点之间的联系，威胁着环坪坝四周的雷公店、三阳店等日军军事据点的安全。因此，日军从 1940 年 7 月起，先后三次进犯坪坝。为保卫坪坝，新四军豫鄂挺进纵队同日军进行了艰苦的作战。

1940 年 7 月，日军第 3 师团两个大队 1 200 余人，由安陆向雷公店集中后，即向坪坝搜索前进。当日军进至距坪坝三四公里时，新四军豫鄂挺进纵队以第 1、第 2 两个团队迂回到日军侧后，向日军发起突然攻击。随后，又猛攻日军退守的松林岗。战斗从上午持续到黄昏，歼敌 30 余名，并缴获大量军用品。

9 月，日军集结 600 余人的兵力，秘密由雷公店出发，第二次进犯坪坝。新四军豫鄂挺进纵队得到群众报告后，立即以第 1 团队迎面进击，激战 1 小时，日军向安陆方向撤退。新四军豫鄂挺进纵队及时电令第 3 团队抢占王义真店有利地形截击，日军多次冲锋，均告失败。双方对峙到傍晚，日军遗尸 10 余具撤退。

10 月，三阳店日军步骑兵约 1 000 人，沿三阳店至宋河公路南下，第三次进攻坪坝。正在坪坝整训的新四军豫鄂挺进纵队第 6 团②接到报

---

① 鄂豫边区革命史编辑部编:《鄂豫边区抗日民主根据地史稿》，湖北人民出版社 1995 年版，第135 页。

② 1940 年 8 月，新四军豫鄂挺进纵队下辖的团队改制为团。

告后，决定在日军必经的崔家冲伏击日军。上午 8 时左右，日军进入伏击圈，新四军豫鄂挺进纵队第 6 团突然发起攻击，日军猝不及防，遭严重杀伤。随即，新四军豫鄂挺进纵队第 3 团加入战斗，对日军施以更大的压力。日军在反扑失败后，于下午 4 时弃尸数十具向应城溃逃。

日军在三次进攻失败后，遂放弃攻占坪坝的企图，坪坝即一直控制在新四军豫鄂挺进纵队手中。

（三）侏儒山战斗

侏儒山位于汉阳县西北，距武汉城区约 40 公里，素为武汉的西部屏障，是中国军队和日伪军队争夺的重要目标。

1941 年 9 月，日军集结兵力发动第二次长沙战役，武汉外围守备力量减弱，用于守备侏儒山的是伪定国军第 1 师汪步青部。而这时，新四军豫鄂挺进纵队已于 4 月整编为新四军第 5 师，兵力达 12 个团 1.5 万人。于是，新四军第 5 师决定发动侏儒山战役，摧毁武汉日军的西部屏障，造成自西线包围武汉的战略态势。

12 月 7 日，新四军第 5 师第 15 旅从汉阳肖家集、索河出发，分两路奔袭侏儒山、南河渡。由于事先已成功地争取了一部分伪军，第 15 旅顺利通过伪军三道岗哨，直赴东至山伪军第 3 团团部，将该团部及特务连、卫生班全部俘获。随后，第 15 旅主动回撤。

12 月 23 日，新四军第 5 师第 15 旅分左右两翼，第二次进攻侏儒山。从左翼出击的第 43 团顺利攻占桐山头、永安堡，迫使伪军退至裴家山。从右翼出击的第 44 团则一举攻占侏儒山，并乘胜向坝上进击，俘伪军 1 个排，并迫使伪军主力退缩于沔阳何家帮、周家帮一线，伪师部亦由侏儒山移驻沔阳彭家场。

1942 年 1 月中旬，伪军逐渐由沔阳何家帮、周家帮一线向汉阳响水港、肖泗沟靠近，企图窜回侏儒山。新四军第 5 师第 15 旅主动迎击，与伪军隔河对峙于曲口、响水港。午夜，伪军一面派代表洽降，一面乘机向王家场、余家场逃窜。结果，在三羊头遭到新四军第 5 师第 15 旅的有力阻击。随即，新四军第 5 师第 13 旅赶达战场，与第 15 旅配合，予敌伪军重大杀伤，共歼灭伪军1 500余人，毙伤日军10余人。

2月2日下午，驻仙桃日军和伪军一部进犯新四军第5师第13旅宿营地沔阳彭家场安家台。新四军第5师第13旅闻讯后主动出击，与日伪军激战于离安家台四五里地的胡家台，并一度在胡家台大祠堂内展开肉搏。在形势最危急之时，新四军第5师第13旅战士奋不顾身爬上祠堂屋顶，向祠堂内日伪军射击、投弹，并向祠堂内投掷点燃的柴草，引起祠堂里的弹药爆炸。胡家台一战，打死、烧死日伪军近200人。

侏儒山战斗，自1941年12月7日开始，至1942年2月4日结束，新四军第5师对日伪作战共14次，歼灭伪军5 000余人和日军200余人①，实现了作战的全部意图，成为新四军第5师成立以来规模最大、战绩最丰的一次战斗。

（四）大悟山反"扫荡"战斗

大悟山位于礼山（今大悟）县境，地处大别山西端豫鄂两省边界线南侧。1939年初夏，大悟山一带就有新四军豫鄂独立游击支队的活动。至1941年2月，鄂豫边区党政军领导机关移驻这里，这里便成了边区对日作战的指挥中心，也成为日军进攻的重点地带。

1942年11月，日军为确保长江下游交通线，为太平洋战场提供补给，决定集中4个师团和1个独立旅团兵力进攻大别山及豫南地区。日本为确保大别山战役兵力展开和实现其战役行动，又必须解除来自以大悟山为指挥中心的新四军第5师的威胁。于是，日军在距大悟山仅50公里的花园火车站设指挥所，任命武汉派遣军指挥官西尾为指挥，以"扫荡"之手段，对鄂豫边区发动冬季攻势。

在日军部署对鄂豫边区发动冬季攻势之际，新四军军部即电告第5师及其他各师："估计敌人对山东扫荡后，将抽调一部分兵力转向陇海路南对我新四军地区扫荡"，"因此各部应进行必要的反扫荡的动员与部署

---

① 鄂豫地区革命史编辑部编：《新四军第五师抗日战争史稿》，湖北人民出版社1989年版，第145页。

和准备工作"①。遵照新四军军部指示，新四军第 5 师迅速做出相应部署，开展对日军的反"扫荡"作战。

11 月中旬，日军首先在大悟山周围地区实施进攻，并以少则一二百人，多则两三千人的兵力，在鄂东、鄂南、鄂中分头"扫荡"，意在掩盖其进攻鄂豫边区中心区并截断大悟山与边区各地的联系的阴谋。11 月 20—27 日，日军步骑兵 300 余人，袭击黄陂新街和日姑墩，新四军第 5 师第 45 团予以伏击，将敌击溃。随后，日军纠集 3 000 余人，合围大冶谭家桥，又从阳新、赐祖等地增兵跟踪围攻龙角山，新四军第 5 师以小部队偷袭其后方据点，迫使日军撤退。这样，日军企图分隔大悟山与边区各地联系的阴谋破产。

半个月后，日军趁新四军第 5 师整训之机，调集 2 个师团和伪军 1 个师共 10 000 余兵力、炮 80 余门，采取"分进合击"的战术，于 12 月 15 日，分 14 路直接对大悟山实施"扫荡"。

新四军第 5 师侦悉敌情后，采取以小部兵力牵制日军大部，以大部兵力对付日军之小部的战术与敌周旋，经过多次袭击后，日军进攻势头逐渐减弱。随后，新四军第 5 师决定留下 1 个营就地牵制日军，边区领导机关和新四军第 5 师主力共 8 000 余人，分别向外线转移。

12 月 16 日傍晚，日军全力向大悟山开进。午夜前后，其东路、北路进入云台观、望府山、歪歪寨一带，遭到担任牵制任务的第 45 团的袭击。而此时，新四军第 5 师主力和边区领导机关正分 5 路，抄小路趁夜色和雨雾，向东南和西南方向的四姑墩、青山口、陂安南及安陆、应城等地运动。途中击溃敌小股部队阻拦，于次日拂晓相继跳出日军合击圈，到达预定位置集结。

17 日拂晓，担任牵制任务的新四军第 5 师的部队，继续利用山区有利地形和雨雾，运用麻雀战、蘑菇战袭扰、迷惑日军，使日军不敢贸然前进。待上午 10 时许，雨雾散去，日军分路进入边区领导机关和新四军

---

① 新四军军部编：《反扫荡指示》（1942 年 11 月），湖北省档案馆藏。

第 5 师驻地时，早已人去房空，日军无计可施，遂以飞机、大炮猛轰边区机关和新四军第 5 师驻地以泄怒。而这时，转移到外线的新四军第 5 师则逼近江汉公路，向日军据点进击。日军在合围新四军第 5 师主力不成，其据点反遭袭击的情况下，被迫于 17 日晚撤出大悟山。

28 日，新四军第 5 师主力和鄂豫边区机关又回到大悟山。至此，大悟山反"扫荡"战斗结束。在整个反"扫荡"作战中，新四军第 5 师以伤亡 70 余人的代价，打退了日军大规模进攻，歼敌 500 余人①，保卫了大悟山。

三、民主政治的实施

1940 年 1 月，毛泽东曾指出："在今日，谁能领导人民驱逐日本帝国主义，并实施民主政治，谁就是人民的救星。"② 鲜明地把"民主政治"提升到一个崭新的高度加以强调。据此，鄂豫边区不仅把"彻底实行民主政治"③ 作为政治原则，而且还把"健全各级民主政权机构，实行普选及村代表制，并实行中国共产党提出之'三三制'"④ 作为实行民主政治的途径，写进了 1942 年 3 月 22 日通过的《豫鄂边区施政纲领》，并切实付诸实践。

民众是民主政治的主体，实现主体民主是实现民主政治的前提。为此，鄂豫边区以"普选"为中心环节，采取多项措施，赋予了民众充分的民主权利。

首先，努力提高民众的民主意识，调动起广大民众积极投身普选的民主热情。

---

① 赖文楼：《新四军第五师大悟山反"扫荡"战役初探》，李少瑜、雷河清、张广立主编：《湖北抗战》，军事谊文出版社 1995 年版，第 447 页。
② 《新民主主义论》（1940 年 1 月），《毛泽东选集》第 2 卷，人民出版社 1991 年版，第 674 页。
③④《豫鄂边区施政纲领》（1942 年 3 月 22 日），鄂豫边区革命史编辑部编：《鄂豫边区抗日根据地历史资料》第 3 辑，1984 年，第 7 页。

鄂豫边区大多数地方的经济、文化比较落后，民众没有民主的习惯和意识，对民主普选十分陌生。为了动员民众参加选举，边区各县以乡为单位，建立起了由党政军民参加的选举委员会，广泛进行民主选举的动员。对一些基础较差的地方，则派出工作队，深入到各乡、保进行宣传动员，讲解民主选举的意义，灌输民主建政的思想。这一措施收到了比较好的效果，在1940年年初的民主选举运动中，应城县的"每一保民大会至少要到七八十人"，"开得好的保民大会人数总在三百人以上"①。而在京山，"短短的一百天，就有七个乡完成了民选，选民达两万多人"②。1941年以后，边区许多县恢复和建立了农救会、青救会、妇救会等群众团体，这些团体建立后，也积极加入选举动员的行列，并带头参加竞选。

这些有组织的动员工作，极大地提高了边区广大民众对民主选举的认识，吸引他们积极地参加普选。因而，"在乡保政权的选举中，虽然不能说作的很好，但是，民主这两个字，在广大的从未参加过政治活动的农民、工人、商人的头脑中，烙上了一个很深的印子。在保民大会中，从来不敢过问政治的老百姓，也敢伸出他的黑粗的手，选他认为'可以'的人，作自己的代表"③。

第二，从法律上赋予民众以民主的权利。

鄂豫边区的初期选举，是参照1937年5月《陕甘宁边区选举条例》和1939年9月国民政府《县各级组织纲要》的有关条文"加以修改"、"加以扩大"④而进行的。1941年以后，鄂豫边区制定了自己的选举法规，即1941年4月8日边区第二次军政代表大会通过的《豫鄂边区选举

---

①④ 许子威：《鄂豫边区政权建设的初步检讨及今后工作的意见》（1944年7月1日），鄂豫边区革命史编辑部编：《鄂豫边区抗日根据地历史资料》第7辑，1985年，第15页、14～15页。

② 鄂豫边区革命史编辑部编：《鄂豫边区抗日民主根据地史稿》，湖北人民出版社1995年版，第164页。

③ 陈少敏：《回顾1941年的边区》（1941年12月9日），鄂豫边区革命史编辑部编：《鄂豫边区抗日根据地历史资料》第3辑，1984年，第119页。

条例》。条例规定："凡居住边区境内之人民年满十八岁者，无阶级、职业、男女、宗教、民族、财产与文化程度之区别，经选举委员会登记，均有选举权与被选举权"；"采取普遍平等无记名之投票选举制选举边区、县及乡三级代表大会之代表，组织边区县及乡代表大会"；"乡代表大会之代表采取直接选举制，由保民大会选举之。边区及各县代表大会之代表均暂采取间接选举制，各由其下级代表大会选举之"；"乡代表大会代表每半年改选一次，县代表大会代表每一年改选一次，边区代表大会代表每二年改选一次"；"各级代表大会代表在任期内如有不称职者，得由各级代表选举之法定居民人数十分之一以上的选民提议后，由各该级代表大会投票罢免之"①。

如此广泛、平等的民主权利，使一大批优秀的农民、工人、妇女等进入了各级政权机关。在京山，"放牛娃出身的毛天才、开豆腐馆的郭金标、帮工顾盖北等都被选为抗日政府的乡长"②。在其他县，进入县、乡政权机关的民众比比皆是。

第三，积极创造民众行使民主权利的条件。

由于受战争环境和边区一些地区交通不便的制约，鄂豫边区很难统一按常规进行选举，为此，边区积极创造条件，为民众行使民主权利提供方便。

在选举单位的划分上，边区采取了按行政区域为选区和按职业、团体为选举单位相结合的办法。

关于区域选举，《豫鄂边区选举条例》规定：边区一级权力机关的选举区域以县为单位，县级权力机关的选举区域以乡为单位，乡级权力机关的选举区域以保为单位。

关于单位选举，《豫鄂边区选举条例》规定：县抗日自卫队、警察、

---

① 《豫鄂边区选举条例》（1941年4月8日），鄂豫边区革命史编辑部编：《鄂豫边区抗日根据地历史资料》第3辑，1984年，第12～14页。
② 李少瑜、雷河清主编：《中原伟业》，武汉大学出版社1996年版，第345页。

学校、工厂及机关之选民，均参加所住区域之选举；边区抗日保安队、驻防抗日部队、专门以上的学校、百人以上的产业工厂，得以其生产单位进行单独选举。

在选举方式上，则因地制宜，不拘一格。其中，在乡、保选举中，根据选民多不识字的实际情况，普遍采取了"投豆子"的方式。其操作方法是：请候选人全部坐成一排并在每一候选人背后放一只碗，然后再按应选代表名额发给每一个选民相应数量的豆子作"选票"，选民将豆子投入自己同意的候选人背后的碗里，候选人以豆子数量多并超过半数者当选。这种方法既易于操作，又十分生动，为选民行使民主权利提供了极大的方便，致使目睹这种选举方法的美国记者史沫特莱"感到非常兴奋，每次到会演讲（说美国话，有翻译人员翻给老百姓听），总是说这种选举比美国的选举还好"①。

政体民主是民主政治建设的主导，决定着某一政权能否将民主原则和政策付诸实施。为此，鄂豫边区以相关法规为依据，结合边区实际，在政体建设方面采取了相应措施。

第一，建立各级民意机关。

鄂豫边区的政权分为边区、县、乡三级。在边区与县之间设置办事处（1942年后改设行政专员公署），在县与乡之间设置区署，分别作为边区行署和县政府的派出机构。根据1941年4月8日通过的《豫鄂边区各级代表大会组织条例》规定，边区通过民选建立起各级民意代表机关——代表大会，且"边区各级代表大会为代表之各级最高权力机关"。其中，边区代表大会的职权为：选举及罢免边区行政公署主席、边区行政公署委员及边区高等法院院长；监察及弹劾边区各级政府之政务人员；批准关于民政、财政、建设、教育及地方军事各项计划；通过边区行政

---

① 许子威：《鄂豫边区政权建设的初步检讨及今后工作的意见》（1944年7月1日），鄂豫边区革命史编辑部编：《鄂豫边区抗日根据地历史资料》第7辑，1985年，第15页。

公署所提出之预决算案；决定废除或征收地方税捐；议定边区之单行法规；决定边区应兴应革之重要事项，等等。县代表大会的职权为：选举及罢免县长、县政府委员及地方法院院长；监察及弹劾县政府及其以下政务人员；决定本县人民之生计设施；议定本县之单行公约；议决县长或县政府委员会提交审议事项；决定本县应兴应革之重要事项，等等。乡代表大会的职权为：选举及罢免乡长及乡政府委员；监察及弹劾乡政府人员；议决本乡之单行公约；议决乡长及乡政府委员会提交审议之事项；决定本乡应兴应革事项，等等。

各级代表大会的设置及其所拥有的上述职责，充分地体现了民意机关对行政机关的制约，保证了民权的至高无上。

第二，力保政府工作决策的民主化。

按照1941年4月8日通过的《豫鄂边区行政公署组织条例》和《豫鄂边区县各级政府组织条例》规定的原则，边区各级政府均实行首长负责制与委员会会议制相结合的组织形式。其中，各级委员会根据条例集体行使决定财政预决算、所属行政人员任免、行政机构的设置与变更、公产的处理等重大行政事项的权利。而各级首长即自边区行署主席至县长、乡长，既是同级行政机关的单一首长，又是合议制的集体领导机关中的平等的一员，因而不能单独行使委员会的法定权利，只有代表行政机关执行委员会决议的义务，且"非经上级许可，不能无故搁置或擅自变更和撤销委员会的任何决议"①。

这种首长负责制与委员会合议制相结合的组织形式，既能事权分明，责有所归，又能集思广益，保证政府工作决策的民主化。

第三，实行保甲自治。

由于鄂豫边区所处的特殊环境，其乡以下的基层组织，基本上沿用

---

① 许子威：《鄂豫边区政权建设的初步检讨及今后工作的意见》(1944年7月1日)，鄂豫边区革命史编辑部编：《鄂豫边区抗日根据地历史资料》第7辑，1985年，第24页。

了国民政府保甲制度的形式，但赋予了这种制度全新的内容，即真正意义上的保甲自治。

根据《豫鄂边区县各级政府组织条例》规定：保长及保务委员会由全体保民大会直接选举产生，甲长由全体甲民会议直接选举产生；保甲长平均3个月改选一次；保甲长及保务委员会直接对全体保民或甲民负责，受全体保民或甲民监督，并经常通过保民大会和甲民会议征求民意，向全体保民或甲民报告工作。这些规定，使得广大民众具有了直接行使自己民主权利的法律保证，体现了彻底的民主原则。

政党尤其是执政党在政权中的作用及其领导方法，是实现民主政治的关键。因而，鄂豫边区党委十分重视党组织与政府的关系。鄂豫边区是中共党组织及其所领导的抗日武装开辟出来的，中共党组织对边区的领导是完全必要的。但是，民族战争和国共合作的特定背景，要求中国共产党实行统一战线的指导思想和领导方法。为此，鄂豫边区采取了以下措施。

第一，在施政纲领和具体政策的指导思想上，采取了多元化结构。其中，在施政纲领的指导思想上，1942年3月22日通过的《豫鄂边区施政纲领》即明确规定：豫鄂边区施政纲领系"根据孙中山先生革命的三民主义，国民政府颁布之抗战建国纲领，中共中央之抗日民族统一战线方针，抗日救国十大纲领及中共豫鄂边区党委提出之施政纲领草案，参照边区之实际情形"而制定。在具体政策的指导思想上，1941年4月8日通过的《豫鄂边区选举条例》即规定："本条例根据国民政府建国大纲之民主选举原则及豫鄂边区之实际情形制定之。"同时通过的《各级代表大会组织条例》和《县各级政府组织条例》也作出相同的规定："本条例根据三民主义之民主原则及豫鄂边区之实际情形，以实施民主政治，巩固抗战中之政治的社会的基础为目的而制定之。"这种特定历史条件下所认可的多元指导思想，既保证了中国共产党的思想理论的主导，又有利于避免以党纲代替政纲的现象。因而，无论具体实施状况如何，依然有利于促进鄂豫边区的民主政治建设。

第二，实行必要的党政分工。鄂豫边区各级政权建立以后，党政关系问题便逐渐突现出来。为了既加强党组织对政权工作的领导,又明确党政机关各自的职责;既防止党组织直接向政府机关发号施令,又避免党政机关各自为政,边区党委和行署曾就党政分工问题作过规定:政府工作部署及检查总结由同级党委讨论;政府所辖范围内发生的重大事件征求同级党委对其的处理意见;政府执行政策的情况须接受同级党委的检查。政府承担"全盘负责一切战争动员工作,实际解决人民群众的困难,坚持对敌伪特务及破坏分子实行镇压政策"① 三大任务。这种分工,有利于把党组织的政策顺利地变成政府的法令,避免了党政不统一或以党代政的现象。

第三,在政权组成成分上实行"三三制"。1940年3月中共中央提出"三三制"② 原则后,"边区党委曾一再号召,动员边区的全体共产党员,具体了解三三制的意义,认真地执行三三制民主政策"③。随后,边区党和政府又把"三三制"原则写进了《豫鄂边区施政纲领》,明确规定:"实行中国共产党提出之'三三制'。"并郑重保证:"共产党员如超过三分之一时,其超过者自行退出。"1940年边区第一次普选,各地基本上按照"三三制"原则选举产生了各级政府。1941年以后,从保到行署,普遍实行了"三三制"原则。从执行情况来看,1941年4月成立的边区行政公署组成人员中,主席为共产党员,2名副主席中1名为进步分子,1名为中间分子;处级干部5人,中共党员1人,进步分子2名,中间分子2名;行署委员会常委9人,边区党委成员只参加3人④。1942年3月改选后的行署委员会25人,共产党员有9人当选,超过1/3,边区

---

① ④ 库充:《鄂豫边区抗日根据地的民主建设刍议》,李少瑜、雷河清主编:《中原伟业》,武汉大学出版社1996年版,第356页、355页。

② 三三制,为中国共产党在抗日根据地为调节各抗日阶级的政治利益,在政权组成成分上规定的分配原则,即在各级政权中,共产党员、非党左派进步分子、不左不右中间分子各占1/3。

③ 陈少敏:《回顾1941年的边区》(1941年12月9日),鄂豫边区革命史编辑部编:《鄂豫边区抗日根据地历史资料》第3辑,1984年,第120页。

党委当即要求退出 1 个名额给党外人士。这充分体现了边区严格实行"三三制"原则的决心。同期，多数县的执行情况也比较好，其中，云梦县行署委员会 7 名委员中，共产党员和国民党员各占 2 人，进步人士占 3 人①。保是直接面对群众的基层政权，故绝大多数保严格按"三三制"配备了干部。"三三制"原则的严格执行，"团结了各阶层的抗日人士，吸收了许多开明的士绅，进步的知识青年和热心积极的工农干部，充实了县区领导机构，培植了大众化的政治领袖，提高了民主政权的威信，加强了各级政权的领导工作"②，从而"扩大了边区民主运动"③。

鄂豫边区在建设民主政治过程中所表现出的坚定不移的决心和所采取的细致完备的措施，是十分可贵的，是中国共产党在抗日战争时期追求民主政治的一个缩影，也是同一时期鄂西后方以及整个西南大后方所望尘莫及的。

四、新民主主义经济建设

"经济是社会结构的基础，无论在抗日战争或任何革命过程中，财政经济始终是一个重大的问题"④。为此，鄂豫边区党和政府始终对经济建设予以高度重视。在鄂豫边区初建之际，边区政府便在 1940 年 8 月的边区财经工作会议上发出了"为实现新民主主义经济建设而斗争"⑤ 的号召。接着，1941 年 4 月的边区第二次军政代表大会认真讨论了经济建设问题，强调"为坚持长期抗战，打破敌伪和反共派的破坏与封锁，应加强经

---

① 魏礼军：《试论鄂豫边区抗日民主政权》，李少瑜、雷河清主编：《中原伟业》，武汉大学出版社 1996 年版，第 346 页。
② 许子威：《关于军政联合办事处的工作》（1941 年 4 月 4 日），鄂豫边区革命史编辑部编：《鄂豫边区抗日根据地历史资料》第 3 辑，1984 年，第 59 页。
③ 陈少敏：《回顾 1941 年的边区》（1941 年 12 月 9 日），鄂豫边区革命史编辑部编：《鄂豫边区抗日根据地历史资料》第 3 辑，1984 年，第 119 页。
④ 林伯渠：《抗战中两条经济路线的斗争》，《解放》第 130 期，1941 年 6 月。
⑤ 许子威：《论鄂豫边区的财政经济工作》（1941 年 7 月），《七七月刊》1941 年第 1 卷第 4 期。

济建设,力求自给自足,改善人民生活,以加强抗战力量"①。1942年1月边区党委作出的《关于经济建设的决定》更鲜明地要求各级领导机关,"要以过去领导群众斗争的精神,领导今天经济建设事业"。在同年3月豫鄂边区第一届抗日人民代表大会通过的《豫鄂边区施政纲领》中,进一步规定:"实行抗战经济政策,以求达到边区经济上之自给自足,自力更生。"并具体地提出了"发展边区工业生产与商业流通"、"发展农业生产"、"实行减租减息"、"调整金融关系"等一整套政策。

根据上述方针和政策,豫鄂边区党和政府领导边区的军民,开展了包括农业、工商业、财政金融业等方面的经济建设和活动。

(一)农业的恢复和发展

由于鄂豫边区是一个农业自然经济占绝对优势的农业区,边区军民的生活物资来源主要依赖于农业,因而,边区经济建设中第一位的任务是恢复和发展农业生产。在恢复和发展农业生产的过程中,边区党和政府根据边区的环境,充分利用边区的自然条件和社会条件,采取了以下一系列切实可行的措施:

第一,提倡生产互助。

由于边区青壮年陆续参军参战,加上日伪的不间断烧杀,致使边区劳动力严重短缺。为了解决劳动力严重短缺的问题,边区党和政府除了通过妇救会发动妇女参加生产,安排部队、机关、学校在农忙季节帮助群众生产外,主要的则是动员和组织个体经济的农民开展生产互助。

边区的生产互助,按各地习惯主要是在春耕、割麦、插秧、施肥等季节和环节进行。生产互助的形式多种多样,但主要有两大类:一是义务性质的代工,一是自愿性质的换工。前者主要用于优待抗属,后者适用各地群众之间。其中,换工互助主要是指人工与人工、人工与牛工之间的互换。换工完全按自愿原则进行,条件由双方协商。这种孕育着集

---

① 许子威:《关于军政联合办事处的工作》(1941年4月4日),鄂豫边区革命史编辑部编:《鄂豫边区抗日根据地历史资料》第3辑,1984年,第74页。

体主义思想的生产互助方式，对解决边区劳动力短缺问题起了相当积极的作用。

第二，大规模兴修水利。

"边区有山有湖，过去因为人谋不臧，水利失修，总是山乡丰收，则湖乡发生水灾；湖乡丰收，则山乡发生旱灾。甚至山地天旱，而江河水涨，灌入湖区，以致山湖两乡，同时发生灾荒。"① 有鉴于此，边区党和政府非常重视兴修水利，几度掀起大规模水利建设高潮。

第一次水利建设高潮是在1941年冬至1942年春。是时，山乡主要是挖塘修坝，湖区主要是筑堤修闸和疏通河道。在这一次水利建设高潮中，安陆、信南、云梦、应城等地的成绩比较突出。其中，安陆修建了府河堤坝2座共15丈多，用工5 000个；信南修筑了走乡堤，灌田175石；云梦修建了三区堤，用工500个；应城修筑了两河口的府河堤，等等。第二次水利建设高潮是在1942年冬至1943年春。是时，安（陆）应（山）县成绩最突出，共建大小水坝106座，修塘堰1 063处，被誉为"千塘百坝"工程的完成，成为该县农业生产连年丰收的重要条件。为此，边区党和政府及时总结安应县"千塘百坝"工程经验，在全边区推广，延安广播电台和《解放日报》也对这一工程作了报道。第三次水利建设高潮是在1944年冬至1945年春。是时，襄南完成了金家拐和马颈项两大工程。其中，金家拐工程历时3个月，挖土24 500方，用工816 400个；马颈项工程历时84天，挖土36 000方，用工833 400个。两大工程的完成，使襄南的江陵、潜江、监利、沔阳等县的100多万亩农田受益②。

边区大规模兴修水利运动，初步改变了水利长年失修的局面，为恢复和发展边区的农业起了重要作用。

---

① 许子威：《一九四二年边区民主建设之回顾》（1942年12月15日），鄂豫边区革命史编辑部编：《鄂豫边区抗日根据地历史资料》第3辑，1984年，第136页。
② 刘跃光、李倩文主编：《华中抗日根据地鄂豫边区财政经济史》，武汉大学出版社1987年版，第118页。

第三，力行减租减息。

在减租减息以前，"边区的地租额占收获总量50%到40%之间为多，在不少地方，如黄陂、应山，地租占收成50%以上，随南有的则占55%以上，一般的愈是下等田（比例）愈高，有的竟占收成量的70%以上"①。同时，边区的高利贷盘剥也很厉害，一般年息在50%以上，有的高达120%②。边区广大农民在高租高息的残酷剥削下，始终过着啼饥号寒、朝不保夕的艰苦生活，因而生产情绪十分低落，田地生产量日趋减少。

为了减轻边区广大农民所受的封建地租和高利贷的剥削，在边区形成的过程中，边区党和政府便坚定不移地贯彻中共中央所制定的减租减息政策。

1940年5月和8月，边区党委便先后在边区各界救国团体联合代表大会和军政干部会议上，提出和讨论了如何开展减租减息工作的问题。随即，组织干部在信南、黄陂、汉川等县的部分地区进行减租减息工作的试点。1941年4月，边区党和政府在第二次军政大会上正式提出了"调整租佃关系"、"取缔高利贷"的问题，并首次制订了边区减租减息的法令。1942年3月，边区第一届抗日人民代表大会通过的《豫鄂边区施政纲领》具体制订了减租减息的原则和细则，减租减息运动遂普遍深入地开展起来。

关于减租减息的标准及其操作方法，根据《豫鄂边区施政纲领》规定："地租不得超过主要收成之实收量千分之三百七十五；保证地主一律按二五减租（按抗战前实际租额照减）原则收佃，佃家按此原则交租，地主不得预收地租，废除押金等额外剥削。利息由双方规定，但旧债不得超过年息二分，法律不保护高利贷，保证债主放债收息，债务人按此原则还本付息。旧债付息超过原本一倍者停利还本，超过

---

① 吴祖贻：《论边区减租问题》，《七七月刊》第1卷第9、10期，1942年。
② 吴祖贻：《动员全边区人民为粉碎敌伪统治援助全世界反法西斯运动而斗争》，《七七月刊》第1卷第5期，1942年。

二倍者本利停付。凡农民因借贷而典当押出之田地，期满后有随时赎回之权。"①

边区的减租减息政策，受到了广大农民的欢迎，也为地主、债主所认可，因而开展得比较顺利，取得了相当的成果。在1942年度，黄冈县王家坊中心区花竹乡七保、八保的减租户占佃户总数的96%，减租田占租田总数的97%②；据应城30个乡260个保的统计，减租的业主共9 116户，减去的租谷168万余石，受惠的佃户达1.6万户③。在1944年度，全边区80个乡共减租10余万石；有的地方的地主还主动退押金、换契约，保证农民的佃权④。在对地主、债主进行减租减息的同时，边区还引导农民按政策交租交息，保证守法地主、债主的利益，从而使减租减息政策得到完整的贯彻。

鄂豫边区减租减息的普遍、深入开展，减轻了农民所受的封建地租和高利贷的剥削，相当程度地改善了农民的生活，并由此激发了广大农民生产和抗战的积极性。同时，由于减租减息也保留了地主、债主的合法利益，因而又增强了他们对政府的信赖，对生产和抗战的支持。如"钟祥许多地主都认为二五减租很公道"，"黄安的地主更坦白地说，这比打土豪分田地强多了"⑤。正因为如此，边区政府在1942年便自豪地宣告："边区抗日民主政府，就把国民政府谈了多年的减租问题，真正的见之于实施了。"⑥

第四，加大农业投资。

---

① 《豫鄂边区施政纲领》（1942年3月），湖北省档案馆藏。
② 吴祖贻：《论边区减租问题》，《七七月刊》第1卷第9、10期，1942年。
③ 鄂豫边区革命史编辑部编：《鄂豫边区抗日民主根据地史稿》，湖北人民出版社1995年版，第327页。
④ 汪杰：《试论鄂豫边区的减租减息工作》，李少瑜、雷河清主编：《中原伟业》，武汉大学出版社1996年版，第376页。
⑤ 转引自鄂豫边区革命史编辑部编：《鄂豫边区抗日民主根据地史稿》，湖北人民出版社1995年版，第266页。
⑥ 许子威：《一九四二年边区民主建设之回顾》（1942年12月15日），鄂豫边区革命史编辑部编：《鄂豫边区抗日根据地历史资料》第3辑，1984年，第143页。

边区创建以前，这里的农业基础薄弱，生产力水平低下。为了加速改变这种状况，恢复和发展农业生产，边区党和政府在采取其他措施的同时，又在财政十分困难的情况下，不断以各种形式向农业进行投资。一是政府直接投资。1941年春，边区政府即发放春耕费1 000元，谷种60石、耕牛10条，以解决农民春耕的种子、耕牛的困难；1945年春，边区政府在公粮项下补助谷3 000石，以解决金家拐、马颈项两大水利工程中民工生活中的部分需要。二是发放农业贷款。1941年冬至1942年春，边区政府筹拨200万贷款，以解决农民之资本不足；1944年春，边区政府发放春耕贷款3 000万元，通过各专署、各县，贷给最需要的地区和最需要的群众，作购买种子、农具、耕牛、肥料之用。三是发行农业公债。1941年，边区政府发行第一期建设公债100万元，为边区经济建设之用；1942年，边区政府发行第二期建设公债500万元，全部用于春耕及农业建设。

第五，开展生产运动。

鉴于边区劳动力匮乏，边区政府成立之后，即考虑发掘生产潜力和调动生产积极性的措施。1941年4月，边区便把"动员民众普遍参加生产"[①]列为党和政府的重要任务，并当即就发动了第一次大规模的春耕生产运动。在这次生产运动中，不仅原有耕地大多得到及时耕种，而且开垦出了一些荒地。其中，京山开荒400余石，汉川开荒6.8万亩[②]。同时，机关部队也投入了春耕生产，开展了"一斗田"运动。此后，每逢春季便开展春耕生产运动。

1943年10月，中共中央发出《开展根据地的减租、生产和拥政爱民运动》指示，要求各抗日根据地大规模开展生产运动。据此，边区党

---

① 许子威：《关于军政联合办事处的工作》（1941年4月4日），鄂豫边区革命史编辑部编：《鄂豫边区抗日根据地历史资料》第3辑，1984年，第74页。

② 刘跃光、李倩文主编：《华中抗日根据地鄂豫边区财政经济史》，武汉大学出版社1987年版，第106页。

委于11月召开各县县委宣传部长会议,会上,民运部长吴祖贻在所作的《关于如何领导老百姓生产的问题》的报告中提出:"今后生产运动的基本方针,是迅速有效地普遍提高人民劳动热忱,组织根据地男女老幼都参加生产。"随后,边区党和政府一手抓领导老百姓生产,一手抓机关、部队生产,掀起更大规模的生产运动。

在这次生产运动中,地方各级干部普遍深入到乡、保,帮助农民制订生产计划,解决农户困难,各家各户都动员起来,并展开了一村一保的竞赛。在这次生产运动中,边区机关部队起了模范带头作用,在大生产运动开始后的25天里,便开荒96亩,种菜160亩,打柴602 000斤,挖野菜1 200多斤,采药材17 000多斤①,此外,还帮助群众挖塘、车水、割麦。

由于采取了上述一系列措施,边区的农业生产迅速改观。到1941年夏,边区农业"已恢复战前状态"②,并克服了1944年的严重旱灾,在生产和生活上出现了前所未有的兴旺景象。由于农业丰收,农产品丰富,使边区物价稳中有降。据统计,边区市场上的米价1斗10元,比敌占区武汉的米价低2倍,比大后方重庆的米价低6倍以上③。据信阳、孝感、安陆、应城的不完全统计,自1940年起,每户农户增加1头猪、6只鸡。边区农业生产的恢复和发展,改善了边区军民的生活,促进了边区的政治稳定,并为边区的工业、商业、金融业的发展创造了条件。

(二)工商业的兴起

边区的工业起步于1939年年底,主要是开办了一些为战争服务和为人民生活必需的军事工厂和民用工厂。其中,军事工厂有:1940年6月由豫鄂挺进纵队在随县洛阳九口堰开办的兵工厂、印刷厂,1941年由新

---

① 刘跃光、李倩文主编:《华中抗日根据地鄂豫边区财政经济史》,武汉大学出版社1987年版,第109页。
② 陈少敏:《艰苦奋斗的三周年》(1941年7月),《七七月刊》第1卷第4期,1941年。
③ 刘跃光、李倩文主编:《华中抗日根据地鄂豫边区财政经济史》,武汉大学出版社1987年版,第107页。

四军第5师在黄冈莲湖畈、肖家桥等地开办的被服厂、印刷厂、烟厂、电池厂、牙刷厂、毛巾厂、修械厂、皮羊厂等；民用工厂有云梦县内的缝纫厂、黄陂县内的卷烟厂等。这些工厂大都白手起家、土法生产、手工操作，规模很小且简陋，工厂厂址多选在庙宇、山洞，有的则没有固定厂址，流动于农户家中。

1942年后，边区党和政府加强了对工业的领导，其间，行政公署设有建设处，新四军第5师师部设有后勤部与军需处，各县设有建设科，各厂设厂长和指导员，负责领导各有关的工业生产。同时，在政策上也作了有利于工业发展的调整。这样，边区的工业迅速进入发展阶段，各级各类公营工厂大批兴建起来。其间，边区行署和新四军第5师先后办起了兵工厂、造纸厂、印钞厂、电料厂、军衣厂、大达烟厂、民生烟厂等大小几十个工厂。各军分区也办起了一批工厂，其中，一军分区7个，二军分区10个，三军分区1个，四军分区4个，五军分区1个，六军分区8个。各县所办工厂更多，其中，礼北县办有兵工厂、修械厂、纺织厂、被服厂、毛巾厂、造纸厂、卷烟厂；安应县办有榨油厂、卷烟厂、造纸厂、酿酒厂；黄冈县、安礼县、陂安南县、应北县、钟祥县、黄安县、京山县均办有被服厂、卷烟厂、电池厂、牙刷厂、毛巾厂、造纸厂、军衣厂、缝衣厂、被服厂、修械厂、针织厂、皮革厂、肥皂厂、文具厂等。

上述各级各类公营工厂中，规模较大的有：鄂豫边区兵工厂。下设6个车间，拥有六七百职工，每天可生产炸弹、枪榴弹百个左右①。新四军第5师所属一、二、三被服厂，共有职工1 000余人，其产品基本保证第5师穿着需要，即每人每年1套棉衣、2套单衣、2套衬衣、1副绑腿。《七七报》印刷厂，每天可出1.2万份《七七报》，还印刷《论持久战》、《党员须知》、《游击战术》等书刊。大达卷烟厂和民生烟厂，各有

---

① 刘跃光、李倩文主编：《华中抗日根据地鄂豫边区财政经济史》，武汉大学出版社1987年版，第132～133页。

机器 20 余台,月产香烟万余条①。

与各级各类公营工业的发展同步,边区的私营工业也得到相应的发展。边区的私营工业主要是以手工业生产为主的纺织、印染、榨油、制锅、烧炭、木器、篾器、烧窑、粉坊、烧石灰、农具等行业。

其中,以纺织、榨油、制锅为大宗。据统计,边区每年生产的土布在 1 500 万匹以上,多为私营手工业所产;榨油厂几乎是每县每乡都有,仅安应县榨油业年均产值即达 12.079 万元②。在上述私营工业中,规模较大的有:应城膏盐矿,是边区军民食盐的主要供给地;大悟山锅厂和黄陂蔡店的江河榨油厂,前者有资金 100 多万元,后者每天榨油 3 000 多斤③。

鄂豫边区开辟之初,由于敌伪的封锁、禁运和掠夺,也由于边区党和军队忙于战争,因而,边区的"出入口贸易和各种群众性的合作社,没有很好的组织起来,对于敌人的掠夺和封锁未能给予有力的打击,对于内地工商业的停滞现象,也是听其自然,没有设法打开"④。1940 年后,边区基本形成并逐步稳定,边区党和政府开始注重商业活动。

1940 年 9 月,边区第一次军政代表大会制定、颁布了《贸易统制暂行条例》。10 月,边区财经工作会议决定成立贸易统制总局。1941 年 4 月,边区第二次军政代表大会通过了《普遍发展合作事业,改善人民生活案》、《反对敌人经济封锁、实行粮食统制案》等决议案,提出了"发展合作事业"、"发展工商业"、"经营有利于民生之各种商业"的原则方针和政策,并开始抽调大批党政干部充实各级财经部门。1942 年 3 月,边区第一届抗日人民代表大会通过了《豫鄂边区施政纲领》,更明确地提出了"保护正当的自由贸易……统制对外贸易"的原则方针,并

---

① 湖北省地方志编纂委员会编:《湖北省志·经济综述》,湖北人民出版社 1992 年版,第 83 页。
②③ 刘跃光、李倩文主编:《华中抗日根据地鄂豫边区财政经济史》,武汉大学出版社 1987 年版,第 142 页、143 页。
④ 许子威:《论鄂豫边区的财政经济工作》(1941 年 7 月),《七七月刊》1941 年第 1 卷第 4 期。

全面规定了边区商业发展的政策。

由于边区党和政府对商业工作的重视，以及相关方针、政策的制定，极大地促进了边区商业的发展，由公营商业、合作商业、私营商业及对外贸易等构成的商业活动迅速活跃、兴旺起来。

边区的公营商业是由边区军政机关投资创办并从属各级军政机关领导经营的商业。边区的公营商业有直属边区行政公署财政处的贸易公司和分布在各县的公营商业网点，规模比较大的公营商业机构有蔡店贸易公司、陂安南贸易公司等。其中，位于黄陂县境内的蔡店贸易公司设有1个综合商店，并负责管理德兴、谦益、公益和抗大4个商行。陂安南贸易公司是从蔡店贸易公司分出来的，它在长堰和同兴集各设1个综合商店。

边区的公营商业除了直接经营购销业务外，还承担采购货物、委托各地私营商业和行栈代购代销、协助建立合作商业机构等任务。边区的公营商业机构虽然数量不多，但它能集中资金和物资，通过商业领导机构，实施对合作商业和私营商业的领导，并在调剂物资交流、控制对外贸易中发挥重要作用，因而在边区商业中占有重要地位。

边区的合作商业是在边区各级建设部门、物资统制局的指导和协助下，由群众自愿集股兴办或由军政机关兴办的商业。它有消费合作社、运销合作社、生产消费运输合作社等几种形式。其中，消费合作社主要承担采办当地民众、军队和政府机关所需要的各种生活物资，如油、盐、粮米、布及其他生活日用品，并有计划地低价供给消费者；运销合作社主要承担收购当地各种农副业和手工业产品，有计划地向外推销，同时，协助政府到敌占区或大后方购进必需物资；生产消费运输合作社则承担从生产到运输、消费全过程业务的活动，以减少商业性中间剥削，使社员和群众得到直接实惠。

边区合作商业发展很快。1941年边区政府成立不久，只在信南、应城、汉川等少数地方试办。到1942年，边区即有20多个县兴办起合作商业。1943年后，随着边区的巩固，合作社商业就在边区普遍发展起来。其中，具有一定实力的有应城粮食合作社、应城食盐合作社、汉川粮食合作社和信南运输合作社等。

边区的合作商业十分活跃，对于促进边区的商品流通，保障边区军民的物资供给，稳定物价起了十分重要的作用。

边区党和政府在兴办公营商业、发展合作商业的同时，还十分重视发挥私营商业的作用。根据中共中央关于"对商人政策要妥当，根据地内商业应有自由"① 的指示，边区党和政府先后制定和实施了一系列保护和鼓励私营商业的政策和措施，如允许自由贸易；允许敌占区的商人进入边区营业，并保证其安全；实行合理的税收政策；吸收商人中的代表人物参加政权和经济领导工作，等等。在上述政策指导下，边区的私营商业也得到相当的发展。如在安应的赵家棚，有盐行、油行、山货行、杂货店等数十家。在黄陂县的蔡店，有油盐、匹头、百货、文具、杂货、医药、屠宰、服务八大行。在天门河西岸、金河滩有几十家粮行、渔行、油行。在汉川韩家集，有十几家粮行、渔行。在长江北岸石公华根据地古长堤，有花行、杂粮行、饭店、酒馆、药店、百货商店，等等。

边区私营商业的存在和发展，对促进边区的物资交流和满足人民生活需要，起了一定的作用。

鄂豫边区在对内实行自由贸易的同时，对外则实行严格的贸易统制。

1940年9月，边区第一次军政代表大会制定《贸易统制暂行条例》，决定成立边区贸易管理局，实行对外贸易统制。1942年1月，边区党委在《关于经济建设的决定》中就对外贸易统制问题作了规定，并在边区各县成立贸易管理分局，以实施对外贸易统制。1943年4月，边区政府颁布《鄂豫边区物资统制总局公告》，就加强对外贸易统制作了进一步的规定。

根据1943年4月颁布的《鄂豫边区物资统制总局公告》，边区实施统制的物资计有：稻谷、大米、大麦、小麦、高粱、芝麻、黄豆、菜籽；

---

① 《中共中央关于建立与巩固华中根据地的指示》（1940年12月），湖北省档案馆藏。

清油、皮油、梓油、桐油、生漆；棉花、板炭、烟叶、牛皮、杂皮、捆麻、蓖麻子、五倍子、草子、土纱、土布、茯苓等。上述统制物资的出境，须向物资统制分局及其委托机关领取出境特许证，否则一经查获，即行没收。

为了加强对外统制贸易，边区政府还颁发了《缉私办法》，规定除物资统制局组织缉私小组缉私外，并商请当地党政军民组织封锁委员会实施对敌经济封锁及物资统制工作。

在实行对外统制贸易的原则下，为了保障边区军民的生活，保障所需物品的供应，可采取以货易货的办法，换取敌占区食盐、药品及其他重要物资，并奖励大后方一般物资进口。

边区工商业的兴起和兴旺，对于提供边区军需民用的工业用品，对于促进边区的商品流通，推动边区经济的发展起了重要作用。

（三）财政金融业的建立

边区创建初期，没有统一的理财机构、稳定的财政收入和合理的财政支出，边区的财政处在分散的自筹自支的状态。随着边区的形成和稳定，各级财政机构得以相继建立，相关政策、措施也先后制定，加上农业的恢复和发展，工商业的兴起和兴旺，边区的财政开始有了统一的管理机构、比较稳定的收入和相对合理的支出。

边区统一的财政管理机构是伴随统一的抗日武装和统一的边区政府的建立而建立的。1940年9月，鄂豫边区军政联合办事处成立，办事处内即设有财政处。10月，边区党委召开财经会议，会上成立财经委员会，并抽调一批党政军干部加强对财政经济的领导。1941年6月，边区行政公署内设立了税务总局，并在鄂东、信应、天汉设立了税务分总局，各县则相继设立了税务分局。1942年3月，边区第一次抗日人民代表大会通过的《豫鄂边区施政纲领》进一步要求"健全财政机构"，各级财政机构随之健全起来。除边区行政公署设有财政处外，各专署、县、区、乡、保分别设立了财政特派员、财政科、财政区员、财政股、财政员等机构或人员。这样，就形成了直属边区财政处、税务总局一条龙垂直领导的财政管理体系。

边区比较稳定的财政收入，主要来源于边区稳定和经济发展后的税收，包括农业税、关税和地方税。

边区的农业税是废除此前一切捐税后所征收的田赋、公粮。其中，田赋按田亩征收，由业主负担。根据1941年4月鄂豫边区第二次军政代表大会规定，"每亩以征收一元为标准"[①] 为合理负担，征收的办法是将田分为特上、上、中、下、特下五等，特上等田每亩征谷1.2斗，上等田每亩征谷9升，中等田每亩征谷6升，下等田每亩征谷3升，特下等田每亩征谷1升。因当时粮食储运困难，田赋征钱不征谷。1942年3月鄂豫边区第一届抗日军民代表大会决定田赋改征实物。征收办法改为将田分为上、中、下三等，上等田每亩征谷8升，中等田每亩征谷6升，下等田每亩征谷3升[②]。田粮也按亩征收，每亩征收标准与田赋相同，自耕地由耕者负担，租佃地由业主和佃农共同负担。1942年3月后，实行累进税，即按田亩征收公粮外，还对田亩较多业主另行加征，加征的标准按交纳公粮数计算，3石以下不加征，3～3.5石加征6%，3.5～4.5石加征8%，4.5～5.5石加征14%，5～6石加征18%，6～7石加征22%，8～9石加征25%，最高加征不超过50%[③]。

边区的农业税为边区的第一大税收。据统计，1942年共收谷20万石，占当年税收总收入的70%，1944年"实收田赋公粮65万石"[④]。

边区的关税实际上是指对过往边区境界的商人所征收的过境货物税，即出入境税。1941年以前，边区政府采取封锁政策，禁止各种物资流入敌占区，所以没有实行规范的关税。后鉴于大城镇都在敌占区，边区所需的许多日用品和生产资料需要引进，边区过剩的许多土特产需要外销，

[①]《鄂豫边区第二次军政代表大会通过的重要提案》(1941年4月)，鄂豫边区革命史编辑部编：《鄂豫边区抗日根据地历史资料》第3辑，1984年，第84页。

[②][③] 湖北省地方志编纂委员会编：《湖北省志·财政》，湖北人民出版社1995年版，第303～304、305页。

[④] 郑位三：《给中央并华中局的报告》(1945年3月)，湖北省档案馆藏。

于是，边区着力将封锁政策改为限制物资出入境和征收关税的办法，并于1943年4月1日同一天公布了《豫鄂边区物资统制局关税税则》、《豫鄂边区物资统制局关税税率》和《豫鄂边区物资统制局关税征收办法》，就关税税则、关税税率、关税征收办法等作了详细规定。关于关税税则，《豫鄂边区物资统制局关税税则》规定：为反对敌人掠夺，繁荣边区商业，有利保护生产，加强物资统制的方针和对外统制、对内交流之原则，实行合理出入口制度。凡经照章纳税，取得收据之商品运销边区境内者不再纳税。关于关税税率，《豫鄂边区物资统制局关税税率》根据抗战与民生的需要，将税率分为5等，最低额为2%，最高额为20%。关于关税征收办法，《豫鄂边区物资统制局关税征收办法》规定：凡货物出入口之征税事宜悉依行政公署公布之税则税率征收之；出入口税之征收由边区物资统制局各级关税部门实施之，其他团体或个人不得设卡收税；凡商人运载货物到达关卡地点后，即缴原有发货单及货物报请纳税，如系被统制物资，须预先请领出口特许证，并完纳关税；关卡得按发货单即行验货照章征税并给正式收据。

由于边区地处华中商贸中心城市武汉外围，所以边区的进出口物资较多，关税收入较丰。据统计，1942年，关税收入为2 700万元，占当年边区税收收入的25%；1944年，关税收入每月约3 000万元①。边区的关税为仅次于农业税的第二大税收项目。

边区的地方税主要有营业税、屠宰税、烟酒税、契税等。其中，营业税是一切从事工商业、服务性行业的单位和个人，按其收入依照规定所交纳的税项，营业税根据合理负担的原则，盈利多者多负担，盈利少者少负担，由各地按当地生活水平自行订立税收标准。屠宰税是对屠宰猪、羊、牛等牲畜的单位或个人所征的税项。屠宰税多按屠宰牲畜的数量计征，不少地方规定，每屠宰一头猪，收税1元或交1.5斤猪肉的折

---

① 孝感地区财政局编：《鄂豫边区抗日根据地财政志》，学苑出版社1991年版，第68页。

款。烟酒税是对烟酒的生产者和经销者征收的专门税,税率为50%。契税即契约税,是对典、买田宅价征收的税,税率10%。

边区的地方税,原则上属县财政部门"统筹统支",不上交边区行署。其收入低于农业税和关税。据统计,1942年地方税收入为540万元,占边区整个财政收入的5%[①]。

随着财政收入的逐渐稳定,边区的财政支出也逐步纳入有计划、统筹安排的轨道。根据抗日战争的特定环境,边区的财政支出主要为军政供给、经济建设和社会救济等。

边区的军队和行政人员是随着抗日游击战争的扩大和边区各级政权的建立、健全而壮大、增加的。据统计,边区的正规部队数量,1941年为2.03万人;1942年为2.71万人;1945年增至5万余人,另有30万地方武装。各级党组织和政府机关的干部亦逐年增加,据1942年统计,边区行署至乡、保行政人员达7 400人,边区党委和地委党务干部约3 800人。其中,军队即使按照每人每天1.5斤米、3钱盐、5钱油,每月津贴1.5元钱,每人每年2套单衣、1件衬衣、1套棉衣的供给标准,各级党政干部实行以最低生活水平的供给制来计算,也是相当大的一项财政支出。虽然军队的供给主要来自战场缴获和军事工业,但也有相当一部分是由政府财政补贴的。因而,军政供给成为边区的第一大财政支出。

边区创建起来后,经济建设就成为最迫切的任务之一。为此,边区党和政府在采取其他措施的同时,又在财政上给予经济建设以大力支持。在农业方面,边区政府每年都要发放大量农业拨款或贷款,帮助农民解决生产资料的困难,如1941年春和1945年春,边区政府即分别发放1 000万元和3 000万元春耕款,以支持春耕[②]。凡大型水利工程,均由

[①] 孝感地区财政局编:《鄂豫边区抗日根据地财政志》,学苑出版社1991年版,第68页。
[②] 湖北省地方志编纂委员会编:《湖北省志·财政》,湖北人民出版社1995年版,第354~355页。

边区政府提供财政补贴，或由政府直接举办，如 1942 年的安北水利工程，1945 年春的金家拐、马颈项大堤工程即分别得到 300 万元和 3 000 石谷的资助①。在工商业方面，边区政府也根据财力状况，给予必要的资助。据统计，1940—1941 年两年，边区政府对运输、消费、成衣、抗属合作社的投资共 513 万元。可见，对经济建设的支持，是边区第二大财政支出。

边区的财政支出还包括社会救济。根据 1940 年 3 月《鄂豫边区优待抗日军人家属条例草案》和 1942 年 10 月《修正优待抚恤条例》等法规，边区各级政府即使在财力物力十分艰难的情况下，仍不断拨款拨物进行社会救济。据 1944 年 2 月 19 日《解放日报》载：鄂豫边区政府拨款救济难胞的金额为 50 万元。1945 年春，边区政府又发放救灾款 1 000 万元，谷 500 石。

边区财政活动的开展，对于边区的发展和建设起了十分重要的作用。

为适应财政经济发展和对敌经济斗争的需要，边区的金融业也经过一段时期的努力而建立起来。

鄂豫边区初创时期，没有建立统一的边区政权，也没有统一的金融机构，境内币制繁杂，金融混乱。边区政府建立后，即着手整顿金融，建立金融机构，发行边币。

1941 年 4 月，边区第二次军政代表大会提出《创办边区建设银行集资发展边区各种生产事业》的提案。会后，在边区行政公署下设立了隶属行政公署财政处的鄂豫边区建设银行。银行总行设在行政公署所在地的京山小花岭，随后在信阳、襄南、鄂中、黄冈、鄂东等地设有分行，少数县设有办事处。

边区建设银行设立后，即开始印发建设币（通常称边币）。建设银行设立当年，发行边币 100 万元，与法币等价使用，由于边币有充分准备

---

① 湖北省地方志编纂委员会编：《湖北省志·财政》，湖北人民出版社 1995 年版，第 354～355 页。

金，在与法币等价使用过程中，信誉很高。1942年后，日伪区宣布伪币脱离法币，使法币币值下跌，并将搜括的大量法币投向边区套购物资。鉴此，边区政府决定确立边币为边区内的本位币，增大发行量，提高其币值。同时，根据边区人民手中持有法币等币钞的实际情况，允许法币流通，但打折使用。此外，还加强打击伪币，禁止其流通。边区所采取的上述政策，"得到全边区人民的拥护，边币价值日益高涨，法币地位亦赖以巩固"①。1944年，为度过春荒，边区政府一度将边币作财政性发行。但由于发行量过大，加上当年贸易入超，致使边币币值跌落三四成。于是，边区政府迅速以财政收入弥补，使边币币值回趋稳定。

边区建设银行在发行边币的同时，还本着自愿认购的原则，先后发行过救国公债、建设公债和建国公债。其中，救国公债在1941年内两度发行，第一次发行额为50万元，第二次发行额为20万元，均以应城膏盐救国捐作担保，年息6厘，每年付还本息1/10，10年偿清②。建设公债分别在1941年和1942年内两度发行，1941年发行额100万元，年息5厘，自1943年10月1日起分5期付还本息；1942年发行额500万元③。建国公债在1945年发行，发行总额为5亿元，以边区田赋、关税为担保，年息5厘，每逾1年付息1次，满3年后分3期还本④。

五、抗战文化和抗战教育

伴随边区火热的军事斗争和各项建设，边区的文化活动也空前活跃起来。

---

① 许子威：《一九四二年边区民主建设之回顾》（1942年12月15日），鄂豫边区革命史编辑部编：《鄂豫边区抗日根据地历史资料》第3辑，1984年，第140页。
② 《鄂豫边区第二次军政代表大会通过的重要提案》（1941年4月），鄂豫边区革命史编辑部编：《鄂豫边区抗日根据地历史资料》第3辑，1984年，第85页。
③ 孝感地区财政局编：《鄂豫边区抗日根据地财政志》，学苑出版社1991年版，第78页。
④ 《鄂豫边区发行公债条例》（1945年），鄂豫边区革命史编辑部编：《鄂豫边区抗日根据地历史资料》第7辑，1985年，第67页。

边区创建之初，一批文艺团体、文艺战士即从各地投奔到边区来。先后来到边区的有：以河南大学学生为骨干组成的河南抗敌后援总会巡回话剧第三队、中共河南省委领导的开封孩子剧团、林亮带领的开封光明话剧团等。同期，边区各地也涌现出一批文艺团体，如汤池训练班宣传队、长岗店训练班宣传队、随县抗日救亡剧团、桐柏七七工作团等。此外，国民政府军事委员会政治部第三厅戏剧科科长洪琛率领的剧团、北平流亡学生组成的北平学生移动剧团，也一度来到过边区。其中的一些文艺团体及其成员，后来便成为边区文艺队伍的最初来源之一。

1939年8月，新四军豫鄂挺进支队建立，决定以光明话剧团、汤池训练班宣传队、长岗店训练班宣传队等为基础，组建豫鄂挺进支队文艺宣传工作队。1940年1月，新四军豫鄂挺进纵队建立，决定以原支队文艺宣传队和开封孩子剧团为主体，筹建豫鄂挺进纵队文工队。同期，边区党委为宣传群众、活跃文艺生活，组建了以苏菲为社长的解放剧社。为纪念十月革命节，同年10月，解放剧社更名为十月剧社。1941年4月，新四军第5师组建，原豫鄂挺进纵队文工队扩建为新四军第5师文工团，随着文艺活动的发展，新四军第5师文工团相继设立了楚剧组、话剧队、歌舞队和军乐队，至1944年秋，文工团成员达200多人。随着边区文艺团体的出现和文艺队伍的形成，边区的抗日文艺活动迅速活跃起来。

三楚民歌，久负盛名。边区的文艺活动首先以歌咏形式出现。于是，《义勇军进行曲》、《抗战歌》、《在太行山上》、《松花江上》、《打回老家去》、《中华民族不会亡》、《五月的鲜花》等一批抗战歌曲，开始回荡在边区的大地上。

与抗战歌曲同时兴起的是抗日题材的话剧、歌剧和戏剧。其中，有优秀的传统剧目，如《捉放曹》、《窦娥冤》、《空城计》、《打渔杀家》、《打葛麻》、《讨学钱》、《风波亭》、《借东风》、《群英会》等；也有从其他抗日根据地和大后方传入的优秀剧目，如《兄妹开荒》、《游击队之歌》、《扬子江风暴》、《全面抗战》、《反扫荡》、《满城风雨》、《雾重庆》、《狐群狗党》、《把孩子还给我》、《可以来往的朋友》等；但更多的是自编自演的反映鄂豫边区抗战与建设体裁的剧目。其中，话剧有《民哨》、《乐园进行曲》、《一颗未出膛的子弹》、《桥》、《新四军快来》、《红军回来了》、《两条路》、《后悔莫及》等；歌剧有《红旗》、《营救》、《铁蹄下的随南》、《新四军没有这规矩》、《喜欢新四军》、《阎家山天亮了》等；楚剧有《新送十里凉亭》、《赵连新归队》、《农家乐》、《贪污乡长》、《长沙沦陷记》等；大鼓词有《周志坚三打孝感》、《伪军月下叹五更》等。

边区的文艺活动，受到了广大军民热烈的欢迎，每次演出时，"四面八方，群众蜂拥而来"，"即将开上火线的战士一队接一队先来看戏。师长和大姐①也和战士们一起坐在台下看戏"②。

与此同时，边区的报刊发行、图书出版工作也开展起来。

边区创建之初，为了及时为抗战服务，边区党委于1939年7月创办了《七七报》和《党的生活》杂志。1940年2月，新四军挺进纵队政治部印行了《挺进报》。同期，各县印行的报刊也为数不少，如信应的《先锋报》、《学习月刊》，京安的《抗日报》，应城的《民众报》，天汉的《前卫报》等。随着边区的形成和稳定，报刊发行得到发展。1941年以后，边区党委和行署创办了《老百姓》报、《七七月刊》、《支部工作》杂志及文件汇编《中央路线》。军队系统则创办了《挺进杂志》、《政治工作通讯》和《连队生活》等。同期，各县发行的报刊也有增加，如鄂东地委的《胜利报》，襄河地委的《襄河报》等。见表8-12、表8-13。

在创办各种报刊的同时，边区还出版了许多书籍。据统计，1940年年底至1941年5月，"翻印了十几种书，其数量在7万本以上"，"这些书籍，油印的有2万余册，铅印的5万余册"③。其中，有关于马克思主义的通俗读本《列宁与斯大林》，关于新民主主义革命的理论著作《新

---

① 鄂豫边区军民对陈少敏的敬称。
② 黄振、王劫：《五师楚剧队》，鄂豫边区革命史编辑部编：《鄂豫边区抗日根据地历史资料》第4辑，1984年，第340页。
③ 夏忠武：《两年来的文化教育工作》(1941年)，鄂豫边区革命史编辑部编：《鄂豫边区抗日根据地历史资料》第4辑，1984年，第142页。

表 8-12　鄂豫边区主要报纸一览表

报　名	主办机关	印行时间
《大洪报》	鄂豫边区抗敌工作委员会政治指导部	1938.底—1939.5
《小消息报》	新四军八团队留守处	1939.初—1939.10
《七七报》	鄂中特委（后鄂豫边区党委）	1939.7—1945.11
《挺进报》	新四军豫鄂挺进纵队（后新四军第5师）	1940.2—1945.10
《老百姓》	鄂豫边区党委	1941—1944
《农救报》	鄂豫边区农救总会	1944
《好战士报》	新四军第5师第13旅政治部	1943—1944
《正义报》	信（阳）应（山）地委	1939—？
《胜利报》	鄂东地委	1942—？
《襄河报》	襄河地委	1942
《新钟祥报》	钟祥县委	1938—1939
《赤旗报（日文）》	日本反战同盟第5支队	1943

资料来源：《鄂豫边区抗日根据地历史资料》第4辑。

表 8-13　鄂豫边区主要刊物一览表

刊　名	主办机关	印行时间
《党的生活》	鄂豫边区党委	1940
《七七月刊》	鄂豫边区党委	1940
《挺进杂志》	新四军第5师政治部	1941
《学习杂志》	信应地委	1941
《连队生活》	新四军第5师政治部	1941.冬
《新民主》	鄂豫边区行政公署	1943.1
《战斗生活》	应城县委	1940

资料来源：《鄂豫边区抗日根据地历史资料》第4辑。

民主主义论》，关于中国共产党历史的《英勇奋斗的十五年》，关于领导方式的《新的领导方式》，关于根据地民主建设的《陕甘宁边区的民主实施》，关于共产党组织原则及共产党员修养的《党员须知》、《怎样做一个共产党员》和《共产党员的修养》，关于文艺理论及创作的《文艺选集》，关于文化教育的《文化教育参考材料》，还有军事名著《步兵战斗条例》等等。

边区报刊的创办、图书的出版，不仅配合了边区的抗战和建设，宣传了中国共产党的抗日主张和边区政府的方针、政策，鼓舞了边区民众的抗战热情，坚定了边区民众抗战必胜的信念，而且极大地丰富了边区民众的文化生活，改变了边区文化生活极度匮乏的局面。乃至使很多过去对政治漠不关心的士绅，"现在对于《七七报》，亦甘之如饴，并不惜出钱订购，一定要设法弄到我们《七七报》及七七出版社之书籍，以为快事"①。

边区的教育，主要包括干部教育和国民教育两个方面。

边区的干部教育，溯源于边区创建之初的竹沟、汤池、七里坪训练班，这些训练班成为边区党政军干部的摇篮。后随着边区的形成和扩大，战争和建设的发展，边区的干部教育遂逐步由应急型的训练班向规模型的党校、军校、行政学校等学校教育转化。这一时期先后创办的干部学校有鄂豫边区党校、抗日军政大学第十分校、洪山公学、鄂豫边区行政干部学校、鄂豫边区师范学校、育才学校、鄂东公学和建国公学等。其中，具有一定规模的有隶属鄂豫边区党委领导的鄂豫边区党校、隶属新四军第5师领导的抗日军政大学第十分校和隶属鄂豫边区行政公署领导的洪山公学。

鄂豫边区党校的前身是1939年夏开办的鄂中区党员训练班，同年11月改为豫鄂边区党员干部训练班，1940年7月扩建为豫鄂边区党校。党校规模为每期3个班，培养对象主要是各级党务干部，学习时间为半年。至1945年8月，党校共办了9期25个班，培训各级党务工作干部1 000人②。

---

① 夏忠武：《两年来的文化教育工作》（1941年），鄂豫边区革命史编辑部编：《鄂豫边区抗日根据地历史资料》第4辑，1984年，第134页。
② 鄂豫边区革命史编辑部编：《鄂豫边区抗日民主根据地史稿》，湖北人民出版社1995年版，第402页。

抗日军政大学第十分校的前身是新四军第5师随营军校。1941年10月改名抗日军政大学第十分校,因遇敌伪"扫荡",当时未正式开学。1942年2月,反"扫荡"战争结束,遂在随县洛阳店正式举行开学典礼。抗日军政大学第十分校主要培养部队排、连、营级军事干部。前后开办5期,共培养军政干部和专业技术人员3000人以上[①]。

洪山公学是以陕北公学为楷模,以边区境内的大洪山而冠名的。其前身为边区党委青年训练班,1940年春改建为洪山公学,同年8月在京山八字门正式开学。洪山公学主要培养边区各级政府民运、政权、财经、文教等方面的干部。1942年,边区行政干部学校并入洪山公学,设立行政系、经济系、教育系和高级研究班,大批招收学生。从这时起,洪山公学划归边区行政公署领导。见表8-14。

表8-14　鄂豫边区干部学校一览表

校　名	开办时间	培养对象	培养人数
鄂豫边区党校	1940.7—1945.8	各级党务干部	1 000余人
抗日军政大学第十分校	1941.10—1945.9	各级军政干部和专业技术人员	3 000余人
洪山公学	1940.春—1945.10	各级政府行政干部	2 000余人
鄂豫边区行政干部学校	1942.初—1942.9	各级政府行政干部	
建国公学	1945.1—1945.8	各种专业知识干部	500余人
鄂东公学	1942	各种专业知识干部	

资料来源:湖北省地方志编纂委员会编:《湖北省志·教育》,湖北人民出版社1993年版,第192~193页。

边区的干部教育,不仅及时地为边区的抗战和建设输送了大批的干部,而且极大地促进了边区整个教育事业的发展。

边区的国民教育是随着边区的形成、发展而逐步发展起来的,有普

---

① 胡立志:《抗日军政大学第十分校及其基本经验》,李少瑜、雷河清、张广立主编:《湖北抗战》,军事谊文出版社1995年版,第370页。

通中小学、改良私塾和成人冬学等形式。

普通中小学是边区各县、区、乡、保创办的比较正规的新式学校。边区创建初期，只有 1939 年 9 月开办的京山县罗店区种玉湾小学 1 所。1940 年边区基本形成后，边区党和政府开始大力发展普通中小学教育，并于当年 9 月制定了《普及抗战教育实施方案》，随后，普通中小学在各地普遍建立起来。到 1941 年年底，"抗日小学（即保小）信阳建立二十处，学生八百人，应城三四两区共七十四处；京安县立小学五所……汉一区五个乡已达一〇一所；京山之金汤保店天宝胜等三乡共三十三所（石桥河还多一些）；云梦成立八所；应山二区成立六所，其他各县也都创办一些"①。初步形成边区普通中小学教育体系。1943 年 9 月，边区行署又先后公布了《鄂豫边区小学教育实施办法》和《教学改进标准》，促进了边区普通中小学的进一步发展，并在发展数量的过程中提高了质量。其中，办得比较好的小学有种玉湾小学、天汉第一抗日中心小学、黄陂县第一中心小学等；办得比较好的中学则有应城中学、天汉中学、黄冈中学、信南中学、黄陂中学、鄂中中学、当阳傅氏宗祠学校等。

改良私塾是在普通中小学无法满足学龄青少年情况下，边区党和政府对原有私塾进行改良后的教育形式。根据边区的实际情况，原有私塾达到下述三个条件的即为改良私塾："1. 采用行署教育处编的国语课本，不用敌伪课本；2. 组织学生读《七七报》，进行时事教育；3. 教唱抗日歌曲。"② 由于这种分导式的改良方法，既突出了教育为抗战服务的宗旨，提高了私塾的教学水平，又易于为举办私塾的族长、士绅所接受，所以改良私塾在边区得到较快发展。汉川县 1943 年 1 月统计有改良私塾 70 所；黄安境内符合改良私塾三个条件的有 157 所，其中陂安南县

---

① 夏忠武：《两年来的文化教育工作》（1941 年），鄂豫边区革命史编辑部编：《鄂豫边区抗日根据地历史资料》第 4 辑，1984 年，第 138 页。
② 《鄂豫边区的国民教育工作简况》，鄂豫边区革命史编辑部编：《鄂豫边区抗日根据地历史资料》第 4 辑，1984 年，第 126 页。

61所，安麻县52所，安礼县44所。

　　成人冬学是参照陕甘宁边区的经验而开展起来的，其目的是利用冬季休闲对失学的成人进行教育。边区的成人冬学从1941年冬开始，此后每年冬进行。边区的成人冬学分全日制、半日制和夜校3种形式，群众根据自己的需要和时间任意选择。这种教育形式在边区深受群众欢迎，因而搞得有声有色，效果十分明显。几年间，边区即有10万以上的群众接受到冬学教育，不少人由此摘掉了文盲的帽子。

　　边区的国民教育虽然条件比较艰苦，但成绩十分显著。从而极大地提高了边区民众的抗日觉悟和文化水平，为边区的抗战和建设培养了大批后备力量，也极大地促进了边区整个教育事业的发展。

第九章 日伪在湖北沦陷区的统治

第一节 日军暴行和日伪政权

日本全面侵华的目的，在于占领整个中国，置中华民族于亡国灭种的境地。因而，在日军铁蹄踏入湖北、一路攻城略地的同时，又施以种种暴行，以摧毁中国军民的抗战意志，并在占领区内普遍建立日伪政权，以建立和维持其殖民统治。

一、沦陷区的出现

自1938年8月日军分别上溯长江和翻越大别山侵入湖北境内后，先后侵占了鄂东、鄂东北和鄂东南地区。1939年后，又继续向鄂中、鄂西侵犯，至1945年8月，全省内被日军占领过（包括一度占领）的城市和县城有55个，具体情况如表9-1。

表9-1 沦陷市县及其时间一览表

市县名称	沦陷时间	市县名称	沦陷时间
黄 梅	1938.8.4	通 城	1938.11.8
广 济	1938.9.6	京 山	1939.1.16
蕲 春	1938.10.12	天 门	1939.2.19
浠 水	1938.10.14	钟 祥	1939.3.5
阳 新	1938.10.14	枣 阳	1939.5.7
黄 石	1938.10.19	随 县	1940.5.7
大 冶	1938.10.19	石 首	1940.3.8

续表

市县名称	沦陷时间	市县名称	沦陷时间
云 梦	1938.10.20	襄 阳*	1940.6.1
鄂 城	1938.10.22	南 漳*	1940.6.3
黄 冈	1938.10.23	宜 城	1940.6.3
新 洲	1938.10.23	荆 门	1940.6.6
黄 陂	1938.10.24	潜 江	1940.6.7
应 山	1938.10.24	江 陵	1940.6.7
麻 城	1938.10.26	沙 市	1940.6.9
礼 山	1938.10.26	荆 州	1940.6.9
汉 口	1938.10.26	远 安*	1940.6.10
武 昌	1938.10.26	当 阳	1940.6.10
汉 阳	1938.10.27	宜 昌	1940.6.12
黄 安	1938.10.27	松 滋*	1940.7.5
安 陆	1938.10.27	罗 田	1942.12.24
通 山	1938.10.27	监 利	1943.2.13
咸 宁	1938.10.29	公 安*	1943.5.13
孝 感	1938.10.30	枝 江*	1943.5.14
汉 川	1938.10.31	宜 都*	1943.5.14
应 城	1938.10.31	长 阳*	1943.5.24
嘉 鱼	1938.11.3	沔 阳	1943.6.25
蒲 圻	1938.11.4	光 化	1945.4.8
崇 阳	1938.11.6		

资料来源：湖北省各县县志。

* 日军占领后迅速为中国军队收复的市县。

由于战局的变化，被日军占领过的上述城市和县城中，有一部分只占领其县城或该县部分区域，有一部分当即或很快就为中国军队所收复，沦陷区区域始终处于动态之中。

据皮明庥、欧阳植梁主编的《武汉史稿》记载：至1940年年初，日伪已基本控制了武昌、汉阳、嘉鱼、咸宁、蒲圻、崇阳、通城、通山、阳新、大冶、鄂城、黄冈、浠水、蕲春、广济、黄梅、英山、罗田、麻城、黄安、黄陂、礼山、孝感、云梦、汉川、应城、安陆、应山、随县、钟祥、京山、天门、沔阳、潜江 34 县。总面积占湖北全省面积的 43%①。

据 1944 年湖北省政府编印的《湖北省政府施政报告》记载：全部沦陷的有汉口、应城、汉川、云梦、孝感、黄陂、武昌、沔阳、汉阳 9 市县；大部沦陷的市县有当阳、荆州、应山、安陆、黄安、黄梅、广济、鄂城、大冶、嘉鱼 10 县；小部沦陷的有宜昌、宜都、江陵、枝江、松滋、公安、石首、监利、潜江、天门、京山、随县、钟祥、礼山、麻城、蕲春、浠水、黄冈、阳新、通山、崇阳、蒲圻、咸宁 23 县②。

据湖北省地方志编纂委员会编纂的《湖北省志·政权》记载：抗日战争时期，湖北省先后有汉口、武昌、汉阳、汉川、潜江、沔阳、天门、孝感、应城、黄陂、礼山、咸宁、蒲圻、通山、蕲春 15 个市县基本为日军占领；有嘉鱼、通城、崇阳、大冶、阳新、鄂城、浠水、黄梅、广济、罗田、英山、云梦、京山、钟祥、枣阳、光化、监利、枝江、江陵、远安、宜昌、荆门、当阳、宜都、松滋、石首、黄安、黄冈、麻城、随县、安陆、应山和公安等 33 个市县的部分地区被日军占领③。

二、日军在湖北的暴行

在日军铁蹄踏入湖北，一路攻城略地的同时，又以极其凶残的秉性制造了数不清的暴行。

空袭轰炸本是摧毁对方军事设施，消灭对方军队的战争行动。但是，日军在湖北的空袭轰炸，却远远超出了这一限制，因而造成了无数生命

---

① 皮明庥、欧阳植梁主编：《武汉史稿》，中国文史出版社 1992 年版，第 614 页。
② 鄂豫边区革命史编辑部编：《鄂豫边区抗日民主根据地史稿》，湖北人民出版社 1995 年版，第 59 页。
③ 湖北省地方志编纂委员会编：《湖北省志·政权》，湖北人民出版社 1996 年版，第 258～259 页。

财产的毁灭。据湖北省政府 1943 年的统计,从 1937 年 8 月至 1942 年 12 月,日军空袭次数 1 209 次,投弹 18 296 枚,死伤人数 23 354 人,损坏房屋 20 161 栋、41 127 间。其具体数据如表 9-2。

表 9-2 1937—1943 年日军对湖北空袭统计表

时间	空袭次数	投弹枚数	死伤人数		损坏房屋	
			死	伤	栋	间
1937.8—12	10	151	315	498	307	1
1938	305	7 751	4 304	7 257	8 397	4 678
1939	195	5 341	2 937	3 189	6 297	6 769
1940	397	2 827	1 518	2 015	3 732	1 546
1941	159	1 636	481	477	1 318	1 035
1942	87	109	48	38		
1943	54	481	174	153	115	48

资料来源:湖北省政府编:《湖北省统计年鉴》,1943 年,第 602 页。

但根据湖北各县县志和有关资料记载,日军空袭轰炸的次数及其所造成的损失,大大超过了上述统计数据。

1938 年 7 月 13—22 日,日机先后 7 次在蕲春县境内轰炸,7 月 20 日这一天,便有 9 架日机向县城投射燃烧弹百余枚,毁房屋 200 余栋,伤亡军民 500 余人①。1938 年 7 月至 10 月,日机先后袭击、轰炸大冶县城达 75 次,投弹 259 枚,炸毁房屋数十栋,死伤居民百余人,炸死中国伤员 300 余人②。1938 年 8 月一个月,日机轰炸武汉 12 次,在武昌、汉阳市区投弹 1 715 枚,炸毁建筑物 2 298 栋,炸毁民船 35 艘,伤亡平民 3 112 人,名胜古迹亦多遭破坏③。1938 年 9 月至 1939 年 3 月,

---

① 钟亭华:《日军在鄂暴行综述》,《湖北文史资料》第 43 辑,1993 年。
② 大冶县县志编纂委员会编:《大冶县志》,湖北科学技术出版社 1990 年版,第 16 页。
③ 《江西统计月刊》第 1 卷第 9 期,1938 年。

日机多次轰炸黄安县城及七里坪、八里湾等集镇，投弹数百枚，毁房屋500余间，死伤数十人①。1938年10月16日，日机50多架次轰炸崇阳县城，毁房屋1 200栋，医院200多伤员全部罹难，城内大火烧了3昼夜，全城化为废墟②。1938年10月17日，日机3次轰炸浠水县城，城内居民及过境难民死伤甚多。随后，日机又对逃往下巴河的难民群进行追踪轰炸，致160余人被炸死，200余人受伤③。1938年10月23日，《新华日报》社和八路军驻汉办事处留守人员乘"新升隆"轮向宜昌撤退，途中停靠嘉鱼县燕子窝（今属洪湖市）时，遭9架日机空袭轰炸，25人殉难④。1938年10月24日，日机12架向黄陂县城投掷烧夷弹，500多栋房屋被毁，600多平民被炸死炸伤。1938年10月26日，日军先后10余次共出动飞机45架次轰炸礼山县城及其集镇，毁民房257栋，炸死平民117人⑤。1938年10月下旬，日机9架轮番轰炸新洲县城及柳子港、仓埠、阳逻、李集等集镇，毁民房760余栋，炸死平民57人⑥。1938年11月21日，日机20架轮番轰炸沔阳县城及通海口、峰口等集镇，炸毁房屋500余栋，死伤居民600余人⑦。1938年12月27日，日机3批57架次轰炸京山县城，毁民房1 000余栋，炸死平民2 000余人，伤3 000余人⑧。1938年1月至1940年6月，日机空袭轰炸宜昌达95次，投弹2 031枚，炸死居民1 863人，炸伤1 967人，炸毁房屋2 870栋⑨。1938年12月至1941年，日机前后5次轰炸监利县城及集镇，炸死炸伤713人，

---

① 红安县县志编纂委员会编：《红安县志》，上海人民出版社1992年版，第14页。
② 崇阳县县志编纂委员会编：《崇阳县志》，武汉大学出版社1991年版，第17页。
③ 《浠水县抗战史料》，1948年3月编印，湖北省档案馆藏。
④ 敖文蔚：《兵火奇观——武汉保卫战》，广西师范大学出版社1995年版，第302页。
⑤ 大悟县地方志编纂委员会编：《大悟县志》，湖北科学技术出版社1996年版，第10页。
⑥ 新洲县县志编纂委员会编：《新洲县志》，武汉出版社1992年版，第24页。
⑦ 仙桃市地方志编纂委员会编：《沔阳县志》，华中师范大学出版社1989年版，第15页。
⑧ 京山县地方志编纂委员会编：《京山县志》，湖北人民出版社1990年版，第12页。
⑨ 敖文蔚：《日寇对宜昌的狂轰滥炸和烧杀抢掠》，《宜昌抗战纪实》，第167页。

毁民房300余栋①。1940年2月6日,日军出动飞机109架次轰炸江陵县城,炸死449人,伤千人②。1940年5月,日机33架轰炸樊城和张家湾,樊城炸死220人,伤130人,毁房屋11栋;张家湾死伤千余人,毁房屋300多间③。1940年6—11月,日机多次轰炸远安县城,炸死平民354人,伤141人④。

使敌人无力抵抗是战争行为真正的目标。日军在包括湖北在内的整个中国战场作战的同时,又以各种残忍的手段虐杀失去战斗力的俘虏和无辜的平民,以摧毁中国军民的抗战意志。

1938年8月下旬,日军在占领黄梅县时,在县城西门口一次杀死129名当地居民,其中30多户被杀绝⑤。1938年9月6日,在广济梅川报国庵附近,日军将来不及撤离的中国伤兵300余人和医务人员30余人捆绑起来,大部拖入弹坑杀死,其中70余人被捆绑在龙顶寨庙的松树上活活饿死⑥。同日,日军汽车要通过广济县荆竹铺乱石河,因桥已被烧,日军即以百余具中国士兵的尸体填塞桥洞,让汽车从尸体上轧过⑦。1938年10月,日军在阳新县石梯寺将29名难民全部杀死,其中有1名3岁男孩和1名半岁女婴⑧。同月17日,日军在追击从浠水县城逃出的中国军民时,3个小时内射杀和砍杀中国军民1700余人⑨。同月,日军攻占武汉时,抓住未及时撤离的中国士兵和乞丐等15人,逼迫他们下江,当其双膝没水时,即举枪射杀⑩。1938年12月,在通城城厢乡嘴上

---

① 监利县县志编纂委员会编:《监利县志》,湖北人民出版社1994年版,第21页。
② 江陵县地方志编纂委员会编:《江陵县志》,湖北人民出版社1990年版,第20页。
③ 襄阳县地方志编纂委员会编:《襄阳县志》,湖北人民出版社1989年版,第16页。
④ 远安县地方志编纂委员会编:《远安县志》,中国城市经济出版社1990年版,第18页。
⑤⑨ 鄂豫边区革命史编辑部编:《鄂豫边区抗日民主根据地史稿》,湖北人民出版社1995年版,第58页、59页。
⑥⑦⑧⑩ 钟亭华:《日军在鄂暴行综述》,《湖北文史资料》第46辑,1995年;敖文蔚:《兵火奇观——武汉保卫战》,广西师范大学出版社1995年版,第307页、308页。

屋，日军将王老应一家 6 口人一一捆缚于凳上，用刺刀割开他们的颈脖放血于碗中，争相趁热狂饮。同月，在通城县的刘家源和下石井两地，日军将村民徐大贵、徐功欢两人用滚油浇淋致死；在云溪乡则将一 63 岁的老人投入火中活活烧死①。1939 年 1 月 23 日，两名日军在新洲县仓埠镇东南 3 公里处企图强奸一名过路妇女，被愤怒的林家大湾农民打死，日军遂对林家大湾进行疯狂报复，在从 2 月 1—3 日的 3 天内共杀害村民 73 人，烧毁房屋 160 余栋。村民有的被乱枪打死在湖中，有的用刺刀刺死，有的被剥开衣服剖开胸腹挖出心脏，制造了"林家大湾惨案"②。1939 年 9 月 1 日，日军将在黄陂县王家河一带俘虏的抗日游击队员和群众 480 余人，分成 5—9 人一排，用绳子串起来横拖至王家河石丘中间，分作一排一排地跪下，一排一排地劈砍，制造了残暴的"王家河惨案"③。1940 年 6 月，日军占领宜昌时，对仅有百余户人家 300 余人口的葛洲坝进行血洗，烧毁房屋 52 间，死伤居民 100 有余④。1940 年 8 月 19 日，4 名日军在当阳县玉泉寺三园门牌坊遭抗日游击队伏击后，日军即向玉泉寺发炮 110 多枚，然后集中几百人的兵力，杀死寺内所有僧人⑤。同月，日军袭击远安县白云寺，烧毁房屋 100 多栋，杀死、烧死群众、僧人 100 余人⑥。

对妇女的肆意凌辱是日军在湖北的又一令人发指的暴行。

1938 年 8 月下旬，日军在黄梅县城西门杀死 129 名当地居民的同时，还强奸了 105 名妇女，其中 30 多名被轮奸致死。1938 年 9 月 3 日，日军在广济县余川乡杀死群众 245 人的同时，又强奸了妇女 329 人。1938 年 10 月 22 日，日军在浠水县竹瓦烧房时，对一位 62 岁的老太婆和

---

① 鄂豫边区革命史编辑部编：《鄂豫边区抗日民主根据地史稿》，湖北人民出版社 1995 年版，第 59 页。
② 新洲县政协编：《日寇血洗林家大湾纪实》，《武汉文史资料》第 16 辑，1984 年。
③ 黄陂县政协编：《王家河"七一九"惨案》，《武汉文史资料》第 16 辑，1984 年。
④ 邹德慧：《日寇血洗葛洲坝目击记》，《宜昌抗战纪实》，第 173 页，1995 年。
⑤ 周天裕：《玉泉寺僧俗殉难记》，《宜昌抗战纪实》，第 181 页，1995 年。
⑥ 刘世明、艾廷潮：《白云寺惨案访问记》，《宜昌抗战纪实》，第 182 页，1995 年。

一名十三四岁的小女孩实施强奸。汉口沦陷的当日，3名日军闯进金城银行附近的一家商店，将店老板和他的小孩禁闭起来，轮奸其主妇。汉口沦陷后的第二天晚上，一名老商人带领其亲眷到租界避难，半路被日军截住，日军砸死老商人，并强奸随行的女眷，其中一名年轻的妇女遭轮奸后被杀死。同日，"特一区之三阳路、平汉路空车中之难民妇女，于敌军侵入之次夕，均被奸污。共和、鸿顺、永盛、清仁、厚福等里，被奸者数不胜数"①。此外，日军经常公开穿房入户寻找"花姑娘"，"武昌下新河的一个防空壕内曾发现十多具裸体女尸，也是寇兵轮奸后杀死的"②。1942年5月下旬，日军进犯长阳县都镇湾时，有300多名女同胞躲在伥山南北的山间，日军发现后，结队上山，所有女同胞尽被奸辱，其中一名妇女遭强奸后又被剖腹致死③。此外，日军在占领武汉期间，还在汉口的老联保里、新联保里、生成里、六合里等地设置了日军公娼区，日军在汉抢劫的中国妇女，多被投入公娼区，受尽屈辱。

日军在侵入湖北后，又多次放火和抢掠。

1938年10月中旬，日军侵入浠水县下巴河时，将小学附近一里长的房屋全部烧毁，而马儿岗和庙河，则无论瓦房、茅舍，均为日军放火焚烧为一片焦土。1938年10月下旬，日军由麻城县宋埠镇向黄安县进攻，尽管未遇有力抵抗，仍一路放火烧毁村庄70余个，烧死平民5 000余名。1938年10月28日，日军追击部队侵入安陆县城，一把火烧毁了县内规模最大、设备齐全的彭裕记榨油房，又将城内侯家场、殷家庵、四牌路一带的百余栋民房付之一炬。日军侵入武汉之初，放火抢掠更是常事。"火王庙以下汉江路以上多被焚毁，故内街无人敢通行。特一区光裕、世昌等里，大智路大智旅馆；中山路、厚生里、府东一路衡荣、景福等里；黄陂街龙王庙，及武昌沿江一带均被焚成瓦

---

① 雨辰：《由武汉带来的一篇血泪书》，《新华日报》1939年2月8日，第4版。
② 肖幼三：《日寇暴行见闻片断》，《武汉文史资料》第5辑，1981年。
③ 杜荣东：《日军在长阳的血腥罪行》，《宜昌抗战纪实》，第194页，1995年。

砾无存．"而"各银行之家具物件及特区私人财产"均被搜抢，"如特一区之延庆里、汉中胡同、江汉关公寓、五福路孙宅、项宅、怡和太木器店等处，均被搜抢一空"。"倘遇行人搜得五分之镍币亦被取去"①。1940年6月3日，日军占领南漳县武安镇时，"烧毁房屋500多栋"，"138家店铺的货物财产被抢劫一空"②。1940年6月12日，日军占领宜昌后，对宜昌城进行了长达5天的焚烧，怀远路、和光里、圆觉庵、滨江路、招商局、二马路、通惠路、环城东路、环城南路、大东门外正街、大北门正街、一马路、福绥路等先后被烧，计毁房屋数千栋③。1940年8月，日军血洗玉泉寺时，方丈室内珍藏的"镇山八宝"水晶古佛、古铜香炉、大方镜、古铜小乳斛、古铜插瓶、大青瓷瓶、灵璧起云玉磬等珍宝也被日军盗掠而走④。

三、日伪政权的登台与演变

随着沦陷区的出现，日本有关方面即着手建立和强化各级伪政权，借以巩固其军事成果和维持其殖民统治。

还在1937年8月日本驻汉口领事馆撤退之际，日本即布置特务宫城宇平、日野秀人、大西初雄等潜伏下来，以收集情报，联络、拉拢一些有一定知名度的人员滞留下来，为日军侵入武汉后支撑门面。日军占领武汉后，日本内阁立即于1938年10月28日批准了《汉口方面政务处理纲要》，明确指示："目前以扶植治安维持会为主，随着形势的安定，建立防共地方政权。"⑤ 于是，预伏的日本特务立即进入汉口日军政务指导

---

① 雨辰：《由武汉带来的一篇血泪书》，《新华日报》1939年2月8日，第4版。
② 湖北省南漳县地方志编纂委员会编：《南漳县志》，中国城市经济社会出版社1990年版，第9页。
③ 敖文蔚：《日寇对宜昌的狂轰滥炸和烧杀抢掠》，《宜昌抗战纪实》，第167页，1995年。
④ 周天裕：《玉泉寺僧俗殉难记》，《宜昌抗战纪实》，第181页，1995年。
⑤ 日本防卫厅防卫研究所战史室著，田琪之译：《中国事变陆军作战史》第2卷第1分册，中华书局1979年版，第214～215页。

机关，其中，大西初雄为汉口日军特务部第一课情报班长，直接负责筹备伪武汉治安维持会。

经过短短一个月的筹备，1938年11月25日，伪武汉治安维持会在汉口南京路胜利街口的原汉口商业银行（今武汉市少年儿童图书馆）正式挂牌成立，由计国祯任会长。伪武汉治安维持会相继设置有武汉戒烟局、武汉盐政管理局、社会局、建设局、财政局、司法部、武汉警备总监总署、经济组等机构，俨然为一级地方政府，起着武汉市临时伪政权的作用。

伪武汉治安维持会成立后，汉口日军特务部又着手组织正规的伪武汉特别市政府。不到半年，即1939年4月20日，伪武汉特别市政府组成，张仁蠡充任市长。伪武汉特别市政府设有秘书处、警察局、财政局、社会局、教育局、卫生局、建设局、宣传局、戒烟局、盐政局、统税局、税捐总署、司法部等机构。伪武汉特别市政府的组成，取代了伪武汉治安维持会成为一正规市级政权，且由于暂时无法组成"省政府"，而起着湖北省临时政权的作用。

半年后，湖北沦陷区各县多在日军的控制下，先后成立了维持会或伪县政府。为了统一湖北沦陷区政权，汉口日军特务部又开始物色人选，筹划成立伪湖北省政府。1939年11月5日，伪湖北省政府袍笏登场，省长①何佩瑢。

何佩瑢主政伪省政府期间，主要精力集中在以下几个方面：

第一，试图攫取沦陷区各县的伪政权。是时，鄂东、鄂北和鄂南一些县已沦陷，相继建立起县级伪政权。但是，这些县的伪政权多先于伪省政府而出现，且听命于当地的日本警备队，对伪省政府不买账。为此，

---

① 伪湖北政府初设时，采用省长制，省政府最高行政首长称省长。1940年10月3日，汪伪中央政治会议决定改组伪湖北省政府，实行省政府委员制，省长改称省主席。1943年，汪伪最高国防会议，决定调整地方行政机构，又实行省长制，省主席改称省长。

包括何佩瑢在内的伪省政府成员多次出巡沦陷区各县,联络各县伪政权,以建立统一的伪地方政权体系。

第二,试图控管湖北沦陷区的财政。是时,伪省政府的财政来源主要依靠盐政局、统税局、戒烟局等机构。抗战前这些机构都不属于地方财政收入系统,伪武汉特别市政府成立后一度代行中央一级政权的职权管理这些财政收入。于是,伪省政府成立后,便趁势把武汉特别市政府更名为汉口特别市政府,并将其代行的职权归并于省参议府管辖,还设立省市财政管理委员会这一专门机构负责。

表9-3 湖北省各市县伪政府建立时间及部分首任伪市县长一览表

市县名	建立时间	首任伪市县长	市县名	建立时间	首任伪市县长
黄陂	1939年3月	吴振汉	黄安	1941年6月	
汉口	1939年4月20日	张仁蠡	当阳	1941年6月	
孝感	1939年5月		阳新	1941年7月	石先绪
云梦	1939年8月25日	吴锡卿	钟祥	1941年7月	罗润甫
安陆	1939年秋	王舜卿	鄂城	1941年7月	孟丹溪
汉阳	1939年11月	陈秋实	麻城	1941年	万鹏
黄梅	1939年		蒲圻	1941年	
武昌	1940年1月15日	汪燊	荆门	1942年7月7日	喻执钦
应山	1940年1月19日	韩尚德	嘉鱼	1942年7月29日	涂塗山
黄冈	1940年2月	罗荣衮	江陵	1942年8月	
大冶	1940年5月	张宜臣	浠水	1943年1月	章自新
汉川	1940年9月12日	晏衡夫	监利	1943年5月	彭兆麟
咸宁	1940年9月	徐达卿	蕲春	1943年8月	黄楚楠
通山	1940年10月	夏之日	沔阳	1943年10月和1944年春分设沔北和沔南两伪县政府	雷筱甫
应城	1940年10月	周明钦			
潜江	1941年春	张少伯			
京山	1941年春	袁子和			
宜昌	1941年3月	宋仲佳	宜城	1945年4月	曾祥云
崇阳	1941年4月	胡德龙	石首	1945年5月	

续表

市县名	建立时间	首任伪市县长	市县名	建立时间	首任伪市县长
天门	1941年4月	胡雁桥	光化	1945年6月	
广济	1941年4月	刘仲修	通城	不祥	
随县	1941年5月	邹季厚	公安	不祥	

资源来源：徐旭阳：《湖北国统区和沦陷区社会研究》，社会科学文献出版社2007年版，第348～350、361～362页。

第三，重建"共和党"。民国初年，两湖方面曾以当时原湖北省咨议局议长汤化龙等人为核心，拥戴副总统黎元洪为首领组建了"共和党"，但不久就瓦解了。伪省政府成立后，何佩瑢重建"共和党"，作为配合"政府"工作的党务机构，并借以与汪精卫的"国民党"分庭抗礼。

然而，正当何佩瑢苦心运作之际，他却在1942年初出巡鄂南时突然患病，于6月5日不治而亡。

何佩瑢死后，汉口日军特务部和伪南京国民政府开始物色省主席人选。当时可接替的人选一是叶蓬，一是杨揆一。叶蓬和杨揆一都是湖北人，都是军人出身，且都在湖北任过职，基本条件不相上下。但是，因叶蓬曾有过"人形事件"①，为汉口日军特务部所不容，且杨揆一很早就走了汪精卫老婆陈璧君的门路，因而，最终由杨揆一接任伪省政府主席，并改组了省政府。

杨揆一主政后，踌躇满志，准备干一番"事业"，以一新湖北人之耳目，其中最重要的事情是协调同汉口日军特务部的关系。经多次交涉，双方达成以下妥协：

第一，日军所收编的伪军，改属伪武汉行营管辖，行营给予番号；各县日本警备队指挥的杂色部队，改为保安队番号，归伪省保安司令部

---

① 叶蓬在1935年任汉口警备司令期间，曾经在汉口循礼门的司令部内设置日本军人形象的枪靶，日本驻汉口领事获悉后提出抗议，时任湖北省政府主席的张群呈报南京国民政府后撤换了叶蓬的警备司令职务。日本人称之为"人形事件"。

管辖。但上述武装的人事权、指挥权一律照归日军。

第二，对于省政府的人事问题和各县县长的人选，日军原则上承认由省主席决定，但应和汉口日军特务部协商，县长还应经过特务部征得当地日本警备队同意。如果日本警备队推荐县长，也须经过伪省政府同意。日军答应取消省政府各机关的顾问，但保留若干"嘱托"[1]。

第三，在财政方面，日军同意伪中央储备银行的储备券流通，以汉口为中心的盐烟专卖和统税收入，纳入伪中央政府税收系统，由伪财政部派一个鄂赣湘三省财政特派员驻武汉。

第四，对已经成立的伪国民党湖北省党部的活动范围可以稍稍放宽，但不作发展。各县也一律在伪县长的领导下，挂起县党部的招牌。

虽然杨揆一主政后与汉口日军特务部达成了上述妥协，并得到了伪南京国民政府的支持，但是，由于受太平洋战争爆发后形势的影响，使许多政治、经济等问题更为微妙和棘手。从而造成杨揆一虽踌躇满志，但主政近三年却没有什么建树。到1944年，战争形势进一步明朗化，杨揆一意识到即便是"苟延"也难于继续，遂有意调离。1945年3月，伪南京国民政府调杨揆一为军事参议院院长，改由叶蓬为湖北省省长。

叶蓬接任伪湖北省省长之际，日军的失败已成定局，且武汉遭1944年12月美机大轰炸后，省、市政府已陷于瘫痪。但叶蓬刚愎自用，以出任省长为如愿以偿，企图利用主政湖北的机会，抓住军队做个实力派。在这种心态驱动下，叶蓬欣然上任。

为了抓住军队做个实力派，叶蓬把其亲信悉数安插在武汉行营。但是，日本军方竭力限制其行动。首先，只允许叶蓬从南京带来一个卫队连。其次，对于叶蓬在湖北成立军队的要求采取拖延的措施，使之不能如愿。为此，叶蓬曾忧心忡忡地对部下说："现在什么事都可以发生，和日本人也会发生冲突。别人也可以吃掉我们。我们都有联系，又都靠不住。"[2]

---

[1] "嘱托"即伪政府机关中仅次于日本顾问的日本军政人员。
[2] 吴名：《武汉大汉奸——叶蓬》，《武汉文史资料》第6辑，1982年。

1945年8月初,叶蓬无可奈何地飞往南京,与伪南京国民政府主席陈公博密商应变对策。不到10天即8月15日,日本政府宣布投降,叶蓬又急急忙忙乘专机赶回武汉,旋即宣布伪省政府停止办公。各县伪政府也随之解散。

至此,日伪湖北政权寿终正寝。

日伪湖北政权有以下特点:

第一,伪湖北政权是典型的地方傀儡政权,它是在日本军队刺刀下,由汉口日军特务部一手炮制出来的,其一切活动均受日本军队的控制和支配。

1938年10月28日,日本内阁批准的《汉口方面政务处理纲要》即明确规定:"政权的建立,须在我政务指导机关(陆、海、外汉口联络会议)协力之下为主,由决策机关(对华特别委员会)负责。成立后的政权内部指导,由政务指导机关负责。"[①]这样,湖北省各级伪政权都直接、完全受制于汉口日本驻汉陆、海、外三机关,其中汉口日陆军特务部尤其关键。1940年3月伪南京国民政府成立后,伪湖北省政府归并于伪南京国民政府。由于伪南京国民政府为日本政府所新炮制的中央傀儡政权,且汉口日军特务部又始终没有放松对伪湖北省政府的控制和支配,这样,伪湖北省政府依然受制于日本军队。

伪湖北省政府成立之初,省长由日华中方面军直接委派。归并伪南京国民政府后,省长(或省主席)由伪南京国民政府任命,但在正式发表前,需经侵华日军尤其是日华中方面军军部同意。省长(或省主席)以下的各厅厅长,以至科长、秘书等人员的任命,也都需取得汉口日军特务部的原则同意,才由伪南京国民政府或伪湖北省政府委任。各县县长人选,原则上由省长(或省主席)决定,但需和汉口日军特务部协商,并经过特务部征得当地日本警备队的同意。

[①] 日本防卫厅防卫研究所战史室著,田琪之译:《中国事变陆军作战史》第2卷第1分册,中华书局1979年版,第214~215页。

第九章 日伪在湖北沦陷区的统治

表 9-4　1943 年伪湖北省政府所属机关、县市日本嘱托情况表

伪政务厅	森川金寿	伪蒲圻县政府	吉田邦次
	仓林贞		桂寿义
	左藤喜安	伪嘉鱼县政府	大川兼三
	八木清吉	伪崇阳县政府	宫野良辅
	安井成人	伪咸宁县政府	寿见幸男
伪建设厅	左藤博		比良操
	山本大吉	伪通山县政府	森山了
伪湖北省高等法院	藤末荣太郎	伪黄冈县政府	宫坂重郎
伪公务员训练所	中川太郎	伪黄陂县政府	黑木纹土
伪警务处	田上明	伪随县县政府	细谷升一
伪警察训练所	池田千年	伪麻城县政府	林山影
伪船舶管理局	五十岚勇	伪黄安县政府	贺川久
伪武昌县政府	多田贞一	伪孝感县政府	百武一虑
伪汉阳县政府	山本太郎术门	伪荆门县政府	日高太三
伪汉川县政府	牧建三		西郡荣
	渡出石武	伪当阳县政府	出口寅雄
伪云梦县政府	森祥威		尾原亮
	石泽丰	伪鄂城县政府	小泽俊道
伪天门县政府	宫田善一郎		藤泽义春
伪京山县政府	山内角二	伪大冶县政府	铃木弥
伪安陆县政府	阿部德治		尾芳时丸
伪钟祥县政府	光地太四郎	伪阳新县政府	高木美智雄
伪潜江县政府	奥竹兴	伪浠水县政府	田雄甚木
伪沔南县政府	大矢昌司	伪黄梅县政府	佐藤善藏
伪沔北县政府	志贺义幸	伪广济县政府	松井泰雄
伪监利县政府	田中嘉吉	伪蕲春县政府	武富典三
	妹尾义邦		

资料来源：伪湖北省政府编：《湖北省政府工作报告》（1943 年 6 月），转引自徐旭阳：《湖北国统区和沦陷区社会研究》，社会科学文献出版社 2007 年版，第 383～385 页。

伪湖北省政府各部门和各伪县政府都安置有日本人担任的顾问、联络官和嘱托。这些日本人掌握各部门和各县的实际权力，重要决策需经

他们认可方能形成；重要公文需经他们同意并签署始能发布生效；有些重要问题和活动则直接由他们决定或取代。而这些顾问、联络官和嘱托均由伪省政府支薪。这样，伪湖北省政府各部门和各伪县政府便如同虚设，完全受日本方面摆布和支配。

第二，伪湖北政权的行政体制，大体上沿袭了原湖北省政府的行政体制。即省以下为县（市），县（市）内分区，区下设联保，联保以下为保，保下有甲。县（市）设县（市）政府，区设区公所，联保、保设联保公所、保公所。

省政府体制，初采用省长制，省长下分设秘书、民政、财政、建设、教育、警务6个厅。各厅设置厅长1人，厅以下的人事，采用官职分离办法，每厅设主任秘书1人，签判3~5人（派充科长），佥书3~5人（派充股长），主事数十人（派充股长或科员）。1940年10月后，实行省政府委员制，省主席下设民政、财政、建设、教育4个厅和秘书、警务、保安3个处。各厅、处原来的签判、佥事、主事等官名一律取消，改为官职合一的科长、科员等名称。1944年5月后，民政厅与秘书处合并设置政务厅。

县政府组织，初各行其是。伪南京国民政府成立后，统一按伪南京国民政府内政部规定的伪县政府组织法行事。其编制系一、二等县设秘书室和一、二、三科及警察局。其中，一科管民政，二科管财政，三科管建设及教育；三等县则仅设一、二两科，一科管民政，二科管财政、建设及教育。

区公所、联保公所和保公所组织，基本沿袭原有体制。

第二节　沦陷区的经济和文化教育

日军占领武汉后，改变了对华侵略方式，实施以所谓近卫声明为开端的"以华制华"、"以战养战"政策。围绕这一政策的转变，调整"中日"邦交、扶植傀儡政权等手法相继出台，日本在经济、思想文化方面的侵略也改变了手法，即由赤裸裸的殖民统治，改由通过伪政权来实现侵略和控制中国的目的。于是伪湖北省市县政权便应运而生。这些日本帝国主义的傀儡政权，实行所谓战时体制，在经济、文化方面实行统制，使湖北、武汉成为日本帝国主义侵略中国的前哨和重要的经济、文化基地。

一、沦陷区的殖民经济

日本侵略军占领武汉后，就以此地为中心，开始有计划地对华中资源进行大肆掠夺，以支持战争。第一，通过战争，破坏民族经济，对沦陷区进行疯狂的掠取。日本军队对湖北民族工业的摧毁，缺乏完整的资料统计。因战争湖北被迫迁移的工厂：武汉 442 家，黄石 6 家，沙市 19 家，宜昌 5 家，应城 11 家。据 1939 年延安时事问题研究会编的《日本帝国主义在中国沦陷区》一书统计，湖北被占领及破坏的重工业有汉口扬子江厂、汉冶萍汉阳铁厂、汉冶萍大冶铁厂、大冶湖北水泥公司；纺织工业有工厂 7 个，资本 12 986 294 元（法币，下同），纱锭 308 280 个，布机 2 985 架；面粉工业有工厂 10 个，资本 2 700 000 元；造纸厂 2 个等。另据国民党湖北省政府 1940 年统计，湖北省营业事业财产损失总计 4.8 万亿。武汉这个华中的工商业大都市遭到彻底的破坏，从此经济一蹶不振。

日军占领武汉后，便开始"经济进攻"。所谓经济进攻就是发展武汉及周边的工商业，以掠夺湖北、湖南、江西等地的战略物资，以及富裕的人力、财力以支持战争。1938 年 11 月，日本在汉口成立华中振兴株式会社，继而成立军需管理委员会，在沦陷区开设工厂，掠夺湖北等江南的物资及廉价的劳动力，以军用票作资本，出产货物，就地推销，以作军费。日本侵略者强占工厂为日资企业，较著名的有三井火柴厂、泰安纱厂、华中电气股份公司、日华纺织株式会社、华中烟草株式会社、日华制油厂等。到 1945 年，日本在湖北占领区拥有大量的军事、民营企业，是华中的经济中心。据战后的不完全统计，日本在这一地区仅军事工场、仓库就达百余个，厂矿、花纱布、五金器材、现金股票及有价证券的总额，达 97 488.27 亿元。

所谓中日合办、官商合办等经济形式，是进行掠夺的另一种方式。最典型的例子是对汉冶萍公司的强占。日军占领湖北后，汉冶萍公司名义上由日本制铁公司与华中矿业公司从事开发，其公司之经营权，仅为一名义而已，"实际上全部委诸日本制铁公司之手"，所产的铁矿石，全部运往日本八幡制铁所加以精炼①。据统计，1938—1945 年，日军从大冶掠取铁矿砂 5 000 多万吨。

应城膏盐公司明为官商合办，股本总额为 100 万元，省县政府所占股份达 60%，由武汉参议府参议、前武汉维持会社会局长杨辉廷担任理事长。这样就控制了公司，其膏盐资源源源不断输送给日本和伪省市政府。

第二，实行战时统制制度，竭泽而渔，搜刮民脂民膏，为战争输送财力。为了将战争进行下去，日本侵略军和伪省市政府实行战时经济体制，强化经济统制机构。1940 年 6 月，伪湘鄂赣财政整理委员会在武汉办公。7 月 8 日又成立了伪武汉特别市总商会，其主要使命之一就是"本东亚提携之真精神"，为中日"经济合作之实践"②。换句话说，就是集中全体力量，使武汉的商业复兴，竭力为日本军国主义的侵略战争服务。

太平洋战争发生之后，湖北沦陷区和日本经济进一步恶化，其统制经济也愈加强化。1943 年 1 月，汪伪国民政府宣布对英美处于战争状况，实行战时体制。7 月，为加强战时经济统制管理，在汉口成立全国商业统制总会湘鄂赣分会，全面负责鄂湘赣三省的经济统制，并在各沦陷县成立分所。不久又成立武汉物资审议委员会和武汉物资调查委员会，以上三个单位成为三大统制机构。1944 年 5 月 1 日，湖北省物资、物价调查取缔委员会成立，由伪湖北省政府主席杨揆一出任委员长，它的前身是汉口经济警察处，为"省最高而强有力的执行处置经济案件机构"③。这些机构的设

---

① 《华中矿业开发近况》，《武汉报》1944 年 5 月 9 日，第 2 版。
② 《汉商会成立》，《武汉报》1940 年 7 月 8 日，第 3 版。
③ 《物资调查取缔委员会之成立》，《武汉报》1944 年 5 月 2 日，第 2 版。

立都是为了同一个目的，即对物资实行高度的集中管理，强化战时经济的统制。

伪国民政府和伪省市政府制定法令，对物资加强了管制，实行全面的统制经济。《囤积主要商品治罪暂行条例》规定，对汽车、汽油、通讯器材、药品、金属、矿产、粮食等重要物资，一律予以统制，任何个人和非主要商品同业公会会员，违犯官署命令或公会规定所存商品匿不登记者，将被判刑和罚款。苏浙皖、上海、南京特别市运往汉口等地的统制物资，必须经过全国商业统制总会许可，方可运输。

所谓统制政策就是掠取政策。据统计，武汉沦陷7年期间，日军通过洋行掠夺武汉的棉花约469万担、羊皮700万张、芝麻56万担、生漆8.4万担、桐油231万担、茶叶21万担、猪鬃3.5万担[1]。

日伪政府肆意扩大税收，伪武汉治安维持会统治半年的财政收入达576万元，相当于战前汉口市一年的财政收入。1939年5月到11月，市财政收入达1 744万元。1940年税收为1 589 492日元，第二年增加到2 313 203日元，1942年为2 373 774日元。三年增长幅度为49%。为了增加财源，政府公开实行鸦片专卖，从中获利。鸦片捐税月收入从3万元迅速增加到40～50万元，成为一大财源，以致成为汪伪中央与省市财政争夺的税收对象。省市税收大部分要上缴给汉口日军特务部，使省市财政总是处在高度紧张的状况。

湖北、武汉自从被日本军队占领后，经济一直衰退，生产遭到严重破坏，商业凋敝。人民生活必需品严重匮乏。张仁蠡在汉口特别市成立两周年纪念日时，发表的《当前建国三个必要的问题》（《市政府公报》第8期，1941年4月）公开承认粮食一天比一天紧张，物价猛涨。"现在中国已经用不着高深的政治理论，也用不着现代化的政纲政策，率直的说就是救命的问题。"

---

[1] 转引自湖北省地方志编纂委员会编：《湖北省志·经济综述》，湖北人民出版社1992年版，第86页。

对人民的日用品砂糖、肥皂、火柴等一直实行配给制度。生活必需品米、煤、油等则严重短缺。政府配给的米除不足量少外，还是由"米渣"、"糠秕"和"砂砾"混合而成的"三合米"，使人无法下咽。于是市场就有"明价"和"暗盘"。黑市无法控制，只好放开价格，米价狂涨，由最初每担10元，到1944年4月涨到1 800元。米价暴腾，所有日用品价格跟着增高，使市民人人"无不谈虎变色"①。食盐始终由汉口日军特务部经济班直接控制，供应一直十分紧张，每户只有半斤4两，1944年5月再减至4至2两。

物资供应严重短缺，必然导致经济投机。囤积行为已成为社会上一种非常普遍的现象，许多工厂不从事生产，宁愿囤积自制的产品，以待善价而沽；有的干脆动用全部资金，进出股票市场，发行股票债券，作为投机的手段，"以求牟取暴利"②。

战争的破坏，经济的聚敛，以及投机行为的泛滥，使经济空前危机，人民生活在水深火热之中。日伪政府要求民众勒紧裤带，与"友邦""共苦同生"，"贡献我之总力以完遂大东亚战争"③。为此，日伪政权多次强迫湖北沦陷区人民开展"献金"运动。1944年5月，伪省市政府向民间搜索货币、金银达1 000万元，在沦陷区各省中居第二位，受到汪伪中央政府的表扬。

第三，垄断金融。首先随着日军占领武汉，原日本正金、台湾、汉口3家银行处在十分优越的地位。正金银行（实际由汉口日军特务部经济班控制）负责军用票与法币的兑换比率。太平洋战争后，欧美银行在汉口的分支机构被日军强行占领。

其次成立官方金融机构，进行垄断性的掠夺。1940年5月，伪省市政府专门成立了中江实业银行，资本总额为日本军用票2 000万元，分

---

① 《当前的严重问题》（社论），《武汉报》1944年4月13日，第1版。
② 《中国战时工商之检讨》，《武汉报》1944年4月22日，第2版。
③ 《迈入第二期之中日提携》，《武汉报》1944年5月6日，第1版。

20万股，每股100元。省市政府各担任5万股，占一半股份。汉奸石星川担任总裁、董事长。该银行"以统制金融，调整通货之流通暨促进产业发展为宗旨"①。汉口日陆军特务部五十岚保司担任总顾问，握有实权。中江实业银行的业务范围为鄂、湘、赣、豫南等地，并在武昌、九江、沙市设立分行，还在应城、信阳、南昌、岳阳等地设立办事处。主要职能是为伪省市县政府发行之票据，或为伪省市县政府作担保的各种证券之贴现或买进；代管伪省市县政府金库业务；并为汪伪中央各机关在武汉机构之委托代管其金库业务。由此可见，该行实际上是由汉口日军特务部、伪省市政府控制的具有官办性质的银行，代理日伪政权来统治鄂湘赣的金融，是日伪在华中的金融枢纽。

1942年8月，伪中央储备银行汉口分行成立，负责伪储备券（中储券）的发行，与中江银行一起对华中地区实行金融垄断和掠夺。

最后是发行新货币。日军占领武汉后，立即发行日钞，即"大日本帝国军用手票"（简称军用票）。表面上军票与法币同时流通，但在实际流通中，军票占有优势。凡敌伪收支及日商贸易，一律用军票支付；中国商民往来，则以法币为本位，但规定法币10元以上的票额不能在市场通用。日军还有计划地提高军票对法币的比值，最初军票与法币的比值是1∶1.25，到1942年成为1∶0.95。物价（按法币体现）不断上涨，商民无形中受到极大的剥削。加上军票是一种"封锁货币"，虽然规定与日币同价，但不能任意调换日币和在日本国内使用，更不能外汇。这样日本通过发行军票，又轻而易举地将日本的金融危机转嫁到沦陷区人民的头上。

1942年8月10日起，武汉日伪政权下令，在武汉发行伪中储券，以两星期为限（后展期至8月31日），旧法币与储备券按照1∶2的比例兑换，逾期旧币将成废纸。《日本汉口陆海军最高指挥官布告》②张贴于武汉三镇，警告"若胆违犯法令"，破坏兑换比例，高抬物价或发生暗盘

---

① 《中江实业银行章程》，汉口特别市《市政府公报》第9期，1941年5月。
② 《武汉报》1942年8月6日，第3版。

私相交易等行为,"致搅乱经济情形者,决予严行处罚"。中储券由于发行无度,造成剧烈的通货膨胀,加重了社会的经济危机。

二、日伪奴化教育和文化统制

日军攻占武汉后,立即实行文化统制。日本占领军专门成立军报道班,作为进行奴化宣传的机构。日伪政权陆续出台一系列措施,严禁一切反日言论,强化奴化宣传,以禁锢沦陷区人民的思想。有关文件规定一切出版物必须接受日伪政府主管部门审查,严禁意图破坏"和平反共建国"国策、妨害"东亚新秩序之建设",或共产主义宣传的印刷品出版。1941年12月,太平洋战争爆发后,日伪进一步加强新闻管制。次年伪国民政府颁布《装无线电收音机登记暂行办法》①,规定装设无线电收音机者必须先到"主管官署"领取登记证后,方能使用。安装时必须到各地警察机关登记,并对机器种类、安装地点均作了详细的说明。

在伪省市政府中专门设立社会运动指导委员会,"管理全省市社会运动事宜"②。所谓社会运动就是日伪鼓吹大东亚共荣圈,并配合日本侵略战争展开的各种社会活动。1941年12月,珍珠港事件后,伪省市政府强迫群众上街游行,以庆祝"友邦"的胜利。电影院放映显示日军在南亚"战功"的新闻片,举行时事报告会等。随后又规定每月8日为"保卫东亚纪念日"。这一天全市(汉口)各机关及民众一律悬挂"国旗"一天,策动报刊及各种集会"宣传保卫东亚之大义"③。1942年1月,汪伪政府为了配合日军发动的"大东亚战争",掀起新国民运动,为此伪汉口特别市成立新国民运动计划委员会。1944年10月,为了加强宣传工作,伪省市政府成立武汉宣传联络委员会,由伪省政府主席杨揆一亲自挂帅,

---

① 《市政府公报》第8期,1942年4月。
② 《修正各省市(特别市)社会运动指导委员会暂行组织条例》,《市政府公报》第9期,1942年5月。
③ 《汉口特别市政府训令》,府政字第4383号,《市政府公报》第7期,1942年4月。

担任委员长。

为了加强统治和奴化教育，日伪还成立所谓"人民团体"，如华中东亚青年联盟总会（后改为武汉青年协会）、中日文化协会武汉分会（详情见下节）等，其基本任务是使国民"了解并拥护和平建国"、"中日友好共存共荣之国策"①。

日伪政权高度重视殖民文化，将日伪文化沟通作为东亚联盟的四大纲领之一。在统制文化中，又将教育放在首位，视为"国本"②。日军占领武汉后的第二个月（11月），伪武汉治安维持会成立，并在社会局下设置教育科。伪省市政府成立后，教育厅（局）是首先成立的下属机构之一。各伪教育机构大力推行"反共、睦邻、和平建国"的卖国教育方针。日伪的所谓"国本"，汉口日陆军特务部部长落合鼎五作了注解，就是"一切兴亚建国事业全赖教育之脉搏"，要将殖民教育纳入日本的"大东亚教育体制"的轨道③。

日伪政权加强奴化教育。他们规定教育者必须"拥护和平反共建国之国策"④，"应时"向受教育者灌输"和平反共"、"中日亲善"的思想，强迫学生参加为日本侵略战争服务的各项运动。1939年8月，汉口日军特务部发起"征集小学生文艺作品运动"，规定《论对抗日之愚策及停战的必要》、《信仰新政权论》、《友军何以给我们亲爱》等作文题，要每一个学生作。1943年岁末，伪政权又发起"大东亚青年总奋起运动"，鼓吹当前的重心就是教育青年，为所谓"保卫大东亚"的侵略战争而"努力奋斗"⑤。

---

① 《人民团体指导方案》，《市政府公报》第15期，1941年8月。
② 《汉口特别市政府呈》，市政字第8076号，《市政府公报》第12期，1941年7月。
③ 《教训所教童两班受训期满　昨举行隆重毕业式》，《大楚报》1941年8月19日，第5版。
④ 《汉口特别市公私立中等学校教职员服务细则》，《市政府公报》第13期，1941年7月。
⑤ 石平：《当前大东亚青年总奋起运动的性质与任务》，《武汉报》1943年12月14日，第2版。

伪政权规定在中等以上的学校必须开设日语课，师范学校为选修课。为推动日语的普及，举行多次全市性的中日语演讲大会，演讲内容与日本进行的侵略战争有关，如"大东亚共同宣言的认识"、"对于大东亚宣言应有之义务与觉悟"、"同心协力建设大东亚"等。在中小学的教材中，还特意增加介绍日本历史和国情的内容。

武汉地区的汉奸文艺团体是武汉文艺协会，其前身是1939年由《新生》半月刊和《大楚报》的作者为中心组成的"笔者俱乐部"，1940年7月正式成立，受社会运动指导委员会湖北分会指导监督和伪省市政府主管厅局监督指挥。

武汉文协设文学、艺术、戏剧、音乐4个组，初有会员100余人，1942年7月第二次会员大会，决定与日本人的武汉文学会等文艺团体组织艺术委员会，以"联合武汉方面各艺术团结以集体计划互助合作推进文化运动为宗旨"①，附属于中日文化协会武汉分会。

日伪政权非常重视新闻媒体的作用。据不完全统计，在日伪统治时期，武汉地区的日伪报刊先后有30多种，其中最有影响的报纸有：《武汉报》，其"终极之目标是在建设东亚新秩序，当前之目标是在实现和平救国"②。1938年11月10日创刊，初为油印报纸，7天后出铅字版。内设编辑局（部）、经理局、企划局、营业局、工务局5局，在武昌、九江、信阳、岳州设分馆，在上海设通讯处，东京设办事处。该报为日军报道班直接控制，编辑局设论说、编辑、采访、校对、写真5部，局长为庄泗川③，高级职员多半为日本人。

---

① 《中日文化协会武汉分会艺术委员会章程》，中日文化协会武汉分会《周年纪念特刊》，1942年4月20日。
② 《武汉报》1939年11月10日。
③ 庄泗川（1905—2004），本名泗川，学名弘洙，又名贵岩，曾用笔名泗荃。台湾省嘉义县人。早年入上海大学，后担任记者。1938年10月，被派到武汉，担任《武汉报》总编辑、《大楚报》、《两仪》的发行人，中日文化协会武汉分会常务理事兼总干事、日伪武汉艺术委员会主任、东亚联盟湖北分会秘书主任等职。抗战胜利后，回到台湾，从事商业、宗教活动。

《大楚报》（日报），1939年3月6日创刊，日本投降后不久停刊。雷寿荣、谭道南、庄泗川、胡兰成①等曾任社长，黄实光、张榆芳等曾任总编辑。日本人吉田长期担任顾问。该报为汉口日陆军特务部所控制，伪武汉特别市成立后，为市府机关报。

由汉口日军特务部报道班所控制的报纸还有《江汉日报》、《江汉晚报》、《鄂中报》、《武汉大陆新报》（日文报纸）等。

《两仪》杂志，为月刊，是中日文化协会武汉分会的刊物。1941年7月创刊，刊名取自《周易》中的"易有太极，是生两仪"一句而来，主要是象征所谓"中日文化为东方文化之一元两体"②。初为中文刊物，1942年1月第2卷第1期时，改用中日文合版，中文版占7/10，日文版占3/10。中文版由芮道一负责，日文版由内田佐和吉总编。辟论文、译术、艺坛、杂俎四栏目。此外为配合军事、政治，还辟特刊和专栏。

《文艺》月刊，是武汉文艺协会的机关刊物，1940年8月创刊。该刊竭力鼓吹"和平文学"，与"抗战文学"相对抗③。

此外还有《大楚报》社的《新生半月刊》、《武汉大陆新报》社的《新武汉》（日文版）、武汉青年协会的《武汉青年》月刊，以及《共和周报》、《汉声月刊》、《三民半月刊》、《总奋起》等。日伪刊物一般寿命不长，有的只出一期便寿终正寝。

日伪政权开动所有宣传机器，在舆论导向上美化日本军国主义发动的侵略战争，企图麻痹沦陷区人民的抗日民族意识，强化其殖民统治。撮其要点：第一，祭孔读经。1941年3月17日，伪湖北省省长何佩瑢致电汪精卫，请求恢复孔庙春秋丁祀。据此伪内务部决定将8月27日定

---

① 胡兰成（1906—1981），原名胡积蕊，小名蕊生。浙江绍兴人，张爱玲的第一任丈夫。曾任汪伪政权宣传部汉口《大楚报》主编等职。抗战胜利后逃亡日本。晚年旅居台湾开课教书，1976年因其汉奸背景被迫离开台湾，1981年7月25日因心脏衰竭死于日本。
② 张仁蠡：《〈两仪月刊〉发刊词》，《两仪月刊》创刊号，1941年7月。
③ 朱庆麟：《"新中国与文艺"座谈会》，《文艺》第1卷第8期，1941年3月。

为"先师孔子诞辰纪念日"。围绕这一活动,汉奸们对孔学作了"新解",即肆意曲解儒学,将其注入日本军国主义兴亚论的内容。他们要将所谓的孔子精神"复活起来,作为救中国,救东亚,救全世界的一个指南针"。东方文化讲"王道",即主张仁义道德。他们主张用王道主义和精神抵抗西方的功利主义和强权。同时"忠恕之道"正是中日"亲善"、"友好"所必须,也是"昭信于人"的精神武器①。

第二,提倡日伪共存共荣,共同建立大东亚共荣圈。日伪竭力鼓吹中日同种同文,求军事、政治、经济上的亲善提携,文化上的沟通,以完成"种族革命"。他们将全世界分成两大阵营,一个是亚洲黄种人组成的被压迫民族,一个是欧美白种人组成的压迫民族;认为中国是亚洲最大的民族,日本是亚洲最强的民族,鼓吹以中日为主体的黄种人,高揭起"王道"的大旗,与欧美白种人的"霸道"和赤色文化进行决战。在这场东西方两种文明的生死决战中,日本是东亚民族的领导者和盟主,因此中国人必须"排除狭义的爱国主义,而要以爱中国的心爱日本",中日一心一德,"以完成东亚民族解放的任务"②。

汪伪的和平建国运动就是对应日本"睦邻"宣传发动的政治运动。和平是关键,有多种含义——亲日投降、向蒋介石诱降和反共。特别是反共,因为"共产党实为全面和平唯一障碍……非反共不能得到真正和平,非得到真正和平不能挽救国家,复兴民族"③。

第三,鼓动新国民运动和东亚联盟运动,以进行东亚新秩序之建设。这二个运动是日本实行殖民统治的两仪。所谓新国民运动是在太平洋战争爆发后,汪伪政府作为参加大东亚战争的精神总动员,是"复兴东亚之唯一运动"④。

---

① 《如何纪念孔子》(社论),《大楚报》1941年8月27日,第1版。
② 何庭流:《教育与救国》,《大楚报》1942年6月21日,第3版。
③ 《庆祝中日两国调整与前途展望》,《大楚报》1940年12月7日,第1版。
④ 《讨论新国民运动推行方案》,《武汉报》1942年2月11日,第3版。

所谓东亚联盟运动就是日本兴亚论的中国版,通过所谓"政治独立"、"经济合作"、"文化沟通"、"军事联盟"来达到日本帝国主义对中国的长期统治,进而对亚洲、世界的统治。在这一运动中,东亚文艺复兴运动尤其重要,第四战线的文化人应以笔杆代枪杆,"完遂"大东亚战争之使命①。总之,新国民运动是对内的所谓革新运动,东亚联盟是对外与日本"亲善"的思想启蒙运动,其目的都是一个,为日本发动的"大东亚战争"效命。

三、中日文化协会武汉分会

中日文化协会武汉分会(简称武汉分会)是由汉口日陆海军特务部、驻汉领事馆和伪省市政府控制的一个"战时文化"的文化社会团体。1940年7月28日中日文化协会在南京成立后,武汉日伪文化人士推举筹备委员30人,其中伪政权方面推举伪汉口特别市市长张仁蠡等19人,日本方面推举田佐贺吉等11人,共同筹备武汉分会。

1941年2月18日,在日本驻汉总领事馆会议室举行第一次筹备会议,除30名筹备员外,日本驻汉总领事田中彦藏和特务部金子课长列席,由张仁蠡担任会议主席,会议推举张仁蠡为筹备委员会委员长;议决成立大会日期,以及大会组成人员,会址设在汉口两仪路(今洞庭街)5号。

1941年3月5日下午2时,武汉分会在汉口两仪街东亚花园举行成立大会,伪湖北省政府主席何佩瑢、伪武汉绥靖主任公署主任叶蓬、日本驻汉总领事田中、汉口日陆海军特务部长等省市政府要员,以及新闻记者和武汉分会会员700余人参加大会。大会由方焕如担任主席,确定分会领导机构并选举产生领导成员。

根据《中日文化协会武汉分会章程》②规定实行理监制。理事会有理事15人,候补理事7人,其中理事5人,候补理事3人要由日本驻汉总

---

① 杨揆一:《本会三周年之观感》,《两仪月刊》第4卷第2期,1944年4月。
② 《市政府公报》1941年第6期,1941年3月。

领事推荐，5个常务理事中，必须要由1个日本人担任。监事会中，监事5人，候补监事3人，其中监事2人，候补监事1人由日本驻汉总领事推荐。

1943年3月24日，武汉分会举行第二次会员大会，"推选"新的理监会，第一届理事贺遐昌、杨恩霱、青木英一郎、小森龙、岸富造落选，增补的理事有汪书城（伪省政府委员兼财务厅长）、黄大中（伪省教育厅长）、殷再纬（5月任省宣传处长）、姚一新（伪市政府秘书长）、萧治平（伪市教育局长）、泉水一人、朝比奈贞治郎（日本驻汉总领事）、今野留次。第一届监事徐慎五、徐养之、内藤达男落选，增补的监事有吕东荃（伪省政府宣传处长）、谢伯进（11月任伪省社会福利局长）、辻村秀夫（同仁会防疫疹役班班长）。同年10月，张仁蠡离开汉口后，伪湖北省政府主席杨揆一担任理事长。

由此可知，这个团体的主要成员是日伪在湖北的高层人物，所谓的文化人一个也没有，唯一的华人校长王知生后来也担任伪省教育厅长。庄泗川、张榆芳、谢希平名为报人，而所负责的报纸不是日军报道班的宣传工具，就是日军特务部控制的媒体。该团体的经济主要来源由日驻汉陆海外和伪政府提供。很显然，这个所谓由武汉"中日"朝野人士组成的文化团体实质上是日伪政权的一个御用机构，实际担负伪政府文化领导机关的职能。

该会设总干事1人，由庄泗川担任，下设观光组（1942年2月改称宣道组）、艺术组、出版组、学术组、总务组。每组主任由汉奸担任，副主任则由日本人担任。宣道组设文化胜迹保存运动委员会；艺术组设艺术委员会，附属武汉青年剧团、文协国剧社、武汉文艺协会、武汉美术研究会、武汉音乐协会、武汉文学会、儿童文化研究会、江阳会、书法研究会；出版组设《两仪月刊》社、编译委员会，附属月刊股、周刊股、丛书股；学术组附属新国民运动促进研究会、国学研究会、医学研究会、教育学研究会、经济学研究会、佛学研究会等团体和中日语言补习学校。

1944年元月，为了强化战时文化体制，分会将总务组、学术组、出版组、艺术组编成第一、二、三、四组，将艺术组所谓艺术委员会和出版组的编译所，以及电影研究会、戏剧歌曲改进会、棋术比赛会等划属第五组。5月1日，为了适合战时体制，将"战时文化"推广到武汉邻近的县、城乡，武汉分会改名湖北分会。同年会员达860多人。

武汉分会"以沟通中日两国之文化，融洽双方朝野人士之感情，并发扬东方文明以期达到善邻友好之目的为宗旨"①。所谓沟通"中日文化"，实际上是为日本军国主义作奴化宣传。

1941年11月，为确立推进东亚文艺复兴运动的"中心机构"②，由武汉分会等倡议，决定在武汉举行中日文化协会全国代表大会。随后成立了筹备委员会，由张仁蠡担任筹备委员长，设一处六组。原计划大会于1941年12月27—29日举行，后因太平洋战争爆发展期举行。1942年4月21日，中日文化协会第一次全国代表大会在武汉召开，会期3日，通过议案42件，临时动议6个③。与此相配合的是东亚文艺复兴运动周。这两项活动将该地的奴化文化推向高潮。

1944年5月，日本帝国主义的侵略战争已经穷途末路，武汉分会为了表示"坚定最后胜利之决心"，发动了文艺总动员，举行"大东亚民族音乐大会"、宣扬日军"武功"的美术展览，开展"文学报国运动"等④。

第三节 境内日军的败降

1944年4月，日军发动了豫湘桂战役。在日军新的攻势下，国民党军队大溃败。中国共产党领导的军队则利用日军后方空虚之机，派出南下支

---

① 《中日文化协会武汉分会章程》，《市政府公报》1941年第6期，1941年3月。
② 《中日文化协会全国代表大会筹备经过》，《周年纪念特刊》，1942年。
③ 庄泗川：《本分会二年之回顾》，《中日文化协会武汉分会二周年纪念特刊》，第21页。
④ 《庆祝改组湖北分会》，《武汉报》1944年4月25日，第3版。

队远征，兵锋指向鄂、湘、粤，以在华南建立一个战略基地。1945年4月，日军又发动老河口、湘西战役。国民党军队组织几十万大军抗击，打退了日军的最后攻势。8月，中国人民经过8年的浴血奋战，终于取得了抗日战争的伟大胜利。日本侵华第六方面军20多万人，在湖北境内和岳阳向中国第六战区投降。

一、中国军队在湖北境内的反攻

1944年豫湘桂战役后，日军的败局已经十分明显，抗日战争进入第三阶段——战略反攻阶段。国民党第六战区竟没有展开任何有效的战略行动，而中国共产党领导的八路军南下支队和新四军第5师在湖北境内展开了战略行动。

1944年4月日军将主力投入豫湘桂战役后，中共中央指示中共北方局、华中局、冀鲁豫分局和鄂豫皖边区党委，应领导各地武装力量，发展河南，绾毂中原。对新四军第5师的具体要求是将一部主力沿平汉铁路北上河南，开辟豫南抗日根据地。1945年3月，新四军第5师先后派第45、第39、第38团等部挺进豫南，在该地区敌后建立7个县的抗日政权，开辟了东西70余公里、南北100公里的抗日根据地。

1944年下半年，中共中央从战争全局和战后通盘考虑，决定八路军第120师第359旅南征，挺进华南，建立湘鄂赣抗日根据地，力求开辟湘粤赣边的五岭抗日根据地。1944年11月，南下支队从延安出发，次年1月27日在湖北大悟山与新四军第5师会师。29日在陈家湾的广场上举行有1万多人参加的会师大会，新四军第5师师长李先念讲话："党中央、毛主席派遣八路军南下，具有重大的战略意义。鄂豫边区是个突出地带，我们在日伪军和反动派顽固势力的包围夹击之下……今天你们来了，我们就不是一支孤军了。你们的到来，把华北、华中打成一片，将来你们南下，又把华中、华南打成一片。"[①]

[①] 王首道：《忆南征》，人民出版社1983年版，第70页。

南下支队经短期修整后,在第 5 师第 40、第 41 团的配合下,于 2 月中下旬在湖北黄冈以东分批渡过长江,2 月 26 日抵达大冶南之大田畈时,与尾追的日军独立混成第 84 旅团等近 2 000 日伪军激战,南下支队打退日伪军的进攻,歼敌百余人,取得了渡江后的第一场胜仗,极大地鼓舞了鄂南人民抗战胜利的信心。

5 月成立中共湘鄂赣边临时区党委、行政公署和湘鄂赣军区,王震为军区司令员,王首道为区党委书记。7 月南下支队向湘粤边挺进。

国民党在湖北境内有两个战区,第六战区作战地区为鄂西、湘西、鄂南、川东,主要任务是在鄂西设防,守护重庆的东大门。第五战区作战地区为鄂北、皖北、豫南。在战略反攻阶段,以上两个战区基本上是采取守势,但中美空军以鄂北老河口和湘西芷江为空军基地,掌握了华中的制空权,给日军平汉、粤汉铁路交通线和长江、汉水、湘江、西江水上运输线以沉重打击;并不断轰炸武汉,威胁日军的华中基地。

1945 年年初,第二次世界大战轴心国的败势已定。1 月,日本大本营决定建立日本本土及中国、朝鲜等占领区的防御体系,为此命令华北方面军在第六方面军的配合下,发动豫西、鄂北会战,企图一举摧毁老河口的中美空军基地。在芷江一线,命令第六方面军发动湘西会战,掩护湘桂、粤汉铁路线,摧毁芷江中美空军基地。

1945 年 3 月 22 日,日军华北方面军第 12 集团军向河南南阳进袭,并以快速部队突击老河口。豫西、鄂北战役拉开战幕。日军作战序列是:中国派遣军总司令部——鄂北方面作战为日军第六方面军所辖第 34 军,指挥官佐佐真之助,下辖第 39 师团、独立步兵第 5、第 51、第 11 旅团;豫西方面为第 12 军,指挥官鹰森孝,下辖第 115、第 110 师团、战车第 3 师团①。

国民党军队作战序列是:第五战区司令长官刘峙,下辖第 2、第 22、

---

① 蒋纬国总编著:《国民革命战史·抗日御侮》第 8 卷,附表 12、附表 11,(台北)黎明文化事业股份有限公司印行,1978 年。

第33集团军，冀察战区，第47、第98军等部；第一战区司令长官陈诚，下辖第4、第31集团军，河南警备总司令部，第3警备军等部；第十战区司令长官李品仙，下辖第21集团军、临泉指挥所、豫南挺进军等部①。

3月下旬，日军第12军所部由鲁山、舞阳、沙河一线，向南阳推进。日军第34军由湖北荆门北进。以上两支部队的作战目的在夺取老河口。鄂北方面日军于23日攻陷宜城，28日占领南漳，中国军队节节抵抗，在该地与日军形成拉锯战，南漳几度易手。28日日军陷襄阳，30日占樊城。日军一部由西向谷城，以策应老河口作战。4月10日，中国第77军和第59军联手将日军赶出南漳。随后中国军队收复茨河、襄阳、宜城、樊城。至此，襄河以西恢复了会战前态势。

豫西方面日军于3月24日攻南阳，其主力向鄂北推进。26日拂晓，日军骑兵第4旅团进至老河口、光化地区。第二天与中国第22集团军第45军第125师发生激战。日军一部向镇平、内乡、西峡口方面进攻，中国军队新编第8军逐次抵抗，镇平、内乡先后失守。

老河口是国民党第五战区司令长官司令部所在地，第125师为长官司令部的卫戍部队。日军逼近老河口时，第五战区司令部渡过襄河西岸，撤向均县，命令第125师坚守。中美空军也从老河口机场撤走。第125师只有第373、第375两个团的兵力。3月27日，日军骑兵第4旅团向老河口进攻，遭到中国守军的顽强抗击。中美空军飞临老河口，协同作战，给侵略者以打击。经过一天激战，日军无力进攻，第二天取守势。3月31日，日军第4旅团展开第二次进攻，再次受到中国军队的强有力的阻击，伤亡惨重，被迫撤出战场，由日军第115师团担任主攻。4月7日，第115师团在战车的支援下，从东门、北门、南门展开进攻。中国军队斗志旺盛，重创日军。4月8日上午10时，日军以战车为先导，再次强攻，中午突破城墙，攻入城内。第125师一方面抵抗，另一方面有

---

① 蒋纬国总编著：《国民革命战史·抗日御侮》第8卷，附表12、附表11，（台北）黎明文化事业股份有限公司印行，1978年。

组织向西撤退。4月12日,中国第22集团军第41、第45军在光化、老河口一线实施反攻。28日中国军队再次攻入老河口,5月1日与日军隔襄河形成对峙。该战役日军虽然一度占领老河口空军基地,但损失惨重,据国民党方面资料称日军死伤1.57万人。

湘西会战(亦称芷江战役),日军集中第六方面军第20军第116、第47、第34师团,第64、第68师团各一部,在航空兵的支援下,于1945年4月中旬,向芷江发动攻击。国民党集中7个军19个师,在中美空军的支援下进行抗击。第六战区只有8个军19个师,鄂西江南方面有第30、第39、第66、第92、第86五个军,江北方面有三个军,"兵力甚为单薄"①。因此中国陆军总司令给该战区的任务是作为战役的策应军,以第92军主力,协同第18军"以主力适时推进至常(德)、桃(源)以北地区,协力第四方面军之作战"②。战役打响后,第六战区除防守鄂西(江南)外,所属第92、第39军投入战斗。1945年5月9日,日本中国派遣军由于受到中国军队的强有力的反击,不得不下达停止进攻的命令。

二、日军第六方面军的投降

1945年8月10日,日本政府宣告接受中美英三国宣言。当天在华中坚持抗战的新四军第5师根据延安总部朱德总司令发布的第一号受降命令,向华中地区日军第六方面军发出通牒,限期投降。8月15日15时,朱德总司令在给日本侵华军最高指挥官冈村宁次的急电中,要他下令第六方面军派出代表,至新四军第5师驻地湖北大悟山区,接受李先念将军的命令。但日军第六方面军根据重庆方面的命令,拒绝向新四

---

① 《第六战区策应黔桂湘边区 保卫芷江要地协同作战计划》,中国第二历史档案馆编:《抗日正面战场》下,江苏古籍出版社1987年版,第1343页。
② 《何应钦致蒋介石密电》,1945年4月11日,中国第二历史档案馆编:《抗日正面战场》下,江苏古籍出版社1987年版,第1345页。

军第 5 师投降。

新四军第 5 师及地方部队积极向武汉方向运动,与负隅顽抗、拒不投降的日伪军作战,收复了一些地区。8 月 14 日,第 5 师第 13 旅第 38 团在工人纵队的配合下,一度攻入平汉铁路魏家店车站。16 日,一军分区一部进攻黄安(今红安)以西河口镇,迫使日伪军 300 余人放下武器。18 日,鄂南地区部队歼敌 500 余人。在 8 月中下旬的 10 余天内,第 5 师共歼灭拒绝投降的日伪军 3 500 余人,攻克中小城镇 12 处。但由于国民党军队大举东进,迫使第 5 师停止受降,转入对付内战。

日本侵华军第六方面军是向国民党第六战区投降的。8 月 10 日深夜,蒋介石致电国民党第六战区司令长官孙蔚如,命令孙"即以 1 个军监视宜昌、沙市方面之敌,以 4 个军向武汉挺进,分别解除其(日军)武装","应警告管辖区以内敌军不得向我已指定之军事长官以外任何人投降缴械"①。次日(11 日)午后,他又电令大汉奸、伪武汉绥靖公署主任兼湖北省保安司令、湖北省政府主席叶蓬为国民党新编第 7 路军司令,旋又委任伪陆军第 14 军军长邹平凡为武汉守备指挥兼新编第 21 军军长,负责武汉地区的治安。

8 月 13 日,国民党军事委员会根据盟军总部的命令,任命中国陆军总司令、一级上将何应钦负责处理在中国战区之全部日军投降事宜,宣布中国战区的受降范围为中国本土(东北地区除外)、台湾及越南北纬 16 度以北地区。8 月 18 日,蒋介石下令,指定各战区受降主官。负责华中(武汉区)地区的受降官为孙蔚如,负责武汉、沙市、宜昌之日军第六方面军、第 34 军的接收②。

8 月 25 日,孙蔚如向第六方面军司令官冈部直三郎大将发出备忘录

---

① 《第六战区受降纪实》"受降经过",第 3 页、14 页,第六战区长官部编印,1946 年 2 月。

② 《蒋中正致何应钦电》,1945 年 8 月 18 日,国民政府国防部史政局及战史编纂委员会档案,中国第二历史档案馆藏。

三件，令华中日军向国民党第六战区投降。28日，又发出第四号备忘录，指定第六战区各地受降主官及日军投降部队集结地点。同时诬称新四军第5师及地方部队为"匪类"，命令日军"对武汉及其附近各重要据点，如黄陂、孝感、信阳、枣阳、荆门、当阳、宜昌、沙市、华容、咸宁、岳阳及其他各地区之非法武装组织，应视同'匪类'绝对不能认其为中国军队。如有上述武装……擅自向日本要求收缴武器时"，"日军应负责作有效之防卫"①。

8月30日，第六战区司令长官本部前进指挥所主任谢士炎少将等48人，飞抵汉口，在民怡村（今解放公园路）设本部前进指挥所，代表第六战区司令长官部行使指挥一切的权力。与此同时，孙蔚如任命国民党第10集团军总司令王敬久兼武汉区日军总受降官，所属第66军宋瑞珂部从长江上游公安附近，火速经郝穴、潜江、天门、汉川，向汉口挺进。第92军侯镜如部，由湖南岳阳北出发，经华容、潜江，向武昌挺进。第32集团军第59军刘振三部由宜城孔家湾，经流水沟、张家集、洛阳店，向应山、孝感、信阳挺进。第77军何基沣部由钟祥向京山、安陆、随县地区前进。第26集团军第75军柳际明部由南津关以西，经宜昌、沙洋，向黄陂、应城、长江埠、天门、汉川地区前进。

9月13日，武汉区日军总受降官王敬久抵汉，开始办理武汉地区日军受降事宜。

9月17日，第六战区司令长官部和湖北省党政军首脑孙蔚如、郭忏、王东原等抵汉。同日第六战区派驻汉口前进指挥所被奉令取消。

翌日，为"九一八"事变14周年纪念日。下午3时，武汉区的受降仪式在汉口中山公园的"受降堂"内隆重举行。孙蔚如、郭忏等军政要员88人，相继进入受降堂就位。受降仪式由孙蔚如主持。日军第六方面军司令冈部直三郎大将在参谋长中山真武少将、来福栖静岛大佐、冈田芳政大

---

① 《第六战区受降纪实》"受降经过"，第3页、14页，第六战区长官部编印，1946年2月。

佐、清水勖之大佐等陪同下，由第六战区长官部副官处长蒋虎志引导入场。在仪式上，孙蔚如亲自将第六战区司令长官部《第六战区作战命甲第一号命令》交给冈部直三郎。冈部直三郎在文件上"签字受领"，孙蔚如接着签字。日军出席人员退席，孙蔚如等在"热烈掌声中退席"①。

根据《第六战区作战命甲第一号命令》，日军第六方面军所属第132、第116师团，第17、第83、第85、第86、第88、第17独立混成旅团，第5、第11、第12独立步兵旅团及其辅助部队共21.3万余名日军向国民党军队投降。具体情况如下：

1945年9月25—30日，武汉地区的日军79 256人分别向国民党第10集团军第66军（汉口区）、第92军（武昌区）投降。

9月22日—10月2日，驻沔阳、仙桃镇附近的日军独立步兵第5旅团0.4万余人向国民党第26集团军第75军投降。

9月25日—10月6日，驻天门岳口镇附近的日军第132师团1.4万余人向国民党第75军投降。

9月28日—10月2日，驻孝感附近的日军独立步兵第11旅团0.7万余人向国民党第32集团军第59军投降。

9月25日—10月3日，驻应城附近的日军独立混成第85旅团0.7万余人向国民党第75军投降。

10月9—13日，驻嘉鱼附近的日军独立混成第86旅团0.6万余人向国民党第66军投降。

10月9—13日，驻岳州附近日军第116师团1.79万余人向国民党第18军投降。

10月1—5日，驻金口、新滩口间的日军独立混成第88旅团0.8万人向国民党第92军投降。

10月1—6日，驻黄陂附近的日军独立混成第83旅团0.7万人向国民党第75军投降。

---

① 《武汉受降礼告成》，《中央日报》（渝版）1945年9月19日。

10月3—11日，驻咸宁附近的日军独立步兵第12旅团1.4万人向国民党第92军投降。

10月4—13日，驻湖南岳阳以北的日军独立混成第17旅团3.8万余人向国民党第18军投降。

10月9—13日，驻岳阳以南的日军第116师团1.8万余人向国民党第18军投降①。

此外，武汉附近及其以西各河流之日军海军，由第六战区司令长官特派专员接收。该地区的日本空军由中国空军第四基地司令沈延世及其指派人员接收。

10月1日，第六战区长官部在武昌、汉口、黄陂、孝感、应城、天门岳口、仙桃镇、岳阳、嘉鱼、咸宁、金口等处设立12个日军官兵管理所，开始收容日俘，其分布地区及人员如次：武昌、汉口92 400名，黄陂8 560名，孝感7 214名，应城7 197名，天门岳口14 670名，仙桃镇4 190名，岳阳（以南）17 947名，岳阳（以北）38 100名，嘉鱼4 632名，咸宁14 000名，金口4 817名②。

---

① 依据《第六战区受降纪实》内的《第六战区日军各部队解除武装集中地点位置要图》。此图与国民党报纸和《湖北省政府大事记》第一辑记载略有不同。《中央日报》（南京版）1945年9月26日称，武汉地区日军的接收时间是9月23—25日。《湖北省政府大事记》第一辑记载武汉地区日军为33 999人。同一份资料记载，应城日军缴械时间是10月1日；信阳、广水、黄陂、咸宁等地日军缴械时间是10月3日；金口、嘉鱼日军缴械时间是10月7日。到1945年10月14日，国民党第六战区负责的日军全部武装解除完毕。

② 国民党湖北省政府编：《湖北省政府大事记》第一辑，第18页，全宗号5857，湖北省档案馆藏。另据《第六战区日本官兵管理所概况表》（《第六战区受降纪实》）记载日本官兵管理所是13个，所收日俘汉口5 455名、黄陂14 412名，孝感7 327名，应城7 105名，岳口14 702名，仙桃镇4 160名，鄂城10 202名，黄冈10 222名，嘉鱼6 400名，咸宁13 344名，金口5 136名，葛店12 750名，团风5 434名。此外的日俘，武汉日本官兵病院管理所有18 782名，武汉日军用交通日本官兵管理所有2 346名，国民党各机关留用日军交通技术官兵11 520名。以上总数为149 297名。

第四节　对日本战犯、汉奸的处理

湖北是日本帝国主义侵略的重镇，是日本侵华主力第六方面军司令部的驻地，日军在境内进行过武汉会战、鄂西会战等战争，犯下战争罪。在这里大批汉奸投降日本，出卖祖国，蹂躏同胞。抗战胜利后，湖北人民与全国人民一道，对日本帝国主义侵华罪行与为虎作伥的汉奸深恶痛绝，强烈要求审判日本战犯和严惩卖国贼。国民政府出于维护统治与准备内战的战略考虑，对日本战犯，根据蒋介石"以德报怨"的政策，宽容地处理。对汉奸依据不同的情况分别处理，总的执行是从宽政策，上演了惩治汉奸的过场戏。

一、以日本战犯的审判

1945年11月6日，国民政府组成了战争罪犯处理委员会，负责日本战犯的处理工作。同月武汉行辕审判战犯军事法庭成立，由汉口地方法院院长刘泽民兼任庭长，湖北高等法院检察长吴俊兼任法庭检察官，湖北高等法院庭长吴献琛、武汉行营军法官李吉清、孙湛兼审判官。至此湖北地区开始处理日本战犯问题。在武汉地区犯有战争罪的主要日本战犯：

国家层面的审判。

冈村宁次（1884—1966），日本东京人。是"中国战区天字第一号战犯"，1938年任第11军司令官，是进行武汉会战日军的最高指挥官。1944年11月出任中国派遣军司令。对湖北人民、中国人民犯下了不可饶恕的罪行，但1949年1月竟被无罪释放。1966年9月6日病故。

园部和一郎（1883—1963），日本熊本县人。1940年3月任第11军司令官，驻汉口。抗战胜利后，被列为重要战犯，后被释放。

冈部直三郎（1887—1946），日本广岛县人。早年毕业于日本士官学校、陆军大学，1932年在上海派遣军司令部任职。曾任华北方面军参谋长、第 1 师团长、驻蒙军司令官、第三方面军司令官、华北方面军司令官等职。1944 年 12 月上任第六方面军司令官，纵兵在湖南、湖北抢劫烧杀。抗战胜利后，被国民政府列为甲级战犯。1946 年 11 月 23 日在监狱病故。

内山英太郎（1997—1973），东京人。1940 年 9 月担任臭名昭著的第 13 师团长，率军在湖北石首、宜昌肆意烧杀抢掠。抗战胜利后，被列为重要战犯被捕，1958 年 4 月假释。

地方层面的审判。

武汉行营（行辕）审判战犯军事法庭 1946 年 5 月开始审判战犯，陆续开庭。

1946 年 7 月 21 日宣判：左藤义雄在军事行动中，教唆士兵残害吴全长，并纵军犬数头，将其尸体吃尽，"尽残酷之情形，世所罕见"，处以死刑。

1946 年 9 月 28 日宣判宫地春吉等在湖北蔡甸谋杀叶朝会案：主犯宫地春吉被判处死刑，吉原善助处有期徒刑 2 年，高井守夫处有期徒刑 1 年。

1946 年 10 月 3 日宣判：石神铁山，日本鹿儿岛人。曾任日军第 106 师团翻译、第 34 师团联络兵，在湖北各县担任特务期间，贩运毒品实行毒化政策，处以有期徒刑 4 年。

1946 年 10 月 24 日宣判山本莲水等案：案犯山本莲水，日本广岛人，汉阳日本宪兵队班长；大石孝雄，大阪人，汉阳日本宪兵队伍长；谷本进。以上案犯在战争期间犯有谋杀、拘留人民予以不人道、破坏财产等罪，判处山本莲水无期徒刑，大石孝雄有期徒刑 2 年 6 个月，谷本进有期徒刑 1 年。

1946 年 11 月 16 日宣判：渡边德治，日本埼玉县人，日军汉口俘虏收容所上等兵，在任职期间任意鞭打、虐待俘虏，处以无期徒刑。宫阪重乡，日军联络官、伪黄冈县政府嘱托，任职期间肆意破坏财产，处以有期徒刑 7 年。

1946年12月3日宣判：土居定夫肆意破坏财产、窃取他人所有物罪，处以有期徒刑7年2月。藤原升于1943年6月在湖北当阳县，与其部下杀害中国军队便衣2名等，被判无期徒刑。长田秋雄连续对非军人施以酷刑，处以有期徒刑10年。

1946年12月4日宣判：日军第16师团第一渡河材料中队小队长伊庭治保因直接实施有计划之屠杀，对非军人施以酷刑、肆意破坏财产、强奸等罪被处以死刑。

1946年12月7日宣判：阪田朝男，日本宪兵分队长，谋害汉口商人张星耀，被判处有期徒刑7年6个月。

12月8日审讯日本独立步兵第5旅团长村上宗治、独立第207大队大队长岛田满雄、第208大队大队长奈须正行、日军十里铺警备队队长谷口敏雄等。

12月17日宣判：山本莲水，日本广岛人，汉阳日本宪兵队曹长。在战争期间虐待俘虏，处以有期徒刑7年。神谷传七，日本爱知县人，汉口日本宪兵队特高科科员、宪兵科长。在战争期间，对非军人施以酷刑，处以有期徒刑10年。田村二男，日本兵库县人，汉口日本宪兵队分队长，以拘留非军人，加以不人道之待遇等罪，处以无期徒刑。早见哲雄被判有期徒刑7年。

此外曾于1944年下令烧死3名美军飞行员的汉口宪兵本队长福田吉、镐木正雄、福田龟洁等8人被引渡到驻华美军战犯军事法庭审理，有5人被判处死刑①。

1947年1月21日，起诉日本第39师团第231联队队长，于1942年至1943年在湖北江陵、监利、石首等县纵令部队屠杀良民，劫夺牲畜，焚毁民宅。

2月22日，公审松下郁二郎（后判无罪）、松下稔三、产田正夫，"违反和平及侵占物质罪"②。

---

① 以上10案的判处见《武汉日报年鉴》1947年度，第53~57页。
② 《武汉行辕军事法庭　审讯三特工战犯》，《武汉日报》1947年2月23日。

2月25日，公审山本英雄、藤冈规矩夫、武藤幸定等14名日本经济战犯。

3月15日，审讯日本第68师团分队长三谷宗明等。

4月18日，判处日军第68师团第57旅团代理小队长高桥敬逸死刑。

7月19日，审判日本驻宜昌宪兵大平折夫有期徒刑10年。

10月25日，公审日军宣抚班班长伊藤、八木太郎、田村宗一等。

11月4日，公审日军第68师团师团长堤三中将。

11月8日，公审战犯远藤一夫。

1948年1月31日上午9时，日本宪兵荆门分遣队队长古川武、长沙分遣队曹长武野上诚因"共同连续谋杀我同胞罪"在汉口中山大道广场被枪决①。

在武汉地区关押、审判的日本战犯均是日本中下级军官。据1947年12月25日制作的《各军事法庭日本战犯审理情况表》获悉，武汉行辕军事法庭共拘留232人，不受理17人，不起诉75人，无罪91人，判有期徒刑18人，无期徒刑5人，死刑5人，未结案的21人②。

二、惩治汉奸的过场戏

抗日战争胜利后，湖北地区的汉奸惶惶不可终日，但国民党政府忙于收复与接收，迟迟没有处理汉奸，引起人民极大的不满。

国民党第六战区司令长官部和国民党湖北省政府"还治武昌"后，大小汉奸仍逍遥自在，激起湖北民众的无比愤怒，纷纷要求政府当局严惩汉奸。1945年9月19日，刚刚回到武汉的湖北省政府主席王东原公开发表谈话时称：对待汉奸，"须遵循元首昭示，以'不念旧恶，与人为善'之传统精神，本悲天悯人之情绪，俾甘心为虎作伥者以自新自赎之机会"③。

---

① 《日战犯两名定今晨枪决》，《武汉日报》1948年1月31日。
② 《中华民国史》（第3编第5卷），中华书局2000年版，第266页。
③ 国民党湖北省政府编：《湖北省政府大事记》（1945年9月17日—1946年2月27日），1946年，第5页，湖北省档案馆藏。

这一讲话无疑是给汉奸们的一粒定心丸。

在各方强烈反映下，10月1日，第六战区司令长官部才正式公布逮捕武汉地区汉奸200余人的名单，同日将伪武汉绥靖公署主任兼湖北省政府主席叶蓬、日伪汉口市市长石星川等57名大汉奸收监。曾任日伪湖北省省长、武汉绥靖公署主任的杨揆一在上海被捕。据国民党湖北省政府编纂的《湖北省政府大事记》称：第六战区司令长官部截至1945年10月9日，共逮捕汉奸109名。又据国民党武汉警备司令部稽查处公布，到1946年年底，共逮捕汉奸800余名。从保存的国民党湖北省高等法院档案获知，高等法院共受理汉奸（含嫌疑）案有1060件。湖北地区惩治汉奸首先是从宜昌开始的，1945年9月中旬，宜昌伪宪兵队侦察队队长李坤、伪县府秘书王差夫等被枪决。到1946年春夏为高潮，湖北的重要汉奸杨揆一、叶蓬由南京高等法院审判，石星川、张孟青等大汉奸由湖北省高等法院审判。

杨揆一（1895—1946），字默庵。湖北鹤峰人。早年毕业于日本陆军士官学校第五期。1932年6月任国民政府驻鄂特派绥靖主任公署参谋长。1936年10月，被授予中将。1937年1月任湖北省政府委员，11月任省政府秘书长。次年任军事参议院中将参议。武汉失陷后，赴香港。1939年投敌，出任汪伪国民党中央执行委员、伪国民党政府筹备委员会委员、军委会常委、军委会办公厅主任、参谋本部主任、伪军事参议院院长等职。1942年任伪湖北省省长、武汉行营参谋长。1944年任伪武汉绥靖公署主任兼湖北省保安司令。光复后被捕，1946年6月24日上午在南京雨花台被处决。

叶蓬（1897—1947），又名一忠、一衷，字字字，一作勃勃。湖北黄陂人。辛亥革命时投入学生军，旋编入湖北陆军小学，后入保定陆军军官学校。毕业后投奔湖北督军萧耀南。1932年后任武汉警备司令兼武汉警备旅旅长、武汉公安局局长等职。1936年3月，叙陆军中将。1939年叛国，任汪伪国民党中央执行委员会中央执监委员、国民政府军委会常委、特任伪武汉绥靖公署主任、伪参谋本部参谋总长、伪陆军编练总监等职。1945 年 3 月，复任伪武汉绥靖公署主任兼湖北省政府主席，省保安司令部司令。10 月被捕，先羁押在武汉，后因于南京军政部看守所，再转老虎桥监狱。1947 年 9 月 18 日在南京雨花台刑场正法①。

石星川（1880—1948），字汉舫。湖北阳新人。早年留学日本陆军士官学校，其间加入中国同盟会。归国后曾任奉天二十镇标统。民国时期，曾任湖北陆军第 1 师师长（加陆军中将衔）、湖北靖国军第 1 军总司令、将军府平威将军等职。1939 年 4 月应日本陆军特务部长之邀请，任伪武汉市参议府副议长、议长及湘鄂赣三省财务委员会主任委员、伪中江实业银行董事长、伪国民党中央执行委员。1943 年 10 月，出任伪汉口市市长。1946 年 4 月 7 日，湖北省高等法院以"通谋叛国、图谋反抗本国"罪，判处石"死刑，剥夺公权终身"②。后经国民政府参军长商震，以其护法战役（靖国军）有功为之说情，改判无期徒刑。1948 年 7 月 22 日病死狱中。

张孟青，上海人。日伪时期，担任汪伪军事委员会政治保卫部武汉区区长、武汉行营少将参议，为武汉地区的日伪特务头子，罪恶累累。1946 年 11 月 30 日，湖北省高等法院宣判处张死刑，"剥夺公权终身，全部财产除酌给家属生活所需外，没收"③。事实上这个判决并未执行，张后获释，安居上海，1984 年病故。

截至 1947 年年底，湖北有 32 人经南京首都高等法院审理被判处死刑，64 人被判处无期徒刑。大多数汉奸在国民党各级官吏的庇护下得以偷生。包庇大汉奸邹平凡是其中最典型的例子。邹平凡，别名邹穷。四川丰都人，为中央军官学校第六期。抗日战争时期，投靠日本帝国主义，1943 年 5 月任伪军第 29 师师长，次年任中将参赞武官，后任伪武汉行营第 14 军军长。日本投降时，他"领导伪军十余万人"④。蒋介石为了

---

① 《巨奸叶蓬伏法》，《武汉日报》1947 年 9 月 19 日。
② 《石逆星川案》，《武汉年鉴》（1947 年度）"司法"第 25 页。
③ 《高院昨宣判张孟青死刑》，《武汉日报》1946 年 12 月 1 日。
④ 《郭忏被弹后备》，《武汉日报》1946 年 12 月 1 日。

反共反人民的需要，委任他为武汉守备总指挥兼新编第 21 军军长，他"乃挟其武力，劫取掠夺，无恶不为，其私有赃物财产，在武汉三镇者以亿万计，凡武汉人民当时目睹此情形者，莫不切齿"①，纷纷上书蒋介石，要求严惩。邹则用掠夺的黄金、现款、房屋向郭忏等"进贡输诚"。第六战区司令长官面请蒋介石对邹免究，"业蒙俯准"②。1945 年 10 月 23 日，他被委任为第六战区少将参议，次年举家迁往上海。解放前夕，逃往海外做寓公。

日伪第 13 军军长李宝琏和伪省保安司令部参谋长兼省警务处处长公秉藩也被蒋介石分别委任新编第 5 军军长、第 4 军军长。一日之间，这两个大汉奸也与邹平凡一样，成为"国军"高级将领。10 月 6 日，李、公部队分别编入国民党第 92 军、第 75 军。何应钦还致电李、公两人，称其"深明大义"③。国民党政府任李、公为第六战区长官部少将参议。

有些汉奸，省市政府却不闻不问，任其外逃。如汪伪国民党汉口市党部主任委员兼社会福利局局长王锦霞、伪汉口市财政局局长李鼎安均属"缉捕"对象，却无人去缉捕，让他们逃匿上海。有些汉奸用金钱走接收大员的路子，逍遥法外。如汪伪国民党中央通讯社武汉分社总编辑汤锡元，因与国民党中央通讯社武汉分社主任徐怨宇通了"关节"，无人敢动。文化汉奸、汪伪新市场（今民众乐园）的负责人王某，在负责接收的国民党市党部委员郭寄生的包庇下，摇身一变而成为有功的"地下工作者"，继续担任新市场的经理。有的汉奸虽被捕入狱，却用金钱得以无罪释放。汪伪国民党汉口市党部委员、海员特别党部委员和日伪合利公司董事长丁子璜，用金钱大肆活动，只关了 15 天"优待号子"便获释。汪伪武汉市党部机关报《大楚报》总编辑关永吉，被判刑 7 年，"各

---

① 《郭忏被弹后备》，《武汉日报》1946 年 12 月 1 日。
② 《郭忏被弹案真相》，《武汉日报》1946 年 12 月 6 日。
③ 《李宝琏等自动请编蒙嘉慰》，《武汉日报》1945 年 10 月 17 日。

方咸叹其轻",他只用150万法币便获假释。伪《火炬周刊》社长、总编辑张某,因通关节,"安然出狱"①。无恶不作的日清公司买办高云清,也因金钱关系,被判以无罪。连国民党国防部的机关报《和平日报》也不得不质问:"高云清怎么会'无罪'?他会作恶,由小奸变成大奸;他会刮钱,是八大金刚之一;他会活动,买通日俘房作证。"② 姚春阶是日伪警察总监部特高科科长、武昌警察第二分局局长,日本帝国主义的忠实走狗,曾因"功劳卓著"而获日军颁发的"感谢奖"。这样一个罪恶满盈的大汉奸也因为有金条,竟以国民党"地下工作者"之理由,"当庭交保"。武汉民众"无不愤慨"③,当局只好又将其收监。姚复通过关系,由军统武汉办事处主任鲍志鸿出面,只判了2年徒刑。

对于在汉的为日军服务的台湾籍高级人士,如伪武汉绥靖主任公署参谋长赖春贵,《武汉报》总编辑、日文化协会武汉分会常务理事兼总干事庄泗川,《大楚报》社长张榆芳等,皆因从轻处理台籍战犯的文件④,将他们无罪释放返回台湾。

对于国民党地方当局如此"惩治"汉奸,社会各界反应强烈,连国民党中宣部机关报《武汉日报》也不得不承认,"由中央到地方,接收的贪污,汉奸的包庇,把光复后应该光明的局面,搅得一团糟,真太伤了善良的小民的心!"⑤

---

① 《两文化汉奸竟巧使神通》,《武汉日报》1946年12月21日。
② 《高云清怎么会"无罪"》,《和平日报》1946年12月21日。
③ 《汉奸姚春阶》,《和平日报》1946年4月8日。
④ 有关文件要求军法、司法机关"审理台籍战事人犯时,应同情处境,勿与日本战犯同等处分,并勿强作中国国籍而判汉奸罪"。见《武汉日报》1947年3月7日。
⑤ 《关于各县汉奸转任公职人员》,《武汉日报》1946年12月18日。

第十章 解放战争时期的湖北

第一节 南京国民政府在湖北统治的没落

1945年8月，中国抗日战争取得了伟大的胜利。战后围绕着中国将向何处去，即建立一个什么样的国家的问题，国共两党进行了最后的较量。国民党坚持独裁、内战的方针；中国共产党主张建立联合政府，坚持和平建国的方针。为了实现国内和平，在重庆谈判中，中共主动提出让出包括湖北在内的南方八块根据地，并将这些地区的军队调往北方。然而南京国民政府在美国政府的支持下，首先在湖北境内发动了全面内战。国民党湖北省各级政府是国民党在湖北统治的支柱，在激烈的国共较量中，省政府四易其主，也无法挽救其灭亡的命运。

一、国民党湖北省政府"还治"武昌

1945年8月，中国人民以国共两党合作为基础的全民族抗战，终于取得了伟大的胜利。湖北人民和全国人民一样，无不欣喜若狂，欢庆胜利。中国共产党领导的鄂豫边区（10月改为中原解放区）党政军民举行了盛大的庆祝活动。在国民党湖北省政府所在地恩施，国民党中宣部机关报《武汉日报》、省政府机关报《新湖北日报》发表了号外。恩施民众举行庆祝集会和火炬游行。8月15日下午，日本投降的喜讯在日伪统治下的武汉三镇迅疾传开，饱受日本帝国主义蹂躏的武汉人民无不拍手称快。

国民党湖北省政府根据行政院的命令，立即布置"还治"武昌的工作。8月15日，省政府成立了湖北省复员委员会。8月18日，省政府领

导的湖北地方行政研究会成立。9月3日，省政府主席王东原令国民党鄂东行署主任兼保安司令李石樵日夜兼程赶到武汉，成立了湖北省政府武汉临时办事处，开始接收日伪省政府的一切公物。

9月17日，湖北省党部、省政府首脑劭华、王东原等与第六战区司令长官孙蔚如等一行200余要员乘船抵汉。20日，王东原在省政府宣布省政府正式办公；并决定撤消武汉临时办事处，另设省政府主席驻汉办公室，由省政府委员刘公武主持，办公地点在汉口黄陂路物华馆；决定对敌伪在湖北省内的各种事业，除军事范围外，均由省政府主管各厅处负责接收。随后取消因抗日而设置的鄂东、鄂北两行署，恢复第二专员公署①。经调整的省政府主席为王东原。

省府下辖八个行政区，其督察专员分别是沈清尘、蔡文宿、彭旷高、杨世英、程式、钱法铭、于国桢、张浩然。11月1日成立省政府鄂西办事处，主任黄仲恂，管辖第七区各县及第六区所辖之五峰、长阳、宜昌、宜都、兴山、秭归等县。

1945年9月11日，国民政府免去吴国桢的汉口市市长职务，任命徐会之②继任。同年10月1日汉口市政府正式成立，为省辖市，下设民政、总务、社会、教育、地政、田粮6科，人事、会计2室和警察、财政、工务、卫生4局，另设日德侨民管理处和市政财政委员会。1947年3月26日，经国防最高委员会第225次会议，决定将汉口市改为行政院直辖市。武昌市成立于1946年10月10日，市长杨锦昱，1948年将汉阳城区并入。

在军警方面，国民党进一步强化。1945年9月14日，军事委员会任命第六战区副司令长官郭忏兼任武汉警备总司令。同月28日，武汉军

---

① 国民党湖北省政府编：《湖北省政府大事记》（1945年9月17日—1946年2月27日），1946年，全宗号5857，湖北省档案馆藏。
② 徐会之（1900—1951），原名徐亨。湖北黄冈人。为黄埔一期，历任师军政处处长、行营政训处处长、第五战区政治部副主任、湖北行署主任、总统府参军等职。1951年11月在台湾遇难。

警联合警察处开始办公,由国民党第 66 军副军长阮齐兼任处长。12 月 20 日,蒋介石特派程潜为军事委员会委员长武汉行营主任,薛岳、唐式遵、孙蔚如为副主任。1946 年 4 月 6 日,任郭忏为副主任兼参谋长。该行营下辖第六靖绥军(总司令周碞)、第七靖绥军(总司令王陵基)和武汉警备司令部,所辖区域为湘、鄂、赣三省及豫、皖边。

随着国民党湖北省党政机关"还治"武昌,国民党的宣传机构也纷纷从大后方迁回武汉。《武汉日报》(社长宋漱石)于 8 月 28 日首先在汉口出版了"光复版第一号"①。同月 30 日,国民党中央通讯社武汉分社主任徐怨宇乘飞机赶到武汉,立即接收日本同盟社汉口支局等日伪新闻机构。9 月 7 日,《新湖北日报》武汉临时版发行。11 月 2 日,国民党国防部的机关报《扫荡报》更名为《和平日报》汉口版(社长刘威凤)复刊。

抗战胜利前夕,国民党为了欺骗民意,抵制中共提出的联合政府主张,宣布结束所谓训政,"召开国民大会,实施宪政"②。为此国民党制定了《促进宪政实施之各种必要措施》,规定在 6 个月内,各省市县临时参议会应依法成立选举,俾正式成立市县地方民意机关。市县参议会已过半数的省,可依法选举成立省正式民意机关。

1945 年 10 月,国民党湖北省政府公布了成立省市县各级民意机关的实施办法,规定 1946 年 3 月 15 日为省市县参议会的选举日期,同年上半年度已成立临时参议会的恩施等 43 个县均应成立正式参议会,其余县可先成立临时参议会。命令下达后,省市县参议会在激烈的倾轧中先后成立。1945 年 10 月 1 日,利川、松滋两县首先成立了县参议会,接着恩施、五峰等县在同月成立了县参议会,到国民党湖北省政府规定的选举日期时,实际成立的县参议会已达 43 个。

---

① 《新湖北日报》,1945 年 8 月 31 日。
② 《本党政纲政策案》,1945 年 5 月 18 日,《中国国民党历次代表大会及中央全会资料》(下),光明日报出版社 1985 年版,第 932 页。

1946年4月26日,湖北省参议会成立,会期17天,共提案234件,会议最后一天(5月15日),选出省参议员68人,议长何成濬,副议长习文德。同年8月10日,汉口特别市参议会成立,市参议员53人,议长张涤川。1947年9月,武昌市参议会成立,市参议员30人,议长杨敦三。至此,湖北全省72个市县参议会全部成立。见表10-1。

表10-1 湖北省、市、县参议会成立一览表
(1945年10月—1947年9月)

省、市、县名称	议　长	成立日期
利川(利川市)	牟鸿彦	1945年10月1日
松滋	胡人佛	同上
五峰	王尚志	1945年10月10日
恩施(恩施市)	李子尚	同上
郧县	何承浩	1945年10月20日
秭归	林树藩	1945年10月26日
罗田	胡心矩	1945年10月29日
自忠(宜城)	杨有馥	1945年10月30日
浠水	皮宗荣	1946年11月1日
荆门(荆门市)	许衡峰	同上
枝江	张春霆	同上
保康	韩疏东	同上
宜都(枝江市)	王福绪	同上
长阳	周临川	同上
来凤	黄祈若	同上
建始	张文和	同上
巴东	向光明	同上
鹤峰	覃遵坤	同上
咸丰	冯子恭	同上
房县	娲烟六	同上
均县(丹江口市)	郭　立	同上
竹山	王子宣	同上

续表

省、市、县名称	议　长	成立日期
郧西	吴丕基	1945年11月1日
南漳	夏云青	1945年11月5日
光化（老河口市）	袁国湘	1945年11月10日
谷城	方思近	同上
竹溪	李　燕	1945年11月12日
襄阳	冯子国	1945年11月18日
公安	谢啸秋	同上
宣恩	周之翰	1945年12月1日
兴山	陈　联	同上
通山	夏廷襄	1945年12月6日
通城	续大亨	1945年12月12日
英山	汪恭文	1945年12月15日
广济（武穴市）	周锡祺	同上
蕲春	张准绳	1945年12月20日
麻城（麻城市）	潘龙光	同上
崇阳	王镜远	1945年12月24日
钟祥	崔志鹏	同上
阳新	石潭龙	1945年12月31日
枣阳（枣阳市）	王之相	1946年1月10日
宜昌	龙汇东	1946年3月16日
省参议会	何成濬	1946年4月26日
京山	伍祥麟	1946年5月30日
潜江	袁应环	1946年6月15日
当阳	黄　铸	1946年7月26日
汉口市	张涤川	1946年8月10日
咸宁（咸宁市）	李辉武	1946年8月15日
监利	吴祖耀	1946年9月16日
江陵	温方正	1946年9月20日

续表

省、市、县名称	议　长	成立日期
黄梅	童刚方	1946年10月1日
石首	李庚申	1946年10月10日
汉阳	邹耀墀	同上
随县（随州市）	谌文轩	同上
汉川	王华仿	1946年10月31日
黄安（红安）	王楚材	1946年11月15日
应城	余一波	1946年11月16日
大冶	卢宗吕	1946年12月1日
嘉鱼	管慎之	1946年12月15日
应山（广水市）	张　铎	同上
云梦	王　勉	1946年12月16日
武昌	夏家鼎	1946年12月20日
安陆（安陆市）	彭柄文	同上
黄冈（黄州市）	徐源泉	同上
天门（天门市）	李惠明	1946年12月24日
礼山（大悟）	胡伊伯	1946年12月30日
沔阳（仙桃市）	喻慎独	1947年1月30日
黄陂	詹　钧	1947年3月16日
蒲圻（赤壁市）	徐步青	1946年3月17日
孝感（孝感市）	朱澄宇	1947年3月28日
武昌市	杨敦三	1947年9月4日

资料来源：《湖北省（市）县参议会成立概况表》，《湖北选务》第3期，1947年10月。

二、中原地区国共谈判

中原解放区，亦称鄂豫皖解放区，是抗日战争胜利后，为了适应新的形势，由中国共产党领导的新四军第5师创建的豫鄂边区抗日根据地改名而成。中原解放区跨越鄂、豫、皖、湘、赣5省交界的广阔地区，拥有人口1 300余万。在日本投降时，下辖8个地方委员会、专员公署、军分区，11个中心县，66个党政军组织齐全的县级政权。新四军第5师兼鄂豫皖军区，部队发展到5万人。民兵30万人，成为中共领导的六大战略区域之一。它位于蒋介石集团从四川东下，抢夺战略要地和抗战胜利果实的必经通道。

1945年8月，抗战刚结束，蒋介石便调兵遣将，集中第五、六、九、十等战区20多个师及9个游击纵队，并勾结日伪军，扑向中原解放区。

中共中央最初制定了坚持中原的方针。为了加强这一地区的力量，中共中央军委命令王震率领的八路军第359旅南下支队（时称湖南人民抗日救国军）北返中原，王树声率领的河南（嵩岳）军区及冀鲁豫军区第8团南下。10月，这两支主力部队和新四军第5师在河南桐柏地区会师。随后中共鄂豫皖中央局改称为中共中央中原局，郑位三为代理书记。中原局下设江汉、鄂东和河南3个区党委。

同时组建了中原军区，下辖第1、第2两个野战纵队和江汉、鄂东、河南三个军区。其战斗序列：中原军区司令员李先念、政治委员郑位三，副司令员王树声、王震（兼参谋长）。第1纵队司令员王树声兼，政治委员戴季英，参谋长熊伯涛；第2纵队司令员文建武、政治委员任质斌、参谋长方正平；江汉军区司令员贺炳炎、代政委郑绍文；鄂东军区司令员张体学（代理）、政委聂洪钧（代理）；河南军区司令员韩东山、政委刘子久。全军区共6万余人。

1945年12月，中原军区部队经中共中央同意，实行战略转移，向皖东新四军军部靠拢。

1946年1月10日，国共同时下达停战令时，中原军区部队集结在鄂豫交界的罗山、光山、经扶、礼山（今大悟）一线待令。国民党30万大军竟将这支部队战略包围，将中原军区主力部队和所属江汉、鄂东、河南三个军区分割成"品"字形，把第1、第2纵队压在以宣化店为中心的狭窄地带。国民党军队违背停战令，不断挑起战火。据不完全的统计，在停战令下达后 1 个多月内，国民党军队侵占中原解放区 56 个中小城镇。中原部队 6 万余人和 40 万群众被围困在不及 200 华里的贫瘠山区。时值春荒，中原解放区军民陷入十分困难的境地，"草根树皮也将食尽，千余伤病战士，无医无食，惨不忍言"①。

停战协议签订后，中共中央考虑到中原解放区形势恶劣，极可能成为全面内战的爆发点，为了挽救和平，也为了使中原部队摆脱困境，中共中央确定中原部队实行战略转移的方针。中共中央为此与国民党当局在政治、军事两条战线上展开斗争。1 月 19 日，北平军调部特派第五、第六战区军调处小组（后称第 9 小组、汉口小组）前往中原地区负责监督、制止战事。1 月 23 日，汉口小组与中原军区副司令员王震、国民党第 47 军军长陈鼎勋、第 66 军军长宋瑞珂签订了中原地区第一个停战协议——《罗山协议》，主要内容是：国共双方必须严格遵守停战令；中原军区得在其驻地之外地区之间运输给养，在进行给养运输时，国民党军队同意绝不阻挠干涉；国共双方军队在国共问题未获得解决之前，均停止于现驻地区，不得向对方所驻地区前进②。1 月 29 日，汉口小组在礼山禹王城，与中原军区司令员李先念签订了《中原临时停战协议》，对前一个协议作了补充。

但是国民党军队根本不执行这两个协议。2 月初，周恩来、叶剑英分别与国民党交涉，请允许中原主力部队合法转移。蒋介石却以各种借口要中原部队"缓调"③，企图利用优势兵力将其消灭。2 月 26 日，武汉行营成立，下设第六、第七"绥靖"军，其主要任务就是配合郑州"绥靖"公署"围剿"这支孤军。

为了解决中原地区的战事，3 月 5 日，周恩来、马歇尔（C. Marshall）和张治中军事三人小组从延安飞抵武汉，叶剑英、郑介民和罗伯

---

① 《为新四军第五师呼吁》（社论），《新华日报》1946 年 3 月 18 日，第 2 版。
② 《罗山停战协议签订》，《新华日报》1946 年 1 月 28 日，第 1 版。
③ 《郑位三、李先念致中央并叶剑英等电文》，1946 年 2 月 16 日。

逊等北平军调部委员同行。下午,军事三人小组与中原军区李先念、国民党武汉行营代表等在汉口杨森花园举行会谈。在谈判中,国共双方再次确认《罗山协议》和《中原临时停战协议》有效,同意在汉口设立中原军区办事处(3月12日成立,处长郑绍文)。

第二天,军事三人小组离开武汉。当周恩来步出住地德明饭店时,许多工人、学生、市民将他团团围住,热烈鼓掌,一些人激动得眼角挂着泪花。从德明饭店到机场的路旁挤满了群众,以致汽车开得比人走的速度还慢。武汉的报纸称这一天是抗战胜利后最令人激动的日子。

国民党的基本方针是用战争解决中共问题,在中原地区尤其如此。它依靠超过中原部队5倍的优势兵力,企图一举将中原部队歼灭。5月2日,蒋介石从西安飞抵武汉,进一步布置围歼中原军区的计划。

为了制止内战,5月5日下午2时,周恩来与国民党军令部部长徐永昌飞抵汉口,与先期到达的美国特使马歇尔的代表、北平军调部执行处处长白鲁德会合。他们立即与国共有关军事负责人及军调部第9小组举行会议。会上,周恩来再次要求尽早将被包围的6万部队撤出。第二天,周恩来和徐永昌的代表——武汉行营副参谋长王天鸣、白鲁德及第9小组、记者等一共50余人,冒着大雨前往中原军区所在地宣化店。

5月8日中午,周恩来等抵达宣化店。随即同王天鸣、白鲁德听取中原军区关于国民党军队对中原解放区围攻的情况。王震揭露:"政府是用包围的方式封锁中原军区的,在东北方向,从安陆经信阳直至黄陂,顺大别山脉直至平汉铁路南段沿线,由周嵒将军指挥,纠集了10个军26个师的兵力,用上弦月形的准备进攻姿态,企图一鼓而消灭人民军队!"① 中原军区提出解决中原局势的两个办法:一是国民党军队停止军事进攻,确实承认中原解放区在抗战八年中的功绩和地位;二是让中原部队撤出中原地区,并确保部队转移时的安全。

---

① 戴剑秋:《和平的旅程》,《和平日报》1946年5月12日。

次日，军事三人小组返汉。同日第 9 小组附属小组，即第 32 小组（亦称光山小组）成立，常驻光山、宣化店一带监督停战。

5 月 10 日下午，军事三人小组达成了《汉口协议》，主要内容：（1）国民党武汉行营、中共中原军区、长江以北有关部队之指挥部，应立即下达命令，制止本地区之小规模战斗及步哨冲突。（2）凡违反原停战协议之部队移动，应立即停止，但停战命令中所规定允许之部调动，如为行政上之调动者，可继续实施，惟应事前通知执行小组。（3）上述地区应立即停止新碉堡及永久工事之建筑。（4）双方指挥官应迅即派出联络军官，与执行小组联系，以确定对峙部队之界线。（5）同意遣送中共军队伤病员 1 000 名，眷属 100 人及医务人员共 60 人。（6）同意由双方指挥官应立即交换被拘人员名册，凡确认为政治犯或战俘，应于本年 6 月 1 日前释放。（7）同意保证中共中原军队的复员人员在返回目的地途中的安全①。

《汉口协议》虽然很快被国民党当局撕毁，但它揭露了国民党假谈判、真内战的本质，推迟了全面内战爆发的时间，为中原部队突围做好了充分准备。5 月 12 日，根据这个协议，中原部队 700 多名伤病员、眷属及医务人员和干部安全转移到华北解放区。

三、全面内战爆发前后的湖北政局

战后湖北政局严重不稳，这是国民党坚持独裁、内战方针造成内外矛盾激化在湖北的结果。"官邪"是国民党腐败政治的缩影，是官僚资本政治制度温床里繁殖出来的毒瘤。贪官污吏遍及城乡，所谓"亲民之官"的县长，绝大多数是肆意朘削乡民的"苛扰"之官②。孝感县县长傅孟根侵占公款 6 000 余万元。案发后，省政府不采取任何措施，任其潜逃

---

① 《中原的初步协议》，《解放日报》1946 年 5 月 12 日，第 1 版。
② 《请省府慎重县长人选案》，《湖北省参议会第一届第一次大会开会记录》，第 129 页，1946 年 4 月，湖北省档案馆藏。

到汉口。他居然在《和平日报》上为自己的不法行为辩解，令孝感县公民"惊骇莫名"①。

应山县县长陈汉雄贪污渎职，被县参议员黄克检揭发。陈怀恨在心，伙同县警察局督察长将黄"凌迟杀死，抛尸城外"②。地方人士多次要求省政府究办，但省政府迟迟不作处理。后迫于压力，派省保安副司令吴良琛将他带往省政府，途中吴竟将其放走。新任县长余子明上任不到一年，又因贪污复被揭发，省政府不加追究，仅予免职；离职时，因交办手续未办理，擅自到广水欲去省城。广水县参议员左文才请他回县城办手续，省政府竟下令拘捕左文才！但以上三个县长的罪行与省政府主席王东原③的贪赃枉法比起来。就是小巫见大巫了。

1946年2月21日，湖北省临时参议会第二届第六次会议向国民党监察院提出王东原"壅塞中央德义，纵容官僚贪污，泛支移存款项，破坏人事制度，妨害言论自由各项"的电文，据此国民党监察委员马耀南等6人联名，于4月向国民政府提出弹劾王东原案④。此案经监察院院长于右任转交国民政府政务惩戒委员会审议，并呈交蒋介石备案。

弹劾案中列举王东原的罪状有：

第一，纵容部属贪污并蓄意庇护。抗战胜利后，王将日伪的华光轮交给亲信、省政府秘书处第二科（事务科）科长叶竞雄，使之私自出租，从中牟利。1945年12月3日，该轮沉没，58人遇难。案发后，他让叶

---

① 《孝感公民王曜祥等代电》，《湖北省参议会第一届第二次大会会刊》，第135页，1946年12月，湖北省档案馆藏。
② 提案第39号，《湖北省参议会第一届第二次大会会刊》，第166页。
③ 王东原（1899—1997），原名修埔。安徽全椒人。早年在保定军校第八期毕业，历任国民革命军第15师师长、第73军军长、第32集团军总司令、第六战区副总司令长官、政治部副部长。1935年4月被授予中将，为国民党第六届中央执行委员。1944年始任湖北省政府主席。王东原1949年去台湾，晚年旅居美国，1997年在台北病逝，著有《浮生简述》。
④ 《国民党政府监察院弹劾湖北省政府主席王东原任用私人合流贪污等违法情形的呈文》，1946年4月，中国第二历史档案馆藏。

逃遁，"以为掩饰卸责之计"。石首、大冶、咸丰等县县长均贪污甚巨，案发后，经有关部门调查核实，报请王处置。他迟迟不作处理，以致让他们从容逃逸，逍遥法外。

第二，滥支移存款项自肥和收买僚属。前省政府主席陈诚移交余款1亿元和各厅处存款利息，王不交公库，大多中饱。从1945年12月起，王表示将每月送议长4万元，副议长、秘书长3万元，驻会委员各2万元，以利诱"民意机关加入贪污集团"。

第三，横征赋税，闹得湖北境内民不聊生。湖北经战争的创伤，生产遭到很大的破坏，胜利之年又遭天灾。国民政府曾下令豁免1945年田赋，以利军粮征购。王东原竟扣豁免命令，严令各县于两个月内催收完竣，闹得"各县民众在两个月内所受勒逼追呼之痛苦有过战时，怨仇沸腾，危机四伏"。

第四，任人唯亲，败坏吏治。他破坏县长人选要由省民政厅考核提名的规定，竟径自安排亲信，大量任用贪官污吏，造成钻营腐败成风，"湖北吏治之坏，实以今日为极峰"。

第五，妨害省议员言论自由。对省议会秘书处发出的新闻稿，悍然实行封锁，对各议员质问省政府"黑幕"的言论，横加干涉，封锁消息。

王东原案是国民党陈诚派和CC派在湖北的一次较量，湖北地方的政客也企图从中渔利。蒋介石为了调和国民党内部派系在湖北的矛盾，在发动全面内战前夕，对湖北省政府进行了重大的人事调整。1946年4月9日，国民政府行政院免去王东原湖北省政府主席职务，调任湖南省政府主席，由万耀煌①继任。

---

① 万耀煌（1891—1977），字武樵。早年名万奇，晚年自号砚山老人。湖北黄冈（后划为新洲，今属武汉市）人。早年就读陆军大学。民国时，历任国民革命军师长、军长、军团长、陆军大学教育长、总统府顾问。1935年4月被授予中将，为国民党第六届中央监察委员。1949年去台湾，晚年联络旅台湖北同乡，创办《湖北文献》季刊。1977年1月31日病逝。著有《万耀煌回忆录》、《砚山老人杂忆录》等。

万耀煌主政湖北二年，正是国民党发动全面内战并由胜转败的时期，他忠实地执行国民党进行内战的方针。1946年6月下旬，以国民党军队围歼中原军区部队，中原部队突围为标志，挑起了全面内战。湖北成了这场危机的中心地带，湖北人民深受其害。新成立的省政府立即调动全省的政治、军事、经济等方面力量，大力支持国民党军队的"围剿"。

在国民党湖北当局的煽动下，湖北地区掀起了反共恶浪。国民大会代表何成濬、孔庚、张知本等上书蒋介石，诬称中原解放区在抗日期间，利用机会在沦陷地区"尽量发展实力"，鄂省72县市"被'匪'扰害者已超过半数以上"。他们要求国民党最高当局派大军"围剿"中原军区部队①。在省参议会第一届第一次大会上，一些参议员要求政府对中共军队，"当机立断，迅予剿办，以救民命而固国本"②。在汉口特别市参议会第一届第一次会上，通过《呈国府主席戡定内乱电》等。省政府和省保安司令部加强省保安队团队和各县自卫武力，以协助国民党正规军"围剿"中原军区部队；并整编保甲，以维持地方治安。

1947年6月，战争发生了根本性变化，以刘邓大军挺进大别山为主的南进中原的战略展开，标志着中国人民解放军战略进攻的开始。7月4日，蒋介石公布了《全国总动员令》，继而颁发《立即动员戡乱完成宪政实施大纲》，企图调动一切人力、物力、财力和军事力量，实现所谓的"戡乱建国"。南京国民政府命令万耀煌在鄂东各县加强地方"自卫组织，实施坚壁清野"，并将"武昌以下所有大江内湖船只，入晚均分段设站控制于南岸"③，以防止刘邓大军渡过长江。万耀煌立即采取紧急措施，命

---

① 《国大代表湖北省代表呈蒋介石加派大军"围剿"共军的代电》，全宗号1，案卷号4171，湖北省档案馆藏。
② 提案第30号，《湖北省参议会第一届第一次大会会刊》，第42页，1946年12月，湖北省档案馆藏。
③ 《湖北省政府主席万耀煌致行政院院长电》，1947年10月20日，中国第二历史档案馆藏。

令"专员以'剿匪'为唯一任务，有权处理防剿一切事宜"，并得撤换不适应"剿匪"的县长；"县长得暂改县府组织成为战时体制，以适于机动为原则"，"县长须确实掌握及训练民众使成为有力部队"；所谓匪区的大量税捐收入，县长可以留用以"剿匪"；初中以上学生一律进行军事训练①。

战后全省71个县，受到战祸之灾已过半数。国民党军队所到之处，大肆掳掠烧杀，使鄂西北广大农村十室九空。1946年是湖北灾害较少的年份，但省参议会议长何成濬也不得不承认："经多次战役，荒芜田亩，迄未恢复，沿汉宜公路昔日膏腴之区，到处可见高达数尺的丛草灌木，鄂南崇阳、通城一带，则数十里无人烟。"② 国民政府全然不顾，强行征收军粮，规定自1945年10月1日至1946年9月30日征粮年度内，湖北省配购军粮9 056万斤。然而湖北处在战乱和严重灾荒之中，已经严重缺粮，省政府仍然强掠硬夺，实征8 000万斤，虽然没有完成国民政府规定的数字，却达全国总征额的20%。

四、国民党各级政权在湖北的覆没

1948年4月5日，南京国民政府免去万耀煌的湖北省政府主席的职务，由张笃伦继任。张笃伦（1892—1958），号伯常。湖北安陆人。在辛亥革命中，参加了阳夏战役，后参加护法、北伐等战役。抗战胜利后，任重庆市市长，为国民党第六届候补中央监察委员，是政学系的核心人物之一。

张笃伦主鄂10个月无所作为。他的靠山是张群、蒋介石，但到年底，却一反常态，积极参加桂系策动的湖北和平运动。次年1月辞职，应张群之邀赴重庆出任西南长官公署秘书长。

---

① 《湖北省政府主席万耀煌致行政院院长电》，1947年10月20日，中国第二历史档案馆藏。
② 黎少岑：《一年来的国内经济》，《湖北论坛》第2卷第1期，1947年1月。

1949年2月，湖北省政府和汉口特别市人事进行了重大变动。2月4日，汉口特别市市长徐会之辞职，13日晏勋甫①接任。2月21日，经白崇禧提名，南京国民政府任命朱鼎卿②为湖北省政府主席，让他去"跳火坑"，当"替死鬼"③。他领导的省府是民国时期湖北的最后一届省政府。

局势的飞速发展决定了最后一届省政府几乎没有什么活动的空间，这一点朱鼎卿上任前就十分清楚。新政府的委员们经过反复讨论，起草了"湖北省施政重点"，共有8项，主要是精简机构、实行战时体制、改革土地、实行全民自卫、节制资本、实行财产累进税等，这个被视为"起死回生"的方案，由连工资都无法支付的政府来实行，其命运只能是胎死腹中。

南京解放后，白崇禧决定放弃武汉，退保广西。武汉强化了黑暗统治，4月25日，武汉警备司令部颁发了所谓"确保治安防止奸宄分子捣乱"的10项禁令，对于"阻挠政令、反抗政府者"、"破坏社会秩序、扰乱治安者"、"造谣惑众者"、"聚众暴动者"、"煽动罢工、怠工者"、"鼓动学潮者"、"抢劫掳掠者"、"操纵金融者"、"未奉我军事高级长官命令而破坏物资交通、通讯者"、"泄露军机、刺探军情者"均处死刑④。同时省政府开始实施"应变方案"，设立鄂西、鄂北、鄂东南行署，准备撤退。

5月1日，华中军政长官公署在武昌设立指挥部。同日，武汉疏散

---

① 晏勋甫（1893—1961），湖北汉川人。1910年参加中国同盟会，1919年毕业于北京陆军大学，后曾任湖北省政府委员、南昌行营第二厅厅长、武汉行营第一处处长、军令部第四厅厅长、国防部测量局局长等职，1938年3月晋升中将。
② 朱鼎卿（1902—1982），乳名万均。湖北黄冈（今武汉市新洲县阳逻镇）人。早年毕业于云南讲武堂第18期，曾参加北伐、抗日战争，历任第13师师长、第86军军长、第十集团军副司令、第九补给区司令等职，1948年9月晋升中将。
③ 朱鼎卿：《从就任湖北省政到川西起义的经过》，《湖北文史资料》第9辑，1984年。
④ 《武汉警备司令部关于确保治安防止奸宄分子捣乱的十项办法》，1949年4月25日，武汉市档案馆藏。

委员会通知党政机关全体职员、社会团体的成员及其眷属，往华南、西南撤退。5月8日，武汉城防司令部宣布武汉进入战时状态，实行军事管制。从5月9日起，华中军政长官公署对粤汉铁路全线控制，实施军运。5月13日，武汉警备区汉阳指挥部再次颁布戒严规定，将戒严时间提早由每晚10时起至翌晨6时止；戒严时，一切公私活动均应停止，住户一律熄灭灯火，"违者准由治安机关拿办"；各住户应一律关闭门户，"违者视同乱党剿办"；自即日龟山为军事戒严区，禁止一切人等接近，"违者准由守军格杀勿论"；"违犯警备部队紧急维持治安措施办法者，一律处死刑"①。5月15日，武汉区守备司令鲁道源发表了所谓撤离武汉的书面谈话，标志着国民党在湖北统治的终结。

蒋介石、白崇禧万万没有料到，曾经效忠于国民政府的汉口特别市、武昌市政府和湖北省政府首脑在中国人民解放军的强大攻势下，先后顺应历史的潮流，走向了光明之路。5月15日，汉口特别市市长晏勋甫、武昌市市长蒋铭，在解放军进入武汉前夕宣布起义。

在桂系完全撤离武汉的前3天（5月12日），朱鼎卿就擅自逃往长沙。7月到达鄂西，在恩施重组省政府，又被湘鄂边区公署主任宋希濂排挤，以致省政府无粮无钱。11月恩施解放，朱在万县将从鄂西溃逃的省机关职员和部队收编为第三兵团，隶属川鄂公署建制。12月，第三兵团逃到四川新都，朱鼎卿对国民党彻底绝望，遂于12月26日，率所部8 000余人宣布起义。新中国成立后，朱鼎卿任民革湖北省副主委，第3、4、5届全国政协委员，湖北省政协副主席等职。

第二节　国共军事殊死搏斗

荆楚三千里，雄踞中国的中心地带，是国共双方必争之要地。1946

---

① 《武汉警备区汉阳指挥部关于颁发戒严规定的布告》，1949年5月13日，武汉市档案馆藏。

年6月,国民政府以围攻中原解放区为起点,悍然发动了全面内战。第二年,中国人民解放军刘邓大军千里跃进大别山,彻底撼动了南京国民政府20多年的统治,成为中国现代史的伟大转折点。

面对中国人民解放军摧枯拉朽的攻势,国民党实行所谓"总体战",妄图阻挡人民解放战争的历史车轮。然而在中国人民解放军的有力打击下,国民党的一切计划都随着国民党军队的溃败而付诸东流。

一、气壮山河的中原突围

1946年春夏之交,南京国民政府毫无和平停战的诚意,它用"谈判"作幌子,借以争取时间,加紧部署对中原军区部队的围歼。因此《汉口协议》之后,中原地区的形势日趋恶化。5—6月,国民党集中了11个整编师、26个整编旅,共30余万人,完成了对中原解放区的包围。

6月18日,蒋介石下令郑州"绥靖"公署主任刘峙统一指挥第五、第六"绥靖"区的部队,负责"围歼李先念部"①。6月20日,刘峙在河南驻马店设指挥所②,下达"一举分区包围而歼灭"中原军区部队的命令。他将平汉路划为3个"围剿区",即以定远店、文殊寺、朱堂店、三里城之间为第一"围剿区";以泼陂河、刘家湾、白雀园、沙窝之间为第二"围剿区";以宣化店、阳平口、吕王城之间为第三"围剿区"。

其具体部署是:以整编第41师、整编第15师的2个整编旅和整编第66师主力从北、西、南三个方面合击宣化店,协同歼灭中原军区领导机关和第2纵队。整编第66师攻下宣化店后,与以上2个师协同"围歼"第一区之中原部队。整编第47、第48、第72师等合攻泼陂河,协同"围歼"第二区之中原部队。整编第72师第新15旅主攻河口至刘家

---

① 《武汉行营关于围攻鄂西汉川汉湖一带我中原部队战斗情报》,1946年6月26日—7月2日,中国第二历史档案馆藏。
② 刘峙设指挥所的时间,据他在台湾的回忆是6月29日,指挥所后移南阳。见刘峙:《我的回忆》,台湾文海出版社1982年版,第161页。

集之东西一线，然后与进攻第一区的第 66、第 15 师协同"围歼"第三区之中原部队。整编第 3 师封锁平汉路，做机动作用。所有进攻部队定于 6 月 26 日大举围攻，7 月 1 日发起总攻①。在此之前，武汉行营制定了扫除平汉路以西的"攻击部署"，集中整编第 11、第 75、第 3 师务于 7 月 2 日完成"围歼"汉宜公路以南、汉水以北、大洪山以东地区的中原军区、江汉军区部队的任务②。

围攻中原解放区是蒋介石发动全面内战的第一步棋，他企图用 48 个小时消灭中原部队，然后用 3 个月的时间消灭关内的中共部队，在半年之内用武力解决中共问题。中共中央对此做了两手准备：一方面在谈判桌上揭露蒋介石集团真内战、假和谈的本质；一方面进行自卫反击战争的准备。针对国民党军队的紧缩包围，6 月 21 日，中共中原局向中共中央报告中原军区部队将在月底开始实施主力突围的计划。23 日，毛泽东以中共中央的名义回电"同意立即突围，愈快愈好，不要有任何顾虑，生存第一，胜利第一"③。

6 月 21 日，蒋介石宣称停战时限定在 6 月 30 日。与此同时，国民党军队紧缩对中原军区部队防地的包围圈。6 月 26 日拂晓，国民党第 72 师、新 165 师由河口出动，向佛塔山一线中原鄂东独立第 2 旅张体学部阵地进攻。中原军区部队按照预定部署，主动撤离中原解放区，开始了突围。

中原军区主力部队兵分三路向西突围。右路纵队由第 359 旅、干部旅组成，共 8 000 余人，由中原军区副司令员兼参谋长王震率领，于 6 月 27 日由河南光山以西王窑村出发。29 日抵达平汉铁路柳林至辛家店之间。第 359 旅第 8 团在兄弟部队的支援下，攻占武胜关北面的九里关

---

① 《国民党第六绥靖区司令周嵒匪部在豫鄂边区进攻我中原部队经过概要》，1946 年 6—8 月，中国第二历史档案馆藏。
② 《武汉行营关于围攻鄂西汉川汉湖一带我中原部队战斗情报》，1946 年 6 月 26 日—7 月 2 日，中国第二历史档案馆藏。
③ 《毛泽东军事文集》，第 3 卷，军事科学出版社、中央文献出版社 1993 年版，第 288 页。

东山,将国民党主力部队整编第66师布防的第一道封锁线撕开一条口子,使右路纵队顺利通过平汉路。30日清晨,第7团占领平汉路西的平靖关,为主力向随(州)、枣(阳)地区挺进开辟了道路。随后部队冒雨急行军,于7月7日在新野朱家集抢渡唐河、白河。10日进入河南淅川县境内。次日攻克马蹬铺,围攻县城。此时国民党第一战区胡宗南部从陕南,刘峙从河南前后逼近,右路纵队放弃攻城,抢渡丹江,进入陕南。

中路纵队①由第2纵队组成,下辖第13旅、第15旅第45团,共7 000余人。中共中原局、中原军区司令部随该纵队行动,司令员李先念居中全面指挥突围战役。6月26日晚,中路纵队由宣化店向西北方向运动,于29日在河南信阳东南柳林至黄庄之间打开突破口,通过铁路封锁线,进入四望山地区。7月6日,纵队胜利地越过天河口、高城。7月8日,抢渡唐河、白河。14、15两日,渡过丹江,迅速进入鄂西北陕南地区,粉碎了国民党军队在天河口、高城地区、白河东岸和丹江以东"围歼"中原军区主力的计划。

左路纵队(亦称南路纵队)由第1纵队组成,下辖第1纵队第2旅、第3旅和第2纵队第15旅(缺第45团),近万人,由中原军区副司令员王树声率领。6月24日晚,王树声部从驻地白雀园、泼陂河一带隐蔽运动,自东向西朝宣化店靠拢。7月1日凌晨,第3旅一部在平汉铁路花园站以北王家店,与国民党第66师激战2小时,终于杀开一条宽3华里的通道。至此,中原军区部队全部突破了国民党军队设置的以平汉铁路为屏障的第一道封锁线。蒋介石十分恼怒,斥责刘峙"指挥不力","饬令查办"整编第66师师长宋瑞珂和整编第15师师长武庭麟②,并下令在汉水以东"歼灭"左路纵队。7月8日,左路纵队抵达随县西茅茨畈,在流水沟、雅口地区抢渡汉江。7月13日,主力渡河成功。担任后卫的

---

① 有的资料将王震部队和中路纵队统称为右路纵队,或称北路纵队。
② 枣园作战室:《综合中原区情况(1946年6月29日—7月3日)》,湖北省档案馆藏。

第 3 旅闵学胜一部约 2 500 人因与追兵激战，无法渡河，向西北突围，而后转道北上，进入伏牛山区；后与河南军区黄林部会师，在洛南、华县等地开展活动。左路纵队渡过汉水后，挺进鄂西北，根据中共中央指示，分散开展大规模的游击战争。

第 1 纵队第 1 旅皮定钧部、鄂东独 2 旅张体学部负责掩护中原主力部队向西突围。中原突围战役打响时，皮部在泼陂河、白雀园抗击国民党整编第 47、第 72、第 48 师的围攻，完成掩护任务后，于 6 月 28 日从刘家山（冲）出发，往南挺进，插到国民党军第 72 师背后，次日突然向东，突破国民党军队设置的潢（川）麻（城）公路的封锁线。7 月 1 日插入大别山，突破鄂豫皖三省的天险大牛山，经吴家店、漫水河、黄林庙向东疾进。7 月 11—12 日，强渡磨子潭。15 日在官亭镇穿过六（安）合（肥）公路，20 日冲过津浦铁路线，与前来接应的淮南军区嘉山支队胜利会师。第 1 旅行程 750 余公里，经过 23 次大小战斗，以损失 2 000 余人的代价，胜利地到达苏皖解放区。

鄂东独 2 旅在突围前进驻宣化店，坚守佛塔山，从南翼掩护中原主力部队突围。6 月 29 日完成任务后撤出宣化店，分三路向东突围，在黄麻地区活动，将国民党整编第 72 等师 5 万兵力吸引，减轻了中原主力部队西进的压力。在极其艰苦的环境中坚持斗争两个多月，主力大部受挫，化整为零开展斗争。

在中原军区主力部队往西突围时，江汉军区部队 6 000 余人，在司令员罗厚福率领下，于 7 月 1 日开始从湖北安陆桑树店等地向西北方向运动。7 月 7 日渡过汉水，分南北两路挺进武当山，连克宜城、南漳、保康、竹山，后与左路纵队共同创建鄂西北根据地。

河南军区 3 000 余人，在司令员黄林的率领下，于 7 月 4 日完成掩护中原军区主力部队西进的任务后，从祝竹店出发，北上桐柏山。8 月初，与第 1 纵队闵学胜部会师后，活跃在豫陕边境。

中原胜利突围后，中共中央从全国战略出发，制定了在陕南、豫西、鄂西北建立根据地，以"牵制国民党大批军队，配合我华北主力作战"

的战略①。据此，8月下旬，鄂西北军区、豫鄂陕军区相继建立。中原部队在豫鄂陕坚持斗争了半年。1947年年初，中共中央命令中原主力部队1万余人分两批西进，到达山西晋城，后编为晋冀鲁豫野战军第12纵队。

二、刘邓大军挺进大别山

全面内战爆发后，中国人民解放军经过一年的内线作战，歼灭国民党军正规军97个半旅（师），连同非正规军共112万人，使敌我双方力量发生了根本性的变化，国民党军队由战争之初的430万人降至370万人，中国人民解放军由127万人上升到195万人。国共军事力量由3.4：1变为1.9：1，主力部队的比例由3.5：1变为1.5：1。国民党军队在战场上的机动兵力只有40个旅左右，中国人民解放军的机动兵力第一次超过了对手。

中共中央和毛泽东根据国内形势的深刻变化，及时制定了中国人民解放军由战略防御转入战略进攻，由内线作战转入外线作战的战略方针。为了达到这一战略目的，中共中央选择中原地区作为突击方向，实施中央突破。

为此，中共中央中原局于1947年5月16日成立，书记邓小平。同时成立晋冀鲁豫野战军南征部队（即刘邓野战军），司令员刘伯承，政治委员邓小平，下辖4个纵队，共12.4万余人，于6月30日夜强行渡过黄河，发动了鲁西战役，歼敌6万余人。

七八月，中共中央和毛泽东根据形势的变化，制定了三军挺进中原的战略部署：刘邓野战军下决心不要后方，千里跃进大别山；在西线的陈赓、谢富治纵队7万人，出豫西，建立鄂豫陕边区根据地；东线的陈毅、粟裕华东野战军主力挺进豫皖苏边区与刘邓大军、陈谢集团一起经略中原。

8月7日，刘邓大军兵分三路，开始了千里跃进大别山的壮举，实

---

① 《中共中央致中原局电文》，1946年7月15日。

施战略进攻。8月17日，南征部队通过黄泛区，突进沙河。在渡河之前，刘邓对南征部队作了调整：第1纵队主力集结商水以东、以西，向汝南、正阳运动；中原独立旅张才千部暂归第1纵队指挥，进至平汉路，由北而南破路，掩护主力南进。第6纵队控制洪河，尔后全部南进，进入豫南罗山，并派一个旅占领鄂东的黄安（今红安）、麻城。第2纵队主力占领新蔡、洪河后，朝潢川、光山、商城运动。第3纵队控制三河地区后，迅速占领六安、霍山、立煌（今安徽金寨）。8月18日，南征部队渡过沙河，于8月下旬渡过汝河、淮河，胜利地进入大别山。

中共中原局决定趁尾随其后的国民党军23个旅还没有形成包围之势，迅速实施战略展开，要求全体指战员克服一切困难，"全心全意地义无反顾地创造巩固的大别山根据地"①。刘邓将大别山区周围各县划为鄂东、鄂皖、皖西、豫东南4个区。鄂东区包括黄安（今红安）、麻城、黄陂、黄冈、浠水、蕲春、罗田，由第6纵队负责。鄂皖区中有湖北境内的英山、广济、黄梅，由第3纵队负责。

南征各野战纵队立即实施战略展开。第6纵队第17、第18两个旅，于8月底从河南光山、经扶进入鄂东，乘国民党军队防备空虚，以秋风扫落叶之势，解放了麻城、黄安、罗田、英山、浠水、广济、黄梅。第17旅自黄安逼黄陂，威震武汉。中原独立旅在西线完成牵制任务后，也于8月底，东进大别山，在礼山（今湖北大悟）宣化店地区展开活动。

与此同时，其他纵队在皖西、豫南等地区进行战略展开。到9月中下旬，刘邓大军先后解放鄂豫皖边区县城23个，歼灭国民党正规军6000余人，地方武装810余人，相继成立17个县的民主政权，初步完成了大别山地区战略展开的任务。

10月初，蒋介石调集了整编第7、第10、第40、第46、第58、第85等7个师大军，从大别山的北麓跟踪追击；命令整编第88、第52、第65师，第202师第2旅、第203师第2旅等部在南麓分头拦截。同时命

---

① 邓小平：《创建巩固的大别山根据地》，1947年8月27日。

令湖北省政府加强地方自卫组织，实施坚壁清野，并控制长江中游的船只，以防刘邓大军南渡长江。

针对国民党军队南线防备较为空虚，刘邓遵照中共中央军委的指示，决定采取以主力在大别山南麓相机歼敌的方针。10月3日，刘邓亲率中原局、野战军直属机关进入黄安七里坪。随后在鄂东展开军事行动。10日，第3纵队在张家店战役中，全歼国民党军队一个正规旅。21日，中原独立旅在蕲春竹瓦店长岭冈歼国民党青年军第203师2个营共800人。接着刘邓集中第1、第2、第3、第6纵队主力和中原独立旅共10个旅，设伏于蕲春以东高山铺，围歼国民党整编第40师和第52师第82旅共6个团。10月26日战斗打响，经过29个小时的激烈战斗，共歼国民党军1.26万人，其中俘虏9500余人。

高山铺战役是刘邓大军进入大别山后取得的一个重大胜利，使南征部队在大别山初步站稳了脚跟，为建立根据地创造了极为有利的条件。

11月2日，在晋冀鲁豫军区副司令员李先念率领下的第12纵队从晋城抵达河南光山与刘邓大军胜利会师。下旬，王宏坤率领的第10纵队在第12纵队的接应下，也进入大别山，列入刘邓大军的战斗序列。

11月3日，西线的陈谢大军第4纵队第12旅挺进陕南、鄂西，解放了湖北境内的郧西、郧县，建立了县级民主政权。

至此，中国人民解放军的三支大军胜利地挺进大别山、皖苏豫、豫陕鄂3个地区，在中原形成"品"字形互为犄角的有利战略态势。

蒋介石忧心如焚，于11月2日设立国防部九江指挥部，由国防部部长白崇禧统一指挥辖区内军事，指导豫、皖、赣、湘、鄂5省政府，"并指挥各该省之保安团队、水陆警察，彻底戡平津浦路以西、长江以北、平汉路以东、淮河以南大别山区匪乱，巩固治安"①。

12月4日，为指挥便利，白崇禧率一部人员由九江赴汉口指挥。国防部九江指挥部先后调集了国民党军第三兵团，第八、第五"绥靖"区

---

① 《国防部九江指挥部36年度工作报告》，中国第二历史档案馆藏。

等所属部队共 33 个旅 80 个团的兵力,加上空军汉口指挥部的飞机和驻汉口的海军第 2 舰队,对大别山实行"清剿"。

中共中原局制定了内线坚持和分兵向外,内外配合,寻歼弱敌的方针。12 月 11 日,刘邓野战军分成前后两个指挥部,由政委邓小平、副司令员李先念组成前方指挥部,挑起反"清剿"斗争担子的最重部位,在大别山坚持内线斗争;由刘伯承司令员组成后方指挥部,率领中原局机关、野战军后勤机关以及第 1、第 10、第 12 纵队,实现分遣。

12 月 6 日,第 12 纵队与中原独立旅合并,在黄安组成江汉区党委、行署和军区。本月中旬,江汉军区 1.1 万人,在"打回老家去!"的口号声中,回马江汉,重叩荆门。12 月 13 日,第 10 纵队在湖北应山浆溪店组建了桐柏区党委、行署和军区。

邓小平和李先念率领第 2、第 3、第 6 纵队及军区地方部队,在地方武装和广大群众的配合下,采取"以小部消耗大敌,以大部歼灭弱敌,发展外线,开展新区"的方针①,在头一个月的反"清剿"的斗争中,取得了梅川战斗等战斗的胜利,内线主力共歼敌 1.5 万人,先后收复 10 余座县城,赢得了内线坚持的重大胜利。

1948 年 2 月 24 日,根据中共中央军委的指示,邓小平、李先念等率内线主力转出大别山,在安徽临泉以南的韦寨,与后方指挥部会合。5 月 9 日,中共中央中原局重新组建,由邓小平、陈毅、邓子恢分任第一、二、三书记,统一指挥中原 7 个军区、7 个野战纵队,以及华东野战军外线集团 3 个纵队,总兵力 48 万人。至此,扩大的中原解放区雄卧江、淮、河、汉之间,地跨鄂、豫、皖、苏、陕 5 省,由鄂豫、江汉、桐柏、豫西、陕南、皖西、豫皖苏 7 个战略区组成,拥有 200 余市县,5 357 万人。

刘邓、陈粟和陈谢三路大军经略中原,在解放战争史上占有极其辉煌的一页,有着十分伟大的意义。毛泽东对此作了高度的评价:"这是一个历史的转折点。这是蒋介石的二十年反革命统治由发展到消灭的转折

---

① 《刘伯承、邓小平等致各纵队、各军区首长电文》,1947 年 12 月 26 日。

点。这是一百多年以来帝国主义在中国的统治由发展到消灭的转折点。这是一个伟大的事变。"①

三、人民解放军解放湖北

人民解放军的战略进攻，使国民政府陷入空前的危机之中。蒋介石为了摆脱险境，提出了"总体战"。所谓"总体战"，"就是要使军事、政治、经济密切配合，然后形成整个的战斗力，以军事力量掩护政治、经济，然后以政治经济力量配合军事"②，从而有效地加速"戡平匪乱"③。

1948年3月中旬，蒋介石在武汉召开华中"绥靖"会议，决定成立华中"绥靖"公署，由顾祝同兼任主任，统辖鄂、豫、皖、湘、赣、鲁、苏7省及有关"绥靖"区的"剿共"事宜。会议通过了白崇禧制定的"总体战"的方案，使"总体战"更加具体化，有操作性。在军事方面，建立"绥靖"区，实现党政军一元化制度；实现正规军、保安团和民众自卫军三方面协同作战。这是实现"总体战"的核心。在政治方面，强化基层组织，训练乡、镇、保、甲人员及民众，严密控制。在经济方面，推行民生主义，实现土地改革；加强经济管制，控制军需物资和粮食。在思想方面，用所谓的三民主义打击共产主义。

5月，华中"绥靖"公署改为华中"剿匪"总司令部（1949年4月改名华中军政长官公署），由白崇禧担任司令长官。

12月1日，华中"剿匪"总司令部政务委员会为加强"总体战"之实施，召开"总体战"实施检讨会议。白崇禧在同月召开的省参议会第六次大会上致词时说："我们的剿匪必须军事政治经济整体配合，民众和军民一致动员，始将能争取国家民族的生存。"④ 他要求党政民意机关领

---

① 毛泽东：《毛泽东选集》，第2版，第4卷，人民出版社1991年版，第1244页。
② 《华中"剿总"召集总体战实施检讨会议记录、决议及有关文件》，湖北省档案馆藏。
③ 《总体战》，《全国解放战争史》，第3卷，军事科学出版社1996年版，第254页。
④ 《白总司令致词》，《大刚报》1948年12月11日，第2版。

袖，深入民间，动员群众的力量，上下一心，争取"剿匪"的胜利。于是调兵遣将，对大别山、江汉、桐柏地区加紧"清剿"。

在大别山坚持斗争的鄂豫、皖西军区，在极端艰苦的环境中，开展了反"清剿"的斗争，在1948年上半年，共歼灭国民党军4 000余人。江汉军区取得了京山三阳店、宋河、潜江苏家港、沙市普济观等战斗的胜利，共歼灭国民党军近1万人。

1948年7月，中原野战军发动了襄樊战役。襄樊以古城襄阳和古埠樊城合称而得名，位于汉水中游，为鄂西北重镇，向以"南船北马，七省通衢"而著称。白崇禧认为襄樊是"控川陕豫鄂之门户，握武汉三镇之锁钥"的战略要地。驻守在襄樊地区的是国民党第十五"绥靖"区司令官康泽，有兵力第163、第164、第104共3个旅5个团，共21 914人。他利用襄阳城三面环水、一面靠山的险要地势，构筑了号称"铁打的襄阳"阵地。

6月底，华东野战军发动了豫东战役，白崇禧分兵北上增援，襄樊、老河口一带国民党军队兵力单薄，刘邓决定抓住机遇，命令第6纵队、陕南军区部队在桐柏军区的协助下，共14个团，进攻襄樊地区。7月2日，第6纵队主力进抵老河口，国民党守军第163旅第487团渡河向谷城撤退。第6纵队跟进，于次日与陕南军区部队一部在谷城以南歼该旅一个团又一个营，俘虏1 800余人。3日，陕南军区第12旅，在茨河以北截歼国民党军第163旅辎重营。此时桐柏军区部队由河南邓县出发，兵分两路，沿汉水南下，威逼襄樊。

7月5日，由第6纵队、陕南第12旅和桐柏第3军区的部队组成"襄阳集团"，负责攻击襄阳；由桐柏军区第28旅、第1军区第88团、襄阳独立团，负责攻击樊城。7日，襄樊外围战打响，至10日，襄阳城外基本被扫清。15日晚8时许，攻城部队发起总攻，桐柏军区部队佯攻南门，第28旅和陕南军区第12旅，分别从东北角和东南角攻城，第6纵队在西门突击攻城。突击部队很快将西门城墙炸开一个缺口，战士突入城内，与国民党军队展开巷战，国民党守军陷入一片混乱之中。

第二天 16 时，第 6 纵队第 18 旅一部，与陕南军区第 12 旅、桐柏军区第 28 旅各一部，集中火力对国民党第十五"绥靖"区司令部发起攻击，当场活捉副司令官郭勋祺中将；稍后又将司令官康泽抓获。襄樊战役历时 14 天，歼灭国民党军队 3 个整编旅和 3 个保安团，共 2.1 万人。该战役是中国人民解放军在中原战场取得的又一个歼灭战的胜利，彻底粉碎了国民党军队在中原地区的防御体系。

经过三大战役的决战，南京国民政府已经没有力量与中国人民解放军抗衡。1949 年 1 月 21 日，蒋介石第三次下野，桂系李宗仁代理"总统"收拾残局。他一方面与中共和谈，一方面企图依靠长江天险，实行"划江而治"。在他的政治棋盘中，白崇禧是关键的棋子。白统率 25 万余军队，负责湖口以西至宜昌以东的江防。

白崇禧的防御体系是以武汉为中心的，他以第 58 军组成武汉警备司令部，军长鲁道源兼司令；以第三兵团张淦部守备武汉东西北外围的防卫，其中第 7 军守备长江埠、应城、云梦、花园、孝感一线，第 48 军守备黄安、麻城、宋埠、新洲、阳逻一线；以第十九兵团张轸部担任武汉东南沿江的防务。

平津战役胜利结束后，中共中央军委就开始策划解放武汉和中南的战略部署。1949 年 2 月 3 日，中央军委命令第四野战军第十二兵团率第 40、第 43 军和 1 个炮兵团、2 个工兵营，12 万人，组成先遣兵团，由萧劲光任司令员兼政治委员，其任务是出信阳，威逼武汉，会同中原军区部队钳制白崇禧集团，策应第二、第三野战军渡江作战。4 月 2 日先遣兵团解放信阳，随后进入湖北境内，于 6 日解放了罗山、黄安等地，并与中原鄂豫军区部队会师。

为了配合解放军南下解放武汉，江汉军区主力部队发动了荆门战役，歼灭国民党军第 79 军主力 8 600 余人。此战役使整个江汉解放区连成一片，拔除了白崇禧在江北点线防守体系中的一个重要战略守备据点。

白崇禧只好收缩战线，令国民党军第三兵团一部从云梦缩至平汉铁路花园南北地区，据点守线，企图控制平汉铁路信阳至汉口段，扼守武汉北大门。3月，江汉军区一部在第二野战军第58军协助下，发动了花园战斗，重创桂系王牌军第7军，为南下解放军解放武汉扫清了障碍。

3月，中国人民解放军第四、第二野战军南下大军进入大别山。在鄂豫军区的积极配合下，在鄂东展开军事行动，解放了罗田、英山、麻城、黄安、广济、黄冈等县城。4月20日，中国人民解放军发起了渡江战役。4月27日，先遣兵团在江汉、鄂豫军区部队的配合下，开始进击武汉外围，先后占领孝感、黄陂、滠口，有力地钳制了白崇禧集团，保障了渡江大军的侧翼安全。

南京解放后，中共中央军委制定了远距离包围迂回的办法，为加强湖北境内的兵力，第二野战军第四兵团向南浔线运动，与第四野战军先遣兵团和中原部队共20万人，对武汉从东到西北形成半月形包围的态势。此外，第二野战军西集团军突破长江天险后，沿浙赣路向西南转进，造成从赣入湘、粤、桂之势，与武汉周边的部队形成战略包围的态势。为此，白崇禧制定了放弃武汉、退保广西的南撤计划。

5月12日，中共中央华中局（12月改称中南局）成立，林彪任第一书记，负责河南、湖北、湖南、江西、广东、广西、武汉、广州等省市党的工作。22日，中央军委决定将第四野战军领导机关和中原军区领导机关合并改称为华中军区（12月改称中南军区）兼第四野战军，林彪任司令员。同月，陕南军区改编为中国人民解放军第二野战军第19军，在鄂西展开军事行动，解放了郧县、均县、房县、竹山、竹溪等县城。

5月15日，中国人民解放军先遣兵团开始从团风至武穴一线渡江。同日，国民党华中军政长官公署副长官、第十九兵团司令官张轸率2万余官兵在贺胜桥、金口一带宣布起义，加入中国人民解放军，打乱了白崇禧的南撤部署，白崇禧于当天飞离武汉。第二天（5月16日）13时先遣兵团第118师进入汉口，江汉军区一部进入汉阳。17日拂晓，江汉军区部队进入汉阳。同日下午，先遣兵团第153师一部进入武昌。至此，武汉三镇全部解放。7月，第四野战军第十三兵团在湖北军区的配合下，发动了宜沙战役，先后解放了沙市、远安、当阳、宜昌等市县。11月，湖北军区发起鄂西南战役，解放了巴东、建始、恩施、来凤、宣恩、咸丰、利川、五峰、鹤峰等县。1950年1月15日，保康县解放。至此，湖北全境获得解放。见表10-2。

表10-2 湖北各市县解放日期一览表

市、县名称	解放日期	市、县名称	解放日期
郧西县	1947.11.16	汉口市	1949.5.16
枣阳县（枣阳市）	1947.12.17	汉阳县	1949.5.16
随　县（随州市）	1948.12.19	武昌市	1949.5.17
潜江县（潜江市）	1947.12.22	阳新县	1949.5.17
郧　县	1947.12.31	沔阳县（仙桃市）	1949.5.19
均　县（丹江口市）	1948.3.28	新堤（洪湖市）	1949.5.19
京山县	1948.6.17	通山县	1949.5.23
钟祥县	1948.6.22	崇阳县	1949.5.23
南漳县	1948.7.2	安陆县（安陆市）	1949.5.24
谷城县	1948.7.3	嘉鱼县	1949.5.24
兴山县	1948.8.6	蒲圻县（赤壁市）	1949.5.25
远安县	1948.8	通城县	1949.5.25
天门县（天门市）	1948.9.24	监利县	1949.5
襄樊市	1949.1.10	当阳县	1949.5
襄阳县	1949.1.10	竹溪县	1949.6.13
光化县（老河口市）	1949.1.15	沙　市	1949.7.15
竹山县	1949.1.20	江陵县	1949.7.15
宜城县	1949.1.21	宜都县（枝江市）	1949.7.16
房　县	1949.2.2	松滋县	1949.7.21
荆门县（荆门市）	1949.2.4	宜昌市	1949.7.15
麻城县（麻城市）	1949.3.4	宜昌县	1949.7.16
黄梅县	1949.3.19	枝江县	1949.7.17
罗田县	1949.3.19	公安县	1949.7.18
英山县	1949.3.21	长阳县	1949.7.18
应城县	1949.3.24	石首县（石首市）	1949.7.20

续表

市、县名称	解放日期	市、县名称	解放日期
新洲县	1949.3.27	秭归县	1949.8.8
应山县（广水市）	1949.4.3	巴东县	1949.11.3
礼山县（大悟）	1949.4.6	建始县	1949.11.5
广济县（武穴市）	1949.4.9	恩施县（恩施市）	1949.11.7
云梦县	1949.4.9	咸丰县	1949.11.11
浠水县	1949.4.14	宣恩县	1949.11.12
黄安县（红安）	1949.4.15	利川县（利川市）	1949.11.14
孝感县（孝感市）	1949.4.27	五峰县	1949.11.15
黄陂县	1949.5.5	鹤峰县	1949.11.17
蕲春县	1949.5.14	来凤县	1949.11.19
黄冈县（黄州市）	1949.5.14	保康县	1950.1.15
汉川县	1949.5.15		
大冶县	1949.5.15		
黄石市	1949.5.15		
鄂城县（鄂州市）	1949.5.16		
咸宁县（咸宁市）	1949.5.16		

资料来源：湖北省地方志编纂委员会编：《湖北省志·军事》，湖北人民出版社1996年版，第475~476页。

第三节　第二条战线在湖北境内的开辟

人民解放战争进入第二年，以"五二〇"运动为标志，在国民党统治区，形成了以爱国学生为先导的反对国民党统治的第二条战线。湖北虽然不是这场运动的中心地，但整个社会动员起来，工人、学生、小资产阶级、民族资产阶级及其他爱国民主人士等各个阶层形成了声势浩大的"反饥饿、反内战、反迫害"的爱国民主运动，在政治上沉重地打击了美国帝国主义和国民党政权，有力地配合了中国人民解放军的军事斗争,为湖北全境的解放作出了不可磨灭的贡献。

一、武汉人民反对美军暴行的斗争

湖北人民的第二条战线是从反对美军暴行开始的。1946年12月24日,北平发生了美军强奸北京大学女学生沈崇事件。消息传出,全国立刻爆发了反对美军暴行的爱国运动。12月27日晚,武昌艺术专科学校收到北京大学的快邮代电,学生马上发动签名运动,抗议美军的新暴行。第二天下午,校学生自治会派出学生分赴各学校联络抗暴游行事,武汉大学自治会立即响应。武汉大学教授会致电南京国民政府行政院、教育部,提出"严惩犯罪分子"等三项要求①。

1947年1月5日,武汉大学、中华大学、武昌艺专和省立医学院等大中学生近5 000人②齐集武昌东厂口,举行抗议美军暴行大会。随后举行示威大游行,游行队伍所到之处,受到市民的热烈欢迎。队伍到省政府时停下来,学生代表向省政府主管官员请愿,要求政府严重抗议美军暴行,驻华美军撤出中国。

随后游行学生从汉阳门渡江到汉口,经过民权路、中山大道、保华街、华商街、蔡锷路、沿江大道,沿途用中英文高喊"驻华美军滚出去!"有一个女学生喊道:"我们抗议美军在华的一切暴行,美军一日不退出中国,中国一天不会安宁!"③下午4时,游行队伍走到美国驻汉领事馆前,学生代表要求面见领事,递交《抗暴宣言》,但遭到拒绝。爱国学生情绪更加激昂,爱国口号震天动地,直到5时才离去。

反对美军暴行的大游行,激发了武汉地区学生的反美爱国激情,成为解放战争时期武汉地区爱国运动的新起点。

---

① 《北大女学生被辱事件武大教授愤慨》,《武汉日报》1947年1月5日,第7版。
② 一说1 000余人,此人数根据《武汉日报》1947年1月6日的报道《为抗议美军暴行学生游行武汉》。
③ 吴松涛:《武汉学生抗暴游行记》,《新华日报》1947年1月14日,第4版。

5月20日，南京、上海等地学生在南京举行了"反饥饿、反内战、反迫害"的大游行，遭到国民党政府的镇压，由此引发了配合中国人民解放军军事斗争的第二条战线的形成。武汉人民立即响应，再次掀起反对国民党统治的爱国运动。武汉地区爱国运动的一个显著特点是其与反对美帝国主义的斗争紧密相连。

正当"五二〇"运动兴起的时候，美国驻华大使司徒雷登以视察"侨务"为名来到武汉。5月21日，他跑到珞珈山，在武汉大学礼堂发表演讲，以"半个中国人"的身份，劝"中国青年学生要细细观察政治的潮流，看清政治应有的趋向"。他颂扬国民党实行的宪政是即将"实行民主政治"[1]。在答记者问时，他声称"美国人民"对国民党军队"收复"延安"颇感兴趣"，表示要以5亿美元援助南京国民政府，以"完成美国人民之协助愿望"。他再次劝告学生不要革命，应该发挥为"国家的觉悟"精神去促进一个更新的运动去发展[2]。5月22日，这位大使离开武汉，第二天武汉学生以大游行"感谢"他的"劝告"。

5月23日，武昌学生的游行队伍到江边，欲过江去汉口，国民党武汉当局封江，将小划子都赶到北岸。愤怒的学生赶到省政府，要求当局开放轮渡。学生代表经过2小时的交涉，毫无结果。学生们忍无可忍，高呼"我们要饭吃，我们要活命"等口号，冲破门前警戒线，拥进省府大门，在门口贴上"朱门酒肉臭，路有冻死骨"的对联，把"反饥饿、反内战、反迫害"等标语写满每一个角落，在墙上绘上一幅幅讽刺漫画。

1948年8月，汉口发生的"景明大楼美军淫舞案"，更是激起了武汉人民反对美帝国主义斗争的新高潮。景明大楼（今民主大楼）在汉口鄱阳街青岛路口，原是英国人的景明洋行，抗战胜利后，成为外国人的公寓，美国空军招待所也在这里。7月下旬，住在景明大楼的美孚公司汉口分公

---

[1] 《司使演词录——对武大等三校学生演讲》，《武汉日报》1947年5月22日，第5版。

[2] 《司徒大使答记者问》，《武汉日报》1947年5月23日，第3版。

司大班利富，伙同美空军军官乔治·林肯、菲律宾人赛拉芬，以为利富调离武汉送行的名义，在景明大楼5楼举办舞会，由赛拉芬筹办。

8月7日晚上7时许，赛拉芬在章月明等中国女子的帮助下，请来30多名中国妇女作舞伴，其中有达官巨贾的夫人，有名门闺秀，有职业舞女，最小的只有15岁。20多个男宾中大多数是美国军官，没有一个中国人。舞会前举行鸡尾酒会，利富等人给每一个舞伴送了一个木质花牌，上面绘有男女猥亵的彩色淫画，说是美国传统的"吉祥物"。女舞伴们搞不清楚，稀里糊涂地任它挂在胸前。

9时30分，电梯上锁，舞会开始。当舞曲到达高潮时，一个美国军官兽性大发，将自己的舞伴按倒在地上。此时，一声口哨，电灯突然熄灭，音乐骤停，舞场内一片混乱。在场的中国妇女均被强奸。

晚上12时，从舞场中逃脱出来的一个歌女到汉口警察局报案，汉口警察局第六分局巡官马步云赶往景明大楼了解情况，受到美军的阻拦，直到第二天凌晨3时左右，马才被允许上楼，只见到利富和乔治·林肯。他俩强装镇静，始终不吐真情。

8日，记者杨钰以《景明大楼的狂舞案》醒目大标题，最先在汉口《中国晚报》上披露此事。次日《华中日报》以醒目的标题揭露美军在华的新罪行：《景明大楼骇人听闻，太太、舞女集体被奸》。同日《正义报》以头条新闻，发表该报采访部主任商若冰采访受害者的调查见闻。接着全国各地报纸纷纷刊发消息和专题报道。

消息传出，举国哗然。武汉市民更是愤慨万分，强烈抗议美军的暴行，要求汉口市政府严办罪犯。各地民众和海外华侨也争先恐后谴责美军兽行，要求政府伸张民族正气，维护国体。国民党汉口市当局唯恐事态扩大，影响邦交，尽力将事情化小。汉口市市长徐会之居然表示："这案当然要追查，但因无原告，罪案不便成立。"

在社会舆论的强大压力下，汉口市参议会于8月25日，以"为景明大楼跳舞强奸案请彻查严办并禁止假借任何名义举办舞会由"，催促市府办理此案。整整过了20天，市府才将市警察局的一份《侦察报告》复转给市参议会，搪塞了事①。

1949年1月5日，汉口市地方法院检查处因主犯利富和赛拉芬案发后逃往香港，奉命将对章月明等5名中国帮凶提出公诉。4月1日，汉口地方法院做出判决："章月明、杨玉麟、刘宝山、曹秀英、章继宾等共同意图营利，引诱良家妇女与他人奸淫，章月明、杨玉麟各处有期徒刑三年，剥夺公权三年；刘宝山、曹秀英、章继宾各处有期徒刑一年，剥夺公权一年。"②

如此"判决"激起广大人民群众的极大愤怒！连国民党湖北省政府报纸《新湖北日报》也指出，"洋犯人一走了之，辱国案草草终场"！景明大楼事件是"美国军人犯罪，华人坐牢"③。

二、蓬勃兴起的学生运动、工人运动

武汉"五二三"游行，将湖北地区的"反饥饿、反内战、反迫害"的爱国民主运动推向高潮。学生运动首先以武汉大学"六一"惨案的斗争为中心展开。5月下旬，武汉学生响应华北学联发起的"六二"反内战日的号召，积极准备开展更大规模的爱国民主运动。面对日益高涨的学生运动，国民党命令各地在6月1日进行全国性的大逮捕。武汉警备司令彭善秘密策划了镇压的阴谋。

6月1日凌晨3时，武汉警备司令部稽查处调集大批士兵、宪兵和警察，在黑暗中包围了武昌珞珈山，在武汉大学斋舍四周架上了机关枪，士兵把守了宿舍的出口处，特务手持黑名单，引导军警搜查师生宿舍，侮辱、殴打、逮捕10多个无辜学生，梁园东、金克木、缪朗山、刘颖、朱君允（女）5位教授也被带上汽车。

天快亮时，学生忍无可忍，不顾一切冲出斋舍，拥向待发的汽车，与军警据理力争，有的学生与军警搏斗，欲救出被捕的师生。军警用手

---

①②《国民党汉口市警察局对景明大楼案件调查全案》，武汉市档案馆藏。
③《景明大楼淫舞案宣判》，《新湖北日报》1949年4月2日，第2版。

枪、步枪、机关枪和手榴弹对付赤手空拳的学生,当场打死学生黄鸣岗、陈如丰、王志德3人,打伤19人,前后22人被捕,制造了令全国震惊的武汉大学"六一"惨案。

与此同时,武汉警备司令部还在中华大学逮捕学生11人,在武昌艺术专科学校逮捕学生7人,逮捕了汉口联营书店工作人员6人,捣毁了《武汉时报》馆。

武汉警备司令部为了洗脱罪名,6月1日上午召开记者招待会,采取恶人先告状的伎俩,竟无中生有,诬称学生有武器。第二天武汉行辕主任程潜发表谈话,反诬"系共党分子所指派"①。

事件发生后,中共武大核心组王尔杰等与武大各社团代表一道成立"武汉大学'六一'屠杀惨案处理委员会"(简称"处委会"),宣布无限期罢课,派代表团赴京请愿。当天下午,武汉大学全体学生发出宣言,提出4点要求:1. 撤办武汉行辕主任程潜,枪决武汉警备司令彭善及肇事凶手;2. 立即释放武大及武汉各校被捕教职员工;3. 公葬死难同学,抚恤死难同学家属;4. 切实保障人权。

华中大学、湖北医学院、湖北农学院、武昌艺专等大专院校和部分中学的学生,不顾校方和武汉当局的阻挠,到武大进行吊唁慰问。武大代校长刘秉麟等到武汉行辕和武汉警备司令部交涉,要求释放被捕师生员工,保障学生安全。同日,武大"处委会"公布了《为六一惨案告全国同胞书》。

汉口《新闻日报》以《月黑杀人夜,珞珈山传来枪声,武汉大学发生惨案》为题,于当天下午将惨案真相公布。全国各报纸争先刊登惨案消息。美国旧金山广播电台于6月2日广播了惨案的新闻。华北学联为"六一"惨案发表宣言,号召各学校总罢课一天,设祭坛祭奠遇难烈士。上海、北平等地学生为武大死难学生举行致哀会。

武汉行辕在强大的压力下,被迫接受学生的要求,于6月3日释放

---

① 《武汉大学不幸事件》,《武汉日报》1947年6月3日,第5版。

了被捕学生。4日，武汉大学"六一惨案善后委员会"成立，由武大教授代表5人、讲师助教代表5人和"处委会"代表5人组成。同日，武汉行辕避重就轻，宣布将武汉警备司令部稽查处处长胡孝扬、科长陈肇鸿、第28军营长洪叶及宪兵10团排长张文堂交付军事法庭审判。6月7日，国民党中央通讯社公布了蒋介石的命令：武汉警备司令彭善"对于宪警管制无方，致发生逮捕武汉大学员生事件，着即撤职查办"①。

6月22日，武汉大学举行了隆重的追悼大会。灵堂设在学校体育馆，堂内悬挂一副挽联："凶手查凶手，凶手自唱自和，无耻！同学哭同学，同学流血流泪，伤心！"在灵堂显眼处，放着蒋介石的一个花圈，上面被加上一个横额，书写"猫哭老鼠"。参加追悼会的人将体育馆挤得满满的，无声的哀挽和有声的悼词汇成巨大的精神力量，激励武汉大学学生的斗争意志。

第二天，1 000多学生为死难烈士出殡。他们抬着烈士的棺柩，从珞珈山出发，经武昌到汉口，用血的铁证控诉国民政府的倒行逆施，唤起更多的民众投入反对国民党统治的斗争中去。

中共武汉地方党的组织加强了对学运工作的领导。6月下旬，武汉学生运动工作组组成，出版不定期的秘密刊物《方向》，进一步发动群众和各界人士声援武汉大学学生的斗争，推动武汉学生运动向纵深发展。8月30日，武汉大学学生助学会正式成立，随后由武大联合华中大学、农学院、武昌艺专、省立二中、汉阳高中等学校代表，在中华大学开会，成立了武汉学生助学会。

10月下旬，中共湖北省工作委员会和中共武汉市工作委员会同时成立。省工委书记曾惇，委员李声簧、陈克东、刘实。市工委书记刘实。接着中共武汉市工委学生运动委员会和文教委员会成立，分别由王尔杰、杜子才担任书记。

与此同时，湖北各县城镇的学生运动也高涨起来。1947年5月，大

---

① 《主席关注武大事件》，《武汉日报》1947年6月8日，第2版。

冶中学的学生为抗议县警察局迫害学生，将警察局包围起来。襄樊等地也都先后发生反饥饿、反内战、反迫害的游行。

湖北省的工人运动，是以国民政府军政部联合后勤总司令部武汉被服厂（今武汉 3506 工厂）"一一七"血案的斗争而推向高潮的。武汉被服厂总厂在汉口、武昌和汉口谌家矶各设有分厂，有近万名职工，主要生产军服。厂方对工人实行军事管制，无情压榨工人，劳动时间每日长达 12 小时，赶任务时达 14 小时，而工资却很难维持生计。

1947 年 9 月初，厂方贴出布告，要全厂职工在 10 月底完成全年生产计划并追加了新的任务，许诺给每一个职工发奖金 40 万元。10 月底生产任务完成后，厂方竟以"戡乱时期国库空虚"为名，每人只发 10 万元，工人大愤。11 月 6 日，厂方与工人发生冲突，工人自发结队到武汉行辕请愿，但毫无结果。

第二天，工人请愿大队再去武汉行辕。当队伍经过工厂单人宿舍门前时，厂方出动荷枪实弹的警队，封锁了工人队伍的前进道路。工人们不顾一切向前冲，厂警队开枪射击，当场打死工人丁海泉，打伤工人 36 人，工人蔡绍倪受重伤抢救无效死亡。

震惊全国的"一一七"血案发生后，中共湖北省工委、武汉市工委立即决定领导工人阶级展开反对国民党统治的斗争。8 日，武汉被服厂数千工人开始罢工。工厂成立了"血案治丧委员会"，各车间成立了"一一七血案支援委员会"。委员会分别发出《告武汉工人兄弟书》、《告武汉各界同胞书》，提出"杀人者偿命！为死者报仇！"等口号。工人们到车站、码头及各工厂进行宣传，散发传单。武汉地区的进步报纸刊登新闻，揭露国民党的滔天罪行。社会各界也以多种形式向罢工工人表示同情和声援。

11 月 12 日，举行了规模浩大的公祭"一一七"烈士大会。武汉三镇各工厂、各学校及各社会团体的代表 1 万余人参加，不少公务员前去声援，武汉工商业界也发出呼吁，一致支持工人的正义斗争。南京、上海、长沙、郑州等城市工人和社会团体均发来唁电。

在各方的压力下，国民党当局不得不做让步，于 13 日派出武汉警备司令阮齐和联勤总部高参赵世瑞与工人代表进行谈判。赵世瑞最后被迫基本接受工人的要求，以联勤总部的名义，免除厂长徐福海的职务，逮捕了指挥屠杀工人的 4 名凶手，抚恤死者家属及赔偿受伤人员的损失，答应将奖金发给工人。

11 月 18 日，全厂工人举行了声势浩大的"摇独龙送葬"大游行。两口棺木由 64 人抬着，用红色的大棺罩罩着，棺罩上两幅白色的横幅上写着："丁海泉工友临终时说：'我是死了，你们要替我报仇呵！'""你们死了，我们亲眼看见的，我们永远记得！"出殡队伍以乐队为前导，血衣、挽联随后，全体工人臂戴黑纱列队护卫棺木。队伍从硚口出发，经过中山大道，一直到江岸车站，走了 6 个多小时。沿途几万群众观看，许多居民焚香路祭①。

在武汉被服总厂罢工斗争的鼓舞下，武汉、沙市、大冶等地工人阶级也采取了怠工、罢工、集会、请愿等多种形式与国民党作斗争。据国民党汉口市政府的统计，1947 年武汉市全市和湖北一些地方的工人斗争事件有 219 起，参加人数 18.37 万以上。1948 年达 225 起，形成了强有力的反饥饿、反内战、反迫害的第二条战线。

三、湖北和平运动

1948 年下半年，随着辽沈战役的胜利结束和淮海战役的展开，国民党在战略上已经穷途末路，再也无力将战争进行下去了。为此，美国政府调整了对华政策，支持桂系集团李宗仁取代蒋介石，收拾残局；主张国共重新举行和平谈判，企图与中共划江而治，以保护美国在最富庶的南部中国的利益；阻止共产党领导的联合政府成立，在中国建立一个美国政府所能够接受的"某种形式的联合政府"②；在革命阵营内部组成反对派，利用所谓"自由主义者"和"民主个人主义者"，以新的第三方面

---

① 《大刚报》1947 年 11 月 17 日。
② 《中美关系史资料汇编》第 1 辑，世界知识出版社 1957 年版，第 907 页。

的身份，出面呼吁停战，发动和平运动。

正是在这样的背景下，1948年年底，由桂系李宗仁集团策划了湖北和平运动。12月24日，被李宗仁视为"华中擎天一柱"的白崇禧，请湖北省政府主席张笃伦、省参议会代议长艾毓英、爱国民主人士李书城到华中"剿匪"总司令部开会，白崇禧表示战争已不能再打，国共双方如不讲和，国家就没有希望。他希望由省议会出面，"以民众的立场"提出和平运动，自己则"因职务关系，不便参与其中"①。在此之前，白崇禧通过李书城在广西陆军小学堂执教的学生李品仙传话，湖北和平运动可以强迫蒋介石停战言和，如他违背民意，则可联合各省军民迫令其辞职，由李宗仁出来主持和议。

同日，白崇禧向蒋介石发出"亥敬电"，提出请政府将真正谋和的诚意转知美英苏三国，共同斡旋国内和平；由民意机关向双方呼吁，恢复和平谈判；国共双方军队应在原地停止军事行动，听候和平谈判。

12月29日，湖北省参议会发出和平的"艳"电，正式标举和平运动。第二天省参议会致电毛泽东、蒋介石，要求国共双方轸念国家，停止战争，恢复和谈，以延续垂危之国脉②。随后，湖南、河南、安徽、广西、汉口等省市参议会积极响应，并派代表到汉商讨"和平运动"事宜。1949年1月5日，湖北省参议会、汉口特别市参议会和广西、湖南等4省的参议会代表在武昌开全国和平促进会预备会，计划在2月6日正式召开各省市人民促进会。

1949年1月16日，在湖北省参议会成立了湖北省人民和平促进会，到会者有湖北耆老李书城、耿伯钊、喻育之等100多人。广西、湖南等省也有代表出席。由李书城任大会主席，艾毓英报告促进会筹备经过，会议通过《和平促进会宣言》、《和平促进会简章》，并推举干事，负责一切事宜。

---

① 《国民党保密局情报》，1948年12月30日，中国第二历史档案馆藏。
② 《省参会致电蒋介石、毛泽东二先生》，《新湖北日报》1949年1月3日，第2版。

《宣言》表明他们在国共进行战略决战时对时局的看法和要求。《宣言》自称:"我们站在人民的立场上,向战争的双方诉苦,哀求呼吁、祈祷,要求你们给予大众所期望的和平。"提出了初步的最低限度要求:1. 双方立即就地停火。2. 双方立即停止征兵征粮,停止都市设防。3. 双方立即释放政治犯和俘虏。4. 双方立即保障言论自由,容许书报流通①。

在《简章》里,确定和平促进会的宗旨是"以发动全民的力量,反对内战,促进和平"。该会以会员大会为最高权力机关,在会员大会闭会期间,由干事会代行其职权②。干事有熊秉坤、李春萱、李西屏、李书城、耿伯钊、喻育之、陈时、沈碧舫、艾毓英、周菊村、贺有年、严士佳、朱怀冰、李廉方、胡忠民、许莹涟、胡楚藩、杨若霞、张春霆、韦卓民、刘秉麟、张难先、李继膺、彭进之、王彭年、汪世鎏、谈瀛、曹美成、彭凤昭、何成濬、张国和、王延烈、黄英、王雪鹤、蔡受之、段锡三、刘宝鼎、成开勋、胡竞存。干事会推举艾毓英、李书城、耿伯钊等13人为常务干事,李书城为主席,主持会务工作;艾毓英为秘书长。

湖北和平运动从一开始就遭到蒋介石的阻碍。1月8日,他派张群、黄绍竑飞抵武汉,分别进行游说,由黄绍竑游说白崇禧,由张群游说和平运动的主要人士,结果李书城等义正词严,痛骂蒋介石的祸国殃民,要张回去向蒋直言要他早日退出政治舞台。张群见势不妙,只得失望而返。

1月23日,白崇禧让李书城以湖北省人民和平促进会的代表身份,专程去河南与中原解放区领导人联系,争取中国共产党的支持。中共地下党员李伯刚随行。他们经信阳、漯河、许昌、郑州,在归德(今商丘)被陈毅、刘伯承接见。李向陈、刘两将军转告了湖北人民和平促进会的政治主张,介绍了蒋介石和桂系集团的矛盾,递交了白崇禧的信。

---

① 《湖北人民和平促进会宣言》,《新湖北日报》1949年1月17日,第1版。
② 《湖北人民促进会昨正式成立》,《新湖北日报》1949年1月17日,第2版。

陈毅对李书城一行表示欢迎，诚恳地说："解放军一定要解放全中国，不能让大小军阀割据中国领土，与解放军对抗。国民党军政人员必须放弃地盘思想，退出所占据的地方。国民党的军队必须交由解放军改编。原有官兵愿留者由解放军重新编制，不能原封不动。要使国家军队受同样的训练、同样的待遇，不能同以前一样，在一国之内，有正规军和杂牌军同样并存，互相猜忌，互相敌对，这对国家统一局面很不利。"陈毅一针见血地指出，桂系之所以主张和平运动，其实质是想窃据南京国民党的旧摊子，"依靠美帝国主义的援助与解放军对抗，但我们一定要解放全中国。你们回到武汉后，要联合当地爱国人士，力图在战斗期间设法保卫地方人民的生命财产，防止敌人破坏。"对旧政权的公务人员，解放军进城后，有功者有奖，破坏者处罚。对一般职员将留用，"对以前作过坏事的反动分子，若在战争期间幡然悔悟，在解放武汉时有具体事实的贡献，也可不究既往，将功折罪。"① 陈毅的一席话，对李书城有很大的触动，使他看清了前进的方向。

2月下旬，李书城回到武汉，政局发生了很大的变化。桂系逼蒋介石下野的目的达到，李宗仁派出的代表在北平与中共正式举行会谈，已经不需要通过民意机关的渠道。白崇禧派李书城到中原解放区的主要目的，是希望能够与中共"划江而治"，陈毅十分明确地宣布此路不通。因此白崇禧一心备战，意欲以武力作后盾，与中共"划江而治"。喧嚣一时的湖北和平运动，也因为幕后指挥改变了主意而偃旗息鼓了。

湖北和平运动也遭到中国共产党的反对，因为就思潮而言，它属于改良主义的范畴。改良主义在中国有着深厚的土壤，从本质上讲，中国近代改良主义是经济十分脆弱的民族资产阶级在政治上的一种主张和思潮。改良主义在近代中国卷起过一层又一层的浪峰。在解放战争初、中期，一些民主党派和爱国人士，希图在国共之间寻求一条中间道路。但不久各民主党派和爱国民主人士终于看清了国民党的独裁面目，先后与中间道路实行

---

① 李书城：《湖北和平运动促进会前后》，《湖北文史资料》第3辑，1981年。

彻底的决裂，主动接受了中国共产党的新民主主义。这样，1948年年底出现的湖北和平运动，就成为中国近代改良主义运动的最后一个浪峰。随着这场运动帷幕的降落，中国近代改良主义运动也就画上了句号。

这场运动也有一些积极效果。第一，促进李书城、张难先等社会贤达认识改良主义在中国行不通，促使他们毅然抛弃"中间道路"，站在中国共产党和人民一边。第二，加深了国民党内部的矛盾，主要是桂系与蒋介石集团的矛盾，促进国民党的分裂，这有利于解放战争的进展。第三，揭露了桂系"划江而治"的阴谋，教育人民将革命进行到底。

四、"反搬迁、反破坏、保护城市"的斗争

随着三大战役的结束和中国人民解放军先遣兵团挺进湖北，白崇禧制定了"相机撤退"的方针。1949年2月以后，华中"剿总"政务委员会、湖北省政府等单位制定了应变处理办法，目的是紧缩机构，迁移备战。4月初，白崇禧下达密令，破坏"武汉电讯设备及安庆至宜昌沿岸之码头设备"①。

中共武汉市委密切注视白崇禧的动态，及时作出对策。2月23日，中共武汉市委第一次全体委员会决定武汉今后的工作总方针是"更加积极的有重点的建立、加强与扩大群众中的核心组织，团结各阶层……有计划地完成接管城市的各项工作，争取彻底解放"②。

4月19日，中共武汉市委举行第二次全体委员会，根据中共上海局的指示，确定中心任务为："加强领导，动员以前有组织的群众，采取各种有效方法，有重点、有计划地进行保护城市的各项具体工作，争取完整的接管。"并提出了"反迁移、反破坏、要生存、要安全"的斗争口号③。会

---

① 《中国人民解放军关于白崇禧阴谋破坏公共设备的声明》，1949年4月5日，武汉市档案馆藏。
② 转引自《中共武汉党史大事记》，武汉大学出版社1989年版，第188页。
③ 《为保护城市度过青黄不接进入接管而斗争》，1949年4月19日，武汉市档案馆藏。

议决定在市委统一领导下,组成中共武昌分委(一说是武昌工委),并分设江南、江北两个指挥部,以便在国民党军队封江分隔时独立进行战斗。随后,武昌又以鄂南电厂为中心分成8个区域进行联防;汉口以汉口电信局为中心分成上、中、下三段组织联防。与此同时,中共中央中原局城工部也派遣地下党员到武汉,积极开展工作。这样,围绕着接管武汉的各项工作有条不紊地迅速展开。

策反工作是完整接管武汉市的关键。早在1949年2月,中共武汉市委就成立了策反工作组和统战小组,开展卓有成效的工作。中共党员胡铭心策反国民党湖北省党部书记陈良屏,陈提供国民党省党政军甲级联席会议的机密文件,交出省党部组织系统表和省党部直属的特务系统的资料。

中共武汉市委和江汉军区城工部地下组织将湖北省政府、汉口特别市政府、武昌市政府和省会警察局、汉口警察局("三府"、"两局")作为策反工作的重点。江汉军区城工部余杰通过省参议员张式训、吴先铭、郑桓武、谈瀛,以及代议长艾毓英等的关系,直接将统战工作深入到湖北省政府主席朱鼎卿、汉口市市长晏勋甫、武昌市市长蒋铭、省会警察局局长胡慎仪和汉口市警察局局长李经世等关键人物身上。

余杰首先通过关系做了李经世的工作,随后又将市府秘书长杨锦昱、保安警察总队长胡武争取过来,最后在武汉解放前夕终使晏勋甫起义。5月16日,李经世、胡武以汉口警察局正、副局长名义,发布了《汉口警察局布告(安字第二号)》,稳定了社会,及时平息了市区的几起骚乱,以较好的社会秩序迎接解放军。

3月1日,蒋铭就职武昌市市长是得到江汉军区城工部支持的,这样市政府就直接被党的地下组织所"掌握"[①]。首先将市政府内的反对分子驱赶,代以与党的地下工作有关的人员和统战对象,并控制各区自卫

[①]《武汉解放前夕江汉军区城工部关于武昌工作的纪要》,1949年,武汉市档案馆藏。

队武装。5月15日，胡慎仪在市长蒋铭的配合下，宣布成立武昌省会警察局应变指挥部，命令警察大队全体警察把守车站、码头、桥梁、堤坝、仓库等要地，并出动警车到鄂南电力公司等重要工厂，与工人纠察队一道护厂护局。

对朱鼎卿的策反工作虽然没有成功，但对他以后在四川的起义起到了一些作用。朱在撤离武汉时，只带上少数亲信，省府基本没有动，设立的鄂东南行署，代行省府职权。该机构由与江汉军区城工部有密切关系的郑桓武、蒋铭等控制，将省府的档案和机构完整地交给了新生的人民政府。

为了迎接解放，李书城等将和平促进委员会改为武汉市临时救济委员会。5月15日，在中国共产党的领导下，该会出面与武汉卫戍司令鲁道源交涉，要他在撤退时不要破坏市内的水、电、交通各项建筑设施。待国民党军队撤出武汉时，"临委会"在街上张贴维持地方治安的通告："刻下武汉情势转变，武汉已成真空地带……当此非常时期，务望我全体市民同胞，发挥互助精神，竭诚合作，力持镇静，各守岗位，各安生业，以期安堵如常。倘有不肖之徒，乘机扰乱，肆意破坏，或杀人放火，或抢劫奸淫，或挟仇报复，定当执行人民公意，立予逮捕，交付严惩。"①

"应变"原是桂系集团提出来的，中共武汉市委接过这个口号，利用它的合法性，在各工厂、企业、机关、学校中组织应变委员会、安全委员会、互助会等组织，进行反迁移、反破坏的斗争。白崇禧首先下令武汉被服总厂、三十兵工厂、海军造船厂、武汉船舶修造厂、汽车修配厂等军事工厂南迁，于是反搬迁的斗争就从军事工厂拉开了帷幕。这些工厂的工人、技术人员在中共地下党的领导下，运用拖延时间、消极怠工、要路费和安家费等合法斗争手段，使大部分工厂的器材和设备得以留下。申新纱厂的资本家也准备将机器和1万多个纱锭搬迁到香港。工人们在

---

① 《武汉市临时救济委员会关于真空时期维持地方治安的通告》，1949年5月15日，武汉市档案馆藏。

工厂中共地下党支部领导下,成立了保厂委员会和工人纠察队,日夜守卫,保住了机器和纱锭。

国民党在逃离前夕,企图进行大破坏,让武汉市成为一片废墟。他们破坏的主要对象有堤防水闸、水电厂、电信局、工业区、交通运输等。中共武汉地区党的组织通过各种渠道在广大市民中揭露国民党的破坏阴谋,发动人民群众行动起来,实行自保自卫、护厂护产的斗争。民盟湖北省支部、民革湖北省支部、民建、农工民主党在武汉地区的组织与中共一道投入"反搬迁、反破坏、保卫城市"的斗争,为武汉的解放作出了贡献。

5月15日下午,中共武汉市委领导人"按预定计划进入主要重点及指挥中心"①,市委书记曾惇、常委张文澄到设在汉口保元里的汉口指挥中心,常委江浩然进入鄂南电力公司,市委委员刘实坐镇武汉电信局,市委委员陈克东和余杰在汉润里一个指挥点,共同指挥武汉人民进行反破坏,迎接解放的斗争。

这场斗争在湖北各地也同时展开。大冶电厂成立了应变委员会,作为护厂斗争的公开领导机构。他们组织护厂队,设置三道防线保护工厂,使电厂完整地迎接解放军。黄石华中钢铁公司成立了工警互助会,争取经理张松龄,让他担任该机构的名誉主席。护厂队和警卫队一起站岗巡逻,成功地防止了附近国民党军第305师一个团的入厂破坏。平汉铁路沿段的工人投入保产护路的斗争,为运输解放军南进,解放湖北全境作出了贡献。

5月16日13时左右,威武的中国人民解放军先头部队开进了汉口。汉口市民倾城而出,将宽阔的中山大道围得水泄不通。"一路上,献花的,放鞭炮的,唱歌的,呼口号的,感情像爆发出的火山熔浆,洪流过处尽情燃烧。"② 第二天武昌解放。武汉历史从此掀开了新的华章。

---

① 《中共武汉地下市委关于反迁移、反破坏斗争的情况报告》,1949年8月,武汉市档案馆藏。
② 《汉口解放记》,《大刚报》1949年5月17日,第2版。

第四节　国民政府在湖北的经济崩溃

南京国民政府的经济体制是畸形的资本主义。在抗日战争时期得到发展的官僚资本，到解放战争时期，恶性地膨胀起来。这种经济运行机制是建立在对人民疯狂掠夺的基础上，又将其财富绝大部分耗在庞大的军费开支上。政治机制的腐败，军事上的彻底失败，经济上的空前危机，通货恶性膨胀，物价以天文数字的速度飞涨，加速了国民政府的垮台。湖北是我国富庶的粮仓之一，武汉是仅次于上海的第二大商埠，是华中的工业、商业、金融、贸易中心，也是官僚资本巧取豪夺的宝地。它在解放战争时期所呈现出来的经济现象，实际上是旧中国经济形势的一个缩影。

一、官僚资本的经济掠夺

抗日战争胜利后，在湖北境内的官僚资本空前膨胀，与全国一样，它首先是从接收日伪产业物资中积累起来的。抗日战争时期，日本在湖北地区拥有大量的军事、民营企业，据不完全统计，日本在武汉地区仅军事工场、仓库就达百余个，厂矿、花纱布、五金器材、现金股票及有价证券的总额，以1945年10月武汉地区价格估价，达97 488.27亿元。

日本宣布投降后，国民政府在抢夺战略要地时，也加紧了接收日伪资产。为了便利接收，国民政府把全国分成7个接收区，其中湘鄂赣接收区的中心在武汉。湖北境内（主要在武汉）的接收实际上是多头进行的，有军方、国民政府各部、国民党各重要机构派驻武汉的机构、湖北省政府、汉口市政府等。

1945年8月25日，国民党第六战区长官司令部等机关在恩施设立了第六战区接管日方物资委员会（以下简称"接委会"），司令长官孙蔚如任主任委员，由军政部武汉区特派员林逸圣为代理主任委员主持一切。"接委会"下设武器器材、交通通讯、粮服、卫生、公用事业、文化事业

6组，秘书、研究、总务3室。"接委会"为负责接收省区（兼辖湘、赣、豫一部）日伪逆产的最高权力机关，直隶第六战区司令长官部①。

湖北地区的接收大致经历三个阶段。第一阶段，从1945年8月15日日本宣布投降至同年9月17日"接委会"抵汉止。这段时间，武汉没有统一的领导机构，国民政府和国民党各系统纷纷抢进武汉，各自大肆接收。其中国民党汉口特别市党部主任委员袁雍、第六战区司令长官部前进指挥所主任谢士炎、国民党中央通讯社武汉分社主任徐怨宇、军统局湘鄂赣边区中美行动总队长唐新是最早进入武汉的军政要员。他们抢先接收日伪的车子、房子、金子，被武汉人民"封赠"为劫收"四大金刚"。9月12日，汉口市市长徐会之赶到武汉，立即接收伪汉口市政府。大汉奸、日伪陆军第14军军长邹平凡（时被蒋介石委任为武汉守备指挥兼新编第21军军长）也趁火打劫，肆意抢劫日伪资产，中饱私囊。

第二阶段，从"接委会"正式办公至年底该机构撤销止。9月17日"接委会"抵汉后，立即宣布"接收物资须要统一，绝对不要纷歧争执，接收物资一切事宜由接委会统一办理"②。至此，结束了接收的混乱局面，展开了对日伪物资的全面接收。

第六战区司令长官部和军政部特派员接收了日军的全部装备、军事仓库和工场百余所，米杂粮39 889 650市斤。9月20日，国民党湖北省政府接收伪省政府的一切资产，并宣布除军事范围以外的一切机构，"如文化事业、广播电台、金融机构及有关经济建设、民用卫生事业等等，均由本府主管各厅处负责接管"③。

9月25日奉行政院令，湖北省敌伪资产委员会成立。10月4日，"接委会"第三次会议决定成立武汉密报日伪物资处理委员会。11月

---

① 《第六战区接管日方物资委员会组织规程》，湖北省档案馆藏。
② 《第六战区接收日方物资委员会第二次会议记录》，1945年9月19日，湖北省档案馆藏。
③ 国民党湖北省政府编：《湖北省政府大事记》，1946年，湖北省档案馆藏。

16日，湖北省政府敌伪侵占人民财产清理委员会暨逆产清理委员会成立，内设调查、审核、保管、总务、登记5组。11月30日，"接委会"奉命撤销。

在此期间，国民政府经济部特派员会同汉口市政府的代表，接收了华中水电公司、汉口水电公司等企业。财政部特派员和金融机构接收了日本正金银行汉口支行等日伪金融机构。财政部特派员江汉关总税务司林联芳接收了江汉关。国民党湖北省高、地两法院接收了伪汉口、武昌两法院。从9月21日—10月3日，"接委会"共接收湖北地区电讯、大冶矿区、武昌南湖农场等59个单位。据11月18日湖北省建设厅的《接收敌伪工矿情形及处理办法总报告》称，省府接收139个单位，其中化工类39个、纺织类15个、建筑类3个、机械类15个、农业类13个、矿业类1个、印刷类1个、洋行类17个、仓库类10个、公司类7个、产业类5个，其他13个。按照11月物价估价，由"接委会"接收的日伪物资总计110亿元以上。

第三阶段，从1945年11月30日国民政府行政院处理接收武汉区敌伪产业特派员办公处成立至1947年1月31日该机构结束止。该机构由经济部政务次长谭伯羽主政，负责武汉区的接收工作。据1946年3月《经济部湘鄂赣区特派员办公处公告》（业标字第2号）中记载，该处接收第一批日伪工厂就有38个。据第六战区司令长官部1946年7月统计，该机构接收的工厂达115个，到行政院处理接收武汉区敌伪产业特派员办公处结束时，将接收的物资变卖获80亿元。又据国民政府经济部统计，截至1947年9月，湘鄂赣区接收工矿企业及公司192个，商业27个。

事实上，国民党的接收是极不彻底的，据《中央日报》1948年10月5日披露，武汉地区日伪工厂截至当时，尚有63个单位、日伪房地产608处、船只456艘等物资没有被接收。

在接收日伪物资的过程中，获利最大的是官僚资本，它以国家的名义，将湖北地区日伪多年来掠夺湖北人民的巨大财富建立起来的金融机构、工商、军工企业加以霸占，使官僚资本极大地膨胀。在金融方面，官僚资本吸收了日伪在武汉的所有的金融机构，其中日本银行3个，汪伪银行20个，德国银行1个。总资产无法统计，仅中江实业银行等19家汪伪银行的资本总额就为11 525万元军用票。接收时被封存的伪中储券，伪中央储备银行汉口支行有778.7亿元，伪中江实业银行有129.4亿元。此外各银行收购的物资，"计有13个仓库，共值上千亿元以上"[①]。

战时，日伪发行中储券无度。1945年11月1日，湖北省政府根据国民政府的《收复区敌伪钞票及金融机关处理办法》，颁发了稳定金融的布告，规定从本日起，至1946年3月31日止，伪中储券200元换法币1元。这种比率，远远脱离了中储券的购买力，伪币的实际购买力比价是1：25。同时，除了几个主要城市收兑了一些中储券外，在广大的农村，许多人手中的伪币成为死币，人民受到的损失是无法计算的。

在工商业方面，官僚资本在接收的名义下，不仅接收了日伪庞大的资产，而且强行将一些民营资产、民有房屋作敌产囊括，如上海大戏院、光明电影院、黄金大戏院、金龙云记面粉厂、达昌机器染厂、汉口义兴铁厂、太平洋肥皂厂、震昌机器铁工厂、汉阳电气公司等。国民政府将接收的资本转换为垄断资本。例如第11兵工厂、第26兵工厂、武汉总被服厂均是在接收日军的兵工厂的基础上，加以扩建而成的。武昌机械厂是湖北省最大的机械厂，就是接收日伪酒井铁厂、东亚株式会社、岩崎洋行机厂、中山钢铁厂等8家企业的资本建立起来的，华中钢铁公司则是在日本制铁株式会社（汉冶萍公司）的基础上建立的。国民政府交通部特派员夏光宇接收了平汉、粤汉两条铁路系统，成立了武汉区铁路管理局，垄断了铁路交通。湖北民生茶叶公司、湖北应城石膏公司、湖北民生贸易公司等"国营"企业，在"统购统销"的政策下，控制了湖北的主要民用资源。1946年1月3日，行政院规定接收之区日伪存盐一律移交盐务机关接管，从而垄断了盐务。

---

① 朱维岳：《伪中央储备银行汉口支行成立接收的经过》，《武汉银行史料》，第293页。

二、政府官员中饱私囊、贪污受贿成风

抗战胜利后,国民党各级接收大员从地下"钻"出来,从天上"飞"下来,从四面八方赶到沦陷区,伙同汉奸,肆无忌惮贪污中饱,将部分资产化为个人资产,闹得民怨沸腾。新闻传媒披露出来的几个大案,在全国引起了轰动。

汉奸邹平凡劫夺案。

邹平凡是日伪陆军第14军军长,控制着武汉地区的伪军。日本宣布投降后,国民党军队未进武汉前,蒋介石曾授他为武汉守备总指挥,借以稳定武汉的局势。邹在这段"真空"期间,大肆劫夺日伪物资,据《伪军军长邹平凡于敌人投降武汉市区秩序紊乱之际,挟其武力掠夺物资,清查团请武汉行辕通缉归案法办案》①称,邹劫夺的物资有:1. 以武汉治安联军总司令的名义指挥其部队,将日本在汉的所有重要军事仓库、商业仓库"加以把守",用卡车连续搬运2日至汉阳私宅藏匿,"据为私有,盗卖营利"。2. 将劫夺的4万担食盐,偷运外地出售,"所得价款,悉入私囊"。3. 从伪中央储备银行武汉分行仓库里,劫夺烟土8 000余两。4. 劫夺日军仓库各类枪支5 000余支,以及大批军火,隐匿不报。5. 劫夺日军第105仓库食米3 000余担。6. 劫夺武昌市伪市长刘立藩的私人金银首饰。他劫夺的物资有案可查的、按时价估价,当在四五十亿元以上。

徐怨宇贪污案。

徐怨宇是国民党中央通讯社武汉分社主任,他在接收日伪新闻机构时,将一部分日伪物资攫为己有,主要有:1. 盗取日商千代洋行(江汉路50号)照相器材约30吨,徐的下属将其大半偷运藏匿,价值3亿元左右②。2. 取方本仁私人财物家具。方本仁原为地方军阀,抗战前曾任

---

① 《武汉日报年鉴·监察》,1947年度,第19~20页。
② 《湖北武昌地方院检察官起诉书》,1946年10月19日,武汉市档案馆藏。

湖北省代省长，日军占领武汉后，从重庆回到武汉，居住汉口四明街泰兴里。1944年年底，方回黄冈原籍，其私宅委托德国友人代为看管。徐私自将方宅打开，"雇洋车数十辆，将宅内存物器具衣箱连续搬运二三天之久"①。此外他在担任武汉文化会堂总干事期间（8个月），将其纯收益2 400余万元"侵吞"，还将汉奸石星川的一部小轿车归己。

江汉关拍卖日伪物资舞弊案。

江汉关拍卖日伪物资共13次，所得款项33亿余元。在拍卖过程中官商相互勾结，采取有计划的压价，从中获利10亿元以上。有的还以"破"、"劣"等为由，"任意折减，其损失实无可估计"②。

此外还有第六战区兵站总监部及武汉警备总司令部等机构擅自将价值40亿元非军用品配给官兵案、武汉敌伪物资管理委员会第三仓库桐油变水案等。在接收中，诸类丑闻层出不穷，闹得天怒人怨。连国民党中宣部的机关报《武汉日报》1946年12月18日也在文章中承认："由中央到地方，接收的贪污，汉奸的包庇，把光复后应该光明的局面，搅得一团糟，真太伤了善良的小民的心！"

接收大员的恣肆妄为，也危害了国民政府的统治，蒋介石下令组织苏浙皖区等7个区的接收清查团，"彻底"清查接收中的贪污案。1946年6月，湘鄂赣接收敌伪清查团组建，由国民党元老仇鳌为团长，国民党监察委员苗培成等8人为成员，共分3组，第一组负责湖南，第二组负责湖北省与汉口市，第三组负责江西。重点是第二组。

清查团从8月1日在汉口黄陂路原41号正式办公，到10月9日结束，"共收到密告246件，调查者45件，行查者27件，解决民营及民有产业纠纷96件，送法院及军法机关讯办32件，内容空泛无具体事实准予存查者40件"③。这个结束报告正如国民党中央机关报《中央日报》所宣称的那样，"老虎未捉到，苍蝇未打死"，"清查团打虎缺胆，临结束

---

①②《武汉日报年鉴·监察》，1947年度，第22页、17页。
③《清查团正办理结束》，《新湖北日报》1946年10月7日，第2版。

自称遗憾"①。清查团对以上的案件，一个也无法处理。

武汉人民对邹平凡案尤为切齿痛恨，清查团电请武汉行辕明令通缉、归案法办，并请先查封他在武汉的所有财产。武汉行辕仅将邹在汉阳的一幢住宅查封了事，让其逍遥法外。

与徐怨宇并列为"劫收四大金刚"的袁雍、谢士炎、唐新因为军政要员，清查团不敢动，唯将与CC系有矛盾的徐怨宇送交司法机关处理。1948年10月28日，汉口地方法院检察官在被告缺席的情况下，起诉并结案，所谓起诉书仅是一纸空文②。

第六战区动用接收物资40亿元案被揭露后，郭忏以前第六战区副司令长官、武汉警备总司令的身份辩解，称这批物资估计为18亿元，且向军政部长陈诚、内政部长张厉生、组织部长陈立夫报告过。清查团只好向国民党中央请示处理办法，从此没有下文。

郭忏在武汉任职期间，大肆敛取钱财，据估计，非法所得当以百亿元计，仅从邹平凡处就获得金条数百根，现金数十亿，货物无数。1946年5月，在调任国防部参谋次长时，接受所谓武汉各界及第10军全体将士献送的金鼎两座，其价值就是658万余元。清查团对此不闻不问。年底，两湖监察使苗培成和监察委员何汉文以"贪污渎职"罪，提出弹劾郭忏案，时称我国监察史上最大的一件事。但其结果非但没有动郭忏一根毫毛，苗培成反受到"滥用权职，有污监察制度"的训斥③。

如此结局使武汉人民认识到与其说是清查，还不如说是"替接收的人揩屁股，揩得干干净净"④。一些省参议员在湖北省参议会第一届第二

---

① 《湘鄂赣清查团工作结束，仇鳌团长接获警告》，《中央日报》1946年10月16日，第5版。
② 1991年3月27日在访问徐怨宇先生时，他表示所谓徐案是国民党CC系制造出来的，所列的"罪名"，除拿了方本仁住宅毗邻农工银行空屋内的部分家具外，均不属实。
③ 《郭忏被弹案真相》，《武汉日报》1946年12月6日，第5版。
④ 冰材：《对于清查团的期待》，《湖北论坛》第1卷第10期，1946年9月。

次大会联名提出《请彻查接收敌伪物资不法人员舞弊情形并依法检举以肃官邪案》，内称"查自敌寇投降以来，各地办理敌伪物资接收大员大多不遵法令办理，隐匿偷漏，弊端百出，舆论哗然。中央虽有清查团之组设，以时间限制，工作区域多，仅限于通都大邑，如沙市、宜昌等地亦均未能展开工作。据各方所得消息，各地接收大员不实不尽之事颇多，甚有公开兜售隐匿物资者，若长此以往，其将何以维正气而安人心？实有彻底清查之必要"。但结果仍是不了了之。

三、三峡水电站、武汉大桥、开发神农架计划付诸东流

国民政府还都南京后，曾提出一些"宏伟"的经济计划，其中三峡水电站、武汉大铁桥二项在湖北境内。这些宏伟的蓝图，曾激起过许多知识分子的爱国热情，投入参加勘测、设计的工作中。他们将自己对祖国的爱和对现代化的憧憬，凝聚在一份份设计图纸上，编织着强国之梦。但这些美好的愿望在内战的炮火中，一个一个地破灭。

长江三峡的水利资源蕴藏之富，举世闻名。孙中山先生早在《建国方略之二——实业计划》、《民生主义》等著作中就倡导加以利用。英国工程师波韦尔在《扬子江最近情势及整理意见》中，提出过一个开发三峡水电的计划。这是迄今知道的关于三峡水电站最早的一份报告。1932年10月，由国民政府发起，交通部扬子江水道整理委员会赞助，并由国防设计委员会主持，组成长江上游水力发电勘测队，分两批到宜昌，经勘测后，写出了《扬子江上游水力发电勘测报告》，拟定了葛洲坝、黄陵庙两处低坝方案。

1933年3月23日，扬子江水道整理委员会编写出《长江上游水力发电计划》。根据这个计划，建立宜昌水力发电厂的装机容量为30万千瓦，葛洲坝第一期为10万千瓦，需要国币3 400万元，以后每期增加10万千瓦，即需2 100万元。1936年扬子江水利委员会顾问白朗（奥地利人）着手研究后，提出建设三峡高坝可行性方案。

1944年重庆国民政府战时生产局美籍顾问潘绥（又译柏斯克）提出

利用美国贷款筹建中国水力发电厂与清偿债款方法的"潘绥计划",建议在三峡建设一座装机容量为1 050千瓦的大型水力发电厂。同年9月,在世界享有盛誉的水利专家萨凡奇(Savage)勘察了三峡第一坝,编写出《扬子江三峡计划初步报告》(即著名的"萨凡奇计划"),肯定了在三峡建高坝的方案,提出将拦河坝址设在宜昌峡内的意见。随后中国政府进行了一些三峡工程基础的准备工作。

抗战胜利后,中国在美国TVA(Tennessee Valley Authority)的鼓舞下,对于YVA(时称宜昌大水闸,即三峡工程)和HVA(即黄河水库计划)的计划兴趣日浓。1946年4月6—11日,中国政府再次邀请萨凡奇到宜昌,深入三峡进行考察,尤其对第二、三、四、五坝址"考察特详"①,最后确定将坝址选在第三坝,即南津关下游2.2公里处。

随后三峡勘测、设计等前期工作紧锣密鼓地进行。5月,国民政府三峡水力发电计划技术委员会与美国内政部垦务局签订技术协助协议。6月,美国内政部垦务局集中了中外水电工程专家70余人开始三峡规划设计,其中中国技术人员54人。

10月1日,资源委员会全国水力发电工程总处扬子江三峡勘测处在宜昌正式成立,张昌龄为主任委员。10月28日—12月25日,承办三峡坝区勘测的美国费其艾(Fairchild)航测公司派出测量队到三峡坝区实地测量,历时57天(实际工作41天)。同时该公司承担航测和钻探。

在中外专家的共同努力下,经过两年的时间,耗资250万美元,制定出三峡水力发电工程计划的初步规划。根据1948年3月制定的《扬子江三峡计划概要》②,YVA是一个大型多功能的系统工程,主要有发电、灌溉、防洪、航运等。首先建一座225公尺的高坝,坝之下游于两岸岩石内安装水力发电设备,共发电1千余万千瓦,供电区域可达半径1 000

---

① 《黄育贤陪同萨凡奇复勘三峡水力发电计划报告》,1946年4月28日,中国第二历史档案馆藏。
② 文件现存中国第二历史档案馆。

公里之面积，东至京沪，西达成渝，南抵衡桂，北迄太原。高坝抬高水位160公尺，其回水直达四川泸州，使万吨大轮船可抵达重庆。

大坝的蓄洪量达272亿立方公尺，减低洪水峰24 900秒立方公尺，将有效地调节长江水的流量，使"下游'五年一小灾，十年一大灾'之谚，可不再重见"。整个工程预计需要资金近20亿美金，工期8年①。

为了配合三峡工程，国民政府计划将宜昌兴建为300万人口的国际大都市。1946年5月1日宜昌市政筹备委员会正式成立。

1947年5月，国民政府为了集中财力打内战，颁发了"经济紧急措施"，无力也无心将三峡工程进行下去，遂由国民政府资源委员会下令"暂时停止"②。8月，三峡设计工作被迫终结，在美国参加设计的中国工程技术人员，含泪返回内战烽火四起的祖国。

在武汉长江上建立大桥的最初动议是1913年粤汉川铁路督办詹天佑提出来的。他曾约请北京大学教授、德国专家米勒带领一批学生来汉测量，选择汉阳龟山到武昌蛇山为桥址线。1921年10月，中国交通部请美国工程师瓦德设计，提出《汉口扬子江铁桥建筑计划书》，设计在长江、汉水各建桥一座，使武汉三镇连在一起。30年代，国民政府铁道部再次托美国顾问瓦德作建桥计划，瓦德提出从汉阳凤凰山到武昌蛇山的另一条桥址线。1935年湖北省政府邀请我国著名桥梁专家茅以升来汉商讨建桥事宜。第二年，钱塘江大桥桥工处提出了一份计划书，主张桥址为龟蛇线，修建大跨度五孔桥，三孔主孔跨度为250米。1937年中国桥梁公司测量设计龟蛇线完成，预价1 500万元，拟10月动工，因战争爆发，工程无法实施。

抗战胜利后，湖北省政府又将武汉大桥列为重点工程。1946年8月，省府再次邀请茅以升先生来汉，组织武汉大桥的设计工作。同时成立武汉大桥筹建委员会，并举行第一次会议，商讨筹建经费，估计造

---

① 《扬子江三峡计划概要》，1948年3月，中国第二历史档案馆藏。
② 国民党中央社新闻稿，1947年5月15日。

价为3 000万美金，拟通过外资、中央补助和省政府及有关机关摊认，以及向地方募集等多种方式筹款。后来成立武汉交通建设股份有限公司，股本为1 000万美金，由平汉及粤汉两铁路局、第二区公路工程局和省政府等单位认股。

在茅以升先生主持下，先后成立了中国桥梁公司汉口分公司（设在胜利街江汉路口交通银行4楼）和武汉大桥技术委员会。茅以升不仅对工程设计倾注了极大的热情，而且为筹集资金奔忙，亲自出面向银行贷款。

9月，美国桥梁专家德克麦、博麦在行政院工程计划团团长侯家源先生的陪同下，来汉考察，提出了《武汉大桥计划报告》①。计划主张利用龟山、蛇山之天然地势建筑一高平水桥横跨长江，大桥应采用钢铁结构以适应铁路与公路运输之需要。大桥全长2 000公尺，其中1 200公尺为长江桥面的长度，桥面拔水净最高水位应为30公尺，低水位时为47公尺。

1947年4月18日，武汉大桥筹建委员会举行第二次会议，万耀煌主持会议，茅以升提出武汉大桥计划草案，预定建筑工期为4年，同时在汉水上建筑公路、铁路两桥，以便与长江大桥相连。汉水公路桥在近汉水出口处老兴巷口处码头；铁路桥在硚口码头上游，或和昌丝厂附近，以便接平汉铁路线。

4月21日，武汉大桥技术委员会在湖南衡阳举行第二次会议，参加者14人，由茅以升主持，会议决定9条，确定桥址龟蛇为主线，桥身式样：主线采用三孔悬臂拱桥，跨度每孔约在280公尺。桥身净高，在普通高水位上28公尺，以便万吨轮可以通过。大桥采用铁路、公路两用桥，铁路双轨，载重古柏氏（即中华CN24）。公路双车行，人行道两行②。

此项计划草案的命运与YVA一样，在轰轰的内战炮火中化为灰烬。

---

① 《工程》（武汉）第5、6期合订本，1947年6月。
② 《建筑武汉大桥》，《武汉日报》1947年4月30日，第5版。

神农架为湖北巴东、房县、兴山、秭归交界的森林区，纵横数百里，"出产大量木材，蕴藏之高为华中之冠"①。1946年4月16日，湖北省政府为开发神农架的森林，在省府第534次会议上，讨论了省建设厅签拟成立神农架森林筹备处事宜。继之筹备处成立，并请空军第一大队作航测。

同年9月20日，省政府组织神农架查勘队从武汉出发，经宜昌至巴东，乘民船至西襄水上游（石阪坪），然后徒步上山，抵达木城。11月18日返回武汉，历时2个月，提出《神农架查勘报告》②。报告提出开发14项计划，首先是采伐木材。他们勘定了黄柏坝、瓦盆洼、神农架垭、乱石窖、巴东垭、石槽河、横河、韭菜垭8个林区，其面积约22万余公亩，仅杉桦两种树木就达330余万株。如果每日采伐1 000株，月30 000株，那么一年便可采36万株，足供10年之采用。

报告还计划在鼋渡河间修高水闸，并整理河道，炸巨大礁石以利运木或航行。在白莲岩至柞溪口修发电闸，以利运木兼供发电。修筑道路以供运输，修建林区厂房、码头等等。开发神农架需要资金80亿元，计划湖北省负担40亿元，农民、交通两家银行各负担20亿元。

这些"宏伟"的计划，是中国走向现代化的重要一部分，寄托着中国人民对未来的希望。当这些项目失败后，一个曾参加YVT工程设计的知识分子深有感慨地说：这个工程"我不希望仅是一个梦——理想天国，总有一天会在地上实现的"③。国民党使他的理想天国如长江水滚滚东逝。在新中国，他的理想正在得到实现。今天武汉已经变成了一座"桥城"，第十座长江大桥杨泗港长江大桥已于2014年开工。神农架已经成为我国中部的重要林区和旅游区；继葛洲坝水电枢纽一期工程完工后，2009年世界上规模最大的水电站三峡工程竣工。

---

① 《万耀煌在湖北省参议会第一届第二次大会上的施政报告稿》，全宗号1，案卷号1660，1946年，武汉市档案馆藏。
② 《工程》（武汉）第5、6期合订本，1947年6月。
③ 国民党中央社新闻稿，1947年5月15日。

四、经济空前危机,通货恶性膨胀

南京国民政府在最后的 4 年统治期间,实行的是穷兵黩武的内战方针,运行的是官僚资本经济体制,就必然造成其经济形势日趋恶化,以致不可挽救。如前所述,抗战胜利后,国民政府不是抓住机遇,大力发展生产,提高综合国力,而是将非常有限的财政收入大量地投入军费开支上,1946 年军费支出 6 万亿元,占年实际支出总额的 86%。随着内战规模的扩大,军费急剧增加,财政赤字亦逐年增大,到 1948 年平均每年为 65.3%,经济彻底崩溃。国民政府在经济领域采取的挽救方法,不外三途:大举借债、通货膨胀和增加赋税,除了借外债外,其余都与湖北有直接的关系,也是湖北经济全面崩溃的主要原因。

抗战胜利后,国民政府为了弥补财政的巨额亏空,发行了 7 笔内债。由于法币严重贬值,财政部采取以美金、金元、黄金等作为本位。1947 年国民政府发行美金债券,按照 1∶1.2 万(法币)的比例,到 5 月 25 日为止,在汉口销售了 11.4 万美金,回笼现钞 16.8 亿元。9 月,汉口中央银行委托中国、交通两银行募销美金债券,8 天只销售 1 040 美金,按照 1∶4.05 万元计算,回笼法币 4.2 亿元。

国民政府的财政连年赤字,全靠滥发纸币弥补,其结果是通货恶性膨胀,物价暴涨。法币在日本宣布投降时,发行指数已经比战前增加了 738 倍。战后发行量猛增,到 1948 年 8 月已是战前的 47 万倍,成为废纸。8 月 19 日,国民政府实行"币制改革",宣布法币作废,发行新的币种——"金圆券",规定按 1∶300 万的比价限期收兑法币。接着又无限量地发行金圆券,加速了经济崩溃。

金融危机在华中的金融中心地汉口反映得十分明显。市场交易大都以美金、港币计价流通,黄金是国币的发行准备金,因此外汇汇率和黄金的兑换牌价就成为国币价值衡量的主要标准之一。美金、黄金和国币的兑换比价如表 10-3。

表 10-3　汉口市黄金、美钞市价表

（黄金每市两价格、美元一元价格）

时　间	黄　金	美　钞
1946.1	120 000	1 500
1946.6	230 000	2 750
1947.1	500 000	7 300
1947.6	576 000	12 000
1947.12	9 600 000	81 000
1948.7	36 972 000	474 000
1949.1	115 600（金圆券）	—

资料来源：《湖北省银行通讯》（1946—1949年）。

战前法定的外汇汇率是1∶3.41（法币），1946年1月，汉口汇率提高了近460倍。随着内战的加剧，财政赤字的扩大，到"币制改革"前夕，汇率已达15万倍，法币价值一泻千里。金圆券如果按1∶300万（法币）计算的话，那么武汉解放前夕，每两黄金兑换牌价是1946年1月的289万倍。这表明只有5个月生命的新币种也成为废纸。

实际情况则更糟，因为以上的兑换价是政府规定的市价（亦称牌价），但在市场上起作用的是黑市价。就全国而言，自1947年10月至1948年3月，美钞黑市价格约较外汇牌价高出80%至100%。汉口的情况大致相同。1948年6月上旬，汉口的黄金黑市价已达8 000万元，下旬一度冲破2亿元大关。8月，政府强行规定黄金1两兑换金圆券1 000元，黑市就达1 500元，高出官定的30%以上。12月逐日猛跳，23日政府下令存兑办法停止后，金银黑市更是一马当先，饰金破万元大关，人心震荡。1949年1月初，汉口黄金开价是9 230元，黑市黄金则为12 500元，金圆券形同死币。

国民党湖北地方当局利用"币制改革"和战争形势，肆无忌惮地抢掠人民的财富。在"币制改革"的幌子下，政府强行搜刮民间的黄金、白银、银元、外币等，规定兑换比例分别为1（两）∶200.1（两）∶3.1（元）∶2.1（美金）∶4。截至9月在沙市收兑了黄金72 843两、白银 484 902 两、银元 4 976 157 枚。1948 年 10 月 21 日,华中"剿匪"总司令部以打击黑市的名义,下令对有金银者强制兑换;以金银交易者金银货物一律没收,并交特刑庭讯办;收买贩卖金银者枪毙①。到月底,中央银行汉口分行强行收兑黄金 463 614 两、白银 551 822 两、银元 5 205 915 枚、美金 279 343 元、港币 112 051 元。其中银元、港币的收兑列全国第一,黄金列第三。

在武汉解放前夕,白崇禧下令将汉口中央银行库存的 1935—1939 年铸造的镍币投入市场,武汉警备区发出布告宣称,对拒绝使用金圆券及镍币者,以扰乱金融论罪。白崇禧则大肆搜刮现洋。他将庞大的军费拨款强行向中央银行兑换成金条或银元;利用通货膨胀、金圆券贬值的机会,向中央银行透支几亿元,然后又转过来将透支的国币兑换成硬通货。5 月 11 日,他命令中央银行汉口分行等四行的资金从即日起一律由华中军政长官公署"予以统制"②。他在离开武汉之前,又向汉口总商会勒索了现洋百万元,连同在湖北掠夺的大量黄金、现洋、外汇用飞机运往广西。

货币大幅贬值,必然引起物价的飞涨,通货膨胀的影子是物价指数,湖北各地的零售物价指数如表 10-4、表 10-5、表 10-6。

表 10-4　湖北各县市零售物价指数
1946 年 12 月　基数 1937 年 1—6 月＝100 金圆券

地　名	项目	总指数	食物类	衣着类	燃料类	杂项类
汉　口	18	943 000	957 900	623 400	138 760	762 000
巴　东	26	657 843	528 500	877 520	815 817	667 850
随　县	26	704 950	668 529	796 233	716 183	619 371
咸　宁	27	743 600	735 133	1 045 000	766 300	586 343
郧　县	25	875 660	752 100	1 310 758	1 113 282	697 167
老河口	26	874 060	834 340	1 043 119	1 202 250	653 171
恩　施	—	—	—	—	—	—

资料来源:《湖北省银行通讯》新 13~14 期,1947 年 1—2 月。

---

① 《湖北省银行通讯》新 35 期,1948 年 11 月。
② 《武汉资金即日起由华中军政长官公署予以统制》,1949 年 5 月 11 日,全宗号 107,目录 1,案卷号 33,武汉市档案馆藏。

表 10-5　1947 年 6 月　基数 1937 年 1—6 月＝100　金圆券

地　名	项目	总指数	食物类	衣着类	燃料类	杂项类
汉　口	50	2 804 449	2 505 718	3 546 726	2 225 961	3 123 305
巴　东	27	2 062 000	1 542 276	2 817 000	2 205 850	2 697 750
随　县	29	2 556 528	2 491 669	2 735 375	2 044 000	2 827 200
咸　宁	26	2 728 687	2 394 421	3 673 750	2 289 421	2 664 882
郧　县	25	2 506 588	2 266 263	3 107 357	3 158 357	2 057 833
老河口	25	2 619 438	2 490 588	3 260 462	3 373 692	1 953 227
恩　施	27	1 822 583	1 603 704	2 823 400	1 269 559	2 222 300

资料来源：《湖北省银行通讯》新 19～20 期，1947 年 7—8 月。

表 10-6　1948 年 12 月　基数 1937 年 8 月 19 日＝100　金圆券

地　名	项目	总指数	食物类	衣着类	燃料类	杂项类
汉　口	50	2 467	2 561	2 662	2 396	2 537
巴　东	25	3 215	2 972	2 266	6 833	3 064
随　县	—	—	—	—	—	—
咸　宁	26	6 740	7 431	6 571	5 925	6 417
郧　县	—	—	—	—	—	—
老河口	—	—	—	—	—	—
恩　施	33	2 290	2 804	2 414	1 300	1 825

资料来源：《湖北省银行通讯》新 37～38 期，1949 年 1—2 月。

汉口物价总指数在 1946 年年底，已是战前的 7 958 倍，上表可见湖北地区物价总指数随着经济形势的恶化，不断上涨。1946 年 9 月，汉口的各种物价指数是战前的 6 066 倍，1947 年 9 月为战前的 49 000 倍，至 10 月则上升至战前的 82 930 倍，一年来翻涨了 12 万倍[①]。

金圆券贬值的速度赶不上物价上涨的速度。1948 年 12 月 23—29 日，一周内，棉纱涨幅 3～3.5 倍，面粉、麻油、布匹、桐油涨 2～

---

① 刘福堂：《物价暴涨原因及其对策》，《湖北省银行通讯》新 24 期，1947 年 12 月。

3倍，棉花、香烟涨2倍，食米涨约3.8倍，一般零售物价涨势更甚，约为5倍，所谓"粒米百元"已不稀奇。1949年，物价更是疯狂上涨，一天数变，1月到4月，汉口的机米价格上涨了4万倍。1949年4月，武汉地区的生活指数为1948年8月19日的66 300倍，同期物价上涨362 298倍。5月上旬，湖北省的物价指数与1937年上半年的平均价格相比，出现了以亿为单位的天文数字。

恶性通货膨胀造成生产进一步萎缩，税源枯竭。国民政府则竭泽而渔，增加税种，对广大人民进行无穷地勒索。田赋是政府压榨农民的主要手段，而营业税是湖北省财政的大宗（省政府得全年田赋的20%，营业税50%），所以省政府对此两项税抓得十分紧。1946年的田赋额达2 700余万元，其中包括正税、亩捐、县政教捐、保甲费、联小费、国民兵团专款6种，除第一种400万元外，其余5种2 300万元都是地方经费。1947年还开征土地税，成立公产整理委员会。1948年政府又在湖北省增加"戡乱"特捐——粮食190万担，计570万石①。营业税更是名目繁多，以致汉口商会理事长到汉口市参议会上抱怨："月捐共有30多种，差不多每天要完纳一种。估价每一个5口之家，平均在这一年内要负担25万法币和一市担七斗粮食。"②

中国民族工商、金融业在通货膨胀的打击下，纷纷垮台。1949年，湖北省共有工业企业4 004家，其中私营3 997家，工业总产值只有4.7亿元（1957年不变价，人民币）。在1948年年底武汉有工厂2 140家，解放前夕，绝大部分工厂已经倒闭或停工。针织厂倒闭了五分之四，百余家烟厂停了90多家。全省生产萎缩，与1936年相比，工业产品有大幅度的下降，其中原煤下降52.06%，水泥下降32.65%，生铁下降78.57%，棉纱下降39.22%，棉布下降58.22%，卷烟下降18.61%，发

---

① 《国民政府粮食部陈送1948年度征集粮食办法的呈文及附件》，中国第二历史档案馆藏。
② 黎少岑：《一年来的国内经济》，《湖北论坛》第2卷第1期，1947年1月。

电量减少 4.16%，火柴减少 61.71%。

金融业也日益凋敝。1947 年武汉有钱庄 110 家，"币制改革"前，还有 58 家，第二年只有 36 家在苦苦地挣扎。典当在 1947 年有 7 家，到 1949 年 5 月全部歇业；宜昌唯一的一家在 1948 年法币崩溃的前夕就收歇。湖北的商业银行较多，战后就有 26 家新行成立，但在垄断银行和恶性通货膨胀的打击下，纷纷停业。1949 年 3 月 1 日至 5 月 10 日，在武汉先后有汇通银行汉口分行等 16 家关门，余下的 28 家在暴风雨中苟延残喘。

金圆券的最后崩溃，经济上的恶性通货膨胀，军事上的节节失利，更加剧了国民政府统治的危机。在物价疯涨下挣扎的湖北人民，渴望着新社会的到来。

大 事 记

1912 年

1月3日　各省代表会议在南京公推黎元洪为中华民国临时副总统。

2月10日　湖北省临时议会开会，举刘心源为议长。

2月27日　一部分反对军务部部长孙武的士兵发动群英会事件。

3月10日　湖北军政府改称湖北都督府。

4月9—13日　孙中山访问武汉。

5月　私立武昌中华学校开办，1913年4月易名中华大学。

8月16日　黎元洪与袁世凯合谋，将首义功臣张振武、方维在北京杀害。

9月下旬　南湖马队二标举行"倒黎"兵变，被镇压。

10月26—28日　黄兴访问武汉。

1913 年

1月　北京政府决定省下分道，湖北分为黄德、安襄郧荆、荆宜施鹤三道。1914年6月三道分别改名为江汉道、襄阳道、荆南道，共69个县。

3月10日　湖北省第一届议会举行成立大会，议员104人，议长谭寿堃。

6月24日　黎元洪下令搜查汉口《民国日报》馆，旋进行大搜捕，杀害革命党人300余人。

7月下旬　湖北安陆、沙洋等驻军刘铁部宣布讨袁。

9月20日　湖北省议会将国民党议员詹大悲、梁钟汉、赵鹏飞除名。

10月8日　黎元洪被国会选举为正式副总统。

11月　国立武昌高等师范学校正式开学。

12月2日　汉冶萍公司董事长盛宣怀与日本制铁所正金银行签订甲乙合同，借款1 500万元，日人得以控制该公司。

12月12日　袁世凯任命吕调元为湖北民政长。

12月20日　袁世凯任命段祺瑞兼湖北都督。

1914年

2月1日　袁世凯任命段芝贵署理湖北都督。

2月　湖北省第一届议会因议员不足法定人数，议长和议员等65人通电自行解散议会。

3月7日　白朗义军攻占鄂西老河口。

4月18日　中华工程师总会在汉口成立，詹天佑担任会长。

9月17日　《中英汉口修建借款合同》在北京签字，中国向英国萨穆尔公司借款1 000万英镑，以修建汉口市场。

1915年

5月13日　汉口日本侨民为庆贺日本政府强迫中国政府签订"二十一条"的"胜利"，当晚举行提灯会。中国商店纷纷熄灯闭门罢市，以示抗议，中日商民遂起冲突。

8月22日　袁世凯任命张锡銮为镇安将军、督理湖北军务，未到任前由王占元督理。

1916年

1月8日　北京政事堂任命王占元为襄武上将军、督理湖北军务。

2月18日　武昌南湖马队发动反袁起义，被镇压。

6月7日　黎元洪正式就任大总统职。

10月1日　湖北省第一届议会复会。

1917年

3月16日　王占元通电反对对德宣战。
7月2日　王占元通电反对张勋复辟。
9月1日　粤汉铁路武昌—岳州段举行通车典礼。
10月3日　护法战役拉开战幕。孙中山的北伐战略是先克武昌，次定南京，再夺北京。
10月8日　恽代英等在武昌成立进步团体互助社。
12月23日　湖北各路护法军在荆门正式组成靖国军，公推黎天才为总司令，下辖3个军。

1918年

2月14日　陆军第16混成旅旅长冯玉祥在武穴电请罢兵议和。
4月23—25日　国务总理段祺瑞在汉活动，25日乘坐的楚材军舰，在汉口江中撞沉江宽客轮，造成280人淹死，落水者1 000余人的惨案。
8月　湘鄂铁路武昌—长沙段竣工。
12月20日　湖北省第二届议会开幕，议长屈佩兰。
本年　汉口新市场（今民众乐园）建成。

1919年

1月28日　鄂西靖国军总司令蔡济民遇难。
5月6日　《汉口新闻报》刊登北京学生举行"五四"爱国游行。
5月18日　武昌学生3 000余人举行爱国大游行。
6月1—3日　王占元镇压学生，制造了"六一"、"六三"惨案。
6月10日　汉口商人罢市，接着工人罢工，学生罢课。
8月18日　湖北各界联合会在汉口成立，会长马刚侯。
12月16日　武汉各界10万人在汉口爱国花园举行大会，声援福州人民反对日本帝国主义的斗争。

12月上旬　湖南新民学会的毛泽东等率湖南驱张（敬尧）请愿团到汉展开活动。

1920年

2月1日　具有"工读互助性质"的利群书社开业。

3月　董必武创办的武汉中学开课。

8月28日　北京政府根据王占元推荐，任命孙振家为湖北省省长，引发反对王占元的湖北自治运动。

8月　中共湖北早期组织成立。

11月3—7日　世界著名教育家杜威在武汉讲学。

1921年

1月2日　宣传新思潮的《武汉星期评论》创刊。后成为中共武汉地方组织的刊物。

6月4日　宜昌发生兵变。

6月7日　武昌发生兵变，激起湖北自治运动由政治斗争向军事斗争的转变。

6月　《共产主义与智识阶级》在汉口印行。

7月16—21日　具有中共早期组织性质的共存社在黄冈举行成立会议。

7月22日　湖北自治政府在长沙成立，蒋作宾为临时省总监。

7月23日　中国共产党第一次全国代表大会在上海召开，中共湖北早期组织代表董必武、陈潭秋出席。

7月28日—9月1日　湘鄂战争。

9月1日—1922年3月7日　川鄂战争。

10月13日　粤汉铁路武株路段机车处837名工人举行罢工。

10月　中共武汉地方委员会成立，书记包惠僧。

1922 年

1月22日　江岸京汉铁路工人俱乐部成立。

4月9日　武昌社会主义青年团改称武汉社会主义青年团，书记刘昌群。

5月1—3日　武汉地区《江汉报》、《汉口新闻报》、《武汉星期评论》等七家主流媒体联合出版纪念"五一"特刊。

10月10日　湖北全省工团联合会成立，主席杨德甫。

1923 年

2月1—4日　李大钊在汉活动，作《进步的历史观》等演讲。

2月4日　京汉铁路全线举行大罢工。

2月7日　直系军阀对京汉铁路工人进行大屠杀，汉口、江岸林祥谦等32名工人遭杀害。

2月15日　施洋律师遇难。

4月12日　湖北100多个团体在汉口举行国民大会，要求"收回旅大"、"废除'二十一条'"等。

12月28日　2万余"老洋人"攻破枣阳，将枣阳圣公会会长、美国传教士霍福夫打伤（后毙命），引起外交纠纷。

1924 年

1月31日　国民党一届一中全会决定在汉口成立国民党汉口执行部，负责湖北、湖南、江西的党务。

4月　襄沙公路全线通车。

5月13日　中共汉口地委和国民党汉口执行部遭到破坏，负责人刘伯垂等7人被捕。

5月25日　印度著名诗人泰戈尔在武汉演讲。

9月3日　武汉反帝国主义运动大同盟成立，委员长陈时。

9月　因江浙战争日烈，申汇激涨至1 025两，创前所未有的纪录，汉口金融更趋恐慌。

10月11日　国民党湖北省临时党部机关刊物《武汉评论》创刊。

1925年

3月　襄花公路建成。

4月8日　湖北全省追悼孙中山先生大会在武昌举行，到会3万余人。

5月16日　湖北反基督教大同盟成立。

5月21日　国民党汉口特别市临时党部成立。

6月11日　英国帝国主义在汉口制造了"六一一"惨案。

7月21日　国民党湖北省党部正式成立。

9月7日　武汉三镇10万群众举行反对英帝国主义的水陆大游行。

10月21日　吴佩孚抵达汉口，成立十四省讨贼联军总司令部。

1926年

1月2日　湖北省农民协会成立。

5月中旬　中共武汉地委改组为中共湖北地委，书记陈潭秋。

5月27日　北伐军攻克汀泗桥。

5月30日　北伐军攻占贺胜桥。

5月底　汉口出现金融恐慌。

8月21日　董必武、李汉俊率湖北各界欢迎北伐军代表团抵达长沙。

9月6日　北伐军攻克汉阳，次日占领汉口。

9月　湖北临时政治会议、湖北政务委员会、湖北财政委员会成立。

10月10日　北伐军攻占武昌城。

10月20日　汉口市政委员会成立，市长刘文岛。

10月　国民党汉口特别市机关刊物《汉声周刊》创刊。

11月20日　《汉口民国日报》创刊。

11月26日　国民党中央政治会议临时会议决定中央党部和国民政府北移武汉。

12月13日　武汉临时联席会议成立，在国民党中央委员会政治会议未到武汉开会前执行国民党最高职权。

12月13—18日　中共中央在汉口召开特别会议。

12月26日　英国亚细亚煤油公司光复号油轮在黄冈团风江面上撞沉我国"神电号"商轮，造成400余人遇难。

1927年

1月3日　英国水兵制造了汉口"一三"惨案。

1月5日　30万市民举行反英示威大游行，一举收回英租界。汉口英租界临时管理委员会成立。

1月21日　武昌市政厅成立，市长黄昌谷。

2月21日　武汉临时联席会议宣布结束，国民党中央党部和国民政府正式办公。

3月10日　国民党二届三中全会在汉口南洋大楼开幕。

3月20日　武汉国民政府委员举行就职典礼。

3月22日　《中央日报》创刊。同日武汉新闻记者联合会成立。

4月3日　汉口日租界发生"四三"惨案。

4月4日　中共中央临时委员会在汉成立，行使中共中央最高职权。

4月16日　陈独秀到汉后，中共中央临时委员会取消。

4月11日　湖北省政府成立，实行常委制。

4月16日　武汉市政府各委员举行就职宣誓。

4月19日　武汉国民政府在武昌举行北伐誓师并庆祝军事委员会成立大会。

4月22日　武汉30万民众举行讨蒋大会。

4月27日—5月9日　中共第五次全国代表大会在武汉举行。

5月17日　国民革命军独立第14师师长夏斗寅在宜昌发动反革命叛变。

5月20—26日　太平洋劳动会议在汉口举行。

5月21日　国民革命军第35军第35团团长许克祥在长沙发动马日事变。

6月10日　郑州会议举行，汪精卫集团决定"分共"。

6月19—29日　第四次全国劳动大会在汉口举行。

7月1日　武汉市改为武汉特别市。

7月3日　中共中央举行扩大会议，通过国共两党关系决议案（共11条）。

7月12日　中共中央改组，陈独秀停职，临时中央常务委员会成立。

7月15日　汪精卫集团发动反革命政变。

8月7日　中共中央在汉口召集紧急会议，确定土地革命和武装斗争的总方针。

8月中旬　中共湖北省委制定秋收起义计划。随即，鄂南、鄂中、鄂西、鄂北相继爆发起义。

9月20日　武汉国民政府撤销。9月23日国民党中央政治会议武汉政治分会成立。

10月24日—11月14日　宁汉战争。鄂籍桂系军人集团控制湖北。

11月14日　黄麻起义。

12月2日　湘鄂临时政务委员会成立，程潜任主任委员。

12月17日　国民党著名左派詹大悲、李汉俊在汉口遇难。

12月19日　湖北省政府重组，张知本任省政府委员会主席。

1928年

2月　荆江两岸年关暴动爆发。

3月　重设武汉政治分会，李宗仁任主席。

4月　湖北全省清乡督办公署成立，下设鄂东、鄂西、鄂北、鄂中、鄂南5个清乡司令部。

5月1日　著名妇女运动领袖、中共湖北省委机关报《长江》报主笔向警予在汉口遭杀害。

10月31日　由武昌中山大学改建的国立武汉大学正式开学。

11月　湖北省银行成立。

1929年

3月25日—4月11日　蒋桂战争在湖北境内展开。战争结束后，湖北成为南京国民政府直接控制的地区。

4月　汉口市划为特别市，直属国民政府。

5月4日，组成新一届湖北省政府，何成濬为省政府主席。

10月21日　中国航空公司开辟的沪汉线正式开航。

12月下旬　大冶兵暴。

1930年

5月，方本仁代理省政府主席。

6月下旬　鄂豫皖边区第一次工农兵代表大会在河南光山境内召开，成立鄂豫皖边特别区苏维埃政府。

7月4日　红二军团在公安县成立，贺龙任总指挥。

7月　中共中央长江局在武汉成立，项英任书记。

7月　何成濬回任省政府主席。

10月　鄂西苏维埃联县政府扩大为湘鄂西联县政府，周逸群任联县政府主席。

12月　国民党军队对鄂豫皖、湘鄂西苏区发动第一次"围剿"，均告失败。

1931年

1月　湖北省奉命裁撤厘金，开征营业税。

3月27日　中共湘鄂西中央分局成立，夏曦任书记。

5月12日　中共鄂豫皖中央分局成立，张国焘任书记。

6月　汉口特别市改为省辖市。

7—8月　湖北发生特大水灾，全省68县中有54个县受灾，武汉被淹。

9月　湖北省乡村师范学院改为湖北省立教育学院。

10月19日　武汉学生抗日救国会组织各校学生，举行大规模的反日游行。

11月7日　红四方面军在黄安县七里坪成立，徐向前任总指挥。

12月6日　武汉大学学生代表150人组成请愿团赴南京，汇入南京抗日请愿活动。

12月中旬　湘鄂西省苏维埃政府成立，崔琪任主席。

1932年

1月10日　鄂豫皖区苏维埃政府改称鄂豫皖省苏维埃政府，高敬亭任主席。

3月　湖北省政府改组，夏斗寅任省政府主席。

4月6日　麻城发生6级地震。

6月中旬　鄂东南苏维埃政府成立，盛茂炯任主席。

6月23日　国民政府军事委员会"豫鄂皖三省剿匪总司令部"在汉口成立。

8月30日　湖北省政府下令全省推行行政督察专员体制。

10月　湖北省民政厅开始在全省编组保甲。

10月　湘鄂西、鄂豫皖革命根据地第四次反"围剿"战争失败，红军主力退出省境。

11月30日　红25军组成，军长吴焕先。

1933年

1月上旬　红28军组成，军长廖荣坤。

4月1日　豫鄂皖赣四省农民银行在汉口成立。

4月6日　"废两改元"在湖北实施。

7月　湖北省政府改组，张群任省政府主席。

11月　湖北省成立特种教育处并制定《湖北匪区特种教育实施办法》，开始推行"特种教育"。

1934年

6月　武昌机（械）厂（今武昌造船厂前身）建成投产。

9月　湖北省政府实行合署办公。

1935年

1月上旬　隶属国民政府军事委员会的《扫荡三日刊》从南昌迁汉，改版为《扫荡报》。

2月3日　红28军重建，未设军长，高敬亭任政委。

7月　长江、汉江流域发生水灾，全省66个县受灾，9.6万灾民死亡。

11月4日　国民政府在武昌为黎元洪举行国葬。

12月20日　杨永泰任省政府主席。武汉三镇7万余学生，为声援北平"一二·九"学生运动，举行声势浩大的游行示威。

12月25日　应城县政府血腥镇压爱国学生，当场杀伤40余人，制造了应城惨案。

1936年

6月28日　粤汉铁路全线通车。

10月　湖北省图书馆新馆建成。

10月25日　湖北省政府主席杨永泰在汉口被刺身亡。

12月　湖北省政府改组，黄绍竑任省政府主席。

冬　汉宜公路完工。

1937 年

7月7日　卢沟桥事变爆发，全民族抗战开始。

7月中下旬　鄂豫皖、湘鄂赣、鄂豫陕和鄂豫边区的中共组织和红军，分别与国民党代表举行谈判，达成停止内战、一致抗日的协议。

8月7日　日本驻汉总领事馆闭馆，日侨撤离。

10月12日　新四军军部在汉口组建，军长叶挺。

10月下旬　八路军驻武汉办事处在汉口设立。

11月20日　国民政府发布《国民政府迁移重庆》令。在此前后，国民党党政军各机关西撤内迁，大部分留驻武汉。

11月21日　何成濬接任湖北省政府主席。

12月11日　中共主办的《群众》周刊在汉创刊。

12月13日　南京失守。国民党军事委员会拟定《军事委员会第三期作战计划》，决定"确保武汉核心，持久抗战"。

12月23日　中共中央代表团和中共长江中央局合并，书记王明。

1938 年

1月11日　中共在国民党统治区的机关报《新华日报》在汉创刊。

同日　国民政府军事委员会重新划分战区，设武汉卫戍总司令部，陈诚任总司令。

2月6日　国民政府军事委员会政治部在武汉成立，部长陈诚，副部长周恩来等。

3月10日　中国战时保育院在汉成立。

3月27日　中华全国文艺界抗敌协会在汉成立。

3月29日—4月1日　国民党临时全国代表大会在武昌召开，通过了《中国国民党抗战建国纲领》等20多个决议案。

4月1日　国民政府军事委员会政治部第三厅成立，厅长郭沫若。

4月29日　中国空军在武汉上空击落日机21架，我军损失飞机

12 架，这是全国八年抗战时期最激烈的一次空战。

5月19日　中国空军自汉口机场起飞，在日本长崎等城市空投120万份传单。

6月5日　蒋介石担任保卫武汉作战总指挥。

6月13日—10月27日　武汉会战。

6月14日　国民政府军事委员会设立第九战区，陈诚任战区司令长官，负责武汉及江南防务。

6月22日　湖北省政府改组，陈诚兼任省政府主席。

6月　中共湖北省委正式成立，书记郭述申。

7月1日　国民政府下令武汉各业工厂内迁。

7月6—15日　国民参政会第一届第一次会议在汉口召开。

7月7—11日　献金运动在武汉三镇展开。

7月27日　湖北省政府委员会决定省政府西迁宜昌，8月6日开始在宜昌办公。

8月3日　组建"湖北联中"。

8月4日　国民政府及国民党中央驻汉各机关全部迁渝。

9月2—11日　富金山战斗。

9月15日—10月4日　田家镇战斗。

10月1—10日　万家岭战斗。

10月25—27日　日军进占汉口、汉阳、武昌。

10月27日　湖北省政府委员会决定省政府再迁，11月中旬开始在恩施办公。

11月10日　日本驻汉陆军特务部报导部控制的《武汉报》出版，后隶属汪伪国民党中宣部。

11月25日　伪武汉治安维持会组成，计国桢为会长。

1939年

2月　严立三代理湖北省政府主席。

3月6日　《大楚报》创刊，后为伪市政府的报纸。

4月17日　伪武汉特别市参议府成立，议长何佩瑢、副议长石星川。

4月20日　伪武汉特别市政府成立，张仁蠡充任市长。同日，伪武汉治安维持会撤销。

4月21日　和平救国联合会总会由上海移设武汉，总裁吴佩孚（未到任）。

5月1—28日　随枣战役。

7月7日　中共鄂中区委员会机关报《七七报》创刊。

9月18—9月30日　湖北省临时参议会第一届第一次大会在恩施召开。

10月　军事委员会重设第六战区，陈诚任司令长官。1941年6月司令长官部移恩施。

11月5日　伪湖北省政府袍笏登场，何佩瑢出任省长，日本人浅见氏为首席顾问（1940年7月为浅田）。

11月15日　伪武汉特别市参议府扩充为武汉参议府，石星川为议长。

11月26日　伪华中青年协会召开第一次会员大会，推雷寿荣为会长。

12月初　中共豫鄂边区委员会在京山成立，书记郑位三（未到任，由陈少敏代理）。

1940年

1月　美国作家、记者艾格妮丝·史沫特莱访问豫鄂边区。

春　湖北省立农学院建立。

5月1—6月24日　枣宜战役。

5月16日　第五战区第33集团军总司令张自忠在宜城南瓜店殉国。

5月　何佩瑢等恢复共和党，同年12月13日发表宣言宣布该党解散，全体党员加入伪国民党。

6月1日　伪湘鄂赣财政临时整理委员会开始在汉办公，主任委员俞裁（后为石星川）。

10月3日　汪伪中央政治委员会第22次会议决定改组伪汉口特别市政府为行政院直辖市。

1941年

1月下旬　新四军豫鄂挺进纵队整编为新四军第5师。2月18日，中共中央军委任命李先念为师长。

3月5日　中日文化协会武汉分会在汉口成立，张仁蠡为理事长。

4月1—5日　鄂豫边区第二次军政代表大会决定成立边区行政公署，许子威任行署主席。

6月　陈诚主持制定《新湖北建设计划大纲》。

秋　国立湖北师范学院建立。

9月28—10月12日　反攻宜昌战役。

11月17日　中共鄂西特委书记何功伟被国民党秘密杀害。

12月7日　新四军第5师发起侏儒山战役。

1942年

1月1日　国民党湖北省政府机关报《新湖北日报》创刊。

1月　陈诚主持制订"实行三民主义新经济政策"方案，实施"增加生产"、"征购实物"、"物物交换"、"凭证分配"的四项政策。

2月　湖北省政府公布《修正湖北省政府组织规程》、《湖北省县政府办事通则》，开始在鄂西后方实施新县制。

3月1—23日　鄂豫边区第一届抗日人民代表大会在京山境内召开。

4月21—23日　中日文化协会第一次全国代表大会在汉口举行。

6月28日　杨揆一兼任伪湖北省政府主席。

9月4日　湖北省政府委员会通过《湖北省计划教育实施纲要》。

1943 年

1 月　湖北省政府发布《湖北省物价管制实施》通令，全省实行战时物价管制。

春　湖北省立医学院和湖北省立工学院建立。

5 月 12 日—6 月中旬　鄂西会战。

7 月 18 日　伪全国商业统制总会湘鄂赣分会在汉口设立，与武汉物资审议委员会、武汉物资调查委员会，为湖北日伪三大统制机构。

8 月 21 日　驻渝美空军空袭武汉。

10 月 19 日　汪伪行政院第 183 次会议决定汉口市改为普通省辖市，石星川为市长。

11 月　鄂豫边区党委发出《关于彻底开展整风运动的决定》。

1944 年

5 月 1 日　伪武汉绥靖主任公署成立，杨揆一为绥靖主任。

6 月 1 日　鄂豫边区第一届临时参议会在大悟召开。

7 月　湖北省政府改组，王东原任省政府主席。

9 月 20—30 日　美国著名水利专家萨凡奇到三峡实地勘查，随后提出《扬子江三峡计划初步报告》。

12 月 18 日　中美空军轰炸武汉。

1945 年

1 月 27 日　八路军南下支队在大悟山区汪洋店与新四军第 5 师会师。

3 月 22 日—4 月 28 日　豫西、鄂北战役，歼日军 1.57 万人。

8 月 30 日　国民党第六战区司令长官前进指挥所在汉口设立。

9 月 16 日　中共鄂豫皖湘赣边区委员会在应山县改建为中共鄂豫皖中央局，代理书记郑位三。

9月20日　国民党湖北省政府正式在武昌办公。

9月18日—10月14日　日本第六方面军213 727人向国民党第六战区投降，解除武装完竣。

10月1日　汉口市政府成立，市长徐会之。

10月下旬　八路军水西第8团、南下支队在桐柏地区与新四军第5师会师后，成立中共中原中央局、中原军区，代理书记郑位三、军区司令员李先念。

12月20日　国民党军事委员会委员长武汉行营成立，主任程潜。

1946年

1月23日　国共代表和美国代表签署《罗山协议》。

2月21日　湖北省临时参议会第二届第六次会议向监察院发出弹劾王东原电文。

3月5日　军事三人小组马歇尔、周恩来、张治中为调处中原战事抵达武汉。

4月9日　国民政府行政院第739次会议，决定免去王东原的湖北省政府主席职，由万耀煌接任。

4月26日—5月15日　湖北省参议会第一届第一次大会举行，选举议长何成濬。

5月10日　军事三人小组签订制止中原内战的《汉口协议》。

6月26日　国民党军队进攻中原解放区，全面内战爆发。中共中原局、中原军区主动撤离宣化店，开始中原突围战役。

8月1日　湘鄂赣区接收处理敌伪物资工作清理团办公处在汉口成立。

9月20日　南京区总主教于斌代表罗马教皇抵汉，参加汉口区主教罗锦章祝圣典礼。

10月1日　资源委员会全国水力发电工程处扬子江三峡勘测处在宜昌成立。

10月10日　武昌市政府成立，市长杨锦昱。

1947年

1月5日　武汉大学等1 000余大中学生举行游行，抗议美国士兵强奸北京大学女学生沈崇的暴行。

5月23日　武汉地区3 000多学生举行"反饥饿、反内战、反迫害"示威游行。

6月1日　武汉警备司令部调集大批军警、士兵包围武汉大学，制造了震惊全国的"六一"惨案。

6月　汉口市成为行政院直辖市。

8月下旬　晋冀鲁豫野战军南征部队（即刘邓大军）胜利进入大别山，经略中原。

10月26—27日　刘邓大军在湖北蕲春发动高山铺战役，歼国民党军6个团，共1.26万人。

10月下旬　中共湖北省工作委员会成立，工委书记曾惇。

11月2日　国防部九江指挥部设立，由国防部部长白崇禧指挥，负责"围剿"大别山刘邓大军。

11月7日　国民党联合勤务总司令部武汉被服总厂厂方制造了"一一·七"血案。

1948年

4月5日　国民政府任命张笃伦为湖北省政府主席。

5月9日　中共中央中原局重新组建，统一指挥7个军区、7个野战纵队，以及3个华东野战纵队，总兵力48万人。

5月　国民政府主席武汉行辕撤消，成立华中"剿匪"总司令部，总司令白崇禧（6月28日就任）。

7月2—16日　中原野战军发动襄樊战役，歼敌2.1万人，抓获国民党军队第十五"绥靖"区司令官康泽。

7月下旬　中共武汉市委员会成立，书记曾惇。

8月7日　美军军官等制造了集体强奸中国妇女的汉口景明大楼事件。

12月29日　湖北省参议会发出"艳电"，发起湖北和平运动。

1949年

1月1日　中共中央中原局机关报《中原日报》创刊。

1月16日　湖北省人民和平促进会成立。

2月2—7日　江汉军区部队发起荆门战役，歼灭国民党第79军主力3 150人。

2月21日　国民政府任命朱鼎卿为湖北省政府主席。

4月5日　华中"剿匪"总司令部改为华中军政长官公署。

4月初　人民解放军第四野战军先遣兵团进入湖北境内，解放黄安等地。

5月8日　国民党武汉城防司令部宣布武汉实行军事戒严。

5月12日　中共中央中原局改称中共中央华中局，第一书记林彪。

5月13日　爱国民主人士张难先、李书城等组织武汉市民临时救济委员会。

5月14日　第四野战军先遣兵团开始在汉口以东团风至武穴一线胜利渡江，对武汉形成战略包围态势。

5月15日　华中军政长官公署副长官兼河南省政府主席张轸率第十九兵团在贺胜桥、金口一带起义。

5月16—17日　中国人民解放军解放武汉三镇。

5月20日　中共湖北省委员会、省人民政府、湖北军区在孝感花园镇正式成立，李先念任省委书记、省人民政府主席、省军区司令员兼政委。

5月22日　武汉市军事管制委员会成立，主任谭政。

7月9—29日　湖北军区部队发动宜沙战役。沙市、宜昌相继解放。

11月2日　湖北军区发起鄂西南战役,经过18天的作战,歼敌1.32万人,解放巴东、建始、恩施、来凤、宣恩、咸丰、利川、五峰、鹤峰等县。

参 考 文 献

报 刊

[1] 梁启超,汤化龙,林长民,等.晨报[N].1919(1)-1924(1).北京:人民出版社影印本,1980.

[2] 董必武.楚光日报[N].1926(1)-1927(4).汉口:[出版者不详],1926-1927.

[3] 胡实庵.大汉报[N].1917(11)-1924(5).汉口:[出版者不详],1917-1924.

[4] 张榆芳.大楚报[N].1939(10)-1945(8).汉口:[出版者不详],1939-1945.

[5] 刘人熙.大刚报[N].1948(1)-1949(5).汉口:[出版者不详],1948-1949.

[6] 杜亚泉.东方杂志[J].1912(1)-1936(33).上海:商务印书馆,1912-1936.

[7] 孙仲瑛.广州民国日报[N].1925(1)-1927(12).广州:广东省中山图书馆影印本,1986.

[8] 潘汉年.革命军日报[N].1926(10)-1927(5).汉口:[出版者不详],1926-1927.

[9] 胡政之.国闻周报[N].1926(1)-1936(4).上海:[出版者不详],1926-1936.

[10] 宛希俨.汉口民国日报[N].1927(1)-1927(9).汉口:[出版者不详],1927.

[11] 张云渊.汉口新闻报[N].1917(2)-1924(5).汉口:[出版者不

详],1917-1924.

[12] 伪汉口特别市秘书处.汉口特别市政公报[J].1939(1)-1940(4).汉口:[出版者不详],1939-1940.

[13] 宛希俨.汉声周刊[J].1925(1)-1927(4).汉口:[出版者不详],1925-1927.

[14] 曹耿光.和平日报[N].1945(10)-1947(12).汉口:[出版者不详],1945-1947.

[15] 刘叔模.湖北论坛[J].1946(1)-1948(4).汉口:[出版者不详],1946-1948.

[16] 湖北省经济研究室.湖北省银行通讯[N].1946(1)-1949(6).武昌:[出版者不详],1946-1949.

[17] 湖北省政务委员会秘书处.湖北省政府公报[N].1928(6)-1932(4).武昌:[出版者不详],1928-1932.

[18] 湖北省政府秘书处.湖北省政府公报[N].1932(5)-1938(7).武昌:[出版者不详],1932-1938.

[19] 伪湖北省政府.湖北省公报[N].1943(1)-1944(4).武昌:[出版者不详],1943-1944.

[20] 李晴芳,汪大华.湖北文献[J].湖北文献社.1966-1998.台北:湖北文献社,1966-1998.

[21] 博古.解放日报[N].1946(1)-1946(5).延安:[出版者不详],1946.

[22] 杨锦仲.江声日刊[N].1923(1)-1925(8).汉口:[出版者不详],1923-1925.

[23] 庄泗川.两仪[J].1941(1)-1944(4).汉口:[出版者不详],1941-1944.

[24] 陈其美,叶楚伧,邵力子.民国日报[N].1921(1)-1926(12).上海:[出版者不详],1921-1926.

[25] 夏农苔.七七日报[N].1946(1)-1946(5).宣化店:[出版者不详],1946.

[26] 史量才. 申报[N]. 1912(1)-1949(5). 上海:申报馆,1912-1949.

[27] 国民政府军事委员会. 扫荡报[N]. 1935(1)-1938(8). 汉口:[出版者不详],1935-1938.

[28] 胡伯玄,宋漱石. 武汉日报[N]. 1932(1)-1948(12). 汉口:[出版者不详],1932-1948.

[29] 庄泗川. 武汉报[N]. 1939(10)-1945(5). 汉口:[出版者不详],1939-1945.

[30] 黄负生. 武汉星期评论[J]. 1921(1)-1922(45). 汉口:[出版者不详],1921-1922.

[31] 钱介磐. 武汉评论[J]. 1924(1)-1927(9). 汉口:[出版者不详],1924-1927.

[32] 伪武汉特别市政府秘书处. 武汉特别市公报[J]. 1939(1)-1940(12). 汉口:[出版者不详],1939-1940.

[33] 范鸿钧. 新湖北[J]. 1920(1)-1920(12). 上海:[出版者不详],1920.

[34] 夏晨中. 新湖北日报[N]. 1942(1)-1949(4). 恩施,武汉:[出版者不详],1942-1949.

[35] 潘梓年. 新华日报[N]. 1938(1)-1946(12). 汉口,重庆:[出版者不详],1938-1946.

[36] 汉口银行公会. 银行杂志半月刊[J]. 1923(11)-1927(9). 汉口:[出版者不详],1923-1927.

[37] 孙伏园. 中央副刊[J]. 1927(3)-1927(9). 汉口:[出版者不详],1927.

[38] 国民政府秘书处. 中华民国政府公报[J]. 1930(1)-1947(12). 南京:[出版者不详],1930-1947

[39] 程沧波. 中央日报[N]. 1935(1)-1948(12). 上海,南京,重庆:[出版者不详],1935-1948.

史 料

[1] 陈真.中国近代工业史资料[M].北京:生活·读书·新知三联书店,1961.

[2] 第六战区长官部.第六战区受降纪实[M].汉口:[出版者不详],1946.

[3] 鄂豫边区革命史编辑部.鄂豫边区抗日根据地历史资料:第1—7辑[M].武汉:内部发行,1984—1985.

[4] 高尔柏,高尔松.汉口惨杀案[M].上海:青年政治宣传会,1925.

[5] 郭卿友.中华民国时期军政职官志[M].兰州:甘肃人民出版社,1990.

[6] 贡少芹.黎黄陂轶事[M].上海:翼文编译社,1916.

[7] 辜天保.湘鄂祸乱记[M].[出版地不详]:[出版者不详],1918.

[8] 管雪斋.武汉不幸事件的回忆[M].汉口:[出版者不详],1936.

[9] 贾士毅.湖北财政史略[M].[出版地不详]:[出版者不详],1937.

[10] 何成濬.八十回忆.台北:文海出版社,1966.

[11] 湖北省政府秘书处.湖北省法令辑要[G].武汉:[出版者不详],1941.

[12] 湖北省政府秘书处.湖北省政府委员会议陈主席指示备忘录汇编[G].[出版地不详]:[出版者不详],1942.

[13] 湖北省政府秘书处统计室.湖北省年鉴第一回[M].武汉:[出版者不详],1937.

[14] 湖北省政府.湖北省统计年鉴[M].[出版地不详]:[出版者不详],1943.

[15] 湖北省政府民政厅.湖北县政概况[M].武汉:汉口国华印务公司,1934.

[16] 湖北省建设厅.湖北建设最近概况[M].武汉:[出版者不详],1933.

[17] 湖北省政府.湖北省抗战时期中民生经济政策实施概况[M].武汉:[出版者不详],1942.

[18] 湖北省政府.湖北省计划教育实施概况[M].武汉:[出版者不详],1943.

[19] 湖北省政府.湖北省政府大事记[M].武汉:[出版者不详],1946.

[20] 湖北省革命史资料编写小组.党在湖北地区革命斗争史资料:第1—5分册[G].武汉:[出版者不详],1961.

[21] 湖北省社会科学院.汉口九江收回英租界资料选编[G].武汉:湖北人民出版社,1982.

[22] 蒋凤波,徐占权.土地革命战争纪事[M].北京:解放军出版社,1989.

[23] 柯祖基.阶级争斗[M].恽代英,译.上海:新青年社,1921.

[24] 黎元洪.黎大总统政书[M].大同:晋益书局,1916.

[25] 刘挫尘.鄂州惨记[M].汉口:交通印书馆,1922.

[26] 刘千俊.鄂政纪要[M].汉口:汉口正中书局,1945.

[27] 刘寿林.万仁元[M].民国职官年表.北京:中华书局,1995.

[28] "围剿"边区革命根据地亲历记:原国民党将领回忆[M].北京:中国文史出版社,1996.

[29] 武汉市档案馆,八路军武汉办事处旧址纪念馆,武汉图书馆.武汉抗战史料选编[G].武汉:内部发行,1985.

[30] 毛泽东选集[M].北京:人民出版社,1991.

[31] 东晓,陈刚.《战史丛书》武汉会战资料汇编[G].武汉:武汉出版社,2012.

[32] 张雯,周莹.武汉会战日军参战部队战史选译[G].武汉:武汉出版社,2013.

[33] 马尔西.马格斯资本论入门[M].上海:社会主义研究社,1920.

[34] 秋虫.武汉新闻史[M].汉口:中日文化协会汉口分会,1943.

[35] 荣孟源.中国国民党历次代表大会及中央全会资料[G].北京:光明日报出版社,1985.

[36] 日本防卫厅研究所战史室.中国事变陆军作战史[M].北京:中华书局,1979—1983.

[37] 周恩来选集[M].北京:人民出版社,1980.

[38] 田子渝.五卅运动在武汉[M].武汉:武汉出版社,1988.

[39] 伪武汉特别市政府秘书处.武汉特别市政府周年纪念特刊[M].武汉:[出版者不详],1940.

[40] 伪汉口特别市政府秘书处.汉口特别市政府二周年市政概况[M].汉口:[出版者不详],1941.

[41] 伪汉口特别市政府秘书处.汉口特别市政府三周年市政概况[M].汉口:[出版者不详],1942.

[42] 伪汉口特别市政府秘书处.汉口特别市政府四周年市政概况[M].汉口:[出版者不详],1943.

[43] 文公直.最近30年中国军事史[M].上海:上海太平洋书店印行,1930.

[44] 武汉档案馆.武汉解放[M].武汉:武汉出版社,1996.

[45] 武汉会战:原国民党将领抗日战争亲历记[M].北京:中国文史出版社,1989.

[46] 武汉日报年鉴编辑委员会.武汉日报年鉴[M].汉口:武汉日报社,1947.

[47] 《武汉国民政府资料选编》编辑组.武汉国民政府资料选编[G].武汉:内部发行,1986.

[48] 武汉政协文史资料研究委员会.武汉工商经济史料[G].武汉:内部发行,1983—1984.

[49] 国史编辑社.湘军援鄂战史[M].台北:文海出版社,1966.

[50] 熊钝生.中华民国当代名人录[M].台北:中华书局,1978.

[51] 姚传志.武汉财政史料专辑:一[G].北京:中国商业出版

社,1995.

[52] 曾兆祥. 湖北近代经济贸易史料选辑[G]. 武汉:湖北省志贸易志编辑室,1984.

[53] 张冥飞. 劳农政府与中国[M]. 汉口:汉口新文化共进社,1921.

[54] 张君劢. 武汉见闻[M]. 上海:国立政治大学,1926.

[55] 张影辉,孔祥征. 五四运动在武汉史料选辑[G]. 武汉:湖北人民出版社,1981.

[56] 中华全国总工会工运研究室. 二七大罢工资料选编[G]. 北京:工人出版社,1983.

[57] 中国第二历史档案馆. 中华民国史档案资料汇编[G]. 南京:江苏古籍出版社,1991—1998.

[58] 章伯锋,庄建平. 中国近代史资料丛刊:抗日战争[M]. 成都:四川大学出版社,1997.

[59] 中国第二历史档案馆. 中国国民党第一、二次全国代表大会会议史料[G]. 南京:江苏古籍出版社,1986.

[60] 中国第二历史档案馆. 北洋军阀统治时期的兵变[M]. 南京:江苏人民出版社,1982.

[61] 中国第二历史档案馆. 抗日战争正面战场[M]. 南京:江苏古籍出版社,1987.

[62] 罗家伦. 革命文献[G]. 台北:正中书局,1957.

[63] 中共湖北省委党史资料征集编研委员会. 抗战初期中共中央长江局[M]. 武汉:湖北人民出版社,1991.

[64] (国民党)中央党部国民经济计划委员会. 十年来之中国经济建设[M]. 南京:南京扶轮日报社,1937.

[65] 中央档案馆,中国革命博物馆,中共中央党校出版社. 恽代英日记[M]. 北京:中共中央党校出版社,1981.

[66] 中央档案馆,湖北省档案馆. 湖北革命历史文件汇集甲1—10册[G]. 北京:内部发行,1983.

[67] 巴库林. 中国大革命武汉时期见闻录[M]. 北京：中国社会科学出版社，1985.

[68] 包惠僧. 包惠僧回忆录[M]. 北京：人民出版社，1983.

[69] 陈诚. 陈诚回忆录：抗日战争[M]. 北京：东方出版社，2009.

[70] 李宗仁. 李宗仁回忆录[M]. 南宁：政协广西壮族自治区委员会文史资料研究委员会印行，1980.

[71] 徐旭阳. 湖北国统区和沦陷区社会研究[M]. 北京：社会科学文献出版社，2007.

[72] 陈昆满. 湖北近代革命史[M]. 武汉：湖北人民出版社，2006.

[73] 敖文蔚. 兵火奇观：武汉保卫战[M]. 桂林：广西师范大学出版社，1995.

[74] 陈钧，张元俊，方辉亚. 湖北农业开发史[M]. 北京：中国文史出版社，1992.

[75] 鄂豫边区革命史编辑部. 鄂豫边区抗日民主根据地史稿[M]. 武汉：湖北人民出版社，1995.

[76] 鄂豫边区革命史编辑部. 新四军第五师抗日战争史稿[M]. 武汉：湖北人民出版社，1989.

[77] 古堡，戴柏汉，梁琴. 湘鄂西革命根据地史[M]. 长沙：湖南人民出版社，1988.

[78] 顾龙生. 中国共产党经济思想发展史[M]. 太原：山西经济出版社，1996.

[79] 湖北省鄂豫边区革命史编辑部，湖北省军区中原突围史专题编纂室. 中原突围史[M]. 北京：军事科学出版社，1996.

[80] 湖南省社会科学院，武汉师范学院历史系，宜春地区史料征集办. 湘鄂赣苏区史稿[M]. 长沙：湖南人民出版社，1982.

[81] 蒋经国. 国民革命战史[M]. 台北：黎明文化事业股份有限公司，1978.

[82] 蒋永敬. 鲍罗廷与武汉政权[M]. 台北：传记文学出版社，1972.

[83] 李占才,张黎.中国新民主主义经济史[M].合肥:安徽教育出版社,1990.

[84] 李少瑜,雷河清,张广立.湖北抗战[M].北京:军事谊文出版社,1995.

[85] 陆仰渊,方庆秋.民国社会经济史[M].北京:中国经济出版社,1991.

[86] 刘继增,毛磊,袁继成.武汉国民政府史[M].武汉:湖北人民出版社,1986.

[87] 刘跃光,李倩文.华中抗日根据地鄂豫边区财政经济史[M].武汉:武汉大学出版社,1987.

[88] 欧阳植梁,陈芳国.武汉抗战史[M].武汉:湖北人民出版社,1995.

[89] 皮明庥.近代武汉城市史[M].北京:中国社会科学出版社,1993.

[90] 苏云峰.中国现代化的区域研究:湖北省(1860—1916)[M].台北:近代史研究所,1987.

[91] 谭克绳,欧阳植梁.鄂豫皖革命根据地斗争史简编[M].北京:解放军出版社,1987.

[92] 谭克绳,马建离,周学濂.鄂豫皖革命根据地财政经济史[M].武汉:华中师范大学出版社,1989.

[93] 孝感地区财政局.鄂豫边区抗日根据地财政志[M].北京:学苑出版社,1991.

[94] 中华民国史事纪要编辑委员会.中华民国史事纪要(1912—1945)[M].台北:正中书局,1975.

[95] 中国工农红军第四方面军战史编辑委员会.中国工农红军第四方面军战史[M].北京:解放军出版社,1991.

[96] 中国人民政治协商会议宜昌市委员会文史资料委员会.宜昌抗战纪实[M].1995.

[97] 中共恩施州党史办公室. 恩施地区革命斗争史[M]. 武汉：湖北人民出版社，1996.

[98] 中共湖北省委党史资料征集编研委员会. 中国共产党湖北历史大事记[M]. 武汉：湖北人民出版社，1992.

[99] 中共武汉市委党史办公室. 中共武汉党史大事记[M]. 武汉：武汉大学出版社，1989.

[100] 李策. 近代武汉经济与社会——〈海关10年报告：汉口江汉关〉(1882—1931)[M]. 李策，译. 香港：香港天马图书有限公司，1993.

[101] 柯约翰. 华中大学[M]. 武汉：华中师范大学出版社，1992.

地方史志

[1] 湖北省地方志编纂委员会. 湖北省志·政权[M]. 武汉. 湖北人民出版社，1997.

[2] 湖北省地方志编纂委员会. 湖北省志·经济综述[M]. 武汉. 湖北人民出版社，1992.

[3] 湖北省地方志编纂委员会. 湖北省志·贸易[M]. 武汉. 湖北人民出版社，1993.

[4] 湖北省地方志编纂委员会. 湖北省志·教育[M]. 武汉. 湖北人民出版社，1993.

[5] 湖北省地方志编纂委员会. 湖北省志·工业（上、下）[M]. 武汉. 湖北人民出版社，1993.

[6] 湖北省地方志编纂委员会. 湖北省志·金融[M]. 武汉. 湖北人民出版社，1993.

[7] 湖北省地方志编纂委员会. 湖北省志·财政[M]. 武汉. 湖北人民出版社，1995.

[8] 湖北省地方志编纂委员会. 湖北省志·交通邮电[M]. 武汉. 湖北人民出版社，1995.

[9] 湖北省地方志编纂委员会. 湖北省志·军事[M]. 武汉. 湖北人民

出版社,1996.

[10] 湖北省政协文史资料研究委员会.湖北文史资料[G].武汉.湖北人民出版社,1980—1997.

[11] 武汉地方志编纂委员会.武汉市志·商业志[M].武汉.武汉大学出版社,1989.

[12] 武汉地方志编纂委员会.武汉市志·金融志[M].武汉.武汉大学出版社,1989.

[13] 武汉地方志编纂委员会.武汉市志·军事志[M].武汉.武汉大学出版社,1992.

[14] 武汉地方志编纂委员会.武汉市志·财政志[M].武汉.武汉大学出版社,1992.

[15] 武汉地方志编纂委员会.武汉市志·税务志[M].武汉.武汉大学出版社,1992.

[16] 武汉地方志编纂委员会.武汉市志·外交志[M].武汉.武汉大学出版社,1991.

[17] 武汉地方志编纂委员会.武汉市志·教育志[M].武汉.武汉大学出版社,1991.

[18] 武汉地方志编纂委员会.武汉市志·新闻志[M].武汉.武汉大学出版社,1991.

[19] 武汉地方志编纂委员会.武汉市志·对外经济贸易志[M].武汉.武汉大学出版社,1996.

[20] 武汉地方志编纂委员会.武汉市志·城市建设志[M].武汉.武汉大学出版社,1996.

[21] 武汉地方志编纂委员会.武汉市志·社会团体志[M].武汉.武汉大学出版社,1997.

[22] 中国人民政治协商会议武汉市委员会文史资料研究委员会.武汉文史资料[G].武汉.内部发行,1981—1998.

后　　记

在撰稿前，我们就希望在内容和形式上有所突破。在内容上，力求突破以往传统的政治史（革命史）的写法，多角度展示民国湖北史；在形式上，引进新的研究方法，以新的视野回眸过去。我们尽了努力，但探索远没有结束。

任何作品都是时代的产物，也必然受到时代条件的限制。我们比前辈学者要幸运，这是因为我们在改革开放的年代进行探索，无论是研究环境，还是物质条件，我们都要比他们优越得多，此书稿在吸收他们的研究成果基础上，可能是大大地前进了。著名的启蒙思想家伏尔泰曾希望写历史要有哲学家的眼光，写出哲学的意味，给人以哲理上的启迪和力量。这也是我们的追求，我们将与其他史学工作者们一道，继续努力，把这一领域的研究推向一个新的境地。

本书稿各章节分工如下：

田子渝：前言，第一、二、三、四章，第九章第二、三节，第十章。

黄华文：第五、六、七、八章，第九章第一节。

在编写过程中，得到中央档案馆、中国第二历史档案馆、湖北省档案馆、武汉市档案馆、广州市档案馆、上海市档案馆、北京图书馆、湖北省图书馆、武汉市图书馆、上海市图书馆，以及湖北大学、华中师范大学等单位的支持；此外日本神户大学石川祯浩先生提供了日文资料，陈友仁先生的孙子陈一文先生提供了英国档案局的资料。在此一并表示深深的谢意。书中定有不少不足之处，真心诚意地对方家、读者说：请指正，请批评。

作者

2016 年 8 月 1 日